W9-BZO-170

DIE OSTSEE

DIE NORDSEE

Kiel

Rostock

Schwerin

*Müritzsee*

Hamburg

die Elbe

die Havel

Bremen

Berlin

POLEN

Hannover

DIE NIEDERLANDE

der Rhein

die Ems

die Weser

Essen

die Ruhr

DEUTSCHLAND

die Saale

Halle

Düsseldorf

Köln

die Elbe

die Spree

Leipzig

Bonn

Weimar

Dresden

BELGIEN

die Lahn

LUXEMBURG

Wiesbaden

Frankfurt

der Main

TSCHECHIEN

Luxemburg

Mainz

SLOWAKEI

Saarbrücken

Mannheim

Nürnberg

die Mosel

der Neckar

Stuttgart

die Donau

die Donau

die Isar

FRANKREICH

die Donau

der Lech

München

Linz

*Neusiedler See*

Wien

Bodensee

*Chiemsee*

LIECHTENSTEIN

Salzburg

Eisenstadt

*Neuenburgersee*

Zürich

St. Gallen

Vaduz

der Inn

Innsbruck

ÖSTERREICH

Zürichsee

Luzern

Bern

*Vierwaldstättersee*

Graz

*Genfersee*

DIE SCHWEIZ

Klagenfurt

Genf

die Rhone

ITALIEN

0          200

kilometers

# DEUTSCH

## Schritt für Schritt

# DEUTSCH

## Schritt für Schritt

SECOND EDITION

### Elke Godfrey

*University of Maryland,*
*European Division*

**PRENTICE HALL EUROPE**

LONDON  NEW YORK  TORONTO  SYDNEY  TOKYO

SINGAPORE  MADRID  MEXICO CITY  MUNICH  PARIS

Published 1998 by
Prentice Hall Europe
Campus 400, Spring Way
Maylands Avenue, Hemel Hempstead
Hertfordshire, HP2 7EZ
A division of Simon & Schuster International

First edition published 1985
Second edition published 1994 by Prentice Hall International

Typeset in Times Roman
by Keyboard Services, Luton

Printed and bound in Great Britain by
Bath Press Colourbooks, Glasgow

---

Library of Congress Cataloging-in-Publication Data

---

Godfrey, Elke.
   Deutsch, Schritt für Schritt/Elke Godfrey. –
   New ed.
      p.     cm.
  ISBN 0-13-203308-9
   1. German language – Grammar – 1950 –
  2. German language – Textbooks for foreign
speakers – English.  I. Title.
PF3112.G59  1991
438.2′421–dc20
                                90-43116
                                CIP

---

British Library Cataloguing in Publication Data

---

Godfrey, Elke
  Deutsch: schritt für schritt. 2nd ed.
  1. German language
  I. Title
  438.24

  ISBN 0-13-203308-9

---

4 5  98

# CONTENTS

**Preface**      **xxi**

     **xix**

---

**KAPITEL**

**1**

### Sprechziele und Sprechsituationen     **1**
Name/Herkunft/Nationalität
Beruf und Arbeitsplatz
Zahlen 1–30 • Alphabet
Biographische Informationen
Begrüßen und verabschieden
Telefonieren und buchstabieren

### Kultur und Information
Vornamen

### Grammatik und Übungen
Personal Pronouns
The Verb **sein**
The Demonstrative **das**
Basic Sentence Structure
Negation: **nein/nicht**
Notes about written German

---

**KAPITEL**

**2**

### Sprechziele und Sprechsituationen     **17**
Personen und Dinge benennen • Im Klassenzimmer
Zahlen 30–2000 • Farben • Dinge beschreiben
Wochentage • Uhrzeit

### Kultur und Information
Was ist typisch deutsch? • Empfindungswörter

### Grammatik und Übungen
Noun Gender • The Definite Article • Study Hints
Replacement of Nouns by Pronouns
Past Tense 1: **sein**

## KAPITEL 3

**Sprechziele und Sprechsituationen**     33
Persönliche Informationen ● Im Deutschkurs
Aktivitäten beschreiben ● Beruf und Arbeit

**Land und Leute**
Sport und Freizeit ● Bildsymbole

**Kultur und Information**
Studienfächer

**Grammatik und Übungen**
Present Tense 1: Regular Verbs
The Imperative: **Sie** ● **wir**
Basic Sentence Structure ● Negation: Position of **nicht**
When to use **woher**? **wo**? **wohin**?
    **nach Hause/zu Hause** ● **gerade** ● **gern**

## KAPITEL 4

**Sprechziele und Sprechsituationen**     49
Dinge benennen und beschreiben
Getränke ● Bestellen ● Dialog: Im Café
Tageszeiten und Zeitpunkt

**Land und Leute**
Im Büro: Heidrun Kaiser

**Kultur und Information**
Nationalgetränke ● Café und Konditorei

**Grammatik und Übungen**
The Indefinite Article: **ein/eine** ● Negation with **kein**
Plural of Nouns ● Past Tense 2: **haben**
Irregular Verbs: **möchte(n)**, **wissen**, **haben**
When to use **tun/machen** ● **wieviel/wie viele**
Word Formation 1: Compound Nouns ● Diminutive
    Suffixes **-chen/-lein**

## KAPITEL 5

**Sprechziele und Sprechsituationen**     67
Deutschland, Österreich und die Schweiz
Dialog: Im Schreibwarengeschäft
Besitz ● Städte lokalisieren

**Land und Leute**
Informationen über Deutschland, Österreich und die Schweiz

**Kultur und Information**

Das deutsche Geld

**Grammatik und Übungen**

Accusative 1: The Direct Object

Definite and Indefinite Articles • Weak
    Nouns • Pronouns • **wen** or **was**?

When to use **kennen/wissen** • **gehen** + infinitive • **doch**

The Indefinite Pronoun **man**

Word Formation 2: The Noun Suffix **-er**

---

KAPITEL

**6**

**Sprechziele und Sprechsituationen**　　83

Dialog: Am Bahnhof • Transportmittel

Bildbeschreibung: Familie Schubert • Kleidung

**Land und Leute**

Ein Interview: Irene Martin

**Kultur und Information**

Wo spricht man Deutsch?

**Grammatik und Übungen**

Present Tense 2: Stem-changing Verbs

Accusative 2: Prepositions – Coordinating Conjunctions

Recognizing flavoring particles: **aber/also/denn/ja**

When to use the prepositions **am/im/um**
    the preposition **nach** • **es gibt**

---

KAPITEL

**7**

**Sprechziele und Sprechsituationen**　　97

Reisevorbereitungen • Familie Wenz • Besitz

Dialog: Paßkontrolle • Familie und Verwandte

**Land und Leute**

Meine Familie

**Kultur und Information**

Bonbons • Reisepaß und Personalausweis

**Grammatik und Übungen**

Possessive Adjectives • Possession with Proper Names

When to use **erst/nur** • **noch/(nicht) mehr**

KAPITEL

**8**

**Sprechziele und Sprechsituationen**      **109**
Urlaub und Ferien
Dialog: Haben Sie ein Zimmer frei?
Vergangenes erzählen • Jetzt und vorher
**Land und Leute**
Monate • Jahreszeiten • Wetter
**Grammatik und Übungen**
Present Perfect Tense 1: Weak Verbs
    Regular and Mixed Past Participles
    Word Order • Usage of Perfect Tense

KAPITEL

**9**

**Sprechziele und Sprechsituationen**      **123**
Vergangenes erzählen • Erinnerungen • Meine Ferien
**Land und Leute**
Urlaub und Ferien • Drei Interviews
Dialog: Wo sind Sie denn gewesen?
**Kultur und Information**
Straßenfeste
**Grammatik und Übungen**
Present Perfect Tense 2: Strong Verbs
    Irregular Past Participles • Auxiliary **sein**
    Summary of Strong and Mixed Verbs
    How to recognize strong verbs
When to use **schon/noch nicht**

KAPITEL

**10**

**Sprechziele und Sprechsituationen**      **137**
Mit Freunden sprechen
**Land und Leute**
Einkaufen: Im Supermarkt
Lebensmittel/Obst/Gemüse
**Grammatik und Übungen**
The Familiar Forms of Address: **du/ihr**
    Regular and Stem-changing Verbs
    Imperative • Personal Pronouns
    Possessive Adjectives
More flavoring particles: **mal/doch/gar**
Expressions of Quantity and Measurement

**KAPITEL**

**11**

**Sprechziele und Sprechsituationen**     **151**
Im Bahnhof • Dialog: Am Fahrkartenschalter
Bildsymbole im Bahnhof • Über Vergangenes sprechen
Dialog: Im Restaurant • Speisekarte

**Kultur und Information**
Bahnfahren • Verbotsschilder

**Grammatik und Übungen**
Modal Verbs
    Present Tense • Simple Past • Usage
    **müssen/dürfen** • **mögen/möchten**
    Omission of Dependent Infinitive


**KAPITEL**

**12**

**Sprechziele und Sprechsituationen**     **167**
Beschreiben/Wählen/Kaufen • Beim Kleiderkauf
Dialog: Im Kaufhaus • Das Datum

**Land und Leute**
Städte-Quiz: Welche deutschen Städte sind das?

**Kultur und Information**
Fußgängerzone • Feiertage

**Grammatik und Übungen**
**Der**-Words • Adjectives 1: After **Der**-Words
    Predicate and Attributive Adjectives • Endings
    after **Der**-Words • Numbers Used as Adjectives
Time Expressions with Accusative


**KAPITEL**

**13**

**Sprechziele und Sprechsituationen**     **183**
Kleidung beschreiben • Mode • Wohnung/Zimmer/Möbel
Dialog: Mein heller Regenmantel ist weg!

**Land und Leute**
Die Wohnung der Familie Bönke
Interview: Wie wohnen die jungen Leute?

**Kultur und Information**
Wohnung und Miete

**Grammatik und Übungen**
**Ein**-Words • Adjectives 2: After **Ein**-Words
When to use **was für**? • **sondern/aber**
Word Formation 3: Compounding of Adjectives
    Prefix **un-** • Suffix **-lich**

**KAPITEL**

**14**

**Sprechziele und Sprechsituationen** 197

Verkehrsmittel und Transportmittel

Nach dem Weg fragen • Stadtplan

Dialog: Wie kommt man zur Mönchgasse?

**Land und Leute**

Die Mahlzeiten • Interview: Frühstück

**Kultur und Information**

Moped und Mofa • Preiswert essen

**Grammatik und Übungen**

Dative 1: Prepositions

Forms of the Dative • **Der-** and **Ein-** Words • Weak Nouns

Plural Nouns • **wem?** • Meaning and Usage

When to use **womit?**

Word Formation 4: Adjectives Derived from

City Names • Prefix **irgend-**

**KAPITEL**

**15**

**Sprechziele und Sprechsituationen** 215

Bildgeschichten: Wem . . . ? • Spiel mit der Logik

**Land und Leute**

Neudeutsch ist in!

**Grammatik und Übungen**

Dative 2: The Indirect Object

Nouns • Adjectives • Pronouns • Order of Objects

How to use word order for emphasis

**KAPITEL**

**16**

**Sprechziele und Sprechsituationen** 229

Bildgeschichten: Wem . . . ? • Besitz

Das Essen beschreiben • Körperteile

• Krankheit und Schmerzen • Fragespiele

**Kultur und Information**

Krankenkasse

**Grammatik und Übungen**

Dative 3: Verbs and Expressions

When to use **gern** / **gefallen** / **schmecken**

Word Formation 5: Nouns Derived from Verbs

Infinitives as Nouns • The Noun Suffix **-ung**

**KAPITEL**

**17**

**Sprechziele und Sprechsituationen**                                          **243**
Bildgeschichte: Herr Becker ist krank
Dialog: Wach auf! Steh bitte auf!
**Land und Leute**
Frau Becker erwartet Gäste • Fahrplan
**Kultur und Information**
Die Stadt
**Grammatik und Übungen**
Verbs with Separable Prefixes
   Imperative • Present • Present Perfect
   Common Separable Prefixes

**KAPITEL**

**18**

**Sprechziele und Sprechsituationen**                                          **257**
Dinge plazieren und lokalisieren
Die Wohnung einrichten • Das Haus
**Land und Leute**
Wohnen in Deutschland
**Kultur und Information**
Was tut man wo? • Deutscher Alltag • Wohnungsmangel
**Grammatik und Übungen**
Prepositions 3: With Either Accusative or Dative
   Accusative • Dative • Meaning and Usage
The Verbs **legen/liegen**, **stellen/stehen**, **setzen/sitzen**, **hängen**
Verbs with Prepositional Objects
Time Expressions with Dative: **an/in/vor**

**Zwischenspiel**    Die Bremer Stadtmusikanten • Bremen                        **272**

**KAPITEL**

**19**

**Sprechziele und Sprechsituationen**                                          **279**
Eltern und Kinder • Dialog: Warum . . . ?
**Land und Leute**
Junge Menschen: Cornelia Bausen • Interview: Familie Bausen
**Kultur und Information**
Trampen • Ausländer
**Grammatik und Übungen**
Dependent Word Order 1: Subordinating Conjunctions
   Present • Present Perfect • Order of Clauses
   When to use **denn/weil** • the substitution **es**
Word Formation 6: Nouns Derived from Adjectives

**KAPITEL**

**20**

**Sprechziele und Sprechsituationen**                                      **293**
Um Informationen bitten  •  Eine Autopanne

**Land und Leute**
Das deutsche Schulsystem  •  Interview: Schule und Beruf

**Kultur und Information**
Studieren und wohnen  •  Fachwerkhäuser

**Grammatik und Übungen**
Dependent Word Order 2: Question Words as
    Subordinating Conjunctions
Infinitive Constructions with **zu**  •  Constructions with **lassen**
When to use **wenn/wann**  •  **selbst (selber)**
Word Formation 7: Adjectival Compounds with **-reich**, **-voll**, **-los**

**Zwischenspiel**   Deutsche Redensarten                                    **310**

**KAPITEL**

**21**

**Sprechziele und Sprechsituationen**                                      **311**
Auf dem Flohmarkt

**Land und Leute**
Berühmte deutsche Flohmärkte

**Kultur und Information**
Straßenmusikanten  •  Große Deutsche

**Grammatik und Übungen**
Adjectives 3: Unpreceded Adjectives
    Adjective Endings  •  **viele**, **mehrere**, **einige**, **andere**
    Adjectives After Numbers
Adjectives Used as Nouns
Past Participles as Adjectives

**KAPITEL**

**22**

**Sprechziele und Sprechsituationen**                                      **325**
Vergleichen  •  Fragespiele  •  Die Planeten im Vergleich (I)

**Land und Leute**
Autofahrer – Autofahrerinnen

**Grammatik und Übungen**
Comparison 1: Predicate Adjectives and Adverbs
    Positive  •  Comparative  •  Superlative
    Irregular Forms  •  Expressions of Comparison
Word Formation 8: The Noun Suffixes **-heit** and **-keit**

**Zwischenspiel**   Hundert Jahre Auto                                      **339**

**KAPITEL**

**23**

**Sprechziele und Sprechsituationen**    **341**
Dinge benennen • Besitz • Fragespiele
Die Planeten im Vergleich (II)
**Land und Leute**
Die deutsche Alpenstraße
**Kultur und Information**
Einige deutsche Superlative
**Grammatik und Übungen**
The Genitive Case
    **Der-** and **Ein-**Words • Noun Endings
    Adjectives • Proper Names • Prepositions
    How to substitute for the genitive: **von** + Dative
Comparison 2: Attributive Adjectives
When to use **hin** and **her**

---

**Zwischenspiel**    Ludwig II: Ein König wie im Märchen    **356**

---

**KAPITEL**

**24**

**Sprechziele und Sprechsituationen**    **357**
Morgens nach dem Aufstehen • Eine Erkältung
**Land und Leute**
Die Deutschen • Interview mit deutschen Jugendlichen
**Kultur und Information**
Karneval
**Grammatik und Übungen**
Reflexive Pronouns and Verbs
    Accusative • Dative • Usage • With Parts of the Body
    With Prepositions • Word Order • Present Perfect Tense
Prepositions 5: **Wo-** and **Da-**Compounds

---

**KAPITEL**

**25**

**Sprechziele und Sprechsituationen**    **373**
Zum Nacherzählen: Der Dieb im Himmel
**Land und Leute**
Ein Märchen: Rotkäppchen
**Grammatik und Übungen**
The Simple Past Tense
    Weak/Strong/Mixed/Separable Prefix Verbs
    Summary of Strong and Mixed Verbs • Study Hints
When to use **wenn/als/wann**
Past Perfect Tense: Formation • Usage

**Zwischenspiel**   Die Deutsche Märchenstraße   **390**
Im Märchenland der Brüder Grimm

KAPITEL

**26**

**Sprechziele und Sprechsituationen**   **393**
Personen und Dinge definieren ● Persönliche Präferenzen
**Land und Leute**
Warum ist es am Rhein so schön? . . .
**Kultur und Information**
Die Burg
**Grammatik und Übungen**
Relative Pronouns and Relative Clauses
Nominative ● Accusative ● Dative ● Genitive
Relative Pronouns with Prepositions
Present Participles as Adjectives

**Zwischenspiel**   Praktische Tips für das Trampen in Deutschland   **406**

KAPITEL

**27**

**Sprechziele und Sprechsituationen**   **407**
Zukunftsvisionen ● Meine Zukunft
**Land und Leute**
Wir und die Welt von morgen
**Kultur und Information**
Intercity-Express ● Tramper-Ticket ● Karl May
Das Brandenburger Tor
**Grammatik und Übungen**
The Future Tense
Formation ● With Modals ● Word Order
Future Tense to Express Probability

**Zwischenspiel**   Ratespiel: Wer weiß es?   **418**

KAPITEL

**28**

**Sprechziele und Sprechsituationen**   **419**
Zum Nacherzählen: Der Lottomillionär
Träumereien und Wünsche
Höfliche Bitten und Aufforderungen
**Land und Leute**
Frau – Hausfrau / Mann – Hausmann?
Pro und Contra: Rollentausch im Haushalt
**Kultur und Information**
Der Wert einer Hausfrau ● Arbeitsteilung in der Ehe

### Grammatik und Übungen
The General Subjunctive: Present-Time
    Formation • Modals • **würde** + Infinitive
    Usage: Contrary-to-Fact/Hypothetical Conclusions/
    Wishes/Polite Requests

---

**KAPITEL**

## 29

### Sprechziele und Sprechsituationen     437
Heute mit früher vergleichen
Über Irreales sprechen • Energie und Umwelt
### Land und Leute
Studenten in Berlin: Christian und Sarah
### Kultur und Information
Arbeitszeit • Umweltprobleme
    Chronik der deutschen Einheit (1)
### Grammatik und Übungen
Present and Past Perfect Tenses of Modal Verbs
    Formation • Usage • Without Infinitive
The General Subjunctive: Past-Time
Past-Time Subjunctive with Modals

---

**KAPITEL**

## 30

### Sprechziele und Sprechsituationen     453
Unfälle und Notfälle • Unfallbericht • Ratespiel
### Land und Leute
Deutschland: Ein neuer Anfang
### Kultur und Information
Tageszeitungen • Chronik der deutschen Einheit (2)
### Grammatik und Übungen
Passive Voice
    Formation • With Modals • **von** + Agent
    Transformation from Active to Passive
    How to substitute for the passive with **man**

---

**APPENDIX**

Song of the Lorelei     470
Answers to Fragespiele     471
Reference Grammar     473
German–English Vocabulary     487
English–German Vocabulary     512
Index     517

# PREFACE

**Deutsch: Schritt für Schritt,** *Second Edition*, is a complete package of instructional materials for beginning German courses, designed for students and instructors who are seeking a text which provides a maximum of opportunities for meaningful communication and presents the vocabulary and structural patterns step by step in manageable units.

**Deutsch: Schritt für Schritt,** *Second Edition*, presents cultural insights and practical information on every-day life in the German-speaking countries as integral parts of the program. Authentic texts, photographs and realia help students gain the cultural literacy essential for an understanding of the language and daily life in Germany, Austria and Switzerland.

A great variety of activities and readings encourage students to interact in the German language with the instructor and with each other to develop spontaneous and meaningful communication right from the beginning.

The text develops all four language skills. Ample practice in listening, speaking, reading and writing German is provided.

Above all, **Deutsch: Schritt für Schritt** has a flexible structure. It does not dictate one particular methodology. It is designed to accommodate different preferences in teaching goals and styles and varying amounts of instructional time and formats. And, while using current pedagogical theory, it preserves many of the features instructors have used successfully in the past.

## THE SECOND EDITION

The basic concept and the goals of **Deutsch: Schritt für Schritt** have not changed in the second edition. The concept is to provide students with a sound basis in the German language as it is spoken and written today, to encourage a maximum of student interaction and develop the ability to respond spontaneously and meaningfully.

The primary goal is to help students to achieve proficiency in communication skills, hopefully as a preparation for further studies of the German language and culture and to gain knowledge and understanding of everyday life in the German-speaking countries. For this purpose the cultural components have been expanded. There are more illustrations, more readings adapted from German language newspapers and magazines, more realia. Together with a great number of photographs, they provide practical information and valuable cultural insights into contemporary life in German-speaking countries and serve as cues for stimulating conversations and cross-cultural comparisons. To provide more content for discussion and interaction, a new section **Kultur und Information** was added to help students develop the cultural background essential for understanding German life and language.

## CHANGES IN THE SECOND EDITION

The text has been shortened by two chapters. For functional reasons and better balance it is now divided into thirty chapters. There are no preliminary chapters, no pre-text activities. Most chapters deal with one major grammatical topic only. The author remains convinced from classroom experience that shorter chapters give students a sense of accomplishment regardless of the format of the class. Brief chapters also help students to keep the overview.

With the exception of the oral and written exercises most features of the chapters have been thoroughly revised. Several grammar sections have been shortened, others have been enlarged. The organization of the chapters has been somewhat modified but will still look familiar to the instructor who used the first edition. Further changes of the second edition:

- The section **Einführung** has been redesigned and renamed **Sprechziele** to fit the even greater emphasis placed on effective and meaningful communication.
- The cultural components of the program have been greatly expanded. This is reflected in the renaming of the reading sections **Lesen und Sprechen** to **Land und Leute** and the addition of the section **Kultur und Information**.
- The section **Wortschatzerweiterung** has been eliminated; the vocabulary is still thematically introduced but is now part of **Sprechziele**.
- The section **Lesehilfe** which used to precede or follow the readings has been eliminated but the German explanation of the new vocabulary was retained. The explanations were shortened and incorporated into the glossed vocabulary.
- In the **Grammatik** the section *Analysis* was eliminated.
- The section **Ausspracheübung** has been moved to the Lab Manual.
- Maps showing Europe and the German-speaking countries have been added to the inside of the cover for easy reference.

## ORGANIZATION OF THE TEXTBOOK

**Deutsch: Schritt für Schritt**, Second Edition consists of thirty chapters. It features a cyclical organization in which vocabulary and structural patterns are continually reviewed throughout the text. Within each chapter, the materials follow each other in a way that maximize progress in communication skills. The chapters contain the following components:

**Sprechziele.**   This section opens the chapter and presents the structure and the new vocabulary in context. It contains numerous **Situationen**, a variety of authentic communicative activities designed to prepare students to function in real-life situations. Some are controlled, most are open-ended to give the student a chance for self-expression. Many focus on everyday situations: giving biographical information, making telephone calls, telling time, ordering in a restaurant, describing the family, packing a suitcase, going shopping, giving directions and the like. The aim is to present students with as much language embedded in authentic cultural situations as possible; to encourage them to interact and communicate in German without consciously thinking of the new material to be learned. The section **Sprechziele** features:

- an abundance of photographs and drawings to support the presentation of new grammar and vocabulary and to facilitate quick comprehension;
- authentic dialogs and mini-dialogs that serve as conversation models. They are bits of native conversation recorded by the author which can be reworked by means of vocabulary substitutions to fit individual students. Names, places, relationships can easily be adapted to correspond to their personal reality;
- personalized questions and role-play situations lend themselves to variations which fit any classroom situation and promote interaction among the students;
- polls and games, as is true for most **Situationen**, encourage pair and small group activities and interviews develop the ability to communicate thoughts and ideas in spoken and written German;
- questions complete with answers promote listening comprehension. They also familiarize students with the new structures before they are asked to reproduce them;
- word games invite students to enlarge their vocabulary.

**Grammatik.** This section contains concise explanations of the grammar with many examples of the new material introduced in **Sprechziele**. As suggested by the title **Schritt für Schritt**, the grammar and the vocabulary are presented in carefully controlled stages. Complex structural patterns have been broken down into small elements, so that one thing only is to be learned at a time.

To encourage spontaneous communication from the very beginning, the structural elements of German are introduced in the order of their usefulness in conversation and according to their degree of learning difficulty. Thus, the program proceeds from the most simple elements to more complex structural patterns, always building upon previously mastered material and doing so in carefully calculated steps. Yet the approach remains genuinely communicative. Great care has been devoted to the task of avoiding artificial situations and to retaining authenticity at all times.

With the exception of the early chapters, only one major grammar topic is presented in each chapter. Wherever appropriate, comparative or contrastive English–German examples are used to demonstrate divergent or similar structural patterns in both languages. Numerous cumulative charts and diagrams which synthesize what has been previously learned facilitate comprehension of the material. The grammar presentations are self-teaching, thus preserving valuable classroom time for other activities.

The boxed-in areas within the grammar sections contain idiomatic points which are most likely to raise student questions as to proper usage and study hints which help students cope with the material more effectively.

**Mündliche Übungen (MÜ)** are controlled skill-building exercises that reinforce the material introduced in the section **Sprechziele**: they are reinforcement exercises. They are contextualized to increase student interest. Some are manipulative but always with the emphasis on the natural use of the language; each exercise can be made personally relevant to the students in order to elicit questions and responses about themselves and their surroundings.

The oral exercises are short and simple so they can be done with closed books, as partner work, in groups, or as a lab assignment; they lend themselves to oral and/or written homework as well. They are in keeping with one of the basic concepts of this instructional program, namely that the student is expected to master only one new grammatical topic at a time, but always assimilating the new with the previously learned material.

**Land und Leute.** This section varies in style and content. It may take the form of a dialogue, a combination of dialogue and narrative, a narrative or a description and the like. At the beginning, the sections are kept short and simple and provide basic information on daily life in German-speaking countries. Topics include sports and leisure activities, work, vacation, geography, weather, family, shopping and more.

The readings gradually increase in difficulty and length. Some have been adapted from German newspaper and magazines articles ranging from aspects of contemporary life in the German-speaking countries to tourist information and German folklore. Familiar grammatical constructions and familiar vocabulary occur naturally in readings and students will experience the satisfaction of understanding ever longer text.

Unknown vocabulary is glossed at the bottom of a page or at the end of the reading. Whenever possible it is explained in German with familiar structures and vocabulary, cognates and near-cognates. Easily recognizable words and especially cognates appearing in the readings are usually unglossed. Only when used again in later activities are they listed in the end-of-chapter vocabulary. Students will find that they can read pages of connected text with very little difficulty.

Each reading is followed by a variety of activities such as questions for comprehension check; role-playing activities invite the students to a deeper involvement with the text by placing themselves in the position of one of the characters and giving responses from the character's point of view. Topics for discussions, based on the subject matter of the text ask students to express their opinions and make cross-cultural comparisons. These topics may also serve as assignments for written compositions.

**Schriftliche Übungen (SÜ)** present a comprehensive review of the material practised in the chapter. They provide students with one more opportunity to reinforce classroom learning in the form of written homework.

**Kultur und Information.**   New to this edition, these boxed-in sections highlight short cultural notes about interesting facts, statistics and common elements of everyday culture in the German-speaking world. They are placed at logical points throughout the book. Whenever possible they are linked to the chapter theme. They are written entirely in German and provide a substantial amount of additional discussion material. Of course, no text can do more than provide examples. And, given the diversity which exists in the German speaking countries, the instructor may prefer to share his/her own knowledge with the students instead. For this reason, neither the vocabulary nor the information contained in these culture boxes are recycled in other sections. Thus, the instructor is free to make use of them as much or as little as appropriate.

**Realia** in the form of advertisements, signs, tickets, clippings from magazines, newspapers and brochures from all parts of the German-speaking countries appear in every chapter throughout the book. The language is totally unchanged. They demonstrate authentic use of structure and vocabulary. To promote sensible guessing and the use of a dictionary, realia is not glossed. While a few are decorative, most can serve as a basis for activities.

**Wortschatz.**   This section closes out the chapter by listing all of the vocabulary presented for active use within the chapter. For easy reference each **Wortschatz** is divided into the categories *Nomen*, *Verben*, *Adjektive und Adverben*, *Verschiedenes*. The gender and plural of nouns and the principal parts of verbs are included. Adjectives are listed with their antonyms. To promote sensible guessing and awareness of the relationship between English and German, easily recognizable words such as cognates, near cognates, and compounds of familiar words are listed without their English equivalent under the heading *Leicht erkennbare Wörter*.

**Zwischenspiel.**   Located between chapters, this section contains additional readings and informative texts for those students who want to further develop their reading skills. As with the culture boxes neither the vocabulary nor the information contained in the **Zwischenspiele** are recycled in other sections. Thus, the instructor is free to make use of them as much or as little as appropriate.

The **Appendix** consists of
- the answers to the *Fragespiele*;
- a *Reference Grammar* with articles, nouns, pronouns, adjective and verb charts, summaries for prepositions and verbs;
- a comprehensive *German-English Vocabulary* listing all words used in the text and indicating the chapter and the section where each vocabulary item was introduced;
- an *English–German Vocabulary* with the words needed for the English-to-German exercises;
- the *Credits*;
- a complete *Index* indicating the page(s) on which a grammatical point is discussed.

# ACKNOWLEDGMENTS

The author would like to express her thanks and appreciation to the following colleagues of the European Division of the University of Maryland for their critical review of the manuscript during the field-testing of this book: Stefanie Bahlau (Augsburg), Peter Bochow (Wiesbaden), Frauke Hankamer (London), Helga Hoepffner (Würzburg), Dieter Langendorf (Frankfurt), Sigrid Miller (Ulm), Peter Müller (Worms), Arlene Schalich (Heidelberg), Philipp Schnell (Mannheim) and Gerhard Schulz (Wiesbaden).

Special thanks are due to Helga Hoepffner for her helpful suggestions and critical reviews during the development of the text and to Steven Lampone for his assistance in preparing the vocabulary lists and the index.

The author wishes in particular to express her gratitude to Arlene Schalich and Philipp Schnell who assisted as valued colleagues and friends during all stages of the text; their consulting contributions, careful reviews and judicious editing of the multiple drafts of the manuscript were support beyond what any author has a right to expect.

Finally, the author would like to thank Dr Walter Knoche, the Foreign Language Coordinator of the University of Maryland, European Division, under whose aegis this book was written. His critical evaluation of the results of the extensive field-testing of the manuscript and the preliminary edition, his advice and encouragement from the inception to the completion of this project were invaluable. His experience and his suggestions are reflected thoughout the book.


## ACKNOWLEDGEMENTS FOR THE SECOND EDITION

The author wishes to thank the many instructors using the first edition of **Deutsch: Schritt für Schritt** who responded so thoughtfully with constructive criticisms and suggestions and provided valuable input for the second edition. Special thanks to Dr Walter Knoche, Head of the Foreign Language Program of the University of Maryland, European Division. This project would not have been completed without his active support and encouragement at every phase.

The author especially acknowledges her debt to ELT Production and Design Manager, Julia Dall of Prentice Hall International who, with her team, stepped in to rescue the project at a very late stage and succeeded so admirably. She indeed made a silk purse out of a sow's ear.

# USEFUL PHRASES AND CLASSROOM EXPRESSIONS

| | |
|---|---|
| **Guten Morgen/Tag/Abend!** | Good morning/day/evening! |
| **Grüß Gott!** | Greeting used in Southern Germany and Austria at all times of the day. |
| **Auf Wiedersehen!** | Goodbye |
| **Herr/Frau/Fräulein . . .** | Mr./Mrs./Miss . . . |
| **Alle zusammen bitte!** | All together, please. |
| **Noch einmal bitte!** | Once more, please. |
| **Sprechen Sie lauter bitte!** | Speak louder, please. |
| **Langsam bitte!** | Slowly, please. |
| **Nicht so schnell bitte!** | Not so fast, please. |
| **Wiederholen Sie bitte!** | Please repeat. |
| **Antworten Sie bitte!** | Please answer. |
| **Fragen Sie bitte!** | Please ask. |
| **Lesen Sie bitte!** | Please read. |
| **Lesen Sie bitte weiter!** | Please continue to read. |
| **Schreiben Sie das bitte!** | Please write this. |
| **Lernen Sie das auswendig!** | Memorize this. |
| **Üben Sie das!** | Practice this. |
| **Ergänzen Sie!** | Complete. |
| **Hören Sie gut zu!** | Listen carefully. |
| **Machen Sie Ihr Buch auf!** | Open your book. |
| **Machen Sie Ihr Buch zu!** | Close your book. |
| **Ihre Hausaufgabe ist . . .** | Your homework is . . . |
| **auf Seite . . .** | on page . . . |
| **Verstehen Sie das?** | Do you understand this? |
| **richtig** | right, correct |
| **falsch** | wrong, incorrect |
| **Das ist wichtig.** | That is important. |
| **Wie bitte?** | What was that?/I beg your pardon? |
| **Danke./Vielen Dank!** | Thank you./Thank you very much. |
| **Auf deutsch, bitte!** | In German, please. |
| **Wie geht es Ihnen?** | How are you? |
| **Danke gut. Und Ihnen?** | Fine, thank you. And how are you? |
| | |
| **SPRECHZIELE** | Objectives for oral communication |
| **LAND UND LEUTE** | Country and people |
| **MÜ = MÜNDLICHE ÜBUNGEN** | Oral exercises |
| **SÜ = SCHRIFTLICHE ÜBUNGEN** | Written exercises |
| **WORTSCHATZ** | Vocabulary |

# Guten Tag!

## *Themen und Sprechziele*
Name/Herkunft/Nationalität
Beruf und Arbeitsplatz
Zahlen 1–30
Biographische Informationen
Begrüßen und verabschieden
Alphabet • Telefonieren und buchstabieren

## *Kultur und Information*
Vornamen

## *Grammatik und Übungen*
Personal Pronouns
The Verb **sein**
The Demonstrative **das**
Basic Sentence Structure
Negation: **nein**/**nicht**

# SPRECHZIELE (1)

## NAME / HERKUNFT / NATIONALITÄT

**Situation 1**   Mini-Dialoge: Wie ist Ihr Name?

▷ Guten Tag, mein Name ist Berger.
▶ Guten Tag, ich heiße Fischer.
▷ Verzeihung, wie ist Ihr Name?
▶ Mein Name ist Fischer.

▷ Wie ist Ihr Name bitte?
▶ Mein Name ist Alexander.
▷ Ist Alexander Ihr Vorname?
▶ Nein, das ist mein Familienname.
▷ Und wie ist Ihr Vorname, bitte?
▶ Mein Vorname ist Peter.

**Situation 2**   Woher sind Sie?

Ich bin Patrick Paige.
Ich bin aus Kanada.
Ich bin Kanadier.

Ich bin Anja Kempe.
Ich bin aus Leipzig.
Ich bin Deutsche.

Ich bin Irene Martin.
Ich bin aus Georgia.
Ich bin Amerikanerin.

Ich heiße Heidrun Kaiser.
Ich bin aus Mannheim.
Ich bin Deutsche.

Mein Name ist David Ottman.
Ich bin aus Kalifornien.
Ich bin Amerikaner.

Ich heiße Andreas Bönke.
Ich bin aus Augsburg.
Ich bin Deutscher.

## Situation 3 Mini-Dialoge: Woher ist er? / Woher ist sie?

▷ Woher ist Hansjörg?
► Er ist aus Basel.
▷ Ah, er ist aus der Schweiz.
► Ja, er ist Schweizer.

▷ Woher ist Andreas?
► Er ist aus Augsburg.
▷ Ah, er ist aus Deutschland.
► Ja, er ist Deutscher.

▷ Woher ist Marianne?
► Sie ist aus Salzburg.
▷ Ah, sie ist aus Österreich.
► Ja, sie ist Österreicherin.

▷ Woher sind Judith und Bob?
► Sie sind aus Washington.
▷ Ah, sie sind aus Amerika.
► Ja, sie sind Amerikaner.

Woher ist Heidrun Kaiser?
Woher ist Patrick Paige?
Woher sind Sie?

# BERUF UND ARBEITSPLATZ

## Situation 4 Was ist er? – Was ist sie? – Wo sind sie?

Er ist Student.
Sie ist Studentin.
Sie sind im Klassenzimmer.

Er ist Lehrer (Professor).
Sie ist Lehrerin (Professorin).
Sie sind auch im Klassenzimmer.

Er ist Sekretär.
Sie ist Sekretärin.
Sie sind im Büro.

**Er ist Hausmann.**
Sie ist Hausfrau.
Sie sind zu Hause.

**Er ist Kellner.**
Sie ist Kellnerin.
Sie sind im Restaurant.

**Er ist Arzt.**
Sie ist Ärztin.
Sie sind im Krankenhaus.

**Er ist Ingenieur.**
Sie ist Ingenieurin.
Sie sind im Büro.

**Er ist Pilot.**
Sie ist Pilotin.
Sie sind im Flugzeug.

**Er ist Verkäufer.**
Sie ist Verkäuferin.
Sie sind im Kaufhaus.

**Er ist Mechaniker.**
Sie ist Mechanikerin.

**Er ist Polizist.**
Sie ist Polizistin.

**Und Sie?** Was sind Sie?
Was sind Sie von Beruf?

## Situation 5    Wo sind Sie jetzt?

1. Sind Sie zu Hause?
2. Sind Sie im Klassenzimmer?
3. Sind Sie im Büro?
4. Sind Sie im Restaurant?
5. Sind Sie im Krankenhaus?
6. Sind Sie im Kaufhaus?
7. Sind Sie im Flugzeug?
8. Sind Sie in Deutschland?
9. Sind Sie in Amerika?
10. Sind Sie in Österreich?
11. Sind Sie in Frankfurt?
12. Sind Sie in New York?

Wir sind jetzt im Klassenzimmer.
Wir sind nicht zu Hause.

## ZAHLEN

**Wir zählen von eins (1) bis dreißig (30).**

| | | | | | |
|---|---|---|---|---|---|
| 0 | null | | | | |
| 1 | eins | 11 | elf | 21 | einundzwanzig |
| 2 | zwei | 12 | zwölf | 22 | zweiundzwanzig |
| 3 | drei | 13 | dreizehn | 23 | dreiundzwanzig |
| 4 | vier | 14 | vierzehn | 24 | vierundzwanzig |
| 5 | fünf | 15 | fünfzehn | 25 | fünfundzwanzig |
| 6 | sechs | 16 | sechzehn | 26 | sechsundzwanzig |
| 7 | sieben | 17 | siebzehn | 27 | siebenundzwanzig |
| 8 | acht | 18 | achtzehn | 28 | achtundzwanzig |
| 9 | neun | 19 | neunzehn | 29 | neunundzwanzig |
| 10 | zehn | 20 | zwanzig | 30 | dreißig |

## Situation 6    Wieviel ist . . . ?

| | | | |
|---|---|---|---|
| 4 + 5 | Vier **plus** fünf ist neun. | 11 − 7 | Elf **minus** sieben ist vier. |
| 20 + 4 | Zwanzig **plus** vier ist vierundzwanzig. | 20 − 4 | Zwanzig **minus** vier ist sechzehn. |
| 13 + 3 | _____ | 30 − 3 | _____ |
| 17 + 6 | _____ | 27 − 8 | _____ |
| 28 + 2 | _____ | 19 − 7 | _____ |

# BIOGRAPHISCHE INFORMATIONEN

### Situation 7   Wie alt . . . ?

Das sind Petra, Michael und Karin.
Petra ist neunzehn Jahre alt.
Michael ist achtzehn.
Karin ist einundzwanzig.
Michael und Karin sind nicht alt.
Sie sind jung.

**Und Sie?** Wie alt sind Sie?

### Situation 8   Wer ist das?

| | |
|---|---|
| Name: | *Karola Hinz* |
| Alter: | *22 Jahre* |
| Beruf: | *Studentin* |
| Herkunft: | *Bremen* |
| Wohnort: | *Berlin* |
| Nationalität: | *Deutsche* |
| Land: | *Deutschland* |

Das ist Karola Hinz.
Sie ist 22 Jahre alt.
Sie ist Studentin.
Sie ist aus Bremen.
Sie ist jetzt in Berlin.
Sie ist Deutsche.
Sie ist aus Deutschland.

| | |
|---|---|
| Name: | *Volker Jung* |
| Alter: | *19 Jahre* |
| Beruf: | *Student* |
| Herkunft: | *Bern* |
| Wohnort: | *Bern* |
| Nationalität: | *Schweizer* |
| Land: | *Schweiz* |

| | |
|---|---|
| Name: | *Nicole Anger* |
| Alter: | *26 Jahre* |
| Beruf: | *Polizistin* |
| Herkunft: | *Karlsruhe* |
| Wohnort: | *Bruchsal* |
| Nationalität: | *Deutsch* |
| Land: | *Deutschland* |

**Und Sie?**

1. Wie heißen Sie?
2. Wie ist Ihr Vorname?
3. Wie ist Ihr Familienname?
4. Woher sind Sie?
5. Wo sind Sie jetzt?
6. Was sind Sie von Beruf?

**Situation 9**  Umfrage: Wer im Klassenzimmer . . .

1. ist zwanzig Jahre alt?
2. ist neunundzwanzig?
3. ist (nicht) aus Amerika?
4. ist (nicht) Amerikaner/in?
5. ist (nicht) aus Deutschland?
6. ist (nicht) Deutsche/r?
7. ist müde?
8. ist Student/in?
9. ist Lehrer/in?

# GRAMMATIK

## 1 Personal Pronouns

The German personal pronouns correspond very closely to the personal pronouns in English. The pronouns below function as subjects of a sentence. In German they are said to be in the nominative case.

|  | | Singular | Plural | |
|---|---|---|---|---|
| FIRST PERSON | ich | *I* | wir | *we* |
| THIRD PERSON | er | *he* | | |
| | es | *it* | sie | *they* |
| | sie | *she* | | |
| SECOND PERSON FORMAL | Sie | *you* | Sie | *you* |
| SECOND PERSON FAMILIAR | du | *you* | ihr | *you* |

Notice that German has three equivalent forms for the English *you:*

**du** is the familiar form to address one person. Since **du** expresses intimacy, it is used among family members, among close friends or classmates. It is also used in prayers, with children and with pets.

**ihr** is the plural form of **du**, which means it is used to address more than one person, as in 'you all'.

**Sie** is the formal form to address one or more persons. It is always capitalized. Since **Sie** expresses a certain degree of formality, it is used when addressing a person with **Herr ____**, **Frau ____**, **Fräulein ____**. It is especially used when meeting a person for the first time.

**Note** The **du-** and **ihr**-forms will be included in the grammar tables of the chapters to make you aware of their existence. However, they will not be practiced until Chapter 10.

## 2 The Verb **sein** *(to be)*

As in English, the verb **sein** is irregular and its forms have to be memorized.

|  |  | **sein** | *to be* |
|---|---|---|---|
|  | ich | bin | *I am* |
|  | er/es/sie | ist | *he/it/she is* |
|  | wir/sie/Sie | sind | *we/they/you are* |

**Remember:**

| | | |
|---|---|---|
| formal singular/plural | Sie | sind |
| familiar singular | du | bist |
| familiar plural | ihr | seid |

*you are*

## 3 The Demonstrative **das**

In sentences such as

| | |
|---|---|
| Wer ist **das?** | *Who is that (this)?* |
| **Das** ist Herr Ottman. | *This (that) is Mr. Ottman.* |

**das** is used like *this* or *that* to bring a person or an object to someone's attention. It may be accompanied by a gesture to *demonstrate* who or what is referred to. **Das** does not change when used to point to more than one person or thing.

| | | |
|---|---|---|
| a-b-c | Das sind Buchstaben. | *These (those) are letters.* |
| 1-2-3 | Das sind Zahlen. | *These (those) are numbers.* |

## 4 Basic Sentence Structure

In simple sentences, German and English follow the same word order.

(a) Statements: verb is second:

| | **Verb** | | |
|---|---|---|---|
| Ich | bin | in Deutschland. | *I am in Germany.* |
| Das | ist | Frau Berger. | *This is Mrs. Berger.* |
| Wir | sind | aus New York. | *We are from New York.* |

(b) In questions with question words: verb is second:

| **Question Word** | **Verb** | | |
|---|---|---|---|
| Wer | ist | das? | *Who is this?* |
| Was | sind | Sie? | *What are you?* |
| Woher | sind | Sie? | *Where are you from?* |

(c)  In questions without question words: verb is first:

Das ist Frau Wilson.

Ist das Frau Wilson?

## 5   Negation: **nein / nicht**

German uses **nein** to give a negative answer to *yes / no* questions. German uses **nicht** to express that something isn't so. Usually **nicht** precedes the word or phrase it negates.

Mein Name ist **nicht** Berger.     *My name is not Berger.*
Wir sind **nicht** zu Hause.        *We are not at home.*

---

### Notes about written German

1. German nouns are always capitalized: **S**tudent, **T**ag, **S**ekretärin.

2. The formal form of address **Sie** *(you)* is always capitalized.

3. The pronoun **ich** is not capitalized (unless it occurs at the beginning of a sentence).

4. An apostrophe indicates the omission of the letter **e**, as for example in the expression **Wie geht's** (= Wie geht es?).

5. The **s**-sound is represented by the letter **ß** (called **ess-tsett**) instead of **ss** when it occurs:
   (a)  after long vowels or vowel combinations (heißen, dreißig)
   (b)  before a consonant (heißt)
   (c)  at the end of a word (Grüß Gott).

When all letters in a word are capitals, the **ß** is replaced by **SS** (DREISSIG, GRÜSS GOTT).

*dreißig    Straße    ich heiße Yvonne*
*STRASSE*
*begrüßen    DREISSIG    Grüß Gott!*

The other special German letters are

Ä  ä   called **a-umlaut** as in **Ä**rztin, Sekret**ä**rin, z**ä**hlen, M**ä**dchen
Ö  ö   called **o-umlaut** as in **Ö**sterreich, h**ö**ren, K**ö**ln
Ü  ü   called **u-umlaut** as in **Ü**bung, B**ü**ro, Tsch**ü**s, m**ü**de, begr**ü**ßen.

---

*vielen Dank für Ihre rasche Antwort. Der dicke*
*Siel Matic-Report mit den vielen Tips hat sehr*
*geholfen, bei der Planung unserer neuen Küche*
*Fehler zu vermeiden. Eine Woche lang haben*

# MÜNDLICHE ÜBUNGEN

**MÜ1**    Antworten Sie!

• Sind Sie Polizist? → *Ja, ich bin Polizist.*
          *(Nein, ich bin nicht Polizist.)*

1. Sind Sie Mechaniker?
2. Sind wir in Amerika?
3. Sind Sie aus Florida?
4. Ist Frau Ottman Amerikanerin?
5. Ist Ihr Name Alexander?

6. Ist Fräulein Walter hier?
7. Sind wir jetzt zu Hause?
8. Sind Sie im Büro?
9. Ist Andreas aus Augsburg?
10. Sind Sie Student/in?


**MÜ2**    Fragen Sie!

• Herr Falke ist aus New York. → *Ist Herr Falke aus New York?*

1. Herr und Frau Ottman sind hier.
2. Sie sind in Deutschland.
3. Frau Wilson ist Sekretärin.
4. Herr Schulz ist Lehrer.
5. Er ist aus Frankfurt.

6. Frau Kohl ist Hausfrau.
7. Ralph ist Student.
8. Sie ist Ärztin.
9. Karola ist aus Bremen.
10. Sie ist Deutsche.


**MÜ 3**    Antworten Sie mit[1] **er** oder[2] **sie**!                    [1]with /[2]or

• Ist Frau Wilson Sekretärin? → *Ja, sie ist Sekretärin.*
          *(Nein, sie ist nicht Sekretärin.)*

1. Ist Herr Schulz aus Augsburg?
2. Ist Frau Braun aus Berlin?
3. Ist Herr Falke aus Florida?
4. Ist Fräulein Klose Studentin?
5. Sind Herr und Frau Ottman hier?

6. Sind John und Cindy in Amerika?
7. Sind Ralph und Petra hier?
8. Ist Brigitte 24 Jahre alt?
9. Ist Herr Müller Student?
10. Ist Peter im Krankenhaus?


**MÜ 4**    Fragen Sie mit **wer**, **was**, **wo**, **woher**, **wie**!

• Das ist **Herr Schneider.** → *Wer ist das?*

1. Das ist **Frau Braun**.
2. Sie ist **aus Berlin**.
3. Herr Falke ist **Amerikaner**.
4. Ich bin **Sekretärin**.

5. Wir sind **im Klassenzimmer**.
6. Er ist **in Deutschland**.
7. Mein Name ist **Keller**.
8. Ich bin **aus Stuttgart**.

**MÜ 5**  Auf deutsch, bitte!

1. Where is she now?
2. Are they in the office?
3. What is your name?
4. Who is not here?
5. I am a student.

6. We are not in the store.
7. We are in the classroom.
8. Where are you from?
9. He is from Germany.
10. How old are you?

---

## *Kultur und Information: Vornamen*

♀ Vornamen für Mädchen und Frauen

| | | | | |
|---|---|---|---|---|
| Andrea | Christa | Heike | Kerstin | Renate |
| Anette | Claudia | Helga | Maria | Sabine |
| Angelika | Cornelia | Inge | Marianne | Sandra |
| Anja | Daniela | Ingrid | Marion | Silke |
| Anna | Elisabeth | Irene | Martina | Stefanie |
| Barbara | Erika | Julia | Melanie | Susanne |
| Bettina | Eva | Jutta | Michaela | Sybille |
| Birgit | Gabriele | Karin | Monika | Tanja |
| Brigitte | Gisela | Kathrin | Nicole | Ulrike |
| Christine | Hannelore | Katja | Petra | Ursula |

♂ Vornamen für Jungen und Männer

| | | | | |
|---|---|---|---|---|
| Andreas | Franz | Jens | Martin | Stefan |
| Alexander | Friedrich | Jochen | Markus | Tobias |
| Arno | Gerd | Johannes | Matthias | Uwe |
| Bernd | Gerhard | Joseph | Michael | Udo |
| Bernhard | Günther | Jürgen | Paul | Volker |
| Christian | Hans | Karl | Peter | Walter |
| Christoph | Harald | Klaus | Otto | Werner |
| Dieter | Helmut | Kurt | Ralf/Ralph | Wolfgang |
| Florian | Heinz | Lutz | Richard | Thomas |
| Frank | Holger | Manfred | Sebastian | Thorsten |

# SPRECHZIELE (2)

## BEGRÜSSEN UND VERABSCHIEDEN

Guten Morgen!

Guten Tag!

Guten Abend!

Gute Nacht!

### Situation 10   Mini-Dialoge

▷ Grüß Gott, Frau Schöning!
Wie geht es Ihnen?
► Danke gut, und Ihnen?
▷ Auch gut, danke.

. . .

▷ Auf Wiedersehen, Frau Schöning!
► Auf Wiedersehen, Herr Fischer!

▷ Hallo, Karola! Wie geht's?
► Tag Ute! Nicht schlecht.
Ich bin nur müde.
▷ Ich auch.
► Wie geht's Peter?
▷ Ganz gut, danke.
► Tschüs!
▷ Tschüs! Bis bald!

## ALPHABET

| a | ah | h | hah | o | oh | v | fau | ä | ah-umlaut |
|---|-----|---|------|---|-----|---|----------|---|-----------|
| b | beh | i | ih | p | peh | w | weh | ö | oh-umlaut |
| c | tseh | j | jot | q | kuh | x | iks | ü | uh-umlaut |
| d | deh | k | kah | r | err | y | üppsilon | | |
| e | eh | l | ell | s | ess | z | tsett | | |
| f | eff | m | emm | t | teh | | | | |
| g | geh | n | enn | u | uh | ß | ess-tsett | | |

# TELEFONIEREN UND BUCHSTABIEREN

| Buchstabiertafel | Inland | | Ausland | |
|---|---|---|---|---|
| | A = Anton | O = Otto | A = Amsterdam | Q = Québec |
| **Post** | Ä = Ärger | Ö = Ökonom | B = Baltimore | R = Roma |
| | B = Berta | P = Paula | C = Casablanca | S = Santiago |
| | C = Cäsar | Q = Quelle | D = Danemark | T = Tripoli |
| | Ch = Charlotte | R = Richard | E = Edison | U = Upsala |
| | D = Dora | S = Samuel | F = Florida | V = Valencia |
| | E = Emil | Sch = Schule | G = Galipoli | W = Washington |
| | F = Friedrich | T = Theodor | H = Havana | X = Xanthippe |
| | G = Gustav | U = Ulrich | I = Italia | Y = Yokohama |
| | H = Heinrich | Ü = Übermut | J = Jerusalem | Z = Zürich |
| | I = Ida | V = Viktor | K = Kilogramme | |
| | J = Julius | W = Wilhelm | L = Liverpool | |
| | K = Kaufmann | X = Xanthippe | M = Madagaskar | |
| | L = Ludwig | Y = Ypsilon | N = New York | |
| | M = Martha | Z = Zacharias | O = Oslo | |
| Buchstabieren Sie laut! | N = Nordpol | | P = Paris | |

## Situation 11  Dialog: Buchstabieren Sie bitte!

▶ Wie ist Ihr Name?

▷ Mein Name ist Hewston.

▶ Wie bitte?
  Noch einmal, bitte langsam.

▷ H–e–w–s–t–o–n!

▶ Ah, Sie sind Amerikaner.
  Buchstabieren Sie bitte!

▷ H–e–w–s–t–o–n

▶ Und wie ist Ihre Telefonnummer?

▷ Meine Telefonnummer ist 06221-281930.
  (null-sechs-zwei-zwei-eins,
  achtundzwanzig-neunzehn-dreißig)

HERZLICH WILLKOMMEN

**Ihre Post TELEKOM**

„Villa Lanz"

## Situation 12  Dialog-Variation

**Und Sie?**
Wie ist Ihr Name? Buchstabieren Sie!
Wie ist Ihre Telefonnummer?

Student/in 1: Wie ist Ihr Name?
Student/in 2: Mein Name ist . . .
und so weiter (usw.)

**Situation 13** Firmennamen buchstabieren

# SCHRIFTLICHE ÜBUNGEN

**SÜ 1** Ergänzen Sie[1] **bin**, **ist** oder **sind**! <sup></sup>

<sup>[1]</sup>complete with

1. Ich _bin_ Amerikaner.
2. Wir ___ in Deutschland.
3. Woher ___ Peter und Brigitte?
4. Mein Name ___ Bönke.
5. Das ___ Frau Berger.
6. ___ Sie aus Berlin, Frau Braun?

7. ___ Alexander Ihr Vorname?
8. ___ Sie Ärztin?
9. Ich ___ Studentin.
10. Wir ___ jetzt im Klassenzimmer.
11. Wie ___ Ihr Name?
12. ___ das Ihr Familienname?

**SÜ2** Ergänzen Sie **ich**, **er**, **sie** *(singular)* oder **wir**!

1. _Sie_ ist Amerikanerin.
2. ___ ist Arzt.
3. ___ bin aus New York.
4. ___ ist Kellner.
5. ___ sind im Büro.
6. ___ ist Sekretärin.

7. ___ sind im Restaurant.
8. ___ ist Deutscher.
9. ___ bin zwanzig Jahre alt.
10. ___ sind aus Österreich.
11. ___ ist Hausfrau.
12. ___ sind zu Hause.

**SÜ 3** Fragen Sie mit **wer**, **was**, **wo**, **woher**, **wie**, **wieviel**!

1. _Wie heißen Sie?_ Ich heiße Hoffmann.
2. _____ Er ist aus Frankfurt.
3. _____ Danke gut. Und Ihnen?
4. _____ Mein Vorname ist Peter.
5. _____ Ich bin 22.
6. _____ Wir sind jetzt im Klassenzimmer.
7. _____ Sie ist Verkäuferin.
8. _____ Das ist Herr Alexander.
9. _____ Vier und sechs ist zehn.

# Wortschatz

| BERUFE | PROFESSIONS/ OCCUPATIONS |
|---|---|
| Arzt/Ärztin | physician |
| Hausmann/Hausfrau | house husband/ wife |
| Ingenieur/Ingenieurin | engineer |
| Kellner/Kellnerin | waiter/waitress |
| Lehrer/Lehrerin | teacher |
| Mechaniker/Mechanikerin | mechanic |
| Pilot/Pilotin | pilot |
| Polizist/Polizistin | policeman/ -woman |
| Sekretär/Sekretärin | secretary |
| Student/Studentin | student |
| Verkäufer/Verkäuferin | salesman/-lady |

| ARBEITSPLATZ | PLACE OF WORK |
|---|---|
| im Büro | in the office |
| im Flugzeug | in the airplane |
| im Kaufhaus | in the depart- ment store |
| im Klassenzimmer | in the classroom |
| im Krankenhaus | in the hospital |
| im Restaurant | in the restaurant |
| zu Hause | at home |

| VERSCHIEDENES | MISCELLANEOUS |
|---|---|
| auch | also |
| auf deutsch | in German |
| bitte | please |
| ganz | quite |
| ja | yes |
| jetzt | now |
| langsam | slow(ly) |
| müde | tired |
| nein | no |
| nicht | not |
| nur | only |
| schlecht | bad |
| Telefonnummer | telephone number |
| und so weiter (usw.) | and so on, etc. |
| von . . . bis | from . . . to |
| Verzeihung! | Excuse me./ Pardon me. |
| Zahl | number |

| VERBEN | VERBS |
|---|---|
| antworten | to answer |
| buchstabieren | to spell |
| ergänzen | to complete |
| fragen | to ask |
| heißen | to be called |
| sein | to be |
| telefonieren | to phone |
| zählen | to count |

| BEGRÜSSEN UND VERABSCHIEDEN | GREETING AND FAREWELL |
|---|---|
| Auf Wiedersehen! | Goodbye |
| Bis bald! | See you soon! |
| Danke gut. Und Ihnen? | Thank you fine. And you? |
| Frau . . . | Mrs. . . . |
| Fräulein . . . | Miss . . . |
| ganz gut | quite well/good |
| Grüß Gott! | greeting used in Southern Germany and Austria at all times of the day |
| Guten Morgen! | Good morning |
| Guten Tag! | Good day |
| Guten Abend! | Good evening |
| Gute Nacht! | Good night |
| Hallo! | Hello! Hi! |
| Herr. . . | Mr. . . . |
| Nicht schlecht. | Not bad. |
| Tschüs! | Bye (informal) |
| Wie geht es Ihnen? | How are you? |
| Wie geht's? | How are you? (informal) |

| FRAGEWÖRTER | QUESTION WORDS |
|---|---|
| was? | what? |
| wer? | who? |
| wie? | how? |
| wieviel? | how much? |
| wo? | where? |
| woher? | where from? |

| LAND | COUNTRY | NATIONALITÄT | NATIONALITY |
|---|---|---|---|
| **Amerika** | America | **Amerikaner/Amerikanerin** | American |
| **Bundesrepublik Deutschland** | Federal Republic of Germany | **Deutscher/Deutsche** | German |
| **Kanada** | Canada | **Kanadier/Kanadierin** | Canadian |
| **Österreich** | Austria | **Österreicher/Österreicherin** | Austrian |
| **Schweiz** | Switzerland | **Schweizer/Schweizerin** | Swiss |

## FRAGEN UND ANTWORTEN — QUESTIONS AND ANSWERS

**Was ist er von Beruf?** — What is his profession (occupation)?
  **Er ist . . .** — He is . . .
**Wie heißen Sie?** — What is your name?
  **Ich heiße . . .** — My name is . . .
**Wie ist Ihr Name?** — What is your name?
  **Mein Name ist . . .** — My name is . . .
  **Mein Vorname ist . . .** — My first name is . . .
  **Mein Familienname ist . . .** — My family name is . . .
**Wie alt sind Sie?** — How old are you?
  **Ich bin . . . Jahre alt.** — I am . . . years old.
**Wo sind Sie jetzt?** — Where are you now?
  **Ich bin jetzt in/im . . .** — I am now in/in the . . .
**Woher sind Sie?** — Where are you from?
  **Ich bin aus . . .** — I am from . . .

*Leicht erkennbare Wörter* (Easily recognizable words)
**Alphabet/alt/gut/hier/in/Information/
Interview/jung/laut/
minus/plus/Situation/und**

## PASSIVES VOKABULAR

| | |
|---|---|
| **Alter** | age |
| **begrüßen** | to greet s.o. |
| **Herkunft** | place of origin |
| **biographische Informationen** | biographical information |
| **Umfrage** | inquiry, poll |
| **verabschieden** | to say goodbye |
| **Wohnort** | residence |

# Wer ist das? — Was ist das?

### Themen und Sprechziele
Personen und Dinge benennen
Zahlen 30–2000
Farben • Dinge im Zimmer beschreiben
Uhrzeit • Wochentage
Wer ist das? • Wie spät ist es?

### Kultur und Information
Empfindungswörter
Was ist typisch deutsch?

### Grammatik und Übungen
The Definite Article **der**/**das**/**die**
Replacement of Nouns by Pronouns
Past Tense 1: **sein**

# SPRECHZIELE (1)

## PERSONEN UND DINGE BENENNEN

*Der bestimmte Artikel: der / das / die*

**Situation 1**   Mini-Dialoge: Wer ist das?

▷ Wer ist der Mann hier rechts?
▶ Das ist Herr Braun.
▷ Wie heißt der Herr?
▶ Er heißt Norbert Braun.

▷ Wer ist die Frau dort links?
▶ Das ist Frau Braun.
▷ Wie heißt die Dame?
▶ Sie heißt Helga Braun.

▷ Wer sind die Leute dort?
▶ Das sind Herr und Frau Braun.
▷ Wie heißen die Leute?
▶ Sie heißen Norbert und Helga Braun.

**Das ist . . .**

| | |
|---|---|
| **der** Mann | **die** Frau |
| **der** Mechaniker | **die** Mechaniker**in** |
| **der** Lehrer | **die** Lehrer**in** |
| **der** Polizist | **die** Polizist**in** |
| **der** Student | **die** Student**in** |

**der** Junge          **das** Mädchen

## Situation 2   Die Dinge im Klassenzimmer

Was ist das?
Wie heißt das auf deutsch?

Das ist der . . ./das . . ./die . . .
Das heißt . . .

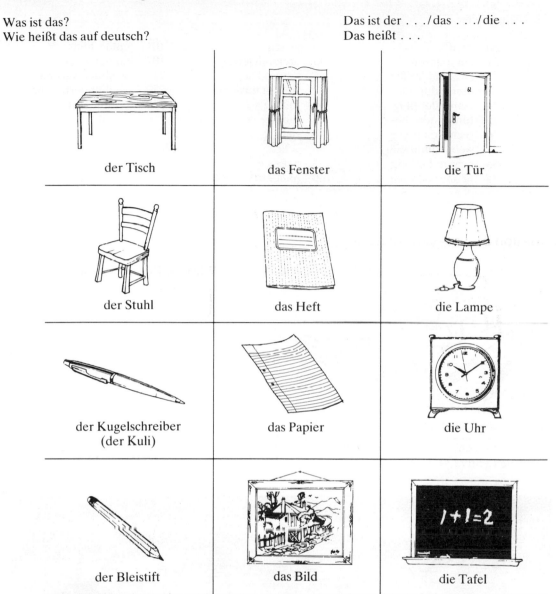

| | | |
|---|---|---|
| der Tisch | das Fenster | die Tür |
| der Stuhl | das Heft | die Lampe |
| der Kugelschreiber (der Kuli) | das Papier | die Uhr |
| der Bleistift | das Bild | die Tafel |

**Was ist das?**

Ist das der Tisch?     Nein, das ist **nicht** der Tisch.
Ist das das Bild?      Nein, das ist **nicht** das Bild.
Ist das die Lampe?     Nein, das ist **nicht** die Lampe.

Was ist das?
**Das ist das Buch.**

# ZAHLEN

**Wir zählen weiter.**

| | | | | | |
|---|---|---|---|---|---|
| 30 | dreißig | 40 | vierzig | 101 | hunderteins |
| 31 | einunddreißig | 43 | dreiundvierzig | 102 | hundertzwei |
| 32 | zweiunddreißig | 45 | fünfundvierzig | 210 | zweihundertzehn |
| 33 | dreiunddreißig | 47 | siebenundvierzig | 220 | zweihundertzwanzig |
| 34 | vierunddreißig | 50 | fünfzig | 500 | fünfhundert |
| 35 | fünfunddreißig | 60 | sechzig | | |
| 36 | sechsunddreißig | 70 | siebzig | 1000 | tausend |
| 37 | siebenunddreißig | 80 | achtzig | 2000 | zweitausend |
| 38 | achtunddreißig | 90 | neunzig | | |
| 39 | neununddreißig | 100 | hundert | | |

## Situation 3    Wie viele sind das?

▷ Wie viele Bücher sind das?
▶ Das sind drei Bücher.

▷ Wie viele Bleistifte sind das?
▶ Das sind zwei Bleistifte.

▷ Wie viele Kugelschreiber sind das?
▶ Das sind vier Kugelschreiber.

Wie viele Studenten sind im Klassenzimmer?

| | | | |
|---|---|---|---|
| Wie viele Frauen? | Wie viele Stühle? | Wie viele Fenster? | Wie viele Tafeln? |
| Wie viele Lehrer? | Wie viele Tische? | Wie viele Türen? | Wie viele Lampen? |

# FARBEN

**Situation 4**   Was ist im Klassenzimmer . . . ?

| | |
|---|---|
| **weiß** | Ist **das Papier** weiß? |
| **grün** | Ist **der Bleistift** grün? |
| **braun** | Sind **die Stühle** braun? |
| **blau** | Ist **das Buch** blau? |
| **gelb** | Sind **die Bleistifte** gelb? |
| **rot** | Ist **die Tafel** rot? |
| **grau** | Ist **der Schreibtisch** grau? |
| **schwarz** | Ist **der Kuli** schwarz? |
| **bunt** | Ist **das Bild** bunt? |

Ja, **es** ist weiß.
Nein, **er** ist nicht grün. Er ist gelb.
Ja, **sie** sind braun.

# DINGE BESCHREIBEN

**Situation 5**   Was ist im Zimmer . . . ?

| | | |
|---|---|---|
| **rechts** | ↔ | **links** |
| **oben** | ↔ | **unten** |
| **hinten** | ↔ | **vorn(e)** |
| **alt** | ↔ | **neu** |
| **groß** | ↔ | **klein** |
| **dick** | ↔ | **dünn** |
| **kurz** | ↔ | **lang** |
| **gut** | ↔ | **schlecht** |
| **rund** | ↔ | **viereckig** |
| **modern** | ↔ | **unmodern** |
| **richtig** | ↔ | **falsch** |

Das Bild ist rechts. **Es** ist nicht rund. Es ist viereckig.
Die Uhr ist links oben. **Sie** ist rund. Sie ist sehr alt.
Das Fenster ist hinten. **Es** ist nicht groß. Es ist klein.
Der Stuhl . . .
Der Schreibtisch . . .
Das Heft . . .
Der Bleistift . . .
Das Buch . . .
Die Uhr . . .
Die Lampe . . .
Das Papier . . .
und so weiter (usw.)

## Wie und wo sind die Dinge?

# GRAMMATIK

## 1 Noun Gender

All German nouns (the words that name persons, places, things or ideas) are classified according to their grammatical gender as masculine, feminine or neuter. It is important to understand that, except when referring to human beings and animals, the gender of German nouns has nothing to do with biological gender (sex). Even nouns denoting lifeless things or abstract ideas are grammatically classified as masculine, feminine or neuter. There is obviously nothing inherently masculine in a noun such as **Tisch** *(table)*. There is no way to discern that **Tür** *(door)* is a feminine noun, nor can one tell that **Fenster** *(window)* is neuter merely by looking at it. A native speaker of German is not even conscious of gender; it is simply a grammatical feature of the language. Usually German nouns themselves do not show gender. This function is left to the definite article.

## 2 The Definite Article: **der** / **das** / **die**

The definite article points to a definite (specific) person, place, thing or idea. In English, there is only one definite article: *the*. German has three equivalent forms: **der**, **das**, **die**. Each form indicates to which of the three grammatical classes the noun belongs. This book uses the sequence masculine, neuter, feminine.

| Masculine *(the)* | Neuter *(the)* | Feminine *(the)* |
|---|---|---|
| der Tisch | das Fenster | die Lampe |
| der Bleistift | das Zimmer | die Uhr |
| der Mann | das Buch | die Frau |

Because the grammatical gender of most German nouns is not predictable, always memorize the definite article together with the noun.

Do memorize | Do not memorize

**die Lampe**
**der Tisch**
**das Buch**

The German definite article for plural nouns has only one form: **die**

| Singular | Plural |
|---|---|
| der Stuhl | **die** Stühle |
| das Buch | **die** Bücher |
| die Lampe | **die** Lampen |

Plural forms are indicated in the vocabularies as follows:

|  |  | **Plural** |
|---|---|---|
| der **Apfel, ⸚** | = | die Äpfel |
| der **Amerikaner, -** | = | die Amerikaner |
| die **Lampe, -n** | = | die Lampen |
| die **Frau, -en** | = | die Frauen |
| der **Tisch, -e** | = | die Tische |
| das **Bild, -er** | = | die Bilder |
| das **Auto, -s** | = | die Autos |

*der Student – die Studenten*
*die Studentin – die Studentinnen*

Look closely at the plural forms of the above German nouns. You will see that they undergo changes from the singular to the plural. Most English nouns form their plural by adding *-s (book / books)*. There is no definite rule for the formation of German plural of nouns. Therefore, it is best to memorize the plural along with the singular form of the noun and the definite article.

---

Study Hints

As in English, nouns denoting males are usually grammatically masculine (**der**-nouns); most nouns denoting females are grammatically feminine (**die**-nouns). There are, however, some exceptions, as for example **das Mädchen** *(the girl)* and **das Kind** *(the child)*.

| **Masculine** | **Feminine** |
|---|---|
| der Herr | die Dame |
| der Mann | die Frau |

The suffix **-in** is often added to a masculine noun to form its feminine counterpart. Thus, nouns ending in the suffix **-in** are always **die**-nouns.

| | |
|---|---|
| der Amerikaner | die Amerikanerin |
| der Student | die Studentin |
| der Lehrer | die Lehrerin |
| der Arzt | die Ärztin |

As a rule, nouns ending in **-e** are **die**-nouns. There are, however, some exceptions.

| | | |
|---|---|---|
| die Lampe | | der Name |
| die Farbe | *but:* | der Buchstabe |
| die Frage | | (and others) |

All nouns ending in the suffix **-ung** are **die**-nouns.

die Übung
die Entschuldigung
die Wiederholung

## 3 Omission of the Article

When stating an affiliation with a national, religious or occupational group the article is usually omitted in German:

| | |
|---|---|
| Ralf ist Student. | *Ralf is a student.* |
| Sind Sie Amerikaner? | *Are you American?* |
| Sie ist Sekretärin. | *She is a secretary.* |

## 4 Replacement of Nouns by Pronouns

In German, the personal pronouns (see Chapter 1) must agree with the grammatical gender of the nouns they replace. Note the similarity between the definite article and the corresponding pronoun.

| der Tisch | das Buch | die Lampe | die Bücher |
|---|---|---|---|
| -er —— | -es —— | sie —— | sie —— |

Thus, the pronoun **er** may mean *he* or *it* in English, the pronoun **sie** may mean *she* or *it*, depending on the nouns they replace.

| | | |
|---|---|---|
| **Der Tisch** ist alt. | **Er** ist alt. | *It is old.* |
| **Der Mann** ist alt. | **Er** ist alt. | *He is old.* |
| **Die Lampe** ist dort. | **Sie** ist dort. | *It is there.* |
| **Die Frau** ist dort. | **Sie** ist dort. | *She is there.* |
| **Das Buch** ist dünn. | **Es** ist dünn. | *It is thin.* |
| **Das Mädchen** ist klein. | **Es** ist klein. | *She is small.* |

## 5 Past Tense 1: **sein**

When Germans speak of past events with **sein** they use forms which are very similar to English *was / were*.

| Past Tense: **sein** (*to be*) | |
|---|---|
| ich/er/es/sie war | *I/he/it/she was* |
| wir/sie/Sie waren | *we/they/you were* |
| du warst | *you were* |
| ihr wart | *you were* |

| | |
|---|---|
| Gestern war Montag. | *Yesterday was Monday.* |
| Wir waren zu Hause. | *We were at home.* |
| Wo waren Sie? | *Where were you?* |

# Kultur und Information: Was ist typisch deutsch?

Ferien auf dem Bauernhof
Karl Heinz Ritter

3. Stille Nacht, heilige Nacht

**Was ist typisch deutsch?**
**Ist das typisch deutsch?**

# MÜNDLICHE ÜBUNGEN

**MÜ 1**  Hier ist die Antwort. Fragen Sie mit **wer** oder **was**!

- Das ist Herr Falke. → *Wer ist das?*
  Das ist der Kuli. → *Was ist das?*

1. Das ist der Kugelschreiber.
2. Das ist der Student.
3. Das ist Frau Hoffmann.
4. Das ist das Mädchen.

5. Das ist das Buch.
6. Das ist die Tür.
7. Das ist der Tisch.
8. Das ist das Kind.

**MÜ 2**  Antworten Sie mit **er**, **es** oder **sie**!

- Ist der Tisch braun? → *Ja, er ist braun. (Nein, er ist nicht braun.)*

1. Ist der Tisch klein?
2. Ist das Heft schwarz?
3. Sind die Fenster groß?
4. Ist die Lampe unten?
5. Sind die Bilder klein?
6. Ist der Polizist hier?

7. Ist der Kugelschreiber weiß?
8. Sind die Stühle rot?
9. Ist die Tür grün?
10. Sind die Studenten alt?
11. Ist der Bleistift kurz?
12. Sind die Bücher neu?

**MÜ 3**  Fragen Sie mit **wer, was, wo, woher**!

- Das ist **Herr Müller**. → *Wer ist das?*

1. Das ist **Frau Braun.**
2. Sie ist **aus Berlin.**
3. Dort ist **die Lampe**.
4. **Dort** ist das Fenster.

5. **Die Tür** ist rechts.
6. Der Mann ist **Polizist.**
7. **Hier** ist das Buch.
8. Er ist **aus Florida.**

**MÜ 4**  Antworten Sie!

Was ist im Klassenzimmer . . . ?

1. weiß
2. grün
3. braun
4. gelb
5. schwarz
6. rot

7. groß
8. klein
9. alt
10. neu
11. lang
12. kurz

13. dick
14. dünn
15. oben
16. rechts
17. links
18. unten

**MÜ 5**    Lesen Sie laut!

| | | | |
|---|---|---|---|
| 21 Studenten | 17 Damen | 6 Bilder | 16 Kugelschreiber |
| 16 Tische | 4 Farben | 9 Hefte | 3 Lampen |
| 100 Bücher | 10 Frauen | 22 Studentinnen | 13 Bleistifte |
| 11 Stühle | 12 Uhren | 30 Amerikaner | 7 Tage |
| 15 Männer | 2 Lehrerinnen | 2 Türen | 5 Wochen |

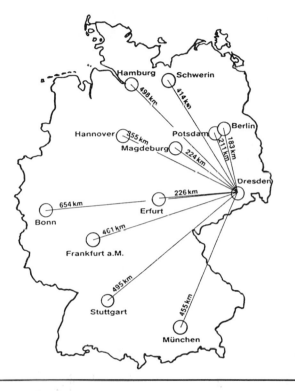

## SPIEL
**Wie viele Kilometer sind es von Dresden nach[1] . . . ?**

[1] from . . . to

---

## Kultur und Information: Empfindungswörter[1]

**Ach!** dort ist Thomas!
**Aha!** Thomas ist auch dort.
**Auweia** Thomas, das ist nicht gut!
**Ei** Thomas? Was ist das?
**Hm!** Thomas ist auch dort.
**Hurra!** dort ist Thomas!
**Iggitt** Thomas, was ist das?
**Och** Thomas!
**Pfui** Thomas!
**Nein** Thomas, das ist schlecht.
**Ja, ja** Thomas. Es ist ok.

[1] words to express feelings

# SPRECHZIELE (2)

## DIE UHRZEIT

**Wieviel Uhr ist es?**

Es ist ein Uhr.            Es ist zwei Uhr.            Es ist vier Uhr.
Es ist dreizehn Uhr.       Es ist vierzehn Uhr.        Es ist sechzehn Uhr.

Es ist ein Uhr fünf.       Es ist ein Uhr fünfundfünfzig.   Es ist fünf Uhr zehn.
Es ist fünf nach eins.     Es ist fünf Minuten vor zwei.    Es ist zehn nach fünf.

Es ist ein Uhr fünfzehn.   Es ist ein Uhr fünfundvierzig.   Es ist drei Uhr fünfzehn.
Es ist Viertel nach eins.  Es ist Viertel vor zwei.         Es ist Viertel nach drei.
Es ist Viertel zwei.       Es ist dreiviertel zwei.         Es ist Viertel vier.

Es ist ein Uhr dreißig.    Es ist drei Uhr dreißig.    Es ist zwölf Uhr fünfundvierzig.
Es ist halb zwei.          Es ist halb vier.           Es ist Viertel vor eins.
                                                       Es ist dreiviertel eins.

## Situation 7   Wie spät ist es?

**Es ist . . .**

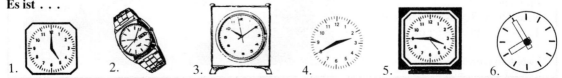

1.          2.          3.          4.          5.          6.

## Situation 8  Mini-Dialoge: Uhrzeit

▷ Verzeihung, wieviel Uhr ist es?
► Es ist jetzt genau 7 Uhr.
▷ Danke.

▷ Entschuldigung, wie spät ist es?
► Es ist halb acht.
▷ Vielen Dank.

▷ Wieviel Uhr ist es?
► Viertel vor zwölf.
▷ Was? Schon so spät?

## DIE WOCHENTAGE

Die Wochentage heißen . . .

der Montag
der Dienstag
der Mittwoch
der Donnerstag
der Freitag
der Samstag[1]
der Sonntag

[1] der Samstag oder der Sonnabend

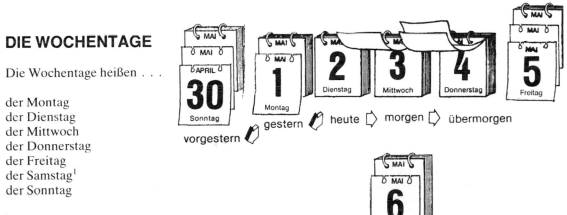

## Situation 9  Was ist heute? – Was war gestern?

| | |
|---|---|
| Was ist heute? | Heute ist Dienstag. |
| Was ist morgen? | Morgen ist Mittwoch. |
| Was ist übermorgen? | Übermorgen ist Donnerstag. |
| Was war gestern? | Gestern war Montag. |
| Was war vorgestern? | Vorgestern war Sonntag. |
| Was ist Samstag und Sonntag? | Das ist das Wochenende. |

# SCHRIFTLICHE ÜBUNGEN

**SÜ 1**  Was ist richtig: **der**, **das** oder **die**?

Das ist . . .          Das ist . . .          Das ist . . .

1. *der* Mann       8. ____ Pilot           15. ____ Kugelschreiber
2. ____ Bild        9. ____ Stuhl           16. ____ Mechaniker
3. ____ Uhr         10. ____ Papier         17. ____ Sekretärin
4. ____ Heft        11. ____ Farbe          18. ____ Fenster
5. ____ Herr        12. ____ Tisch          19. ____ Lehrer
6. ____ Frau        13. ____ Zahl           20. ____ Student
7. ____ Lampe       14. ____ Tafel          21. ____ Klassenzimmer


**SÜ 2**  Hier ist die Antwort. Fragen Sie!

● Der Mann ist Mechaniker. → *Ist der Mann Mechaniker?*

1. Die Frau ist Kellnerin.           4. Das Heft ist dünn.
2. Herr Alexander ist hier.          5. Der Bleistift ist gelb.
3. Die Tür ist hinten.               6. Der Tisch ist vorne.


**SÜ 3**  Antworten Sie mit **er**, **es** oder **sie**!

● Ist der Mann Mechaniker? → *Ja, er ist Mechaniker.*
*(Nein, er ist nicht Mechaniker.)*

1. Ist Frau Braun Hausfrau?          5. Sind die Fenster groß?
2. Ist Herr Bönke Deutscher?         6. Ist der Kuli schwarz?
3. Sind die Studenten zu Hause?      7. Ist das Klassenzimmer klein?
4. Ist das Bild neu?                 8. Sind die Bücher dick?


**SÜ 4**  Ergänzen Sie **bin**, **ist** oder **sind**!

1. Der Bleistift *ist* lang.          7. ____ der Kugelschreiber bunt?
2. Wo ____ die Tür, bitte?            8. Herr und Frau Meyer ____ hier.
3. Dort ____ die Fenster.            9. Wie viele Studenten ____ hier?
4. Woher ____ die Studenten?        10. Im Klassenzimmer ____ drei Fenster.
5. Wer ____ die Dame dort?          11. Wieviel Uhr ____ es?
6. Die Bilder ____ alt.             12. Ich ____ Student.


**30**   Kapitel 2

# Wortschatz

(Review of the nouns of Chapter 1 with their definite article)

## PERSONEN

| | |
|---|---|
| der Arzt, ⸚e | die Ärztin, -nen |
| der Hausmann, ⸚er | die Hausfrau, -en |
| der Herr, -en | die Dame, -n |
| der Ingenieur, -e | die Ingenieurin, -nen |
| der Kellner, - | die Kellnerin, -nen |
| der Lehrer, - | die Lehrerin, -nen |
| der Mechaniker, - | die Mechanikerin, -nen |
| der Professor, -en | die Professorin, -nen |
| der Pilot, -en | die Pilotin, -nen |
| der Polizist, -en | die Polizistin, -nen |
| der Sekretär, -e | die Sekretärin, -nen |
| der Student, -en | die Studentin, -nen |
| der Verkäufer, - | die Verkäuferin, -nen |

## DINGE

das Alphabet
der Beruf, -e
das Büro, -s
das Flugzeug, -e
das Haus, ⸚er
die Information, -en
das Kaufhaus, ⸚er
das Krankenhaus, ⸚er
das Klassenzimmer, -
der Name, -n
das Restaurant, -s
die Situation, -en
die Telefonnummer, -n
die Zahl, -en
das Zimmer, -

## NOMEN / NOUNS

| | |
|---|---|
| der Bleistift, -e | pencil |
| der Junge, -n | boy |
| der Kugelschreiber, - | ballpoint pen |
| der Kuli, -s | (ballpoint) pen |
| der Schreibtisch, -e | desk |
| der Stuhl, ⸚e | chair |
| der Tisch, -e | table |
| | |
| das Bild, -er | picture |
| das Buch, ⸚er | book |
| das Fenster, - | window |
| das Heft, -e | notebook |
| das Mädchen, - | girl |
| | |
| die Farbe, -n | color |
| die Frau, -en | woman |
| die Leute *(pl.)* | people |
| die Tafel, -n | blackboard |
| die Tür, -en | door |
| die Uhr, -en | clock, watch |
| die Zeit, -en | time |

### Leicht erkennbare Wörter

die Adresse, -n/ das Ding, -e/
der Mann, ⸚er/ das Papier, -e

## WOCHENTAGE / DAYS OF THE WEEK

| | |
|---|---|
| der Tag, -e | day |
| der Montag | Monday |
| der Dienstag | Tuesday |
| der Mittwoch | Wednesday |
| der Donnerstag | Thursday |
| der Freitag | Friday |
| der Samstag/ Sonnabend | Saturday |
| der Sonntag | Sunday |
| die Woche, -n | week |
| das Wochenende, -n | weekend |

## ZEITADVERBEN / ADVERBS OF TIME

| | |
|---|---|
| gestern | yesterday |
| heute | today |
| morgen | tomorrow |
| übermorgen | day after tomorrow |
| vorgestern | day before yesterday |

| DIE UHRZEIT | TIME |
|---|---|
| **Wie spät ist es?** | How late is it? |
| **Wieviel Uhr ist es?** | What time is it? |
| **Es ist . . .** | It is . . . |
| **schon** | already |
| **genau** | exactly |
| **fünf nach eins** | five after one |
| **fünf vor eins** | five to one |
| **Viertel eins** | quarter past twelve |
| **Viertel nach eins** | quarter past one |
| **Viertel vor eins** | quarter to one |
| **halb eins** | twelve thirty |
| **dreiviertel eins** | quarter to one |

| FARBEN | COLORS |
|---|---|
| **blau** | blue |
| **braun** | brown |
| **bunt** | colorful |
| **gelb** | yellow |
| **grau** | gray |
| **grün** | green |
| **rot** | red |
| **schwarz** | black |
| **weiß** | white |

| DINGE BESCHREIBEN | DESCRIBING OBJECTS |
|---|---|
| **Wie / wo / wann . . . ?** | How / where / when . . . ? |
| **Es ist . . .** | It is . . . |
| **dick ↔ dünn** | thick ↔ thin |
| **dort ↔ hier** | there ↔ here |
| **groß ↔ klein** | big, large ↔ small |
| **hinten ↔ vorn(e)** | behind ↔ in front |
| **kurz ↔ lang** | short ↔ long |
| **links ↔ rechts** | left ↔ right |
| **modern ↔ unmodern** | modern ↔ out of fashion |
| **neu ↔ alt** | new ↔ old |
| **oben ↔ unten** | above ↔ below |
| **richtig ↔ falsch** | right ↔ wrong |
| **rund ↔ viereckig** | round ↔ square |
| **schlecht ↔ gut** | bad ↔ good |
| **spät ↔ früh** | late ↔ early |

| VERSCHIEDENES | MISCELLANEOUS |
|---|---|
| **Entschuldigung!** | Excuse me. |
| **halb** | half |
| **sehr** | very |
| **viel** | much |
| **viele** | many |
| **Wie heißt das?** | What does this mean? |
| **Das heißt . . . (d.h.)** | This means . . . |
| **wieviel?** | how much? |
| **wie viele?** | how many? |

K

| | |
|---|---|
| Kirschenlohr Richard Ring-34 | 2 25 29 |
| Kirschner Eva | |
| Moltke-26 | 4 25 33 |
| Kirschner Hella Albert-Mays-1 | 1 26 06 |
| Kirschner Karl | |
| Mittermaier-15 | 1 32 71 |
| Kirschner Ralf Konstanzer-7 | 3 58 99 |
| Kirschnick Lothar | |
| Freiheitsweg 7 | 7 29 64 |
| Kirst Alfred Nachtigallenweg 11 | 7 49 37 |
| Kirst Hedwig Zaunkönigweg 1 | 7 49 88 |
| Kirste Erich | |
| Kornmarkt 3 | 2 13 70 |
| Kirstein Helmut | |
| Markt-80 | 7 72 38 |
| Kirstein Ingeborg Jellinekpl. 1 | 38 34 36 |
| Kirstein Renate Mombertpl. 23 | 38 24 04 |
| Kirstein Richard Jellinekpl. 1 | 38 19 69 |
| Kirsten Albert Gneisenau-29 | 2 84 41 |
| Kirsten Christa | |
| Turner-33 | 3 67 37 |
| Kirsten Gerhard Realschulrektor | |
| (Eph) Adalbert-Stifter-12 | 6 04 60 |
| Kirsten Till Prof. Dr. Berghalde 22 | 38 23 79 |
| Kis Halis (Eph) Richard-Wagner-5 | 6 52 08 |
| Kischlat Walter Turner-141 | 37 23 50 |
| Kish Bruce E. Von der Tann-48 | 3 32 96 |
| Kishaba Fred T. Glatzer-23 | 78 16 59 |

*Lesen Sie die Telefonnummern laut!*

# Sport und Freizeit

**Themen und Sprechziele**
Persönliche Informationen
Aktivitäten beschreiben
Was studieren Sie?

**Kultur und Information**
Studienfächer

**Grammatik und Übungen**
Present Tense 1: Regular Verbs
Imperative: **Sie** ● **wir**
Basic Sentence Structure
Negation: Position of **nicht**

33

# SPRECHZIELE (1)

## PERSÖNLICHE INFORMATIONEN

**Situation 1**  Dialog: Was studieren Sie?

▷ **Ich heiße** Brigitte Weber.
   Wie **heißen Sie?**

▶ **Ich heiße** Ralph Sander.

▷ **Ich komme** aus Hamburg.
   Woher **kommen Sie?**

▶ **Ich komme** aus München.

▷ **Ich wohne** jetzt in Frankfurt.
   Wo **wohnen Sie?**

▶ **Ich wohne** auch in Frankfurt.

▷ **Ich arbeite** in Frankfurt.
   Wo **arbeiten Sie?**

▶ **Ich arbeite** nicht. **Ich studiere** hier.

▷ Und was **studieren Sie?**

▶ **Ich studiere** Informatik.

**Er heißt** Ralph Sander.
**Er kommt** aus München.
**Er wohnt** jetzt in Frankfurt.
**Er arbeitet** nicht in Frankfurt.
**Er studiert** dort Informatik.

**Sie heißt** Brigitte Weber.
**Sie kommt** aus Hamburg.
**Sie wohnt** jetzt in Frankfurt.
**Sie arbeitet** in Frankfurt.
**Sie studiert** nicht.

## Kultur und Information: Studienfächer

Diese Studienfächer sind in Deutschland sehr beliebt. 70 Prozent von allen Studenten studieren diese Fächer.[1]

[1]subjects

| | | | |
|---|---|---|---|
| Biologie | Chemie | Elektrotechnik | Germanistik |
| Geschichte | Humanmedizin | Informatik | Jura |
| Maschinenbau | Mathematik | Physik | Psychologie |
| Wirtschafts-wissenschaften | Erziehungs-wissenschaften | Und Sie? Was studieren Sie? | |

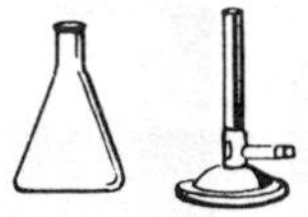

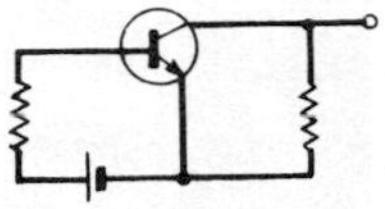

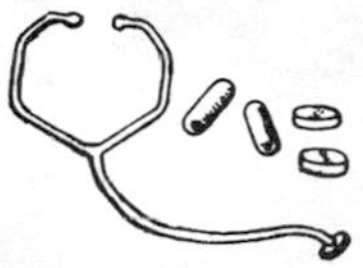

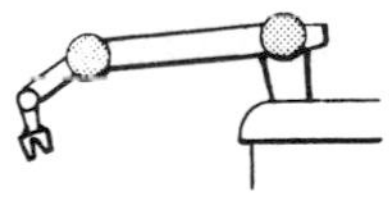

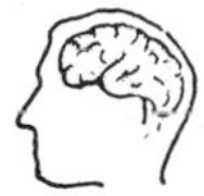

$$\int_a^b f(x)\,dx = \frac{1}{2}\left[f(x)^2\right]_a^b$$

## Situation 2    Im Deutschkurs – Im Deutschunterricht

Sie lernen jetzt Deutsch.
Verstehen Sie ein bißchen Deutsch?
Sprechen Sie ein bißchen Deutsch?
Wo sprechen Sie Deutsch?
**Was tun Sie im Klassenzimmer?**

Wir fragen und wir antworten.
Wir lesen und wir schreiben.
Wir buchstabieren und wir zählen.
Wir wiederholen die Wörter.
Wir üben die Sätze.

**Die Frage**

**Fragen Sie** auf deutsch?
**Antworten Sie** auf deutsch?
**Zählen Sie** auf deutsch?
**Wiederholen Sie** viel?

**Die Aufforderung (der Imperativ)**

**Fragen Sie** auf deutsch!
**Antworten Sie** auf deutsch!
**Zählen Sie** auf deutsch!
**Wiederholen Sie** bitte!

# AKTIVITÄTEN BESCHREIBEN

**Situation 3**  Was tun die Leute?

Sie heißt Karola.
Sie ist Studentin.
Sie studiert Biologie.
Sie wohnt im Studentenheim.
Sie trinkt gerade Kaffee.
Sie raucht.

Die Leute arbeiten im Büro.
Der Herr telefoniert gerade.
Er schreibt. Die Dame links
zeigt die Landkarte. Die Dame
rechts bringt die Hefte.

Das sind Katja und Jan.
Sie waren im Kino.
Wohin gehen Katja und Jan?
Sie gehen jetzt nach Hause.
Sie gehen zu Fuß.
Es regnet ein wenig.

**Situation 4**  Beruf und Arbeit: Wer tut was?

1. Sie arbeitet zu Hause.
2. Sie bringt das Bier und serviert das Essen.
3. Er repariert das Auto.
4. Sie arbeitet im Supermarkt.
5. Sie lernt Deutsch.
6. Er korrigiert die Hausaufgaben.
7. Sie telefoniert und schreibt im Büro.
8. Er arbeitet im Krankenhaus.

(a) die Studentin
(b) die Kellnerin
(c) die Sekretärin
(d) die Verkäuferin
(e) der Arzt
(f) die Hausfrau
(g) der Lehrer
(h) der Mechaniker

**Situation 5**  Interview: Fragen Sie Ihre Mitstudenten!

1. Wie heißen Sie?
2. Woher kommen Sie?
3. Wo wohnen Sie jetzt?
4. Arbeiten oder studieren Sie?
5. Rauchen Sie?
6. Trinken Sie viel Kaffee?
7. Was lernen Sie im Deutschkurs?
8. Verstehen Sie Deutsch?
9. Antworten Sie hier auf deutsch?
10. Was tun Sie im Klassenzimmer?
11. Wo schreiben Sie die Hausaufgabe?
12. Wer korrigiert die Hausaufgaben?

# GRAMMATIK

## 1 Present Tense 1: Regular Verbs

### A The Infinitive

The verb is the word that expresses the action or situation in a sentence. The form you find in the dictionary is called the infinitive: **gehen**, **lernen**, etc. In English, the infinitive is usually preceded by *to*. A German infinitive has an **-n** or **-en** ending attached to the stem of the verb.

| *to come* | *to drink* | *to bring* | *to do* |
|-----------|-----------|-----------|---------|
| kommen    | trinken   | bringen   | tun     |

### B Formation of the Present Tense

The verb indicates the time element of the action or situation described in the sentence. A verb can be in the present, past or future tense. A German verb conveys present time when a set of present tense endings is added to the verb stem. To find the stem of a verb, eliminate the infinitive ending **-n** or **-en**: komm-, trink-, bring-, tu-.

#### 1. Verb Endings

Personal verb endings are characteristic of many languages. In German, the personal endings are added to the stem of the verb. This process is called **conjugation**.

| Stem + Ending | | Present Tense: **bringen** *(to bring)* |
|---|---|---|
| ich bring- | **e** | ich bringe |
| er/es/sie bring- | **t** | er/es/sie bringt |
| wir/sie/Sie bring- | **en** | wir/sie/Sie bringen |
| du bring- | **st** | du bringst |
| ihr bring- | **t** | ihr bringt |

**Remember** The formal form of address **Sie** may refer to one or more persons, depending on the context. **Sie** always takes the plural verb form.

Look at some more examples:

|              | **lernen** | **trinken** | **wohnen** | **tun** | **gehen** | **kaufen** |
|--------------|-----------|-------------|-----------|---------|-----------|------------|
| ich          | lerne     | trinke      | wohne     | tue     | gehe      | kaufe      |
| er/es/sie    | lernt     | trinkt      | wohnt     | tut     | geht      | kauft      |
| wir/sie/Sie  | lernen    | trinken     | wohnen    | tun     | gehen     | kaufen     |
| du           | lernst    | trinkst     | wohnst    | tust    | gehst     | kaufst     |
| ihr          | lernt     | trinkt      | wohnt     | tut     | geht      | kauft      |

## 2. Variation

If the verb stem ends in **-t** or **-d** as in **arbeiten**, **antworten**, **finden** or in a consonant cluster as in **regnen** *(to rain)* or **öffnen** *(to open)*, an **-e** is inserted between the stem and the ending **-t** of the **er/es/sie**-form. This is done for ease of pronunciation.

| INFINITIVE | arbeiten | finden | öffnen |
|---|---|---|---|
| VERB STEM | arbeit- | find- | öffn- |
| er/es/sie | arbei**tet** | fin**det** | öff**net** |
| du | arbeitest | findest | öffnest |
| ihr | arbeitet | findet | öffnet |

## C  Use of the Present Tense

### 1. English and German Present Tenses Compared

German does not differentiate between *she works*, a habitual activity, and *she is working*, an action in progress, or the emphatic *she does work*. While there is a difference for the native speaker of English, the German equivalent for all three forms is simply **sie arbeitet**.

Ich trinke Kaffee.
{
*I am drinking coffee.*
*I drink coffee.*
*I do drink coffee.*

The same is true for questions and negative statements.

| Antwortet er auf englisch? | *Is he answering in English?* |
|---|---|
| Nein, er antwortet auf deutsch. | *No, he is answering in German.* |
| Arbeitet er? | *Does he work?* |
| Nein, er arbeitet nicht. | *No, he doesn't work.* |
| Gehen Sie nach Hause? | *Are you going home?* |
| Nein, ich gehe nicht. | *No, I'm not (going).* |

### 2. Present Tense with Future Meaning

German often uses the present tense to express an action projected into the future. This is especially true in connection with a time expression such as **morgen** *(tomorrow)* or **später** *(later)*. In this instance, the German present tense is equivalent to the progressive form or the future tense in English.

| Ich komme morgen. | *I am coming tomorrow. / I'll come tomorrow.* |
|---|---|
| Er geht später. | *He is going later. / He will go later.* |
| Wann gehen Sie nach Hause? | *When are you going? / When will you go home?* |

## 2 The Imperative

The imperative is used to express suggestions, requests, give instructions and commands. In English, the imperative is identical with the infinitive. The pronoun *you* is understood but not expressed: *Ask the lady. / Don't ask her.*

### A The **Sie**-Form

You already have encountered the German imperative in the instructions that your instructor gives you in class and those preceding the exercises in your textbook. The subject **Sie** is part of a German command and must be expressed.

| | | |
|---|---|---|
| Antworten Sie! | Fragen Sie! | Ergänzen Sie! |
| *Answer.* | *Ask.* | *Complete.* |

### B The **wir**-form

When the speaker includes himself in a command, German uses the **wir**-form of the imperative; English uses a sentence beginning with *Let's*.

| | |
|---|---|
| Gehen wir jetzt! | *Let's go now.* |
| Beginnen wir später! | *Let's begin later.* |
| Trinken wir Kaffee! | *Let's drink coffee.* |

## 3 Basic Sentence Structure

An important aspect of learning a new language is to master its sentence structure. You will see that German and English often use the same word order in constructing sentences. At times, however, the word order in German sentences is completely different from that of English. There are three basic patterns of German word order.

### 1. Normal Word Order: Subject First, Verb Second

| Subject[1] | Verb[2] | Other |
|---|---|---|
| Herr Sander | wohnt | in Augsburg. |
| Ich | verstehe | Deutsch. |
| Der Herr | trinkt | gern Kaffee. |

### 2. Inverted Word Order: Verb Second

A German sentence may begin with something other than the subject. The verb, however, must remain in second position with the subject immediately following. Thus the word order is turned around, that is to say *inverted*.

| NORMAL WORD ORDER | Ich | gehe | jetzt. |
| INVERTED | Jetzt | gehe | ich. |

Look at some more examples:

| Other | Verb² | Subject | Other |
|-------|-------|---------|-------|
| Kaffee | trinkt | Frau Braun | nicht so gern. |
| Das | verstehe | ich | sehr gut. |
| Gestern | waren | wir | im Kino. |

Inverted word order is used in questions introduced by a question word. The question word comes first, the verb second, with the subject immediately following.

| Question Word | Verb² | Subject |
|---------------|-------|---------|
| Woher | kommt | Frau Braun? |
| Wo | arbeiten | Sie? |
| Was | tun | die Leute? |

### 3. Word Order in Simple Questions and Imperative: Verb First

As pointed out before, those questions which do not have a question word and which require simply a *yes* or *no* answer have the verb in first position with the subject immediately following. The imperative uses the very same construction. The difference between a question and an imperative is made by intonation, that is, by a rising or falling voice.

| Verb¹ | Subject | Other |
|-------|---------|-------|
| Geht | Frau Braun | jetzt? |
| Rauchen | Sie? | |
| Trinkt | der Herr | gern Kaffee? |

| Verb¹ | Subject | Other |
|-------|---------|-------|
| Gehen | Sie | jetzt? |
| Rauchen | Sie | nicht so viel! |
| Trinken | Sie | Kaffee! |

**Note**  German word order requires that expressions of time precede those of place.

| | | Time | Place |
|---|---|------|-------|
| Er | geht | jetzt | **nach Hause.** |
| Sie | arbeitet | morgen | **in Augsburg.** |
| Wir | sind | heute | **zu Hause.** |

## 4 Negation: Position of **nicht**

The position of **nicht** in a sentence varies. **Nicht** is placed:

(a) at the end if the entire sentence is to be negated
(b) after expressions of time
(c) before expressions of place.

Ich verstehe Sie **nicht**.　　　　　Frau Braun kommt **nicht** aus Frankfurt.
Der Herr kommt **nicht**.　　　　　Die Leute sind **nicht** zu Hause.
Die Sekretärin arbeitet heute **nicht**.　Herr Falke ist heute **nicht** hier.

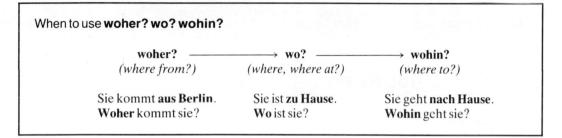

### When to use **woher? wo? wohin?**

**woher?** ——————→ **wo?** ——————→ **wohin?**
*(where from?)*　　　*(where, where at?)*　　*(where to?)*

Sie kommt **aus Berlin**.　　Sie ist **zu Hause**.　　Sie geht **nach Hause**.
**Woher** kommt sie?　　　**Wo** ist sie?　　　　**Wohin** geht sie?

---

### When to use **nach Hause** and **zu Hause**

There is a distinct difference between the two phrases. **Nach Hause** means *(going / driving)
home* and is used with verbs expressing motion toward home. **Zu Hause** has the meaning of
*(at) home* and is used with verbs expressing location.

**Wohin** geht Michael?　Er geht **nach Hause**.　*He is going home.*
**Wo** ist er?　　　　　Er ist **zu Hause**.　　　*He is (at) home.*

---

### When to use verb + **gerade**

When the word **gerade** is used in connection with a verb, it refers to time and has the
meaning of *just, just now.*

Sie trinkt **gerade** Kaffee.　*She is (just now) drinking coffee.*
Er telefoniert **gerade**.　　*He is (just now) phoning.*

---

### When to use verb + **gern**

The most common way of expressing in German *to like to do something* is to use **gern(e)** in
connection with a verb. **Gern** and **gerne** are interchangeable.

Ich trinke **gern(e)** Kaffee.　*I like to drink coffee.*
Was trinken Sie **gern(e)**?　*What do you like to drink?*

*Im Europa-Center in Berlin ist immer etwas los.*

# MÜNDLICHE ÜBUNGEN

**MÜ 1**    Antworten Sie!

- Ich lerne Deutsch. Und die Dame? → *Die Dame lernt Deutsch.*
                                         *(Sie lernt Deutsch.)*

1. Wir lernen Deutsch.
   Und der Student?/die Leute?/die Studentin?/ich?/Sie?/wir?

2. Sie antworten auf deutsch.
   Und der Polizist?/der Ingenieur?/die Studenten?/ich?/Sie?/wir?

3. Wir verstehen Deutsch.
   Und Brigitte?/Ralph?/die Leute?/er?/die Frauen?/ich?/Sie?/wir?

4. Er wohnt in Würzburg.
   Und die Ärztin?/der Pilot?/die Sekretärin?/er?/ich?/Sie?/wir?

5. Ich arbeite heute.
   Und der Mechaniker?/die Kellnerin?/der Herr?/ich?/Sie?/wir?

6. Wir trinken Kaffee.
   Und die Verkäuferin?/die Herren?/Herr Sander?/ich?/Sie?/wir?

**MÜ 2**    Hier ist die Antwort. Fragen Sie!

- Die Leute trinken Kaffee. → *Trinken die Leute Kaffee?*

1. Die Dame geht nach Hause.
2. Der Mechaniker arbeitet heute.
3. Der Lehrer antwortet auf deutsch.
4. Die Studenten schreiben.
5. Der Mann raucht nicht.
6. Die Studenten verstehen Deutsch.
7. Die Leute telefonieren dort.
8. Die Studentin buchstabiert.
9. Die Frau bringt das Buch.
10. Es regnet.
11. Er trinkt gern Kaffee.
12. Sie wiederholt das Wort.

**MÜ 3**   Fragen Sie mit **wer, was, wo, woher, wohin, wie, wieviel!**

- Frau Braun wohnt **in Berlin**. → *Wo wohnt Frau Braun?*

1. **Die Amerikaner** lernen Deutsch.
2. Der Herr trinkt **Bier**.
3. **Die Studenten** verstehen Deutsch.
4. Die Dame arbeitet **in Stuttgart**.

5. Der Mechaniker heißt **Schäfer**.
6. Die Studentin kommt **aus Köln**.
7. Die Leute gehen **nach Hause**.
8. Zwei und zwei ist **vier**.

**MÜ 4**   Antworten Sie mit **nein!**

- Heißt die Dame Schneider? → *Nein, sie heißt nicht Schneider.*

1. Heißt der Student Peter Falke?
2. Wohnen wir in Hamburg?
3. Antwortet die Lehrerin auf englisch?
4. Rauchen Sie im Klassenzimmer?
5. Gehen wir jetzt nach Hause?
6. Lernen wir hier Englisch?

**MÜ 5**   Wortstellung[1]: Noch einmal, bitte!        [1]word order

1. Wir lernen hier Deutsch. Hier *lernen wir Deutsch.*
2. Er geht jetzt nach Hause. Jetzt . . .
3. Sie versteht das nicht. Das . . .
4. Herr Falke ist dort. Dort . . .
5. Er arbeitet in Nürnberg. In Nürnberg . . .
6. Ich trinke gern Tee. Tee . . .

**Kreuzworträtsel**

**Erinnern Sie sich?**
**Wie heißen die Wochentage?**

**MÜ 6**   Imperativ, bitte!

- nicht so viel arbeiten → *Arbeiten Sie nicht so viel!*

1. nicht so viel rauchen
2. bis zehn zählen
3. Deutsch lernen

4. nach Hause gehen
5. die Übungen wiederholen
6. nicht auf englisch fragen

**MÜ 7**   Auf deutsch, bitte!

1. He is going home.
2. What is she doing?
3. Where do you live?
4. What do you like to drink?
5. They are learning German.
6. He is working in Frankfurt.
7. Does he work there?
8. We are asking in German.

9. Don't work so much.
10. Answer in German, please.
11. Go home now.
12. Repeat, please.
13. Ask the lady.
14. Drink coffee.
15. Learn this.
16. Write the exercise, please.

## SPORT UND FREIZEIT

1. Die Attraktion am Wochenende ist der Fußball. Fußball ist der Nationalsport in Deutschland und in Österreich. Die Deutschen und die Österreicher spielen gern Fußball und besuchen viele Fußballspiele.
2. In Deutschland ist Tennis sehr populär. 1989 waren Steffi Graf und Boris Becker Deutschlands Wimbledon Sieger[1]. Viele Leute spielen Tennis. Die Tennisclubs sind „in".
3. Die Deutschen schwimmen auch gern. Überall in Deutschland finden Sie Schwimmbäder[2] und Hallenbäder.
4. Wandern, Spazierengehen[3] und Radfahren sind billig und gesund. Am Wochenende machen viele Familien eine Radtour oder gehen wandern. Am Sonntag gehen die Leute gern spazieren.
5. Winterzeit ist Skizeit, besonders in Süddeutschland, Österreich und in der Schweiz. Dort gehen viele Leute im Winter skifahren. Sie machen Abfahrt[4] oder Langlauf[5].

[1]champions  [2]swimming pools  [3]go for a walk  [4]downhill  [5]cross-country

## Situation 6   Quiz: Bildsymbole

Überall finden Sie Bildsymbole. Bilder sind international. Die Leute verstehen sie auch ohne Wörter.
Was bedeuten die Bildsymbole?

| | | |
|---|---|---|
| ____ boxen | ____ joggen | ____ reiten |
| ____ schwimmen | ____ segeln | ____ Fußball spielen |
| ____ wandern | ____ tanzen | ____ Golf spielen |
| ____ skifahren | ____ radfahren | _4_ Tennis spielen |
| ____ Karten spielen | ____ fliegen | ____ Langlauf machen |

## Situation 7   Was spielen sie? – Was sind sie?

| Er/sie spielt . . . | Er ist . . . | Sie ist . . . |
|---|---|---|
| 1. Tennis | *Tennisspieler* | *Tennisspielerin* |
| 2. Handball | *Handballspieler* | *Handballspielerin* |
| 3. Volleyball | _____ | _____ |
| 4. Basketball | _____ | _____ |
| 5. (Eis) Hockey | _____ | _____ |
| 6. Fußball | _____ | _____ |
| 7. Tischtennis | _____ | _____ |
| 8. Golf | _____ | _____ |

**Und Sie? Was spielen Sie?**

*fit statt fett*

## Situation 8   Was machen Sie gern?

| | | |
|---|---|---|
| 1. Schwimmen Sie gern? | 5. Joggen Sie gern? | 9. Machen Sie gern Judo? |
| 2. Reiten Sie gern? | 6. Fliegen Sie gern? | 10. Fahren Sie gern Ski? |
| 3. Segeln Sie gern? | 7. Wandern Sie gern? | 11. Fahren Sie gern Rad? |
| 4. Boxen Sie gern? | 8. Tanzen Sie gern? | 12. Spielen Sie gern Karten? |

**Situation 9** Was machen die Leute gern?

1      2      3      4      5

# SCHRIFTLICHE ÜBUNGEN

**SÜ 1**    Ergänzen Sie das Verb!

1. arbeiten      Er *arbeitet* in Frankfurt.
2. heißen      Die Ärztin _____ Linsenmeyer.
3. verstehen      _____ Sie Deutsch?
4. gehen      Wir _____ nach Hause.
5. wohnen      Ich _____ in Nürnberg.
6. tun      Was _____ Sie dort?
7. wiederholen      _____ Sie, bitte!
8. buchstabieren      _____ Sie!
9. zählen      Ich _____ bis drei.
10. antworten      Er _____ auf deutsch.
11. fragen      Die Studentin _____ die Lehrerin.
12. trinken      Was _____ die Leute?
13. rauchen      Brigitte Weber _____ nicht.
14. lernen      Wir _____ Deutsch.
15. kommen      Woher _____ der Mann?
16. wandern      Im Sommer _____ wir gern.
17. spielen      _____ er morgen Tennis?

Sport ist nicht nur Männersache!

Im Detail liegt der Unterschied

**SÜ 2**    Hier ist die Antwort.
Fragen Sie mit **wer**, **was**, **wohin**, **woher**, **wo** oder **wie**!

●      Die Studenten sind **im Klassenzimmer**. → *Wo sind die Studenten?*

1. **Hier** ist die Tür.      4. Das ist **der Stuhl**.
2. Das Auto kommt **aus Hamburg**.      5. Sie geht **nach Hause**.
3. Das ist **Herr Schneider**.      6. Der Mann heißt **Falke**.

**SÜ 3**   Bilden[1] Sie Fragen ohne[2] Fragewort!   [1]form / [2]without

• Herr Bönke arbeitet in Augsburg. → *Arbeitet Herr Bönke in Augsburg?*

1. Frau Braun kommt aus Berlin.
2. Der Herr ist Amerikaner.
3. Er wohnt jetzt in Ulm.

4. Die Studenten fragen auf deutsch.
5. Wir gehen zu Fuß nach Hause.
6. Die Dame trinkt gern Kaffee.


**SÜ 4**   Imperativ, bitte!

• Sie rauchen so viel. → *Rauchen Sie nicht so viel!*

1. Sie trinken so viel.
2. Sie arbeiten so viel.
3. Sie antworten auf englisch.

4. Sie fragen auf englisch.
5. Sie gehen so langsam.
6. Sie telefonieren so viel.


# *Wortschatz* _____

| NOMEN | NOUNS |
|---|---|
| **der Satz, ⸚e** | sentence |
| **der Unterricht** | class, instruction |
| | |
| **das Essen, -** | food |
| **das Kino, -s** | movie theater |
| **das Studentenheim, -e** | dormitory |
| | |
| **die Frage,-n** | question |
| **die Hausaufgabe, -n** | homework assignment |
| **die Übung, -en** | exercise |

*Leicht erkennbare Wörter*
**die Arbeit, -en/die Attraktion, -en/das Auto, -s/
das Bier, -e/der Club, -s (der Klub, -s)/das Deutsch/
der Deutschkurs, -e/das Englisch/auf englisch/
der Kaffee/die Karte, -n/der Supermarkt, ⸚e/
der Tee/das Wort, ⸚er**

| VERBEN | VERBS | SPORT UND FREIZEIT | SPORTS AND LEISURE |
|---|---|---|---|
| **arbeiten** | to work | **der Fußball, ¨e** | soccer (soccer ball) |
| **beschreiben** | to describe | **die Radtour, -en** | bicycle tour |
| **besuchen** | to attend, visit | **das Schwimmbad, ¨er** | swimming pool |
| **gehen** | to go | **das Spiel, -e** | game |
| **korrigieren** | to correct | | |
| **machen** | to make, do | | |
| **rauchen** | to smoke | | |
| **regnen** | to rain | VERBEN | VERBS |
| **reparieren** | to repair | **fliegen** | to fly |
| **sagen** | to say | **Langlauf machen** | to ski cross-country |
| **sprechen** | to speak | **reiten** | to ride horse back |
| **suchen** | to look for | **segeln (gehen)** | to go sailing |
| **tun** | to do | **radfahren** | to ride a bike |
| **üben** | to practice | **skifahren** | to ski |
| **verstehen** | to understand | **spielen** | to play |
| **wiederholen** | to repeat | **wandern** | to hike |
| **wohnen** | to live | **tanzen** | to dance |
| **zeigen** | to show | | |

*Wiederholung und leicht erkennbare Wörter*
**antworten/ bringen/ buchstabieren/ finden/
fragen/ heißen/ kommen/ lernen/ schreiben/
servieren/ studieren/ telefonieren/
trinken/ zählen**

*Leicht erkennbare Wörter*
**boxen/ joggen/ schwimmen/ Judo machen/
Basketball / Billard / Fußball / Golf / Handball /
(Eis)Hockey/ Minigolf/ Tennis**

| ADJEKTIVE | ADJECTIVES | VERSCHIEDENES | MISCELLANEOUS |
|---|---|---|---|
| **beliebt** | popular | **besonders** | especially |
| **billig ↔ teuer** | cheap ↔ expensive | **ein bißchen** | a little (bit) |
| **gesund ↔ krank** | healthy ↔ sick | **gerade** *(time)* | just (now) |
| **international** | international | **gern(e)** + verb | to like to + verb |
| **populär** | popular | **in die Stadt gehen** | to go downtown |
| | | **nach Hause gehen** | to go home |
| | | **überall** | all over |
| PASSIVES VOKABULAR | | **(ein) wenig ↔ viel** | (a) little ↔ much |
| | | **wohin?** | where to? |
| STUDIENFÄCHER | ACADEMIC SUBJECTS | **zu Fuß gehen** | to walk |
| **die Geschichte** | history | | |
| **die Informatik** | computer science | | |
| **der Maschinenbau** | mechanical engineering | | |
| **die Wissenschaft, -en** | science | *Leicht erkennbare Wörter* | |
| **die Erziehung** | pedagogy | **die Biologie/ die Chemie/ die Elektrotechnik/** | |
| **die Wirtschaft** | economy | **die Germanistik/ die Humanmedizin/ Jura/ die Mathematik/ die Physik/ die Psychologie** | |

# Im Büro: Heidrun Kaiser

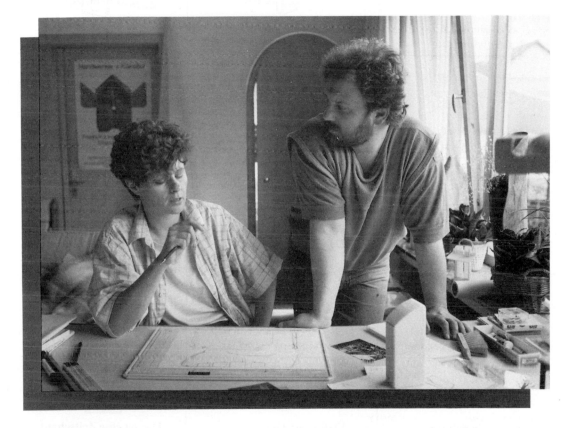

## *Themen und Sprechziele*
Dinge benennen und beschreiben
Getränke • Bestellen • Im Café
Tageszeiten und Zeitpunkt

## *Kultur und Information*
Nationalgetränke • Café und Konditorei

## *Grammatik und Übungen*
The Indefinite Article
Negation with **kein**
Plural of Nouns
**möchte(n)**, **wissen**, **haben**
Past Tense 2: **haben**
Word Formation 1: Compound Nouns
  Diminutive Suffixes **-chen/-lein**

## DINGE BENENNEN UND BESCHREIBEN

*Der unbestimmte Artikel: ein / eine*

**Situation 1**  Was ist das?

**Das ist ein . . . /Das ist eine . . .**

Das ist **ein Apfel**.
Der Apfel ist gut.

Das ist **ein Feuerzeug**.
Das Feuerzeug ist klein.

Das ist **eine Tasche**.
Die Tasche ist groß.

Das ist **ein Brief**.
Der Brief ist kurz.

Das ist **ein Telefon**.
Das Telefon ist grau.

Das ist **eine Zigarette**.
Die Zigarette ist lang.

Das ist **ein Ausweis**.
Der Ausweis ist neu.

Das ist **ein Radio**.
Das Radio ist alt.

Das ist **eine Brille**.
Die Brille ist alt.

Das ist **ein Geldbeutel**.
Der Geldbeutel ist leer.

Das ist **ein Stück** Kuchen.
Das Stück ist klein.

Das ist **eine Zeitung**.
Die Zeitung ist neu.

Das ist **ein Schlüssel**.
Der Schlüssel ist alt.

Das ist **ein Glas**.
Das Glas ist leer.

Das ist **eine Zeitschrift**.
Die Zeitschrift ist bunt.

Das ist **ein Kalender**.
Der Kalender ist neu.

Das ist **ein Kännchen**.
Das Kännchen ist klein.

Das ist **eine Landkarte**.
Die Landkarte ist neu.

## Situation 2    Wissen Sie, was das ist?

▷  Wissen Sie, was das ist?

▶  Nein, ich weiß es nicht.

▷  Weiß Herr Falke, was das ist?

▶  Ja, er weiß es.

Wissen Sie, was das ist? – Ja, ich weiß es. Das ist . . .

## Situation 3    Was ist das nicht?

Ist das **ein** Schlüssel?
Nein, das ist **kein** Schlüssel.

Ist das **eine** Flasche?
Nein, das ist **keine** Flasche.

Ist das **eine** Brille?
Nein, das ist **keine** Brille.

Ist das **eine** Lampe?
Nein, das ist **keine** Lampe.

Das ist eine Brieftasche.
Ist die Brieftasche voll oder leer?
Die Brieftasche ist voll.

Das ist ein Regenschirm.
Ist der Regenschirm naß oder trocken?
Der Regenschirm ist naß.

## Situation 4    Das sind viele . . . / Das sind keine . . .

Ist das nur ein Apfel?
Nein, das sind **viele** Äpfel.

Ist das nur ein Schlüssel?
Nein, das sind **viele** Schlüssel.

Sind das Bananen?
Nein, das sind **keine** Bananen.

Sind das Briefe?
Nein, das sind **keine** Briefe.

**Das sind Äpfel.**

**Das sind Schlüssel.**

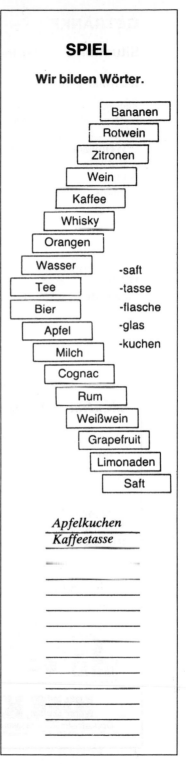

**SPIEL**

**Wir bilden Wörter.**

Bananen
Rotwein
Zitronen
Wein
Kaffee
Whisky
Orangen
Wasser          -saft
Tee             -tasse
Bier            -flasche
Apfel           -glas
                -kuchen
Milch
Cognac
Rum
Weißwein
Grapefruit
Limonaden
Saft

*Apfelkuchen*
*Kaffeetasse*

_____
_____
_____
_____
_____
_____
_____
_____
_____
_____

# GETRÄNKE

## Situation 5  Was trinken Sie gern?

Ich trinke gern . . .

| | |
|---|---|
| **Tee** | Der Tee ist heiß. |
| **Kaffee** | Der Kaffee ist schwarz. |
| **Wein** | Der Wein ist gut. |
|   **Weißwein** | Der Weißwein ist weiß. |
|   **Rotwein** | Der Rotwein ist rot. |
| **Sekt** | Der Sekt ist gut. |
| **Schnaps** | Der Schnaps ist stark. |
| **Saft (Fruchtsaft)** | Der Saft ist gesund. |
|   **Apfelsaft** | Der Apfelsaft ist sauer. |
| **Bier** | Das Bier ist kalt. |
| **Wasser** | Das Wasser ist billig. |
|   **Mineralwasser** | Das Mineralwasser ist gut. |
| **Milch** | Die Milch ist warm. |
| **Limonade** | Die Limonade ist süß. |

*Prost!*

---

### Kultur und Information: Nationalgetränke

Die älteren Leute in Deutschland wissen es. Früher war Kaffee sehr teuer. Nicht viele Leute hatten Kaffee im Haus. Heute ist der Kaffee das Nationalgetränk Nummer eins in Deutschland. Er ist stark. Viele Leute trinken ihn schwarz, das heißt sie trinken ihn ohne Milch und ohne Zucker. Im Durchschnitt[1] trinkt jeder Deutsche am Tag fast vier Tassen, das macht pro Jahr 190 Liter.

Das Nationalgetränk Nummer zwei ist das Bier. Die Deutschen trinken gern Bier: fast 143 Liter pro Kopf[2] und Jahr. Und dann trinken sie noch 82 Liter Erfrischungsgetränke[3], fast 82 Liter Mineralwasser, fast 80 Liter Milch, 36 Liter Fruchtsäfte, 25 Liter Tee, und 21 Liter Wein. Dazu kommt alle sechs Wochen eine Flasche Schnaps oder rund 6 Liter pro Jahr und alle zwei Monate eine Flasche Sekt oder rund 5 Liter pro Jahr.

[1] on the average    [2] per head    [3] refreshment drinks

# BESTELLEN

## Situation 6 Dialog: Im Café

EINE DAME Fräulein!
DIE KELLNERIN Guten Tag! Bitte schön?
EINE DAME Guten Tag! Ich möchte Kaffee, bitte.
DIE KELLNERIN Möchten Sie eine Tasse oder ein Kännchen?
EINE DAME Bringen Sie mir eine Tasse Kaffee, bitte!
DIE KELLNERIN Möchten Sie auch Kuchen?
EINE DAME Ja, ein Stück Apfelkuchen, bitte.
DIE KELLNERIN Eine Tasse Kaffee und ein Stück Apfelkuchen. Danke.

eine Tasse Kaffee

ein Stück Kuchen

ein Viertel Wein

ein Glas Bier

ein Kännchen Kaffee

eine Flasche Wein

ein Glas Apfelsaft

eine Portion Eis mit Sahne
ein Eis ohne Sahne

## Situation 7 Rollenspiel: Im Café oder im Restaurant[1]

Sie sind im Café. Sie haben Durst. Rufen Sie die Kellnerin!

| Bestellen Sie . . . ! | Die Kellnerin fragt: Möchten Sie . . . ? |
|---|---|
| Kaffee | eine Tasse oder ein Kännchen |
| Tee | mit Milch oder Zitrone |
| | ein Glas oder ein Kännchen |
| Wein | Rotwein oder Weißwein |
| | ein Viertel oder eine Flasche |
| Bier | Export oder Pils |
| | ein Glas oder eine Flasche |
| Eis | mit oder ohne Sahne |

[1] Im Café oder Restaurant arbeitet ein
Kellner. Dann rufen Sie: „Herr Ober!"

## Situation 8 Umfrage: Hunger und Durst

Wer im Klassenzimmer . . .

1. hat Hunger?
2. hat Durst?
3. hat eine Dose Cola?
4. möchte ein Glas Limonade?
5. möchte eine Tasse Kaffee?
6. möchte ein Glas Eistee?

---

### *Kultur und Information: Café und Konditorei*[1]

Eine Konditorei ist ein Café mit Bäckerei. Hier
sind die Kuchen ganz frisch. Möchten Sie ein
Stück Kuchen oder ein Stück Torte? Dann
bestellen Sie ein Stück Apfelkuchen, Käse-
kuchen[2], Käsesahnetorte, Nußtorte[3] oder
Schwarzwälder Kirschtorte[4]. Das sind deutsche
Spezialitäten. Am Nachmittag, besonders am
Sonntagnachmittag, gehen viele Leute ins Café
oder in die Konditorei – in Österreich ins Kaffee-
haus – und bestellen ein Kännchen (im Kännchen
sind zwei Tassen) oder eine Tasse Kaffee und ein
Stück Kuchen oder Torte.

[1] pastry (and coffee) shop   [2] cheese cake   [3] nut cake
[4] Black Forest cherry cake

# GRAMMATIK

## 1 The Indefinite Article: **ein** / **eine**

In English and in German, the indefinite article indicates any one of a class or kind, without definite reference. The English indefinite article is *a* or *an: a child*, *a house*, *an idea*. The German indefinite article is **ein, eine**. Notice that **ein** is used for both masculine and neuter nouns, **eine** for feminine nouns.

|  | Masculine | Neuter | Feminine |
|---|---|---|---|
| DEFINITE ARTICLE | **der** Tisch | **das** Radio | **die** Tasche |
| INDEFINITE ARTICLE | **ein** Tisch | **ein** Radio | **eine** Tasche |

**Note** When placed in front of a noun, the German numeral **eins** becomes **ein, eine** and is identical with the indefinite article **ein, eine**. The distinction between *a book* and *one book* is made by emphasis when speaking.

| | |
|---|---|
| Das ist **ein Bleistift**. | *This is a pencil. / This is one pencil.* |
| Das ist **eine Uhr**. | *This is a clock. / This is one clock.* |

## A Omission of the Indefinite Article

As in English, the indefinite article is not used when the noun conveys the idea of an indefinite quantity.

| | |
|---|---|
| Das ist Tee. | *This is tea.* |
| Ich möchte Kaffee. | *I would like coffee.* |
| Ist das Milch? | *Is this milk?* |

Again, when stating an affiliation with a national, religious or occupational group, the article is usually omitted in German:

| | |
|---|---|
| Peter ist Student. | *Peter is a student.* |
| Er ist Amerikaner. | *He is (an) American.* |
| Sie ist Sekretärin. | *She is a secretary.* |

## B No Plural Indefinite Article

There is logically no plural of the indefinite article **ein**, **eine**. The plural of **ein Stuhl** must be at least **zwei Stühle** or simply **Stühle**.

| Singular | Plural | |
|---|---|---|
| Hier ist **ein Buch**. | Hier sind **Bücher**. | *Here are books.* |
| Ist das **eine Zeitung?** | Sind das **Zeitungen?** | *Are these newspapers?* |

## 2   Negation with **kein**

**Kein** is the negative form of the indefinite article and corresponds to English *not a*, *not any* or *no*. To negate a noun preceded by an indefinite article, simply use **kein, keine** in place of **ein, eine**.

| | |
|---|---|
| Ist das **ein** Schlüssel? | *Is this a key?* |
| Nein, das ist **kein** Schlüssel. | *No, this isn't a key.* |
| Ist das **eine** Tür? | *Is this a door?* |
| Nein, das ist **keine** Tür. | *No, this isn't a door.* |

Although there is no indefinite article in the plural, plural nouns are negated by **keine**.

| | |
|---|---|
| Sind das Zigaretten? | *Are these cigarettes?* |
| Nein, das sind **keine Zigaretten**. | *No, these aren't cigarettes.* |

### THE INDEFINITE ARTICLE AND ITS NEGATION

| Masculine | Neuter | Feminine | Plural/All Genders |
|---|---|---|---|
| (der) | (das) | (die) | (die) |
| ein Brief | ein Buch | eine Brille | — Bücher |
| kein Brief | kein Buch | keine Brille | keine Bücher |

**Remember** The negation of the definite article is **nicht**: Das ist **nicht** der Stuhl.

## 3   Plural of Nouns

As pointed out in Chapter 2, most German nouns do not form the plural regularly. Here are some rules which will prove helpful when memorizing the plural of nouns:

1.  Most masculine and neuter nouns ending in **-el**, **-en**, **-er** and all nouns ending in the diminutive suffixes **-chen** and **-lein** do not add a plural ending. They may add an umlaut. (Nouns ending in the suffixes **-chen** and **-lein** are always **das**-nouns.)

    | | | | |
    |---|---|---|---|
    | SINGULAR | der Geldbeutel | das Fenster | das Mädchen |
    | PLURAL | die Geldbeutel | die Fenster | die Mädchen |

2.  Nouns ending in **-e** in the singular form the plural by adding **-n**. (With a few exceptions, nouns ending in **-e** are **die**-nouns.)

    | | | | |
    |---|---|---|---|
    | SINGULAR | die Brille | die Dame | der Name |
    | PLURAL | die Brillen | die Damen | die Namen |

3. Nouns ending in the suffix **-in** form the plural by adding **-nen**. (They are always **die**-nouns.)

| | | | |
|---|---|---|---|
| SINGULAR | die Studentin | die Lehrerin | die Sekretärin |
| PLURAL | die Studentinnen | die Lehrerinnen | die Sekretärinnen |

4. Nouns ending in the suffix **-ung** form the plural by adding **-en**. (They are always **die**-nouns.)

| | | | |
|---|---|---|---|
| SINGULAR | die Übung | die Zeitung | die Wiederholung |
| PLURAL | die Übungen | die Zeitungen | die Wiederholungen |

5. Many nouns of non-German origin form the plural by adding **-s**. (They are usually **das**-nouns.)

| | | | |
|---|---|---|---|
| SINGULAR | das Auto | das Büro | das Hotel |
| PLURAL | die Autos | die Büros | die Hotels |

## 4  Irregular Verbs: **möchte(n)**, **wissen**, **haben**

The forms **möchte** (singular) and **möchten** (plural) are used to express desire. The English equivalent is *would like*. The verb **wissen** *(to know something as a fact)* has two stems. In the singular the stem vowel is **ei**, but in the plural it is **i**.

| **möchte**-Forms *(would like)* | Present Tense: **wissen** *(to know)* |
|---|---|
| ich/er/es/sie  möchte<br>wir/sie/Sie  möchten | ich/er/es/sie  weiß<br>wir/sie/Sie  wissen |
| du möchtest<br>ihr möchtet | du weißt<br>ihr wißt |

Here are some examples:

Möchten Sie Kaffee oder Tee?
*Would you like coffee or tea?*

Ich möchte Tee, bitte.
*I would like tea, please.*

Wissen Sie, was das ist?
*Do you know what that is?*

Ich weiß, wo das Restaurant ist.
*I know where the restaurant is.*

The pattern of **haben** is irregular in the **er/es/sie**-form (and the **du**-form).

| Present Tense: **haben** *(to have)* | |
|---|---|
| ich  habe | *I have* |
| er/es/sie  hat | *he/it/she has* |
| wir/sie/Sie  haben | *we/they/you have* |
| du hast | *you have* |
| ihr habt | *you have* |

Note the idiomatic expressions with **haben**:

Ich habe Hunger.  *I am hungry.*
Ich habe Durst.  *I am thirsty.*

## 5    Past Tense 2: **haben**

When Germans speak of past events with **haben** they use forms which are very similar to English *had* as in *We had a good time*.

| Past Tense: | **haben** (*to have*) | |
|---|---|---|
| ich/er/es/sie | hatte | *I/he/it/she had* |
| wir/sie/Sie | hatten | *we/they/you had* |
| du | hattest | *you had* |
| ihr | hattet | *you had* |

| PRESENT | Ich habe ein Auto. | *I have a car.* |
|---|---|---|
| PAST | Ich hatte ein Auto. | *I had a car.* |
| PRESENT | Hat er keine Schlüssel? | *Doesn't he have keys?* |
| PAST | Hatte er keine Schlüssel? | *Did he not have keys?* |

---

### When to use **tun** and **machen**

The verb **tun** means *to do* in the sense of *to accomplish, to carry out an action*.

| Was tun die Leute? | *What are the people doing?* |
|---|---|
| Tun Sie das nicht! | *Don't do that.* |

**Machen** means *to do (a particular thing)* or *to make*.

| Er macht die Hausaufgabe. | *He's doing the homework.* |
|---|---|
| Wer macht die Arbeit? | *Who is doing the work?* |

In colloquial German, **tun** and **machen** are often used interchangeably.

| Was tun (machen) die Leute? | *What are the people doing?* |
|---|---|
| Tun (machen) Sie das nicht! | *Don't do that.* |

Note the idiomatic expressions:

| Wir machen eine Pause. | *We are taking a break.* |
|---|---|
| Er macht Sport. | *He is involved in sports.* |

---

### When to use **wieviel** and **wie viele**

**Wieviel** and **wie viele** correspond to English *how much* and *how many* as **viel** and **viele** correspond to *much* and *many*. Notice that **wie viele** is written as two words.

| **Wieviel** ist drei und vier? | *How much is three and four?* |
|---|---|
| **Wie viele** Studenten sind hier? | *How many students are here?* |

---

# 6   Word Formation 1

## A   Compound Nouns

German relies heavily on compounding to form new nouns. A compound noun is formed by joining two or more words to form a new single noun. The last element of such a compound is usually a noun and it is this last element or base noun which determines the gender and plural form of the whole compound.

German compound nouns may be a combination of:

| | | |
|---|---|---|
| **Noun + Noun** | das Land + die Karte = die Landkarte, -n | *map* |
| **Verb + Noun** | wohnen + das Haus = das Wohnhaus, ⸚er | *apartment house* |
| **Adjective + Noun** | weiß + der Wein = der Weißwein, -e | *white wine* |
| **Prefix + Noun** | nach + der Mittag = der Nachmittag, -e | *afternoon* |

There may also be a variation of the above elements plus one or more nouns:

nach + der Mittag + der Kaffee = der Nachmittagskaffee

**Note**   In many compound nouns a connecting letter, usually **-n** or **-s**, is inserted between the last two nouns:

der Familie/**n**/name          das Monat/**s**/ende
das Klasse/**n**/zimmer        der Nachmittag/**s**/kaffee

## B   The Diminutive Suffixes **-chen** and **-lein**

Most nouns can be made into diminutives by adding the suffixes **-chen** or **-lein** plus an umlaut whenever possible. Diminutive nouns are always neuter. In the plural, they remain unchanged.

| | | | |
|---|---|---|---|
| die Kanne | das Kännchen | das Kännlein | *little pot* |
| das Heft | das Heftchen | das Heftlein | *little notebook* |
| der Mann | das Männchen | das Männlein | *little man* |

In standard German the suffix **-chen** is more predominant than **-lein**, which is rather poetic. When added to proper names or nouns referring to persons, the diminutives may express not only smallness but also endearment and affection: **das Mütterchen, Hänschen**.

# MÜNDLICHE ÜBUNGEN

**MÜ 1**    Antworten Sie!

- Ich weiß, was das ist.
  Und der Herr? → *Er weiß es auch.*

1. Ich möchte Kaffee.
   Und Frau Braun? / wir? / die Studenten? / er? / der Polizist? / Sie?

2. Ich habe Hunger.
   Und die Frau? / die Leute? / die Studentin? / der Herr? / wir? / Sie? / ich?

3. Ich weiß, was das ist.
   Und der Student? / wir? / die Leute? / Herr Braun? / die Dame? / Sie?


**MÜ 2**    Üben Sie **ein** und **eine**!

- Hier ist der Stuhl. → *Hier ist ein Stuhl.*

Hier ist . . .

| | | |
|---|---|---|
| 1. der Tisch | 5. der Ausweis | 9. das Feuerzeug |
| 2. die Zeitung | 6. der Brief | 10. die Studentin |
| 3. die Brieftasche | 7. die Lampe | 11. der Bleistift |
| 4. das Radio | 8. das Heft | 12. die Uhr |


**MÜ 3**    Antworten Sie mit **nein (kein, keine)**!

- Ist das eine Tasse? → *Nein, das ist keine Tasse.*

Ist das . . . ?

| | | |
|---|---|---|
| 1. ein Buch | 5. ein Ausweis | 9. ein Telefon |
| 2. eine Zigarette | 6. eine Tafel | 10. ein Brief |
| 3. ein Feuerzeug | 7. eine Tür | 11. eine Uhr |
| 4. ein Schlüssel | 8. ein Heft | 12. eine Flasche |


**MÜ 4**    Im Plural bitte!

- Das ist ein Apfel. → *Das sind Äpfel.*

Das ist . . .

| | | |
|---|---|---|
| 1. ein Stuhl | 5. eine Amerikanerin | 9. eine Lampe |
| 2. ein Fenster | 6. eine Studentin | 10. ein Schlüssel |
| 3. ein Buch | 7. ein Kugelschreiber | 11. eine Zeitung |
| 4. eine Frau | 8. ein Radio | 12. ein Bleistift |

**MÜ 5**    Antworten Sie mit **nein!**

- Sind das Zeitungen? → *Nein, das sind keine Zeitungen.*

Sind das . . . ?

1. Taschen
2. Bücher
3. Bilder

4. Gläser
5. Tassen
6. Flaschen

7. Tische
8. Stühle
9. Lampen


**MÜ 6**    Antworten Sie mit **kein**, **keine** oder **nicht!**

- Ist das **der** Bleistift? → *Nein, das ist nicht der Bleistift.*
  Ist das **ein** Bleistift? → *Nein, das ist kein Bleistift.*

Ist das . . . ?

1. der Schlüssel
2. eine Lampe
3. die Tasche
4. ein Stuhl

5. ein Geldbeutel
6. die Brieftasche
7. das Feuerzeug
8. eine Brille

9. ein Regenschirm
10. die Tür
11. ein Heft
12. der Kuli


**MÜ 7**    Auf deutsch, bitte!

1. Twenty students are in the classroom.
2. Where are the keys?
3. Do you know what this is?
4. I would like a cup of coffee.
5. The wallet is new.
6. This is not an apple.

7. This is a lemon.
8. He is a mechanic.
9. I am American.
10. I don't know (it).
11. Here is only one chair.
12. There are no chairs.


**MÜ 8**    Wiederholung: Was sind die Leute von Beruf? Was tun sie?

# LAND UND LEUTE

## IM BÜRO:  Heidrun Kaiser

Ich heiße Heidrun Kaiser und bin vierundzwanzig Jahre alt. Ich wohne in Mannheim. Von Beruf bin ich Sekretärin. Ich arbeite bei Mercedes-Benz. Das Werk[1] in Mannheim ist sehr groß. Rund vierzehntausend Männer und Frauen arbeiten dort. In Mannheim produziert Mercedes-Benz keine Personenwagen, nur Busse. Die Personenwagen kommen aus Stuttgart.

Ich arbeite im Büro. Die Arbeit ist interessant. Morgens arbeite ich von halb neun bis halb eins. Das sind vier Stunden. Von halb eins bis eins mache ich eine Pause. Die Mittagspause dauert dreißig Minuten. Nachmittags arbeite ich drei Stunden, von eins bis vier. Das sind sieben Stunden am Tag. Um vier Uhr gehe ich nach Hause. Mittwochs arbeite ich bis fünf Uhr. Abends bin ich dann sehr müde.

Ich arbeite nicht allein im Büro. Ich habe eine Kollegin. Sie heißt Claudia Roth. Mittags gehen wir immer in die Kantine. Das Essen ist dort gut und nicht teuer. Die Mittagspause beginnt in fünf Minuten.

[1] industrial plant

## Situation 9   Dialog

HEIDRUN   Es ist gleich Mittag.

CLAUDIA   Gott sei Dank! Ich habe Hunger.
Gehen Sie auch in die Kantine?

HEIDRUN   Nein, heute nicht. Ich mache heute
keine Pause. Ich habe viel Arbeit.

CLAUDIA   Dann gehe ich allein.
Arbeiten Sie nicht zuviel!

**Fragen**

1. Wo arbeitet Heidrun Kaiser?
2. Was ist sie von Beruf?
3. Wie lange arbeitet sie morgens?
4. Wie viele Stunden sind das?
5. Um wieviel Uhr macht sie eine Pause?
6. Wie lange dauert die Pause?
7. Wohin geht Heidrun Kaiser mittags?
8. Wie findet sie das Essen dort?
9. Wer macht heute keine Pause?
10. Wer hat Hunger?
11. Um wieviel Uhr geht Heidrun nach Hause?

**Situation 10**   Rollenspiel

Ein Reporter interviewt Heidrun Kaiser. Ein/e Student/in fragt, eine Studentin spielt Heidrun Kaiser und antwortet.

1. Wie heißen Sie?
2. Wie alt sind Sie?
3. Wo wohnen Sie?
4. Was sind Sie von Beruf?
5. Wo arbeiten Sie?
6. Wie viele Leute arbeiten im Werk Mannheim?
7. Was produziert das Werk?
8. Woher kommen die Personenwagen?
usw.

*Wann kommen Sie nach Hause?*

# TAGESZEITEN UND ZEITPUNKT[1]

[1] time

| der Morgen | **am** Morgen | → morgens |
| der Vormittag | **am** Vormittag | → vormittags |
| der Mittag | **am** Mittag | → mittags |
| der Nachmittag | **am** Nachmittag | → nachmittags |
| der Abend | **am** Abend | → abends |
| die Nacht | —————→ | nachts |
| | | |
| der Montag | **am** Montag | → montags |
| der Dienstag | **am** Dienstag | → dienstags |
| der Mittwoch | **am** Mittwoch | → mittwochs |
| der Donnerstag | **am** Donnerstag | → donnerstags |
| der Freitag | **am** Freitag | → freitags |
| der Samstag | **am** Samstag | → samstags |
| der Sonntag | **am** Sonntag | → sonntags |

**Situation 11**   Wann . . . ?

1. Wann arbeitet Heidrun Kaiser vier Stunden?      Morgens . . .
2. Wann macht sie eine Pause?      Mittags . . .
3. Wann geht sie in die Kantine?      Mittags . . .
4. Wann arbeitet sie bis um vier?      Nachmittags . . .
5. Wann geht sie nach Hause?      Nachmittags . . .
6. Wann ist sie zu Hause?      Abends . . .
7. Wann arbeitet Heidrun nicht?      Samstags und sonntags . . .
8. Wann ist sie sehr müde?      Mittwoch abends . . .
9. Wann arbeitet sie bis um vier Uhr?      Montags, dienstags . . .
10. Wann arbeitet sie bis um fünf Uhr?      Mittwochs . . .

*Wann ist das Schwimmbad geöffnet? (open)*
*(montags, dienstags usw.)*
*Wann ist das Schwimmbad geschlossen? (closed)*
*Wo ist das Schwimmbad?*
*Wie ist die Telefonnummer?*

## SCHRIFTLICHE ÜBUNGEN

**SÜ 1**   Antworten Sie mit **nein!**

- Ist das eine Tasche? (Radio) → *Nein, das ist keine Tasche. Das ist ein Radio.*

1. Ist das ein Brief?      (Feuerzeug)
2. Ist das eine Tasse?    (Glas)
3. Sind das Bücher?       (Hefte)
4. Ist das ein Apfel?     (Zitrone)

5. Sind das Frauen?       (Männer)
6. Ist das eine Brille?   (Zeitung)
7. Ist das ein Bleistift? (Kuli)
8. Sind das Stühle?       (Tische)

**SÜ 2**   Im Plural, bitte!

- Hier ist das Buch. → *Hier sind die Bücher.*
  Hier ist ein Buch. → *Hier sind Bücher.*

1. Hier ist ein Student.
2. Das ist eine Tasse.
3. Der Apfel ist gut.
4. Ist eine Zitrone sauer?

5. Dort ist eine Lampe.
6. Das Auto ist neu.
7. Ist dort ein Stuhl?
8. Die Tasche ist groß.

**SÜ 3**   Antworten Sie mit **kein**, **keine** oder **nicht!**

1. Ist Ihr Name Müller?
2. Sind das Tische?
3. Ist hier ein Café?
4. Sind wir in Amerika?
5. Sind Sie zwanzig Jahre alt?

6. Rauchen Sie?
7. Sind das die Bücher?
8. Ist dort eine Tür?
9. Gehen Sie jetzt?
10. Sind das Hefte?

**SÜ 4**     Ergänzen Sie . . . !

**(a) möchte, möchten**

1. Wir _möchten_ zwei Äpfel.
2. Ich _____ ein Glas Bier.
3. Der Student _____ Tee.
4. Die Dame _____ Kuchen.
5. Die Leute _____ Wein.

**(b) wissen, weiß**

1. Ich _weiß_, was das ist.
2. Er _____ es auch.
3. _____ Sie, wieviel Uhr es ist?
4. _____ Peter, was das ist?
5. Wer _____ es?

## Zeitungsleser wissen mehr

# Wortschatz

| DINGE | THINGS |
|---|---|
| **der Ausweis, -e** | identification card |
| **der Brief, -e** | letter |
| **der Geldbeutel, -** | wallet, purse |
| **der Schlüssel, -** | key |
| **der Regenschirm, -e** | umbrella |
| **das Feuerzeug, -e** | lighter |
| **das Kännchen, -** | small pot |
| **das Stück, -e** | piece |
| **das Viertel, -** | quarter |
| **die Brieftasche, -n** | wallet |
| **die Brille, -n** | eye glasses |
| **die Dose, -n** | can |
| **die Flasche, -n** | bottle |
| **die Landkarte, -n** | map |
| **die Tasche, -n** | purse |
| **die Tasse, -n** | cup |
| **die Zeitschrift, -en** | magazine |
| **die Zeitung, -en** | newspaper |

*Leicht erkennbare Wörter*
**der Bus, -se / das Café, -s / der Durst /
das Glas, ¨er / der Hunger / der Kalender, -/
die Kantine, -n / der Kollege, -n / die
Kollegin, -nen / die Pause, -n / das Radio, -s /
der Reporter, - / die Rolle, -n / das
Restaurant, -s / das Rollenspiel, -e / das
Telefon, -e / die Zigarette, -n**

| ESSEN UND TRINKEN | FOOD AND DRINK |
|---|---|
| **der Apfel, ¨** | apple |
| **der Fruchtsaft, ¨e** | fruit juice |
| **der Kuchen, -** | cake |
| **der Saft, ¨e** | juice |
| **der Sekt** | (German) champagne |
| **das Getränk, -e** | beverage |
| **die Limonade, -n** | soft drink, lemonade |
| **die Sahne** | (whipped) cream |
| **die Zitrone, -n** | lemon |

*Leicht erkennbare Wörter*
**der Apfelkuchen, - / die Banane, -n / das Eis /
die Milch / das Mineralwasser / der Rotwein, -e /
der Schnaps, ¨e / das Wasser / der Wein, -e / der
Weißwein, -e**

| ADJEKTIVE | ADJECTIVES |
|---|---|
| **gesund** | healthy |
| **interessant ↔** | interesting ↔ |
|   **uninteressant** |   uninteresting |
| **kalt ↔ warm, heiß** | cold ↔ warm, hot |
| **leer ↔ voll** | empty ↔ full |
| **naß ↔ trocken** | wet ↔ dry |
| **sauer ↔ süß** | sour ↔ sweet |
| **stark ↔ schwach** | strong ↔ weak |
| **teuer ↔ billig** | expensive ↔ cheap |

| VERBEN | VERBS |
|---|---|
| **benennen** | to name |
| **bestellen** | to order |
| **dauern** | to last *(time)* |
| **haben** | to have |
| **möchte(n)** | would like |
| **rufen** | to call |
| **wissen (weiß)** | to know *(a fact)* |

*Leicht erkennbare Wörter*
**beginnen / interviewen / produzieren**

| VERSCHIEDENES | MISCELLANEOUS |
|---|---|
| **allein** | alone |
| **arbeiten bei** | to work for |
| **Bitte schön?** | Yes, please? |
| **Bringen Sie mir . . .** | Please bring me . . . |
| **dann** | then |
| **Durst / Hunger haben** | to be thirsty / hungry |
| **Fräulein!** | Waitress! |
| **gleich** *(time)* | just about |
| **Gott sei Dank!** | Thank Heavens! |
| **Herr Ober!** | Waiter! |
| **immer** | always |
| **kein, keine** | not a, not any, no |
| **(eine) Pause machen** | to take a break |
| **mit** | with |
| **ohne** | without |
| **rund** | about, around |
| **um wieviel Uhr?** | at what time? |
| **wann?** | when? |
| **wie lange?** | how long? |
| **zu** | too |
| **zuviel** | too much |

| TAGESZEIT | TIME OF THE DAY |
|---|---|
| **der Abend, -e** | evening |
| **abends** | evenings |
| **am Abend** | in the evening |
| **der Mittag, -e** | noon |
| **mittags** | at noon |
| **am Mittag** | at noon |
| **der Morgen, -** | morning |
| **morgens** | mornings |
| **am Morgen** | in the morning |
| **der Nachmittag, -e** | afternoon |
| **nachmittags** | afternoons |
| **am Nachmittag** | in the afternoon |
| **die Nacht, ̈e** | night |
| **nachts** | at night |
| **in der Nacht** | at night |
| **die Stunde, -n** | hour |
| **der Vormittag, -e** | late morning |
| **vormittags** | in the late morning |
| **am Vormittag** | in the late morning |

*Leicht erkennbare Wörter*
**die Minute, -n / montags / dienstags / mittwochs / donnerstags / freitags / samstags / sonntags**

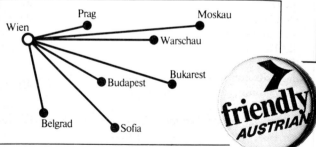

Hier sehen Sie acht Hauptstädte.
Wie heißen die Länder?

# Deutschland, Österreich und die Schweiz

**Themen und Sprechziele**
Im Schreibwarengeschäft ● Besitz
Landkarte: Städte lokalisieren

**Kultur und Information**
Das deutsche Geld

**Grammatik und Übungen**
Accusative I: The Direct Object
   Definite and Indefinite Articles
   Personal Pronouns
The Indefinite Pronoun **man**
Word Formation 2: The Noun Suffix **-er**

# SPRECHZIELE

**Situation 1**  Dialog: Im Schreibwarengeschäft

*Akkusativ: Das direkte Objekt*

*Wiesbaden*

Das Wochenende verbringt Heidrun Kaiser in Wiesbaden. Sie besucht dort Freunde. Sie kennt die Stadt Wiesbaden nicht sehr gut. Heidrun braucht einen Stadtplan. Deshalb geht sie in ein Schreibwarengeschäft und kauft einen Stadtplan.

| | |
|---|---|
| VERKÄUFERIN | Guten Tag! Ja, bitte? |
| HEIDRUN | Guten Tag! Ich möchte einen Stadtplan. |
| VERKÄUFERIN | Ich habe hier einen Stadtplan für zwanzig Mark. |
| HEIDRUN | Haben Sie keinen Stadtplan für zehn Mark oder so? |
| VERKÄUFERIN | Doch, hier habe ich einen für zwölf Mark. |
| HEIDRUN | Ja, der ist richtig. Ich möchte den Stadtplan für zwölf Mark. |
| VERKÄUFERIN | Noch etwas, bitte? |
| HEIDRUN | Danke, das ist alles. |

**Situation 2**  Was kaufen Sie im Schreibwarengeschäft?

Ich kaufe . . .

_____ einen Kalender
_____ einen Block
_____ einen Bleistift
_____ einen Kuli
_____ ein Heft
_____ eine Postkarte
_____ Papier
usw.

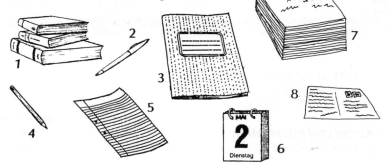

## Situation 3  Fragen und Antworten

**Was** braucht Heidrun? — Sie braucht **einen Stadtplan**.
**Was** hat sie nicht? — Sie hat **keinen Stadtplan**.
**Was** sucht sie? — Sie sucht **ein Schreibwarengeschäft**.
**Wen** fragt sie? — Sie fragt **die Verkäuferin**.
**Was** zeigt die Verkäuferin? — Sie zeigt **einen Stadtplan**.
Möchte Heidrun den Stadtplan? — Nein, sie möchte **den Stadtplan** nicht.
Kauft sie den Stadtplan für 20 Mark? — Nein, sie kauft **ihn** nicht.
**Was** kauft Heidrun? — Sie kauft **den Stadtplan** für zwölf Mark.
**Was** tut die Verkäuferin? — Sie verkauft **den Stadtplan**.
**Was** tut Heidrun? — Sie bezahlt **ihn**.
**Was** bekommt die Verkäuferin? — Sie bekommt **das Geld**.

# BESITZ[1]

## Situation 4  Heidruns Tasche

[1]possession  [2]inside

Heidrun hat eine Tasche. Die Tasche ist groß. Was hat sie darin[2]?
Heidrun öffnet die Tasche. Was hat sie? Was sehen wir?

Sie hat . . ./Wir sehen . . .

| | |
|---|---|
| _5_ | einen Ausweis |
| ____ | einen Geldbeutel |
| ____ | einen Brief |
| ____ | einen Regenschirm |
| ____ | ein Feuerzeug |
| ____ | ein Adreßbuch |
| ____ | eine Brille |
| ____ | eine Zeitung |
| ____ | Schlüssel |
| ____ | Bilder |
| ____ | eine Uhr |
| ____ | eine Zeitschrift |
| ____ | eine Banane |
| ____ | Geld |

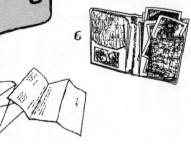

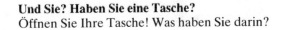

**Und Sie? Haben Sie eine Tasche?**
Öffnen Sie Ihre Tasche! Was haben Sie darin?

**Situation 5**   Was hat Heidrun Kaiser nicht?

1. Hat sie einen Koffer?       Nein, sie hat keinen Koffer.
2. Hat sie ein Radio?          Nein, sie hat kein . . .
3. Hat sie eine Pfeife?        Nein, sie hat . . .
4. Hat sie Blumen?             Nein, sie . . .
5. Hat sie eine Brieftasche?   Nein, . . .
6. Hat sie ein Glas?           ———
7. Hat sie einen Apfel?        ———
8. Hat sie einen Bleistift?    ———

**Und Sie? Was haben Sie nicht?**

**Situation 6**   Mini-Dialoge: Was brauchen Sie (nicht)?

St1: Ich brauche **den Bleistift**.
St2: Hier, ich habe **ihn**!
St1: Haben Sie auch **den Kuli**?
St2: Ja, hier ist **er**.
     Ich brauche **ihn** nicht.

St1: Ich brauche **das Heft**.
St2: Hier, ich habe **es**!
St1: Haben Sie auch **die Zeitung**?
St2: Ja, hier ist **sie**.
     Ich brauche **sie** nicht.

Variieren Sie mit . . .
1. Brieftasche/Zeitschrift
2. Tasche/Regenschirm
3. Papier/Kalender
4. Schlüssel/Ausweis
5. Zigaretten/Feuerzeug
6. Glas/Flasche
7. Bilder/Landkarte
usw.

**Situation 7**   Mini-Dialoge: Hallo . . . !

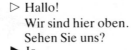

▷ Hallo!
  Ich verstehe Sie nicht.
  Verstehen Sie mich?
▶ Nein, . . .

▷ Hallo!
  Wir sind hier oben.
  Sehen Sie uns?
▶ Ja, . . .

▷ Hallo!
  Das sind Kai und Silke.
  Kennen Sie sie?
▶ Nein, . . .

# GRAMMATIK

## 1 Accusative 1: The Direct Object

In German, nouns can occur in four cases depending on their function in the sentence. The word *case* is used to describe how a noun or pronoun functions in a sentence. For example, case shows whether a noun or a pronoun is the subject (the doer of the action) or the object (the receiver of the action). In English, the position of the noun within a sentence indicates which noun is the subject and which is the direct object. A reversal in the position of the noun causes a total change in meaning.

**The teacher** is asking **the student.**

**The student** is asking **the teacher.**

The different functions of subject and object are more obvious when the nouns are replaced by pronouns. Some English pronouns indicate their function not only by position but also by form. The subject of a German sentence is always in the nominative case. Note that only nouns and pronouns can function as subjects.

| Subject | | Object |
|---------|---------|--------|
| **The man** | is asking | **the woman.** |
| **He** | is asking | **her.** |
| **The woman** | is asking | **the man.** |
| **She** | is asking | **him.** |

The direct object of a German sentence (the receiver of the action expressed by the verb) is always in the accusative case. Again, only nouns and pronouns can function as direct objects.

| Nominative | Verb | Accusative |
|------------|------|------------|
| Der Student | fragt | **den Lehrer.** |
| *The student* | *is asking* | *the teacher.* |

## A Definite and Indefinite Articles

German can show whether a noun is being used as a subject (nominative) or as a direct object (accusative) by using different forms of the definite and indefinite articles. Note, however, that only the masculine articles have a different form when used in the accusative.

| Nominative | | Accusative | |
|------------|---|------------|---|
| der | ⟶ | **den** Bleistift | Kennen Sie **den** Mann? |
| ein | ⟶ | **einen** Bleistift | Ich brauche **einen** Bleistift. |
| kein | ⟶ | **keinen** Bleistift | Er hat **keinen** Stuhl. |

In all other instances – neuter and feminine singular, and plural (all genders) – the nominative and accusative forms are the same.

| Nominative | Accusative |
|---|---|
| Hier ist das (ein/kein) Bild. | Wir haben das (ein/kein) Bild. |
| Hier ist die (eine/keine) Tasche. | Er braucht die (eine/keine) Tasche. |
| Hier sind die (—/keine) Kulis. | Sie möchte die (—/keine) Kulis. |

## B Weak Nouns

In general, nouns do not change when used as direct objects. However, there are a few masculine nouns which add **-n** or **-en**. They are indicated in the vocabularies: **der Student**, **-en**, **-en** (**-en** = accusative, **-en** = plural).

| Nominative | Accusative |
|---|---|
| Der Student heißt Peter. | Kennen Sie den Student**en**? |
| Der Polizist ist Deutscher. | Fragen Sie den Polizist**en**! |
| Der Herr bezahlt das Buch. | Verstehen Sie den Her**rn**? |

Remember to add the **-n** in the accusative also when using **Herr** with a proper name: **Dort kommt Herr Falke. Kennen Sie Herrn Falke?**

## C Personal Pronouns

Here are the personal pronouns in the nominative and accusative.

| Nominative | Accusative | |
|---|---|---|
| ich | mich | *me* |
| er | ihn | *him/it* |
| es | es | *it* |
| sie | sie | *her/it* |
| wir | uns | *us* |
| sie | sie | *them* |
| Sie | Sie | *you* |
| du | dich | *you* |
| ihr | euch | *you* |

As in English, some German personal pronouns indicate by their form whether they are being used as subjects or direct objects.

| | | | |
|---|---|---|---|
| NOM. | **Ich** bin hier. | **Er** fragt Sie. | **Wir** lernen Deutsch. |
| ACC. | Verstehen Sie **mich**? | Verstehen Sie **ihn**? | Verstehen Sie **uns**? |
| | *I am here.* | *He is asking you.* | *We are learning German.* |
| | *Do you understand me?* | *Do you understand him?* | *Do you understand us?* |

Remember that in German the pronoun is determined by the **grammatical** gender of the noun:

| Ich kaufe **den** Geldbeutel. | Er braucht **das** Radio. | Wir kaufen **die** Tasche. |
| Ich kaufe **ihn**. *(it)* | Er braucht **es**. *(it)* | Wir kaufen **sie**. *(it)* |

**D** Accusative Question Words: **wen** or **was**?

The accusative answers the question **wen?** *(whom)* for persons or **was?** *(what)* for things.

| **Wen** fragt die Dame? | *Whom does the lady ask?* |
| Die Dame fragt **den Kellner**. | *The lady is asking the waiter.* |

| **Was** hat der Student? | *What does the student have?* |
| Er hat **ein Buch**. | *He has a book.* |

---

When to use **kennen** and **wissen**

Note the difference in meaning between **kennen** and **wissen**. Both mean *to know* in English. **Kennen** means *to know* in the sense of *to be acquainted with* and is mostly used with persons and places. **Kennen** is always followed by a direct object.

| Ich **kenne** den Herrn. | *I know the gentleman.* |
| **Kennen** Sie die Stadt? | *Do you know the city?* |

**Wissen** means *to know something as a fact, to be informed of* or *to be aware of something*. **Wissen** is usually followed by a dependent clause, and only occasionally by a direct object.

| **Wissen** Sie, was das ist? | *Do you know what that is?* |
| Ja, wir **wissen** es. | *Yes, we know (it).* |
| Ich **weiß**, wo das Restaurant ist. | *I know where the restaurant is.* |

---

When to use **gehen** + infinitive

Similar to English constructions with *go* and a present participle *(to go hiking)* or an infinitive *(to go to eat)*, German uses the verb **gehen** and an infinitive.

| Irene **geht** gern schwimmen. | *Irene likes to go swimming.* |
| Ich **gehe** jetzt schlafen. | *I am going to sleep now.* |
| Er **geht** arbeiten. | *He is going to work.* |

## 2   The Indefinite Pronoun **man**

In German, as in English, there are pronouns which do not point to a particular person. The German indefinite pronoun **man** may correspond to English *one*, *they*, *we*, *you* or *people* in a general sense, depending on the context. **Man** is always followed by a third person singular verb form.

| | |
|---|---|
| Wie **sagt man** das auf deutsch? | *How does one say that in German?* |
| Das **tut man** nicht. | *One doesn't (you don't) do that.* |

## 3   Word Formation 2: The Noun Suffix **-er**

Many German verbs can be changed into nouns by adding **-er** to the verb stem. These newly formed nouns denote the person or the tool that performs the action implied by the verb. If the noun denotes a person, the suffix **-in** is added to form the corresponding feminine noun. The noun suffix **-er** usually corresponds to the English suffixes *-er* or *-or*. You have encountered a number of these nouns in Chapter 3:

| Verb | Masculine Agent | Feminine Agent | |
|---|---|---|---|
| spielen | der Spieler | die Spielerin | *player* |
| schwimmen | der Schwimmer | die Schwimmerin | *swimmer* |
| arbeiten | der Arbeiter | die Arbeiterin | *worker* |

The noun may undergo a vowel change from **a** to **ä**:

| | | | |
|---|---|---|---|
| backen | der Bäcker | die Bäckerin | *baker* |
| kaufen | der Käufer | die Käuferin | *buyer* |
| verkaufen | der Verkäufer | die Verkäuferin | *seller* |

# MÜNDLICHE ÜBUNGEN

**MÜ 1**   **Was** brauchen (haben, möchten) Sie?

- Dort ist der Stuhl. → *Ich brauche den Stuhl.*

Dort ist . . .

|   |   |   |
|---|---|---|
| 1. der Bleistift | 6. die Tasse | 11. der Tisch |
| 2. das Buch | 7. das Radio | 12. das Heft |
| 3. die Tasche | 8. der Ausweis | 13. die Lampe |
| 4. der Schlüssel | 9. das Bild | 14. das Glas |
| 5. der Brief | 10. der Kuli | 15. der Apfel |

**MÜ 2**   **Wen** kennen (sehen, fragen, suchen) Sie?

- Dort ist der Mann. → *Wir kennen den Mann.*

Dort ist . . .                                            *Vorsicht!*[1]          [1] caution

|   |   |   |
|---|---|---|
| 1. der Mechaniker | 6. die Sekretärin | 11. der Student |
| 2. die Frau | 7. der Ober | 12. der Polizist |
| 3. der Mann | 8. die Dame | 13. der Tourist |
| 4. die Verkäuferin | 9. der Amerikaner | 14. der Herr |
| 5. der Lehrer | 10. die Studentin | 15. der Junge |

**MÜ 3**   **Was** braucht (hat, kauft) der Student?

- Hier ist ein Kugelschreiber. → *Er braucht einen Kugelschreiber.*

Hier ist . . .

|   |   |   |
|---|---|---|
| 1. eine Tasche | 4. ein Bild | 7. ein Geldbeutel |
| 2. ein Bleistift | 5. eine Uhr | 8. ein Ausweis |
| 3. ein Buch | 6. ein Heft | 9. eine Landkarte |

**MÜ 4**   **Was** haben Sie nicht? Antworten Sie mit **nein!**

- Haben Sie einen Bleistift? → *Nein, ich habe **keinen** Bleistift.*

Haben Sie . . . ?

|   |   |   |
|---|---|---|
| 1. ein Feuerzeug | 5. einen Apfel | 9. einen Regenschirm |
| 2. einen Schlüssel | 6. eine Tasse | 10. eine Flasche |
| 3. eine Brille | 7. ein Radio | 11. ein Heft |
| 4. ein Glas | 8. einen Kuli | 12. eine Tasche |

**MÜ 5**  Was sehen Sie? / Wen sehen Sie?

- Dort kommt **der** Ober. → *Ich sehe **den** Ober.*
  Hier ist **ein** Schlüssel. → *Ich sehe **einen** Schlüssel.*

1. Hier ist **ein** Bleistift.
2. Das ist **eine** Uhr.
3. Dort kommt **der** Mechaniker.
4. Hier arbeitet **die** Sekretärin.
5. Hier liegt **der** Kugelschreiber.
6. Links ist **eine** Tür.

7. Dort wohnt **der** Arzt.
8. Rechts ist **ein** Café.
9. Hier ist **ein** Regenschirm.
10. Dort ist **der** Mann.
11. Hier arbeitet **der** Polizist.
12. Dort kommt **der** Lehrer.

**MÜ 6**  Fragen Sie mit **was**, **wer** oder **wen**!

- Wir fragen **den Herrn**. → *Wen fragen wir?*

1. Die Dame braucht **einen Stuhl**.
2. **Wir** wohnen hier.
3. **Der Polizist** hat einen Ausweis.
4. Der Herr kennt **den Ober**.
5. Er findet **die Zeitung** nicht.
6. Sie hat **einen Regenschirm**.

7. Wir fragen **den Studenten**.
8. Er sucht **Herrn Falke**.
9. **Die Dame** bezahlt das Buch.
10. Wir sehen **die Verkäuferin**.
11. **Der Geldbeutel** kostet 20 Mark.
12. Ich verstehe **die Frau** nicht.

**MÜ 7**  Noch einmal im Plural, bitte!

- Er möchte den Apfel. → *Er möchte die Äpfel.*

1. Wo ist der Stuhl?
2. Ich brauche den Kugelschreiber.
3. Kennen Sie den Mann?
4. Ich möchte die Blume.

5. Wer hat kein Buch?
6. Verstehen Sie die Frau?
7. Hier liegt der Schlüssel.
8. Wo ist die Zeitung?

**MÜ 8**  Antworten Sie mit **es**, **sie** oder **ihn**!

- Fragt die Dame **den Herrn**? → *Ja, die Dame fragt ihn.*
  *(Ja, sie fragt ihn.)*

1. Bringt der Ober **den Wein**?
2. Bezahlt der Herr **das Bier**?
3. Versteht der Herr **die Dame**?
4. Kauft die Frau **die Zeitung**?
5. Haben die Leute **den Schlüssel**?
6. Braucht der Student **die Bücher**?
7. Fragt die Verkäuferin **den Mann**?
8. Möchte der Mann **den Geldbeutel**?
9. Repariert der Mechaniker **das Auto**?
10. Kauft die Frau **die Blumen**?

**MÜ 9**    Auf deutsch, bitte!

1. Here comes the waiter.
2. Do you see him?
3. Ask the salesman.
4. Whom do you see?
5. Who has the books?
6. Do you know the doctor?
7. Yes, I know him.
8. I need the pencil.
9. Here it is. (the pencil)

10. Do you have a calendar?
11. Do you know her?
12. He is buying a magazine.
13. Does he understand me?
14. Please ask Mr. Falke.
15. When is he coming home?
16. Who is the man there?
17. Do you know him?
18. She is writing a letter.

## Kultur und Information: Das deutsche Geld

ein Pfennig    zwei Pfennig    fünf Pfennig    zehn Pfennig    fünfzig Pfennig

fünf Mark

hundert Mark

zehn Mark

fünf Mark

zweihundert Mark

eine Mark

zwanzig Mark

zwei Mark

fünfhundert Mark

fünfzig Mark

# LAND UND LEUTE

### Informationen über Deutschland

Deutschland liegt im Zentrum von Europa. Bis 1900 war das Land geteilt.[1] Im Westen war die Bundesrepublik. Die Hauptstadt war Bonn. Im Osten war die DDR. Die Hauptstadt war Ost-Berlin. Seit 1990 ist Deutschland vereint[2] und hat sechzehn Bundesländer.[3]

In Deutschland leben jetzt fast 80 Millionen Menschen. Rund 63 Millionen Menschen leben in den elf alten Bundesländern. Rund 17 Millionen Menschen leben in den fünf neuen Bundesländern. Hier ist eine Landkarte.

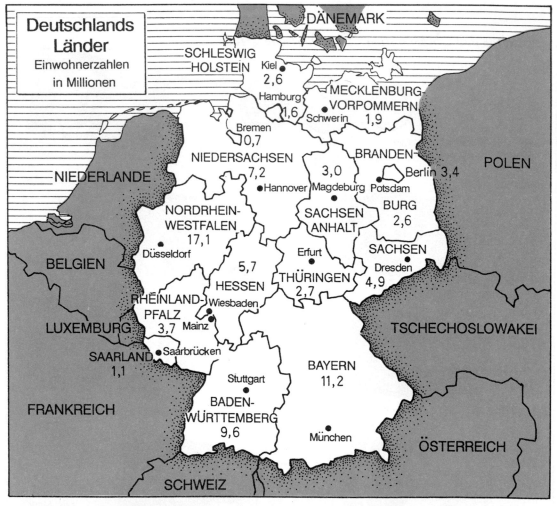

Wie heißen die Bundesländer?
Wie viele Einwohner haben die Länder?
Wie heißen die Hauptstädte?

Wie heißt die Hauptstadt von Deutschland?
Wie heißen die Nachbarländer?
Was wissen Sie noch über Deutschland?

[1] divided  [2] unified  [3] federal states

## Informationen über Österreich

Südöstlich von Deutschland liegt Österreich. Hier sprechen die Menschen auch Deutsch. Österreich hat rund 7,6 Millionen Einwohner[1]. Die Hauptstadt ist Wien. Wien hat rund 1,6 Millionen Einwohner. Österreich hat acht Nachbarländer: Deutschland, die Tscheshische Republik, die Slowakische Republik, Ungarn, Slovenien, Italien, die Schweiz und Liechtenstein.

Österreich ist ein Urlaubsland[2]. Viele Touristen, besonders die Deutschen verbringen gern den Urlaub in Österreich. Im Sommer gehen sie wandern in den Alpen, und im Winter gehen sie skifahren. Die Städte Wien und Salzburg sind berühmt für Musik und Theater, die Kaffeehäuser und Weinlokale[3]. Allein Wien hat über tausend Kaffeehäuser. Viele Touristen besuchen auch die Städte Innsbruck und Graz. In Österreich bezahlt man mit Schilling. Ein Schilling hat hundert Groschen.

[1]sieben Komma sechs   [2]vacation land   [3]taverns

## Informationen über die Schweiz

Die Schweiz liegt südwestlich von Deutschland und hat rund 6,6 Millionen Einwohner. Fast eine Million sind Ausländer[1]. Viele sind Gastarbeiter[2]. Sie kommen aus Italien, Spanien, Deutschland, Jugoslawien, Frankreich und aus der Türkei.

Die Schweiz hat vier offizielle Sprachen[3]: Deutsch, Französisch, Italienisch und Rätoromanisch. Über 4 Millionen Schweizer sprechen Deutsch. 1.172.000 Schweizer sprechen Französisch. 622.200 Schweizer sprechen Italienisch und über 50.000 Schweizer sprechen Rätoromanisch.

Die Hauptstadt ist Bern. Bern hat rund 138.600 Einwohner. Bern ist klein. Die Stadt Zürich ist groß. Zürich hat etwa 500.000 Einwohner. Zürich hat eine Universität, viele Institute, Fachhochschulen[4], Museen und natürlich viele Banken.

Auch die Schweiz ist ein Urlaubsland. Auch hier gehen die Urlauber[5] in den Alpen wandern und skifahren. Die Schweiz ist berühmt für Uhren, Käse[6] und Schokolade und natürlich für die Banken und Geldinstitute. Man bezahlt mit Schweizer Franken (SFR). Ein Franken hat hundert Rappen.

[1] foreigners    [2] (foreign) guest workers    [3] languages    [4] technical universities    [5] vacationers    [6] cheese

### Fragen

1. Wie viele Einwohner hat Deutschland?
2. Wie heißt die Hauptstadt?
3. Wie heißen die Nachbarländer von Deutschland?
4. Wie heißen die Länder südöstlich und südwestlich von Deutschland?
5. Wie heißen die Nachbarländer von Österreich?
6. Wo sprechen die Menschen Deutsch?
7. Wo findet man viele Touristen und Urlauber?
8. Was wissen Sie noch über Deutschland, Österreich und die Schweiz?

### Situation 8   Städte lokalisieren

Hier ist eine Landkarte von Deutschland. Wie heißen die Städte? Wo liegen die Städte? Fragen Sie Ihre Mitstudenten!

St1: Wo liegt Augsburg?
St2: Augsburg liegt im Süden von Deutschland. (. . . in Süddeutschland.)
Augsburg liegt nordwestlich von München.

| der Norden (nördlich) | der Nordwesten |
| der Süden (südlich) | der Südosten |
| der Osten (östlich) | der Nordosten |
| der Westen (westlich) | der Südwesten |

# SCHRIFTLICHE ÜBUNGEN

**SÜ 1**  Ergänzen Sie ein Akkusativ-Objekt!

1. Dort ist **der Polizist**.        Kennen Sie _den Polizisten_ ?
2. Das ist **Herr Sander**.          Fragen Sie _____ !
3. Wer ist **der Arzt?**            Ich verstehe _____ nicht.
4. **Der Herr** raucht Pfeife.       Wir kennen _____ .
5. Hier ist **die Brille**.          Brauchen Sie _____ ?
6. Dort kommt **der Student**.       Fragen Sie _____ !
7. Hier ist **das Buch**.           Ich brauche _____ .
8. **Die Leute** wohnen hier.        Kennen Sie _____ ?
9. Wo liegt **der Ausweis?**         Der Mann sucht _____ .
10. Das ist **die Dame**.            Er besucht _____ .
11. **Der Mann** heißt Falke.        Wir kennen _____ .
12. Hier ist **der Geldbeutel**.     Sie möchte _____ .

**SÜ 2**  Ergänzen Sie das Personalpronomen!

1. Die Dame kauft _es_ . (Buch)
2. Wir kennen ____ . (Ober)
3. Ich brauche ____ . (Bleistift)
4. Haben Sie ____ ? (Ausweis)
5. Wo ist ____ ? (Brille)
6. Hier ist ____ . (Schlüssel)
7. Verstehen Sie ____ ? (ich)
8. Ruft er ____ ? (wir)
9. Fragen Sie ____ ! (er)
10. Wo ist ____ ? (Regenschirm)
11. Zeigen Sie ____ ! (Regenschirm)
12. Ich sehe ____ . (Bild)
13. Er bezahlt ____ . (Tasche)
14. Ich suche ____ . (Kuli)

**SÜ 3**  **Wissen** oder **kennen?**

1. _Wissen_ Sie, was das ist?
2. Ich _____ die Stadt nicht.
3. Wer _____ , wie spät es ist?
4. _____ Sie es?
5. _____ die Dame den Herrn?
6. Ja, die Dame _____ den Herrn.
7. Wir _____ das Restaurant.
8. Er _____ , wo es ist.
9. _____ Petra den Kellner?

# Wortschatz

## NOMEN

| | |
|---|---|
| der Ausländer, - | foreigner |
| der Block, ⁼e | pad of paper |
| der Einwohner, - | inhabitant |
| der Freund, -e | friend |
| der Käse, - | cheese |
| der Koffer, - | suitcase |
| der Mensch, -en, -en | human being |
| der Nachbar, -n, -n | neighbor |
| der Stadtplan, ⁼e | city map |
| der Urlauber, - | vacationer |

| | |
|---|---|
| das Geld, -er | money |
| das Geschäft, -e | store, shop |
| das Schreibwaren- geschäft, -e | stationery store |

| | |
|---|---|
| die Blume, -n | flower |
| die Hauptstadt, ⁼e | capital city |
| die Pfeife, -n | pipe |
| die Sprache, -n | language |
| die Stadt, ⁼e | city, town |

*Leicht erkennbare Wörter*
**das Adreßbuch, ⁼er/die Bank, -en/die Freundin, -nen/das Land, ⁼er/die Mark (no pl.)/die Million, -en/das Museum (Museen)/der Pfennig, -e/die Postkarte, -n/ das Theater, -/der Tourist, -en, -en/die Universität, -en/das Zentrum (Zentren)**

## ADJEKTIVE UND ADVERBEN

| | |
|---|---|
| berühmt | famous |
| natürlich | natural(ly), of course |
| schnell ↔ langsam | fast ↔ slow(ly) |

## VERBEN

| | |
|---|---|
| bekommen | to get, receive |
| bezahlen | to pay |
| brauchen | to need |
| kaufen | to buy |
| kennen | to know (*person / place*) |
| leben | to live |
| liegen | to be situated, to lie |
| verbringen | to spend (*time*) |
| verkaufen | to sell |

*Leicht erkennbare Wörter*
**hören/kosten/öffnen/lokalisieren/sehen/ variieren**

## VERSCHIEDENES

| | |
|---|---|
| aber | but |
| alles | everything |
| darin | inside |
| deshalb | therefore |
| doch | yes (of course) |
| etwa | about |
| etwas | something |
| fast | almost |
| für (*+acc.*) | for |
| Haupt- (*prefix*) | main, capital |
| im Zentrum | in the center |
| man (*indef. pron.*) | one, people |
| noch | else, still |
| noch etwas? | anything else? |
| so . . . wie | as . . . as |
| wen? | who(m)? |

*Wie heißen die Züge?*

# Ein Interview: Irene Martin

### *Themen und Sprechziele*
Transportmittel • Am Bahnhof
Bildbeschreibung: Familie Schubert
Kleidung

### *Kultur und Information*
Wo spricht man Deutsch?

### *Grammatik und Übungen*
Present Tense 2: Stem-changing Verbs
Accusative 2: Prepositions
Coordinating Conjunctions

### Situation 1    Dialog: Am Bahnhof

*Verben mit Vokalwechsel*

Heidrun Kaiser verbringt das Wochenende in Wiesbaden. Dann fährt sie wieder nach Hause. Am Bahnhof in Mannheim trifft sie Frau Heller.

| | |
|---|---|
| HEIDRUN | Guten Tag, Frau Heller. Wie geht es Ihnen? |
| FRAU HELLER | Danke gut. Wo waren Sie denn? |
| HEIDRUN | Ich war in Wiesbaden. Und Sie? Wohin fahren Sie? |
| FRAU HELLER | Nach München. Mein Zug fährt in zehn Minuten. |
| HEIDRUN | Nehmen Sie den Intercity? |
| FRAU HELLER | Sicher. Der Intercity fährt schnell und hält nicht so oft. |
| HEIDRUN | Also dann, viel Spaß in München! |
| | Warten Sie! Vergessen Sie nicht den Regenschirm! |

## TRANSPORTMITTEL[1]

[1] means of transportation

| der Zug | die U-Bahn | die Straßenbahn | der Bus | das Auto | das Taxi |
|---|---|---|---|---|---|
| die Bahn | | | | der Wagen | |

**Fragen**

1. Wen trifft Heidrun am Bahnhof?
2. Wohin fährt Frau Heller?
3. Warum nimmt sie den Intercity?

4. Was vergißt sie hoffentlich nicht?
5. Nimmt Frau Heller den Zug?
6. Wann fährt der Zug?

# BILDBESCHREIBUNG

## Die Familie Schubert

Barbara und Ulrich Schubert haben drei Kinder; zwei Jungen und ein Mädchen. Das Mädchen heißt Judith. Die Jungen heißen Thorsten und Simon. Simon ist das Baby. Der Junge vorne links ist Thorstens Freund Markus. Was tun die Kinder? Rechts steht Judith. Sie spricht am Telefon. Vorne liegt Thorsten. Er liest ein Buch. Er nimmt gerade einen Apfel. Markus ißt eine Banane. Im Fernsehen läuft ein Kinderfilm. Markus sieht den Film, aber Thorsten findet den Film nicht interessant. Hinten fährt der Zug um einen Stuhl.

Frau Schubert hält das Baby. Das Baby schläft. Es war müde. Frau Schubert trägt das Baby zu Bett. Der Hund läuft durch die Tür, aber niemand sieht ihn.

Herr Schubert ist draußen. Er wäscht das Auto. Das Auto ist sehr schmutzig. Aber das Wetter wird schlecht. Es regnet schon, und Herr Schubert wird naß.

**Situation 2** Beschreiben Sie das Bild, aber ohne Buch!

Wie viele Personen sind im Zimmer? Was tun die Kinder? Was tut Frau Schubert? Wo ist Herr Schubert? Was tut er? Wie ist das Wetter? Sieht jemand den Hund? usw.

## Situation 3 Fragen und Antworten mit **denn**

1. Warum trägt die Frau das Baby?        Sie trägt das Baby, **denn** es schläft.
2. Warum schläft das Baby?               Es schläft, **denn** es war müde.
3. Warum ißt Markus eine Banane?           ____
4. Warum sieht niemand den Hund?         ____
5. Warum ist Herr Schubert draußen?        ____
6. Warum wäscht er das Auto?             ____

usw.

# DIE KLEIDUNG

## Situation 4 Beschreiben Sie die Kleidung!

1. Was trägt ein Mann?
2. Was trägt eine Frau?
3. Was tragen Kinder?
4. Was tragen Sie heute?
5. Was trägt man im Sommer?
6. Was trägt man im Winter?
7. Was trägt eine Sekretärin im Büro?
8. Was trägt ein Polizist?
9. Was kauft man im Schuhgeschäft?
10. Was tragen die Studenten im Klassenzimmer?

    Was ist rot, blau, grün usw? Was ist lang – kurz, alt – neu, gut – schlecht, dick – dünn, modern –
unmodern, billig – teuer, beliebt – unbeliebt, schmutzig – sauber usw?

# GRAMMATIK

## 1 Present Tense 2: Stem-changing Verbs

Some common German verbs change their stem vowel in the **du** and the **er/es/sie**-forms. Below are the vowel changes you will encounter. (For a detailed explanation see Chapter 10.)

### A Stem Vowel Change: e → i(e)

| | | | | | | |
|---|---|---|---|---|---|---|
| INFINITIVE | sprechen | essen | vergessen | nehmen | lesen | sehen |
| CHANGED STEM | sprich- | iß- | vergiß- | nimm- | lies- | sieh- |
| ich | spreche | esse | vergesse | nehme | lese | sehe |
| er/es/sie | **spricht** | **ißt** | **vergißt** | **nimmt** | **liest** | **sieht** |
| wir/sie/Sie | sprechen | essen | vergessen | nehmen | lesen | sehen |
| du | sprichst | ißt | vergißt | nimmst | liest | siehst |
| ihr | sprecht | eßt | vergeßt | nehmt | lest | seht |

Notice that the verb **werden** is iregular in the **du** and **er/es/sie**-forms:

| **werden** (to become, get) | | |
|---|---|---|
| ich | werde | *I am getting* |
| er/es/sie | wird | *he/it/she is getting* |
| wir/sie/Sie | werden | *we/they/you are getting* |
| du | wirst | *you are getting* |
| ihr | werdet | *you are getting* |

### B Stem Vowel Change: a → ä / au → äu

| | | | | | | |
|---|---|---|---|---|---|---|
| INFINITIVE | fahren | halten | schlafen | tragen | laufen | waschen |
| CHANGED STEM | fähr- | hält- | schläf- | träg- | läuf- | wäsch |
| ich | fahre | halte | schlafe | trage | laufe | wasche |
| er/es/sie | **fährt** | **hält** | **schläft** | **trägt** | **läuft** | **wäscht** |
| wir/sie/Sie | fahren | halten | schlafen | tragen | laufen | waschen |
| du | fährst | hältst | schläfst | trägst | läufst | wäschst |
| ihr | fahrt | haltet | schlaft | tragt | lauft | wascht |

Verbs which undergo a stem vowel change in the present tense are indicated in the vocabularies as follows: **fahren (fährt)**, **essen (ißt)**.

## C Some Irregularities

When a changed stem ends in **-d** or **-t**, the ending for the **er/es/sie**-forms is not added in addition. When the stem of a verb ends in **-ss** and the following ending is **-t**, the **-ss** changes to **-ß**.

| | | | |
|---|---|---|---|
| INFINITIVE | halten | essen | vergessen |
| STEM | halt- | ess- | vergess- |
| CHANGED STEM | hält- | iß- | vergiß- |
| **er/es/sie** | hält | ißt | vergißt |
| **ihr** | haltet | eßt | vergeßt |

## 2 Accusative 2: Prepositions

German prepositions function like English prepositions, except that in German the object of a preposition must be in a specific case. The following prepositions require the accusative:

| | |
|---|---|
| **für** | *for* |
| **durch** | *through* |
| **gegen** | *against, around (+ time)* |
| **ohne** | *without* |
| **um** | *around, at (+ time)* |

Look at the following examples:

| | |
|---|---|
| **Für wen** ist der Brief? | *For whom is the letter?* |
| Wir gehen **durch den Park**. | *We are walking through the park.* |
| Fahren Sie nicht **gegen den Baum**! | *Don't drive against the tree.* |
| Wir kommen **um 5 Uhr**. | *We're coming at (exactly) 5 o'clock.* |
| Wir kommen **gegen 5 Uhr**. | *We're coming around (or shortly before) 5 o'clock.* |
| Sie kommt **ohne Herrn Sander**. | *She is coming without Mr. Sander.* |
| Wir sitzen **um den Tisch**. | *We are sitting around the table.* |

**Note** In spoken German there is a tendency to contract some prepositions with the following neuter definite article.

| | | |
|---|---|---|
| durch das = **durchs** | Das Kind läuft durchs Zimmer. |
| für das = **fürs** | Ich brauche das fürs Auto. |
| um das = **ums** | Gehen Sie ums Hotel! |

## 3 Coordinating Conjunctions

Like their English equivalent, German coordinating conjunctions are used to connect sentences, clauses, phrases or simply words of equal importance.

| | |
|---|---|
| **und** *(and)* | Sie macht eine Pause **und** trinkt eine Tasse Kaffee. *She is taking a break and drinking a cup of coffee.* |
| | Hier sind Kugelschreiber **und** Bleistifte. *Here are pens and pencils.* |
| **aber** *(but)* | Er wohnt in Heidelberg, **aber** er arbeitet in Mannheim. *He lives in Heidelberg, but he works in Mannheim.* |
| **oder** *(or)* | Fragt der Student **oder** antwortet er? *Is the student asking or is he answering?* |
| **denn** *(because)* | Wir gehen nach Hause, **denn** es ist spät. *We are going home because it is late.* |

If the subject of both clauses is the same, it is not necessary to state it twice.

Sie weiß es, aber sagt es nicht.
*She knows it but doesn't say it.*

The subject has to be restated with **denn** *(because)*.

Er trägt eine Brille, **denn er** sieht nicht gut.
*He is wearing glasses because he doesn't see well.*

---

Recognizing flavoring particles

German has a number of words which, apart from their literal meaning, indicate an attitude of the speaker, such as surprise or emphasis, and in this way give an added flavor to the sentence. These flavoring particles are characteristic of spoken German. They often cannot be directly translated since their meaning depends on the context. They are presented here solely for recognition.

**Aber** may express emphasis or indicate an unexpected situation. Das ist **aber** teuer. Heute ist es **aber** sehr heiß. **Aber** was ist das?

**Also** may have the meaning of *thus, then, well then* or *so*. **Also**, warum sind Sie hier? **Also**, was machen wir jetzt? **Also**, bis morgen.

**Denn** is often used to make a question more emphatic or to show impatience on the part of the speaker. **Denn** sometimes corresponds to English *well*. Was machen Sie **denn** da?

**Ja** may be used by a speaker to convey surprise, but **ja** may also indicate that the expressed fact is already known. Der Kaffee ist **ja** kalt! Da ist sie **ja**!

---

### When to use the prepositions am/im/um

Three prepositions are used with time in German to respond to the question **wann?** *(when):*

**am**  is used for days and particular times of the day: **am Montag, am Mittag, am Montag-mittag, am Wochenende**

**im**  is used with the months and the seasons: **im Juni, im Sommer, im Jahr**

**um**  is used to tell the time of the day: **um sechs Uhr, um halb fünf**.

### When to use the preposition nach

**Nach** *(to)* is used to express direction when going to a city, country or continent.

Wir fahren **nach** München.        *We are driving to Munich.*
Ich gehe **nach** England.          *I am going to England.*
Wir gehen **nach** Amerika.         *We are going to America.*

Remember that **nach Hause** is an idiomatic expression.

### When to use es gibt

**Es gibt** corresponds to English *there is*, *there are*, and is used when no attempt is made to bring an activity into relation with a specific subject. **Es gibt** is used to state things in a general way. Note that **es gibt** is followed by the accusative and can be used with singular and plural nouns.

**Gibt es** dort einen Parkplatz?        *Is there a place to park over there?*
**Gibt es** dort Parkplätze?             *Are there places to park over there?*

*In Deutschland gibt es viele Demonstrationen.*

# MÜNDLICHE ÜBUNGEN

**MÜ 1**    Antworten Sie!

- Ich spreche Deutsch. Und die Dame? → *Die Dame spricht auch Deutsch.*
  *(Sie spricht auch Deutsch.)*

1. Ich spreche Deutsch.
   Und der Herr?/die Studenten?/wir?/Sie?

2. Wir sehen die Bilder.
   Und der Junge?/das Mädchen?/die Dame?/Sie?/ich?

3. Die Damen lesen die Zeitung
   Und der Mechaniker?/die Studentin?/die Kinder?/Sie?/wir?/ich?

4. Ich esse einen Apfel.
   Und der Junge?/das Mädchen?/die Studentin?/wir?/Sie?

5. Es regnet. Wir werden naß.
   Und die Leute?/der Regenschirm?/das Auto?/Sie?/ich?

6. Die Kinder schlafen.
   Und das Mädchen?/der Junge?/ich?/Sie?/wir?

7. Ich trage einen Pullover.
   Und Herr Falke?/Fräulein Walter?/die Frau?/Sie?

8. Die Autos fahren schnell.
   Und das Taxi?/der Zug?/die Straßenbahn?/die Busse?

9. Die Busse halten oft.
   Und die Züge?/das Taxi?/die Straßenbahn?/der Intercity?

10. Die Kinder laufen schnell.
    Und der Student?/die Leute?/der Herr?/Sie?

11. Die Leute vergessen die Schlüssel.
    Und wir?/das Kind?/das Mädchen?/der Junge?/Thorsten?/Sie?

12. Wir nehmen den Bus.
    Und Sie?/Frau Heller?/Heidrun/wir?/ich?/die Leute?

**MÜ 2**    Im Singular, bitte!

- Die Kinder essen Kuchen. → *Das Kind ißt Kuchen.*

1. Die Mädchen vergessen das Buch.
2. Die Damen nehmen die Straßenbahn.
3. Die Studenten sprechen hier Deutsch.
4. Die Kinder sehen das Bild nicht.
5. Die Züge halten in München.
6. Die Männer tragen den Tisch.
7. Die Jungen lesen ein Buch.
8. Die Kinder laufen nach Hause.
9. Die Busse fahren langsam.
10. Die Autos werden naß.
11. Die Kinder schlafen nicht.
12. Die Amerikaner essen zu Hause.

**MÜ 3**   Imperativ, bitte!

- schnell fahren → *Fahren Sie schnell!*

1. das Auto waschen
2. schnell laufen
3. laut sprechen

4. hier warten
5. das Buch lesen
6. den Mantel nehmen

7. nicht so viel essen
8. dort halten
9. nicht schlafen


**MÜ 4**   Für wen ist der Brief?

- der Herr / die Dame → *Der Brief ist für den Herrn. / . . . für die Dame.*

1. der Student / die Studentin
2. der Verkäufer / die Verkäuferin
3. der Mann / die Frau

4. der Arzt / die Ärztin
5. der Lehrer / die Lehrerin
6. der Junge / das Mädchen


**MÜ 5**   Was tun die Leute?

- der Mann / der Park → *Der Mann geht durch den Park.*

1. die Leute / das Restaurant
2. die Kinder / das Zimmer
3. der Junge / der Zug

4. der Bus / die Stadt
5. das Mädchen / der Bus
6. der Herr / das Café


**MÜ 6**   Vollenden[1] Sie die Sätze[2]!              [1] complete / [2] sentences

1. Ich gehe jetzt nach Hause, denn *ich bin müde.*
2. Der Mann wäscht das Auto, aber . . .
3. Ralph trinkt ein Glas Limonade, denn . . .
4. Möchten Sie eine Tasse Tee oder . . . ?
5. Ich lerne Deutsch, aber . . .
6. Sie braucht eine Brille, denn . . .
7. Er fährt in die Stadt und . . .
8. Ich verstehe Sie nicht, denn . . .

**MÜ 7**   Auf deutsch, bitte!

1. Does he speak German?
2. Where does the bus stop?
3. Do you see the pictures?
4. He doesn't see me.
5. I am taking the train.
6. Who is taking a taxi?
7. Is the child sleeping now?
8. The children are running.
9. Who is washing the car?

10. What is he carrying?
11. He is wearing glasses.
12. What does she like to eat?
13. The girl is reading a magazine.
14. Please speak German.
15. Don't forget the umbrella.
16. It is getting late.
17. The letter is for the teacher.
18. Why don't you come without the dog?

## EIN INTERVIEW: Irene Martin

Hier ist Studio B in Stuttgart. Guten Morgen!
Sie hören das Morgenmagazin mit Interviews
und viel Musik. Heute haben wir eine junge
Dame im Studio. Sie heißt Irene Martin. Sie
ist Amerikanerin und kommt aus Atlanta. Sie
wissen es sicher, Atlanta liegt im Bundesstaat
Georgia.

REPORTER    Guten Morgen, Fräulein Martin! Wir haben viele Fragen. Also, warum sind Sie in Deutschland? Was tun Sie hier?

IRENE    Ich bin Krankenschwester und arbeite hier im Krankenhaus. Abends gehe ich zur Schule und lerne Deutsch.

REPORTER    Wie lange sind Sie denn schon in Deutschland?

IRENE    Ich bin schon sieben Monate hier.

REPORTER    Sieben Monate! Das ist aber nicht sehr lang. Und wie finden Sie das Leben hier in Deutschland?

IRENE    Ich finde das Leben hier ganz interessant, nur ein bißchen teuer.

REPORTER    Was tun Sie abends? Sie sagen, Sie gehen zur Schule und lernen Deutsch. Gehen Sie auch manchmal ins Theater oder ins Kino?

IRENE    Ins Theater gehe ich nicht sehr oft. Soviel Deutsch verstehe ich noch nicht, aber ich gehe manchmal ins Kino oder ins Konzert.

REPORTER    Aha, Sie hören also gern Musik. Und was tun Sie sonst noch? Haben Sie Hobbys?

IRENE    Ach wissen Sie, wir arbeiten sehr viel im Krankenhaus, und ich habe nicht viel Freizeit. Aber ich schwimme gern, und ich spiele Tennis. Ich lese auch gern, und ich fahre gern Rad.

REPORTER    Fräulein Martin, Sie sprechen ja schon sehr gut Deutsch. Verstehen Sie auch Dialekt?

IRENE    Da habe ich ein Problem, denn so viele Leute sprechen hier Dialekt. Manchmal verstehe ich kein Wort.

REPORTER    Das kommt noch. Nur Geduld[1], Fräulein Martin!      [1] patience

**Fragen**

1. Woher kommt Irene Martin, und was ist sie von Beruf?
2. Wie lange ist sie schon in Deutschland?
3. Was tut sie in Deutschland?
4. Wie findet sie das Leben in Deutschland?
5. Was macht sie abends?
6. Warum hat sie nicht so viel Freizeit?
7. Was macht sie gern?
8. Warum hat sie ein Problem?

## Situation 5 Rollenspiel: Interview

Variieren Sie das Interview im Radio!
Ein/e Student/in spielt den Reporter. Ein/e Student/in antwortet.

St1: Guten Morgen/Tag/Abend, Herr/Frau/Fräulein . . . !
    Warum sind Sie in . . . ? Was tun Sie hier?
St2: Ich bin . . .
usw.

Wer denn?
Wie denn?
Wo denn?
Was denn?

---

*Kultur und Information: Wo spricht man Deutsch?*

In Deutschland, Österreich und in Liechtenstein sprechen die Menschen Deutsch. In der Schweiz ist Deutsch eine von vier offiziellen Sprachen. Die Schweizer sprechen „Schwyzer Dütsch". Deutsch hat viele Dialekte. Die Standardsprache heißt Hochdeutsch. In Schulen, Universitäten, im Radio und im Fernsehen spricht man Hochdeutsch. Etwa 100 Millionen Menschen haben Deutsch als Muttersprache und rund 20 Millionen lernen Deutsch als Fremdsprache[1]. Zum Vergleich[2]: Rund 418 Millionen Menschen sprechen Englisch.

[1] foreign language  [2] for comparison

---

# SCHRIFTLICHE ÜBUNGEN

**SÜ 1**    Vollenden Sie die Sätze! *(Vorsicht! Regelmäßige[1] und unregelmäßige Verben)*    [1] regular

1. Wir fahren nach München.
   Frau Heller *fährt nach München* .

2. Die Leute bezahlen den Wein.
   Der Mann _____ .

3. Ich trage einen Mantel.
   Die Dame _____ .

4. Wir fragen auf deutsch.
   Die Studentin _____ .

5. Wir haben Hunger.
   Der Junge _____ .

6. Die Leute nehmen ein Taxi.
   Herr Berger _____ .

7. Ich brauche einen Regenschirm.
Die Frau _____ .

8. Die Kinder laufen nach Hause.
Das Mädchen _____ .

9. Schlafen die Kinder schon?
_____ der Junge schon?

10. Sie warten hier.
Herr Falke _____ .

11. Was lesen Sie gern?
Was _____ er gern?

12. Wir sprechen Deutsch.
Der Student _____ .

**SÜ 2**    Bilden Sie Fragen!

● Warum / Junge / Brille / tragen → *Warum trägt der Junge eine Brille?*

1. Wen / Junge / sehen
2. Wohin / Leute / laufen
3. Wo / Kind / schlafen

4. Warum / Auto / naß / werden
5. Wann / Studentin / Zeitung / lesen
6. Wohin / Dame / heute / fahren

**SÜ 3**    Verbinden[1] Sie die Sätze mit **denn, und, aber, oder!** Was paßt[2]?    [1]connect / [2]fits

● Er hat ein Problem. Er hört nicht gut. → *Er hat ein Problem, denn er hört nicht gut.*

1. Frau Kaiser arbeitet in Mannheim. Sie wohnt in Heidelberg.
2. Möchten Sie Wein? Möchten Sie Bier?
3. Ich gehe jetzt nach Hause. Es ist spät.
4. Sie ist Sekretärin. Sie arbeitet im Büro.
5. Irene Martin geht zur Schule. Sie lernt Deutsch.

**SÜ 4**    Vollenden Sie die Sätze!

1. Wir machen jetzt eine Pause, denn *wir haben Hunger.*
2. Ich bin Amerikaner und . . .
3. Er raucht nicht, aber . . .
4. Gehen Sie in die Stadt oder . . .
5. Sie ist sieben Monate in Deutschland und . . .
6. Trinken Sie gern Kaffee oder . . .

**SÜ 5**    Ergänzen Sie eine Präposition!
Was paßt: **durch, für, gegen, ohne, um?**

1. *Für* wen ist der Brief?
2. Gehen Sie ____ die Tür, dann links!
3. Die Leute sitzen ____ den Tisch.
4. Herr Kohl kommt nicht. Gehen Sie ____ ihn!
5. Fahren Sie nicht ____ den Baum!
6. Haben Sie etwas ____ Zigaretten?
7. ____ wieviel Uhr kommen Sie?
8. Warum gehen Sie nicht ____ den Bahnhof?

*Er fährt das Auto gegen den Baum.*

# Wortschatz

## NOMEN

| | |
|---|---|
| **der Bahnhof, ¨e** | railway station |
| **der Baum, ¨e** | tree |
| **der Hund, -e** | dog |
| **der Intercity** | *name of a train* |
| **der Monat, -e** | month |
| **der Wagen, -** | car, vehicle |
| **der Zug, ¨e** | train |
| | |
| **das Kind, -er** | child |
| **das Leben, -** | life |
| | |
| **die Bahn, -en** | train, railroad |
| **die Geduld** | patience |
| **die Krankenschwester, -n** | nurse |
| **die Straßenbahn, -en** | streetcar |

*Leicht erkennbare Wörter*
**das Baby, -s / das Bett, -en / der Dialekt, -e / die Familie, -n / der Film, -e / das Hobby, -s / das Konzert, -e / die Musik / das Problem, -e / die Schule, -n / das Taxi, -s / die U-Bahn, -en / das Wetter**

## DIE KLEIDUNG — CLOTHING

| | |
|---|---|
| **der Anzug, ¨e** | suit |
| **der Gürtel, -** | belt |
| **der Mantel, ¨** | coat |
| **der Rock, ¨e** | skirt |
| **der / das Sakko, -s** | men's jacket |
| **der Stiefel, -** | boot |
| | |
| **das Hemd, -en** | shirt |
| **das Kleid, -er** | dress |
| | |
| **die Hose, -n** | trousers, pants |
| **die Jacke, -n** | jacket, cardigan |
| **die Krawatte, -n** | tie |
| **die Mütze, -n** | hat, cap |

*Leicht erkennbare Wörter*
**die Bluse, -n / der Hut, ¨e / die Jeans** *(pl.)* **/ der Pulli, -s / der Pullover, - / die Uniform, -en**

## AKKUSATIV-PRÄPOSITIONEN

| | |
|---|---|
| **durch** | through |
| **für** | for |
| **gegen** | against, around *(+ time)* |
| **ohne** | without |
| **um** | around, at *(+ time)* |

## VERBEN

| | |
|---|---|
| **bleiben** | to remain |
| **fahren (fährt)** | to drive, ride |
| **halten (hält)** | to stop, hold |
| **laufen (läuft)** | to run, walk fast |
| **nehmen (nimmt)** | to take |
| **schlafen (schläft)** | to sleep |
| **sitzen** | to sit |
| **stehen** | to stand |
| **tragen (trägt)** | to wear, to carry |
| **treffen (trifft)** | to meet |
| **vergessen (vergißt)** | to forget |
| **warten** | to wait |
| **werden (wird)** | to become, get |

*Wiederholung und leicht erkennbare Wörter*
**essen (ißt) / lesen (liest) / sehen (sieht) / sprechen (spricht) / waschen (wäscht)**

## VERSCHIEDENES

| | |
|---|---|
| **am Bahnhof** | at the railroad station |
| **am Telefon** | on the telephone |
| **Das kommt noch.** | That'll come (in due time). |
| **denn** | because |
| **es gibt** *(+ acc.)* | there is, there are |
| **im Fernsehen** | on TV |
| **ins Kino gehen** | to go to the movies |
| **nach** *(+ city)* | to |
| **niemand↔jemand** | nobody↔somebody |
| **noch nicht** | not yet |
| **sonst** | otherwise |
| **Viel Spaß!** | Have fun! |
| **was sonst noch?** | what else? |
| **warum?** | why? |
| **zu Bett** | to bed |
| **zur Schule** | to school |

## ADJEKTIVE UND ADVERBEN

| | |
|---|---|
| **da** | there |
| **draußen** | outside |
| **frei** | free |
| **hoffentlich** | hopefully |
| **manchmal** | sometimes |
| **oft↔nie** | often↔never |
| **schmutzig↔sauber** | dirty↔clean |
| **sicher** | sure(ly) |
| **wieder** | again |

# Meine Familie

## *Themen und Sprechziele*
Reisevorbereitungen • Besitz
Bildbeschreibung: Familie Wenz
Paßkontrolle
Familie und Verwandten

### *Kultur und Information*
Bonbons • Reisepaß und Personalausweis

## *Grammatik und Übungen*
Possessive Adjectives
Possession with Proper Names

# SPRECHZIELE

## REISEVORBEREITUNGEN[1]

[1] preparation

### Situation 1 Familie Wenz

Familie Wenz macht eine Reise. Herr und Frau Wenz, Markus, Daniela und Nina laden ihre Sachen in das Auto. Sie packen ihr Auto voll. Was haben sie? Was tragen sie für die Reise? Was nehmen sie mit? Herr Wenz beschreibt die Situation.

HERR WENZ:

Der Junge ist mein Sohn. Er heißt Markus. Er trägt jetzt seine Badehose und seinen Hut, aber für die Reise trägt er seine Jeans und sein T-Shirt. Markus hat einen Hund. Sein Hund heißt Tiger. Er nimmt seinen Hund mit. Und sein Fernglas hat er auch. Aber warum hat er einen Regenschirm? Nimmt er seinen Regenschirm auch mit?

Das Mädchen ist meine Tochter. Ihr Name ist Nina. Sie nimmt ihren Ball und ihren Koffer mit. Sie trägt ihre Sandalen, ihre Bermuda Shorts und ein T-Shirt für die Reise.

Daniela ist unser Baby. Sie trägt ihren Hut und ihre Sonnenbrille. Sie nimmt nur ihren Teddybär mit. Meine Frau hat Danielas Sachen im Koffer.

Ich trage meine Jeans und ein Hemd. Meine Frau trägt ein Kleid. Wir nehmen nicht viel mit. Die Kinder brauchen so viele Sachen, da ist für unsere Sachen nicht mehr viel Platz im Auto. Aber ich brauche meine Stiefel und meine Sachen zum Angeln. Ach ja, und hier ist unser Koffer, und da steht unsere Reisetasche. Ah, dort kommt meine Frau. Sie bringt meinen Führerschein, die Autopapiere und unsere Reisepässe. Und dann beginnt unsere Reise.

## Situation 2    Besitz

HERR WENZ:

| Ich habe . . . | Markus hat . . . | Daniela trägt . . . | Wir nehmen mit: |
|---|---|---|---|
| **mein Geld,** | **sein Fernglas,** | **ihr Hemd,** | **unser Auto,** |
| **meinen Paß,** | **seine Badehose,** | **ihre Hose,** | **unsere Tasche,** |
| **meine Tasche,** | **seinen Regenschirm** | **ihren Teddybär,** | **unseren Koffer,** |
| **meine Stiefel.** | und **seinen Hund.** | **ihre Sonnenbrille.** | **unsere Kinder.** |

Was haben sie noch? Was tragen sie noch? Was nehmen sie noch mit?

### Fragen

1. Herr Wenz hat drei Kinder. Wie heißen seine Kinder?
2. Wie heißt sein Sohn?
3. Wie heißen seine Töchter?
4. Was trägt seine Frau?
5. Markus hat einen Hund. Wie heißt sein Hund?

## Situation 3    Wir packen einen Koffer

Wir machen eine Reise und packen einen Koffer für unsere Reise.
Fragen Sie Ihre Mitstudenten? Wen und/oder was nehmen Sie mit?

St1:  Ich nehme meine Sonnenbrille mit.
St2+3: Wir nehmen unsere Reisepässe mit.
St4: . . .
St5: . . .
usw.

---

*Kultur und Information: Bonbons*

Es gibt sie überall und in vielen Variationen. Kinder
essen sie besonders gern: Bonbons[1]. Sie haben viele
Namen. In Berlin heißen sie „Bolchen", im Ruhrgebiet[2]
„Klümpchen" und in Norddeutschland „Bonchen". In
Süddeutschland heißen sie „Gutsel" oder man sagt auch
„Gutsle" oder „Guatl". In Österreich bekommen die
Kinder ein „Zuckerl(e)" und in der Schweiz ein „Täfeli"
oder ein „Zältli". Jedoch versteht man überall das Wort
„Bonbon"[3].

[1] candies    [2] region adjacent to the Ruhr river    [3] bon ist französich und heißt „gut"

---

## Situation 4   Dialog: Paßkontrolle

Familie Wenz fährt nach Italien, an das Meer. Nach Italien kommt man nur durch die Schweiz oder durch Österreich. Familie Wenz wählt den Weg durch die Schweiz, denn Frau Wenz hat eine Kusine in Zürich. In Basel fahren sie über die Grenze.

| | |
|---|---|
| DER BEAMTE[1] | Guten Tag! Paßkontrolle! Ihre Reisepässe, bitte. |
| HERR WENZ | Hier ist mein Reisepaß. |
| | Meine Frau hat nur ihren Ausweis. |
| DER BEAMTE | Und die Kinder? |
| HERR WENZ | Hier sind ihre Pässe. |
| DER BEAMTE | Danke. Gute Reise! |

[1] official

**GUTE FAHRT**

---

### *Kultur und Information: Reisepaß und Personalausweis*

Für eine Reise ins Ausland (Schweiz, Österreich, Italien usw.) brauchen die Deutschen einen Personalausweis oder einen Reisepaß. Früher waren die Grenzkontrollen in Europa sehr streng[1]. Heute kontrollieren die Grenzbeamten[2] die Papiere nicht immer. Manchmal kontrollieren sie und manchmal kontrollieren sie nicht. Viele Leute haben nur einen Ausweis. Ab 1992 gibt es Europapässe für alle EG-Länder[3].

[1] strict   [2] border officials   [3] European Community countries

# GRAMMATIK

## 1 Possessive Adjectives

As their name implies, possessive adjectives indicate possession. They precede the noun they modify: *my coat*, *his family*, *their car*. The meaning and use of possessive adjectives are the same in both English and German. Here are their basic forms.

| | | |
|---|---|---|
| ich | mein | *my* |
| er/es | sein | *his/its* |
| sie | ihr | *her/its* |
| wir | unser | *our* |
| sie | ihr | *their* |
| Sie | Ihr | *your (formal)* |
| du | dein | *your (familiar/singular)* |
| ihr | euer | *your (familiar/plural)* |

The meaning of **ihr** *(her)*, **ihr** *(their)* and **Ihr** *(your)* is clarified by the context. Also, **Ihr** *(your)* is always capitalized, just as the corresponding personal pronoun **Sie** *(you)* is.

Die Kellnerin sucht ihren Geldbeutel.
*The waitress is looking for her wallet.*

Die Kinder suchen ihre Schlüssel.
*The children are looking for their keys.*

The German possessive adjectives are often called **ein-**words because they take the same endings as the indefinite article **ein**. They agree in gender (masc./neut./fem.) and number (sing./pl.) and case (nom./acc.) with the noun they modify.

| | Masculine | | Neuter | Feminine | Plural/All |
|---|---|---|---|---|---|
| | **Nominative** | **Accusative** | **Nominative and Accusative** | | |
| | ein | einen | ein | eine | — |
| ich | mein Koffer | meinen Koffer | mein Buch | meine Brille | meine Bücher |
| er/es | sein Koffer | seinen Koffer | sein Buch | seine Brille | seine Bücher |
| wir | unser Koffer | unseren Koffer | unser Buch | unsere Brille | unsere Bücher |
| sie | ihr Koffer | ihren Koffer | ihr Buch | ihre Brille | ihre Bücher |
| Sie | Ihr Koffer | Ihren Koffer | Ihr Buch | Ihre Brille | Ihre Bücher |
| du | dein Koffer | deinen Koffer | dein Buch | deine Brille | deine Bücher |
| ihr | euer Koffer | euren Koffer | euer Buch | eure Brille | eure Bücher |

## 2 Possession with Proper Names

As in English, the possessive of German names is formed by adding **-s** to a proper name. However, in German there is no apostrophe.

| | |
|---|---|
| Erika ist Frau Lohnerts Schwester. | *Erika is Mrs. Lohnert's sister.* |
| Wir haben Claudias Buch. | *We have Claudia's book.* |
| Wo ist Michaels Brille? | *Where are Michael's glasses?* |

---

### When to use **erst** and **nur**

As an adverb, **erst** is equivalent to *only*, *not only*, *only just*, *not until*, and is used to refer to a specific point in time.

| | |
|---|---|
| Sie ist **erst** ein Jahr alt. | *She is only one year old.* |
| Es ist **erst** sieben Uhr. | *It is only seven o'clock.* |

The adverb **nur** is used when referring to a numerical quantity and corresponds to English *only*, with the meaning of *not more than the quantity indicated*.

| | |
|---|---|
| Sie hat **nur** eine Schwester. | *She has only one sister.* |
| Er braucht **nur** 200 Mark. | *He needs only 200 Marks.* |

---

### When to use **noch** and **(nicht) mehr**

**Noch** *(still, yet)* expresses that an action or situation continues to exist, perhaps longer than expected.

| | |
|---|---|
| Sie arbeitet **noch**. | *She is still working.* |
| Wir sind **noch** zu Hause. | *We are still at home.* |

**Noch** can be emphasized by a preceding or following **immer** (which when used by itself means *always*).

| | |
|---|---|
| Sie arbeitet **immer noch**. | *She is still working.* |
| Wir sind **noch immer** zu Hause. | *We are still at home.* |

**Nicht mehr** *(no more, any more)* is used to express that an action or situation has ended. In connection with nouns **kein . . . mehr** is used. Use **nicht mehr** to give a negative answer to a question with **noch**.

| | |
|---|---|
| Ist sie **noch** zu Hause? | *Is she still at home?* |
| Nein, sie ist **nicht mehr** zu Hause. | *No, she's not at home any more.* |
| Haben Sie jetzt **noch** Zeit? | *Do you still have time now?* |
| Nein, ich habe **keine** Zeit **mehr**. | *No, I have no more time.* |

# MÜNDLICHE ÜBUNGEN

**MÜ 1**   Bilden Sie Sätze mit Possessivpronomen!

● ein Führerschein → *Das ist mein Führerschein. Ich habe meinen Führerschein.*

| ich/mein | er/sein | sie/ihr | wir/unser |
|---|---|---|---|
| 1. eine Landkarte | 1. ein Glas | 1. eine Bluse | 1. ein Telefon |
| 2. ein Kleid | 2. ein Ausweis | 2. ein Kleid | 2. eine Zeitung |
| 3. ein Schlüssel | 3. ein Hemd | 3. ein Rock | 3. ein Wagen |
| 4. ein Bild | 4. ein Pullover | 4. eine Tasche | 4. ein Hund |
| 5. eine Uhr | 5. eine Pfeife | 5. ein Auto | 5. ein Regenschirm |
| 6. ein Stuhl | 6. ein Mantel | 6. ein Buch | 6. eine Flasche |

**MÜ 2**   Üben Sie weiter!

● Die Dame liest einen Brief. → *Die Dame liest ihren Brief.*

1. Ich trage einen Pullover.
2. Der Mann nimmt einen Koffer.
3. Die Studenten haben ein Buch.
4. Die Dame nimmt einen Mantel.
5. Der Herr trägt eine Jacke.
6. Die Frau braucht einen Ausweis.
7. Das Kind buchstabiert einen Namen.
8. Der Junge möchte eine Tasche.
9. Wir brauchen ein Heft.
10. Ich trage eine Brille.
11. Die Leute verkaufen ein Haus.
12. Der Student fragt eine Lehrerin.

**MÜ 3**   Im Plural, bitte!

● Dort liegt sein Buch. → *Dort liegen seine Bücher.*

1. Das ist mein Schuh.
2. Wo ist unser Stuhl?
3. Wer hat ihr Bild?
4. Das ist seine Zigarette.
5. Hat das Kind seinen Apfel?
6. Braucht er meinen Schlüssel?
7. Kennen Sie unseren Lehrer?
8. Der Junge sucht sein Heft.
9. Möchten Sie meine Karte?
10. Hat sie ihren Kugelschreiber?

**MÜ 4**   Antworten Sie mit Personalpronomen!

● Braucht die Dame ihren Regenschirm? → *Ja, sie braucht ihn.*
*(Nein, sie braucht ihn nicht.)*

1. Ißt der Junge seinen Apfel?
2. Sind Ihre Schuhe neu?
3. Hat der Mann seinen Ausweis?
4. Braucht die Dame ihren Reisepaß?
5. Lesen die Kinder ihre Bücher?
6. Trägt der Herr seine Brille?
7. Braucht der Ober seinen Bleistift?
8. Kennen Sie meine Lehrerin?
9. Verkaufen die Leute ihr Haus?
10. Nimmt die Frau ihren Mantel?
11. Liest der Herr seinen Brief?
12. Rufen die Leute ihren Hund?

**MÜ 5**   Auf deutsch, bitte!

1. My name is Keller.
2. What's your name?
3. This is my watch.
4. Do we need her umbrella?
5. There is her umbrella.
6. Their children are at home.
7. Where is your passport?
8. This is our car.
9. Do you know his teacher?
10. I have their keys.
11. This is my skirt and my blouse.
12. Where is her coat?
13. Do you see her coat?
14. He is spelling his name.
15. I am selling my car.
16. They are calling their dog.
17. Here is my driver's license.
18. Do you see my driver's license?
19. Are these your letters?
20. We are reading our letter.

## DIE FAMILIE UND DIE VERWANDTEN

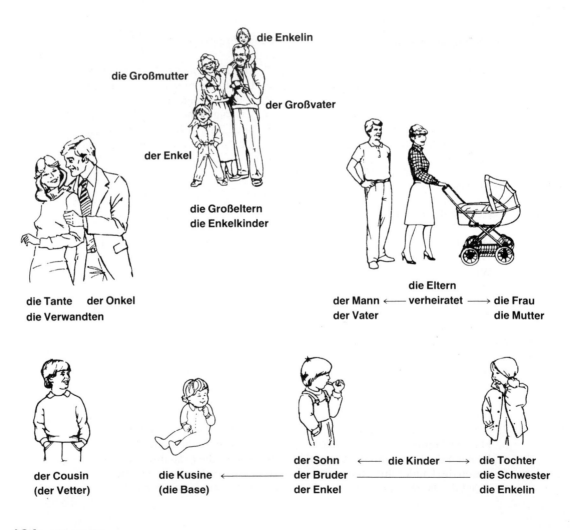

die Enkelin

die Großmutter

der Großvater

der Enkel

die Großeltern
die Enkelkinder

die Tante   der Onkel
die Verwandten

die Eltern
der Mann ⟵ verheiratet ⟶ die Frau
der Vater                      die Mutter

der Cousin
(der Vetter)

die Kusine ⟵————————
(die Base)

der Sohn ⟵ die Kinder ⟶ die Tochter
der Bruder —————————— die Schwester
der Enkel                      die Enkelin

# LAND UND LEUTE

## MEINE FAMILIE

Guten Tag oder Grüezi, so sagen wir in der Schweiz. Ich heiße Brigitte Niedecker. Ich bin neunundzwanzig Jahre alt, verheiratet und habe zwei Kinder. Mein Mann heißt Curt und ist achtunddreißig. Wir leben in Zürich, denn mein Mann kommt aus Zürich. Ich komme aus Basel, aber ich wohne gern hier in Zürich.

Mein Mann ist Zahnarzt und hat eine Zahnarztpraxis in Zürich. Ich bin Krankenschwester, aber ich arbeite jetzt nicht. Ich arbeite nicht, denn wir haben zwei Kinder, einen Jungen und ein Mädchen. Unser Sohn heißt Thomas. Er ist fast sechs Jahre alt, aber er geht noch nicht in die Schule. Unsere Tochter heißt Stefanie. Sie ist erst achtzehn Monate alt. Da bleibt nicht viel Zeit für einen Beruf.

Meine Eltern – das sind die Großeltern von Stefanie und Thomas – wohnen in Basel. Mein Vater arbeitet bei Ciba-Geigy. Das ist ein Chemie-Konzern. Er ist dort Ingenieur. Meine Mutter ist Hausfrau. Meine Eltern besuchen uns oft am Wochenende, denn Basel ist nicht weit von Zürich. Sie bringen dann auch ihren Hund. Ihr Hund heißt Bünsli. Die Kinder spielen gern mit Bünsli.

Ich habe drei Geschwister, zwei Brüder und eine Schwester. Mein Bruder Hansjörg wohnt auch in Basel. Er ist verheiratet. Seine Frau heißt Johanna. Sie haben eine Tochter. Das Mädchen heißt Anja und ist zehn Jahre alt. Ich bin Anjas Tante und mein Mann ist ihr Onkel.

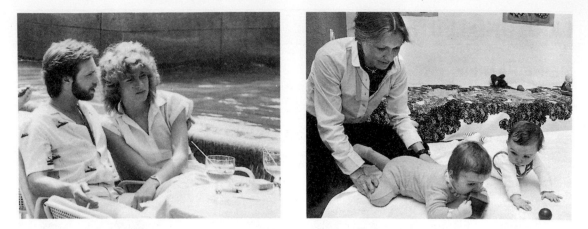

Mein Bruder Frank ist nicht verheiratet. Er ist ledig und wohnt noch zu Hause, aber er hat eine Freundin. Seine Freundin heißt Melanie. Meine Schwester Silvia war verheiratet. Sie ist jetzt geschieden. Sie hat keine Kinder. Sie ist Ärztin und arbeitet im Kinderkrankenhaus in Bern.

**Fragen**

1. Wie heißt der Mann von Frau Niedecker?
2. Wie heißen ihre Kinder, und wie alt sind sie?
3. Wo wohnen Frau Niedeckers Eltern?
4. Wie viele Geschwister hat sie?
5. Wer ist verheiratet, ledig, geschieden?
6. Wie heißt Franks Freundin?
7. Warum arbeitet Frau Niedecker jetzt nicht?

MARKUS:
Was ich besonders liebe?
Ich liebe . . .
– meinen Freund,
– meinen Vater,
– meinen Hund,
  er heißt Tiger.

## Situation 5  Interview: Meine Familie

1. Sind Sie verheiratet?
2. Wie heißt Ihr Mann (Ihre Frau)?
3. Haben Sie Kinder?
4. Wie heißen Ihre Kinder?
5. Wie alt sind sie?

*oder*

1. Sind Sie ledig?
2. Wie heißt Ihr Vater (Ihre Mutter)?
3. Wo wohnen Ihre Eltern?
4. Haben Sie Geschwister?
5. Wie heißen sie?
6. Haben Sie Großeltern?
7. Wo wohnen Ihre Großeltern?
8. Haben Sie Cousins und Kusinen?

NINA:
Was ich besonders liebe?
Ich liebe . . .
– meine Eltern,
– meine Geschwister,
– meine Freunde,
– meine Katze,
  sie heißt Tutsie.

*VERLIEBT* **VERLOBT**
*und am 22.10.92* **VERHEIRATET**

**Hans-Peter Prätzel**
**Ursula Hilde Prätzel**
*geb. Arnold*

# SCHRIFTLICHE ÜBUNGEN

**SÜ 1**  Ergänzen Sie die Possessivpronomen!

1. Die Dame liest *ihr* Buch.
2. Der Herr raucht ＿＿ Pfeife.
3. Der Student braucht ＿＿ Kugelschreiber.
4. Die Studentin fragt ＿＿ Lehrer.
5. Wir besuchen ＿＿ Eltern.
6. Die Kinder suchen ＿＿ Mutter.
7. Der Junge ißt ＿＿ Apfel.
8. Lesen Sie ＿＿ Zeitung?
9. Wann bringt er ＿＿ Bilder?
10. Der Mann ruft ＿＿ Hund.
11. Ich besuche ＿＿ Vater.
12. Er trägt ＿＿ Mantel.
13. Die Leute haben ＿＿ Gläser.
14. Die Sekretärin liest ＿＿ Brief.
15. Wir besuchen ＿＿ Geschwister.
16. Die Frau ruft ＿＿ Kinder.
17. Das Kind trägt ＿＿ Hut.
18. Ich frage ＿＿ Bruder.
19. Wir finden ＿＿ Mäntel nicht.
20. Ich möchte ＿＿ Regenschirm.

**Er ist...**          **Sie ist...**

der Großvater → die Großmutter

← die Tante

der Bruder ← die Mutter

der Mann →

→

der Sohn ← das Mädchen

der Freund →

→

← die Dame

**SÜ 2**  Ergänzen Sie!

1. my family — Kennen Sie *meine Familie* ?
2. our parents — Wir besuchen ＿＿＿ .
3. my passport — Wo ist ＿＿＿ ?
4. their car — Die Leute verkaufen ＿＿＿ .
5. your aunt — Dort kommt ＿＿＿ .
6. your daughter — Ich kenne ＿＿＿ sehr gut.
7. her son — Wie heißt ＿＿＿ ?
8. their son — Kennen Sie ＿＿＿ ?
9. my husband — Fragen Sie ＿＿＿ !
10. his wife — Wo ist ＿＿＿ ?
11. her husband — Die Dame ruft ＿＿＿ .
12. his father — Wir besuchen ＿＿＿ .
13. our keys — Haben Sie ＿＿＿ ?
14. my uncle — Das ist ＿＿＿ .
15. their children — ＿＿＿ sind zu Hause.
16. our two sons — Kennen Sie ＿＿＿ ?
17. her key — Sie findet ＿＿＿ nicht.
18. your brother — Wann kommt ＿＿＿ nach Hause?
19. his sister — ＿＿＿ ist zwanzig Jahre alt.
20. my pad of paper — Wer hat ＿＿＿ ?

**Kreuzworträtsel**

**Wie heißen die
Akkusativpräpositionen?**

# Wortschatz

| DIE FAMILIE UND<br>DIE VERWANDTEN | FAMILY AND<br>RELATIVES |
|---|---|
| der Großvater, ÷ | grandfather |
| der Mann, ÷er | husband |
| der Weg, -e | road, path |
| | |
| das Enkelkind, -er | grandchild |
| das Meer, -e | ocean, sea |
| | |
| die Eltern *(pl.)* | parents |
| die Frau, -en | wife |
| die Geschwister *(pl.)* | siblings |
| die Großeltern *(pl.)* | grandparents |
| die Großmutter, ÷ | grandmother |
| die Katze, -n | cat |
| die Schwester, -n | sister |
| die Tante, -n | aunt |
| die Tochter, ÷ | daughter |

*Leicht erkennbare Wörter*
**der Bruder, ÷/der Cousin, -s/die Kusine, -n/
die Mutter, ÷/der Onkel, -/der Sohn, ÷e/
der Vater, ÷**

## VERBEN

| | |
|---|---|
| angeln | to fish |
| laden (lädt) | to load |
| lieben | to love |
| packen | to pack |
| wählen | to choose |

### ANDERE NOMEN

| | |
|---|---|
| der Führerschein, -e | driver's license |
| der Platz, ÷e | space, room |
| der Reisepaß, ÷sse | passport |
| der Zahnarzt, ÷e | dentist |
| | |
| das Fernglas, ÷er | field glasses, binoculars |
| | |
| die Grenze, -n | border |
| die Praxis (Praxen) | doctor's office |
| die Reise, -n | trip, travel |
| die Sache, -n | thing, stuff |

*Leicht erkennbare Wörter*
**die Autopapiere *(pl.)*/die Badehose, -n/
der Ball, ÷e/das Haus, ÷er/die Kontrolle, -n/
der Paß, ÷sse/die Sandale, -n/die Shorts *(pl.)*/
die Sonnenbrille, -n/das T-Shirt, -s**

### VERSCHIEDENES

| | |
|---|---|
| an das Meer | to the seaside |
| eine Reise machen | to take a trip |
| erst | only |
| geschieden | divorced |
| Gute Reise! | Have a good trip! |
| ledig | single |
| nehmen . . . mit | take along |
| über | across, via |
| verheiratet | married |

*Sport macht Spaß!*

# Monate • Jahreszeiten • Wetter

### *Themen und Sprechziele*
Urlaub und Ferien
Vergangenes erzählen
Haben Sie ein Zimmer frei?

### *Grammatik und Übungen*
Present Perfect Tense 1: Weak and Mixed Verbs
  Past Participles with and without **ge-**
Word Order • Usage

# SPRECHZIELE

## URLAUB UND FERIEN

**Situation 1**   Dialog: Haben Sie ein Zimmer frei?

Herr Herrle sucht ein Hotelzimmer für einen Kurzurlaub in Bayern. Er wählt[1] die Telefonnummer vom Hotel Krone in Schwangau bei Füssen. Die Rezeption antwortet.

| | |
|---|---|
| REZEPTION | Hotel Krone, Huber, Guten Tag! |
| HERR HERRLE | Guten Tag! Mein Name ist Herrle. Haben Sie ein Zimmer frei? |
| REZEPTION | Für wann, bitte? |
| HERR HERRLE | Für das Wochenende, also von Freitag bis Sonntag. |
| REZEPTION | Brauchen Sie ein Doppelzimmer oder ein Einzelzimmer? |
| HERR HERRLE | Ein Doppelzimmer mit Dusche oder Bad, bitte. |
| REZEPTION | Einen Moment bitte! |
| | Ja, wir haben noch ein Zimmer mit WC und Dusche. |
| HERR HERRLE | Wieviel kostet das Zimmer? |
| REZEPTION | Achtundvierzig Mark pro Person. Das ist mit Frühstück. |
| HERR HERRLE | Gut. Wir nehmen das Zimmer. |
| REZEPTION | Dann reservieren wir das Zimmer für Sie. |
| | Wie war noch einmal Ihr Name? |
| HERR HERRLE | Mein Name ist Herrle, H-e-r-r-l-e. |
| REZEPTION | Vielen Dank Herr Herrle. Wir erwarten Sie am Freitag. |

[1] dials

**110**   Kapitel 8

## Situation 2    Rollenspiel

Sie machen eine Reise durch Deutschland, Österreich und die Schweiz.
Sie haben vorher keine Hotelzimmer gebucht. Jetzt sind Sie in Bayern
und suchen ein Hotelzimmer für drei Nächte. Ein/e Student/in ist
Tourist/in und möchte ein Zimmer. Ein/e Student/in arbeitet im
Hotel.

St1:  Guten Tag, haben Sie ein Zimmer frei?
St2:  ___
usw.

# VERGANGENES ERZÄHLEN

*Perfekt: Schwache Verben*

## Situation 3    Jetzt

Herr Herrle telefoniert.
Er buchstabiert seinen Namen.
Er sagt seinen Namen.
Er braucht ein Doppelzimmer.
Er fragt:
    „Haben Sie ein Zimmer frei?"
Frau Huber antwortet „ja".
Das Hotel hat ein Zimmer frei.
Das Zimmer kostet 96 Mark.
Frau Huber reserviert das Zimmer.
Herr Herrle bezahlt 96 Mark.
Das Hotel erwartet ihn am Freitag.

## Situation 4    Vorher/früher

Herr Herrle **hat telefoniert.**
Er **hat** seinen Namen **buchstabiert.**
Er **hat** seinen Namen **gesagt.**
Er **hat** ein Doppelzimmer **gebraucht.**
Er **hat gefragt:**
    „Haben Sie ein Zimmer frei?"
Frau Huber **hat** „ja" **geantwortet.**
Das Hotel **hat** ein Zimmer frei **gehabt.**
Das Zimmer **hat** 96 Mark **gekostet.**
Frau Huber **hat** das Zimmer **reserviert.**
Herr Herrle **hat** 96 Mark **bezahlt.**
Das Hotel **hat** ihn am Freitag **erwartet.**

## Situation 5    Wie haben die Herrles das Wochenende verbracht?

Wir haben Herrn und Frau Herrle gefragt. Hier sind ihre Antworten:

FRAU HERRLE:
Wir haben im Hotel Krone in Schwangau gewohnt.
Am Samstag morgen haben wir gut gefrühstückt.
Dann haben wir eine Wanderung gemacht.
Wir haben viele Bilder gemacht.
Das Wetter war sehr schön.
Es hat nicht geregnet.
Wir haben viel Spaß gehabt.
Abends haben wir Karten gespielt.

HERR HERRLE:

Am Sonntag morgen habe ich im See geangelt.
Nachmittags haben wir das Schloß Neuschwanstein besucht.
Wir haben viel fotografiert.
Wir haben zwei Stunden im Schloß verbracht.
Meine Frau und ich haben das Schloß vorher nicht gekannt.
Das Schloß ist erst 100 Jahre alt.
Das haben wir nicht gewußt.

**Erzählen Sie:** Was haben die Herrles am Wochenende gemacht?

Sie haben eine Wanderung gemacht.

Er hat viel fotografiert.

## Situation 6 Interview: Jetzt und vorher

| | |
|---|---|
| Wo wohnen Sie? | Wo haben Sie vorher gewohnt? |
| Wo lebt Ihre Familie? | Wo hat Ihre Familie vorher gelebt? |
| Arbeiten Sie jetzt? | Haben Sie vorher gearbeitet? |
| Studieren Sie jetzt? | Haben Sie vorher studiert? |
| Was, wo, wie lange studieren Sie? | Was, wo, wie lange haben Sie studiert? |
| Wo lernen Sie Deutsch? | Wo haben Sie so gut Deutsch gelernt? |
| Wo verbringen Sie den Sommer? | Wo haben Sie den Sommer verbracht? |
| Machen Sie im Sommer eine Reise? | Haben Sie im Sommer eine Reise gemacht? |
| Fotografieren Sie gern? | Was haben Sie schon fotografiert? |
| Spielen Sie Tennis (Volleyball usw.)? | Haben Sie heute Tennis gespielt? |
| Haben Sie einen Hund? | Haben Sie früher einen Hund gehabt? |
| Rauchen Sie? | Haben Sie früher geraucht? |

# GRAMMATIK

**1** Present Perfect Tense 1: Weak Verbs

Both English and German have regular and irregular verbs. Verbs are called regular if they use the stem of the infinitive to form their present, past and perfect tenses. Regular verbs are traditionally called weak verbs in German. This chapter deals with regular verbs only.

| | | |
|---:|:---:|:---|
| INFINITIVE | lernen | *to learn* |
| STEM | lern- | *learn* |
| PRESENT TENSE | er lernt | *he learns* |
| PAST PARTICIPLE | gelernt | *learned* |
| PRESENT PERFECT | er hat gelernt | *he has learned* |

**A** Tense Formation

In English and in German, the present perfect is a compound tense. For most German verbs it is formed with the auxiliary **haben** and a past participle. The auxiliary changes according to person and number. The past participle remains constant.

| Present Perfect: **fragen** | | |
|---:|:---|:---|
| ich habe | gefragt | *I have asked* |
| er/es/sie hat | gefragt | *he/it/she has asked* |
| wir/sie/Sie haben | gefragt | *we/they/you have asked* |
| du hast | gefragt | *you have asked* |
| ihr habt | gefragt | *you have asked* |

**B** Formation of Regular Past Participles

1. Participles with **ge-**Prefix

In English, regular past participles end in *-ed: learned, asked, rained, worked*. In German, a regular past participle is formed by placing **ge-** in front of the present tense **er/es/sie**-form:

| Present Tense | Present Perfect | |
|:---|:---|:---|
| er lernt | er hat gelernt | *he has learned* |
| sie fragt | sie hat gefragt | *she has asked* |
| es regnet | es hat geregnet | *it has rained* |
| sie arbeitet | sie hat gearbeitet | *she has worked* |
| es kostet | es hat gekostet | *it has cost* |
| er raucht | er hat geraucht | *he has smoked* |

Unlike English, the past participle of **haben** is regular:

| | |
|---|---|
| Was hat er gehabt? | *What did he have?* |
| Ich habe nicht viel Geld gehabt. | *I didn't have much money.* |
| Wir haben das schon gehabt. | *We have had that already.* |

## 2. Participles without **ge**-Prefix

Although most German past participles have a **ge-**prefix, some do not. If a regular past participle does not have **ge-**, its form is identical to the present tense **er/es/sie**-verb form. Those verbs which do not add **ge-** fall into two groups.

(a) Verbs which already have an inseparable prefix. You are familiar with these regular verbs.

| Present Tense | Past Participle | | Present Perfect |
|---|---|---|---|
| er bestellt | bestellt | *ordered* | er hat bestellt |
| er besucht | besucht | *visited* | er hat besucht |
| er bezahlt | bezahlt | *paid* | er hat bezahlt |
| er erwartet | erwartet | *expected* | er hat erwartet |
| er verkauft | verkauft | *sold* | er hat verkauft |
| er wiederholt | wiederholt | *repeated* | er hat wiederholt |

(b) Verbs ending in **-ieren**

| | | | |
|---|---|---|---|
| er buchstabiert | buchstabiert | *spelled* | er hat buchstabiert |
| er telefoniert | telefoniert | *phoned* | er hat telefoniert |
| er studiert | studiert | *studied* | er hat studiert |
| er fotografiert | fotografiert | *photographed* | er hat fotografiert |
| er korrigiert | korrigiert | *corrected* | er hat korrigiert |

## 3. Mixed Past Participles

There is a small group of verbs that have a pattern of their own. Their past participle uses the **ge**-prefix, they end in **-t**, but in addition they change their stem. You are familiar with the irregular weak verbs **bringen**, **kennen**, **wissen**.

| | | | |
|---|---|---|---|
| er bringt | gebracht | *brought* | er hat gebracht |
| er kennt | gekannt | *known* | er hat gekannt |
| er weiß | gewußt | *known* | er hat gewußt |

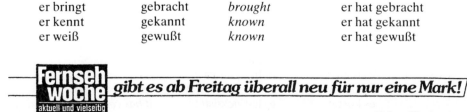

**Fernseh woche** aktuell und vielseitig *gibt es ab Freitag überall neu für nur eine Mark!*

*Haben Sie das gewußt?*

## C Word Order

In all types of simple sentences, the past participle is the last word in the sentence. The auxiliary is in the usual verb position.

(a) In statements and questions with question words, the auxiliary verb is in the normal 'verb-second' position.

> Wir **haben** gestern ein Buch gekauft.
> Gestern **haben** wir ein Buch gekauft.
> Das **habe** ich nicht gewußt.
> Wieviel **hat** das Buch gekostet?

(b) In *yes/no*-questions, the auxiliary verb is, as usual, in first position.

> **Haben** Sie das gehört?
> **Hat** er das Essen schon bestellt?

(c) **Nicht** usually precedes the word or phrase it negates.

> Ich habe den Herrn **nicht** gekannt.
> Gestern haben wir **nicht** Tennis gespielt.

## D Usage of Present Perfect Tense

Like English, German has a past tense (*I learned*/**ich lernte**) and a perfect tense (*I have learned*/**ich habe gelernt**). English speakers use both tenses to describe past events in conversation; German speakers usually prefer the present perfect tense in conversation as well as in informal writing.

> Wir haben schon bestellt.     *We have already ordered.*
> Haben Sie schon eine Pause gemacht?     *Have you already taken a break?*
> Ich habe ihn gerade gefragt.     *I have just asked him.*
> Ich habe das Buch gebracht.     *I brought the book.*
> Er hat mich gefragt.     *He asked me.*

As is true of the German present tense, the present perfect has no progressive and no emphatic form. Again, while there is a difference for the native speaker of English, the German equivalent of the four forms below is simply: **er hat gearbeitet**.

> Er hat gearbeitet. $\begin{cases} \textit{He has worked.} \\ \textit{He worked.} \\ \textit{He was working.} \\ \textit{He did work.} \end{cases}$

# MÜNDLICHE ÜBUNGEN

**MÜ 1**    Antworten Sie im Perfekt!

- Was haben Sie gemacht? (eine Pause) → *Ich habe eine Pause gemacht.*

1. Wo haben die Kinder gespielt?          (zu Hause)
2. Was hat der Junge gezählt?             (sein Geld)
3. Was haben Sie hier gelernt?            (Deutsch)
4. Wie lange hat die Dame gearbeitet?     (eine Stunde)
5. Wann hat es geregnet?                  (gestern)
6. Wer hat auf deutsch geantwortet?       (das Mädchen)
7. Wen hat das Kind gefragt?              (seine Mutter)
8. Wieviel hat Ihre Uhr gekostet?         (100 Mark)
9. Was hat er gesagt?                     (Guten Morgen)


**MÜ 2**    Antworten Sie mit **nein!**

- Haben Sie Ihr Auto verkauft? → *Nein, ich habe mein Auto **nicht** verkauft.*

1. Hat er das Wort wiederholt?            6. Hat er in Heidelberg studiert?
2. Hat sie ihren Namen buchstabiert?      7. Haben die Leute ihr Haus verkauft?
3. Haben Sie den Kuchen bestellt?         8. Haben Sie im Restaurant telefoniert?
4. Hat er seine Eltern besucht?           9. Hat der Lehrer die Hefte korrigiert?
5. Haben Sie das Essen bezahlt?          10. Haben Sie Ihr Auto repariert?


**MÜ 3**    Hier ist die Antwort. Fragen Sie einmal **mit** und einmal **ohne** Fragewort!

- **Der Herr** hat eine Zigarette geraucht. → *Wer hat eine Zigarette geraucht?*
  *Hat der Herr eine Zigarette geraucht?*

1. Er hat **in Neu-Ulm** gewohnt.         5. **Sie** haben den Herrn gekannt.
2. **Sie** hat in Deutschland studiert.   6. Das Heft hat **eine Mark** gekostet.
3. Ich habe **meinen Schlüssel** gesucht. 7. **Er** hat das nicht gewußt.
4. Sie hat **ihren Bruder** besucht.      8. Das Kind hat **sein Bild** gezeigt.


**MÜ 4**    Die Frage ist im Präsens. Antworten Sie im Perfekt mit **schon!**

- Warum fragen Sie nicht den Lehrer? → *Ich habe ihn schon gefragt.*

1. Warum bestellen Sie nicht?
2. Warum antwortet der Junge nicht?
3. Warum zählt der Ober das Geld nicht?
4. Warum sagt er nicht „Auf Wiedersehen"?
5. Warum spielt er nicht Tennis?

**MÜ 5**  Im Perfekt, bitte!

- Wir machen eine Pause. → *Wir haben eine Pause gemacht.*

1. Er verkauft sein Auto.
2. Wir besuchen unsere Eltern.
3. Sie sucht ihre Brille.
4. Ich weiß es nicht.
5. Er buchstabiert seinen Namen.
6. Sie arbeitet heute nicht.
7. Das Kind hat Durst.
8. Er raucht eine Zigarette.
9. Ich frage den Polizisten.
10. Wir öffnen die Fenster.
11. Regnet es?
12. Hören Sie das?
13. Kennen Sie die Dame dort?
14. Wiederholen Sie oft?
15. Bringen Sie die Zeitung?
16. Wie lange dauert der Film?
17. Wieviel kostet der Mantel?
18. Was zeigt das Kind?
19. Wo wohnen Sie?
20. Wo lernen Sie Deutsch?
21. Er angelt im See.
22. Fotografieren Sie das Schloß?
23. Wir buchen eine Reise nach Italien.
24. Sie feiert ihren Geburtstag.

**MÜ 6**  Auf deutsch, bitte!

1. Where did you live before?
2. She asked the waiter.
3. What did you say?
4. Were you taking a break?
5. We've learned very much.
6. Have you already ordered?
7. They bought a car.
8. The waitress brought the beer.
9. I spelled my name.
10. We didn't know that.
11. Did he know the people?
12. It has been raining.
13. He hasn't had time.
14. They have had many problems.
15. We booked a trip to Italy.
16. Did you celebrate your birthday?
17. He packed his suitcase.
18. Where did you spend your vacation?

*Die Wartburg bei Eisenach in Thüringen. Hier hat Martin Luther 1521/22 die Bibel ins Deutsche übersetzt.*

# LAND UND LEUTE

## DIE MONATE

Ein Jahr hat zwölf Monate. Wie heißen die Monate?

*Benutzen Sie das Wörterbuch!*

## Situation 7   Mein Geburtstag

1. Wann war Ihr Geburtstag? Im Januar? Im Februar?
2. Wann hat Ihr Bruder (Ihre Schwester, Ihr Vater) Geburtstag? Im April? Im Mai? Im Juni?
3. Haben Sie Ihren Geburtstag gefeiert?
4. Haben Sie eine Geburtstagsparty gemacht?
5. Wer hat ein Geschenk für Sie gebracht?

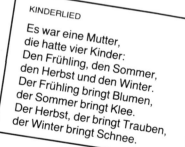

KINDERLIED

Es war eine Mutter,
die hatte vier Kinder:
Den Frühling, den Sommer,
den Herbst und den Winter.
Der Frühling bringt Blumen,
der Sommer bringt Klee.
Der Herbst, der bringt Trauben,
der Winter bringt Schnee.

## DIE JAHRESZEITEN

Deutschland hat vier Jahreszeiten: Frühling, Sommer, Herbst und Winter. Der Frühling dauert von März bis Juni. Wie ist das Wetter im Frühling? Es ist naß. Es regnet. Der Regen ist kühl. Manchmal scheint die Sonne, dann ist es sonnig und warm.

Der Sommer dauert von Juni bis September. Im Sommer, besonders im Monat Juli, regnet es viel. Manchmal ist der Sommer auch schön. Die Sonne scheint. Es ist warm oder auch heiß. Die Temperaturen liegen zwischen 16 und 22 Grad Celsius. Manchmal gibt es ein Gewitter. Dann donnert und blitzt es.

Der Herbst dauert von September bis Dezember. Im Herbst ist das Wetter mild, sonnig und trocken. Aber es ist auch windig. Der Wind ist frisch. Im November wird es kalt. Es regnet. Das Wetter ist naßkalt.

Besonders in Norddeutschland ist der Winter naßkalt. Der Himmel ist grau. In Süddeutschland schneit es. Die Kinder lieben den Schnee. Der Winter ist nicht zu kalt. Die Temperaturen liegen zwischen plus drei Grad und minus zwei Grad Celsius.

# DAS WETTER

Die Sonne scheint.
Es ist sonnig.
Es ist heiß; warm.

Der Wind ist kühl.
Es ist windig.
Es ist frisch.

Es gibt ein Gewitter.
Es blitzt.
Es donnert.

Der Regen ist kühl.
Es regnet.
Es gibt Regen.

Der Schnee ist weiß.
Es schneit.
Es ist kalt.

**Sonnig**
Überwiegend sonnig, im Laufe des späteren Nachmittags jedo zunehmende Bev kung mit einzel Gewittern. Tageshöchsttemperatur bei 30 Grad, nächtliche Tiefstw 18 Grad. Leichter Wind aus Teil auch etwas Aus

**Wechselhaft**
Heiter bis wolkig, dabei weitgehend niederschlagsfrei. Tageshöchsttemperaturen bei 18 Grad, nächtliche Tiefstwerte um 10 Grad.

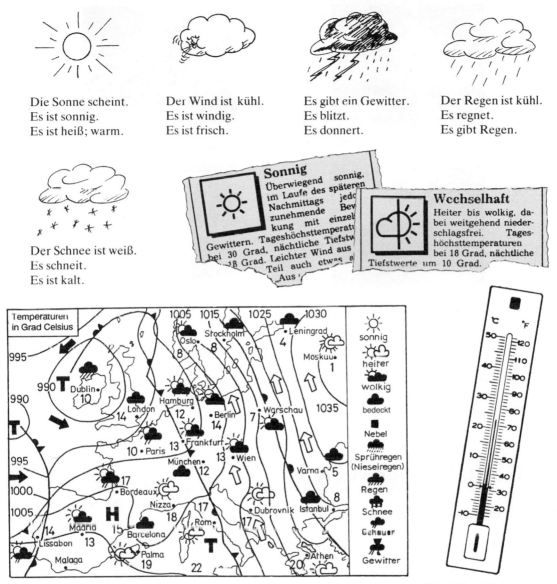

*Wieviel Grad Fahrenheit sind 23 Grad Celsius?*

## Situation 8  Das Wetter in Europa

1. Wo scheint die Sonne?
2. Wo regnet es?
3. Wo gibt es vielleicht ein Gewitter?
4. Wo ist es warm oder heiß?
5. Wo ist es kühl oder kalt?
6. Wo ist der Himmel blau?
7. Wo ist das Wetter gut?
8. Wo ist das Wetter schlecht?

**Situation 9**   Wie ist das Wetter . . . ?

im Frühling

im Sommer

im Herbst

im Winter

**Situation 10**   Woher kommen Sie? Wie ist das Wetter dort?

St 1: Ich komme aus . . . Das Wetter ist dort gut (schlecht). Im Sommer ist es . . .
   und im Winter . . . Woher kommen Sie? Wie ist das Wetter dort?
St 2: Ich komme aus . . .
usw.

# SCHRIFTLICHE ÜBUNGEN

**SÜ 1**    Im Perfekt, bitte!

- Sie wohnt in Fulda. → *Sie hat in Fulda gewohnt.*

1. Es regnet.
2. Wissen Sie das?
3. Wer bezahlt das Essen?
4. Kennen Sie den Herrn?
5. Wir machen eine Pause.
6. Ich habe nicht viel Zeit
7. Wir warten nur eine Stunde.
8. Warum antworten Sie nicht?
9. Der Ober bringt den Wein.
10. Die Kinder spielen im Park.
11. Sie lebt in Deutschland.
12. Sie besucht ihre Freundin.
13. Für wen kaufen Sie das Buch?
14. Warum zeigen Sie die Bilder nicht?
15. Wir reservieren das Zimmer für Sie.
16. Er fragt den Polizisten.
17. Verkauft sie ihr Auto?
18. Wo studiert er?
19. Sie bestellt eine Tasse Kaffee.
20. Er arbeitet nicht.

# Die deutsche Mannschaft für Barcelona

insgesamt 489 Teilnehmer (321 Männer und 168 Frauen)
in 22 der 25 olympischen Sportarten
(Baseball, Fußball und Volleyball ohne deutsche Beteiligung)

Frauen ■
Männer ☐

| Badminton | Basketball | Bogenschießen | Boxen | Fechten | Gewichtheben | Handball |
|---|---|---|---|---|---|---|
| 2/2 | 12 | 3/3 | 12 | 5/15 | 10 | 16/16 |

| Hockey | Kanusport | Judo | Leichtathletik | Mod. Fünfkampf | Radsport | Reitsport |
|---|---|---|---|---|---|---|
| 16/16 | 8/24 | 6/7 | 42/42 | 4 | 4/15 | 14 |

| Ringen | Rudern | | Schießen | Schwimmen |
|---|---|---|---|---|
| 17 | 25/35 | INDEX SPECIAL 5769 | 4/14 | 20/36 |

| Segeln | Tennis | | Tischtennis | Turnen |
|---|---|---|---|---|
| 3/15 | 3/3 | | 3/2 | 8/7 |

*Benutzen Sie das Wörterbuch!*

*Die Fans sind happy. Ihr Fußballverein hat das Spiel gewonnen.*

# Wortschatz

## NOMEN

| | |
|---|---|
| der Geburtstag, -e | birthday |
| der Himmel | sky, heaven |
| der Regen | rain |
| der Schnee | snow |
| der See, -n | lake |
| der Urlaub, -e | vacation |
| | |
| das Einzelzimmer, - | single room |
| das Frühstück | breakfast |
| das Geschenk, -e | present, gift |
| das Gewitter, - | thunderstorm |
| das Lied, -er | song |
| das Schloß, ¨sser | castle |
| | |
| die Dusche, -n | shower |

*Leicht erkennbare Wörter*

**das Bad, ¨er/das Doppelzimmer, -/das Grad Celsius/das Hotel, -s/die Party, -s/die Rezeption, -en/die Sonne, -n/die Temperatur, -en/die Wanderung, -en/das WC, -s/der Wind, -e**

## DAS WETTER BESCHREIBEN

| Es ist . . . | It is . . . |
|---|---|
| frisch | fresh |
| häßlich↔schön | ugly↔nice, beautiful |
| heiß↔kalt | hot↔cold |
| kühl↔warm | cool↔warm |
| mild | mild |
| sonnig | sunny |
| windig | windy |

## VERBEN

| | |
|---|---|
| blitzen | to be lightning |
| donnern | to be thundering |
| erwarten | to expect |
| erzählen | to tell, relate |
| feiern | to celebrate |
| frühstücken | to have breakfast |
| schneien | to snow |

*Leicht erkennbare Wörter*

**buchen/fotografieren/reservieren/scheinen**

## VERSCHIEDENES

| | |
|---|---|
| **Bayern** | Bavaria |
| **direkt** | direct(ly) |
| **Einen Moment!** | One moment! |
| **früh/früher** | early/earlier |
| **schwach ↔ stark** | weak↔ strong |
| **vorher** | before |
| **zwischen** | between |

## DIE MONATE

| | |
|---|---|
| **der Januar** | **der Juli** |
| **der Februar** | **der August** |
| **der März** | **der September** |
| **der April** | **der Oktober** |
| **der Mai** | **der November** |
| **der Juni** | **der Dezember** |

## DIE JAHRESZEITEN

| | |
|---|---|
| **der Frühling** | spring |
| **der Herbst, -e** | fall, autumn |
| **der Sommer, -** | summer |
| **der Winter, -** | winter |

# Urlaub und Ferien

### *Themen und Sprechziele*
Vergangenes erzählen ● Erinnerungen
Wo sind Sie denn gewesen?

### *Kultur und Information*
Straßenfeste

### *Grammatik und Übungen*
Present Perfect Tense 2: Strong Verbs
   Past Participles with and without **ge-**
   Auxiliary **haben** or **sein**
   Summary of Strong and Mixed Verbs

**123**

# SPRECHZIELE

## VERGANGENES ERZÄHLEN

**Situation 1  Jetzt/immer**

Was tun Sie (fast) jeden Tag?

Ich esse morgens nicht viel.
Ich trinke Kaffee oder Tee.
Ich trage meine Jeans.
Ich beginne meine Arbeit.
Ich sitze am Schreibtisch.
Ich lese im Deutschbuch.
Ich schreibe meine Hausaufgaben.
Im Deutschkurs spreche ich Deutsch.
Ich treffe meine Freunde.
Abends nehme ich ein Bad.
Ich schlafe acht Stunden.
Vergesse ich etwas?

Ich fahre in die Stadt.
Ich gehe zur Uni.
Ich laufe durch den Park.
Ich komme um fünf Uhr nach Hause.
Ich bin müde.
Es wird spät.
Ich bleibe zu Hause.

**Situation 2  Vorher/früher**

Was haben Sie gestern getan?

Ich **habe** nur Toast **gegessen**.
Ich **habe** Kaffee **getrunken**.
Ich **habe** meine Jeans **getragen**.
Ich **habe** meine Arbeit **begonnen**.
Ich **habe** am Schreibtisch **gesessen**.
Ich **habe** im Deutschbuch **gelesen**.
Ich **habe** meine Hausaufgaben **geschrieben**.
Im Deutschkurs **habe** ich Deutsch **gesprochen**.
Ich **habe** meine Freunde **getroffen**.
Abends **habe** ich ein Bad **genommen**.
Ich **habe** acht Stunden **geschlafen**.
**Habe** ich etwas **vergessen**?

Ich **bin** in die Stadt **gefahren**.
Ich **bin** zur Uni **gegangen**.
Ich **bin** durch den Park **gelaufen**.
Ich **bin** um fünf Uhr nach Hause **gekommen**.
Ich **bin** müde **gewesen**.
Es **ist** spät **geworden**.
Ich **bin** zu Hause **geblieben**.

## Situation 3　Erinnern Sie sich[1] an die Familie Schubert?

Frau Heller ist nach München gefahren. Dort hat sie die Familie Schubert besucht. Wie haben die Kinder geheißen? Was haben sie gerade getan? Was haben Herr und Frau Schubert gemacht?

Rechts hat Judith gestanden. Sie hat am Telefon gesprochen. Vorne hat Thorsten gelegen. Er hat ein Buch gelesen und einen Apfel genommen. Thorstens Freund Markus ist auch da gewesen. Im Fernsehen ist ein Kinderfilm gelaufen. Markus hat den Film gesehen. Er hat eine Banane gegessen.

Frau Schubert hat das Baby gehalten. Das Baby ist müde gewesen. Es hat schon geschlafen. Frau Schubert hat das Baby zu Bett getragen. Der Hund ist durch die Tür gelaufen, aber niemand hat ihn gesehen. Der Zug ist um einen Stuhl gefahren.

Herr Schubert ist draußen gewesen. Er hat das Auto gewaschen. Das Auto ist sehr schmutzig gewesen. Aber das Wetter ist schlecht geworden. Es hat geregnet, und Herr Schubert ist naß geworden.

[1] Do you remember?

### Beschreiben Sie das Bild im Perfekt, aber ohne Buch!

Wie viele Personen sind im Zimmer gewesen? Was haben die Kinder getan? Was haben Herr und Frau Schubert getan? Wie ist das Wetter gewesen? usw.

### Fragen

1. Warum hat Frau Schubert das Baby getragen?
2. Warum hat das Baby geschlafen?
3. Warum hat Thorsten einen Apfel gegessen?
4. Was hat Judith getan?
5. Wohin ist der Hund gelaufen?
6. Warum ist Herr Schubert draußen gewesen?
7. Warum hat er das Auto gewaschen?
8. Warum ist er naß geworden?

## Situation 4　Interview: Fragen Sie Ihre Mitstudenten!

| | |
|---|---|
| Was essen Sie gern? | Was haben Sie heute gegessen? |
| Was trinken Sie gern? | Was haben Sie heute getrunken? |
| Was lesen Sie gern? | Was haben Sie heute gelesen? |
| Bekommen Sie oft Briefe? | Haben Sie heute einen Brief bekommen? |
| Wie viele Stunden schlafen Sie nachts? | Wie viele Stunden haben Sie heute geschlafen? |
| Wann beginnt unser Unterricht? | Wann hat er heute begonnen? |
| Schreiben Sie immer die Hausaufgabe? | Haben Sie sie für heute geschrieben? |
| Vergessen Sie manchmal die Hausaufgabe? | Haben Sie sie heute vergessen? |
| Wo sitzen Sie im Unterricht? | Wo haben Sie gestern gesessen? |
| Sprechen Sie oft Deutsch? | Haben Sie heute Deutsch gesprochen? |

# ERINNERUNGEN

## Situation 5    Erzählen Sie! Wie, wann, wo war das?

- Sind Sie schon einmal[1] im Gebirge gewandert? → *Ja, ich bin schon einmal . . .*      [1]ever
  *Nein, ich bin noch nie (noch nicht) . . .*

Sind Sie schon einmal . . . ?

1. Rad gefahren
2. Ski gefahren
3. gegen einen Baum gefahren
4. einen Kilometer zu Fuß gegangen
5. am Meer gewesen
6. im Meer geschwommen
7. im Meer gesegelt

8. am Strand durch den Sand gelaufen
9. nach England geflogen
10. durch Europa gereist
11. durch das Wasser geritten
12. sehr krank gewesen
13. eine Woche lang im Bett geblieben
14. in den Regen gekommen und naß geworden

## Situation 6    Was haben Sie als[2] Kind (nicht) gern getan?

- in die Schule gehen → *Ich bin (nicht) gern in die Schule gegangen.*      [2]as a child

1. Bonbons essen
2. Großeltern besuchen
3. Milch trinken
4. Fußball spielen
5. Hausaufgaben schreiben
6. Stories erzählen
7. ins Kino gehen

8. Geburtstag feiern
9. Filme im Fernsehen sehen
10. boxen
11. allein spielen
12. früh/spät ins Bett gehen
13. Mathematik lernen
14. schnell laufen

---

### *Kultur und Information: Straßenfeste*

Straßenfeste sind beliebt. Am Anfang waren es private Partys. Da war zum Beispiel die Wohnung zu klein für eine Party, und man ist auf die Straße gegangen und hat dort gefeiert. Viele Vereine[1], Clubs oder politische Parteien organisieren im Sommer Straßenfeste: Eine Brauerei bringt Tische, Bänke, die Gläser und natürlich das Bier. Die Vereine und Clubs haben ihre Stände. Dort grillt man Würstchen und Steaks, verkauft Hähnchen und Bratwurst. Es gibt Bier, Limonade und andere Getränke. Die Leute sitzen an den Tischen und reden[2], die Kinder spielen, und alle haben viel Spaß. Manchmal gibt es auch einen Flohmarkt. Das Feiern macht Spaß. Und bei Straßenfesten lernt man seine Nachbarn besser kennen[3].

[1]clubs, organizations   [2]talk   [3]gets to know

---

# GRAMMATIK

## 1 Present Perfect Tense 2: Strong Verbs

In the previous chapter you practiced the present perfect with regular and mixed past participles. As in English, there are verbs which form their past participle irregularly; they have traditionally been called strong verbs.

| | | |
|---|---|---|
| INFINITIVE | sprechen | *to speak* |
| PAST PARTICIPLE | gesprochen | *spoken* |
| PRESENT PERFECT | er hat gesprochen | *he has spoken* |

## A Formation of Irregular Past Participles

### 1. Participles with ge-Prefix

Strong verbs form their past participle by placing the changed or unchanged verb stem into the frame **ge____en**.

| Infinitive | Past Participle | Present Perfect |
|---|---|---|
| sprechen | gesprochen | Sie hat Deutsch gesprochen. |
| tragen | getragen | Er hat seine Brille getragen. |
| finden | gefunden | Wer hat das Geld gefunden? |
| trinken | getrunken | Wir haben etwas getrunken. |

### 2. Participles without ge-Prefix

As is true of the past participles of weak verbs, those strong verbs which already have an inseparable prefix do not add **ge-**. Here are some examples:

| | | |
|---|---|---|
| beginnen | begonnen | er hat begonnen |
| bekommen | bekommen | er hat bekommen |
| beschreiben | beschrieben | er hat beschrieben |
| vergessen | vergessen | er hat vergessen |

The addition of a prefix has no effect on the formation of the past participle. No matter what prefix is added to the base verb, the verb itself has only one past participle form. Look at the following examples:

| | | |
|---|---|---|
| kommen | gekommen | *to come / came* |
| ankommen | angekommen | *to arrive / arrived* |
| bekommen | bekommen | *to receive / received* |
| entkommen | entkommen | *to escape / escaped* |

## B The Auxiliary **sein**

Although most German verbs use **haben**, some verbs use **sein** as the auxiliary to form the perfect tense:

> Wir **sind** nach Hause **gefahren**.  *We drove home.*
> Ich **bin** um 5 Uhr **gekommen**.  *I came at 5 o'clock.*

Verbs which take **sein** as auxiliary may be either strong or weak but they have to fulfill two conditions:

1. They cannot take a direct object. (They are called intransitive verbs.)
2. They express motion, a change in location or condition.

The following familiar verbs fulfill both conditions:

| | | |
|---|---|---|
| fahren | Sie **sind** nach Aachen **gefahren**. | *They drove to Aachen.* |
| fliegen | Er **ist** nach Amerika **geflogen**. | *He flew to America.* |
| gehen | Ich **bin** ins Theater **gegangen**. | *I went to the theater.* |
| kommen | Er **ist** sehr spät **gekommen**. | *He came very late.* |
| laufen | Das Kind **ist** nach Hause **gelaufen**. | *The child ran home.* |
| werden | Es **ist** spät **geworden**. | *It's gotten late.* |
| reisen | Er **ist** durch Europa **gereist**. | *He travelled through Europe.* |
| wandern | Wir **sind** viel **gewandert**. | *We hiked a lot.* |

There are two exceptions to the rule: **sein** *(to be)* and **bleiben** *(to remain, stay)*. They do not express motion nor a change in location or condition.

| | | |
|---|---|---|
| bleiben | Wir **sind** zu Hause **geblieben**. | *We stayed at home.* |
| sein | Er **ist** krank **gewesen**. | *He has been sick.* |

**Note** **Fahren** and **fliegen** may take a direct object. In those instances where the direct object is explicitly stated, the auxiliary will be **haben**.

Er ist nach Aachen gefahren.  Auxiliary = **sein**
*He drove to Aachen.*  (no direct object)

Er hat das Auto gefahren.  Auxiliary = **haben**
*He drove the car.*  (direct object)

*Der Pilot **hat** das Flugzeug **geflogen**.*
*Der Passagier **ist geflogen**.*

## 2 Summary of Strong and Mixed Verbs

The following table lists the familiar strong and irregular weak verbs and their past participle. Since most verbs form the perfect tense with **haben** only the exceptions with **sein** are indicated. The table further contains the **er/es/sie**-forms of the stem-changing verbs in the present tense.

| Basic Meaning | Infinitive | Present Tense er/es/sie | Past Participle |
|---|---|---|---|
| to begin | beginnen | | begonnen |
| to receive | bekommen | | bekommen |
| to describe | beschreiben | | beschrieben |
| to stay, remain | bleiben | | ist geblieben |
| to eat | essen | ißt | gegessen |
| to drive, to ride | fahren | fährt | ist gefahren |
| to find | finden | | gefunden |
| to fly | fliegen | | ist geflogen |
| to go | gehen | | ist gegangen |
| to stop, to hold | halten | hält | gehalten |
| to be named | heißen | | geheißen |
| to come | kommen | | ist gekommen |
| to run, walk | laufen | läuft | ist gelaufen |
| to read | lesen | liest | gelesen |
| to lie, be situated | liegen | | gelegen |
| to take | nehmen | nimmt | genommen |
| to ride horseback | reiten | | ist geritten |
| to call | rufen | | gerufen |
| to shine | scheinen | | geschienen |
| to sleep | schlafen | schläft | geschlafen |
| to write | schreiben | | geschrieben |
| to swim | schwimmen | | ist geschwommen |
| to see | sehen | sieht | gesehen |
| to be | sein | ist | ist gewesen |
| to sit | sitzen | | gesessen |
| to speak | sprechen | spricht | gesprochen |
| to stand | stehen | | gestanden |
| to wear, to carry | tragen | trägt | getragen |
| to meet | treffen | trifft | getroffen |
| to drink | trinken | | getrunken |
| to do | tun | | getan |
| to forget | vergessen | vergißt | vergessen |
| to lose | verlieren | | verloren |
| to understand | verstehen | | verstanden |
| to wash | waschen | wäscht | gewaschen |
| to become | werden | wird | ist geworden |
| **Mixed Verbs** | | | |
| to bring | bringen | | gebracht |
| to know | kennen | | gekannt |
| to know | wissen | weiß | gewußt |

How to recognize strong verbs

1. If a verb undergoes a stem change in the **er/es/sie**-form, it will also have an irregular past participle as, for example, **essen/ißt/gegessen**.

2. German and English verbs often follow a similar pattern in forming their past participles. If an English verb has an irregular participle and there is a similar equivalent in German, the German verb will probably have an irregular past participle as well. Compare the following patterns:

| Infinitive | Past Participle | English Equivalent |
|---|---|---|
| kommen | gekommen | *come / come* |
| sehen | gesehen | *see / seen* |
| beginnen | begonnen | *begin / begun* |
| schlafen | geschlafen | *sleep / slept* |
| fliegen | geflogen | *fly / flown* |
| trinken | getrunken | *drink / drunk* |

Verbs with irregular past participles are listed in the vocabularies: **trinken, getrunken**.

When to use **schon** and **noch nicht**

**Schon** *(already)* expresses that an action or situation exists already or has occurred earlier than expected.

| | |
|---|---|
| Sie ist **schon** zu Hause. | *She is already home.* |
| Wir haben **schon** bestellt. | *We have ordered already.* |

**Noch nicht** *(not yet)* or **noch kein** (when negating a noun) is used to give a negative answer to a question with **schon**. The word **immer**, which means literally *always*, can be added for emphasis.

| | |
|---|---|
| Haben Sie **schon** bestellt? | *Have you already ordered?* |
| Nein, wir haben **(immer) noch nicht** bestellt. | *No, we still haven't ordered yet.* |

A question with **schon einmal** *(ever)* is negated with **noch nie** *(never, not ever before)*.

| | |
|---|---|
| Haben Sie das **schon einmal** gemacht? | *Have you ever done this (before)?* |
| Nein, ich habe das **noch nie** gemacht. | *No, I have never done this before.* |

*Waren Sie schon einmal in . . . ?*

Regensburg

Würzburg

Trier

Münster

Lübeck

# MÜNDLICHE ÜBUNGEN

**MÜ 1**     Antworten Sie im Perfekt!

- Wohin ist das Kind gelaufen?                    (nach Hause)
  *Es ist nach Hause gelaufen.*

1. Wohin ist der Junge gegangen?              (nach Hause)
2. Wohin ist Frau Heller gefahren?            (nach München)
3. Was ist kalt geworden?                     (mein Kaffee)
4. Wo sind Herr und Frau Schöning gewesen?    (in Spanien)
5. Wie lange sind sie dort geblieben?         (drei Wochen)
6. Wer ist nach Amerika geflogen?             (Herr Hoffmann)
7. Wer ist schnell nach Hause gelaufen?       (die Kinder)
8. Wann sind die Leute gekommen?              (um 5 Uhr)


**MÜ 2**     Im Perfekt, bitte!

- Der Bus hält. → *Der Bus hat gehalten.*

1. Er beginnt seine Arbeit.          11. Sie findet ihren Schlüssel nicht.
2. Ich verstehe das.                 12. Wer liest die Zeitung?
3. Sie schlafen nicht.               13. Wann bekommen Sie Ihr Geld?
4. Ich rufe den Ober.                14. Das Kind sieht seine Mutter.
5. Er trägt keine Brille.            15. Wo liegt das Geld?
6. Wir trinken Wein.                 16. Was tut der Junge?
7. Er spricht Deutsch.               17. Wie heißt das Mädchen?
8. Der Mann sitzt dort.              18. Warum nehmen Sie den Bus?
9. Sie vergißt ihr Buch.             19. Wir beschreiben ein Bild.
10. Der Zug hält hier nicht.         20. Was essen Sie im Restaurant?


**MÜ 3**     Bilden Sie das Perfekt mit **sein!**

- Er geht nach Hause. → *Er ist nach Hause gegangen.*

1. Frau Heller fährt nach München.
2. Das Kind wird krank.
3. Frau Kaiser bleibt im Büro.
4. Wir gehen zu Fuß nach Hause.
5. Das Kind läuft durch den Park.
6. Herr Sander fliegt nach Amerika.
7. Die Leute kommen um 5 Uhr.
8. Ich bin zu Hause.

*Sie ist gefahren. Er ist geflogen.*

**MÜ 4**    Bilden Sie Sätze! Was haben Sie gestern (nicht) getan?
*(Starke und schwache Verben im Perfekt)*

- Zeitung lesen → *Ich habe gestern die Zeitung gelesen.*

1. Brief schreiben
2. Deutsch lernen
3. Kuchen essen
4. alles verstehen
5. nicht rauchen
6. Musik hören
7. zu Hause bleiben

8. Freunde besuchen
9. ins Kino gehen
10. Deutsch sprechen
11. Tennis spielen
12. lange schlafen
13. telefonieren
14. Auto verkaufen

15. viel arbeiten
16. Kaffee trinken
17. in die Stadt fahren
18. Schuhe kaufen
19. Schuhe bezahlen
20. meine Arbeit machen
21. mein Buch vergessen

**MÜ 5**    Auf deutsch, bitte!

1. When did he come home?
2. What did you do yesterday?
3. The child drank the milk.
4. We stayed at home.
5. She forgot her book.
6. Who wrote the letter?
7. The saleslady spoke German.
8. Did you read the newspaper?
9. Where did she go?
10. Where have you been?

11. She described the man.
12. Who found the money?
13. They took a taxi.
14. Did he understand you?
15. We didn't eat.
16. She wore her coat.
17. She received the money.
18. They ran through the park.
19. The students went home.
20. We drove to Munich.

# LAND UND LEUTE

## URLAUB UND FERIEN

Die Deutschen reisen gern. Viele verbringen ihren Urlaub im Ausland. Beliebt sind vor allem die Länder Italien, Österreich und Spanien. Im Sommer haben die Schulkinder sechs Wochen Ferien, und die Familien machen Urlaub. Dann fahren Millionen Autos durch die Bundesrepublik. Sie fahren von Norden nach Süden, denn im Süden scheint die Sonne. Drei oder vier Wochen später kommen sie wieder nach Hause und sagen. „Es hat Spaß gemacht. Unser Urlaub war phantastisch."

## Drei Interviews

Wir haben drei Familien gefragt: Wie und wo haben Sie Ihren Urlaub verbracht?
Hier sind ihre Antworten.

CHRISTA UND GERHARD BARTH, KAISERSLAUTERN:
Wir sind in Deutschland geblieben, und wir haben unseren Urlaub im Schwarzwald verbracht. Früher sind wir dort oft Ski gelaufen. Jetzt kennen wir den Schwarzwald auch im Sommer. Wir sind viel gewandert. Im Wald haben wir viele Tiere gesehen. Das war sehr interessant für unsere Kinder. Das Wetter war auch nicht so schlecht. Es hat nur einmal geregnet. Meistens hat die Sonne geschienen.

MICHAELA UND PETER SCHANZE, WIESBADEN:
Wir sind nach Spanien geflogen und haben vier Wochen Urlaub am Meer gemacht. Wir haben direkt am Strand gewohnt. Sonne und Meer! Die Kombination ist gerade richtig für uns. Wir sind viel geschwommen und haben meistens am Strand gelegen. Leider ist Spanien sehr teuer geworden, und wir haben sehr viel Geld gebraucht. Aber meine Frau und ich machen ja nur einmal im Jahr Urlaub.

CHARLOTTE UND HELMUT SCHMIDT, STUTTGART:
Meine Frau und ich sind zwei Wochen in Österreich gewesen. Aber unser Urlaub hat schon in Deutschland begonnen, denn wir haben den Zug genommen. Ich bin Taxifahrer, und im Urlaub fahre ich kein Auto. In Österreich haben wir gut gegessen und viel geschlafen. Natürlich haben wir auch Wanderungen gemacht. Souvenirs haben wir keine gekauft, und Postkarten haben wir auch keine geschrieben.

### Fragen

1. Wie sind die drei Familien in den Urlaub gefahren?
2. Wo ist die Familie Barth gewesen?
3. Wie war das Wetter?
4. Wie haben sie die Zeit verbracht?
5. Wohin sind Herr und Frau Schanze geflogen?
6. Was haben sie dort gemacht?
7. Warum haben sie sehr viel Geld gebraucht?
8. Wie haben die Schmidts ihren Urlaub verbracht?
9. Was haben sie nicht gemacht?

**Situation 7** Dialog: Wo sind Sie denn gewesen?

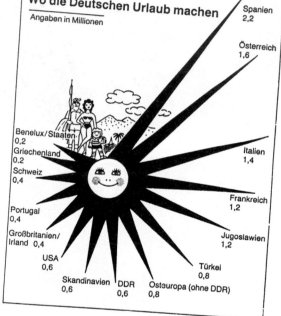

| FRAU SCHÖNING | Guten Tag, Herr Fischer! |
|---|---|
| HERR FISCHER | Guten Tag, Frau Schöning! Ich habe Sie lange nicht gesehen. |
| FRAU SCHÖNING | Mein Mann und ich haben Urlaub gemacht. |
| HERR FISCHER | Wo sind Sie denn gewesen? |
| FRAU SCHÖNING | Wir sind nach Spanien gefahren. |
| HERR FISCHER | Sie sind gefahren? Ist die Fahrt nicht sehr lang gewesen? |
| FRAU SCHÖNING | Ein bißchen. Aber wir sind durch Frankreich gefahren und haben oft gehalten. |
| HERR FISCHER | Und wie war das Essen in Spanien? |
| FRAU SCHÖNING | Gut! Nur ist mein Mann einmal krank geworden. |
| HERR FISCHER | Haben Sie gleich einen Arzt gefunden? |
| FRAU SCHÖNING | Aber ja! Wir sind in ein Krankenhaus gegangen. Mein Mann hat dort Medikamente bekommen. |
| HERR FISCHER | Und wie lange sind Sie in Spanien geblieben? |
| FRAU SCHÖNING | Nicht lange genug! Nur vier Wochen. |

**REISEZIELE 1990**
**Wo die Deutschen Urlaub machen**
Angaben in Millionen

Spanien 2,2
Österreich 1,6
Italien 1,4
Frankreich 1,2
Jugoslawien 1,2
Türkei 0,8
Osteuropa (ohne DDR) 0,8
DDR 0,6
Skandinavien 0,6
USA 0,6
Großbritannien/Irland 0,4
Portugal 0,4
Schweiz 0,4
Griechenland 0,2
Benelux/Staaten 0,2

**Fragen**

1. Wo sind Herr und Frau Schöning gewesen?
2. Sind sie gefahren oder geflogen?
3. Wie lange sind sie dort geblieben?
4. Wer ist krank geworden?
5. Wohin sind sie dann gegangen?
6. Was haben sie dort bekommen?

**Situation 8** Meine Ferien – Mein Urlaub

Wie und wo haben Sie Ihre Ferien (Ihren Urlaub) verbracht? Erzählen Sie! Fragen Sie Ihre Mitstudenten! Zum Beispiel . . .

1. Sind Sie gefahren/geflogen/im Gebirge gewesen/gewandert/geschwommen/geritten/im Urlaub krank geworden/zu Hause geblieben?
2. Haben Sie viel geschlafen/gelesen/Karten gespielt/viele Postkarten oder Briefe geschrieben/Souvenirs gekauft/Deutsch gesprochen/Freunde getroffen?
3. Was haben Sie im Urlaub (in den Ferien) gesehen/gemacht/getragen (Kleidung)/gegessen/getrunken?
4. Wie war das Wetter? Hat es geregnet/geschneit/gedonnert/geblitzt? Hat die Sonne geschienen? War es windig/kalt/warm/heiß/kühl/frisch?

# SCHRIFTLICHE ÜBUNGEN

**SÜ 1**     Im Perfekt, bitte!

1. Wann beginnt der Unterricht?
2. Vergißt Frau Heller ihre Tasche?
3. Was tun Sie heute?
4. Die Kinder schlafen schon.
5. Er bleibt nicht zu Hause.
6. Wann kommt er nach Hause?
7. Die Dame ruft den Ober.
8. Wo liegt das Buch?
9. Ist Ihre Mutter nicht zu Hause?
10. Wohin fahren Sie?
11. Was trinken Sie?
12. Er spricht sehr schnell.
13. Das verstehe ich nicht.
14. Wohin laufen die Kinder?
15. Der Bus hält nicht.
16. Lesen Sie die Zeitung?
17. Finden Sie Ihren Bleistift nicht?
18. Er schreibt gerade einen Brief.
19. Der Junge wird krank.
20. Wie heißt das Mädchen?

**SÜ 2**     Ergänzen Sie ein Partizip! Was paßt?

1. Wir haben lange gewartet, aber er ist nicht _gekommen_ .
2. Der Intercity ist schnell _____ .
3. Gestern sind unsere Freunde aus Amerika _____ .
4. Wir haben ein Taxi _____ .
5. Das Buch ist interessant. Haben Sie es schon _____ ?
6. Der Unterricht hat um sieben Uhr _____ .
7. Das Auto ist gegen ein Haus _____ .
8. Es hat geregnet, und wir sind naß _____ .
9. Sie hat ihren Schlüssel gesucht, aber sie hat ihn nicht _____ .
10. Wir sind zu Fuß nach Hause _____ .
11. Die Leute haben Dialekt _____ .
12. Die Dame hat einen Rock und eine Bluse _____ .
13. Gestern sind wir nicht zu Hause _____ .
14. Die Leute haben um den Tisch _____ .
15. Was haben Sie gesagt? Ich habe Sie nicht _____ .

**SÜ 3**     Was haben Sie am Wochenende gemacht? Schreiben Sie im Perfekt!
Beginnen Sie: *Am Samstag habe ich* . . .

Am Samstag schlafe ich bis 9 Uhr. Dann frühstücke ich. Ich esse etwas und trinke eine Tasse Kaffee. Ich lese auch die Zeitung, denn ich habe Zeit. Ich bleibe bis 10 Uhr zu Hause. Dann nehme ich den Bus und fahre in die Stadt.

   Am Nachmittag treffe ich meine Freunde. Wir gehen in ein Café. Viele Leute sind im Café, aber wir finden noch einen Tisch. Wir rufen den Ober. Er kommt und wir bestellen. Es dauert nicht lange, und der Ober bringt den Kaffee und den Kuchen. Wir verbringen fast zwei Stunden im Café. Meine Freunde sprechen nur Deutsch, und ich verstehe fast alles. Dann gehen wir zu Fuß durch die Stadt. Gott sei Dank regnet es nicht. Das Wetter ist sehr schön. Die Sonne scheint, und es ist warm. Abends fahre ich wieder nach Hause.

**SÜ 4**   Vollenden Sie die Sätze!

1. Ich habe Kaffee getrunken, aber *ich habe keinen Kuchen gegessen.*
2. Haben Sie mich verstanden oder . . .
3. Wir sind ins Restaurant gegangen und . . .
4. Er ist im Büro gewesen, aber . . .
5. Haben Sie die Straßenbahn genommen oder . . .
6. Sie ist nicht nach Hause gekommen, denn . . .
7. Er hat eine Zigarette genommen, aber . . .
8. Ich bin müde, denn . . .
9. Die Straßen sind naß, denn . . .
10. Sind Sie zu Hause geblieben oder . . .

# Wortschatz

## NOMEN

| | |
|---|---|
| **der Schwarzwald** | Black Forest |
| **der Spaß, ⸚e** | fun |
| **der Strand, ⸚e** | beach, shore |
| **der Wald, ⸚er** | woods, forest |
| | |
| **das Ausland** | foreign country |
| **das Beispiel, -e** | example |
| **das Bonbon, -s** | candy |
| **(das) Frankreich** | France |
| **das Gebirge, -** | mountains |
| **das Medikament, -e** | medication |
| **(das) Spanien** | Spain |
| **das Tier, -e** | animal |
| | |
| **die Erinnerung, -en** | memory, remembrance |
| **die Fahrt, -en** | trip, drive |
| **die Ferien** *(pl.)* | school vacation |

## VERBEN

| | |
|---|---|
| **reisen** | to travel |

## VERSCHIEDENES

| | |
|---|---|
| **direkt** | direct(ly) |
| **Es macht Spaß.** | It's fun. |
| **genug** | enough |
| **krank↔gesund** | sick↔healthy |
| **leider** | unfortunately |
| **meistens** | most often |
| **nie↔immer** | never↔always |
| **phantastisch** | fantastic |
| **Urlaub machen** | to take (a) vacation |
| **Urlaub verbringen** | to spend (a) vacation |
| **vor allem** | above all |
| **zum Beispiel** | for example |

*Leicht erkennbare Wörter*
**die Kombination, -en / der Park, -s / der Sand /
die Schokolade, -n / das Souvenir, -s / der Toast /
die Uni, -s**

# Im Supermarkt

***Themen und Sprechziele***
Mit Freunden sprechen
Einkaufen: Lebensmittel/Obst/Gemüse

***Grammatik und Übungen***
Familiar Forms of Address: **du/ihr**
    Regular and Stem-changing Verbs
    Imperative  •  Personal Pronouns
    Possessive Adjectives
Expressions of Quantity and Measurement

# SPRECHZIELE

## MIT FREUNDEN SPRECHEN

**Situation 1** So fragt man einen Freund oder eine Freundin:

**Situation 2** So fragt man seine Freunde:

*du/ihr: Verbformen*

Was **tust du** gern?
**Hast du** viele Hobbys?
**Fotografierst du** gern?
**Spielst du** gern Tennis?
**Schwimmst du** gern?
**Reitest du** gern?

Was **liest du** gern?
Was **ißt du** gern?
**Fährst du** gern Rad?
**Läufst du** gern im Park?
**Trägst du** gern Joggingschuhe?

Was **hast du** am Wochenende gemacht?
**Hast du** lange geschlafen?
**Bist du** ins Kino gegangen?

Ich verstehe **dich**.
Verstehst **du** mich?

Ich habe **dich** gerufen.
Hast **du** mich nicht gehört?

Wo wohnen **deine** Eltern?
Woher kommt **deine** Mutter?
Woher kommt **dein** Vater?

Was **tut ihr** gern?
**Habt ihr** viele Hobbys?
**Fotografiert ihr** gern?
**Spielt ihr** gern Tennis?
**Schwimmt ihr** gern?
**Reitet ihr** gern?

Was **lest ihr** gern?
Was **eßt ihr** gern?
**Fahrt ihr** gern Rad?
**Lauft ihr** gern im Park?
**Tragt ihr** gern Joggingschuhe?

Was **habt ihr** am Wochenende gemacht?
**Habt ihr** lange geschlafen?
**Seid ihr** ins Kino gegangen?

*Pronomen*

Wir verstehen **euch**.
Versteht **ihr** uns?

Wir haben **euch** gerufen.
Habt **ihr** uns nicht gehört?

Wo wohnen **eure** Eltern?
Woher kommt **eure** Mutter?
Woher kommt **euer** Vater?

Was sagt die Mutter?

☐ **Öffne** bitte die Tür!
☐ **Geh** allein nach Hause!
☐ **Bleib** bitte im Auto!
☐ **Komm** jetzt! Wir gehen.

Was sagt die junge Dame?

☐ **Vergiß** nicht die Zeitung!
☐ **Nimm** den Regenschirm!
☐ **Sieh** mal, dort ist Frank!
☐ **Sprich** nicht so laut!

Was sagt die Kellnerin?

☐ **Trinkt** nicht so viel!
☐ **Geht** jetzt nach Hause!
☐ **Macht** Platz für das Bier!
☐ **Fahrt** vorsichtig!

# GRAMMATIK

## 1   The Familiar Forms of Address: **du/ihr**

From the tables in the previous chapters you know that German has three equivalent forms for the English you: **Sie/du/ihr**. This chapter practices the **du-** and the **ihr-**forms of the pronouns, verbs and the possessives.

### A   Regular Verbs

For the **du-**form the ending **-st** is added and for the **ihr-**form the ending **-t** is added to the verb stem.

|          | **du -st**  | **ihr -t** |
|----------|-------------|------------|
| gehen    | du gehst    | ihr geht   |
| wohnen   | du wohnst   | ihr wohnt  |
| kommen   | du kommst   | ihr kommt  |

As with the **er/es/sie**-forms, if a verb stem ends in **-t** or **-d** or a consonant cluster such as **-ffn** or **-gn**, an **-e** is inserted between stem and ending.

|           | du -(e)st      | ihr -(e)t    |
|-----------|----------------|--------------|
| arbeiten  | du arbeit**est** | ihr arbeit**et** |
| finden    | du find**est**   | ihr find**et**   |
| öffnen    | du öffn**est**   | ihr öffn**et**   |

## B Stem-changing Verbs

Verbs with a stem-change in the **er/es/sie**-form use the same changed stem for the **du**-form. The **ihr**-form, however, uses the unchanged stem of the infinitive.

| Infinitive | er/es/sie | du       | ihr      |
|------------|-----------|----------|----------|
| sprechen   | spricht   | sprichst | sprecht  |
| essen      | ißt       | ißt      | eßt      |
| nehmen     | nimmt     | nimmst   | nehmt    |
| lesen      | liest     | liest    | lest     |
| schlafen   | schläft   | schläfst | schlaft  |
| tragen     | trägt     | trägst   | tragt    |
| laufen     | läuft     | läufst   | lauft    |

If a changed verb stem ends in **-t** or **-d**, the usual **-e** is not added: **halten**, **hält-**, **du hältst**, but **ihr haltet**. – If the infinitive stem or changed stem ends in **-s** or **-ß**, the **du**-form adds only **-t** (*not* **-st**). As a result, the **du**-form is sometimes identical to the **er/es/sie**-form.

| er/es/sie | du       |
|-----------|----------|
| ißt       | ißt      |
| liest     | liest    |
| reist     | reist    |
| vergißt   | vergißt  |

The verbs **sein**, **haben** and **werden** have irregular forms.

| **sein**   | du bist  | ihr seid   |
|------------|----------|------------|
| **haben**  | du hast  | ihr habt   |
| **werden** | du wirst | ihr werdet |

## C The Imperative

As pointed out in Chapter 3, the imperative is used for instructions, requests, suggestions, directions and commands. German speakers often soften requests and commands by using particles such as **doch** and **mal**.

## 1. Sie- and wir-Forms

You are familiar with the formal **Sie**-imperative and the **wir**-imperative which includes the speaker:

| | |
|---|---|
| Fahren Sie doch nicht so schnell! | *Don't drive so fast.* |
| Schlafen Sie gut! | *Sleep well.* |
| Besuchen Sie uns mal! | *Do visit us sometime.* |
| Nehmen wir doch den Zug! | *Let's take the train. / Why not take the train.* |

## 2. ihr-Form

The **ihr**-imperative uses the present tense **ihr**-form of the verb but without the pronoun.

| Present Tense | Imperative |
|---|---|
| ihr geht | Kinder, geht jetzt bitte nach Hause! |
| ihr schlaft | Gute Nacht, schlaft gut! |
| ihr lest | Peter und Ute, lest doch die Zeitung! |

## 3. du-Form

The **du**-imperative uses the present tense verb form without the pronoun and without the **-st** ending.

| | | |
|---|---|---|
| du kaufst | Kauf das nicht! | *Don't buy it.* |
| du bleibst | Bleib bitte hier! | *Stay here, please.* |

If the verb stem ends in **-d** or **-t**, the usual **-e** is added.

| | | |
|---|---|---|
| du wartest | Warte mal! | *Wait. / Why don't you wait?* |
| du arbeitest | Arbeite nicht so viel! | *Don't work so much.* |

Verbs with a stem change from **a** to **ä** or **au** to **äu** do not have an umlaut in the **du**-imperative.

| | | |
|---|---|---|
| du fährst | Fahr bitte nach Hause! | *Drive home, please.* |
| du schläfst | Schlaf gut! | *Sleep well.* |
| du läufst | Lauf nicht so schnell! | *Don't run so fast.* |

**Note** In written German, for example in advertising, you may see the **du**-imperative with a final **-e** (**komme, fahre, kaufe**). This is generally not done in spoken German.

Verbs that have a stem change from **e** to **i** or **ie** use the changed stem in the **du**-imperative.

| | | | |
|---|---|---|---|
| sprechen | du sprichst | **Sprich** bitte lauter! | *Speak louder, please.* |
| essen | du ißt | **Iß** das nicht! | *Don't eat this.* |
| nehmen | du nimmst | **Nimm** doch den Zug! | *Take the train.* |
| lesen | du liest | **Lies** das mal, bitte! | *Read this, please.* |

## 4. sein

The verb **sein** has irregular forms in the imperative:

| Sie  sind | **Seien Sie** doch ruhig! | *Be quiet, please.* |
|---|---|---|
| du  bist | **Sei** doch nicht so! | *Don't be that way.* |
| ihr  seid | **Seid** bitte vorsichtig! | *Be careful, please.* |
| wir  sind | **Seien wir** mal ehrlich! | *Let's be honest about it.* |

---

More flavoring particles: **mal**, **doch**, **gar**

**Mal** (short for **einmal**, *once*) expresses a certain vagueness in a statement, command or request, thereby softening the message.

| Isolde, sieh **mal** die Trauben! | *Isolde, take a look at these grapes.* |
|---|---|
| Sag **mal**, wer war das? | *Tell me, who was that?* |

**Mal** is often used together with **doch** for the purpose of persuading the listener to do something.

| Besuchen Sie uns **doch mal!** | *Do come and visit us sometime.* |
|---|---|
| Frag **doch mal** die Verkäuterin! | *Why don't you ask the saleslady.* |

**Doch** may express emphasis or impatience.

| Ich bin **doch** nicht krank. | *But I am not sick.* |
|---|---|
| Du weißt **doch**, . . . | *You certainly must know that . . .* |

**Gar** gives emphasis to **kein**, **nicht** or **nichts** and corresponds to English *at all*, as in *not at all*.

| Die Trauben sind **gar nicht** teuer. | *The grapes are not at all expensive.* |
|---|---|
| Ich habe **gar keinen** Hunger. | *I am not at all hungry.* |

*Nachmittags im Café*

## D Personal Pronouns

Review the personal pronouns. Observe the equivalent forms of English *you*:

| Nominative | *Do you understand me?* → *I / we understand you.* | | Accusative |
|---|---|---|---|
| **Sie** | Verstehen **Sie** mich? | → Ich verstehe **Sie**. | **Sie** |
| **du** | Verstehst **du** mich? | → Ich verstehe **dich**. | **dich** |
| **ihr** | Versteht **ihr** mich? | → Wir verstehen **euch**. | **euch** |

## E Possessive Adjectives

Review the possessive adjectives. Observe the equivalent forms of English *your*:

| | Masculine | | Neuter | Feminine | Plural/All |
|---|---|---|---|---|---|
| | Nominative | Accusative | Nominative and Accusative | | |
| | ein | einen | ein | eine | keine |
| du | dein Koffer | deinen Koffer | dein Buch | deine Tasche | deine Bücher |
| ihr | euer Koffer | euren Koffer | euer Buch | eure Tasche | eure Bücher |
| Sie | Ihr Koffer | Ihren Koffer | Ihr Buch | Ihre Tasche | Ihre Bücher |

Look at some examples:

Anna, ist das **dein** Schlüssel?    *Anna, is this your key?*
Vergessen Sie nicht **Ihren** Kuli!    *Don't forget your pen.*
Wo habt ihr **euren** Koffer?    *Where do you have your suitcase?*
Kinder, wo ist **eure** Mutter?    *Children, where is your mother?*

## 2 Expressions of Quantity and Measurement

In contrast to English, German nouns expressing quantity, weight, measurement or number are usually in the singular.

Das Kleid kostet 100 **Mark**.
Ich möchte 2 **Kilo** Äpfel, bitte.
Sie kauft 10 **Pfund** Kartoffeln.
Ein Pfund hat 500 **Gramm**.
Wir brauchen 2 **Liter** Milch.
Die Zitronen kosten 30 **Pfennig** das Stück.
Die Trauben kosten 1,80 DM das **Pfund**.
Ein Kilometer hat 1000 **Meter**.
Er hat dreißig **Dollar**.

**Bierbrunnen**
Mannheim, Q 5, 15

Ab sofort sonntags 11 Uhr
**Frühschoppen**
1 Bier 0,3 Ltr. DM 1,50

# MÜNDLICHE ÜBUNGEN

**MÜ 1**  Fragen Sie zuerst einen Freund, dann Ihre Freunde!

● Machen Sie jetzt eine Pause? → *Machst du . . . / Macht ihr jetzt eine Pause?*

1. Verstehen Sie mich?
2. Wohin gehen Sie?
3. Was tun Sie heute abend?
4. Wann besuchen Sie mich?

5. Finden Sie das Buch interessant?
6. Antworten Sie immer auf deutsch?
7. Arbeiten Sie am Samstag?
8. Wie lange warten Sie schon?


**MÜ 2**  Fragen Sie einen Freund oder eine Freundin, dann Ihre Freunde!

● Die Studentin spricht Englisch. → *Sprichst du . . . / Sprecht ihr auch Englisch?*

1. Der Junge wird naß.
2. Er vergißt immer das Buch.
3. Das Mädchen sieht nicht gut.
4. Der Herr nimmt ein Taxi.
5. Die Dame ißt gern Apfelkuchen.

6. Peter fährt nach München.
7. Er liest die Zeitung.
8. Der Student spricht Deutsch.
9. Das Kind schläft nachmittags.
10. Sie trägt gern Pullover.


**MÜ 3**  Fragen Sie zuerst einen Freund, dann Ihre Freunde!

● Haben Sie Hunger? → *Hast du Hunger? / Habt ihr Hunger?*
  Sind Sie dort gewesen? → *Bist du dort gewesen? / Seid ihr dort gewesen?*

1. Haben Sie jetzt Zeit?
2. Sind Sie krank?
3. Haben Sie das gesehen?
4. Sind Sie zu Hause geblieben?

5. Sind Sie zufrieden?
6. Haben Sie Durst?
7. Sind Sie ins Kino gegangen?
8. Haben Sie das gewußt?


**MÜ 4**  Imperativ, bitte!

● Ich lese den Brief später. → *Bitte, lies ihn jetzt! (Bitte, lies den Brief jetzt!)*

1. Ich öffne das Fenster später.
2. Ich suche den Schlüssel später.
3. Ich rufe den Arzt später.
4. Ich nehme den Bus später.
5. Ich verkaufe das Auto später.

6. Ich mache die Arbeit später.
7. Ich bringe das Buch später.
8. Ich bezahle den Wein später.
9. Ich fahre später in die Stadt.
10. Ich gehe später nach Hause.

**MÜ 5**    Hier ist die Antwort. Fragen Sie!

- Meine Freunde kommen **später**. → *Wann kommen deine Freunde?*
  Unser Auto ist **am Bahnhof**. → *Wo ist euer Auto?*

| | |
|---|---|
| 1. Mein Bruder heißt **Oliver**. | 5. Unsere Lehrerin heißt **Höfer**. |
| 2. Ich lese meinen Brief **später**. | 6. Ich habe **gestern** mein Geld verloren. |
| 3. Unsere Eltern sind **in Amerika**. | 7. Wir besuchen **morgen** unsere Freunde. |
| 4. Ich frage meinen Freund **morgen**. | 8. Meine Uhr hat **hundert Mark** gekostet. |

**MÜ 6**    Für wen ist das?

- Ist der Kaffee für mich (uns)? → *Ja, der Kaffee ist für dich (euch).*

| | |
|---|---|
| 1. Ist der Tee für uns? | 5. Bringt ihr die Äpfel für mich? |
| 2. Bestellst du das für mich? | 6. Sind die Bilder für uns? |
| 3. Ist der Kuchen für mich? | 7. Hast du einen Brief für uns? |
| 4. Hast du das Geld für mich? | 8. Kaufst du das Buch für mich? |

**MÜ 7**    Auf deutsch, bitte!

**(a) Fragen** *(Sie / du / ihr)*

- Do you have your umbrella?
  *Haben Sie Ihren Regenschirm?*
  *Hast du deinen Regenschirm?*
  *Habt ihr euren Regenschirm?*

1. Do you have your coat?
2. Did you forget your glasses?
3. Is this your glass?
4. When did you ask your friends?
5. Did she buy the book for you?
6. When do you visit your parents?
7. When do you take a break?
8. Are you coming or going?
9. Why don't you stay here?
10. What did you say?
11. Did you celebrate your birthday?
12. Why don't you look for him?
13. I didn't understand you.
14. Where does your brother live?
15. Did the mechanic repair your car?
16. Here are your keys.

**(b) Imperativ** *(Sie / du / ihr)*

- Don't work so much.
  *Arbeiten Sie nicht so viel!*
  *Arbeite nicht so viel!*
  *Arbeitet nicht so viel!*

1. Please, read the letter.
2. Don't come home so late.
3. Speak louder, please.
4. Please, wait here.
5. Be careful.
6. Don't eat so much.
7. Sleep well.
8. Drive carefully.
9. Take the train.
10. Don't do that.
11. Don't forget your book.
12. Look for him.
13. Please repeat your name.
14. Call the waiter, please.
15. Don't order for me.
16. Take your wallet.

# EINKAUFEN: DIE LEBENSMITTEL[1]

die Dose, -n

die Wurst

das Fleisch

der Käse

das Würstchen, -

das Geflügel
das Hähnchen, -

der Fisch

das Ei, -er

die Lebensmittel
der Einkaufswagen, -

## DAS OBST UND DAS GEMÜSE

der Salat, -e

die Kartoffel, -n

die Bohne, -n

der Kohl

der Blumenkohl

die Gurke, -n

die Zwiebel, -n

die Karotte, -n

die Tomate, -n

der Pfirsich, -e

die Banane, -n

die Birne, -n

der Apfel, ¨

die Orange, -n
die Apfelsine, -n

die Traube, -n

die Kirsche, -n

die Erdbeere, -n

| *Maße und Gewichte* (measurements / weights) | | | |
|---|---|---|---|
| 1 Kilo (gramm) | (kg) | = | 1000 Gramm (g) |
| 1 Pfund | (Pfd.) | = | 500 Gramm |
| 1 Zentner | (Ztr.) | = | 100 Pfund |
| 1 Tonne | (t) | = | 1000 Kilo |
| 1 Kilometer | (km) | = | 1000 Meter |
| 1 Meter | (m) | = | 100 Zentimeter |
| 1 Zentimeter | (cm) | = | 10 Millimeter (mm) |

[1] Words that do not occur in the text(s) are not listed in the vocabularies.

# LAND UND LEUTE

## IM SUPERMARKT

Das sind Günther und Isolde Heuser. Günther ist Ingenieur. Isolde ist Lehrerin. Sie wohnen in Nürnberg. Samstags gehen Günther und Isolde immer einkaufen. Jetzt
sind sie gerade im Supermarkt. Hören wir, was sie sagen.

ISOLDE   Nimm bitte einen Einkaufswagen! Unsere
Liste ist heute ziemlich lang.

GÜNTHER   Brauchen wir denn so viel?

ISOLDE   Vergiß nicht, wir haben Gäste! Heute abend
kommen Helga und Bernd.

GÜNTHER   Ach richtig! Und morgen kommen ja deine
Eltern. Also dann. Beginnen wir. Wo hast du
deine Einkaufsliste?

ISOLDE   Hier. Nimm die Liste! Zuerst holen wir das
Gemüse. Wir brauchen ein Kilo Tomaten,
dann Salat und eine Gurke. Kartoffeln und
Zwiebeln haben wir noch genug zu Hause.

GÜNTHER   Und wie ist es mit Obst? Isolde, sieh mal die Trauben! Und hier die Pfirsiche! Sie sind gar
nicht teuer.

ISOLDE   Ich finde sie nicht so billig, aber sie sind wirklich schön. Wir nehmen ein Pfund Trauben
und ein Kilo Pfirsiche. Übrigens, Zitronen brauchen wir auch.

GÜNTHER   Und vielleicht noch Äpfel für einen Apfelkuchen? Du weißt doch, dein Vater ißt deinen
Apfelkuchen so gern.

ISOLDE   Ich glaube, **du** ißt Apfelkuchen gern. Also gut, noch zwei Kilo Äpfel.

GÜNTHER   Du bist ein Engel[1]. Weißt du was? Wir backen den Kuchen zusammen.

ISOLDE   Hoffentlich vergißt du das nicht. So, und jetzt brauchen wir noch Orangensaft, zwei Dosen
Milch und ein Pfund Kaffee. Ach, Käse brauchen wir ja auch noch!

GÜNTHER   Und Wein? Ich glaube, drei Flaschen Weißwein sind genug.

ISOLDE   Ja, genug für mich! Aber was trinkst du heute abend?

[1] angel

**Fragen**

1. Was tun Günther und Isolde samstags?
2. Wie ist ihr Familienname?
3. Wo wohnen sie?
4. Wo sind sie gerade?
5. Wer nimmt den Einkaufswagen?
6. Was holen sie zuerst?
7. Was brauchen sie?
8. Was findet Günther nicht teuer?
9. Wie findet Isolde das Obst?
10. Was kauft sie?
11. Was ißt Günther gern?
12. Wer bäckt den Kuchen?
13. Warum kaufen sie so viel?
14. Wer trinkt gern Wein?

*Was gibt es im Supermarkt?*
*Was ist im Angebot?*

**Maggi**
Rohe Klöße, Semmel- od. Kartoffel-Knödel 200 g, Flockenpüree 250 g, oder Knödel halb + halb im Kochbeutel 330 g
jede Packung **1.99**

**Schloss Königstein**
— Jahrgangssekt —
weiß, rot oder rosé
0,75 Liter Flasche
oder weiß und rot
3 x 0,2 Liter Flasche je **4.99**

**Melitta** **Filter-Papier**
1x4 oder 102
jede 100er Packung **2.29**

**SAROTTI**
**Schokolade**
verschiedene Sorten
**-.69** jede 100 g Tafel

**Frisch aus ITALIEN.**
**Erdbeeren** Hdkl. 1 500 g Schale **2.79**

Italienische Speise-
**Frühkartoffein**
»Spunta« Hdkl. 1
1,5 kg Netz **2.99**

**Span. Spargel**
Handelskl. 2
España 500 g Packg. **4.99**

**Chile Trauben blau.**
kernlos und süß
Handelsklasse 1 1 kg **5.99**

**Ananas**
frisch aus der Karibik
Dole Stück **3.99**

Das aktuelle Blumenangebot
**Geranien**
stehend oder Hänger Topf **2.99**

# SCHRIFTLICHE ÜBUNGEN

**SÜ 1**    Ergänzen Sie die Verbform und manchmal auch das Pronomen!

1. haben        Ich finde mein Buch nicht. *Hast du* es, Monika?
2. sein          Wann _____ gekommen, Herr Schneider?
3. warten       Kinder, _____ bitte hier!
4. wissen       _____ , wieviel Uhr es ist, Michael?
5. halten        _____ bitte da drüben, Anne!
6. sprechen   Peter, _____ lauter!
7. haben        Erika, _____ gestern gearbeitet?
8. kommen     Kinder, _____ nicht so spät nach Hause!
9. lesen         Günther, hier ist der Brief. _____ ihn, bitte!
10. fahren       _____ nicht so schnell, Sonja!
11. sein          _____ vorsichtig, Kinder!

12. nehmen     Walter, warum _____ kein Taxi?
13. kommen     Mein Hund heißt Bello. _____, Bello!
14. werden     _____ nicht müde, Thomas?
15. machen     Frau Kaiser, wann _____ eine Pause?
16. gehen     Claudia, _____ heute abend ins Kino?
17. nehmen     Günther und Isolde, warum _____ kein Taxi?
18. haben     Was _____ gesagt, Herr Sander?
19. sein     Michael, _____ bitte um 8 Uhr zu Hause!
20. antworten     Peter, warum _____ nicht?

**SÜ 2**     Ergänzen Sie das Personalpronomen oder das Possessivpronomen! Was paßt?

1. Der Brief ist für _dich_, Oliver.
2. Kinder, wo sind _eure_ Eltern?
3. Rauch nicht so viel! Das ist nicht gut für ____.
4. Anne und Michael, ist ____ Mutter nicht zu Hause?
5. Antwortet laut! Ich verstehe ____ nicht, Kinder!
6. Thomas, gestern habe ich ____ Brief bekommen.
7. Habt ihr ____ Regenschirm im Hotel vergessen?
8. Habt ihr einen Hund? Wie heißt ____ Hund?
9. Peter, wie heißt ____ Freundin?
10. Sprich bitte lauter! Ich höre ____ nicht.

**SÜ 3**     Ergänzen Sie den Imperativ! Was paßt?
*(Die Du-Form, bitte!)*

1. _Trag_ einen Pullover! Es ist sehr kalt.
2. _____ den Kellner! Ich möchte noch ein Bier.
3. _____ nicht so laut! Die Kinder schlafen schon.
4. _____ doch zu Fuß!
5. _____ deinen Regenschirm! Es regnet.
6. _____ heute abend! Peter kommt auch.
7. _____ zu Hause! Ich bleibe auch zu Hause.

Wie viele Wörter können Sie hier bilden?

Wasser
Gurken
Apfel
Obst
Zwiebel
Kartoffel
Trauben
Wein
Fleisch
Wurst
Tomaten
Gemüse
Zitronen
Bier
Milch
Orangen

-kuchen
-suppe
-salat
-flasche
-saft

**SÜ 4**     Ergänzen Sie ein Verb! Was paßt?

1. Gute Nacht Kinder, _schlaft_ gut!
2. _____ ihr, was das ist?
3. _____ du deine Brille? Hier ist sie.
4. Du _____ keinen Regenschirm. Es regnet nicht.
5. _____ ihr Tennis gespielt?
6. Wann _____ du gekommen?
7. Ihr arbeitet zu viel. _____ jetzt eine Pause!
8. _____ bitte lauter! Ich verstehe dich nicht.
9. Ich habe euch etwas gefragt. Warum _____ ihr nicht?
10. Warum _____ du so viel? Zigaretten sind nicht gut für dich.

**SÜ 5**    Hier ist die Antwort. Fragen Sie mit **du** oder **ihr**!

1. Ich komme aus Ohio.
2. Wir wohnen jetzt in Frankfurt.
3. Nein, ich bin nicht verheiratet.
4. Wir sind schon eine Stunde hier.
5. Ja, ich habe eine Freundin (einen Freund).
6. Ja, wir haben hier viele Freunde.
7. Wir finden das Leben hier interessant.
8. Ich mache immer im Sommer Ferien.
9. Gestern abend sind wir ins Kino gegangen.
10. Doch, ich habe dich verstanden.
11. Wir gehen samstags einkaufen.
12. Ich esse gern Apfelkuchen.

**Erinnern Sie sich?**
**Was ist das?**

| | |
|---|---|
| 7 Tage | eine Woche |
| 30 Tage | _____ |
| 365 Tage | _____ |
| 60 Minuten | _____ |
| 24 Stunden | _____ |
| 500 Gramm | _____ |
| 2 Pfund | _____ |
| 1000 Meter | _____ |
| 1000 Gramm | _____ |
| 60 Sekunden | _____ |

## Wortschatz

| EINKAUFEN | SHOPPING |
|---|---|
| **der Einkaufswagen, -** | shopping cart |
| **der Pfirsich, -e** | peach |
| **das Ei, -er** | egg |
| **das Fleisch** | meat |
| **das Gemüse, -** | vegetable |
| **das Obst** *(no pl.)* | fruit |
| **die Gurke, -n** | cucumber |
| **die Kartoffel, -n** | potato |
| **die Lebensmittel** *(pl.)* | groceries |
| **die Traube, -n** | grape |
| **die Wurst, -̈e** | sausage |

*Leicht erkennbare Wörter*
**der Fisch, -e / das Kilo, - / die Liste, -n /
die Orange, -n / das Pfund / der Salat, -e /
die Tomate, -n**

| PERSONEN | |
|---|---|
| **der Gast, -̈e** | guest |

| VERBEN | |
|---|---|
| **backen (bäckt), gebacken** | to bake |
| **einkaufen gehen** | to go shopping |
| **holen** | to get, fetch |
| **glauben** | to believe |

| VERSCHIEDENES | |
|---|---|
| **gar nicht** | not at all |
| **übrigens** | by the way |
| **vielleicht** | perhaps |
| **vorsichtig** | careful, cautious |
| **wirklich** | really, truly |
| **ziemlich** | rather, quite |
| **zuerst** | (at) first |
| **zufrieden** | content |
| **zusammen** | together |

*Der Hauptmarkt in Trier*

### Themen und Sprechziele
Im Bahnhof  •  Bildsymbole im Bahnhof
Über Vergangenes sprechen
Am Fahrkartenschalter
Im Restaurant  •  Die Speisekarte, bitte!

### Kultur und Information
Bahnfahren  •  Verbotsschilder

### Grammatik und Übungen
Modal Verbs 1:
    Present Tense
    Simple Past Tense
    **müssen** and **dürfen**
    **mögen** and **möchten**
    Omission of the Dependent Infinitive

# SPRECHZIELE (1)

## IM BAHNHOF

*Modalverben im Präsens*

**Situation 1**   Dialog: Am Fahrkartenschalter

Frau Heller will nach München fahren. Sie möchte den Zug nehmen. Ihre Fahrkarte kann sie am Fahrkartenschalter kaufen. Sie möchte eine Fahrkarte für den Intercity. Für die Fahrt nach München und zurück nach Mannheim muß sie 150 Mark bezahlen. Für den Intercity muß sie noch 20 Mark extra bezahlen. Sie kann mit Euro-Scheck bezahlen.

| | |
|---|---|
| DER BEAMTE | Bitte schön? |
| FRAU HELLER | Ich möchte bitte eine Rückfahrkarte nach München. |
| DER BEAMTE | Wann möchten Sie fahren? |
| FRAU HELLER | Morgen nachmittag. |
| DER BEAMTE | Wollen Sie den Intercity nehmen? |
| FRAU HELLER | Ja, den Intercity um 13.15 Uhr. |
| DER BEAMTE | Da müssen Sie einen Zuschlag[1] von 20 Mark bezahlen. |
| FRAU HELLER | Ich weiß. |
| DER BEAMTE | Also das macht 150 Mark plus 20 Mark Zuschlag. 170 Mark bitte. |
| FRAU HELLER | Kann ich mit Euro-Scheck bezahlen? |
| DER BEAMTE | Natürlich können Sie das. |

[1] supplement

### Fragen

1. Wohin will Frau Heller fahren?
2. Wo kann sie ihre Fahrkarte kaufen?
3. Wieviel muß sie für die Fahrkarte bezahlen?
4. Warum muß sie 20 Mark extra bezahlen?
5. Wie kann sie bezahlen?

**Nachdenken und
Bahnfahren**

## Situation 2   Reisevorbereitungen

Wir wollen eine Reise machen. Was müssen wir (muß man) vorher tun?

1. einkaufen gehen
2. ins Reisebüro gehen
3. Reise buchen
4. Fahrkarten bestellen
5. Geld wechseln
6. Zimmer im Hotel reservieren
7. Auto in Ordnung bringen
8. Koffer packen

Was dürfen wir nicht vergessen? Zum Beispiel: Geld, Geldbeutel, Brieftasche, Autopapiere, Führerschein, Autoschlüssel, Reisepaß, Ausweis, Adreßbuch, Sonnenbrille, Landkarte usw.


## Situation 3   Im Restaurantwagen

1. Was kann man im Restaurant tun?
2. Was wollen die Leute tun?
3. Rauchen ist hier verboten.
   Was soll der Herr nicht tun?
4. Der Herr hat eine Zigarette.
   Was will er tun?
5. Der Ober bringt einen Aschenbecher.
   Was soll der Gast ausmachen?
   Was darf man hier nicht tun?

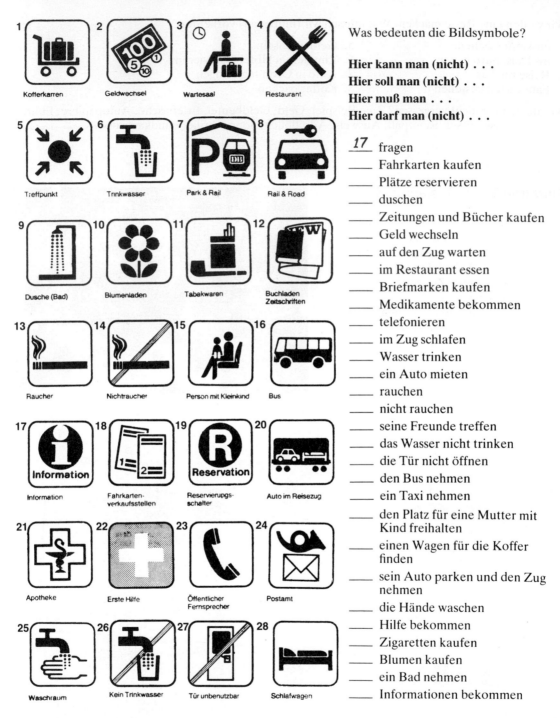

Was bedeuten die Bildsymbole?

**Hier kann man (nicht)** . . .
**Hier soll man (nicht)** . . .
**Hier muß man** . . .
**Hier darf man (nicht)** . . .

<u>17</u>  fragen
_____  Fahrkarten kaufen
_____  Plätze reservieren
_____  duschen
_____  Zeitungen und Bücher kaufen
_____  Geld wechseln
_____  auf den Zug warten
_____  im Restaurant essen
_____  Briefmarken kaufen
_____  Medikamente bekommen
_____  telefonieren
_____  im Zug schlafen
_____  Wasser trinken
_____  ein Auto mieten
_____  rauchen
_____  nicht rauchen
_____  seine Freunde treffen
_____  das Wasser nicht trinken
_____  die Tür nicht öffnen
_____  den Bus nehmen
_____  ein Taxi nehmen
_____  den Platz für eine Mutter mit Kind freihalten
_____  einen Wagen für die Koffer finden
_____  sein Auto parken und den Zug nehmen
_____  die Hände waschen
_____  Hilfe bekommen
_____  Zigaretten kaufen
_____  Blumen kaufen
_____  ein Bad nehmen
_____  Informationen bekommen

## Kultur und Information: Bahnfahren

In Deutschland, Österreich und in der Schweiz benutzen viele Menschen die Bahn als Transportmittel. Bahnfahren ist bequem[1]. Fast alle Städte, ob[2] groß oder klein, haben einen Bahnhof. Der Hauptbahnhof ist meistens im Stadtzentrum. Der Zugverkehr[3] ist gut organisiert. Die Züge sind schnell, pünktlich und preiswert[4]. Viele Leute nehmen den Zug täglich. Sie fahren zur Arbeit, zur Schule oder zur Universität. Junge Menschen trampen durch das Land. Schulklassen machen eine Klassenfahrt, und Familien fahren in Urlaub. Senioren, das heißt Menschen über sechzig, fahren besonders preiswert.

In Deutschland sind die Intercity-Züge sehr beliebt. Der Intercity kann 200 Kilometer pro Stunde fahren. In drei Stunden kann man von Mannheim nach Köln fahren, und in vier Stunden kommt man von Frankfurt nach München. Der Intercity hält nur in großen Städten.

[1]comfortable   [2]whether   [3]railroad traffic   [4]punctual/reasonably priced

# ÜBER VERGANGENES SPRECHEN

*Modalverben im Imperfekt*

**Situation 5**   Dialog: Ich wollte schon, aber . . .

Irene trifft Petra, eine Kollegin. Petra hatte gestern Geburtstag und wollte mit Freunden feiern. Irene konnte nicht kommen, denn sie mußte arbeiten.

| | |
|---|---|
| IRENE | Na, wie war es gestern? |
| PETRA | Eine Katastrophe. |
| IRENE | Wieso? Du wolltest doch deinen Geburtstag feiern? |
| PETRA | Ja, ich wollte schon, aber . . . |
| IRENE | Das verstehe ich nicht. |
| PETRA | Na ja, Frank konnte nicht kommen und Birgit auch nicht. |
| IRENE | Und Uwe? |
| PETRA | Uwe mußte arbeiten. |
| IRENE | Und Andrea? |
| PETRA | Andrea war krank. |
| IRENE | Krank? Was hatte sie denn? |
| PETRA | Gastritis. Sie durfte nichts essen und nichts trinken. Was sollte ich machen? Allein feiern? |

**Fragen**

1. Wen hat Irene getroffen?
2. Wann hatte Petra Geburtstag?
3. Was wollte sie tun?
4. Warum konnte Irene nicht kommen?
5. Warum konnte Andrea nicht kommen?
6. Wer mußte arbeiten?

**Kleine Geschenke erhalten die Freundschaft**

*zum Beispiel zum Geburtstag!*

**Situation 6**  Interview: Fragen Sie Ihre Mitstudenten!

1. Was mußten Sie am Wochenende tun?
   Mußten Sie arbeiten/viel Deutsch lernen/Hausaufgaben schreiben/das Auto reparieren/einkaufen gehen/zu Hause bleiben/in die Stadt fahren?

2. Was wollten Sie tun? Sie konnten es aber nicht, denn Sie hatten keine Zeit.
   Wollten Sie Ihre Freunde treffen/ins Kino gehen/Geburtstag feiern/zu Hause bleiben/lange schlafen/eine Reise buchen/ein Buch lesen/das Auto waschen?

3. Was sollten Sie tun, haben es aber nicht getan?
   Sollten Sie nach Hause telefonieren/die Telefonrechnung bezahlen/ein Buch kaufen/einen Brief schreiben/viel arbeiten/das Wochenende zu Hause verbringen?

**Übrigens:**
Alle wollen zurück zur Natur, aber keiner will zu Fuß gehen...

# GRAMMATIK

## 1  Modal Verbs

Both English and German have modal verbs. They differ from other verbs in so far as they do not express an action or event by themselves. Modals indicate an attitude toward the action expressed by another verb.

| Modal | What the modal expresses | English equivalent |
|---|---|---|
| **können** | possibility/ability | *can, to be able to* |
| **müssen** | necessity | *must, to have to* |
| **dürfen** | permission | *may, to be allowed to* |
| **wollen** | desire/intention | *to want to* |
| **sollen** | imposed obligation/in questions: suggestion | *ought, shall (should), to be supposed to* |

## A Present Tense

The modals take no endings in the **ich/er/es/sie**-forms. Except **sollen**, they have a changed stem-vowel in the singular.

|  | **können** | **müssen** | **dürfen** | **wollen** | **sollen** |
|---|---|---|---|---|---|
| ich/er/es/sie | kann | muß | darf | will | soll |
| du | kannst | mußt | darfst | willst | sollst |
| wir/sie/Sie | können | müssen | dürfen | wollen | sollen |
| ihr | könnt | müßt | dürft | wollt | sollt |

Compare the following sentences. Each one contains a different modal and the phrase **nach Hause gehen** *(to go home)*, but notice how the meaning varies according to the modal used:

| **Modal** | **Infinitive** | |
|---|---|---|
| Er **kann** nach Hause gehen. | | *He can (is able to) go home.* |
| Er **muß** nach Hause gehen. | | *He must (has to) go home.* |
| Er **darf** nach Hause gehen. | | *He may go home.* |
| Er **will** nach Hause gehen. | | *He wants to go home.* |
| Er **soll** nach Hause gehen. | | *He ought to (is supposed to) go home.* |

## B Simple Past Tense

German modals can be used in all tenses. But rather than using the present perfect (the preferred past tense for conversations), German speakers use the modals in the simple past, called **Imperfekt**.

To form the simple past of the modals, take the stem, drop the umlaut if there is one, add **-te** and the required ending. Again, the **ich/er/es/sie**-forms take no endings.

|  | **können** | **müssen** | **dürfen** | **wollen** | **sollen** |
|---|---|---|---|---|---|
| ich/er/es/sie | konnte | mußte | durfte | wollte | sollte |
| du | konntest | mußtest | durftest | wolltest | solltest |
| wir/sie/Sie | konnten | mußten | durften | wollten | sollten |
| ihr | konntet | mußtet | durftet | wolltet | solltet |

## C Usage of Modal Verbs

### 1. Sentences with Modals

German sentences with modals generally have two verbal parts: (1) the modal which agrees with the subject and is in the usual verb position, and (2) a dependent infinitive which stands at the end of the sentence.

Look at these examples and note carefully the final position of the infinitive.

(a) Statements: modal-verb-second with the infinitive in final position.

> Wir **wollen** eine Pause **machen**.     *We want to take a break.*
> Hier **darfst** du nicht **rauchen**.     *You may not smoke here.*
> Ich **mußte** gestern **arbeiten**.     *I had to work yesterday.*

(b) Questions with question words: modal-verb-second with the infinitive in final position.

> Was **wollten** Sie dort **tun**?     *What did you want to do there?*
> Warum **soll** er nicht **arbeiten**?     *Why should he not work?*
> Wer **konnte** das nicht **verstehen**?     *Who couldn't understand that?*

(c) *Yes / no* questions: modal-verb-first with the infinitive in final position.

> **Wollen** wir eine Pause **machen**?     *Do we want to take a break?*
> **Darf** man das **tun**?     *May one do that?*
> **Wollte** sie uns nicht **besuchen**?     *Didn't she want to visit us?*

(d) Placement of **nicht** in front of the element to be negated.

> Er kann das Bild **nicht** sehen.     *He can't see the picture.*
> Müssen Sie heute **nicht** arbeiten?     *Don't you have to work today?*
> Der Brief kann **nicht** für mich sein.     *The letter can't be for me.*
> Er kann **nicht** gut sehen.     *He can't see well.*

## 2. **müssen** and **dürfen**

In German, lack of permission is expressed by **nicht dürfen**. Notice the use of **dürfen** instead of **müssen** in negative sentences, where English uses *must not*.

> POSITIVE    Du mußt das tun.     *You must do that.*
> NEGATIVE    Du mußt das nicht tun.     *You don't have to do that.*
> NEGATIVE    Du darfst das nicht tun.     *You must not do that.*

## 3. **mögen** and **möchten**

The modal verb **mögen** means *to like (something)*, *to be fond of*. It is generally not used in the past tense. Here are the present tense forms:

| **mögen** *(to like something)* | |
|---|---|
| ich/er/es/sie   mag | wir/sie/Sie   mögen |
| du   magst | ihr   mögt |

Unlike the other modals, **mögen** is most frequently used without an infinitive or in negative sentences with the meaning *not to care to, not to want to*.

| | |
|---|---|
| Ich mag nicht Tennis spielen. | *I don't care to play tennis.* |
| Er mag heute nicht arbeiten. | *He doesn't want to work today.* |
| Sie mag Peter. | *She likes Peter.* |
| Mögen Sie Fisch? | *Do you like fish?* |

Remember that German uses the form **möchte(n)** with or without an infinitive to express *would like to*.

| | |
|---|---|
| Ich möchte ein Glas, bitte. | *I would like a glass, please.* |
| Wir möchten hier bleiben. | *We would like to stay here.* |

## 4. Omission of the Dependent Infinitive

If the action of a sentence is clearly understood, the dependent infinitive is often omitted. This is especially true with verbs such as **haben**, **gehen**, **fahren**, **essen**, **trinken** and **tun**.

| | |
|---|---|
| Wollen Sie auch Suppe? *Do you also want soup?* | **haben** is omitted |
| Wir müssen jetzt nach Hause. *We have to go home now.* | **gehen / fahren** is omitted |

*Am Samstag ist Markt. Was kann man dort kaufen?*

# MÜNDLICHE ÜBUNGEN

**MÜ 1**    Antworten Sie!

- Wir wollen hier Deutsch lernen. Und die Dame?
  *Sie will hier auch Deutsch lernen.*

1. Wir wollen Deutsch lernen.
   Und der Herr/die Studenten/das Mädchen/Herr Falke/der Amerikaner/Sie?

2. Wir können Deutsch sprechen.
   Und die Studentin/der Arzt/der Lehrer/die Dame/die Kinder/das Mädchen/Sie?

3. Wir dürfen hier nicht rauchen.
   Und der Ingenieur/die Sekretärin/die Leute/Frau Kaiser/die Studentin/Sie?

4. Wir müssen viel arbeiten.
   Und die Verkäuferin/die Krankenschwester/die Männer/die Leute/der Mechaniker?

5. Wir möchten eine Pause machen.
   Und die Studenten/Herr Müller/Fräulein Walter/das Mädchen/der Student/Sie?

6. Wir sollen hier nur Deutsch sprechen.
   Und die Studentin/die Lehrerin/der Lehrer/Herr Falke/die Studenten/Sie?

**MÜ 2**    Hier ist die Antwort.
   Fragen Sie Ihren Lehrer (Ihre Lehrerin), dann einen Freund, dann Ihre Freunde!

- Ich muß jetzt nach Hause gehen.
  *Müssen Sie . . ./Mußt du . . ./Müßt ihr auch nach Hause gehen?*

1. Ich möchte ein Bier trinken.          5. Ich kann das verstehen.
2. Ich muß morgen arbeiten.             6. Ich will die Zeitung lesen.
3. Ich darf hier nicht rauchen.          7. Ich soll hier warten.
4. Ich kann später kommen.              8. Ich will eine Pause machen.

**MÜ 3**    Was sollen Sie im Klassenzimmer tun?
   Was sollen Sie nicht tun?

- rauchen → *Ich soll hier nicht rauchen.*
              *Wir sollen hier nicht rauchen.*

1. essen               4. Deutsch sprechen          7. auf deutsch fragen
2. schlafen            5. Englisch sprechen          8. auf deutsch antworten
3. viel arbeiten       6. laut sprechen              9. Deutsch lernen

**MÜ 4**    Angenommen[1] Sie sind in Deutschland. Wo müssen Sie Deutsch sprechen?    [1]suppose

- im Restaurant → *Ich muß im Restaurant Deutsch sprechen.*
  *(Wir müssen im Restaurant Deutsch sprechen.)*

| | | |
|---|---|---|
| 1. im Café | 4. im Supermarkt | 7. im Hotel |
| 2. im Klassenzimmer | 5. im Krankenhaus | 8. im Zug |
| 3. im Geschäft | 6. im Büro | 9. hier |

**MÜ 5**    Was möchten Sie jetzt tun?

- nach Hause gehen → *Ich möchte jetzt nach Hause gehen.*
  *(Wir möchten jetzt nach Hause gehen.)*

| | | |
|---|---|---|
| 1. eine Pause machen | 4. Kaffee trinken | 7. Tennis spielen |
| 2. eine Zigarette rauchen | 5. etwas essen | 8. einkaufen gehen |
| 3. ein Buch lesen | 6. schlafen | 9. einen Brief schreiben |

**MÜ 6**    Antworten Sie!

Was kann man . . . ?

| | | |
|---|---|---|
| 1. lesen | 6. essen | 11. zählen |
| 2. rauchen | 7. trinken | 12. korrigieren |
| 3. hören | 8. bestellen | 13. reparieren |
| 4. kaufen | 9. buchstabieren | 14. wiederholen |
| 5. schreiben | 10. spielen | 15. öffnen |

**MÜ 7**    Im Imperfekt, bitte!    ***Modalverben im Imperfekt***

- Ich will nach Hause gehen. → *Ich wollte nach Hause gehen.*

| | |
|---|---|
| 1. Wir wollen Sie besuchen. | 6. Er soll später kommen. |
| 2. Sie will etwas essen. | 7. Wir sollen hier warten. |
| 3. Wir dürfen dort nicht rauchen. | 8. Ich kann ihn nicht verstehen. |
| 4. Sie kann gut Deutsch sprechen. | 9. Er muß sein Auto verkaufen. |
| 5. Sie können keinen Urlaub machen. | 10. Wir müssen zu Hause bleiben. |

**MÜ 8**    Fragen Sie einen Freund, dann Ihre Freunde!

- Konnten Sie gestern nicht kommen? → *Konntest du gestern nicht kommen?*
  *Konntet ihr gestern nicht kommen?*

| | |
|---|---|
| 1. Wollten Sie noch eine Tasse Tee? | 4. Wollten Sie nicht in die Stadt fahren? |
| 2. Mußten Sie gestern arbeiten? | 5. Mußten Sie auch so lange warten? |
| 3. Konnten Sie mich verstehen? | 6. Warum durften Sie Peter nicht besuchen? |

1. We have to speak German here.
2. Do you want to go home?
3. The children couldn't sleep.
4. May one smoke here?
5. She wasn't allowed to do that.
6. We wanted to stay at home.
7. He cannot sell his car.
8. I had to work yesterday.
9. Shall I call the waiter?
10. Would you like to wait here?
11. Were you able to see him?
12. You are not supposed to do that.
13. One has to drive carefully here.
14. Did you have to write a letter?
15. She wanted to study in Germany.
16. They want to learn German.
17. May I ask you something?
18. Where were you yesterday?
19. I was not at home.
20. They had many problems.

---

### *Kultur und Information: Verbotsschilder*

In Deutschland gibt es viele Verbotsschilder[1]. Nicht gestattet![2] Verboten! Das kann man oft auf Schildern lesen. Warum? Das Land ist klein, aber es hat viele Einwohner. Allein in der alten Bundesrepublik wohnen über 62 Millionen Menschen. Viele Menschen wohnen in Städten. Viele wohnen in Hochhäusern. Sie brauchen Parks, Gärten, Blumen und Bäume. Die Städte und Länder müssen die Grünanlagen pflegen[3]. Das kostet viel Geld. Deshalb haben viele Parkanlagen eine Parkordnung[4].

Die Verbotsschilder sollen die Menschen an ihre Verantwortung[5] für die Umwelt[6] erinnern. Auch der Straßenverkehr[7] ist streng geregelt. Auch hier gibt es viele Verbotsschilder, denn der Verkehr ist sehr dicht[8]. Es gibt viele Fahrzeuge: Autos, Motorräder, Lastwagen und natürlich Fahrräder. Lesen Sie die Verbotsschilder! Was darf oder soll man (nicht) tun?

[1]signs  [2]allowed  [3]take care of green areas/parks  [4]rules and regulations  [5]responsibility  [6]environment/ecology  [7]traffic/regulated  [8]dense

---

# SPRECHZIELE (2)

## IM RESTAURANT

### Situation 7    Dialog: Im Restaurant

| | |
|---|---|
| KELLNERIN | Guten Tag! Was darf ich bringen? |
| GAST | Guten Tag! Ich möchte Ihre Speisekarte, bitte. |
| KELLNERIN | Bitte schön, hier ist die Speisekarte. |
| GAST | Fräulein, was können Sie empfehlen? |
| KELLNERIN | Wir haben heute Forellen[1]. Sie sind ganz frisch. |
| GAST | Hm. Fisch! Gut, ich nehme Forelle blau. |
| | Die Forelle kommt mit Kartoffeln und Salat. Ja? |
| KELLNERIN | Und Suppe? Möchten Sie auch Suppe? |
| GAST | Nein, danke. Suppe möchte ich nicht. |
| KELLNERIN | Und was möchten Sie trinken? |
| GAST | Sie können mir ein Pils bringen. |

[1] trout

Der Gast hat gegessen und sein Bier getrunken. Jetzt
will er seine Rechnung bezahlen. Er ruft die Kellnerin.

| | |
|---|---|
| GAST | Fräulein, bitte zahlen! |
| KELLNERIN | Das macht 19 Mark 20. |
| GAST | Zwanzig Mark. Das stimmt so. |
| KELLNERIN | Vielen Dank. |

*Erich Baier's*
**Land-Restaurant**

**Winzerstube**

- ■ Restaurant mit 35 bequemen Plätzen
- ■ rebenumrankte Sommergartenterrasse
- ■ Familienfeiern, Arbeitsessen, Bankette etc. sind auch außerhalb der angegebenen Zeiten möglich
- ■ „Außer-Haus-Service" mit allem drum und dran

Öffnungszeiten:
Montag bis Samstag 18.00-23.00 Uhr
Sonn- und Feiertags geschlossen.

Sommergasse Nr. 7
6940 Weinheim-Lützelsachsen
Telefon. 06201/5 22 98

*Wann ist das Restaurant geöffnet?*
*Wo ist das Restaurant?*
*Was kann man im Restaurant tun?*

**Fragen**

1. Der Herr ist im Restaurant. Was möchte er tun?
2. Was soll die Kellnerin bringen?
3. Der Gast hat die Speisekarte gelesen. Was kann er dann tun?
4. Was kann die Kellnerin empfehlen?
5. Was möchte der Gast essen, und was will er trinken?
6. Was mag er nicht?
7. Was muß er später tun?

Echte
Gourmets essen
auch mit den Augen.
Auf unserer Speisekarte
finden Sie auf jeden
Fall das passende
Ambiente!

## Situation 8   Rollenspiel

Sie sind im Restaurant. Sie haben die Speisekarte gelesen. Rufen Sie den Ober oder die Kellnerin und bestellen Sie! Was möchten Sie essen und trinken? Ein/e Student/in spielt den Gast. Ein/e Student/in spielt den Ober oder die Kellnerin.

### Die Speisekarte, bitte!

**Suppen**

| | |
|---|---|
| Tagessuppe | 3,00 |
| Rinderkraftbrühe | 4,50 |
| Gulaschsuppe | 5,50 |

**Kleine Gerichte**

| | |
|---|---|
| Käse- Wurst- oder Schinken-Brot | 8,50 |
| Hawai-Toast | 6,40 |
| Wurstsalat mit Bratkartoffeln | 12,50 |
| 6 Nürnberger Rostbratwürste mit Brot | 8,50 |
| Leberkäse mit Kartoffelsalat | 8,50 |

**Hauptgerichte**

| | |
|---|---|
| Bauernbratwürste mit Kartoffelpüree und Sauerkraut | 11,50 |
| Hamburger Steak "Zigeuner Art" Pommes frites und Salat | 12,50 |
| Schinken-Käse-Nudeln mit Salat | 13,50 |
| Rinderleber gebraten mit Röstzwiebeln, Kartoffelpüree, Salat | 14,50 |
| Gulasch "Pfälzer Art" Knödel und gemischter Salat | 15,50 |
| Rinderbraten mit Knödel und Gemüse | 15,50 |
| Schweinebraten Spätzle und Apfelrotkohl | 19,50 |
| 1/2 Hähnchen vom Grill Pommes frites und Salat | 15,50 |
| Sauerbraten "Böhmische Art" Semmelknödel und Salat | 16,50 |
| Jägerschnitzel Pommes frites und Salat | 16,50 |
| Wiener Schnitzel Pommes frites und Salat | 18,50 |

**Salate**

| | |
|---|---|
| Gemischter Salat | 3,50 |
| Tomatensalat mit Zwiebeln | 3,50 |
| Weißkrautsalat | 3,00 |
| Grüner Salat | 3,50 |
| Bunter Salatteller | 7,50 |

**Getränke**

| | | |
|---|---|---|
| Coca Cola | 0,3 | 3,00 |
| Apfelsaft | 03, | 3,00 |
| Orangensaft | 0,3 | 4,00 |
| Mineralwasser | 0,3 | 3,50 |
| Weinschorle | 0,3 | 3,50 |
| Henninger Export | 0,4 | 3,00 |
| Henninger Pils | 0,3 | 3,00 |

**Desserts**

| | |
|---|---|
| Gemischtes Eis | 4,20 |
| Eisbecher mit Früchten und Likör | 6,50 |
| Vanille-Eis mit heißen Himbeeren | 6,50 |

Guten Appetit!

# SCHRIFTLICHE ÜBUNGEN

**SÜ 1**   Ergänzen Sie die Modalverben . . . !

**(a) im Präsens**

| | | |
|---|---|---|
| **können** | 1. | Er _kann_ gut Deutsch sprechen. |
| **müssen** | 2. | Ich _____ zu Hause bleiben. |
| **dürfen** | 3. | _____ man hier rauchen? |
| **sollen** | 4. | _____ ich den Ober rufen? |
| **wollen** | 5. | Was _____ Sie jetzt tun? |
| **können** | 6. | _____ du das Bild sehen? |
| **müssen** | 7. | Ihr _____ mich verstehen. |
| **wollen** | 8. | Wir _____ eine Pause machen. |

**(b) im Imperfekt**

| | |
|---|---|
| 1. | Ich _konnte_ nicht kommen. |
| 2. | Was _____ er tun? |
| 3. | _____ man dort rauchen? |
| 4. | Ich _____ ihn rufen. |
| 5. | Wir _____ Sie besuchen. |
| 6. | Er _____ Tennis spielen. |
| 7. | _____ du heute arbeiten? |
| 8. | Was _____ ihr sagen? |

**SÜ 2**   Ergänzen Sie ein Verb! Was paßt?

1. Sprechen Sie bitte lauter! Ich kann Sie nicht _hören_ .
2. Ich möchte die Speisekarte. Die Kellnerin soll sie _____ .
3. Wo ist meine Brille? Ich kann meine Brille nicht _____ .
4. Ohne Geld kann man nichts _____ .
5. Das Kind ist krank. Es möchte nach Hause _____ .
6. Die Dame sucht ein Telefon. Sie möchte _____ .
7. Hier ist Ihre Rechnung. Sie müssen Ihre Rechnung _____ .
8. Sie brauchen keine Zigaretten. Sie dürfen hier nicht _____ .
9. Wir leben in Deutschland. Wir müssen hier Deutsch _____ .
10. Frau Kaiser kommt in 10 Minuten. Können Sie bitte _____ ?
11. Sie hat Hunger. Sie möchte etwas _____ .
12. Er hat Durst. Er möchte etwas _____ .
13. Was hat sie gesagt? Ich kann sie nicht _____ .
14. Hier ist Ihr Zimmer. Sie können hier _____ .
15. Der Herr sieht nicht gut. Er muß eine Brille _____ .
16. Er kann seine Schlüssel nicht finden. Er muß sie _____ .

**SÜ 3**   Vollenden Sie die Sätze!

1. Wir konnten die Rechnung nicht bezahlen, denn _wir hatten kein Geld_.
2. Er hatte ein Feuerzeug und Zigaretten, aber . . .
3. Ich konnte den Herrn nicht verstehen, denn . . .
4. Das Kind mußte im Bett bleiben, denn . . .
5. Ich wollte Sie besuchen, aber . . .
6. Wollten Sie ins Kino gehen oder . . .
7. Man darf hier nicht rauchen, denn . . .
8. Er mußte seine Koffer packen, denn . . .
9. Können Sie mich verstehen oder . . .
10. Wir wollten eine Reise buchen, aber . . .

Filme
Souvenirs
Getränke
Süßigkeiten /-Eis
Tabakwaren
Zeitschriften
Toto-Lotto
**TUNNEL-KIOSK**
Am Ende Fußgängerzone
Osterstraße

*Was kann man hier kaufen?*

# *Wortschatz*

## NOMEN

| | |
|---|---|
| der Aschenbecher, - | ashtray |
| der Fahrkartenschalter, - | ticket counter |
| der Platz, ¨e | seat |
| | |
| die Briefmarke, -n | postage stamp |
| die Fahrkarte, -n | ticket (to ride) |
| die Hilfe, -n | help, assistance |
| die Rechnung, -en | bill, check |
| die Rückfahrkarte, -n | return ticket |
| die Speisekarte, -n | menu (card) |

*Leicht erkennbare Wörter*
**die Hand, ¨e / die Katastrophe, -n /
der Scheck, - s / die Suppe, -n**

## VERSCHIEDENES

| | |
|---|---|
| Das macht . . . | That'll be . . . |
| Das stimmt. | That's all right. |
| nichts | nothing |
| verboten | forbidden |
| wieso? | why, how come? |
| Zahlen bitte! | The check please. |
| zurück | return, back |

## VERBEN

| | |
|---|---|
| ausmachen | to extinguish |
| bedeuten | to mean |
| duschen | to shower |
| empfehlen (empfiehlt), empfohlen | to recommend |
| mieten | to rent |
| parken | to park |
| wechseln | to change, exchange |

## MODALVERBEN

| | |
|---|---|
| dürfen (darf) | may, to be permitted |
| können (kann) | can, to be able |
| mögen (mag) | to like, be fond of, care to |
| müssen (muß) | must, to have to |
| sollen (soll) | to be supposed to, shall, should |
| wollen (will) | to want to |

*Was kann man hier kaufen?*

# Städte-Quiz:
# Welche Städte sind das?

*Der Marktplatz in Bremen*

**Themen und Sprechziele**
Beschreiben/Wählen/Kaufen
Beim Kleiderkauf • Im Kaufhaus
Das Datum

**Kultur und Information**
Feiertage • Fußgängerzone

**Grammatik und Übungen**
**Der**-Words
Adjectives 1: After **Der**-Words
    Numbers used as Adjectives
Time Expressions with the Accusative

**167**

# SPRECHZIELE

## BESCHREIBEN / WÄHLEN / KAUFEN

**Situation 1**   Welche Sachen möchten Sie?

Hier sind zwei Pullover.

Der Pullover links ist billig.
Das ist **der billige** Pullover.

**Welcher** Pullover ist billig?
   **Dieser** Pullover ist billig.
      **Der** andere ist teuer.

20.–  175.–

Möchten Sie **den billigen** Pullover?

**Welchen** Pullover möchten Sie?
Möchten Sie **diesen billigen** Pullover
oder **den teuren?**

Hier sind zwei Wörterbücher.

Das Wörterbuch rechts ist dick.
Das ist **das dicke** Wörterbuch.

**Welches** Wörterbuch ist dick?
   **Dieses** Wörterbuch ist dick.

Brauchen Sie **das dicke** Wörterbuch?

**Welches** Wörterbuch brauchen Sie?
Brauchen Sie **dieses dicke** Wörterbuch
oder **das andere?**

Hier sind zwei Taschen.

Die Tasche rechts ist neu.
Rechts ist **die neue** Tasche.

**Welche** Tasche ist neu?
   **Diese** Tasche ist neu.

Möchten Sie **die neue** Tasche?

**Welche** Tasche möchten Sie?
Möchten Sie **diese neue** Tasche
oder **die andere?**

Hier sind zwei Paar Schuhe.

Die Schuhe links sind preiswert.
Das sind **die preiswerten** Schuhe.

**Welche** Schuhe sind preiswert?
   **Diese** Schuhe sind preiswert.

69.90

39.90

Kaufen Sie **die preiswerten** Schuhe?

**Welche** Schuhe kaufen Sie?
Kaufen Sie **diese preiswerten** Schuhe
oder **die anderen?**

# BEIM KLEIDERKAUF

## Situation 2 Dialog: Im Kaufhaus

Isolde Heuser macht einen Einkaufsbummel. Sie möchte eine neue Jacke kaufen. Sie ist gerade im Kaufhaus Horten. Dort findet sie Jacken und Pullover im Angebot.

| | |
|---|---|
| ISOLDE HEUSER | Entschuldigen Sie bitte! Wieviel kosten diese Jacken? |
| VERKÄUFERIN | Jede Jacke 95 Mark. Sie sind gerade im Angebot. |
| ISOLDE HEUSER | Sind alle Jacken reduziert? |
| VERKÄUFERIN | Ja, und auch einige Pullover. |
| ISOLDE HEUSER | Wieviel kostet dieser Pullover, bitte? |
| VERKÄUFERIN | Welchen Pullover meinen Sie? |
| ISOLDE HEUSER | Den braunen. |
| VERKÄUFERIN | Oh, der ist nicht reduziert. Er ist aber sehr preiswert. Nur 75 Mark. |
| ISOLDE HEUSER | Dann möchte ich eine Jacke anprobieren. Die grüne, bitte. |
| VERKÄUFERIN | Welche Größe haben Sie? |
| ISOLDE HEUSER | Vielleicht Größe 38 oder 40. Ich weiß es nicht genau. |
| VERKÄUFERIN | Hier, die grüne ist Größe 38, und die blaue ist Größe 40. |
| ISOLDE HEUSER | Darf ich bitte beide Jacken anprobieren? |
| VERKÄUFERIN | Ja gern. Da drüben ist ein Spiegel. |

### Fragen

1. Welche Jacken sind im Angebot?
2. Was ist reduziert?
3. Welcher Pullover ist nicht reduziert?
4. Welche Jacken will Isolde Heuser anprobieren?
5. Welche Jacke ist Größe 38, und welche ist Größe 40?
6. Welche Größe braucht Isolde Heuser?

engelhorn & sturm

Das sympathische Mannheimer Bekleidungshaus in der City

## Situation 3 In Deutschland sind die Größen anders.

Sie sind in Deutschland. Es ist Herbst, und das Wetter ist schlecht. Es ist kalt. Es regnet, und Sie haben nicht die richtige Kleidung für dieses naßkalte Wetter. Sie müssen eine Hose, einen Pullover und ein Paar Schuhe kaufen. Welche deutschen Größen haben Sie? Finden Sie Ihre Größen!

| KLEIDUNG | | | | HEMDEN | | SCHUHE | | | |
| --- | --- | --- | --- | --- | --- | --- | --- | --- | --- |
| Damengrößen | | Herrengrößen | | Herrengrößen | | Damengrößen | | Herrengrößen | |
| USA | BRD | USA | BRD | USA | BRD | USA | BRD | USA | BRD |
| 6–8 | 36 | 36 | 46 | 14 | 36 | 5½ | 36 | 6 | 39 |
| 8–10 | 38 | 38 | 48 | 14½ | 37 | 6 | 37 | 7 | 40 |
| 10–12 | 40 | 40 | 50 | 15 | 38 | 7 | 38 | 8 | 41 |
| 12–14 | 42 | 42 | 52 | 15½ | 39 | 8 | 39 | 8½ | 42 |
| 14–16 | 44 | 44 | 54 | 16 | 40 | 8½ | 40 | 9 | 43 |
| 16–18 | 46 | 46 | 56 | 16½ | 41 | 9 | 41 | 10 | 44 |
| 18 | 48 | 48 | 58 | 17 | 42 | 9½ | 42 | 11 | 45 |

## Situation 4 Rollenspiel

Sie sind im Kaufhaus und wollen eine Hose, einen Pullover und ein Paar Schuhe kaufen. Eine nette Verkäuferin kommt . . .

VERKÄUFERIN: Was kann ich für Sie tun?
SIE: Ich suche eine Hose . . . (einen Pullover, ein Paar Schuhe)
VERKÄUFERIN: Welche Größe brauchen Sie?
SIE: Ich glaube . . .
usw.

## DAS DATUM

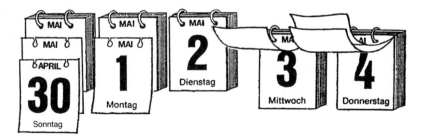

**Der wievielte ist . . . ?**

Heute ist der zweite Mai. (2. 5.)
Morgen ist der dritte Mai. (3. 5.)
Übermorgen ist der vierte Mai. (4. 5.)
Gestern war der erste Mai. (1. 5.)
Vorgestern war der dreißigste April. (30. 4.)

**Welches Datum haben wir?**

Heute haben wir den zweiten Mai.
Morgen haben wir den dritten Mai.
Übermorgen haben wir den vierten Mai.
Gestern hatten wir den ersten Mai.
Vorgestern hatten wir den dreißigsten April.

# GRAMMATIK

## 1 Der-Words

English and German noun phrases have similar structures. They consist of a noun and the words associated with the noun: limiting words and descriptive adjectives.

| Limiting Word | Descriptive Adjective | Noun | |
|---|---|---|---|
| die | neue | Lampe | *the new lamp* |
| eine | alte | Tasse | *an old cup* |

For grammatical reasons, the German limiting words are divided into **der**-words and **ein**-words. Those which take the same endings as the definite article to indicate the gender, number and case of the noun following are called **der**-words. The most common **der**-words are:

| | | | |
|---|---|---|---|
| **dieser** | *this* | **alle** *(plural of* **jeder***)* | *all* |
| **welcher?** | *which?* | **beide** | *both* |
| **jeder** *(singular only)* | *each, every* | | |

The table below lists the **der**-words in the nominative and accusative.

| | Masculine | Neuter | Feminine | Plural/All Genders |
|---|---|---|---|---|
| NOM. | **der** Mann<br>**diese**r Mann<br>**welche**r Mann<br>**jede**r Mann | **das** Buch<br>**diese**s Buch | **die** Tasche<br>**diese** Tasche | **die** Bücher<br>**diese** Bücher |
| ACC. | **den** Mann<br>**diese**n Mann<br>**welche**n Mann<br>**jede**n Mann | **welche**s Buch<br>**jede**s Buch | **welche** Tasche<br>**jede** Tasche | **welche** Bücher<br>**alle** Bücher<br>**beide** Bücher |

Again, the only change in endings from nominative to accusative occurs in the masculine singular.

| | |
|---|---|
| **Der** Mann heißt Sander. | Kennen Sie **den** Mann? |
| **Dieser** Stuhl ist noch frei. | Möchten Sie **diesen** Stuhl? |
| **Jeder** Tag hat 24 Stunden. | Sie arbeitet **jeden** Tag. |
| **Welcher** Pulli ist reduziert? | **Welchen** Pulli möchten Sie? |

**Alle** and **beide** occur in the plural only. **Alle** corresponds in English to *all, everybody, everyone*; **beide** corresponds to *both*.

| | |
|---|---|
| **Alle** Studenten sind hier. | *All students are here.* |
| **Beide** Studenten sind hier. | *Both students are here.* |

Since by their endings, **der**-words clearly indicate which noun they modify, the noun itself is often omitted. Thus, if the reference within a context is clear, **der**-words may function as pronouns and may stand alone.

| | | |
|---|---|---|
| Sind **alle Studenten** hier? | Ja, **alle** sind hier. | *Yes, all of them are here.* |
| Möchten Sie **dieses Buch?** | **Welches** meinen Sie? | *Which one do you mean?* |
| **Welchen Kuli** nehmen Sie? | Ich nehme **diesen.** | *I'll take this one.* |

## 2 Adjectives 1: After **Der**-Words

### A Predicate and Attributive Adjectives

In English and German, adjectives can appear in two positions: before the noun and after the noun or pronoun, as the second part of the predicate. Adjectives that follow the verbs **sein**, **finden**, **werden**, **bleiben** and a few others are called predicate adjectives. They have no endings.

| | |
|---|---|
| Das Haus ist **groß**. | *The house is large.* |
| Ich finde das **schön**. | *I find that beautiful.* |
| Das Kind wird **krank**. | *The child is getting sick.* |

Adjectives used in front of nouns are called attributive. In German, attributive adjectives always have endings.

### B Adjective Endings After **Der**-Words

When the adjective is preceded by a **der**-word the adjective takes the ending **-e** or **-en**. In the following table the definite article represents all **der**-words.

| | Masculine | Neuter | Feminine | Plural/All |
|---|---|---|---|---|
| NOM. | der alte Stuhl | das alte Buch | die alte Tasche | die alten Autos |
| ACC. | den alten Stuhl | das alte Buch | die alte Tasche | die alten Autos |

As you can see, the adjective requires the ending **-e**:

| **Nominative Singular** | **Accusative Singular** |
|---|---|
| **All** | **Neuter and Feminine** |
| Der neue Pullover war teuer. | |
| Das neue Hemd ist sehr schön. | Er trägt das neue Hemd. |
| Die neue Bluse ist blau. | Sie trägt die neue Bluse. |

In all other instances the adjective requires the ending **-en**:

| **Nominative and Accusative Plural** | **Accusative Singular/Masculine** |
|---|---|
| Die neuen Pullover sind teuer. | Er trägt den neuen Pullover. |
| Das Kaufhaus verkauft die neuen Pullover. | |

No matter how many adjectives are in front of a noun, they all take the same ending:

> Sehen Sie den großen alten Baum dort?
> Der große alte Baum ist sehr schön.
> Wer hat diese billigen braunen Schuhe gekauft?

Now look at the adjective endings by themselves.

**ADJECTIVE ENDINGS AFTER DER-WORDS**

|  | Masculine | Neuter | Feminine | Plural/All |
|---|---|---|---|---|
| NOMINATIVE | -e | -e | -e | -en |
| ACCUSATIVE | -en | -e | -e | -en |

Note the following irregularities:

1. The adjective **hoch** changes to **hoh-** when an ending is added: **der hohe Baum**.
2. Adjectives ending in **-el** or **-er** drop the **-e** before adding endings: **dunkel**/die **dunkle** Nacht, **teuer**/das **teure** Auto, **sauer**/der **saure** Wein.
3. When an adjective ending is added to **naß**, the **ß** changes to **ss** (see **Notes about written German** in Chapter 1). Der Regenschirm ist **naß**. → Das ist der **nasse** Regenschirm.

## C  Numbers Used as Adjectives

Cardinal numbers, that is, the numbers used in counting and indicating quantity (**eins**, **zwei**, **drei**, etc.), do not take endings.

Ordinal numbers indicate numerical position or order within a series (*first*, *second*, *third*, etc.). They are attributive adjectives and must take endings.

With a few exceptions, German ordinal numbers are composed of three elements:

1. the cardinal number (**eins**, **zwei**, **drei**, etc.)
2. the suffix **-t** (from 2–19) or **-st** (from 20 upward)
3. the appropriate adjective ending.

Look at some examples:

| | | | | | |
|---|---|---|---|---|---|
| eins | der **erste** | sechs | der sechste | 20 | der zwanzig**ste** |
| zwei | der zwei**te** | sieben | der **siebte** | 21 | der einundzwanzig**ste** |
| drei | der **dritte** | acht | der **achte** | 30 | der dreißig**ste** |
| vier | der vier**te** | neun | der neunte | 100 | der hundert**ste** |
| fünf | der fünf**te** | zehn | der zehn**te** | 1000 | der tausend**ste** |

Ordinal numbers are used to express the date.

| Der wievielte ist heute? | *What is the date today?* |
| Heute ist **der fünfte** April. | *Today is the fifth of April.* |

| Welches Datum haben wir heute? | *What is the date today?* |
| Heute haben wir **den vierten** April. | *Today is the fourth of April.* |

To indicate that a numeral is to be read as an ordinal number, a period is placed after the number: der 1. Oktober → **der erste** Oktober, die 2. Woche → **die zweite** Woche.

## 3 Time Expressions with the Accusative

Time expressions without a preposition are in the accusative case:

Wir gehen **jeden Samstag** einkaufen.
Er ist **einen Monat** hier geblieben.
Wir sind **eine Woche** in Garmisch gewesen.

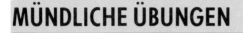

# MÜNDLICHE ÜBUNGEN

**MÜ 1**   Was ist das? Antworten Sie!   *Adjektivdeklination*

● Die Familie ist groß. → *Das ist die große Familie.*

| 1. Die Bluse ist schön. | 4. Der Bleistift ist gelb. | 7. Der Stuhl ist neu. |
| 2. Das Bild ist klein. | 5. Der Regenschirm ist naß. | 8. Das Hemd ist weiß. |
| 3. Die Uhr ist teuer. | 6. Die Liste ist lang. | 9. Die Tasche ist billig. |

**MÜ 2**   Wer oder was ist das?
Wen oder was sehen (kennen, besuchen, brauchen) Sie?

● Der Junge ist klein. (Das Mädchen ist klein.)
*Das ist der kleine Junge (das kleine Mädchen).*
*Ich sehe den kleinen Jungen (das kleine Mädchen).*

| 1. Der Bleistift ist lang. | 4. Der Mann ist krank. | 7. Der Pullover ist warm. |
| 2. Das Mädchen ist groß. | 5. Die Verkäuferin ist nett. | 8. Die Kellnerin ist jung. |
| 3. Die Dame ist alt. | 6. Die Bluse ist blau. | 9. Das Glas ist leer. |

**MÜ 3**  Was ist das?
Was kauft (möchte, hat) der junge Mann?

• Die Schuhe sind teuer. → *Das sind die teuren Schuhe.*
*Er kauft die teuren Schuhe.*

1. Die Trauben sind schön.          4. Die Hosen sind neu.
2. Die Bananen sind gelb.          5. Die Schuhe sind billig.
3. Die Tomaten sind rot.          6. Die Jeans sind teuer.

**MÜ 4**  Antworten Sie mit einer Frage!

• Wo ist das neue Kleid? → *Meinen Sie dieses neue Kleid?*

Wo ist (sind) . . . ?

1. das schöne Hemd          4. der braune Mantel          7. die alten Jeans
2. der weiße Pullover          5. die neuen Schuhe          8. der blaue Rock
3. die grüne Bluse          6. die kurze Hose          9. die lange Jacke

**MÜ 5**  Zeigen und antworten Sie!                        *Der-Wörter*

• Welcher Pullover ist rot? → *Dieser ist rot.*
Welchen Pullover möchten Sie? → *Ich möchte diesen.*

1. Welcher Bleistift ist lang?          4. Welches Buch ist interessant?
Welchen Bleistift möchten Sie?          Welches Buch haben Sie gelesen?

2. Welche Tasche ist braun?          5. Welche Schuhe sind neu?
Welche Tasche möchten Sie?          Welche Schuhe tragen Sie heute?

3. Welcher Schlüssel ist klein?          6. Welcher Regenschirm ist naß?
Welchen Schlüssel haben Sie?          Welchen Regenschirm nehmen Sie?

**MÜ 6**  Hier ist die Antwort. Fragen Sie!

**(a) Nominativ**

• Dieser Zug fährt nach Münster. → *Welcher Zug fährt nach Münster?*

1. Dieser Bus fährt in die Stadt.          5. Diese Studenten lernen Deutsch.
2. Diese Dame kommt aus Nürnberg.          6. Dieses Buch ist interessant.
3. Diese Schuhe waren teuer.          7. Dieser Bleistift ist kurz.
4. Dieser Mann trägt eine Brille.          8. Diese Frau heißt Braun.

**(b) Akkusativ**

- Das Mädchen braucht **den schwarzen Kugelschreiber.**
  *Welchen Kugelschreiber braucht das Mädchen?*

1. Die Kellnerin bringt **den Weißwein.**
2. Der Kellner hat **den großen Tisch** reserviert.
3. Der Junge trägt **die neuen Schuhe.**
4. Der Mann hat **das schöne Haus** verkauft.
5. Die Kinder essen **die grünen Äpfel.**
6. Die Sekretärin hat **das teure Kleid** gekauft.

Wie heißt das Gegenteil?

| | |
|---|---|
| voll | *leer* |
| billig | |
| kühl | |
| gut | |
| klein | |
| falsch | |
| dick | |
| neu | |
| langsam | |
| süß | |
| alt | |
| heiß | |
| lang | |
| stark | |
| jetzt | |
| etwas | |

**MÜ 7**    Antworten Sie!

- Welches Haus hat Fenster? → *Jedes Haus hat Fenster.*

1. Welches Buch hat Seiten?
2. Welcher Gast muß seine Rechnung bezahlen?
3. Welche Sekretärin arbeitet im Büro?
4. Welches Kaufhaus verkauft Pullover?
5. Welches Kind spielt gern?
6. Welcher Student hat einen Ausweis?

**MÜ 8**    Antworten Sie!

- Weiß er das neue Wort? → *Ja, er weiß alle neuen Wörter.*

1. Liest sie die neue Zeitung?
2. Braucht er das große Glas?
3. Kennt er die schöne Frau?

4. Reserviert er den freien Tisch?
5. Repariert er das kleine Auto?
6. Kennt er den deutschen Studenten?

**MÜ 9**    Auf deutsch, bitte!

1. All small children like to play.
2. Each student has a book.
3. The children go to school every day.
4. Both little girls went home.
5. Which big German cities do you know?
6. Take the big bottle.
7. Who are these young men?
8. Do you want the small or the large glass?
9. I saw the young lady. Which young lady?
10. Where is the small key? Which small key?
11. Which small key are you looking for?
12. The new shoes were very cheap.

JOHANNITER

**ERSTE HILFE** ist jedermanns Sache.

**Wir bilden aus!**

# LAND UND LEUTE

## STÄDTE-QUIZ:  Welche deutschen Städte sind das?

Die erste Stadt liegt in Bayern. Sie ist neunhundert Jahre alt. Sie ist die Geburtsstadt Albrecht Dürers (1471–1528)[1]. Der große Maler[2] hat hier gelebt und gearbeitet. Sein Elternhaus, das berühmte Dürerhaus, ist heute ein Museum. Aber die alte Stadt hat nicht nur diesen berühmten Sohn. Martin Behaim hat hier den ersten Globus geschaffen. Das war 1492. Und Peter Henlein hat 1510 hier die erste Taschenuhr gebaut. Von hier ist auch im Jahre 1835 die erste deutsche Eisenbahn nach Fürth gefahren.

Die Stadt hat viele Museen. Besonders berühmt ist das Germanische Nationalmuseum. Zur Zeit Dürers war die Stadt sehr reich. Die dicken Stadtmauern[3], die alte Burg und das schöne Rathaus kann man heute noch sehen, und den großen Marktplatz und die schöne Frauenkirche auch. Hier ist jedes Jahr vor Weihnachten der berühmte Christkindlesmarkt. Dort kann man auch die weltberühmten Lebkuchen[4] kaufen. Welche deutsche Stadt ist das?

[1] vierzehnhunderteinundsiebzig bis fünfzehnhundertachtundzwanzig    [2] painter    [3] walls    [4] gingerbread

Die zweite Stadt kennen Sie sicher auch. Sie liegt in Südwestdeutschland, am Neckar. Der kleine Fluß, die Alte Brücke und das große Schloß haben die Stadt berühmt gemacht. Sie ist das Symbol für „good old Germany". Die Stadt hat eine sehr berühmte Universität. Diese Universität ist über sechshundert

Jahre alt und hat eine große Tradition. Die Universität ist sehr wichtig für die Einwohner, denn jeder fünfte arbeitet für die Universität. Rund 30.000 Studenten studieren hier.

Jedes Jahr besuchen Millionen von Touristen diese kleine Stadt. Sie kommen vor allem aus Amerika und Japan. Sie suchen die romantische Atmosphäre. Sie besuchen das große Schloß. Weinfreunde wollen im Schloß das große Faß[1] sehen, denn in dieses neun Meter lange und acht Meter hohe Faß passen[2] über 200.000 Liter Wein. Natürlich besuchen die Touristen die historische Altstadt. Sie wollen die Alte Brücke sehen und gehen durch die kleinen engen Gassen[3]. Dort wollen alle die schönen alten Häuser, den kleinen Marktplatz und die berühmten Studentenlokale[4] sehen. Von hier kann man auch das Schloß gut sehen. Welche deutsche Stadt ist das?

[1]vat   [2]fit   [3]street   [4]pubs

Die dritte und letzte Stadt liegt in Norddeutschland. Diese „Freie und Hansestadt" hat viele Stadt-kanäle. Über zweitausend Brücken führen über die kleinen Kanäle. Sie hat auch viele Türme. Diese alten Türme, und nicht die modernen Hochhäuser, prägen[1] die Stadtsilhouette.

Die Stadt lebt vom Handel[2] und Transport. Sie ist besonders berühmt für den großen Hafen[3]. Jedes Jahr feiert der Hafen drei Tage lang Geburtstag. Er ist über achthundert Jahre alt. Dieser alte Hafen ist so groß wie eine große Stadt. Eine große Brücke führt über den Hafen. Diese Brücke ist fast vier Kilometer lang. Jedes Jahr kommen und gehen fast 20.000 Seeschiffe. Fast 80.000 Menschen arbeiten im Hafen.

Jeden Sonntagmorgen um sechs Uhr beginnt der berühmte Fischmarkt. Hier kann man Fisch, aber auch Obst, Gemüse, Kleidung und noch viel mehr kaufen. Welche große deutsche Stadt ist das? Wissen Sie es? Hier ist noch eine kleine Hilfe: Zuerst war da eine alte Burg, die Hammaburg. Karl der Große[4] (768–814) hat sie gebaut. Rund dreihundert Jahre später war die Stadt eine reiche und freie Stadt. Diese historische Burg kann man noch heute im Stadtwappen[5] sehen.

[1]form   [2]commerce   [3]harbor   [4]Charlemagne   [5]coat of arms

Die Antworten finden Sie auf Seite 471.

## Kultur und Information: Fußgängerzone

Viele Städte in Deutschland, in Österreich und in der Schweiz haben eine Fußgängerzone[1]. Sie sind meistens im Stadtzentrum. Hier dürfen keine Autos fahren. Hier stört[2] kein Bus, keine Straßenbahn und keine Ampel[3]. Man kann ohne Gefahr[4] einen Einkaufsbummel machen. Man kann von Schaufenster zu Schaufenster bummeln. Man kann dort Freunde treffen. Man kann in ein Straßencafé gehen, Kaffee oder Limonade trinken, Kuchen oder Eis essen und die anderen Leute beobachten[5]. Die Fußgängerzone bietet Unterhaltung[6]. Im Sommer blühen die bunten Blumen in großen Blumenkästen[7]. Viele Fußgängerzonen haben Plastiken und Brunnen[8]. Für die müden Fußgänger stehen dort Bänke. Man kann Musik hören. Straßenmusikanten spielen Klassik und Pop.

*Fußgängerzone – Basel, Schweiz*

[1] pedestrian zone   [2] disturb   [3] traffic light   [4] danger   [5] observe
[6] offers entertainment   [7] flower boxes   [8] sculptures and fountains

### Diskussion

1. Wie heißen die Städte?
   Was wissen Sie noch über diese drei Städte?
2. Welche anderen deutschen Städte kennen Sie?
   Beschreiben Sie die Städte! Was kann man dort sehen?
   Welche berühmten Personen haben dort gelebt?
3. Welche deutschen Städte möchten Sie gern besuchen? Warum?
4. Welche deutschen Städte haben Universitäten?
5. Wo sind die berühmten Schlösser und Burgen?
   Welches Schloß, welche berühmte Burg möchten Sie gern besuchen? Warum?
6. Wählen Sie eine deutsche Stadt und beschreiben Sie diese Stadt!

### Silbenrätsel
Wie viele deutsche Städtenamen können Sie finden?

| del | furt | burg | den | stanz | misch | Mann | de | kir | burg | Würz | Mün | Pots | dorf | berg |
|-----|------|------|-----|-------|-------|------|------|-----|------|------|------|------|------|------|
| zig | Wei | stock | Ful | Stutt | Düs | Er | burg | Par | Frank | men | Leip | rin | Ber | mar |
| Bre | dam | Hei | Dres | Schwe | ten | Augs | den | Mag | gart | Nürn | lin | Gar | da | Frei |
| burg | Ham | chen | burg | berg | furt | Ro | Kon | ba | Mün | sel | heim | chen | ster | Wies |

*Benutzen Sie die Landkarte!*

# SCHRIFTLICHE ÜBUNGEN

**SÜ 1**   Hier ist die Antwort. Bilden Sie Fragen mit **welch-**!

- Der Januar hat einunddreißig Tage.
  *Welcher Monat hat einunddreißig Tage?*          (Januar = **der Monat**)

1. Morgen ist Montag.                               (Montag = **der Tag**)
2. Er möchte den Apfelkuchen.                       (Apfelkuchen = **der Kuchen**)
3. Der Mercedes fährt schnell.                      (Mercedes = **das Auto**)
4. Sie ißt gern Trauben.                            (Trauben = **das Obst**)
5. Bremen liegt im Norden von Deutschland.          (Bremen = **die Stadt**)
6. Der Februar hat achtundzwanzig Tage.             (Februar = **der Monat**)


**SÜ 2**   Im Plural, bitte!

- Wieviel hat die neue Tasche gekostet?
  *Wieviel haben die neuen Taschen gekostet?*

1. Der blaue Pullover ist zu teuer.
2. Jede braune Jacke kostet vierzig Mark.
3. Welche berühmte Stadt meinen Sie?
4. Kennen Sie diesen jungen Mann?
5. Wo ist die leere Flasche?
6. Er hat den berühmten Arzt gekannt.

**SÜ 3**   Ergänzen Sie!

1. (the other students)          Kennst du *die anderen Studenten* ?
2. (which thin books)            _____ meinen Sie?
3. (for this old gentleman)      Der Brief ist _____ .
4. (the beautiful pictures)      Vergessen Sie nicht _____ !
5. (this old brown sweater)      _____ trage ich sehr gern.
6. (all big German cities)       Er kennt _____ .
7. (which empty bottles)         _____ suchen die Leute?
8. (each new passport)           _____ hat ein Bild.
9. (the right size)              Ich glaube, das ist _____ .
10. (every month)                Hat _____ nur 28 Tage?
11. (this good old coat)         Er trägt _____ sehr gern.
12. (all new books)              Ich kann nicht _____ lesen.
13. (both brown purses)          Warum nehmen Sie nicht _____ ?
14. (the big dog)                _____ ist sehr alt.
15. (all small children)         _____ spielen gern.
16. (the wet umbrella)           Wo ist _____ ?
17. (the big old table)          _____ verkaufen wir nicht!
18. (this young lady)            _____ heißt Claudia.
19. (this young man)             Kennen Sie _____ ?

**SÜ 4** Ergänzen Sie!
*(Der-Wort + Adjektiv + Nomen)*

1. Dieser Pullover ist neu.
   _Dieser neue Pullover_ ist sehr schön.

2. Dieses Buch ist interessant.
   Haben Sie _____ schon gelesen?

3. Die Schuhe sind braun.
   Der Herr kauft _____ .

4. Dieses Auto ist alt.
   _____ kaufe ich nicht.

5. Diese Liste ist lang.
   Bring bitte _____ !

6. Dieser Regenschirm ist naß.
   Nehmen Sie _____ nicht!

7. Das Wort ist lang.
   Wie heißt _____ auf deutsch?

8. Dieser Mann ist sehr berühmt.
   Kennen Sie _____ ?

9. Die Stadt ist groß.
   Wo liegt _____ ?

10. Die Musik ist laut.
    Woher kommt _____ ?

11. Dieser Mantel ist preiswert.
    Ich kaufe _____ .

12. Dieses Hemd ist schön.
    Wieviel kostet _____ ?

13. Der Turm ist hoch.
    Er sieht _____ nicht.

14. Dieses Rathaus ist berühmt.
    Wie alt ist _____?

15. Der Spiegel ist rund.
    Meinen Sie _____?

16. Das Gemüse ist frisch.
    Kaufen Sie _____!

---

## *Kultur und Information: Feiertage*

Viele Feiertage in Deutschland sind kirchliche Feiertage[1]. Man arbeitet nicht, und die Geschäfte sind geschlossen[2]. Das größte Fest ist das Weihnachtsfest. Weihnachten ist der 25. und der 26. Dezember. Am Heiligabend – das ist der 24. Dezember abends – kommt das Christkind und bringt die Weihnachtsgeschenke[3]. Die vier Wochen vor Weihnachten ist die Adventszeit. Die letzte Nacht im Jahr ist die Sylvesternacht. Der 1. Januar ist Neujahr. Der 6. Januar ist Dreikönigstag[4]. Der 1. Mai ist der Tag der Arbeit[5]. Karfreitag ist der Freitag vor Ostern[6]. Ostern ist Ostersonntag und Ostermontag. Der sechste Donnerstag nach Ostern ist Christi Himmelfahrt[7]. Der siebte Sonntag und Montag nach Ostern ist Pfingsten[8]. Der zweite Donnerstag nach Pfingsten ist Fronleichnam[9]. Der 1. November ist Allerheiligen[10]. Buß- und Bettag[11] ist auch im November.

[1]religious holidays  [2]closed  [3]Christmas presents  [4]Epiphany
[5]Labor Day  [6]Easter  [7]Ascension Day  [8]Pentecost
[9]Corpus Christi  [10]All Saints' Day  [11]Penitence Day

# Wortschatz

## NOMEN

| | |
|---|---|
| der Einkaufsbummel, - | shopping stroll |
| der Fluß, -sse | river |
| der Maler, - | painter |
| der Spiegel, - | mirror |
| der Turm, -̈e | tower |
| | |
| das Datum (Daten) | date |
| das Hochhaus, -̈er | highrise |
| das Paar, -e | pair |
| das Rathaus, -̈er | city hall |
| | |
| die Brücke, -n | bridge |
| die Burg, -en | fortress |
| die Gasse, -n | narrow street, alley |
| die Größe, -n | size |
| die Kirche, -n | church |
| die Kleider (pl.) | clothing |
| die Mauer, -n | wall |
| die Welt, -en | world |

*Leicht erkennbare Wörter*
**die Atmosphäre / der Globus (Globen) / der Kanal, -̈e / der Markt, -̈e / der Marktplatz, -̈e / das Schiff, -e / das Wörterbuch, -̈er**

## VERBEN

| | |
|---|---|
| anprobieren | to try on |
| bauen | to build |
| führen | to lead |
| meinen | to mean |
| reduzieren | to reduce |
| schaffen, geschaffen | to make, create |

## VERSCHIEDENES

| | |
|---|---|
| beide (der-*word*) | both |
| da drüben | over there |
| Der wievielte ist heute? | What is the date today? |
| dies- (der-*word*) | this |
| Entschuldigen Sie! | Excuse me. |
| im Angebot sein | to be on sale |
| jed- (der-*word*) | each, every |
| über | over |
| viel mehr | much more |
| vor | before |
| welch- (der-*word*) | which |
| zur Zeit | at that time |

## ADJEKTIVE UND ADVERBEN

| | |
|---|---|
| ander- / anders | other, different(ly) |
| eng | narrow |
| erst- (attr. adj.) | first |
| letzt- (attr. adj.) | last |
| link- (attr. adj.) | left |
| nett | nice, pleasant |
| preiswert | reasonably priced |
| recht- (attr. adj.) | right |
| reich↔arm | rich↔poor |
| wichtig | important |

*Leicht erkennbare Wörter*
**historisch / reduziert / romantisch / weltberühmt**

**Erinnern Sie sich?**
Lesen Sie diese berühmten Jahreszahlen laut! Warum sind sie berühmt?

| | | | |
|---|---|---|---|
| 768 | 1835 | 1471 | 1510 |
| 814 | 1386 | 1528 | 1492 |

# Die Wohnung der Familie Bönke

***Themen und Sprechziele***
Kleidung beschreiben
Wohnung • Zimmer • Möbel
Mein heller Regenmantel ist weg!

***Kultur und Information***
Wohnung und Miete

***Grammatik und Übungen***
**Ein**-Words
Adjectives 2: After **Ein**-Words
Word Formation 3: Adjectives
    Compounding • Prefix **un-**/Suffix **-lich**

## KLEIDUNG BESCHREIBEN

*Adjektive nach Ein-Wörtern*

### Die junge deutsche Mode

Was tragen die jungen Leute in Deutschland? Die junge Mode ist bunt und bequem. Für die jungen Leute von heute ist alles erlaubt. Es darf nur nicht zu teuer sein. Im Sommer ist das nicht schwierig: eine leichte Hose und ein billiges T-Shirt oder eine bunte Bluse, und man ist modisch. Der individuelle Stil liegt im Detail: ein schöner Gürtel, eine hübsche kleine Tasche oder ein schicker Hut machen den Unterschied. Die jungen Leute tragen gern die neuen Sachen, denn sie sind sportlich, bequem und doch schick. Aber auch die modischen Dinge von gestern und vorgestern sind sehr beliebt, wie zum Beispiel ein bunter Schal, eine dunkle Sonnenbrille, eine interessante Uhr oder ein schicker alter Ring.

### Situation 1 Was ist das? Was tragen die jungen Leute?

Das ist . . .

__4__ eine lange Hose

_____ eine leichte Jacke

_____ ein hübsches T-Shirt

_____ ein einfaches Hemd

_____ ein schmaler Gürtel

_____ ein schicker Hut

_____ ein bunter Schal

_____ ein alter Ring

**Und Sie?**
**Was tragen Sie heute?**

### Situation 2 Was trägt man für eine Radtour?

Andreas, Jutta und Birgit machen eine Fahrradtour. Ihre Kleidung ist sportlich, schick und bequem. Was tragen sie?

Andreas trägt ein Hemd. Sein Hemd ist einfach und leicht. Er trägt ein einfaches leichtes Hemd. Seine Jeans sind nicht eng, sondern weit. Er trägt seine weiten Jeans. Andreas mag keine engen Hosen. Er findet die engen Hosen nicht bequem. Der Gürtel für die Hose ist schmal. Er ist aus Leder. Das Leder ist nicht hart, sondern weich. Andreas trägt einen schmalen Gürtel. Die breiten Gürtel mag er nicht. Seine Schuhe sind bequem. Er trägt seine bequemen Schuhe.

Jutta trägt ein T-Shirt. Es war billig, aber es ist hübsch. Sie trägt ihr hübsches neues T-Shirt. Ihre Jeans sind dunkel und sehr modisch. Sie trägt ihre dunklen, sehr modischen Jeans. Ihr Hut ist auch hübsch. Sie trägt einen hübschen kleinen Hut. Sie hat auch ihren leichten Sommerpullover nicht vergessen, denn am Abend wird es meistens kühl.

Birgit ist auch ein sportlicher Typ. Sie trägt keine eleganten Sachen. Birgit trägt ihren sportlichen Overall, einen hellen Pulli und ihre bequemen alten Schuhe. Sie hat eine leichte Jacke für den Abend.

**Fragen**

1. Was trägt Andreas?
   Was für ein Hemd, was für eine
   Hose, was für Schuhe trägt er?

2. Was trägt Jutta?
   Was für ein T-Shirt, was für Jeans,
   was für einen Hut trägt sie?
   Was für einen Pullover hat sie?

3. Was trägt Birgit?
   Was für einen Overall, was für einen
   Pulli, was für Schuhe trägt sie?
   Was für eine Jacke hat sie?

## Situation 3  Beschreibung: Meine Kleidung

1. Was tragen Sie heute?
2. Was tragen Sie im Sommer, im Winter?

3. Was tragen Sie besonders gern?
4. Was tragen Ihre Mitstudenten? Fragen Sie sie!

## Situation 4  Dialog: Mein heller Regenmantel ist weg!

Am Nachmittag sind Andreas, Jutta und Birgit müde und haben Durst. Sie sitzen im Café, trinken Kaffee und essen Kuchen. Da erleben Sie diese Szene: Ein Mann und eine Frau können ihre Sachen nicht finden.

GAST   Wo ist mein Mantel?
      Mein Mantel ist weg!

KELLNERIN   Was für ein Mantel war das?

GAST   Ein heller Regenmantel.
      Ich hatte einen hellen Regenmantel.

GAST   Wo ist meine Jacke?
      Meine Jacke ist weg.

KELLNERIN   Was für eine Jacke war das?

GAST   Eine neue, braune Jacke.
      Ich hatte eine neue, braune Jacke.

## Situation 5   Dialog-Variation: Was können Sie nicht finden?

Können Sie auch manchmal Ihre Sachen nicht finden? Gerade waren sie noch da. Dann sind sie weg.
Fragen Sie Ihre Mitstudenten: Wo ist . . . ?

| | | |
|---|---|---|
| Schlüssel/klein | Heft/dünn | Tasche/hellbraun |
| Kugelschreiber/rot | Buch/dick | Uhr/neu |
| Bleistift/gelb | Wörterbuch/deutsch | Zeitung/neu |
| Geldbeutel/braun | Glas/voll | Landkarte/klein |
| Kalender/neu | Papier/klein | Cola-Dose/voll |

## Situation 6   Interview: Fragen Sie Ihre Mitstudenten!

1. Was für ein Auto haben Sie?
2. Was für einen Reisepaß haben Sie?
3. Was für eine Zeitung lesen Sie jeden Tag?
4. Haben Sie eine große oder eine kleine Familie?
5. Haben Sie einen deutschen Freund
   (eine deutsche Freundin)?

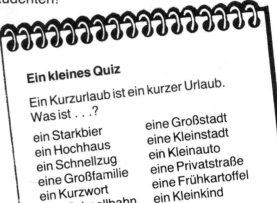

**Ein kleines Quiz**

Ein Kurzurlaub ist ein kurzer Urlaub.
Was ist . . .?

ein Starkbier
ein Hochhaus
ein Schnellzug
eine Großfamilie
ein Kurzwort
eine Schnellbahn

eine Großstadt
eine Kleinstadt
ein Kleinauto
eine Privatstraße
eine Frühkartoffel
ein Kleinkind

# GRAMMATIK

## 1   Ein-Words

The term **ein**-words is a convenient label for those limiting words which take the same endings as
the indefinite article to indicate the gender, number and case of the noun following. The most
common **ein**-words are: **ein**, **kein** and the possessive adjectives (**mein**, **dein**, etc.). Here is a review
of the **ein**-words.

| | Masculine | Neuter | Feminine | Plural/All Genders |
|---|---|---|---|---|
| NOM. | **ein** Stuhl<br>**kein** Stuhl<br>**mein** Stuhl | **ein** Buch<br>**kein** Buch<br>**mein** Buch | **eine** Uhr<br>**keine** Uhr<br>**meine** Uhr | ____ Uhren<br>**keine** Bücher<br>**meine** Uhren |
| ACC. | **einen** Stuhl<br>**keinen** Stuhl<br>**meinen** Stuhl | | | |

## 2  Adjectives 2: After **Ein**-Words

The principal idea behind German adjective endings is that either the article (**der-** or **ein**-words) or the adjective itself has to indicate the gender, number and case of the noun following. Thus, in those instances where the **ein**-word does not have an ending:

|  |  |
|---|---|
| NOMINATIVE/MASCULINE | ein Stuhl |
| NOMINATIVE/NEUTER | ein Buch |
| ACCUSATIVE/NEUTER | ein Buch |

the adjective must assume the function of the definite article, namely to indicate by its ending the gender, number and case of the modified noun.

Now look at the shift in endings. When the **ein**-word has no characteristic ending, the adjective will take the ending of the definite article.

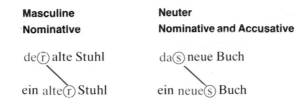

**Masculine**
**Nominative**

de(r) alte Stuhl

ein alte(r) Stuhl

**Neuter**
**Nominative and Accusative**

da(s) neue Buch

ein neue(s) Buch

The following tables highlight the endings which are *different* from those used after **der**-words:

### ADJECTIVE ENDINGS AFTER EIN-WORDS

|  | **Masculine** | **Neuter** | **Feminine** | **Plural/All** |
|---|---|---|---|---|
| NOM. | ein alter Stuhl | ein altes Buch | eine alte Tasche | seine alten Autos |
| ACC. | einen alten Stuhl | ein altes Buch | eine alte Tasche | seine alten Autos |

Now look at the adjective endings by themselves:

| After Der-Words | | | | |
|---|---|---|---|---|
|  | **Masc.** | **Neut.** | **Fem.** | **Pl./All** |
| NOM. | -e | -e | -e | -en |
| ACC. | -en | -e | -e | -en |

| After Ein-Words | | | | |
|---|---|---|---|---|
|  | **Masc.** | **Neut.** | **Fem.** | **Pl./All** |
| NOM. | -er | -es | -e | -en |
| ACC. | -en | -es | -e | -en |

When to use **was für . . . ?**

The expression **was für** has no literal equivalent in English. It means *what kind of* or simply *what*, and is used to inquire about the nature of an object or a person. Note that **für** – usually an accusative preposition – is not followed by the accusative unless the sentence structure itself demands it.

**Was für ein** Wagen ist das?        Das ist ein alter Wagen.
**Was für einen** Wagen haben Sie?     Ich habe einen alten Wagen.

When to use **sondern** and **aber**

**Sondern** *(but, on the contrary)* is used to contradict a preceding negative statement when the preceding sentence contains words such as **nicht, nichts, nie, kein**. Like **aber**, **sondern** is a coordinating conjunction and there is no change in the word order.

Er kommt nicht heute, **sondern** morgen.
*He's not coming today, but tomorrow.*

**Aber** *(but, however)* is used in all other instances. Use **aber** after a positive statement or after a negative statement with a change of subject.

Er kommt, **aber** er kann nicht sehr lange bleiben.
*He's coming, but he cannot stay very long.*

Er ist nicht gekommen, **aber** seine Frau ist hier.
*He didn't come, but his wife is here.*

## 3   Word Formation 3: Adjectives

Many German adjectives can be formed by compounding, or by the addition of a prefix or a suffix to other parts of speech.

### A   Compounding

Two adjectives may be combined to form a new adjectival compound:

| hell + blau = hellblau | dunkel + grün = dunkelgrün |
| grün + blau = grünblau | alt + modisch = altmodisch |
| naß + kalt = naßkalt | halb + voll = halbvoll |

Nouns can be combined with adjectives:

| der Preis + wert = preiswert | die Welt + berühmt = weltberühmt |
| das Haus + hoch = haushoch | das Gold + gelb = goldgelb |
| das Eis + kalt = eiskalt | der Stein + reich = steinreich |

When used as attributive adjective, the ending is always added to the last element of the compound:

> Sie trägt ein schönes **hellblaues** Kleid.
> Dürer ist ein **weltberühmter** deutscher Maler.

## B  The Prefix **un-**

Like the English prefixes *un-* and *non-*, the German prefix **un-** is used to negate the basic meaning of an adjective.

| | | | | |
|---|---|---|---|---|
| bequem | → unbequem | | gemütlich | → ungemütlich |
| interessant | → uninteressant | | wirklich | → unwirklich |
| modern | → unmodern | | verheiratet | → unverheiratet |

## C  The Suffix **-lich**

Similar to the English suffixes *-ly* and *-y*, the German suffix **-lich** is added to nouns to form adjectives which suggest the quality of the original noun. Note that the stem vowel of the noun often takes an umlaut.

| | | | | | | |
|---|---|---|---|---|---|---|
| Tag | täglich | *daily* | | Vater | väterlich | *fatherly* |
| Freund | freundlich | *friendly* | | Mutter | mütterlich | *motherly* |
| Sport | sportlich | *sporty* | | Gott | göttlich | *divine* |

Erklären Sie diese Adjektive!

wie ein Vater

väterlich
männlich
mütterlich
schwesterlich
geschwisterlich
freundlich
brüderlich
kindlich
fraulich
göttlich             jeden Abend
abendlich
nächtlich
stündlich
minütlich
täglich
jährlich
monatlich

Was is das nicht?

unbekannt
ungemütlich              nicht bekannt
unrichtig
schön
uninteressant
unsportlich
unfreundlich
unbequem
unmodern
unvorsichtig
unschön
unscharf

*Dieser Wagen ist im Daimler-Benz Museum in Stuttgart-Untertürkheim. Was für ein Wagen ist das?*

# MÜNDLICHE ÜBUNGEN

**MÜ 1**   Was für ein Wagen ist das?

- Der Porsche ist schnell. → *Der Porsche ist ein schneller Wagen.*

1. Der Mercedes ist bequem.
2. Der Volkswagen ist klein.
3. Der Opel ist preiswert.

4. Der Rolls-Royce ist teuer.
5. Der BMW ist schön.
6. Der Fiat ist billig.

**MÜ 2**   Was für einen Wagen möchten Sie?

- schnell → *Ich möchte einen schnellen Wagen.*

1. billig
2. teuer
3. deutsch

4. amerikanisch
5. groß
6. klein

7. gut
8. alt
9. neu

10. schön
11. preiswert
12. blau

**MÜ 3**   Antworten Sie mit **nein!**

- Ist das ein neuer Pullover? → *Nein, das ist kein neuer Pullover.*
  *Ich habe keinen neuen Pullover.*

1. Ist das ein deutscher Ausweis?
2. Ist das ein gelber Bleistift?
3. Ist das ein bequemer Stuhl?

4. Ist das ein roter Kugelschreiber?
5. Ist das ein grauer Mantel?
6. Ist das ein neuer Kalender?

**MÜ 4**   Was für ein Haus ist das?

● Das Krankenhaus ist groß. → *Das Krankenhaus ist ein großes Haus.*

1. Das Gartenhaus ist alt.
2. Das Klubhaus ist klein
3. Das Schulhaus ist groß.

4. Das Ferienhaus ist hübsch.
5. Das Wohnhaus ist modern.
6. Das Hochhaus ist hoch.

**MÜ 5**   Was für ein/eine . . . ist das?
Was für ein/eine/einen . . . sehen (haben, kennen, tragen) Sie?

● Der Junge ist klein. → *Das ist ein kleiner Junge.*
       *Ich kenne einen kleinen Jungen.*

1. Die Frau ist jung.
2. Der Kalender ist neu.
3. Das Kind ist krank.
4. Der Name ist lang.
5. Das Heft ist dünn.
6. Die Flasche ist voll.
7. Der Tag ist schön.
8. Das Hemd ist weiß.

9. Der Zug ist langsam.
10. Das Buch ist dick.
11. Der Stuhl ist bequem.
12. Die Schule ist modern.
13. Der Tisch ist alt.
14. Die Tasche ist teuer.
15. Der Regenschirm ist naß.
16. Der Pullover ist billig.

**MÜ 6**   Was ist das?

● Er hat ein neues Auto. → *Das ist sein neues Auto.*

1. Sie hat eine neue Uhr.
2. Er trägt ein schönes Hemd.
3. Ich fahre einen alten Wagen.
4. Wir haben ein großes Haus.
5. Sie haben ein rotes Telefon.
6. Er hat eine kranke Mutter.
7. Ihr habt ein berühmtes Bild.
8. Du hast einen guten Freund.
9. Ich habe eine große Tasche.
10. Sie hat ein kleines Auto.
11. Ihr habt einen braunen Koffer.
12. Du hast einen langen Mantel.

Partner-Testbogen

● Ihre Eigenschaften

□ häuslich
□ natürlich
□ strebsam
□ zurückhaltend
□ temperamentv.
□ anpassungsfähig

□ ehrgeizig
□ humorvoll
□ romantisch
□ großzügig
□ sparsam

□ kinderlieb
□ naturverb.
□ tierlieb
□ zärtlich

Sonstiges: _____

*Was für ein Mensch sind Sie?*   *Wie sind Sie?*

**MÜ 7**   Was für Schuhe (Schlüssel, Bücher usw.) sind das?

● Seine Schuhe sind schwarz. → *Das sind seine schwarzen Schuhe.*

1. Eure Gläser sind voll.
2. Ihre Kleider sind schön.
3. Unsere Bilder sind neu.

4. Ihre Bücher sind interessant.
5. Meine Stiefel sind alt.
6. Deine Hosen sind dunkel.

**MÜ 8**  Was möchten Sie **nicht**?

- Die Jeans sind alt. → *Ich möchte **keine** alten Jeans.*

1. Die Äpfel sind sauer.
2. Die Schuhe sind teuer.
3. Die Tomaten sind grün.
4. Die Bananen sind gelb.

5. Die Koffer sind klein.
6. Die Zeitungen sind alt.
7. Die Pullover sind billig.
8. Die Kartoffeln sind groß.

**MÜ 9**  Auf deutsch, bitte!

1. He doesn't need a new car.
2. Your dress is beautiful.
3. I don't have any red pens.
4. Did you see his small suitcase?
5. This is my old friend Peter.
6. Do you know a good doctor?
7. Where is my new raincoat?
8. He is looking for his small key.

9. What kind of a book is she reading?
10. She needs a very elegant dress.
11. I can wear my old black shoes.
12. Where are the full bottles?
13. We don't have any full bottles.
14. This is a large city.
15. Is this purse very expensive?
16. I don't have any black shoes.

## DIE WOHNUNG UND DIE ZIMMER

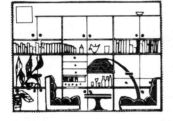
das Wohnzimmer

das Eßzimmer

das Kinderzimmer

die Diele
der Flur

das Schlafzimmer

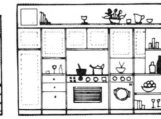
die Küche

die Toilette
das WC

das Badezimmer
das Bad

## DIE WOHUNG VON FAMILIE BÖNKE

Ein deutsches Sprichwort[1] sagt: „Ein eigener Herd[2] ist Gold wert." Das heißt, eine eigene Wohnung oder ein eigenes Haus ist wichtig, denn jeder Mensch braucht eine private Sphäre. Aber nicht alle deutschen Familien können ein neues Haus bauen, denn das ist heute sehr teuer. Viele haben nicht so viel Geld. Deshalb haben die meisten deutschen Familien kein eigenes Haus, sondern wohnen in Miete.

Die vier Bönkes sind eine Familie wie viele Familien in Deutschland. Herr und Frau Bönke und ihre zwei Söhne Uwe und Andreas wohnen in einer Mietwohnung. Sie haben eine große Vier-Zimmer-Wohnung in Augsburg. Sie haben ein Wohnzimmer, ein Schlafzimmer und zwei Kinderzimmer, das heißt Uwe und Andreas haben ihre eigenen Zimmer. Natürlich hat die Wohnung eine Küche und ein Bad, aber kein Arbeitszimmer und kein Eßzimmer. Die Wohnung ist so wie viele Wohnungen in Deutschland. Sie ist sauber und gepflegt.

[1]proverb   [2]stove

Das Wohnzimmer ist gemütlich. Es ist nicht dunkel, sondern hell. Es ist auch nicht klein, sondern groß. Es hat eine breite Couch (ein breites Sofa) und zwei Sessel. Die Couch und die Sessel sind sehr bequem. Sie sind aus Leder. Der Wohnzimmertisch ist niedrig. Er hat eine ovale Glasplatte. Rechts steht ein hoher Schrank. Im Schrank ist Platz für viele Dinge. Im Schrank steht ein großer Farbfernseher und eine kleine moderne Stereoanlage. Hinten steht ein kleiner alter Schreibtisch. Dort hängt auch ein hübsches Bild. Am Fenster steht eine grüne Zimmerpflanze. Die Vorhänge am Fenster sind lang. Im Wohnzimmer liegt auch ein großer bunter Teppich aus Wolle. Die Bönkes sitzen oft im Wohnzimmer zusammen und spielen Karten.

**Fragen**

1. Warum haben nur wenige Familien ein Haus?
2. Was für eine Wohnung haben die Bönkes?
3. Wer hat ein eigenes Zimmer?
4. Was für Möbel sind im Wohnzimmer?
5. Was für einen Fernseher haben die Bönkes?
6. Was für ein Teppich liegt im Wohnzimmer?

## Interview    Wie wohnen die jungen Leute?

Wir haben Uwe Bönke und seinen Bruder Andreas gefragt: „Wie wohnt ihr? Was für ein Zimmer habt ihr?" Hier sind ihre Antworten:

UWE, 16 JAHRE:

Ich habe jetzt ein rustikales Zimmer. Ich mag das helle Holz. Den runden Tisch und das Bett haben meine Eltern gekauft. Aber mein Zimmer ist immer so kalt. Es ist nicht wirklich gemütlich. Den hohen Schrank finde ich auch nicht so schön. Ich möchte ein ganz anderes Zimmer, ein Zimmer mit tausend Pflanzen. Aber das kostet ja zu viel.

ANDREAS, 18 JAHRE:

Natürlich habe ich auch ein Bett, einen Tisch und einen Schrank im Zimmer. Aber diese Sachen sind für mich nicht so wichtig. Wichtig ist mein großes Regal. Da habe ich alle meine Sachen stehen. Ich sammle Biergläser, Cola-Dosen und Flaschen. Da brauche ich viel Platz. Und dann habe ich noch eine neue Stereoanlage. Ich höre gern Musik. Ohne Musik ist das Leben halb so schön.

## Situation 7    Meine Wohnung / Mein Zimmer / Mein Apartment

1. Haben Sie eine Wohnung? Was für eine Wohnung haben Sie?
2. Wie viele Zimmer hat Ihre Wohnung? Beschreiben Sie Ihre Wohnung!
3. Beschreiben Sie Ihr Wohnzimmer und die Möbel!
4. Was für Wohnzimmermöbel haben Sie?
5. Was für Wohnzimmermöbel möchten Sie gern?
6. Haben Sie ein Zimmer? Haben Sie ein Apartment?
7. Wohnen Sie im Studentenheim?
8. Beschreiben Sie Ihr Zimmer und die Möbel im Zimmer!

---

*Kultur und Information: Wohnung und Miete*

In Deutschland, in Österreich und in der Schweiz sagt man: „Das ist eine 4-Zimmer Wohnung." oder „Ich suche eine 2-Zimmer-Wohnung." Man zählt also nicht nur die Schlafzimmer, sondern alle Zimmer, aber nicht die Küche und das Bad. Man bezahlt auch nicht für die Zimmer, sondern für die Quadratmeter. Man sagt, eine Wohnung hat 73 Quadratmeter oder eine Wohnung hat 105 Quadratmeter.

Die monatliche Miete kalkuliert man so: Eine Wohnung ist zum Beispiel 100 Quadratmeter groß (alle Zimmer, Küche, Bad, Diele, Flur). Ein Quadratmeter kostet 8 Mark. Man sagt die monatliche Kaltmiete ist 800 Mark, denn man muß auch für die Heizung[1] und die anderen Nebenkosten[2], wie zum Beispiel Müllabfuhr, Hausversicherungen und Allgemeinstrom[3] monatlich im voraus[4] bezahlen. Alles zusammen nennt man dann Warmmiete.

[1] heat   [2] additional charges   [3] garbage collection / insurances / communal electricity   [4] in advance

---

# SCHRIFTLICHE ÜBUNGEN

**SÜ 1**    Vollenden Sie die Sätze! Welche Adjektive passen?

1. Der Schrank ist nicht hoch, sondern *niedrig* .
   Das ist *ein niedriger Schrank* ./Sie sehen hier *einen niedrigen Schrank* .

2. Der Sessel ist nicht alt, sondern _____ .
   Das ist _____ ./Wir haben _____ .

3. Der Vorhang ist nicht kurz, sondern _____ .
   Das ist _____ ./Die Leute haben _____ .

4. Der Teppich war nicht billig, sondern _____ .
   Das ist _____ ./Sie haben _____ gekauft.

5. Das Wohnzimmer ist nicht dunkel, sondern _____ .
   Das ist _____ ./Sie sehen hier _____ .

6. Der Schrank ist nicht klein, sondern _____ .
   Das ist _____ ./Die Familie braucht _____ .

7. Die Couch ist nicht schmutzig, sondern _____ .
   Das ist _____ ./Im Wohnzimmer steht _____ .

8. Der Tisch ist nicht unmodern, sondern _____ .
   Das ist _____ ./Im Wohnzimmer steht auch _____ .

9. Die Glasplatte ist nicht dünn, sondern _____ .
   Das ist _____ ./Der Tisch hat _____ .

*Wann und wie lange darf man hier parken?*

**SÜ 2**    Antworten Sie mit **nein!**

- Hat er ein neues Auto? → *Nein, er hat kein neues Auto.*
  Ist das Auto neu? → *Nein, das Auto ist nicht neu.*

1. Brauchen Sie ein neues Heft?
2. Ist der Tisch frei?
3. Ist das ein bequemer Sessel?
4. War es gestern warm?
5. Möchten Sie eine andere Tasse?
6. Heißt das Mädchen Christine?
7. Haben Sie einen großen Fernseher?
8. Ist die Tasche groß?
9. Möchten Sie einen neuen Teppich?
10. War diese Antwort richtig?

**SÜ 3**    Was tragen Sie gern?

- leicht/Pullover → *Ich trage gern einen leichten Pullover.*

1. hellblau/Bluse
2. bunt/Hemd
3. sportlich/Mantel
4. einfach/Kleid
5. hell/T-Shirt
6. bequem/Hose
7. dünn/Pulli
8. kurz/Jacke
9. lang/Rock

# Wortschatz

| MODE | FASHION |
|------|---------|
| der Schal, -s | scarf |
| der Unterschied, -e | difference |

*Leicht erkennbare Wörter*
**das Detail, -s/das Gold/die Mode, -n/der
Overall, -s/der Ring, -e/der Stil, -e/die
Szene, -n/der Typ, -en**

| WOHNUNG UND MÖBEL | APARTMENT AND FURNITURE |
|------|---------|
| der Fernseher, - | television set |
| der Schrank, ̈e | cabinet |
| der Sessel, - | easy chair |
| der Teppich, -e | carpet |
| der Vorhang, ̈e | curtain |
| das Holz, ̈er | wood |
| das Regal, -e | shelf |
| die Küche, -n | kitchen |
| die Miete, -n | rent |
| die Möbel *(pl.)* | furniture |

*Leicht erkennbare Wörter*
**das Apartment, -s/das Arbeitszimmer, -/das
Badezimmer, -/die Couch, -en/das Eßzimmer, -/der Farbfernseher, -/die Glasplatte, -n/
das Leder/das Kinderzimmer, -/die Pflanze, -n/
das Schlafzimmer, -/das Sofa, -s/die Stereoanlage, -n/die Toilette, -n/die Wohnung, -en/
das Wohnzimmer, -/die Wolle**

| VERBEN | |
|------|---------|
| erlauben | to permit |
| erleben | to experience |
| hängen, gehangen | to hang |
| sammeln | to collect |

| ADJEKTIVE | |
|------|---------|
| bequem | comfortable |
| breit ↔ schmal | wide ↔ narrow |
| dunkel ↔ hell | dark ↔ light, bright |
| eigen- | own |
| einfach ↔ schwierig | simple ↔ difficult |
| eng ↔ weit | narrow, tight ↔ wide |
| gemütlich | comfortable, cozy |
| gepflegt | well taken care of |
| hart ↔ weich | hard ↔ soft |
| hoch ↔ niedrig | high ↔ low |
| hübsch | pretty |
| leicht ↔ schwer | light ↔ heavy |
| modisch | fashionable |
| ↔ altmodisch | ↔ old-fashioned |
| niedrig ↔ hoch | low ↔ high |
| sauber ↔ schmutzig | clean ↔ dirty |

*Leicht erkennbare Wörter*
**amerikanisch/elegant/individuell/oval/privat/
rustikal/schick/sportlich**

| VERSCHIEDENES | |
|------|---------|
| am Fenster | at the window |
| die meisten . . . | most of the . . . |
| erlaubt | permitted |
| in Miete wohnen | to rent |
| sondern | but, on the contrary |
| was für (ein) . . . ? | what kind of (a) . . . ? |
| weg | (here:) gone |
| wenige ↔ viele | few ↔ many |
| wie | like, as |

# Die Mahlzeiten

**Themen und Sprechziele**
Verkehrsmittel/Transportmittel
Nach dem Weg fragen • Stadtplan
Wie kommt man zur Mönchgasse?

**Kultur und Information**
Moped und Mofa • Preiswert essen

**Grammatik und Übungen**
Dative 1: Prepositions
  Forms of the Dative
  **Der**-Words and **Ein**-Words
  Weak Nouns • Plural Nouns
Word Formation 4: Adjectives Derived from City
  Names • The Prefix **irgend-**

# SPRECHZIELE

## VERKEHRSMITTEL UND TRANSPORTMITTEL

*Präpositionen mit Dativ*

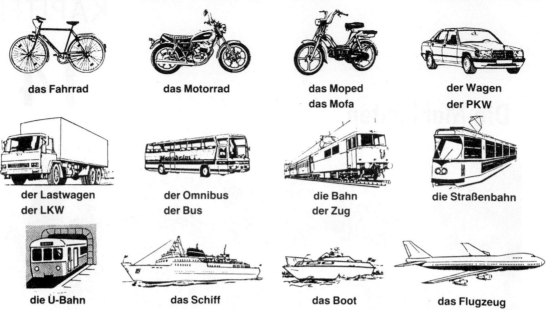

| | | | |
|---|---|---|---|
| das Fahrrad | das Motorrad | das Moped<br>das Mofa | der Wagen<br>der PKW |
| der Lastwagen<br>der LKW | der Omnibus<br>der Bus | die Bahn<br>der Zug | die Straßenbahn |
| die U-Bahn | das Schiff | das Boot | das Flugzeug |

**Situation 1** Womit kann man fahren? – Womit kann man fliegen?

- der Wagen → Man kann mit dem (einem) Wagen fahren.
- das Fahrrad → Man kann mit dem (einem) Fahrrad fahren.
- die Bahn → Man kann mit der (einer) Bahn fahren.

usw.

---

### *Kultur und Information: Moped und Mofa*

Der Unterschied zwischen einem Moped und einem Mofa: Mit einem Moped darf man maximal 50 km/h[1] fahren, mit einem Mofa nur 25 km/h. Für ein Moped braucht man einen Führerschein. Einen Führerschein für ein Moped kann man erst nach seinem 16. Geburtstag bekommen. Ein Mofa ist ein Fahrrad mit einem Hilfsmotor. Mit dem Mofa darf man schon mit 15 Jahren fahren, aber man muß einen besonderen Verkehrsunterricht in der Schule besuchen und eine Prüfung machen. Für ein Leichtmofa braucht man keinen Führerschein. Man muß auch keinen Helm tragen. Aber man darf nur 20 km/h fahren. In Deutschland (und in Österreich und in der Schweiz) fahren viele Jugendliche[2] mit einem Moped oder mit einem Mofa in die Schule.

[1] Kilometer pro Stunde   [2] youngsters

---

# NACH DEM WEG FRAGEN

**Situation 2**  Dialog: Wie kommt man zur Mönchgasse?

▷ Tourist
▶ Passanten

▷ Entschuldigen Sie bitte! Wie komme ich zur Mönchgasse?

▶ Zur Mönchgasse möchten Sie? Ah ja, die Mönchgasse ist nicht weit von der Alten Brücke, irgendwo beim Rathaus.

▷ Und wie kommt man zur Alten Brücke oder zum Rathaus?

▶ Ja, das ist das Problem. Ich wohne erst seit einem Monat in Heidelberg, und ich fahre immer mit dem Bus in die Stadt.

▷ Danke schön.

▷ Entschuldigung! Wissen Sie, wo die Mönchgasse ist?

▶ Tut mir leid. Ich bin auch nicht von hier, aber ich weiß, die Mönchgasse ist eine kleine Straße bei der Heiliggeistkirche.

▷ Ist die Heiliggeistkirche beim Rathaus?

▶ Ja, ja. Beim Rathaus oder nicht weit vom Rathaus.

▷ Vielen Dank.

▷ Entschuldigen Sie bitte! Wie kommt man von hier zur Heiliggeistkirche oder zum Rathaus?

▶ Gehen Sie geradeaus bis zur Alten Brücke. Die Straße bei der Brücke ist die Steingasse. Nach der Steingasse kommt die Fischergasse. Gehen Sie durch die Fischergasse, dann sehen Sie die Kirche. Das Rathaus ist gegenüber der Kirche.

▷ Wissen Sie auch, wo die Mönchgasse ist?

▶ Ja, die Mönchgasse ist nicht weit vom Rathaus. Nach der Fischergasse kommt die Semmelsgasse und die nächste Straße ist die Mönchgasse.

▷ Vielen Dank.

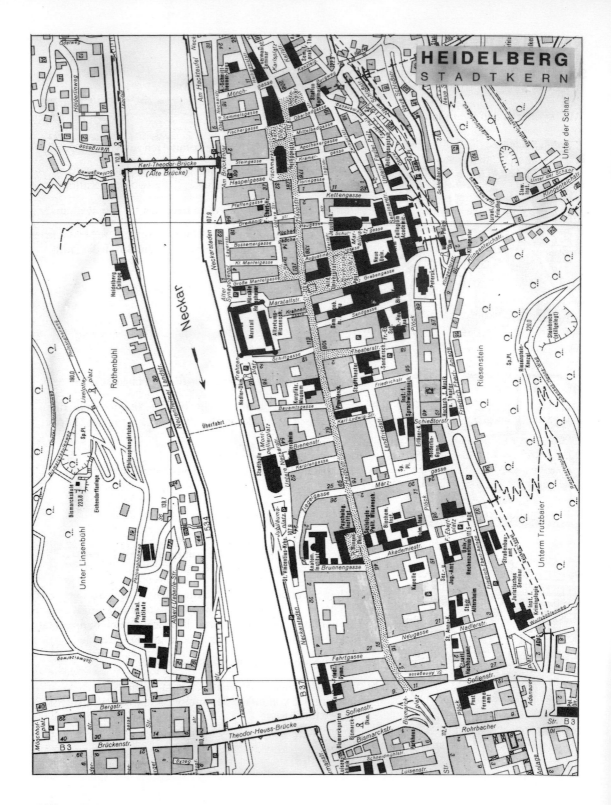

# DER STADTPLAN

## Situation 3    Finden Sie den Weg zum Marstall![1]

**Wir studieren den Stadtplan von Heidelberg. Wo ist der Marstall?**

Finden Sie zuerst die Sofienstraße und den Bismarckgarten!
Sie kommen **bei der Sofienstraße aus dem Bismarckgarten.**
Sie sind **bei der Theodor-Heuss-Brücke.**

Dann kommt die Fahrtgasse.
**Nach der Fahrtgasse** kommt ein Krankenhaus.
**Nach dem Krankenhaus** kommt der Jubiläumsplatz.

Der Fluß heißt der Neckar. Finden Sie den Neckar!
Der Marstall ist ein großes Gebäude unten **beim Neckar.**
Er ist **bei der Neckarstraße.**

Sehen Sie die Stadthalle und den Montpellierplatz?
Zuerst kommen Sie **zur Stadthalle.**
Dann kommen Sie **zum Montpellierplatz.**

Der Marstall ist nicht weit **von der Stadthalle.**
Er ist auch nicht weit **vom Montpellierplatz.**

Dann kommt der Krahnenplatz.
Sie gehen also weiter **zum Krahnenplatz.**
Der Marstall ist **gegenüber dem Krahnenplatz.**

**Beim Marstall** sehen Sie viele Studenten.
Die Studenten kommen **aus dem Marstall,** denn dort ist die Mensa.
Die Mensa ist das Studentenrestaurant.
Die Studenten kommen **aus der Mensa.**

[1] Das war früher das Gebäude für die Pferde and Wagen des Fürsten *(sovereign)*.

Heidelberg, Brückentor

Alte Brücke und Schloß

## Situation 4    Rollenspiel

Studieren Sie den Stadtplan und antworten Sie! Sie sind am Brückentor bei der Karl-Theodor-Brücke. Ein/e Student/in fragt Sie nach dem Weg . . .

1. zur Heiliggeistkirche
2. zum Stadttheater
3. zur Hauptstraße
4. zur Friedrich Ebert-Anlage
5. zur Alten Universität
6. zur Mönchgasse
7. zum Marstall
8. zur Sofienstraße

## Situation 5  Rollenspiel: Meine Stadt

Ein/e Student/in fragt nach dem Weg: „Entschuldigung, wie komme ich zum . . . (zur . . .)?"
Ein/e Student/in antwortet.

Sie suchen . . .

1. die Haltestelle
2. eine Bank
3. den Bahnhof
4. die Mensa

5. den Flughafen
6. eine Tankstelle
7. eine Apotheke
8. die Brücke

9. ein Reisebüro
10. ein Kino
11. das Museum
12. die Schule

## Situation 6  Interview: Fragen Sie Ihre Mitstudenten!

1. Viele Leute trinken das Bier aus einer Flasche.
   Woraus trinken Sie Bier (Wein/Kaffee/Milch/Tee/Wasser)?
2. Irene Martin lernt seit sieben Monaten Deutsch.
   Seit wann lernen Sie Deutsch?
3. David spricht mit seinen Freunden Deutsch.
   Mit wem sprechen Sie Deutsch?
4. Andreas wohnt bei seinen Eltern. Bei wem wohnen Sie?
5. Peter träumt von einem Auto. Wovon träumen Sie?
6. Herr Wenz fährt mit seiner Familie in Urlaub.
   Mit wem fahren Sie in Urlaub?
7. Womit fahren Sie zur Arbeit oder zur Uni?
8. Womit fahren Sie in Urlaub?
9. Wohin möchten Sie gern fahren (fliegen)?
10. Womit bezahlen Sie den Urlaub?
11. Von wem bekommen Sie Post (Briefe/Karten)?

**Womit kann man . . . ?**

| schreiben | *mit einem Kuli* |
|---|---|
| fahren | _____ |
| fliegen | _____ |
| bezahlen | _____ |
| besser sehen | _____ |
| Kuchen backen | _____ |
| Tür öffnen | _____ |
| etwas tragen | _____ |

# GRAMMATIK

## 1  Dative 1: Prepositions

As was pointed out in Chapter 6, the object of a German preposition must be in a specific case. The following prepositions always take a dative object:

| | |
|---|---|
| **aus** | *out of, from* |
| **außer** | *besides, except for* |
| **bei** | *near, at (the place of), with (in the sense of in someone's home or house)* |
| **gegenüber** | *opposite, across from* |
| **mit** | *with, by (means of)* |
| **nach** | *after, to* |
| **seit** | *since, for (with expressions of time)* |
| **von** | *from, of* |
| **zu** | *to* |

## 2  Forms of the Dative

### A  **Der**-Words and **Ein**-Words

The definite and indefinite articles and, as a result all **der-** and **ein**-words, take special endings when used in the dative case. Notice that in the dative, the masculine and neuter endings are identical.

| | Masculine | Neuter | Feminine | Plural/All |
|---|---|---|---|---|
| NOMINATIVE | der Mann | das Auto | die Frau | die Freunde |
| DATIVE | dem Mann | dem Auto | der Frau | den Freunden |
| | einem Mann | einem Auto | einer Frau | meinen Freunden |

The prepositions **bei**, **von** and **zu** are often contracted with the definite article. The following contractions are possible:

| | | |
|---|---|---|
| bei dem Arzt | = | **beim** Arzt |
| von dem Park | = | **vom** Park |
| zu dem Bahnhof | = | **zum** Bahnhof |
| zu der Kirche | = | **zur** Kirche |

## B   Weak Nouns

Although nouns generally do not take an ending in the dative singular, those nouns which take the ending **-(e)n** in the accusative must take the same ending in the dative case. Here are some examples:

| Nominative | Accusative | Dative |
|---|---|---|
| der Herr | den Herr**n** | dem Herr**n** |
| der Junge | den Junge**n** | dem Junge**n** |
| der Tourist | den Touris**ten** | dem Touris**ten** |
| der Student | den Studen**ten** | dem Studen**ten** |

## C   Plural Nouns

In the dative plural all nouns add **-n** with the exception of those already ending in **-n** and those ending in **-s**.

| | |
|---|---|
| die Männer | Wir sprechen mit den **Männern**. |
| die Frauen | Habt ihr mit diesen **Frauen** gesprochen? |
| die Autos | Mit welchen **Autos** hat man keine Probleme? |

## D   The Question Word for the Dative: **wem?**

The dative form of the interrogative pronoun **wer** *(who)* is **wem** *(whom)*.

**Mit wem** ist sie ins Kino gegangen?
*With whom did she go to the movies?*

**Von wem** ist dieser Brief?
*From whom is this letter?*

---

### When to use **womit?**

When asking questions about things or ideas, German uses the construction **wo** + a preposition. Almost all prepositions can be used in this combination, as for example **wodurch**, **wogegen**, **wofür**, **wonach**, etc. This chapter practices **womit**, **woraus** and **wovon**.

| | |
|---|---|
| **Womit** hat er das bezahlt? | Er hat das **mit seinem Geld** bezahlt. |
| **Woraus** hat er getrunken? | Er hat **aus diesem Glas** getrunken. |
| **Wovon** träumt sie? | Sie träumt **von einem neuen Auto**. |

For human beings, however, German uses the preposition with the appropriate question word.

| | |
|---|---|
| **Mit wem** ist sie ins Kino gegangen? | Sie ist **mit ihrer Freundin** gegangen. |
| **Von wem** hat er das Geld? | Er hat es **von seinen Eltern**. |

---

## 3  Meaning and Usage of Dative Prepositions

**aus**  *(from, out of)* is used with names of places or origin such as a city or country and/or to indicate location.

| | |
|---|---|
| Sie kommt **aus** Hamburg. | *She comes from Hamburg.* |
| Sie kommt **aus** der Kirche. | *She's coming out of the church.* |
| Er trinkt **aus** einem Glas. | *He's drinking out of a glass.* |

**von**  *(from, of)* is used with persons and when indicating *from one point to another.*

| | |
|---|---|
| **Von** wem sprechen Sie? | *Whom are you speaking of?* |
| Der Brief ist **von** Claudia. | *The letter is from Claudia.* |

Compare:

| | |
|---|---|
| Der Brief ist **aus** München. | (place) |
| Der Brief ist **von** Peter. | (person) |
| Der Zug kommt **aus** München. | (origin) |
| Er fährt **von** München nach Augsburg. | (from one point to another) |

**nach**  *(to, toward)* is used to refer to cities, towns, countries and continents. **Nach** *(after)* is also used to indicate time.

| | |
|---|---|
| Wir gehen **nach** Berlin. | *We are going to Berlin.* |
| Ich fahre **nach** Österreich. | *I am driving to Austria.* |
| Was machen Sie **nach** der Pause? | *What are you doing after the break?* |

**zu**  *(to)* is used when referring to places without a proper geographical name such as places within a city or town. **Zu** is also used with persons.

| | |
|---|---|
| Wie komme ich **zum** Schloß? | *How do I get to the castle?* |
| Er fährt **zur** Universität. | *He's driving to the university.* |
| Sie geht **zu** ihrer Schwester. | *She is going to her sister's.* |

Compare:

| | |
|---|---|
| Wir fahren **nach** Hamburg. | (city) |
| Wir fahren **zum** Bahnhof. | (place within city) |

Here are some idiomatic expressions with **nach** and **zu**:

| | | | |
|---|---|---|---|
| nach Hause gehen | *to go home* | zum Beispiel | *for example* |
| zu Hause sein | *to be home* | zum Essen | *for dinner* |
| zu Fuß gehen | *to walk* | zum Geburtstag | *for one's birthday* |

**bei** *(near, at, with)* expresses the idea of close proximity and nearness and may be used in the sense of *in someone's house*.

| | |
|---|---|
| Das Hotel ist **beim** Bahnhof. | *The hotel is near the station.* |
| Offenbach liegt **bei** Frankfurt. | *Offenbach is near Frankfurt.* |
| Er ist **beim** Arzt. | *He is at the doctor's.* |
| Sie wohnt **bei** ihren Eltern. | *She is living at her parents' house.* |

The preposition **bei** does not correspond to English *by*. Where English uses *by*, *by means of* to express means of travel, German uses **mit** and the definite article: **mit dem Zug**, **mit der Straßenbahn**.

---

**mit** *(with, by means of)*

| | |
|---|---|
| Ich komme **mit** dem Zug. | *I'm coming by train.* |
| Er schreibt **mit** einem Bleistift. | *He's writing with a pencil.* |
| Sie geht **mit** ihren Freunden ins Kino. | *She's going with her friends to the movies.* |

---

**seit** *(since / for + time)* is used with actions that began in the past and continue in the present. Unlike English, German here uses **seit** with the present tense.

| | |
|---|---|
| **Seit** wann sind Sie hier? | *Since when have you been here?* |
| Sie arbeitet **seit** zwei Wochen hier. | *She has been working here for two weeks.* |

---

## 4 Word Formation 4

### A Adjectives Derived from City Names

A look at the city map in this chapter will show you that adjectives derived from names of cities are formed by adding **-er** to the proper name. Adjectives derived from city names do not take endings.

| | |
|---|---|
| das **Heidelberger** Schloß | Ich fahre zum **Berliner** Platz. |
| **Frankfurter** Würstchen | Wo ist die **Römerstraße**? |
| eine **Nürnberger** Bratwurst | Wie komme ich zur **Römerstraße**? |

### B The Prefix **irgend-**

With the addition of the prefix **irgend-** to question words, German forms indefinite adverbs comparable to English *sometime / anytime*, *somewhere / anywhere*, etc. Here are some examples: **irgend**, **irgendwohin**, **irgendwo**, **irgendwoher**, **irgendwann**, **irgendwie**.

Die Mönchgasse ist **irgendwo** beim Rathaus.
*The Mönchgasse is somewhere near the city hall.*

Hast du **irgendwo** meine Tasche gesehen?
*Did you see my purse anywhere?*

# MÜNDLICHE ÜBUNGEN

**MÜ 1**   Woher kommen die Leute?

● die Kirche → *Die Leute kommen aus der Kirche.*

1. die Stadt
2. das Kino
3. der Park
4. das Haus
5. die Post
6. das Hotel

*Wie komme ich . . . ?*

**MÜ 2**   Wo ist das?

● Die Haltestelle ist nicht weit vom Bahnhof.
   *Sie ist gleich beim Bahnhof.*

1. Das Geschäft ist nicht weit von der Universität.
2. Die Kirche ist nicht weit von der Haltestelle.
3. Das Café ist nicht weit vom Theater.
4. Der Bahnhof ist nicht weit von der Brücke.

**MÜ 3**   Wo sind die Leute?

● Er ist zu seinem Arzt gegangen. → *Er ist bei seinem Arzt.*

1. Sie ist zu ihrem Freund gegangen.
2. Er ist zu seiner Mutter gegangen.
3. Wir sind zu unserer Familie gegangen.
4. Ich bin zu einer Freundin gegangen.
5. Sie ist zu ihren Geschwistern gegangen.

**MÜ 4**   Wo ist das?

● das Hotel ↔ das (ein) Museum
   *Das Hotel ist gegenüber dem (einem) Museum.*

1. die Haltestelle ↔ eine Schule
2. der Marktplatz ↔ ein Supermarkt
3. das Geschäft ↔ die Bank
4. die Post ↔ der Bahnhof
5. das Rathaus ↔ die Kirche
6. das Café ↔ ein Park

**MÜ 5**   Hier ist die Antwort. Fragen Sie!

● Das Hemd ist sehr schön. → *Von welchem Hemd sprechen Sie?*

1. Der Rock ist zu kurz.
2. Das Kleid ist neu.
3. Der Mantel ist sehr teuer.
4. Die Hose ist ein bißchen zu lang.
5. Die Jacke ist ziemlich alt.
6. Das T-Shirt ist billig.
7. Die Schuhe sind zu groß.
8. Die Stiefel sind nicht bequem.

**MÜ 6**   Wohin fahren Sie?

- das Schloß → *Wir fahren zum Schloß.*
- Berlin → *Wir fahren nach Berlin.*

| | | |
|---|---|---|
| 1. der Marktplatz | 5. die Hauptstraße | 9. Nürnberg |
| 2. Heidelberg | 6. Stuttgart | 10. die Universität |
| 3. das Rathaus | 7. Garmisch | 11. der Flughafen |
| 4. die Kirche | 8. das Hotel | 12. die Post |

**MÜ 7**   Was machen die Leute dann? Fragen Sie!

- Wir bestellen jetzt das Essen. → *Was machen Sie nach dem Essen?*

| | |
|---|---|
| 1. Er macht jetzt eine Pause. | 4. Sie geht heute abend ins Kino. |
| 2. Wir machen im August Urlaub. | 5. Die Kinder gehen zur Schule. |
| 3. Ich habe jetzt Unterricht. | 6. Der Mann fährt zur Arbeit. |

**MÜ 8**   Angenommen Sie sind in Deutschland. Mit wem sprechen Sie Deutsch?

- der (ein, mein) Lehrer → *Ich spreche mit dem (einem, meinem) Lehrer Deutsch.*

| | | |
|---|---|---|
| 1. der Arzt | 7. mein Freund | *Vorsicht!* |
| 2. die Ärztin | 8. meine Freundin | 13. der Student |
| 3. ein Kellner | 9. ein Verkäufer | 14. dieser Polizist |
| 4. eine Kellnerin | 10. eine Verkäuferin | 15. ein Herr |
| 5. ihr Mann | 11. jedes Kind | 16. jeder Tourist |
| 6. seine Frau | 12. dieses Mädchen | 17. sein Junge |

**MÜ 9**   Seit wann sind die Leute in Deutschland?

- Die Dame ist im Sommer gekommen. → *Sie ist seit dem Sommer hier.*

1. Der junge Mann ist im Winter gekommen.
2. Seine Frau ist im Herbst gekommen.
3. Unsere Gäste sind diese Woche gekommen.
4. Ihre Eltern sind am Wochenende gekommen.

**MÜ 10**   Auf deutsch, bitte!

| | |
|---|---|
| 1. She is living with an aunt. | 7. Here is a letter from your parents. |
| 2. From whom is this book? | 8. Opposite the university is a large park. |
| 3. Is he coming by bus or by train? | 9. We have been in Germany for two weeks. |
| 4. What did he write with? | 10. What are you doing after the concert? |
| 5. Who is going to the airport? | 11. The restaurant is not far from the hotel. |
| 6. Which city are you speaking of? | 12. She is going with her friends to the movies. |

# LAND UND LEUTE

## DIE MAHLZEITEN

### Das Frühstück

Das Frühstück ist in Deutschland eine wichtige Mahlzeit, denn für die meisten Leute beginnt die Arbeit früh am Morgen, und der Vormittag ist lang. Ein typisch deutsches Frühstück gibt es jedoch nicht. Jeder ißt und trinkt, was er will.

**Was gibt es zum Frühstück**

das weich gekochte Ei
der Schinken
der Käse
der Kaffee
der Tee
der Kakao
der Honig
die Marmelade
das Brot
das Brötchen
die Butter
das Müsli
die Cornflakes

### Das Mittagessen

In der Familie gibt es gewöhnlich eine warme Mahlzeit am Tag, und das ist bei den meisten Leuten das Mittagessen. Die Kinder kommen von der Schule nach Hause, und man ißt zwischen 12 und 14 Uhr.

Das Mittagessen beginnt oft mit einer Suppe. Dann gibt es Fleisch mit einer Soße. Zum Fleisch ißt man Kartoffeln, Nudeln oder Reis mit Gemüse oder Salat. Freitags gibt es oft Fisch. Nach dem Essen gibt es vielleicht einen Nachtisch: Pudding, Obst oder Eis.

Viele Leute können mittags nicht zu Hause essen. Diese Leute gehen in eine Kantine oder in ein Restaurant und essen dort zu Mittag. Die meisten deutschen Restaurants haben ein Tagesmenü. Dieses Tagesmenü ist gut und billig. Außer Bratwurst, Hähnchen mit Pommes frites oder Omelett mit Kartoffeln gibt es oft die regionalen und lokalen Spezialitäten[1], denn eine national einheitliche Küche gibt es in Deutschland nicht.

In Deutschland trinkt man gewöhnlich kein Wasser, keine Milch und keinen Kaffee zum Essen. Man trinkt Mineralwasser, Saft, Bier oder Wein. Manche Leute trinken Kaffee nach dem Essen.

Für ein Mittagessen zu Hause oder im Restaurant braucht man Zeit. Aber wie überall, so gibt es auch in Deutschland viele Leute mit wenig Zeit. Diese Leute wollen schnell essen, denn sie haben vielleicht nur eine halbe Stunde Mittagspause. Die ganz jungen Leute gehen gern zu McDonald's oder Burger King. Aber für die meisten Deutschen ist ein Hamburger kein richtiges Mittagessen. Sie gehen lieber zu einem Imbißstand oder zu einer Imbißstube. Dort gibt es Bratwurst, Wurst-, Käse- oder Fischbrötchen.

[1] In Bayern findet man besonders oft Weißwurst und Knödel. In Schwaben sind Spätzle beliebt und im Rheinland ißt man gern Sauerbraten.

## Der Nachmittagskaffee

Viele Leute arbeiten nur bis 15.30 Uhr oder 16 Uhr nachmittags. Nach der Arbeit fahren sie nach Hause und trinken mit ihrer Familie Kaffee oder Tee. Zum Kaffee oder Tee gibt es ein Stück Kuchen oder Torte oder Brötchen mit Butter und Marmelade. Besonders am Sonntagnachmittag sitzt man gern gemütlich zusammen und trinkt mit der Familie oder mit den Freunden Kaffee.

Am Nachmittag sieht man auch viele Leute im Café. Es sind Hausfrauen, Teenager und Geschäftsleute. Sie sitzen gemütlich bei einer Tasse Kaffee und einem Stück Kuchen oder bei einem Eis.

## Das Abendessen

Das Abendessen ist eine kalte Mahlzeit. Die meisten Leute essen früh am Abend, so zwischen 18 und 19 Uhr. Sie essen nicht sehr viel. Man ißt gewöhnlich Brot mit Wurst, Schinken oder Käse, Gurken oder Tomaten und vielleicht einen Salat. Man trinkt Tee, Bier, Wein oder Wein mit Mineralwasser.

### Fragen

1. Was essen und trinken die Leute in Deutschland zum Frühstück?
2. Was gibt es zum Mittagessen?
3. Was gibt es mittags im Restaurant?
4. Was gibt es zum Abendessen?
5. Was trinkt man gewöhnlich zum Essen?
6. Wann trinkt man Kaffee?
7. Was tun viele Deutsche nachmittags nach der Arbeit?
8. Was tun manche Leute nachmittags im Café?

---

### *Kultur und Information: Preiswert essen*

In Deutschland, in Österreich und in der Schweiz gibt es viele Gelegenheiten[1] preiswert zu essen. In Metzgereien[2] kann man belegte Brötchen kaufen. Viele Metzgereien haben auch einen kleinen Imbißstand. Dort kann man Wurst mit Brot essen. Manche Bäckereien[3] haben einen Kaffeestand. Dort kann man im Stehen Kaffee trinken und ein Stück Kuchen essen. Die großen Kaufhäuser haben meistens nicht nur ein Restaurant, sondern auch eine Cafétéria oder einen Imbißstand. In Universitätsstädten können Studenten aus dem Ausland manchmal in der Mensa essen. Man muß einfach wie die anderen Studenten einen Essen-Bon[4] kaufen. Und auf dem Land[5] gibt es viele kleine Gasthäuser. Dort kann man gut und preiswert essen. Vergessen Sie nicht nach den regionalen Spezialitäten zu fragen!

[1] opportunities  [2] butcher shops  [3] bakeries  [4] coupon  [5] in the country

---

### Interview  Frühstück

Wir haben einige Leute gefragt: Was haben Sie heute morgen gegessen? Hier sind ihre Antworten:

KARL SCHREINER, 48 JAHRE, BUSFAHRER:
Ich habe zwei Brötchen mit Wurst gegessen. Dann habe ich zwei Tassen Kaffee getrunken. Das war heute morgen um sechs. Dann habe ich um 10 Uhr eine Pause gemacht und ein Käsebrot und einen Apfel gegessen. Getrunken habe ich Tee aus meiner Thermosflasche. Die habe ich immer bei mir.

CHRISTOPH SINN, 16 JAHRE, SCHÜLER:
Ich esse morgens immer Cornflakes oder Müsli mit einer Banane oder mit einem Apfel. Das geht schnell. Ich trinke meistens Tee mit Zitrone. Sonntags gibt es bei uns zu Hause ein großes Familien-frühstück. Da gibt es Brot mit Butter und Marmelade oder Honig. Dann gibt es auch Käse, Schinken und Wurst. Sonntags esse ich auch mal ein weich gekochtes Ei.

CLAUDIA ROTH, 23 JAHRE, SEKRETÄRIN:
Ich habe heute morgen gar nichts gegessen, nur schnell eine Tasse Kaffee getrunken. Ich mußte heute schon um 7 Uhr aus dem Haus. Da hatte ich einfach keine Zeit. Im Büro habe ich dann ein Joghurt und einen Apfel gegessen. Das mache ich oft so. Manchmal esse ich auch erst mittags eine Suppe oder ein Schinkenbrötchen.

### Situation 7  Interview: Fragen Sie Ihre Mitstudenten!

1. Was haben Sie (hast du/habt ihr) zum Frühstück, zum Mittagessen, zum Abendessen gegessen und getrunken?
2. Wo essen Sie (ißt du/eßt ihr) meistens was?
3. Haben Sie (hast du/habt ihr) immer Zeit für das Essen? Warum? – Warum nicht?
4. Welche Mahlzeit essen Sie (ißt du/eßt ihr) meistens zu Hause?
5. Welche deutschen Spezialitäten kennen Sie?
6. Was trinkt man bei Ihnen zu Hause zum Essen?
7. Welche Mahlzeit ist sehr wichtig für Sie? Warum?
8. Essen Sie manchmal im Restaurant? Wann, wo, warum (nicht)?

# SCHRIFTLICHE ÜBUNGEN

**SÜ 1**    Ergänzen Sie eine Dativ-Präposition. Welche paßt?

1. Ich fahre _mit_ meiner Frau nach Köln.
2. ____ wem ist der Brief?
3. Er kommt ____ dem Süden von Amerika.
4. Wir sind ____ einem Jahr in Deutschland.
5. Waren Sie schon ____ Ihrem Arzt?
6. Warum gehen Sie nicht ____ Ihrem Arzt?
7. Das Kino ist nicht weit ____ hier.
8. Fährt dieser Zug ____ Freiburg?
9. Sie wohnt ____ ihrer Mutter.
10. Wie kommt man ____ der Universität?
11. ____ dem Unterricht gehen wir nach Hause.
12. ____ einer Woche ist er wieder nach Hause gefahren.
13. Er ist schon ____ Montag krank.
14. Die Leute kommen gerade ____ der Kirche.
15. Es ist fünf Minuten ____ acht.
16. Er trinkt das Bier ____ der Flasche.
17. ____ dem Flughafen ist ein großes Hotel.
18. Sie ist schon ____ dem Wochenende bei ihrer Mutter.
19. Sind Sie ____ dem Zug gekommen?
20. ____ welchem Hemd sprechen Sie?

Erinnern Sie sich?

**Erklären Sie mit Adjektiv + Nomen!**

Nürnberg→Das ist eine alte deutsche Stadt.

Berlin
der Intercity
Albrecht Dürer
Hamburg
der Rolls Royce
Hammaburg
Österreich
der Volkswagen
Neuschwanstein
Bayern
Deutschland
Heidelberg

**SÜ 2**    Ergänzen Sie!

1. (out of the house)        Er kommt gerade _aus dem Haus_ .
2. (of whom)                 _____ sprechen Sie?
3. (with her friends)        Sie ist _____ ins Kino gegangen.
4. (from Kiel to Hamburg)    Der Zug fährt _____ .
5. (from my aunt)            Ich habe das Buch _____ bekommen.
6. (opposite the hospital)   _____ ist ein großer Park.
7. (after the concert)       _____ gehen wir in ein Restaurant.
8. (from Berlin)             Mein Freund kommt _____ .
9. (to the church)           Wie komme ich _____ ?
10. (at your mother's)       Waren Sie schon _____ ?
11. (for three weeks)        Er ist _____ hier.
12. (far from here)          Die Post ist nicht _____ .
13. (from which lady)        _____ hast du das Geld bekommen?
14. (to my girlfriend)       Ich gehe jetzt _____ .
15. (to which mechanic)      _____ ist er gegangen?
16. (with his parents)       Er wohnt _____ .
17. (after seven o'clock)    Es ist jetzt fünf Minuten _____ .
18. (out of a wine glass)    Warum trinkst du das Bier _____ ?
19. (for one hour)           Er ist _____ beim Arzt.
20. (near Frankfurt)         Offenbach liegt _____ .

# Wortschatz

## TRANSPORTMITTEL / VERKEHRSMITTEL — MEANS OF TRANSPORTATION

| | |
|---|---|
| der Lastwagen, - | truck |
| der LKW, -s | truck |
| der PKW, -s | car, automobile |
| das Mofa, -s | motorized bicycle |

*Leicht erkennbare Wörter*

**das Boot, -e / das Fahrrad, ⁻er / das Moped, -s /
der Motor, -en / das Motorrad, ⁻er / der
Omnibus, -se**

## MAHLZEITEN — MEALS

| | |
|---|---|
| der Imbißstand, ⁻e | fast food stand |
| der Nachtisch | dessert |
| der Schinken, - | ham |
| das Brot, -e | bread |
| das Brötchen, - | roll |
| die Gurke, -n | pickle |
| die Imbißstube, -n | snack bar |
| die Mahlzeit, -en | meal |
| die Mensa | student cafeteria |
| die Pommes frites *(pl.)* | French fries |

*Leicht erkennbare Wörter*

**das Abendessen, - / die Bratwurst, ⁻e / die
Butter / der Honig / der Kakao / das
Mittagessen, - / die Nudel, -n / das Omelett, -s /
der Pudding / der Reis / die Soße, -n / die
Spezialität, -en / das Tagesmenü, -s**

## ANDERE NOMEN

| | |
|---|---|
| die Apotheke, -n | pharmacy |
| der Flughafen, ⁻ | airport |
| das Gebäude, - | building |
| die Post *(no pl.)* | post office |
| das Reisebüro, -s | travel agency |
| die Straße, -n | street |
| die Tankstelle, -n | gas station |

## VERBEN

| | |
|---|---|
| träumen | to dream |

## DATIV-PRÄPOSITIONEN

| | |
|---|---|
| aus | out of, from |
| außer | besides, except for |
| bei | near, at *(the place of)*, with *(in the sense of in someone's home or house)* |
| gegenüber | opposite, across from |
| mit | with, by (means of) |
| nach | after, to (+ *cities or countries*) |
| seit | since, for (+ *time expressions*) |
| von | from, of |
| zu | to (+ *places within a city*) |

## ADJEKTIVE UND ADVERBEN

| | |
|---|---|
| einheitlich | uniform(ly) |
| ganz | very, quite |
| gleich | just, right, directly |
| gewöhnlich | usual(ly) |
| irgendwo | somewhere |
| lieber | preferably |
| nächst- *(attr. adj.)* | next |
| weit ↔ nahe | far ↔ near, close(by) |

*Leicht erkennbare Wörter*

**lokal / national / regional / typisch**

## VERSCHIEDENES

| | |
|---|---|
| bis zu | up to |
| geradeaus | straight ahead |
| jedoch (doch) | however, nevertheless |
| manch- *(der-word)* | some |
| Moment mal! | Just a moment! |
| nach dem Weg fragen | to ask for directions |
| Post bekommen | to get mail |
| Tut mir leid. | Sorry. |
| wem? | whom? |
| womit? | with what? |
| woraus? | out of what? |
| wovon? | from / of what? |
| zum Essen | for dinner |
| zum Geburtstag | for one's birthday |

# FAMILIENANZEIGEN

Abschied vom Kinderladen feiert heute

## Bastian Dreiling

Zum Schulanfang am 26. 8. 1989 alles Gute wünschen

*Mama Beate und Karl-Heinz, Oma Anna, Opa Siegfried, Uroma Hildegard, Oma Lina, Tante Ingrid, Oma Alois und Alois und alle Freunde.*

*Benutzen Sie das Wörterbuch!*

## Liebe Gisela, lieber Otto!

Wir sind uns ganz sicher, die Nummer 4 wird endlich das Mädchen!

**Die besten Wünsche zum dritten Sohn**

Gaby und Werner aus dem „Westen"

## Hallo lieber Thomas,

heute wirst Du sicher jede Menge Glückwünsche angeln.

Von Herzen alles Liebe und Gute zu Deinem Geburtstag wünscht Dir

*Katharina*

## Liebe Christa

zu Deinem Geburtstag alles Gute. Ich liebe Dich wie am ersten Tag. Bleibe so wie Du bist

*Dein Dich liebender Werner*

Ja riesig! Christoph hat heute Geburtstag. Sehr nett! Ich Liebe Dich

Au - Au - Au

**WIR HEIRATEN**

Claudia Faßnacht
geb. Boysen

*Ralf Guthe*

22. Juli 1991, 11.00 Uhr

Mannheim-Wallstadt
Wernerstr. 4

Unserem lieben Vater und Opa

## Willibald Wolf

zum

## 60. Geburtstag

alles Gute und Gesundheit wünschen Dir
Deine Kinder,
Enkelkinder, Deine
Frau Katharina
sowie die „Haustiere"

Hallo Jens

herzliche Glückwünsche

Zum Geburtstag

◆ Grüß mal wieder

## Jungle-Frog:

Fischerin am Bodensee, sensibel, ängstlich, stur, bildhübsch, sexy, superzärtlich, einzigartig – ich liebe Dich!
Und . . .
*Happy Birthday to you!*

# Neudeutsch ist in!

**Themen und Sprechziele**
Bildgeschichten: Wem . . . ?
Spiel mit der Logik

**Grammatik und Übungen**
Dative 2: The Indirect Object
    Nouns • Adjectives • Pronouns
Order of Objects

# SPRECHZIELE

## BILDGESCHICHTEN

*Dativ: Das indirekte Objekt*

### Situation 1   Wem . . . ?

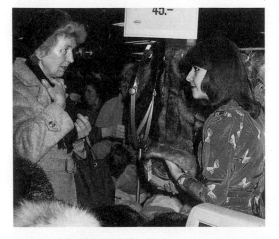

Die Verkäuferin zeigt einen Hut.
**Wem** zeigt sie den Hut?
Die Verkäuferin zeigt **der Dame** den Hut.
Sie will **ihr** den Hut verkaufen.

Der Postbote bringt Briefe.
**Wem** bringt er die Briefe?
Der Postbote bringt **dem Herrn** die Briefe.
Er gibt **ihm** gerade die Briefe.

Der Kellner erklärt die Weinkarte.
**Wem** erklärt er die Weinkarte?
Er erklärt **seinen Gästen** die Weinkarte.
Er empfiehlt **ihnen** einen guten Wein.

Sie hat ein Bild gemalt. **Wem** zeigt sie es?
Sie zeigt **Ihnen** das Bild.
Sie zeigt **mir** das Bild.
Sie möchte **uns** das Bild schenken.

# SPIEL MIT DER LOGIK

## Situation 2    Ist das logisch? – Ja oder nein?

<u>nein</u>    1. Sie bringt den Lehrer.

_____  2. Er schenkt die Dame.

_____  3. Sie verkauft einem Herrn eine Jacke.

_____  4. Sie bringt dem Lehrer ein Geschenk.

_____  5. Sie verkauft einen Herrn.

_____  6. Sie bäckt ihren Mann.

_____  7. Er schenkt der Dame Blumen.

_____  8. Der Kellner soll die Speisekarte erklären.

_____  9. Sie bäckt ihrem Mann einen Kuchen.

_____ 10. Anja schreibt ihrer Freundin einen Brief.

_____ 11. Der Mechaniker repariert den Kunden.

_____ 12. Uwe erklärt seinem Bruder die neuen Wörter.

_____ 13. Thomas kocht seine Schwester Stefanie.

_____ 14. Herr Bönke repariert seinem Sohn das Fahrrad.

_____ 15. Der Arzt erklärt den Mann.

_____ 16. Die Mutter schreibt ihre Tochter.

_____ 17. Andreas hat seinem Freund das Geld gegeben.

_____ 18. Die Kellnerin hat das Essen serviert.

_____ 19. Anna gibt ihren Freund.

_____ 20. Frau Schubert serviert die Gäste.

# GRAMMATIK

## 1 Dative 2: The Indirect Object

German uses the dative case for the indirect object of a verb, that is, the person for whom or to whom an action is done. Like the direct object (accusative), the indirect object (dative) may be a noun or a pronoun.

In English, the indirect object can be recognized in two ways:

1. It precedes the direct object:

> He showed *his girlfriend* the car. / He showed *her* the car.
> She bought *her son* a present. / She bought *him* a present.

2. It uses a prepositional phrase with *to* or *for* and follows the direct object:

> He showed the car *to his girlfriend*. / He showed the car *to her*.
> She bought the present *for her son*. / She bought the present *for him*.

Notice that the above sentences answer three questions, namely the questions for –

|  |  |
|---|---|
| the subject: | *Who* did the action of showing/buying? |
| the direct object: | *What* did the subject show/buy? |
| the indirect object: | *To whom/for whom* did the subject perform the action? |

### A Nouns as Indirect Objects

In contrast to English, German never uses prepositions to indicate the indirect object. The endings of the **der-** and **ein-**words signal the indirect objects, i.e. the dative case.

| | |
|---|---|
| einer Frau | *to a woman* |
| jedem Mädchen | *to each girl* |
| ihren Eltern | *to her parents* |
| unseren Freunden | *to our friends* |

The forms of the dative were introduced in Chapter 14. Here is a short review of the three familiar cases.

| | **Masculine** | **Neuter** | **Feminine** | **Plural/All** |
|---|---|---|---|---|
| NOM. | der/ein | das/ein | die/eine | die/meine |
| ACC. | den/einen | das/ein | die/eine | die/meine |
| DAT. | dem/einem | dem/einem | der/einer | den/meinen |

Study these examples:

| | Dative | Accusative | |
|---|---|---|---|
| Sie zeigt | **dem Mechaniker** | das Auto. | *She's showing the car to the mechanic.* |
| Wir bringen | **der Lehrerin** | die Bücher. | *We're taking the books to the teacher.* |
| Er gibt | **den Kindern** | die Äpfel. | *He's giving the apples to the children.* |

As pointed out before, the question word asking for the dative object is **wem**.

| **Wem** hat sie das Auto gezeigt? | dem Mechaniker |
|---|---|
| **Wem** bringen Sie die Bücher? | der Lehrerin |
| **Wem** gibt er die Äpfel? | den Kindern |

Again, those few masculine nouns which take the ending **-n** or **-en** in the accusative must take the same ending in the dative.

Ich habe dem Junge**n** (Polizist**en**/Student**en**/Her**rn**) das Geld gegeben.
*I gave the money to the boy (policeman/student/gentleman).*

## B  Dative Adjectives

In the dative, all adjectives preceded by **der-**words or **ein-**words take the ending **-en**. Look at the following examples.

Der Kellner erklärt dem **amerikanischen** Touristen die Speisckarte.
Sie hat ihrer **kleinen** Tochter einen neuen Mantel gekauft.
Wir haben unseren **guten** Freunden ein Bild geschenkt.

Study the dative endings and review the others.

| | Masculine | Neuter | Feminine | Plural |
|---|---|---|---|---|
| NOM. | der Mann | das kleine Kind | die junge Frau | die jungen Männer |
| ACC. | den Mann | das kleine Kind | die junge Frau | die kleinen Kinder |
| DAT. { | dem Mann | dem kleinen Kind | der jungen Frau | den jungen Frauen |
| | einem Mann | einem kleinen Kind | einer jungen Frau | kcinen jungen Männern |

## C  Dative Pronouns

Notice the correspondence between the endings of the dative articles and those of the personal pronouns.

| Masculine | Neuter | Feminine | Plural/All |
|---|---|---|---|
| dem Mann | dem Kind | der Frau | den Leuten |
| ihm ___ | ihm ___ | ihr ___ | ihnen ___ |

Here are some examples:

Haben Sie **dem Mechaniker** das Auto gezeigt?
Ja, ich habe **ihm** das Auto gezeigt.

Schenken Sie **Ihrer Mutter** die Blumen zum Geburtstag?
Ja, ich schenke **ihr** die Blumen.

Hat er **seinen Freunden** einen Brief geschrieben?
Nein, er hat **ihnen** nur eine Karte geschrieben.

Study the dative pronouns and review the others.

| Nom. | Acc. | Dative | |
|------|------|--------|------|
| ich | mich | mir | *to me* |
| du | dich | dir | *to you* |
| er | ihn | ihm | *to him / it* |
| es | es | ihm | *to it* |
| sie | sie | ihr | *to her / it* |
| wir | uns | uns | *to us* |
| ihr | euch | euch | *to you* |
| sie | sie | ihnen | *to them* |
| Sie | Sie | Ihnen | *to you* |

## D  Order of Objects

In sentences containing a dative and an accusative object, the sequence of objects is as follows:

1. If both objects are nouns: dative noun before accusative noun.

Sie schreibt **ihren Freunden** diese Karte.
Geben Sie **der Dame** das Buch!
Wer hat **dem Herrn** den Ausweis gezeigt?

2. If one object is a noun and the other a pronoun: pronoun before noun.

Sie schreibt **ihnen** diese Karte.
Geben Sie **ihr** das Buch!
Wer hat **ihm** den Ausweis gezeigt?

3. If both objects are pronouns: accusative pronoun before dative pronoun.

Sie schreibt **sie** ihnen.
Geben Sie **es** ihr!
Wir haben **ihn** ihm gezeigt.

How to use word order for emphasis

German speakers often use word order for emphasis by placing the part to be emphasized at the beginning of the sentence. The verb remains in second position with the subject immediately following.

|  | **Verb** |  |  |  |
|---|---|---|---|---|
| Er | bringt | der Dame | heute | die Blumen. |
| Der Dame | bringt | er | heute | die Blumen. |
| Die Blumen | bringt | er | heute | der Dame. |
| Heute | bringt | er | der Dame | die Blumen. |

# MÜNDLICHE ÜBUNGEN

**MÜ 1**    Wem bringt der Kellner die Speisekarte?

- Der Mann und die Frau möchten die Speisekarte haben.
  *Der Kellner bringt dem Mann und der Frau die Speisekarte.*

Diese Leute möchten die Speisekarte haben:

| | | |
|---|---|---|
| 1. der Gast | 6. der Student | 11. die Studentin |
| 2. der Amerikaner | 7. der Herr | 12. die Dame |
| 3. der Arzt | 8. der Tourist | 13. die Amerikanerin |
| 4. der Ingenieur | 9. der Polizist | 14. die Sekretärin |
| 5. der Verkäufer | 10. das Mädchen | 15. die Verkäuferin |

**MÜ 2**    Wem zeigt die Verkäuferin den Mantel?

- Ein Mann und eine Frau sind im Geschäft.
  *Sie zeigt einem Mann und einer Frau den Mantel.*

Diese Leute sind im Geschäft:

| | | |
|---|---|---|
| 1. ein Lehrer | 5. ein Kind | 9. eine Krankenschwester |
| 2. ein Kellner | 6. ein Kollege | 10. eine Ärztin |
| 3. ein Amerikaner | 7. ein Herr | 11. eine Lehrerin |
| 4. ein Freund | 8. ein Mädchen | 12. eine Studentin |

**MÜ 3**    Wem schreiben Sie einen Brief?

● mein Freund → *Ich schreibe meinem Freund einen Brief.*

| | | |
|---|---|---|
| 1. mein Vater | 5. dein Onkel | 9. ihr Sohn |
| 2. seine Mutter | 6. meine Schwester | 10. seine Eltern |
| 3. ihr Bruder | 7. seine Tante | 11. meine Großmutter |
| 4. seine Tochter | 8. meine Freundin | 12. ihre Geschwister |

**MÜ 4**    Hier ist die Antwort. Fragen Sie!

● Er bringt **der alten Dame** Blumen. → *Welcher Dame bringt er Blumen?*

1. Sie schreibt **dem jungen Mann** einen Brief.
2. Sie zeigt **der alten Frau** die Stadt.
3. Er gibt **dem kleinen Jungen** einen Apfel.
4. Sie schenkt **dem netten Mädchen** ein Buch.
5. Er bringt **der neuen Sekretärin** den Brief.
6. Sie erklärt **dem alten Herrn** die Speisekarte.
7. Er verkauft **den jungen Leuten** sein Auto.

**MÜ 5**    Antworten Sie!

● Sprechen Sie von mir? → *Ja, ich spreche von Ihnen.*
● Sprichst du von mir? → *Ja, ich spreche von dir.*

1. Kommst du mit mir?
2. Gehen Sie mit mir?
3. Kommen Sie zu mir?
4. Fahren Sie mit mir?
5. Bleibst du bei mir?
6. Hast du das von mir?
7. Kommen Sie nach mir?
8. Fährst du zu mir?

**Erinnern Sie sich?**
**Wie heißt das Verb?**

| | |
|---|---|
| das Getränk | *trinken* |
| der Flug | _____ |
| der Plan | _____ |
| die Sprache | _____ |
| die Übung | _____ |
| der Rauch | _____ |
| der Fußgänger | _____ |
| das Frühstück | _____ |
| die Erklärung | _____ |
| die Hilfe | _____ |
| der Student | _____ |
| der Fotoapparat | _____ |

**MÜ 6**    Antworten Sie mit **Sie, Ihnen** oder **euch!**

| | |
|---|---|
| 1. Kennst du uns? | 9. Fahrt ihr mit uns? |
| 2. Verstehen Sie uns? | 10. Schreibst du uns einen Brief? |
| 3. Brauchst du uns? | 11. Geht ihr mit uns? |
| 4. Wohnen Sie bei uns? | 12. Hören Sie uns? |
| 5. Zeigen Sie uns die Kirche? | 13. Kommst du zu uns? |
| 6. Suchen Sie uns? | 14. Bringen Sie uns die Speisekarte? |
| 7. Seht ihr uns? | 15. Wollt ihr uns besuchen? |
| 8. Arbeiten Sie bei uns? | 16. Fragen Sie uns? |

**MÜ 7**    Antworten Sie!

- Haben Sie dem Studenten das Buch gegeben?
  *Ja, ich habe ihm das Buch gegeben.*
  *Ja, ich habe es dem Studenten gegeben.*

1. Zeigen Sie der Dame das Bild?
2. Bringt die Kellnerin dem Gast die Speisekarte?
3. Kauft Herr Kaiser seiner Frau diese Uhr?
4. Haben Sie dem Jungen das Geld gegeben?
5. Hat die Verkäuferin der Dame das Kleid gezeigt?
6. Hat der Kellner dem Touristen die Speisekarte erklärt?

**MÜ 8**    Stellen Sie das Adjektiv vor das Nomen und bilden Sie **einen** Satz!

- Wir bringen **der Dame** Blumen. Sie ist **krank**.
  *Wir bringen der kranken Dame Blumen.*

1. Sie kauft **dem Jungen** eine neue Hose. Er ist **klein**.
2. Der Verkäufer zeigt **der Dame** ein Kleid. Sie ist **elegant**.
3. Wir schenken **der Frau** die Blumen. Sie ist **nett**.
4. Der Lehrer erklärt **der Studentin** die Sätze. Sie ist **neu**.
5. Er wohnt bei **seinem Onkel**. Er ist **alt**.
6. Sie spricht von **ihrer Mutter**. Sie ist **krank**.
7. Er ist mit **seiner Freundin** ins Kino gegangen. Sie ist **hübsch**.
8. Der Herr kommt gerade aus **dem Hotel**. Es ist **teuer**.

**MÜ 9**    Auf deutsch, bitte!

1. You can give the key to my girlfriend.
   You can give it to my girlfriend.
   You can give the key to her.

2. We sold our car to this gentleman.
   We sold our car to him.
   We sold it to this gentleman.

3. She had to show her driver's license to the policeman.
   She had to show her driver's license to him.
   She had to show it to the policeman.

4. Show the pictures to your friend.
   Show him the pictures.
   Show them to your friend.

5. Did you give the money to your sister?
   Did you give her the money?
   Did you give it to your sister?

## NEUDEUTSCH IST *IN*!

**Verstehen Sie diese Wörter auch ohne Wörterbuch?**

Gaspedal Initiative International KEIN PROBLEM
Sauna + Solarium Alternative PROJEKT Atom Tradition Experimentieren
DIMENSION Perfektion Millionen *Essay*
Film Post Transport Autos INNOVATION Telefon
Partner für Telekommunikation Nikotin Operation direkt Exklusiv
Dialog Kompliment Kaffee EXPORT Musik
Motoröl Terrorismus EXPORT Architekt Produkt Adresse 1. Klasse
original Energie INVESTITIONSSYSTEM Qualität
FOTOGRAFIEREN Vitamine Dessert Schokolade Referenz KAMERATECHNIK Extra
Keine Kompromisse die persönliche Garantie Telefoncomputer SERVICE

Natürlich haben Sie alle Wörter sofort verstanden, denn man benutzt sie auch im Englischen. Es sind keine deutschen Wörter. Die deutsche Sprache hat sie integriert, aber mit der deutschen Aussprache.

Anders ist es mit Amerikanismen. Das sind Wortimporte aus Amerika. Seit dem Zweiten Weltkrieg[1] sind viele Wörter aus dem amerikanischen Englisch in die deutsche Sprache gekommen. Niemand weiß wie. Plötzlich sind sie da. Auch die Aussprache ist wie im Englischen. Aber diese Wörter sind wie Gäste, denn die meisten bleiben nicht lange. Heute sind sie ultramodern und morgen sind sie vergessen. Oder auf neudeutsch: Heute sind sie *in* und morgen sind sie *out*.

Besonders die Werbung benutzt viele Wörter oder manchmal sogar ganze Sätze aus dem amerikanischen Englisch. Hier sind einige Beispiele:

Neudeutsch ist *in*. Die *Teenager* tragen *Jeans* oder *Overalls* und *Boots*. Ihre *T-Shirts* oder *Sweat-Shirts* mit *Buttons* sind aus einem *Secondhand-Shop*. Nachmittags ist *Teatime* und abends gehen sie in die *City*. Sie gehen zu *McDonald's*, essen dort einen *Hamburger*, trinken *Coca-Cola* oder einen *Milk-Shake* und sprechen über *Rock-Festivals* und *Popstars*. Oder sie gehen ins Kino. Vielleicht läuft dort gerade ein *Action-Film* oder ein *Science-Fiction-Film*. Auch *Horror*-Filme sind populär. *Western* mit *Superstars* sind *out*. Da gibt es keinen *Run* auf die *Tickets*.

Die *Boys* und *Girls* haben *Disco*-Fieber. *Disco-Sound* und *Disco-Look* sind *in*. Am *Weekend* gehen sie in die *Disco*, denn dort ist immer *Highlife*. Der *Disc Jockey* bringt seine *Gags* und *Slogans* und spielt die *Singles* und *LPs*. Zu Hause hören sie gern *Country Music*.

Irgendwo ist ein *Jazz-Festival*. Eine *Band* hat ein *Comeback*. Ihr *Sound* hat soviel *Feeling*, ihre *Show* hat *Power* und *Drive* mit einem phantastischen *Timing*. Diese *Band* ist ein *Hit*. Sie braucht keine *Publicity*. Die *Fans* sind *happy*.

Auch in Deutschland haben die *Teenager* ihre Gruppen. Die *Peer-Groups* sind wichtig. Die *Heavy-Metal-Fans* lieben den *Hard-Rock* und trinken viel Bier. Die *Mods* hören gern den schwarzen *US-Motown-Sound*. Die *Punks* haben ihren *Punk-Rock*. Sie tragen gern *T-Shirts* und *Do-it-yourself* Kleidung. Dann gibt es noch die *Rockabilly-Fans*, die *Skin-Heads* und die *Teddy Boys*. Die *Teds* hören gern die *Oldies*. Sie sind *Elvis-Fans* und haben den *Elvis-Look*. Nostalgie ist *in*.

Die Poppers haben ihren *Way of Life*. Sie sind gegen *Punk* und Politik. Sie lieben den Luxus, tragen *Designer Jeans*, *College Slippers* oder *Cowboy*-Stiefel. Ein *Blazer* oder eine *Flannel-Stretch*hose sind viel zu ordinär für einen Popper. Die Poppers sind *Snobs*, haben Talent für *Small-Talk* und besuchen viele *Partys*. Sie haben keine Zeit für *Hobbys* oder Sport, auch nicht für *Jogging*. Später möchten sie einen *Job* als *Marketing Manager* oder *Public Relations Man*.

Und dann sind da noch die *coolen Freaks* und die *ausgeflippten People* aus der Drogenszene. Sie rauchen *Dope*. Nach einem *Joint* sind sie *high*. Hoffentlich haben sie später keinen *Flashback*.

Auch das *Management* spricht Neudeutsch. *Charly* Schmidt ist ein *cleverer Sales Promotion Manager* aus der *Computer* Industrie. Seine Freundin ist eine *smarte Stewardeß* und arbeitet für die *Airlines*. Seine Kollegen sind *Top Software* Leute, *Financial Controllers*, *Senior Projektmanagers*, *Consulting* Ingenieure. Doch seine Firma hat Probleme mit dem *Cash-Flow*.

Seit seiner *Midlife Crisis* ist *Charly* mit seinem *Job* nicht mehr zufrieden. *Keep smiling*, sagen seine Freunde. *Charly* war schon bei einem *Executive Recruiter*. Aber dieser *Headhunter* sucht nur einen *General Manager* für ein *Joint Venture* im *Softdrink*-Bereich[2]. Und *Charly* möchte eine *Manager* Position für *Controlling*, *Disposition* und *Marketing*, vielleicht bei einer *Leasing* Firma.

Nach dem *Streß* von seinem *Job relaxt* er zu Hause. Er *mixt* einen *Drink* und liest einen *Bestseller*. Es ist ein *Thriller*. Ein *cooler Gangster kidnappt* einen *Playboy* aus dem *Jet-Set* und *killt* ihn. Die *Story* hat kein *Happy End*.

Natürlich hat dieser Text einen *Touch of Nonsense*. Niemand benutzt so viele englische Wörter auf einmal[3]. Eine Sprache ist jedoch immer in Bewegung[4], vor allem der Wortschatz. Neudeutsch ist *in*! Aber wie lange? Vielleicht ist es morgen schon *out*.

[1] World War II  [2] field/area  [3] at once  [4] in motion

*Punker in Stuttgart*

**Aufgaben**

1. Die Deutschen in der alten Bundesrepublik benutzen viele Wörter aus dem amerikanischen Englisch. Hier sind noch einige Beispiele. In welche Bereiche fallen diese Wörter?

**Kleidung — Musik — Technologie — Geschäftsleben — Modernes Leben — Freizeit**

| | | | |
|---|---|---|---|
| Banker | *Geschäftsleben* | Elektronik | Input |
| Streß | *Modernes Leben* | Business | Public Relations |
| Super-Hit | | Marketing | Jumbo Jet |
| Franchise | | Hobby | Multi-Media-Center |
| T-Shirt | | Rock'n Roll | Manicure-Set |
| Pop-Star | | Fitness-Center | Dolby-Deck |
| Body-Building | | Sex-Shop | Jeans |
| Fast-Food Markt | | Manager | Video Recorder |
| Steakhouse | | Jazz | University Pulli |
| HiFi Receiver | | Interview | Party-Service |
| Blues | | Consulting Partners | Discount |
| Blazer | | Sweat-Shirt | Countdown |
| Automatik | | Stereo | Mail Order |
| Overall | | Computer | Happy Night |
| Camping | | Cocktail | Babysitter |
| Know How | | Swimming Pool | Hotel Index |
| Take Off Tours | | Toaster | Talk-Show |

2. Lesen Sie eine deutsche Zeitung! Welche anderen englischen Wörter können Sie finden? In welche Bereiche fallen sie, und wo finden Sie besonders viele?

# SCHRIFTLICHE ÜBUNGEN

**SÜ 1**   Ergänzen Sie! *(Nominativ, Akkusativ, Dativ)*

|   |   |   |
|---|---|---|
| 1. | die Kellnerin | Geben Sie _der Kellnerin_ die Zeitung! |
| 2. | unser Auto | Wir haben _____ verkauft. |
| 3. | der Herr | Können Sie _____ ein Hotel empfehlen? |
| 4. | eine Lampe | Frau Becker braucht _____ . |
| 5. | seine Freundin | Er kauft _____ Blumen. |
| 6. | Ihr Sohn | Wie heißt _____ ? |
| 7. | Herr Becker | Bringen Sie _____ diese Bilder! |
| 8. | ein neuer Freund | Hat das Mädchen _____ ? |
| 9. | die Studenten | Die Lehrerin erklärt _____ die Wörter. |
| 10. | Herr Sander | Dort kommt _____ . |
| 11. | die Mädchen | Zeigen Sie _____ das Schloß, bitte! |
| 12. | unsere Tochter | Sie hat _____ das Geld gegeben. |
| 13. | Fräulein Martin | Morgen besuchen wir _____ . |
| 14. | die Briefe | Haben Sie schon _____ geschrieben? |
| 15. | der Ingenieur | Haben Sie _____ den Brief gezeigt? |
| 16. | der junge Mann | Bringen Sie _____ ein anderes Glas! |
| 17. | die kleinen Kinder | Sie holt _____ einen Apfel. |
| 18. | die junge Dame | _____ hat eine neue Bluse gekauft. |
| 19. | meine Freundin | Ich habe _____ meinen Mantel gezeigt. |

**SÜ 2**   Bilden Sie Sätze!

- Die Verkäuferin/zeigen/der Herr/ein Regenschirm
  *Die Verkäuferin zeigt dem Herrn einen Regenschirm.*

1. Herr Müller/kaufen/sein Sohn/ein Fahrrad
2. Das Mädchen/bringen/die alte Dame/ein Stück Kuchen
3. Meine Mutter/schreiben/meine Geschwister/ein langer Brief
4. Der Kellner/erklären/der Tourist/die Speisekarte
5. Das Kind/beschreiben/seine Eltern/ein Bild
6. Der Verkäufer/empfehlen/die Leute/ein neuer Fernseher

**SÜ 3**   Antworten Sie!

- Bringt er **dem kranken Mann** die Blumen?
  *Nein, er bringt **der kranken Frau** die Blumen.*

1. Zeigt er **der netten Dame** das Schloß?
2. Geben Sie **dem alten Mann** das Geld?
3. Bringen Sie **der jungen Amerikanerin** den Stadtplan?
4. Empfiehlt er **seiner reichen Tante** das Hotel?
5. Haben sie **ihrem kleinen Bruder** einen Brief geschrieben?
6. Hat der Lehrer **dem netten Studenten** den Satz erklärt?

**SÜ 4**   Bilden Sie Fragen mit Fragwörtern!

- Der Kellner empfiehlt dem Herrn den Wein.
  *Wer empfiehlt den Wein?*      (der Kellner)
  *Was empfiehlt der Kellner?*   (den Wein)
  *Wem empfiehlt er den Wein?*   (dem Herrn)

1. Die Mutter gibt den kleinen Kindern die Äpfel.
2. Die junge Dame hat dem jungen Mann ihr altes Auto verkauft.
3. Der Kellner hat den Touristen die deutsche Speisekarte erklärt.
4. Wir haben dem Verkäufer das Geld gegeben.
5. Frau Keller schreibt ihrer Schwester einen Brief.
6. Der junge Mann hat dem Polizisten seinen Ausweis gezeigt.

Wer? Was? Wen? Wem?

# *Wortschatz*

## NOMEN

| | |
|---|---|
| **der Kunde, -n, -n** | customer |
| **der Postbote, -n, -n** | mailman |
| **die Aufgabe, -n** | task |
| **die Aussprache, -n** | pronunciation |
| **die Geschichte, -n** | story |
| **die Weinkarte, -n** | wine menu |
| **die Werbung** | advertising |

*Leicht erkennbare Wörter*
**die Droge, -n / das Fieber / die Firma
(Firmen) / die Gruppe, -n / die Industrie, -n /
die Logik / die Nostalgie / die Stewardeß, -ssen /
das Talent, -e / der Text, -e**

## VERBEN

| | |
|---|---|
| **benutzen** | to use |
| **erklären** | to explain |
| **geben (gibt), gegeben** | to give |
| **schenken** | to give as a gift |

*Leicht erkennbare Wörter*
**fallen (fällt), ist gefallen / integrieren / kochen**

## ADJEKTIVE UND ADVERBEN

| | |
|---|---|
| **besonder -** *(attr. adj.)* | special |
| **besonders** | especially |
| **einige** | some, a few |
| **ganz** *(adj.)* | entire, whole |
| **plötzlich** | sudden(ly) |
| **sofort** | right away, immediately |
| **sogar** | even |

*Leicht erkennbare Wörter*
**logisch**

**Themen und Sprechziele**
Bildgeschichten: Wem . . . ?  ●  Besitz
Das Essen beschreiben
Das Essen schmeckt mir (nicht).
Körperteile  ●  Krankheit und Schmerzen

**Kultur und Information**
Krankenkasse

**Grammatik und Übungen**
Dative 3: Verbs and Expressions
Word Formation 5: Infinitives as Nouns
    The Noun Suffix **-ung**

# SPRECHZIELE (1)

## BILDGESCHICHTEN

*Verben mit Dativ*

### Situation 1   Wem . . . ?

Touristen finden die Schlösser sehr schön.
Schlösser **gefallen den Touristen.**
**Mir gefällt** dieses Schloß sehr gut.
Was **gefällt Ihnen** in Deutschland (nicht)?
Was **gefällt Ihnen** in Ihrem Land (nicht)?

Die Deutschen essen gern Wurst.
Wurst **schmeckt den Leuten.**
**Dem Jungen schmeckt** die Fleischwurst.
Was essen Sie gern? Was **schmeckt Ihnen?**
Was **schmeckt Ihnen** nicht?

Die Dame hat Geburtstag.
Der Herr **gratuliert ihr** zum Geburtstag.
Er gibt ihr auch ein Geschenk.
Hoffentlich **gefällt der Dame** das Geschenk.
Wer **gratuliert Ihnen** zum Geburtstag?
**Wem gratulieren** Sie?

Die Kinder sind im Verkehrsgarten.
Sie fragen den Polizisten.
Der Polizist **antwortet den Kindern.**
Er **antwortet** gerade **einem kleinen Jungen.**
**Wem antworten** Sie auf deutsch?

Sybille ist Sozialarbeiterin.
Sie **hilft den alten Leuten**.
Diese alte Frau kann nicht allein gehen.
Sybille **hilft der alten Frau**.
Sie geht mit ihr einkaufen.
**Wem** müssen Sie manchmal **helfen**?
Wer **hilft Ihnen**?

Nina trägt einen schicken Pullover.
Der Pullover **steht ihr** sehr gut.
Er ist nicht zu groß und nicht zu klein.
Er **paßt ihr** sehr gut.
Die hübsche Mütze **steht ihr** auch gut.
Welche Farbe **steht Ihnen** gut?
Welche Größe **paßt Ihnen**?

## BESITZ

**Situation 2**   Wem gehört der Koffer?

Nein, mir nicht.

Gehört der Koffer Ihnen?

ZOLL

Ist das euer Koffer?
Gehört der Koffer euch?

Ja, das ist unser Koffer.

Der Koffer gehört uns.

Gehört der Koffer dir?

Nein, er gehört den Leuten dort.

Was haben Sie?
Was gehört Ihnen?

## Situation 3   Interview: Fragen Sie Ihre Mitstudenten!

1. Was gefällt Ihnen in Deutschland (nicht)?
2. Welche deutsche Stadt gefällt Ihnen (nicht)?
3. Welches deutsche Schloß gefällt Ihnen?
4. Welches deutsche Essen schmeckt Ihnen (nicht)?
5. Welches deutsche Getränk schmeckt Ihnen (nicht)?
6. Wem gratulieren Sie zum Geburtstag?
7. Wer gratuliert Ihnen zum Geburtstag?
8. Wer hilft Ihnen bei der Hausaufgabe?
9. Wem helfen Sie bei der Hausaufgabe?
10. Welche Farbe steht Ihnen (nicht) gut?
11. Welche Kleidergröße paßt Ihnen?
12. Welche Schuhgröße paßt Ihnen?

*Dem Mädchen schmeckt das Eis.*
*Was schmeckt Ihnen?*

# DAS ESSEN BESCHREIBEN

## Situation 4   Dialog: Es schmeckt mir (nicht).

Die Familie Böhm sitzt beim Essen. Den Kindern schmeckt das Essen, aber Herr Böhm ißt nicht viel.
Seine Frau sieht das und fragt ihn warum.

FRAU BÖHM  Was ist los? Du ißt gar nichts?
           Schmeckt dir das Essen nicht?
HERR BÖHM  Doch, doch, es schmeckt mir.
FRAU BÖHM  Und warum ißt du nichts?
HERR BÖHM  Es tut mir leid, aber ich habe keinen Appetit.
FRAU BÖHM  Geht es dir nicht gut?
HERR BÖHM  Doch, doch, es geht mir gut.
           Ich habe nur keinen Appetit.

*Guten Appetit!*

## Situation 5 Guten Appetit!

Man fragt Sie: „Na, wie schmeckt's?" Und Sie antworten vielleicht: „Danke, gut!" Das ist eine kurze Frage und die Antwort ist auch kurz. Aber was heißt hier „gut"? Vielleicht war das Essen gar nicht so gut. Mit diesen Wörtern kann man das Essen besser beschreiben.

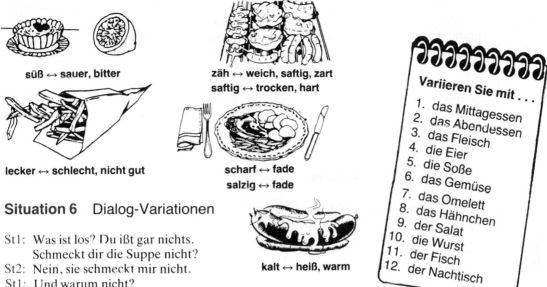

süß ↔ sauer, bitter

zäh ↔ weich, saftig, zart
saftig ↔ trocken, hart

lecker ↔ schlecht, nicht gut

scharf ↔ fade
salzig ↔ fade

kalt ↔ heiß, warm

**Variieren Sie mit . . .**
1. das Mittagessen
2. das Abendessen
3. das Fleisch
4. die Eier
5. die Soße
6. das Gemüse
7. das Omelett
8. das Hähnchen
9. der Salat
10. die Wurst
11. der Fisch
12. der Nachtisch

## Situation 6 Dialog-Variationen

St1: Was ist los? Du ißt gar nichts.
Schmeckt dir die Suppe nicht?
St2: Nein, sie schmeckt mir nicht.
St1: Und warum nicht?
St2: Sie ist mir zu . . .

# GRAMMATIK

## 1 Dative 3: Verbs and Expressions

### A Dative Verbs

If a German verb takes an object, it is, as we have seen, usually in the accusative.

> Ich habe **einen Kugelschreiber.**
> Nehmen Sie **den Bus** oder **die Straßenbahn**?
> Markus kauft **ein neues Auto.**

There are some verbs, however, which can only take a dative object

> Das Bild gefällt **mir.**  *I like the picture.*
> Der Polizist hilft **dem Kind.**  *The policeman is helping the child.*
> Hat **Ihnen** das Essen geschmeckt?  *Did you enjoy the meal?*
> **Wem** gehören diese Schlüssel?  *To whom do these keys belong?*

Here are the most common verbs taking only dative objects.

| | | Literal Meaning |
|---|---|---|
| antworten | *to answer* | *to give an answer to* |
| danken | *to thank* | *to give thanks to* |
| gehören | *to belong* | *to belong to* |
| gefallen | *to please / to like* | *to be pleasing to* |
| gratulieren | *to congratulate* | *to offer congratulations to* |
| helfen | *to help* | *to give help to* |
| schmecken | *to taste* | *to taste (good / bad) to* |

Other common dative verbs are **fehlen** *(to be missing)*, **passen** *(to fit)*, **stehen** *(to look good on someone)*. Verbs which can take only dative objects are so indicated in the vocabularies: **helfen** *(+ dat.)*.

---

### When to use **gern / gefallen / schmecken**

Use **gern** *(gladly, willingly)* with a verb to say that you like whatever is expressed by the verb. The structure verb + **gern** is used in the sense of *to enjoy doing something*.

| Er liest **gern**. | *He likes to read. / He enjoys reading.* |
|---|---|
| Sie arbeitet **gern**. | *She likes to work. / She enjoys working.* |

Use the verb **gefallen** *(+ dative)* to say that something, expressed by a noun or a pronoun, is pleasing to you, i.e. that you enjoy it.

| Das Buch hat ihm **gefallen**. | *He liked the book.* |
|---|---|
| Die Arbeit **gefällt** ihr. | *She likes the work.* |

Use the verb **schmecken** *(+ dative)* in connection with food and beverages to say that you like or enjoy it.

| Hat Ihnen der Kuchen **geschmeckt**? | *Did you like the cake?* |
|---|---|
| Das deutsche Bier **schmeckt** ihm. | *He likes the German beer.* |

---

## B  Dative Expressions

The dative case is often used to express emotions, opinions or physical conditions. These expressions have **es** as the subject of the sentence.

| Es tut mir leid. | *I'm sorry.* |
|---|---|
| Es tut mir weh. | *It hurts (me).* |
| Es ist mir egal. | *It's all the same to me.* |
| Es ist mir kalt. | *I am cold.* |

| | |
|---|---|
| Es ist mir heiß. | *I am hot.* |
| Es ist mir schlecht. | *I am feeling sick.* |
| Es geht mir gut. | *I am fine.* |
| Wie geht es Ihnen? | *How are you?* |

In colloquial German, the grammatical subject **es** is often omitted: **Tut mir leid. / Mir ist heiß. / Mir ist kalt. / Mir ist schlecht**, etc.

## 2   Word Formation 5: Nouns Derived from Verbs

### A   Infinitives as Nouns

Any German infinitive can be used as a neuter noun. The English equivalent of a German verbal noun is usually a form ending in *-ing*. As all nouns, verbal nouns are capitalized.

| | | |
|---|---|---|
| **rauchen** | Er ist gegen **das Rauchen**. | *He is against smoking.* |
| **fahren** | **Radfahren** macht Spaß. | *Riding a bike is fun.* |
| **laufen** | Ist **Laufen** gesund? | *Is running healthy?* |

In combination with **beim** (**bei dem**), such verbal nouns express *while* or *in the process of*.

| | |
|---|---|
| beim Schwimmen | *while swimming* |
| beim Essen | *while eating* |
| beim Arbeiten | *while working, at work* |

In combination with **zum** (**zu dem**), such verbal nouns express *to* or *for* in the sense of *in order to.*

| | |
|---|---|
| zum Hören | *in order to hear, for listening* |
| zum Beißen | *in order to bite, for biting* |

### B   The Noun Suffix **-ung**

Many German verbs can be transformed into feminine nouns by adding the suffix **-ung** to the verb stem. The noun suffix **-ung** often corresponds to the English suffix *-tion*.

| | | |
|---|---|---|
| beschreiben | die Beschreibung | *description* |
| empfehlen | die Empfehlung | *recommendation* |
| erklären | die Erklärung | *explanation* |

# MÜNDLICHE ÜBUNGEN

**MÜ 1**   Wem gehören die Sachen?

- Die Dame hat einen Regenschirm. → *Der Regenschirm gehört der Dame.*

1. Der Herr hat eine Pfeife.
2. Der Tourist hat einen Stadtplan.
3. Die Studenten haben Bücher.
4. Die Frau hat ein Auto.
5. Die Mädchen haben die Reisepässe.
6. Die Jungen haben Fahrräder.

**MÜ 2**   Wem hat das Essen geschmeckt?

- Der Gast hat ein Schnitzel gegessen.
  *Das Schnitzel hat dem Gast gut geschmeckt.*

1. Das Mädchen hat eine Suppe gegessen.
2. Die Dame hat Salat gegessen.
3. Sein Vater hat den Nachtisch gegessen.
4. Die Leute haben Käse gegessen.
5. Meine Freunde haben das Brot gegessen.
6. Ihr Bruder hat Fisch gegessen.
7. Wir haben Obst gegessen.
8. Unsere Gäste haben Fleisch gegessen.
9. Ich habe Hähnchen gegessen.

**MÜ 3**   Diese Leute finden unsere Stadt sehr schön. Wem gefällt unsere Stadt?

- Die Touristen finden unsere Stadt sehr schön.
  *Unsere Stadt gefällt den Touristen.*

1. die Amerikaner
2. jeder Tourist
3. unsere Gäste

4. die Männer
5. diese Frauen
6. alle Leute

7. meine Freunde
8. dieser Herr
9. beide Mädchen

**MÜ 4**   Diese Leute brauchen Hilfe. Wem hilft der Polizist?

- Ein Junge braucht Hilfe. → *Der Polizist hilft einem Jungen.*

1. ein Mann
2. meine Geschwister
3. eine Amerikanerin

4. seine Frau
5. ihr Bruder
6. ein Mädchen

7. unsere Eltern
8. deine Schwester
9. ein Tourist

**MÜ 5**    Diese Leute haben Ihnen geholfen. Wem danken Sie?

● Der Herr hat Ihnen geholfen. → *Ich danke dem Herrn. (Ich danke ihm).*

1. der Kellner          3. die Kinder          5. die Sekretärin
2. die Verkäuferin      4. der Polizist        6. die Mädchen


**MÜ 6**    Diese Leute fragen Sie etwas. Wem antworten Sie?

● Ihr Vater fragt. → *Ich antworte meinem Vater.*

1. mein Bruder         3. die Kinder          5. Ihre Freundin
2. der Lehrer          4. seine Kollegin      6. Ihre Eltern


**MÜ 7**    Auf deutsch, bitte!

**(a)  Verben mit dem Dativ**

1. Why don't you answer me?
2. Could you help them?
3. Whom did you help?
4. She congratulated us.
5. To whom does this umbrella belong?
6. The umbrella belongs to him.
7. She thanked me for the flowers.
8. What did you answer them?
9. We congratulated her.
10. Do we have to help your sister?
11. I am cold.
12. How are you today?
13. The sweater doesn't suit you.
14. The shoes don't fit him.

**(b)  Was ist richtig:**
**gern + Verb, gefallen, schmecken?**

1. He likes to play tennis.
2. I don't like this loud music.
3. How do you like my new coat?
4. Did he like the cake?
5. He doesn't like to eat cake.
6. We like your present very much.
7. Does he like to drink wine?
8. Did he like our new house?
9. How do you like Germany?
10. How did you like the fish?
11. I didn't like the picture.
12. She likes to go shopping.

*Die Freitreppe vor dem Rokokoschloß Sanssouci in Potsdam*

# SPRECHZIELE (2)

## DIE KÖRPERTEILE

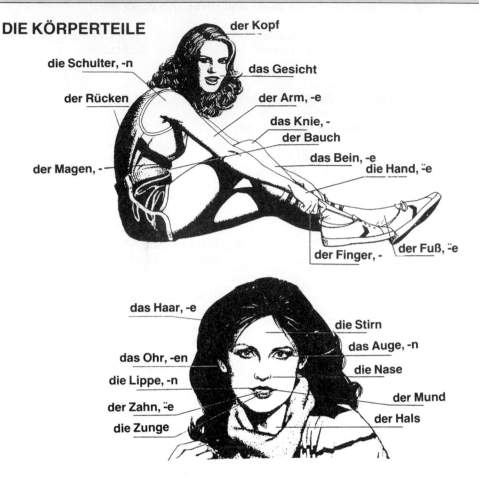

der Kopf

die Schulter, -n

das Gesicht

der Rücken

der Arm, -e

das Knie, -

der Bauch

das Bein, -e

der Magen, -

die Hand, ⸚e

der Finger, -

der Fuß, ⸚e

das Haar, -e

die Stirn

das Auge, -n

das Ohr, -en

die Nase

die Lippe, -n

der Zahn, ⸚e

der Mund

die Zunge

der Hals

## Situation 7  Fragespiele

**Quiz 1:  Was kann man damit[1] tun?**

● die Ohren → *Mit den Ohren kann man hören.*

| | |
|---|---|
| 1. die Nase | a. sehen |
| 2. die Augen | b. schreiben |
| 3. die Zähne | c. gehen |
| 4. die Lippen | d. riechen |
| 5. die Hände | e. küssen |
| 6. die Beine | f. schmecken |
| 7. die Zunge | g. beißen |

[1]with it

**Quiz 2:  Was ist das?**

1. Man braucht sie zum Riechen.
2. Man braucht sie zum Gehen.
3. Man braucht sie zum Beißen.
4. Man braucht sie zum Hören.
5. Man braucht sie zum Schreiben.
6. Man braucht sie zum Küssen.
7. Man braucht sie zum Schmecken.
8. Man braucht ihn zum Denken.
9. Man braucht sie zum Schwimmen.
10. Man braucht sie zum Joggen.
11. Man braucht sie zum Tanzen.

# KRANKHEIT UND SCHMERZEN

**Er/sie hat . . .**

Ohrenschmerzen

**Halsschmerzen**
**Fieber**

**eine Erkältung**
**Husten / Schnupfen**

Er friert. → Ihm ist kalt.
Er schwitzt. → Ihm ist heiß.

**Schulterschmerzen**
**Armschmerzen**
**Rückenschmerzen**

**Zahnschmerzen**

**Kopfschmerzen**

## Situation 8  Eine Erkältung

Angenommen Sie haben eine Erkältung mit Husten, Schnupfen und Fieber, . . .

1. was tut Ihnen weh?

- ☐ der Kopf
- ☐ die Beine
- ☐ der Rücken
- ☐ der Hals
- ☐ die Ohren
- ☐ die Nase

2. wie geht es Ihnen?

- ☐ Es geht mir gut.
- ☐ Mir ist alles egal.
- ☐ Es ist mir kalt.
- ☐ Mir schmeckt gar nichts.
- ☐ Es ist mir schlecht.
- ☐ Es ist mir heiß.

3. was tun Sie?

- ☐ Ich gehe ins Schwimmbad.
- ☐ Ich nehme Aspirintabletten.
- ☐ Ich gehe zum Arzt.
- ☐ Ich trinke viel Bier.
- ☐ Ich bleibe im Bett.
- ☐ Ich esse im Restaurant.

## *Kultur und Information: Krankenkasse*

Deutschland hat eine schon über hundert Jahre
alte und gut organisierte Krankenversicherung[1].
Fast alle Menschen (90 Prozent) sind Mitglied[2]
in einer gesetzlichen Krankenkasse[3]. Studenten,
Arbeitslose und Rentner[4] sind auch versichert.
Es gibt auch private Krankenversicherungen.
Hier ist ein Beispiel, wie die gesetzliche Krankenkasse funktioniert: Der 38jährige Angestellte
Helmut Becker ist verheiratet, hat zwei Kinder
und ein monatliches Gehalt[5] von 3.000 Mark. Er
bezahlt jeden Monat 160 Mark, und seine Firma
bezahlt ebenfalls 160 Mark an die Krankenkasse.
Zusammen sind das rund 12 Prozent von seinem
Bruttogehalt. Jetzt wird Herr Becker krank. Mit
seinem Krankenschein geht er zu seinem Arzt
(oder der Arzt kommt zu ihm). Der Krankenschein funktioniert wie ein Blanco-Scheck. Die
Arztrechnungen gehen direkt an die Krankenkasse. In der Apotheke muß man für jedes
Medikament drei Mark bezahlen. Die Krankenkasse bezahlt auch die Arzt- und Krankenhaus-
rechnungen für seine Frau und für seine Kinder.
Die Krankenkassen rechnen alle drei Monate
mit den Ärzten und mit den Apotheken ab[6].

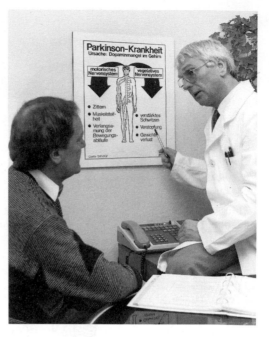

[1] health insurance  [2] member  [3] state regulated health plan  [4] pensioners  [5] salary  [6] settle accounts

# SCHRIFTLICHE ÜBUNGEN

**SÜ 1**  Ergänzen Sie die richtige Form! *(Nominativ, Akkusativ, Dativ)*

1. der alte Herr      Fragen Sie *den alten Herrn* !
2. ihr kleiner Sohn      Sie hat _____ einen Mantel gekauft.
3. die Kinder      Haben Sie _____ geholfen?
4. sein guter Freund      Er hat _____ einen Brief geschrieben.
5. die neue Sekretärin      _____ schreibt einen Brief.
6. der deutsche Polizist      Sie zeigt _____ ihren Führerschein.
7. die moderne Musik      Hören Sie _____ ?
8. die kranke Frau      Der Arzt hat _____ geholfen.
9. der große Junge      Gefällt _____ das Geschenk?
10. die junge Kellnerin      Rufen Sie _____ , bitte!
11. das Baby      Die Mutter gibt _____ den Tee.
12. Ihre Freundin      Hat _____ das Essen geschmeckt?
13. die netten Leute      Wir haben _____ besucht.
14. wer      ____ haben Sie geholfen?
15. wer      ____ haben Sie besucht?
16. wer      ____ hat das gesagt?
17. der neue Student      _____ heißt Peter.
18. seine Eltern      Haben Sie _____ ein Geschenk gebracht?
19. der junge Mann      Das Auto gehört _____ .
20. seine Frau      Er hat _____ zum Geburtstag gratuliert.

**SÜ 2**  Bilden Sie Sätze!

● der Arzt / helfen / der kranke Junge → *Der Arzt hilft dem kranken Jungen.*

1. die neue Sekretärin / schreiben / ein langer Brief / ihr Freund
2. Deutschland / gefallen / die amerikanischen Touristen
3. die Kundin / geben / die Verkäuferin / das Geld
4. der Tourist / zeigen / der deutsche Polizist / sein Führerschein
5. das Auto / gehören / die jungen Leute
6. er / gehen / mit / die kleinen Kinder / nach Hause

**SÜ 3**  Antworten Sie mit Pronomen!

● Gehören die Schlüssel dem Herrn? → *Ja, die Schlüssel gehören ihm.*
                              *(Nein, sie gehören ihm nicht.)*

1. Gehört das Geld den Studenten?
2. Hilft die Mutter dem Kind?
3. Gefällt Ihren Gästen die Stadt?
4. Antwortet das Kind dem Vater?
5. Hat dir der Apfel geschmeckt?
6. Hat der Herr der Dame geholfen?
7. Hat den Touristen das Schloß gefallen?
8. Hat dem Herrn das Essen geschmeckt?
9. Hat der Polizist dem Jungen geantwortet?
10. Hat dir die Wohnung gefallen?

# Wortschatz

| DIE KÖRPERTEILE | PARTS OF THE BODY |
|---|---|
| **der Bauch, ⸚e** | stomach, belly |
| **der Fuß, ⸚e** | foot |
| **der Hals, ⸚e** | neck |
| **der Husten, -** | cough |
| **der Kopf, ⸚e** | head |
| **der Körper, -** | body |
| **der Magen, ⸚** | stomach |
| **der Mund, ⸚er** | mouth |
| **der Rücken, -** | back |
| **der Schmerz, -en** | ache, pain |
| **der Schnupfen, -** | sniffles |
| **der Teil, -e** | part |
| **der Zahn, ⸚e** | tooth |
| | |
| **das Auge, -n** | eye |
| **das Bein, -e** | leg |
| **das Gesicht, -er** | face |
| **das Haar, -e** | hair |
| **das Ohr, -en** | ear |
| | |
| **die Erkältung, -en** | common cold |
| **die Stirn, -en** | forehead |
| **die Tablette, -n** | pill |
| **die Zunge, -n** | tongue |

*Leicht erkennbare Wörter*
**der Arm, -e / der Finger, - / das Knie, - / die Krankheit, -en / die Lippe, -n / die Nase, -n / die Schulter, -n**

## ANDERE NOMEN

| | |
|---|---|
| **die Sozial-arbeiterin, -nen** | social worker |
| **der Verkehr** | traffic |

*Leicht erkennbare Wörter*
**der Appetit**

## VERBEN

| | |
|---|---|
| **beißen, gebissen** | to bite |
| **denken, gedacht** | to think |
| **fehlen** *(+ dat)* | to miss, be missing |
| **frieren, gefroren** | to be cold, to freeze |
| **gefallen (gefällt), gefallen** *(+ dat.)* | to like, to be pleasing to |
| **gehören** *(+ dat.)* | to belong to |
| **gratulieren** *(+ dat.)* | to congratulate |
| **helfen (hilft), geholfen** *(+ dat.)* | to help |
| **passen** *(+ dat.)* | to fit |
| **riechen, gerochen** | to smell |
| **schmecken** *(+ dat.)* | to taste |
| **schwitzen** | to sweat, perspire |
| **stehen, gestanden** *(+ dat.)* | to suit, look good on someone |

*Leicht erkennbare Wörter*
**antworten** *(+ dat.)* / **danken** *(+ dat.)* / **küssen**

## ADJEKTIVE

| | |
|---|---|
| **saftig ↔ trocken** | juicy ↔ dry |
| **salzig ↔ fade** | salty ↔ tasteless |
| **scharf** | spicy, sharp |
| **lecker** | delicious |
| **zäh ↔ weich, zart** | tough ↔ soft, tender |

*Leicht erkennbare Wörter*
**bitter**

## VERSCHIEDENES

| | |
|---|---|
| **Was ist los?** | What's wrong? |
| **Mir ist es kalt, heiß, schlecht, egal, langweilig** | I feel cold, hot, sick, indifferent, bored |
| **weh tun** *(+ dat.)* | to hurt someone |

# Frau Becker erwartet Gäste

*München*

**Themen und Sprechziele**
Bildgeschichte: Herr Becker ist krank
Wach auf! Steh bitte auf!

**Kultur und Information**
Die Stadt

**Grammatik und Übungen**
Verbs with Separable Prefixes
   The Form • Present Tense • Present Perfect
   Common Separable Prefixes

# SPRECHZIELE (1)

## BILDGESCHICHTE   Herr Becker ist krank

*Verben mit trennbarem Präfix*

### Situation 1   Dialog: Wach auf! Steh bitte auf!

Vor einigen Wochen hatte Helmut Becker eine starke Erkältung. Seit dieser Zeit hat er oft Kopf-schmerzen, ist müde und nervös. Gestern abend waren die Kopfschmerzen besonders stark, und er wollte heute zum Arzt gehen. Doch heute morgen geht es ihm gar nicht gut. Herr Becker kann nicht aufstehen.

| | |
|---|---|
| HANNELORE BECKER | Wach auf! Es ist schon Viertel nach sieben. Steh bitte auf! |
| HELMUT BECKER | Ich kann nicht aufstehen. Ich glaube, ich bin krank. |
| HANNELORE BECKER | Soll ich die Firma anrufen und dort Bescheid sagen? |
| HELMUT BECKER | Ja, ruf bitte die Firma an! Es geht mir wirklich nicht gut. |
| HANNELORE BECKER | Dann schlaf weiter! Ich rufe auch den Arzt an. Vielleicht kann er kurz vorbeikommen. |

### Situation 2   Heute

Herr Becker ist krank.
Er **sieht** krank **aus.**

Er **steht** nicht **auf.** Er bleibt im Bett und **schläft weiter.**

Seine Frau geht zum Telefon. Sie **ruft** den Arzt **an.**

Dann **geht** sie ins Zimmer **zurück,** aber Herr Becker schläft.

Sie **macht** die Tür leise wieder **zu.**

### Situation 3   Gestern

Herr Becker ist krank gewe-sen. Er **hat** krank **ausgesehen.**

Er **ist** nicht **aufgestanden.** Er ist im Bett geblieben und **hat weitergeschlafen.**

Seine Frau ist zum Telefon gegangen. Sie **hat** den Arzt **angerufen.**

Dann **ist** sie ins Zimmer **zurückgegangen,** aber Herr Becker hat geschlafen.

Sie **hat** die Tür leise wieder **zugemacht.**

Um 9 Uhr **wacht** Herr Becker **auf**. Er ruft seine Frau.

Frau Becker **macht** die Tür **auf** und bringt ihm eine Tasse Tee.

Herr Becker trinkt den Tee. Dann **schläft** er wieder **ein**.

Um 10 Uhr **kommt** der Arzt **vorbei**. Er **schreibt** ihm einige Medikamente **auf**.

Dann **geht** der Arzt wieder **weg**.

Frau Becker **zieht** ihren Mantel **an** und geht zur Bushaltestelle.

Der Bus kommt, und sie **steigt ein**.

Sie fährt bis zum Bismarckplatz. Dort **steigt** sie **aus**.

Zuerst geht sie zur Apotheke. Dort **holt** sie die Medikamente **ab**.

Dann geht sie zum Supermarkt und **kauft ein**.

Um 9 Uhr **ist** Herr Becker **aufgewacht**. Er hat seine Frau gerufen.

Frau Becker **hat** die Tür **aufgemacht** und hat ihm eine Tasse Tee gebracht.

Herr Becker hat den Tee getrunken. Dann **ist** er wieder **eingeschlafen**.

Um 10 Uhr **ist** der Arzt **vorbeigekommen**. Er **hat** ihm einige Medikamente **aufgeschrieben**.

Dann **ist** der Arzt wieder **weggegangen**.

Frau Becker **hat** ihren Mantel **angezogen** und ist zur Bushaltestelle gegangen.

Der Bus ist gekommen, und sie **ist eingestiegen**.

Sie ist bis zum Bismarckplatz gefahren. Dort **ist** sie **ausgestiegen**.

Zuerst ist sie zur Apotheke gegangen. Dort **hat** sie die Medikamente **abgeholt**.

Dann ist sie zum Supermarkt gegangen und **hat eingekauft**.

Um ein Uhr **kommt** sie wieder **zurück.**

Sie **bringt** ihrem Mann die Medikamente **mit.**

Um ein Uhr **ist** sie wieder **zurückgekommen.**

Sie **hat** ihrem Mann die Medikamente **mitgebracht.**

Am Abend **sieht** Frau Becker **fern.**

Sie will einen Film sehen. Der Film **fängt** um 9 Uhr **an.**

Am Abend **hat** Frau Becker **ferngesehen.**

Sie wollte einen Film sehen. Der Film **hat** um 9 Uhr **angefangen.**

**Fragen**

1. Warum ist Herr Becker gestern nicht aufgestanden?
2. Wie hat er ausgesehen?
3. Wen hat seine Frau angerufen?
4. Wann ist Herr Becker wieder aufgewacht?
5. Wann ist der Arzt vorbeigekommen?
6. Was hat er aufgeschrieben?
7. Wo hat Frau Becker eingekauft?
8. Wo hat sie die Medikamente abgeholt?
9. Um wieviel Uhr ist sie nach Hause zurückgekommen?
10. Was hat sie ihrem Mann mitgebracht?

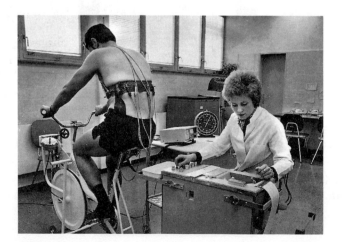

# GRAMMATIK

## 1 Verbs with Separable Prefixes

German verbs with separable prefixes can be compared to English verbs with particles:

| Simple Verb | Verb + Particle | |
|---|---|---|
| *to call* | *to call up* | *Please call me up.* |
| *to come* | *to come back* | *She is coming back tomorrow.* |
| *to bring* | *to bring along* | *Why don't you bring her along?* |

The difference is that in English the particle always follows the verb, whereas in German the particle (= separable prefix) may be prefixed to the verb or stand separately at the end of a clause.

## A The Form

### 1. The Infinitive: One Word

German verbs with separable prefixes consist of two elements: the prefix and the basic verb. The prefix always bears the main stress. The infinitive form of a verb with a separable prefix is written as one word: **abholen**, **aufschreiben**, etc.

| | |
|---|---|
| Er muß seine Frau **abholen**. | *He has to pick up his wife.* |
| Ich wollte meine Schuhe **ausziehen**. | *I wanted to take off my shoes.* |
| Sie kann nicht **mitkommen**. | *She can't come along.* |

In the vocabularies of this text, verbs with a separable prefix will be indicated by a raised dot (·) between the prefix and the basic verb, as in **ab·holen**.

### 2. The Present Tense: Two Words

In the present tense, the prefix becomes separated from the verb and moves to the very end of the main clause.

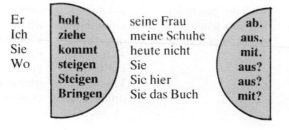

### 3. The Imperative: Two Words

In the imperative, the prefix is also separated from the verb and stands at the very end.

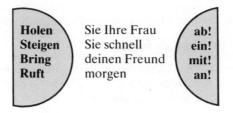

| | | |
|---|---|---|
| **Holen** | Sie Ihre Frau | **ab!** |
| **Steigen** | Sie schnell | **ein!** |
| **Bring** | deinen Freund | **mit!** |
| **Ruft** | morgen | **an!** |

### 4. The Past Participle: One Word

The addition of a separable prefix to a verb does not affect the formation of the past participle. The separable prefix is simply placed in front of the past participle of the basic verb: **gerufen/angerufen**, **geholt/abgeholt**, **gebracht/mitgebracht**.

The two elements (separable prefix and past participle) are written as one word and are placed at the very end of the sentence.

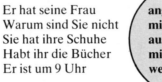

| | |
|---|---|
| Er hat seine Frau | **angerufen.** |
| Warum sind Sie nicht | **mitgekommen?** |
| Sie hat ihre Schuhe | **ausgezogen.** |
| Habt ihr die Bücher | **mitgebracht?** |
| Er ist um 9 Uhr | **weggegangen.** |

## B  The Present Perfect Auxiliary: **sein** or **haben**?

Since a verb tends to change its basic meaning when it adds a separable prefix, it can happen that the basic verb uses **haben** but the separable prefix verb uses **sein** as the auxiliary. However, those verbs which use **sein** as the auxiliary usually keep **sein** when a separable prefix is added.

| **No motion/No change in condition** | | **Motion/Change in condition** | |
|---|---|---|---|
| stehen | ich habe gestanden | aufstehen | ich bin aufgestanden |
| schlafen | ich habe geschlafen | einschlafen | ich bin eingeschlafen |
| wachen | ich habe gewacht | aufwachen | ich bin aufgewacht |
| | | steigen | ich bin gestiegen |
| | | einsteigen | er ist eingestiegen |
| | | kommen | ich bin gekommen |
| | | ankommen | er ist angekommen |

## 2 Common Separable Prefixes

The meaning of a separable-prefix verb is usually a literal combination of the prefix and the base verb. Separable prefixes are usually adverbs or prepositions. They are always stressed. Here are some frequently used separable prefixes and their most common meanings.

| Prefix | Meaning | Separable Verb | Meaning |
|---|---|---|---|
| **ab-** | *off, away* | abfahren | *to depart* |
| | | abholen | *to pick up* |
| **an-** | *at, on* | anfangen | *to begin* |
| | | ankommen | *to arrive* |
| | | anrufen | *to call up* |
| **auf-** | *up* | aufmachen | *to open (up)* |
| | | aufschreiben | *to write down* |
| | | aufstehen | *to get up, stand up* |
| | | aufwachen | *to wake up* |
| **aus-** | *out, off* | aussehen | *to look, appear* |
| | | aussteigen | *to get out, off* |
| | | ausziehen | *to take off (clothes)* |
| **durch-** | *through* | durchfahren | *to drive through* |
| | | durchlesen | *to read through* |
| | | durchreisen | *to travel through* |
| **ein-** | *in* | einladen | *to invite* |
| | | einschlafen | *to fall asleep* |
| | | einsteigen | *to get in, climb in* |
| **mit-** | *along* | mitbringen | *to bring along* |
| | *(to join in)* | mitkommen | *to come along* |
| | | mitnehmen | *to take along* |
| **vorbei-** | *by, past* | vorbeikommen | *to come by* |
| | | vorbeigehen | *to pass by* |
| **weg-** | *away* | weggehen | *to go away* |
| | | wegnehmen | *to take away* |
| | | wegfahren | *to drive away* |
| **weiter-** | *on* | weiterfahren | *to drive on* |
| | *(to continue)* | weiterschlafen | *to continue to sleep* |
| **zurück-** | *back* | zurückgehen | *to go back* |
| | | zurückkommen | *to come back* |
| | | zurücknehmen | *to take back* |

# MÜNDLICHE ÜBUNGEN

**MÜ 1**  Antworten Sie! Wie sehen die Leute oder die Sachen aus?

- Der Mann ist krank. → *Er sieht krank aus.*

1. Die Dame ist elegant.
2. Der Teppich ist schön.
3. Die Lampe ist teuer.
4. Der junge Mann ist sportlich.
5. Das Mädchen ist hübsch.
6. Die Studentin ist müde.

**MÜ 2**  Was ziehen Sie morgen an?

- ein warmer Pullover → *Ich ziehe morgen einen warmen Pullover an.*

1. eine helle Jacke
2. der leichte Mantel
3. mein neuer Rock
4. das bunte Hemd
5. das blaue Kleid
6. eine dunkle Bluse

**MÜ 3**  Was tun die Leute?

- Der Junge muß seine Eltern anrufen. → *Er ruft seine Eltern an.*

1. Die Leute müssen in Heilbronn aussteigen.
2. Der Student muß die neuen Wörter aufschreiben.
3. Frau Becker soll die Medikamente abholen.
4. Der Arzt soll vorbeikommen.
5. Er möchte weiterschlafen.
6. Das Kind muß die Tür aufmachen.

mach mit . . .

Aktion Saubere Landschaft e. V
*Was sollen wir tun?*

**MÜ 4**  Imperativ, bitte!

- Soll ich mitkommen? → *Ja, komm bitte mit! / Kommen Sie bitte mit!*
- Sollen wir mitkommen? → *Ja, kommt bitte mit!*

1. Soll ich mitlaufen?
2. Sollen wir mitgehen?
3. Soll ich mitfahren?
4. Sollen wir die Tür aufmachen?
5. Soll ich das Auto abholen?
6. Sollen wir den Ausweis mitnehmen?

**MÜ 5**  Was können (wollen, sollen, dürfen) die Leute nicht tun?

- Warum steigt er hier nicht aus? → *Er kann hier nicht aussteigen.*

1. Warum holt er uns nicht ab?
2. Warum ruft er ihn nicht an?
3. Warum kommst du nicht mit?
4. Warum stehen Sie nicht auf?
5. Warum macht sie das Fenster nicht zu?
6. Warum steht er heute nicht auf?
7. Warum kommt der Arzt nicht vorbei?
8. Warum schläft das Kind nicht ein?

**MÜ 6**  Fragen Sie mit einem Modalverb!
(*müssen, können, sollen, dürfen, wollen*)

- Sie ruft den Verkäufer an. → *Muß sie den Verkäufer anrufen?*

1. Er macht das Buch zu.
2. Sie bringt ihre Tochter mit.
3. Wir gehen um 7 Uhr weg.
4. Ich stehe heute früh auf.
5. Er sieht jeden Abend fern.
6. Sie steigt in Garmisch aus.

**MÜ 7**  Im Perfekt, bitte!

- Der Film fängt gerade an. → *Der Film hat gerade angefangen.*

1. Die Leute sehen abends fern.
2. Sieht Herr Becker krank aus?
3. Sie ruft ihren Mann an.
4. Wer macht die Tür zu?
5. Wann macht das Geschäft auf?
6. Ich kaufe im Supermarkt ein.
7. Nehmen Sie einen Mantel mit?
8. Das Kind zieht seine Schuhe aus.

**MÜ 8**  Das Perfekt mit **sein**, bitte!

- Herr Becker wacht auf. → *Herr Becker ist aufgewacht.*

1. Mein Freund kommt um 5 Uhr vorbei.
2. Herr Becker steht nicht auf.
3. Er geht abends nicht weg.
4. Die Kinder schlafen wieder ein.
5. Wir gehen zu Fuß zurück.
6. Er kommt um 5 Uhr an.
7. Ich steige schnell ein.
8. Der Herr steigt in Köln aus.

**MÜ 9**  Die Frage ist im Präsens. Antworten Sie im Perfekt mit **schon!**

- Wann ruft er seine Frau an? → *Er hat sie schon angerufen.*

1. Wann nimmt sie die Blumen mit?
2. Wann holt er das neue Auto ab?
3. Wann wachen die Kinder auf?
4. Wann kommt der Arzt vorbei?
5. Wann fängt der Unterricht an?
6. Wann stehen unsere Gäste auf?
7. Wann fährt der Zug ab?
8. Wann probiert sie das Kleid an?
9. Wann steigen die Leute aus?
10. Wann macht er das Fenster auf?

**MÜ 10**  Auf deutsch, bitte!

1. When can you come back?
2. Please open the door.
3. Did you open the window?
4. She brought her children along.
5. Why is he getting up?
6. They picked me up at home.
7. Please call them up.
8. I have to get up very early.
9. He can't close the door.
10. Mr. Becker looked sick.
11. She put her new coat on.
12. When are the children coming back?
13. We want to watch TV.
14. Did you write everything down?
15. She fell asleep.
16. He continued to sleep.

## FRAU BECKER ERWARTET GÄSTE

Frau Becker hat ihre Freundinnen zum Kaffee eingeladen, denn heute ist ihr Geburtstag. Sie hat alles gut vorbereitet. Der Kaffeetisch mit den schönen Blumen von ihrem Mann sieht wirklich hübsch aus. Da kommt der Postbote und bringt ihr ein Telegramm. Das Telegramm ist von ihrer Schwester Marion. Marion ist mit einem Amerikaner verheiratet und wohnt schon seit zehn Jahren mit ihrem Mann und ihren Kindern in Milwaukee. Frau Becker macht das Telegramm auf und liest es:

Frau Becker versteht das nicht, denn Marion wollte erst am Samstag kommen. Mein Gott, denkt sie, heute ist ja schon Donnerstag! Ich kann Marion gar nicht abholen. Meine Gäste können jeden Moment kommen. Wieso kommt Marion schon heute? Warum fliegt sie nicht nach München?

Schnell holt Frau Becker das Kursbuch und sucht den Fahrplan Frankfurt–München. Sie denkt nach. Marion kommt um 15 Uhr in Frankfurt an. Zuerst muß sie durch die Paßkontrolle gehen. Dann muß sie ihr Gepäck abholen und durch den Zoll gehen. Das dauert eine gute Stunde. Der nächste Zug nach München fährt um 16 Uhr 33 ab. Dieser Zug fährt durch. Sie muß also nicht umsteigen. Marion kommt dann um 20 Uhr 23 in München an. Na ja, das ist kein großes Problem. Heute abend können wir Marion abholen. Frau Becker macht das Kursbuch zu und legt es zurück in den Schrank. Dann ruft sie ihren Mann im Büro an und sagt ihm Bescheid. Da kommen ihre Gäste.

Am Abend fahren Herr und Frau Becker zum Bahnhof und holen Marion ab.

## Fragen

1. Wen erwartet Frau Becker zum Kaffee?
2. Warum hat sie ihre Freundinnen eingeladen?
3. Wie sieht der Kaffeetisch aus?
4. Was bringt ihr der Postbote?
5. Von wem ist das Telegramm?
6. Wer ist Marion?
7. Wann kommt Marion in Frankfurt an?
8. Was muß sie dort nach ihrer Ankunft tun?
9. Wann fährt der Zug nach München ab?
10. Warum muß Marion nicht umsteigen?
11. Warum ruft Frau Becker ihren Mann an?

## Sehen Sie auf den Fahrplan!

12. Wann fahren die Züge ab?
13. Wann kommen die Züge an?
14. Welche Züge haben ein Restaurant?
15. Für welchen Zug muß man einen Zuschlag bezahlen?
16. Was kann man im D-Zug nach Nürnberg tun?

**Fahrplan mit Ankunft und Abfahrt**

Gültig vom 31. Mai bis 26. September

**Frankfurt (M)—München**

(1) Zuglauf über Würzburg — (2) Zuglauf über Stuttgart

423 km

## Kultur und Information: Die Stadt

Die meisten Deutschen leben in einer Stadt. Deutschland hat viele kleine und viele große Städte. Warum? Früher hatte Deutschland viele kleine Staaten. Auch heute ist Deutschland ein föderalistischer Staat. Viele Städte waren früher die Hauptstadt von einem Königreich[1], einem Fürstentum[2] oder einem Bistum[3]. Andere Städte, wie z. B. Hamburg und Bremen, waren freie Städte und hatten keinen Herrn. Deshalb sagt ein altes deutsches Sprichwort „Stadtluft[4] macht frei". Die Städte in Deutschland sind sehr verschieden[5].

Die Stadt prägt die Menschen. Jede Stadt hat ihr eigenes Gesicht: Frankfurt ist modern, Heidelberg ist romantisch und München, so sagt man, hat eine südländische Atmosphäre.

Einen großen Unterschied findet man in der Sprache, denn jede Stadt hat ihren eigenen Dialekt. Viele Menschen sprechen den Dialekt ihrer Stadt. Die Deutschen leben gern in der Stadt, besonders die jungen Leute. Studenten, Ehepaare[6] ohne Kinder, aber auch die älteren Leute wohnen gern im Zentrum. Junge Familien mit Kindern leben gern am Stadtrand[7], denn dort gibt es Parks und Spielplätze.

[1]kingdom  [2]principality  [3]bishopric  [4]air  [5]different  [6]married couples  [7]outskirts

# SCHRIFTLICHE ÜBUNGEN

*Womit?*

**SÜ 1**   Bilden Sie Sätze im Präsens!

- abfahren / der Zug / Frankfurt / 16.30 Uhr
  *Der Zug nach Frankfurt fährt um 16.30 Uhr ab.*

1. ankommen / der Zug / München / 20.55 Uhr
2. durchfahren / der Zug / und / wir / nicht umsteigen müssen
3. aussteigen / wir / München
4. abholen / wir / unsere Freunde / München
5. mitbringen / ich / mein Freund / ein Geschenk
6. einladen / ich / meine Schwester / zum Geburtstag
7. einkaufen / Frau Becker / im Supermarkt / später
8. fernsehen / Marion / heute abend / im Wohnzimmer

**SÜ 2**   Noch einmal ohne die Modalverben, bitte!

- Die Kinder können nicht einschlafen. → *Die Kinder schlafen nicht ein.*

1. Er will die Tür zumachen.
2. Sie möchte ihre Freunde einladen.
3. Wir sollen alles aufschreiben.
4. Was mußt du vorbereiten?
5. Sie will ihren Freund anrufen.
6. Du kannst jetzt anfangen.
7. Dürft ihr dort einsteigen?
8. Sie will das Kleid anprobieren.

**SÜ 3**   Im Perfekt, bitte!

1. Wann fängt der Film an?
2. Schreibst du alle Wörter auf?
3. Er geht um sieben Uhr weg.
4. Herr Becker sieht krank aus.
5. Ich stehe um 7 Uhr auf.
6. Die Leute steigen schnell aus.
7. Der Zug kommt um 21 Uhr in Mainz an.
8. Er lädt seine Freunde zum Essen ein.
9. Um wieviel Uhr fährt der Zug ab?
10. Sie ruft ihren Mann im Büro an.
11. Der Arzt kommt um 10 Uhr vorbei.
12. Sie zieht ihren Regenmantel an.

**SÜ 4**   Persönliche Fragen

1. Um wieviel Uhr wachen Sie morgens auf?
2. Stehen Sie dann immer gleich auf?
3. Um wieviel Uhr sind Sie heute aufgestanden?
4. Müssen Sie auch sonntags früh aufstehen?
5. Wo kaufen Sie oft ein?
6. Laden Sie manchmal Ihre Freunde zum Essen ein?
7. Wen laden Sie zu Ihrer Geburtstagsparty ein?
8. Was bringen Ihre Gäste mit?
9. Sehen Sie oft fern?

**Erinnern Sie sich?**

| allgemein | speziell |
| --- | --- |
| Getränk | *Kaffee, Tee, Wein* |
| Mahlzeit | _____ |
| Obst | _____ |
| Möbel | _____ |
| Monat | _____ |
| Beruf | _____ |
| Lebensmittel | _____ |
| Wochentag | _____ |

# Wortschatz

## VERBEN

| | | | |
|---|---|---|---|
| ab·fahren (ä), ist abgefahren | to depart | ein·laden (lädt ein), eingeladen | to invite |
| ab·holen | to pick up | ein·schlafen (ä), ist eingeschlafen | to fall asleep |
| an·fangen (fängt an), angefangen | to begin, start | ein·steigen, ist eingestiegen | to get in (a vehicle) |
| an·kommen, ist angekommen | to arrive | fern·sehen (ie), ferngesehen | to watch TV |
| an·rufen, angerufen | to call up | mit·bringen, mitgebracht | to bring along |
| an·ziehen, angezogen | to dress, put clothes on | nach·denken, nachgedacht | to think about |
| auf·machen | to open (up) | um·steigen, ist umgestiegen | to transfer, change (vehicles) |
| auf·schreiben, aufgeschrieben | to write down, take notes | vorbei·kommen, ist vorbeigekommen | to pass by, drop by |
| auf·stehen, ist aufgestanden | to get up, rise | vor·bereiten | to prepare |
| auf·wachen, ist aufgewacht | to wake up | weg·gehen, ist weggegangen | to go away, leave |
| aus·sehen (ie), ausgesehen | to look, appear | weiter·schlafen (ä), weitergeschlafen | to continue to sleep |
| aus·steigen, ist ausgestiegen | to get off (a vehicle) | zu·machen | to close up |
| aus·ziehen, ausgezogen | to undress, take clothes off | zurück·gehen, ist zurückgegangen | to go back |
| durch·fahren (ä), ist durchgefahren | to drive through (without stopping) | zurück·kommen, ist zurückgekommen | to come back, return |
| ein·kaufen | to shop | | |

## NOMEN

| | |
|---|---|
| die Abfahrt, -en | departure |
| die Ankunft (no pl.) | arrival |
| der Fahrplan, ¨e | train schedule |
| das Gepäck | luggage |
| das Kursbuch, ¨er | book of train schedules |
| der Zoll, ¨e | custom |

*Leicht erkennbare Wörter*
**das Telegramm, -e**

## VERSCHIEDENES

| | |
|---|---|
| Bescheid sagen (+ dat.) | to notify, inform someone |
| leise ↔ laut | quiet(ly), soft(ly) ↔ loudly(ly) |
| nervös | nervous |

# Kultur und Information:

## Was tut man wo?

**Auf der Post**

**Am Kiosk**

**Am Imbiß-Stand**

**In der Fußgängerzone**

Auf der Post kauft man Briefmarken.

Am Kiosk bekommt man Zeitungen und Zeitschriften.

Am Imbiß-Stand kann man schnell etwas essen.

Auf dem Markt bekommt man Blumen und Obst und Gemüse ganz frisch.

In der Bibliothek kann man lesen. Man kann auch Bücher ausleihen.

An der Haltestelle hält der Bus oder die Straßenbahn.

An der Tankstelle kann man tanken.

In der Fußgängerzone kann man bummeln. Man kann stehenbleiben und die Schaufenster ansehen.

**Auf dem Wochenmarkt**

**In der Bibliothek**

**An der Haltestelle**

**An der Tankstelle**

# Wohnen in Deutschland

### Themen und Sprechziele
Dinge plazieren und lokalisieren
Die Wohnung einrichten
Das Haus

### Kultur und Information
Wohnungsmangel
Deutscher Alltag  ● Was tut man wo?

### Grammatik und Übungen
Prepositions 3: With Either Accusative or Dative
The Verbs **legen/liegen, stellen/stehen,
setzen/sitzen, hängen**
Verbs with Prepositional Objects
Time Expressions with Dative: **an/in/vor**

### Zwischenspiel
Märchen: Die Bremer Stadtmusikanten  ● Bremen

# SPRECHZIELE

## DINGE PLAZIEREN UND LOKALISIEREN

*Akkusativ: **legen** / **stellen** / **hängen** / **setzen***
*Dativ: **liegen** / **stehen** / **hängen** / **sitzen***

### Situation 1  Schuberts ziehen um

Schuberts haben ein kleines Haus gekauft, nicht weit von ihrer alten Wohnung. Ihre alte Wohnung war schön, aber zu klein. Vorher hatten Schuberts auch keinen Garten. Hinter ihrem neuen Haus ist ein Garten. Im Garten können die Kinder spielen.

Am Wochenende wollen Schuberts in das neue Haus einziehen. Da gibt es natürlich viel Arbeit. Zuerst müssen sie ihre Möbel und alle ihre Sachen von der alten Wohnung in das neue Haus transportieren. Dann müssen sie im neuen Haus den richtigen Platz für ihre Möbel finden. Sie müssen die Zimmer einrichten. Schuberts Freunde Frank und Petra und auch die Kinder helfen bei der Arbeit.

**Aktion: Wohin . . . ?**

Frank legt die Bücher auf den Tisch.
Er hat sie auf den Tisch gelegt.

Er stellt die Flasche auf den Tisch.
Er hat sie auf den Tisch gestellt.

Er hängt das Bild an die Wand.
Er hat es an die Wand gehängt.

Petra setzt das Kind auf den Boden.
Sie hat es auf den Boden gesetzt.

**Position: Wo . . . ?**

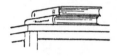

Die Bücher liegen auf dem Tisch.
Sie haben auf dem Tisch gelegen.

Die Flasche steht auf dem Tisch.
Sie hat auf dem Tisch gestanden.

Das Bild hängt an der Wand.
Es hat an der Wand gehangen.

Das Kind sitzt auf dem Boden.
Es hat auf dem Boden gesessen.

# DIE WOHNUNG EINRICHTEN

## Situation 2 Wohin . . . ?

Hier sehen wir Schuberts bei der Arbeit in ihrem neuen Wohnzimmer.
Was tun sie?

Erika Schubert legt einen Teppich **ins Wohnzimmer**.
Sie legt ihn **auf den Boden**.
Sie legt ihn **vor die Couch**.
Hans Schubert hängt ein kleines Bild **an die Wand**.
**Er hängt es über die Couch**.
Er hängt es **zwischen die großen Bilder**.
Judith stellt eine Lampe **neben den Sessel**.
Ihr Bruder Thorsten kommt gerade **ins Zimmer**.
Er wirft seine Tasche **hinter den Sessel**.
Markus stellt den Käfig mit dem Goldhamster **unter den Stuhl**.

## Situation 3 Was fehlt noch?

Das Wohnzimmer ist noch nicht fertig. Was fehlt? Wohin sollen Schuberts die anderen Sachen stellen (legen/hängen)? Können Sie helfen? Da sind noch . . .

1. ein Wohnzimmertisch
2. Vorhänge
3. ein Fernseher
4. ein Schrank
5. eine Stereoanlage
6. Bilder
7. Zimmerpflanzen
8. ein Sessel

a. auf den Teppich
b. vor die Couch
c. ans Fenster
d. an die Wand
e. auf den Tisch
f. in den Schrank
g. neben die Couch
h. auf die Couch

Herzlich
Willkommen
D. v. H.

**Situation 4**  Wo ist der Goldhamster?

Plötzlich ruft Thorsten: „Der Goldhamster ist nicht mehr in seinem Käfig." Und alle suchen den Goldhamster, aber sie können ihn nicht finden. Wo kann er nur sein?

Liegt er **unter der Couch**?
Sitzt er **auf dem Tisch**?
Ist er **unter dem Tisch**?
Sitzt er **vor seinem Käfig**?
Schläft er **zwischen den Kissen**?
Steht er **neben dem Sessel**?
Spielt er **hinter der Tür**?
Steht er **an der Tür**?
Liegt er **am Fenster**?
Schläft er **unter dem Teppich**?

Vielleicht ist er gar nicht mehr
**im Wohnzimmer**?
Wo kann er nur sein?

**Situation 5**  Wo sind Schuberts?

1. Frau Schubert kocht das Essen.
2. Sie badet das Baby.
3. Herr Schubert sieht fern.
4. Thorsten schläft.
5. Die Kinder laufen um den Baum.
6. Judith sieht einen Film.
7. Herr Schubert kauft Bleistifte.
8. Frau Schubert bestellt Kaffee und Kuchen.
9. Judith kauft Blumen für ihre Mutter.
10. Schuberts bestellen das Essen.
11. Judith kauft Gemüse, Milch und Brot.
12. Schuberts essen zu Hause.

**Situation 6**  Interview: Fragen Sie Ihre Mitstudenten!

1. In was für einem Haus wohnen Sie?
2. Hat Ihr Haus einen Garten?
3. Wo ist der Garten?
4. Wohnen Sie in einer Wohnung oder in einem Apartment?
5. Haben Sie ein Zimmer im Studentenheim?
6. Was haben Sie im Zimmer?
7. Wo stehen die Möbel?
8. Wo baden (duschen/kochen/schlafen) Sie?
9. Wo sehen Sie fern?
10. Wo parken Sie Ihr Auto?

## DAS HAUS

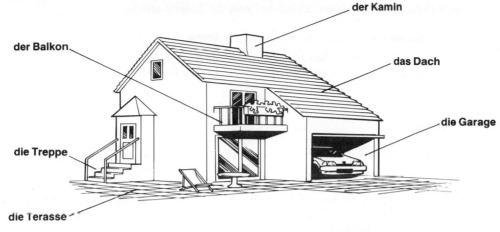

der Kamin

der Balkon

das Dach

die Garage

die Treppe

die Terasse

**In was für einem Haus wohnen Sie?**
**Beschreiben Sie Ihr Haus!**

---

# GRAMMATIK

## 1   Prepositions 3: With Either Accusative or Dative

In addition to the prepositions which always take the accusative and those which always take the dative, German has some prepositions that take either the accusative or the dative, depending on the action or situation to be expressed.

In their basic meaning, the nine two-way prepositions express a certain spatial relationship.

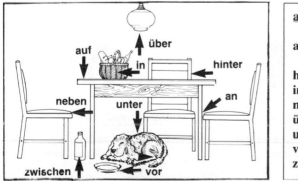

| | |
|---|---|
| **an** | *at the side of, at, on* (for vertical surfaces) |
| **auf** | *on top of, on* (for horizontal surfaces) |
| **hinter** | *behind, at the back of* |
| **in** | *inside of, in, into* |
| **neben** | *beside, next to* |
| **über** | *over, above* |
| **unter** | *under, below, beneath* |
| **vor** | *before, in front of, ago* (with time) |
| **zwischen** | *between* |

Some of these prepositions are contracted with the definite article:

| Accusative | | Dative | |
|---|---|---|---|
| **an das** Fenster = **ans** Fenster | | **an dem** Haus = **am** Haus | |
| **auf das** Buch = **aufs** Buch | | **in dem** Garten = **im** Garten | |
| **in das** Haus = **ins** Haus | | | |

## A  Accusative

The prepositions are followed by the accusative if the speaker wants to express motion or direction toward a place, i.e. signal a destination. Verbs expressing physical motion such as **gehen**, **kommen**, **fahren**, **fliegen**, **laufen** are most often followed by a prepositional phrase in the accusative. A prepositional phrase in the accusative answers the question **wohin . . . ?**

| | |
|---|---|
| Sie ist **in die Stadt** gefahren. | *She drove into the city.* |
| Der Hund läuft **unter den Tisch**. | *The dog is running under the table.* |
| Er ist **vor das Haus** gegangen. | *He went in front of the house.* |

## B  Dative

The prepositions are followed by the dative if the speaker wants to express that something or someone is at a certain place, i.e. signal position or location. Verbs implying rest or activity confined to a certain location such as **sein**, **sitzen**, **stehen**, **schlafen**, **bleiben**, **wohnen**, **leben**, **warten**, **arbeiten** are followed by a prepositional phrase in the dative. The prepositional phrase answers the question **wo . . . ?**

| | |
|---|---|
| Sie arbeitet **in der Stadt**. | *She is working in the city.* |
| Der Hund schläft **unter dem Tisch**. | *The dog is sleeping under the table.* |
| Er hat **vor dem Haus** gewartet. | *He waited in front of the house.* |

Compare these situations:

**Accusative: wohin?**

Er geht **in das Haus**.
*(Motion toward a place)*

**Dative: wo?**

Er ist **in dem Haus**.
*(Location)*

**Dative: wo?**

Er arbeitet **in dem Haus**.
*(Action within a place)*

## C   Meaning and Usage of Two-way Prepositions

| | Accusative: wohin? → Destination | Dative: wo? → Location |
|---|---|---|
| **an/auf** | Er hängt das Bild **an die Wand**. *He is hanging the picture on the wall.* Sie legt das Buch **auf den Tisch**. *She is putting the book on the table.* | Das Bild hängt **an der Wand**. *The picture is hanging on the wall.* Das Buch liegt **auf dem Tisch**. *The book is (lying) on the table.* |
| **vor/hinter** | Er fährt das Auto **vor das Haus**. *He drives the car in front of the house.* Stell die Lampe **hinter die Couch**! *Put the lamp behind the couch.* | Das Auto steht **vor dem Haus**. *The car is in front of the house.* Die Lampe steht **hinter der Couch**. *The lamp is behind the couch.* |
| **über/unter** | Häng die Lampe **über den Tisch**! *Hang the lamp above the table.* Legen Sie das Geld **unter das Buch**! *Put the money under the book.* | Die Lampe hängt **über dem Tisch**. *The lamp is hanging over the table.* Das Geld liegt **unter dem Buch**. *The money is under the book.* |
| **in** | Er geht **in den Supermarkt**. *He is going into the supermarket.* | Er arbeitet **im Supermarkt**. *He works in the supermarket.* |
| **neben** | Legen Sie die Brille **neben die Zeitung**! *Put the glasses next to the newspaper.* | Die Brille liegt **neben der Zeitung**. *The glasses are next to the newspaper.* |
| **zwischen** | Stellen Sie die Lampe **zwischen die Sessel**! *Put the lamp between the easy chairs.* | Die Lampe steht **zwischen den Sesseln**. *The lamp is between the easy chairs.* |

## 2   The Verbs **legen/liegen**, **stellen/stehen**, **setzen/sitzen**, **hängen**

English uses the verb *to put* to indicate movement to almost any position. The resulting position is expressed by the verb *to be: He puts the book on the table.* → *The book is on the table.* German, however, makes use of the following verbs to express the meanings of *put* and *be*.

| Accusative | Dative |
|---|---|
| **stellen/gestellt** *(to put upright)* Er stellt die Flasche auf den Tisch. Er hat sie auf den Tisch gestellt. | **stehen/gestanden** *(to be standing)* Die Flasche steht auf dem Tisch. Sie hat auf dem Tisch gestanden. |
| **setzen/gesetzt** *(to put, to seat)* Sie setzt das Kind auf den Stuhl. Sie hat das Kind auf den Stuhl gesetzt. | **sitzen/gesessen** *(to be sitting)* Das Kind sitzt auf dem Stuhl. Das Kind hat auf dem Stuhl gesessen. |

*Köln liegt am Rhein.*

*München liegt an der Isar.*

**legen / gelegt** *(to put horizontally)*

Er legt das Buch auf den Tisch.
Er hat es auf den Tisch gelegt.

**liegen / gelegen** *(to be lying)*

Das Buch liegt auf dem Tisch.
Es hat auf dem Tisch gelegen.

The verb **hängen** *(to hang, be hanging)* also belongs to this group.

**hängen / gehängt** *(to hang)*

Er hängt das Bild an die Wand.
Er hat es an die Wand gehängt.

**hängen / gehangen** *(to be hanging)*

Das Bild hängt an der Wand.
Es hat an der Wand gehangen.

As you can see, the weak verbs **legen**, **stellen**, **setzen** and **hängen** take a direct object. They are used when there is motion. The prepositional phrase is in the accusative and answers the question **wohin?** The strong verbs **liegen**, **stehen**, **sitzen** and **hängen** cannot take a direct object. They are used when there is **no** motion. The prepositional phrase is in the dative and answers the question **wo?**

## 3  Verbs with Prepositional Objects

When two-way prepositions (and others) are linked with certain verbs, they form idiomatic expressions. The prepositions often lose their basic meanings and cannot be translated literally because English may use a different preposition.

| warten | Ich warte. | *I am waiting.* |
| warten auf *(+ acc.)* | Ich **warte auf** den Bus. | *I am waiting for the bus.* |
| denken | Er denkt. | *He is thinking.* |
| denken an *(+ acc.)* | Er **denkt an** seine Frau. | *He is thinking of his wife.* |
| studieren | Wir studieren. | *We are studying.* |
| studieren an *(+ dat.)* | Wir studieren an der Universität. | *We are studying at the university.* |

Since there is no convenient rule to predict which preposition combines with a particular verb, the combination must be memorized as a unit. If a preposition with either dative or accusative is used, the case must be memorized as well.

**Note** Those prepositions which are always followed by the accusative and those always followed by the dative take the same case when they combine with verbs.

| | |
|---|---|
| fahren mit | *to go by (+ vehicle)* |
| Ich fahre **mit dem Bus.** | *I am going by bus.* |
| | |
| sprechen von | *to speak of* |
| Er spricht **von seinem Freund.** | *He is speaking of his friend.* |
| | |
| danken für | *to thank for* |
| Ich danke Ihnen **für Ihren Brief**. | *I thank you for your letter.* |

## 4  Time Expressions with Dative: **an/in/vor**

In time expressions, the prepositions **an**, **in** and **vor** answer the question **wann** *(when)* and are always followed by the dative case.

| | |
|---|---|
| Er ist **am Wochenende** gekommen. | *He came on the weekend.* |
| **Am Samstag** gehe ich einkaufen. | *On Saturday I am going shopping.* |
| | |
| Er kommt einmal **in der Woche.** | *He comes once a week.* |
| **In einem Monat** machen wir Urlaub. | *In one month we will take a vacation.* |

---

*Kultur und Information: Deutscher Alltag* [1]

**Briefmarken** gibt es nur in Postämtern (die Post/das Postamt).

**Telefonieren** kann man in Telefonzellen (die Telefonzelle[2]). Man braucht drei Zehn-Pfennig-Stücke für ein Ortsgespräch (das Ortsgespräch[3]) und Mark-Stücke für Ferngespräche[4] und Auslandsgespräche.

**Geschäfte**, **Reisebüros** und **Apotheken** sind montags bis freitags von 9 Uhr bis 18 Uhr oder 18.30 Uhr geöffnet, samstags bis 12 oder 14 Uhr. Viele Kaufhäuser sind donnerstags bis 20.30 Uhr geöffnet.

**Banken** sind montags bis freitags von 9 bis 16 Uhr geöffnet, samstags geschlossen[5]. Die kleinen Geschäfte und die Banken machen von 12 bis 14 Uhr Mittagspause. Die Öffnungszeiten sind gesetzlich geregelt[6]. Sonntags sind alle Geschäfte und Banken geschlossen.

**Taxis** sind ziemlich teuer.

**Verkehrsmittel** sind preiswert. In den Städten gibt es Straßenbahnen, Busse, S-Bahnen und U-Bahnen. Oft muß man nur eine Fahrkarte kaufen und kann damit durch die ganze Stadt fahren.

**Ermäßigungen**[7] bekommt man mit einem internationalen Studentenausweis. Es gibt Sonderpreise für Stadtrundfahrten, Theater, Museen, Bergbahnen und Schiffe. Man muß immer fragen? „Gibt es eine Ermäßigung für . . . ?"

[1] everyday life  [2] telephone booth  [3] local call  [4] long distance call  [5] closed  [6] regulated by law  [7] reductions

---

# MÜNDLICHE ÜBUNGEN

*in*

**MÜ 1**   Wohin ist der Goldhamster gelaufen? Wo ist er?

- das Schlafzimmer → *Ist er ins Schlafzimmer gelaufen?*
  *Ist er im Schlafzimmer?*

| | | |
|---|---|---|
| 1. das Bad | 4. der Garten | 7. das Eßzimmer |
| 2. der Keller | 5. die Küche | 8. das Kinderzimmer |
| 3. der Käfig | 6. das Wohnzimmer | 9. das Haus |

*auf*

**MÜ 2**   Wohin haben Sie die Sachen gelegt? Wo liegen sie jetzt?

- das Buch/der Tisch → *Ich habe das Buch auf den Tisch gelegt.*
  *Es liegt jetzt auf dem Tisch.*

| | |
|---|---|
| 1. die Zeitung/der Fernseher | 5. das Hemd/die Couch |
| 2. die Brille/die Zeitung | 6. der Teppich/der Fußboden |
| 3. der Mantel/das Bett | 7. das Geld/die Rechnung |
| 4. der Kalender/der Schrank | 8. die Karte/der Stuhl |

*an*

**MÜ 3**   Wohin haben Sie die Sachen gestellt? Wo stehen sie jetzt?

- die Couch/die Wand → *Wir haben die Couch an die Wand gestellt.*
  *Sie steht jetzt an der Wand.*

| | |
|---|---|
| 1. das Fahrrad/das Haus | 4. die Schuhe/die Tür |
| 2. der Stuhl/der Schreibtisch | 5. der Koffer/das Auto |
| 3. die Blumen/das Fenster | 6. die Lampe/der Sessel |

*vor/hinter*

**MÜ 4**   Wo darf man parken? Fragen Sie!

- das Rathaus → *Darf man vor dem Rathaus parken, oder*
  *muß ich hinter das Rathaus fahren?*

| | | |
|---|---|---|
| 1. das Hotel | 4. der Supermarkt | 7. die Schule |
| 2. die Kirche | 5. die Post | 8. das Museum |
| 3. der Bahnhof | 6. das Café | 9. der Turm |

ZOO HEIDELBERG

**MÜ 5**    Antworten Sie!

*neben*

- Wo stehen die Schuhe?      (unter / Bett)
  *Die Schuhe stehen unter dem Bett.*

1. Wo liegt der Brief?           (unter / Zeitung)
2. Wohin hängen Sie das Bild?    (über / Couch)
3. Wo hängt die Lampe?        (über / Tisch)
4. Wo ist die Wohnung?        (über / Geschäft)
5. Wohin hat er das Geld gelegt?   (unter / Buch)
6. Wohin läuft der Hund?       (unter / Stuhl)

**MÜ 6**    Wohin stellen Sie Ihre Tasche? Wo steht sie dann?

- die Bücher → *Ich stelle sie neben die Bücher.*
                *Sie steht dann neben den Büchern.*

| | | |
|---|---|---|
| 1. die Blumen | 4. das Auto | 7. die Koffer |
| 2. der Schreibtisch | 5. der Fernseher | 8. das Gepäck |
| 3. die Zeitungen | 6. die Lampe | 9. der Wagen |

*zwischen*

**MÜ 7**    Wo ist das?

- Kaufhaus → Blumengeschäft ← Post
  *Das Blumengeschäft ist zwischen dem Kaufhaus und der Post.*

1. Hauptstraße → Parkplatz    ← Marktplatz
2. Kino       → Bank        ← Apotheke
3. Universität → Café        ← Hochhaus
4. Theater    → Restaurant ← Parkhaus
5. Bahnhof   → Hotel       ← Brücke
6. Hotel      → Tankstelle ← Krankenhaus

Nach einem erholsamen
Spaziergang ins

*Café Fruth*

Weinstraße 65, Kallstadt/Wstr.

*Wann? Wohin?*

**MÜ 8**    Auf deutsch, bitte!

1. Did you put the shoes under the bed?
   They aren't under the bed.

2. The purse is next to the table.
   Who put the purse next to the table?

3. The nurse is going into the hospital.
   She is working in the hospital.

4. We are going behind the house.
   Our car is behind the house.

5. Put the books on the desk.
   They are already on the desk.

6. We are hanging the lamp over the table.
   The lamp above the table is very nice.

7. Drive the car in front of the house.
   Can one park in front of the house?

8. Put the newspaper between the books.
   The newspaper is between the books.

# LAND UND LEUTE

## WOHNEN IN DEUTSCHLAND

In welchem Haus möchten Sie wohnen? Im rechten, im linken oder in dem Haus in der Mitte? Nein, das ist gar keine Frage. Wer möchte nicht in einem schönen alten Haus oder in einem hübschen Einfamilienhaus wohnen? Doch über die Hälfte von allen Wohnungen in Deutschland liegt in Häusern mit vier oder mehr Wohnungen. Die meisten Deutschen leben nicht allein im eigenen Haus, sondern zusammen mit anderen Familien in Mehrfamilienhäusern. Die meisten Wohnungen sind aus der Zeit nach dem Zweiten Weltkrieg.

Die großen modernen Wohnungen findet man vor allem in Hochhäusern und Wohnblocks. Besonders in den Großstädten gibt es viele Hochhäuser. Doch die meisten Deutschen wollen gar nicht so modern wohnen. Jeder kennt die Nachteile. Da ist zum Beispiel die Anonymität. In einem Hochhaus leben oft 500 Menschen unter einem Dach. Man ist isoliert. Man kennt die Nachbarn nicht. Alle Wohnungen sehen gleich aus. Man steht vor dem Haus und fragt: Wo ist meine Wohnung?

Hochhäuser haben aber einen Vorteil: Die Wohnungen sind neu, sauber, hell und groß. Sie bieten modernen Wohnkomfort wie Fahrstuhl, Balkon, Bad, Gäste-WC und Teppichboden. Doch für viele Familien mit Kindern ist eine Wohnung in einem Hochhaus zu teuer. Sie können die hohen Mieten nicht bezahlen, denn diese Wohnungen können monatlich 10 Mark oder mehr pro Quadratmeter kosten.

Das Wohnen in einem Hochhaus hat vor allem für die Kinder viele Nachteile. Es gibt keinen Garten und keine Natur. Es gibt nur einen Balkon. In der Wohnung haben die Kinder meistens keinen Platz zum Spielen, denn die Kinderzimmer sind ziemlich klein, und im Wohnzimmer dürfen sie vielleicht nicht spielen. Die kleinen Kinder können nicht aus dem Fenster sehen. Sie haben Angst. Sie kennen nur den Fahrstuhl, aber keine Treppen. Kinder können nicht allein im Fahrstuhl fahren, und die Mütter müssen sie zum Spielplatz bringen. Auf den Spielplätzen können die kleinen Kinder spielen, aber die Mütter können sie nicht vom Fenster sehen.

Manche Leute wollen jedoch gern in einem Hochhaus wohnen, denn Hochhäuser sind meistens in der Stadt, in der Nähe von Geschäften, Restaurants und Büros. Außerdem bieten Hochhäuser Anonymität. In einem Haus mit 100 und mehr Mietern kann kein Mieter seinen Nachbarn kontrollieren. Ein berühmtes Luxus-Hochhaus ist zum Beispiel das Arabella Hochhaus in München. Die

Wohnungen in diesem Haus sind sehr teuer. Das Haus hat ein eigenes Einkaufszentrum und ein Schwimmbad.

In Ostdeutschland wohnen die meisten Menschen in großen Wohnblocks. Vor der Vereinigung[1] waren die Wohnungen auch in den neuen Wohnblocks klein und ohne viel Komfort, aber sie waren billig. Die meisten Häuser, auch die Privathäuser, waren jedoch in einem sehr schlechtem Zustand[2]. Man konnte sie nicht renovieren, denn man konnte kein Material kaufen. Viele Wohnungen hatten keine Zentralheizung, kein Bad oder sogar ein Außen-WC.

Seit der Grenzöffnung und ganz besonders nach der Vereinigung gibt es auch in den fünf neuen Bundesländern alles zu kaufen, auch Baumaterial. Jetzt reparieren und renovieren die Menschen überall ihre Wohnungen und Häuser. Oft tun sie das in ihrer Freizeit, zusammen mit Freunden und Verwandten, denn die eigene Arbeit ist billig.

[1]unification  [2]condition

**Fragen**

1. Wie leben die meisten Deutschen?
2. Aus welcher Zeit sind die meisten Wohnungen?
3. Wo findet man die meisten modernen Wohnungen?
4. Welche Nachteile hat ein Hochhaus?
5. Welche Vorteile hat ein Hochhaus?
6. Warum hat eine Wohnung in einem Hochhaus Nachteile für Kinder?
7. Warum wohnen manche Leute gern in einem Hochhaus?
8. Wie ist die Wohnsituation in Ihrem Land?

## Kultur und Information: Wohnungsmangel

In Deutschland gibt es einen neuen Wohnungsmangel[1]. Nicht nur in den Städten, sondern auch auf dem Land gibt es nicht genug Wohnungen. Warum? Es gibt viele Gründe[2]. Der Lebensstandard in der alten Bundesrepublik ist hoch. Alle Leute möchten eine große und schöne Wohnung mit viel Komfort. 1950 hatte jeder Bundesbürger im Durchschnitt 18 Quadratmeter zur Verfügung[3]. 1988 waren es schon 35 Quadratmeter. Außerdem gibt es viele Ein-Personen-Haushalte. Jede dritte Wohnung ist an nur eine Person vermietet[4].

Hier ist noch ein Grund für den Wohnungsmangel: Viele Deutsche aus der früheren DDR und viele deutsche Aussiedler[5] aus Polen, Rumänien und anderen Ostblockländern kommen in den Westen. Auch sie brauchen Wohnungen. Und die Mieten steigen[6] . . . Viele Leute, besonders Familien mit Kindern, können diese hohen Mieten nicht bezahlen. Für die sozial schwachen Familien gibt es fast keine preiswerten Wohnungen

[1]housing shortage  [2]reasons  [3]at his disposal  [4]rented
[5]ethnic Germans whose forefathers have for generations lived in the east
[6]are rising

# SCHRIFTLICHE ÜBUNGEN

**SÜ 1**    Ergänzen Sie!

1. (in a bottle)          Der Wein ist *in einer Flasche* .
2. (beside his mother)    Das Kind steht _____ .
3. (next to a young lady) Er hat _____ gestanden.
4. (on the chair)         Was liegt _____ ?
5. (behind the house)     Fahren Sie das Auto _____ !
6. (into the room)        Das kleine Mädchen kommt gerade _____ .
7. (in the office)        Die Sekretärin arbeitet _____ .
8. (behind the door)      _____ stehen viele Flaschen.
9. (under the table)      Warum läuft der Hund _____ ?
10. (in the kitchen)      Frau Becker ist _____ .
11. (on the table)        Liegt meine Brille _____ ?
12. (above the table)     Wir hängen die Lampe _____ .

**SÜ 2**    Ergänzen Sie eine Dativ/Akkusativ-Präposition (+ Artikel)! Was paßt?

1. Ist der Tisch *am* Fenster noch frei?
2. Er soll das Bild ____ die Couch hängen.
3. Sie hat ____ Januar Geburtstag.
4. Stellen Sie die Flaschen ____ den Boden!
5. Ich bin ____ Kino gewesen.
6. Er ist ____ zehn Minuten gekommen.
7. ____ Sonntag besuchen wir Sie.
8. Sie war ____ der Stadt.
9. Stellen Sie die Blumen ____ Fenster!
10. Das Café ist ____ Hotel.
11. Der Hund liegt ____ dem Tisch.
12. Die Wörter stehen ____ der Tafel.

**Erinnern Sie sich?**
**Wo findet man diese Leute?**

Kellner          *im Restaurant*
Sekretärin       _____
Verkäufer        _____
Stewardess       _____
Student          _____
Lehrer           _____
Mechaniker       _____
Apotheker        _____
Busfahrer        _____
Hausfrau         _____

**SÜ 3**    Antworten Sie mit einem ganzen Satz!
            *(Vorsicht! Wählen Sie das richtige Verb!)*

Wo ist (liegt, steht, hängt) meistens . . . ?

1. ein Bild          4. eine Landkarte      7. ein großes Kaufhaus
2. ein Stuhl         5. ein Klassenzimmer   8. ein Tisch
3. eine Lampe        6. eine Küche          9. eine Brücke

**SÜ 4**    Bilden Sie Sätze!

1. im Wohnzimmer        5. neben der Küche          9. am Bahnhof
2. auf dem Balkon       6. hinter dem Haus         10. in die Garage
3. ans Fenster          7. über der Couch          11. auf dem Fahrplan
4. zwischen den Fenstern 8. vor die Schlafzimmertür 12. in den Koffer

# Wortschatz

## DAS HAUS

| | |
|---|---|
| der Boden, ¨ | floor, ground |
| der Fahrstuhl, ¨e | elevator |
| der Käfig, -e | cage |
| der Keller, - | basement |
| der Mieter, - | tenant |
| der Nachteil, -e | disadvantage |
| der Quadratmeter, - | square meter |
| der Teppichboden, ¨ | wall to wall carpet |
| der Vorteil, -e | advantage |
| | |
| das Dach, ¨er | roof |
| das Kissen, - | pillow |
| | |
| die Angst, ¨e | fear |
| die Hälfte, -n | half |
| die Nähe | vicinity |
| die Treppe, -n | staircase |
| die Wand, ¨e | wall |

*Leicht erkennbare Wörter*
**die Aktion, -en / die Anonymität / der Balkon, -e / das Einfamilienhaus, -er / das Einkaufszentrum (-zentren) / der Fußboden, ¨ / die Garage, -n / der Garten, ¨ / der Goldhamster, - / der Komfort / das Mehrfamilienhaus, ¨er / die Mitte / die Natur, -en / die Position, -en / der Spielplatz, ¨e**

## ADJEKTIVE UND ADVERBEN

| | |
|---|---|
| fertig | done, ready |
| gleich | same, identical |
| isoliert | isolated |

## VERBEN

| | |
|---|---|
| bieten, geboten | to offer |
| ein·richten | to furnish, decorate |
| ein·ziehen, ist eingezogen | to move in |
| hängen | to hang, attach |
| hängen, gehangen | to be hanging |
| legen | to lay, put, place |
| setzen | to put, set |
| stellen | to put, place *(upright)* |
| um·ziehen, ist umgezogen | to move *(from one place to another)* |
| werfen (wirft), geworfen | to throw |

*Leicht erkennbare Wörter*
**baden / investieren / kontrollieren / renovieren / restaurieren / transportieren**

## AKKUSATIV / DATIV-PRÄPOSITIONEN

| | |
|---|---|
| an | at, on *(for vertical surfaces)* |
| auf | on, on top of *(for horizontal surfaces)* |
| hinter | behind, at the back of |
| in | in, into, inside of |
| neben | beside, next to |
| über | over, above |
| unter | under, below |
| vor | before, in front of |
| zwischen | between |

## VERSCHIEDENES

| | |
|---|---|
| Angst haben *(vor + dat.)* | to be afraid (of) |
| außerdem | besides |
| in der Nähe | in the vicinity |

## DIE BREMER STADTMUSIKANTEN

*Die Bremer Stadtmusikanten vor dem Rathaus in Bremen*

## LESEHILFE

### Die Tiere im Märchen

der Esel „Graupferd"

Er will die Harfe spielen.

Sein Bruder bläst die
Trompete in der Stadt-
musik in Bremen.

die Katze „Bartputzer"
Sie kann singen und jodeln.

der Hund „Packan"

Er kann trommeln.
Er kann die Trommel schlagen.

der Hahn „Rotkopf"
Er kann auch singen.

### Ihre Sprache

krähen
*kikeriki!*

miauen
*miau, miau!*

bellen
*wau, wau!*

iaen
schreien
*i-a, i-a!*

# DIE BREMER STADTMUSIKANTEN°

*town musicians*

**Ein Märchen° der Brüder Grimm
von Marie G. Wiener**

*fairy tale*

Hier ist der Esel. Er ist alt und müde. Er sitzt im Gras neben der Straße. Er ist sehr traurig[1]. Da kommt ein Hund. Der Hund heißt Packan.

„Hallo, Graupferd", sagt Packan, der Hund. „Wie geht's?"

„Gar nicht gut, Packan!" sagt der Esel. „Ich bin alt und müde. Ich kann nicht mehr[2] arbeiten. Mein Meister[3] ist sehr böse.[4] Er will mich verkaufen. Verkaufen für Leder und Hundefutter[5]!"

„Wohin gehst du, Graupferd?" fragt Packan.

„Ich gehe nach Bremen." sagt der Esel.

„Nach Bremen? In die große Stadt?" fragt Packan, der Hund.

„Ja", sagt Graupferd. „Ich habe einen Bruder in Bremen. Mein Bruder ist bei der Stadtmusik in Bremen. Er bläst die Trompete! Ich gehe auch nach Bremen. Ich will die Harfe spielen in der Stadtmusik in Bremen!"

„Aber warum bist du so traurig, Packan?" fragt der Esel.

„Ich bin alt und müde", sagt der Hund. „Mein Herr jagt[6] oft und ich bin langsam. Mein Herr will mich nicht mehr füttern.[7] Er will mich totschlagen[8]!"

„Totschlagen?" fragt der Esel. „Komm mit mir nach Bremen, zur Stadtmusik! Ich spiele die Harfe und du schlägst die Trommel. Kannst du trommeln, Packan?"

„O ja", sagt Packan, der Hund. „Ich kann sehr gut und laut trommeln. Ich komme mit nach Bremen, Graupferd!"

Der Esel und der Hund gehen in den Wald. Der Esel ist müde und der Hund ist müde. Aber der Esel ist nicht mehr traurig und der Hund ist auch nicht mehr traurig. Der Esel und der Hund gehen langsam durch den Wald und singen: „Die Stadtmusik· in Bremen, die spielt so laut und schön! Wir sind zwei Musikanten, die auch nach Bremen gehen!"

Der Esel und der Hund gehen durch den Wald. Da sitzt eine Katze neben der Straße. Eine alte, müde, graue Katze. Sie ist sehr traurig und weint.[9]

„Hallo, alter Bartputzer!" sagt der Esel.

„Warum weinst du?" fragt der Hund.

„Ach", sagt die Katze. „Ich bin sehr alt und ich habe keine Zähne. Ich fange keine Mäuse[10] mehr! Meine Frau will mich nicht mehr füttern. Sie will mich ins Wasser werfen! Was soll ich tun?"

| | | |
|---|---|---|
| [1] sad | [7] feed | [13] company |
| [2] no longer | [8] beat to death | [14] cook |
| [3] master | [9] cries | [15] cut off |
| [4] mean, bad | [10] catch mice | [16] cook |
| [5] dogfood | [11] farm house | [17] therefore |
| [6] goes hunting | [12] fence | [18] voice |

„Kannst du singen?" fragt der Esel.

„O ja!" sagt die Katze. „Ich kann sehr laut und hoch singen!"

„Komm mit nach Bremen!" sagt der Esel Graupferd.

„Nach Bremen? In die große Stadt?" fragt die Katze.

„Ja", sagt Packan. „Wir gehen nach Bremen, zur Stadtmusik. Graupferd spielt die Harfe, ich trommle und du singst."

„Gut", sagen alle drei. Wir gehen nach Bremen zur Musik."

Der Esel, der Hund und die Katze gehen durch den Wald. Sie singen: „Der Esel spielt die Harfe, der Hund, er trommelt laut. Die Katze singt und jodelt, und manch- mal sie miaut!"

Es ist Mittag. Sie kommen zu einem Bauernhof[11]. Auf dem Zaun[12] vor dem Bauernhof sitzt ein Hahn.

Der Hahn kräht und kräht. Er kräht sehr laut.

„Guten Tag, Rotkopf!" sagt der Esel.

„Warum krähst du so laut?" fragt die Katze.

„Ach", sagt der Hahn. „Morgen ist Sonntag. Morgen kommt Besuch[13]! Morgen will mir die Köchin[14] den Kopf abschneiden[15]! Morgen will mich die Köchin kochen[16] In der Suppe! Darum[17] krähe ich so laut."

„Komm mit, Rotkopf!" sagt der Esel.

„Wir gehen nach Bremen zur Stadt- musik." sagt der Hund.

„Du hast eine gute Stimme[18]." sagt die Katze. „Komm mit nach Bremen zur Stadtmusik! Graupferd spielt die Harfe, Packan trommelt, und du und ich singen laut und schön."

„Oh, das ist gut", sagt der Hahn. „Ich komme auch mit nach Bremen, zur Stadt- musik! Ich singe!"

Und der Esel, der Hund, die Katze und der Hahn marschieren weiter. Sie sind alt und müde. Aber sie sind nicht mehr traurig!

Es ist Abend. Der Esel Graupferd, der Hund Packan, Bartputzer, die Katze und Rotkopf, der Hahn kommen in einen Wald.

„Wo schlafen wir?" fragt der Esel.

„Unter dem Baum", sagt der Hund. Aber es ist kalt, sehr kalt, und sie können nicht schlafen.

Da ruft der Hahn: „Dort drüben ist ein Haus. Ich sehe Licht.[1] Das Haus ist nicht weit!"

„Wir gehen zu dem Haus!" rufen die Vier.

„Dort ist es nicht kalt!" sagt der Hund. "Und vielleicht bekomme ich einen Knochen[2]! Ich habe großen Hunger!"

„Und ich", sagt die Katze, „vielleicht bekomme ich Milch!"

„Ja, wir gehen zu dem Haus!" rufen die Vier.

Der Esel, der Hund, die Katze und der Hahn gehen zu dem Haus. Es ist nicht weit. Das Haus ist groß, sehr groß. Es ist ein Räuberhaus[3]! Der Esel geht zu dem Fenster.

„Was siehst du?" fragt der Hund.

„Was ich sehe?" sagt der Esel. „Einen Tisch mit gutem Essen und Trinken. Und die Räuber sitzen und essen und trinken!"

„Was tun wir?" fragt der Hund.

„Wir machen Musik." antwortet der Esel. „Wir machen schöne, laute Musik!"

| | | |
|---|---|---|
| [1] light | [7] deep(ly) | [13] chief |
| [2] bone | [8] yard | [14] quiet |
| [3] robbers' hideout | [9] stove | [15] match |
| [4] go | [10] beam, rafter | [16] scratches |
| [5] breaks | [11] soon | [17] terrible |
| [6] jump | [12] midnight | [18] screams |

Der Esel steht unter dem Fenster. Der Hund steht auf dem Esel. Die Katze steht auf dem Hund. Der Hahn steht auf der Katze.

„Eins . . . zwei . . . drei . . . los[4]!" ruft der Esel.

„I-a, i-a!" schreit der Esel.

„Wau, wau!" bellt der Hund.

„Miau, miau!" miaut die Katze.

„Kikeriki!" kräht der Hahn. Die Musik ist so laut, daß ein Fensterglas bricht[5]! . . .

Und die Räuber? Die Räuber springen[6] schnell auf und laufen in den Wald. Sie laufen ganz tief[7] in den Wald.

Der Esel, der Hund, die Katze und der Hahn essen und trinken, trinken und essen . . .

„Gute Nacht!" sagt der Esel. „Ich gehe jetzt schlafen!" Der Esel legt sich in den Hof.[8] Der Hund legt sich hinter die Tür. Die Katze legt sich neben den warmen Ofen.[9] Und der Hahn fliegt auf den Balken.[10]

„Gute Nacht!" rufen die Vier und schlafen bald[11] ein.

Es ist Mitternacht.[12] Die Räuber schlafen im Wald. Schlafen??? Nein, die Räuber schlafen nicht! Im Wald ist es nicht warm. Im Wald ist es kalt. Und die Räuber haben Hunger, sehr großen Hunger.

„Pst! Jaromir!" sagt der Räuberhauptmann[13], „kannst du schlafen?"

„Nein, Herr Hauptmann", sagt Jaromir, „ich kann nicht schlafen! Ich friere und habe Hunger!"

„Jaromir!" sagt der Hauptmann, „es ist kein Licht im Haus und es ist still.[14] Geh leise ins Haus und wir kommen bald nach!"

„Ja, Herr Hauptmann!" sagt Jaromir.

Der Räuber geht in das Haus. Es ist sehr still. Es ist sehr dunkel. Er will ein Licht anmachen. Er nimmt ein Streichholz[15] und geht zu dem Ofen. Ah, da ist noch etwas Feuer. Feuer? Nein, es sind Katzenaugen! Die Katze springt auf!

Sie kratzt[16] den Räuber in die Augen und beißt ihn in die Hand. Sie kratzt den Räuber ganz furchtbar.[17] Der Räuber schreit und läuft schnell hinaus. Er kommt an die Tür. Hinter der Tür liegt der Hund Packan. Er beißt den Räuber ganz furchtbar tief in das Bein! Der Räuber schreit[18] und läuft in den Hof. Der Esel springt auf und er kickt den Räuber ganz furchtbar! Der Räuber schreit „Hilfe! Hilfe!"

Der Räuber läuft so schnell er kann.

Der Hahn sitzt auf dem Balken. Er kräht dreimal laut:

„Kikeriki!
Kikeriki!
Kikeriki!"

Der Räuber läuft schnell in den Wald. Er läuft zu dem Hauptmann! Der Hauptmann fragt: „Jaromir! Was ist los[1]? Du bist ganz weiß! Warum schreist du so laut?"

Jaromir sagt: „Herr Hauptmann, es ist furchtbar! In dem Haus sitzt eine Hexe[2] die hat mir das Gesicht zerkratzt!

Vor der Tür steht ein Mann mit einem Messer[3] der hat mich in das Bein gestochen[4]!

Im Hof liegt ein Riese[5] der hat mich geschlagen! Und auf dem Dach sitzt ein Richter[6] der ruft laut, bringt den Räuber her, bringt den Räuber her! Darum bin ich gelaufen!"

| | |
|---|---|
| [1] *What's the matter?* | [5] *giant* |
| [2] *witch* | [6] *judge* |
| [3] *knife* | [7] *chase out* |
| [4] *stabbed* | |

Der Hauptmann sagt: „Es ist besser, wir gehen nicht mehr in das Haus!"

„Ja", sagen die Räuber, „wir gehen nicht mehr zurück."

Der Hund, der Esel, der Hahn und die Katze sagen: „Hier ist es schön und gut. Das Haus ist warm, wir essen und trinken, wir sind nicht mehr traurig und müde! Wir gehen nicht nach Bremen zur Stadtmusik, wir bleiben hier im Räuberhaus! Wir machen hier Musik. Graupferd spielt die Harfe, Packan trommelt, der Bartputzer und der Rotkopf singen!"

Und alle singen: „Wir sind die Musikanten und sind im Räuberhaus. Und kommen auch die Räuber, wir treiben sie hinaus[7]!"

---

*Kultur und Information: Bremen*

Die Bremer Stadtmusikanten sind nie in Bremen angekommen. Trotzdem sind sie ein Bremer Symbol geworden, und ihr Denkmal[1] steht auf dem Platz vor dem Bremer Rathaus.

Bremen liegt an der Weser. Der Fluß ist jedoch zu schmal für die großen Seeschiffe. Deshalb mußte man schon im 17. Jahrhundert einen neuen Hafen bauen, das heutige Bremerhaven. Nur so konnten die Bremer mit Hamburg Schritt halten. Wie Hamburg, so war auch Bremen im Mittelalter[2] eine Freie Hansestadt und hatte eine eigene Regierung[3], den Senat. Heute hat Bremen rund 550.000 Einwohner. Zusammen mit Bremerhaven bildet die Stadt das kleinste deutsche Bundesland. Hier haben die großen Reedereien[4] ihren Sitz. Die Bremer Industrie importiert und verarbeitet Rohstoffe[5] wie Kaffee, Tabak und Baumwolle[6].

[1] monument  [2] middle ages  [3] government  [4] shipping company  [5] processes raw materials  [6] cotton

# Junge Menschen: Cornelia Bausen

**Themen und Sprechziele**
Eltern und Kinder • Warum . . . ?

**Kultur und Information**
Trampen • Ausländer

**Grammatik und Übungen**
Dependent Word Order 1:
    Subordinating Conjunctions
Word Formation 6: Nouns Derived from Adjectives

# SPRECHZIELE

## ELTERN UND KINDER

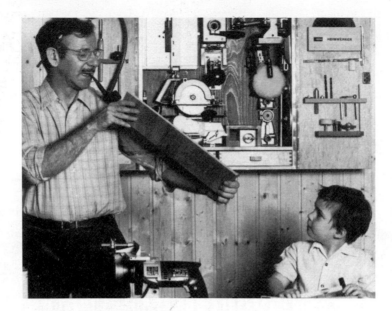

**Situation 1**   Dialog: Warum . . . ?

Friedrich Bausen arbeitet in seinem Hobby-Keller. Er will ein Regal bauen. Sein Sohn hat ihm eine Weile zugesehen. Doch dann wird es dem Kind langweilig. Es fragt, ob der Vater mit ihm spielen kann. Herr Bausen antwortet dem Kind mit viel Geduld.

| | |
|---|---|
| SOHN | Vati![1] |
| VATER | Ja? Was willst du denn? |
| SOHN | Vati! Ich will, daß du mit mir spielst. |
| VATER | Ich kann jetzt nicht mit dir spielen. |
| SOHN | Warum nicht? |
| VATER | Ich kann jetzt nicht, weil ich keine Zeit habe. |
| SOHN | Warum hast du keine Zeit? |
| VATER | Weil ich arbeiten muß. |
| SOHN | Warum mußt du arbeiten. Vati? |
| VATER | Weil ich Geld verdienen muß. |
| SOHN | Vati! Warum mußt du Geld verdienen? |
| VATER | Weil wir ohne Geld nichts kaufen können. Du willst doch essen, wenn du Hunger hast. |
| SOHN | Vati! |
| VATER | Was willst du denn jetzt? |
| SOHN | Vati! Wenn ich keinen Hunger habe, kannst du dann mit mir spielen? |

[1] Daddy

## Situation 2    Fragen und Antworten

| | |
|---|---|
| Was will das Kind? | Es will, **daß** der Vater mit ihm **spielt**. |
| Was sagt der Vater? | Er sagt, **daß** er keine Zeit **hat**. |
| Der Vater muß arbeiten. Was versteht das Kind nicht? | Es versteht nicht, **daß** der Vater arbeiten **muß**. |
| Warum hat der Vater keine Zeit für das Kind? | Er hat keine Zeit, **weil** er arbeiten **muß**. |
| Warum muß er arbeiten? | Er muß arbeiten, **weil** er Geld verdienen **muß**. |
| Warum muß er Geld verdienen? | Er muß Geld verdienen, **weil** man ohne Geld nichts kaufen **kann**. |
| Wann spielt der Vater mit dem Kind? | Er spielt mit dem Kind, **wenn** er Zeit **hat**. |
| Wann hat er Zeit? | Er hat Zeit, **wenn** er nicht arbeiten **muß**. |
| Wann will das Kind essen? | Das Kind will essen, **wenn** es Hunger **hat**. |
| Hat das Kind jetzt Hunger? Wissen wir das? | Nein, wir wissen nicht, **ob** das Kind jetzt Hunger **hat**. |
| Was hat das Kind den Vater gefragt? | Das Kind hat den Vater gefragt, **ob** er mit ihm spielen **kann**. |
| Hat das Kind dann allein gespielt? Wissen wir das? | Wir wissen nicht, **ob** das Kind dann allein gespielt **hat**. |
| Hat die Mutter Zeit für das Kind gehabt? | Wir wissen nicht, **ob** die Mutter Zeit für das Kind gehabt **hat**. |
| Hat das Kind Geschwister? | Wir wissen nicht, **ob** das Kind Geschwister **hat**. |

## Situation 3    Interview: Fragen Sie Ihre Freunde!

1. Was machst du, wenn du viel Zeit hast?
2. Wohin gehst du, wenn du einen Film sehen willst?
3. Was ziehst du an, wenn es draußen kalt ist?
4. Was kaufst du, wenn du viel Geld hast?
5. Was machst du, wenn du Hunger hast?
6. Wenn dir das Essen nicht schmeckt, was tust du dann?
7. Wenn du Zahnschmerzen hast, machst du dann eine Party?
8. Gehst du ins Kino, wenn du müde bist?
9. Triffst du deine Freunde, wenn du keine Zeit hast?
10. Was machst du am Wochenende, wenn es regnet?

**Familie   jeder für jeden.**

*Wir möchten, daß alle*

Cowboys,    Tänzer,    Musiker,    Chaplins,    Hexen,    Clowns,    Spaßvögel,

*gut nach Hause kommen.*

# GRAMMATIK

## 1   Dependent Word Order 1: Subordinating Conjunctions

### A   Subordinating Conjunctions

You are familiar with independent clauses (**Hauptsätze**) which contain one complete thought. The verb is either in second position, as in statements or questions with question words, or in first position, as in simple questions or commands. You can use coordinating conjunctions (see Chapter 6) to join two independent clauses together.

> Es hat geregnet.
> Wann hat es geregnet?
> Hat es geregnet?
> Fahren Sie vorsichtig!
> Fahren Sie vorsichtig, denn es hat geregnet, und die Straßen sind naß.

Two statements may also be linked together by a subordinating conjunction. As the name suggests, a subordinating conjunction connects a clause that is subordinate or dependent on the main clause for the completion of its meaning. Whereas coordinating conjunctions do not affect word order, the subordinating conjunctions make the verb move to the end of the sentence.

| Main Clause | Subordinate (dependent) Clause |
| --- | --- |
| Ich gehe nach Hause, | weil ich müde bin. |
| *I am going home* | *because I am tired.* |

The main clause is a simple sentence and can stand alone: **Ich gehe nach Hause.**

Notice that the subordinate clause, before the addition of a subordinating conjunction, was a simple sentence and could also stand alone: **Ich bin müde.**

The addition of the subordinating conjunction makes the clause incomplete in meaning and dependent upon the main clause for completion: . . . , **weil ich müde bin.**

This chapter practices the following subordinating conjunctions:

**daß** *(that)* is used as in English after verbs of saying, telling and knowing.

> Ich weiß, **daß** er müde ist.
> *I know that he is tired.*

**weil** *(because, since)* answers the question **warum** and indicates a reason or cause (why something is done).

> Er geht nach Hause, **weil** er müde ist.
> *He is going home because he is tired.*

**wenn** *(if, when, whenever)* answers the question **wann** and is used with the present tense and/or to indicate future actions or events.

> Er geht nach Hause, wenn er müde ist.
> *He is going home when he is tired.*

**ob** *(whether, if* in the sense of *whether)* is used when changing a question into a subordinate clause.

> Fragen Sie ihn, **ob** er müde ist.
> *Ask him whether he is tired.*

Other frequently used subordinating conjunctions include:

| | | | |
|---|---|---|---|
| **als** | *when, as* | **nachdem** | *after* |
| **bevor** | *before* | **obwohl** | *although* |
| **bis** | *until* | **so daß** | *so that* |
| **damit** | *so that* | **während** | *while* |

Most of these subordinating conjunctions are used in German as they are in English. Those which pose special problems will be pointed out and practiced as they occur in the chapters.

---

When to use **denn** and **weil**

**Denn** and **weil** both correspond to English *because* but notice the difference in usage:

**denn** *(as, since, for, because, the reason being that . . .)* is a coordinating conjunction and does not affect word order. It is used to explain the preceding statement.

> Die Straßen sind naß, **denn** es hat geregnet.
> *The streets are wet because it rained.*

**weil** *(because, since)* is a subordinating conjunction and does affect word order. It is used to explain the reason for a given condition or why something is done.

> Ich muß zur Bank gehen, **weil** ich Geld brauche.
> *I have to go to the bank because I need money.*

---

## B Dependent Word Order

Unlike English, all German clauses beginning with a subordinating conjunction are dependent clauses (**Nebensätze**) and have dependent word order, that is, the conjugated verb stands at the very end of the clause.

### 1. Present Tense

Ich weiß, **daß** ein Jahr zwölf Monate **hat**.
*I know that a year has twelve months.*

Wissen Sie, **ob** sie ins Kino **geht?**
*Do you know whether she is going to the movies?*

In dependent clauses with separable-prefix verbs, the prefix is attached to the verb, the complete and conjugated verb form stands at the end of the clause.

Ich rufe dich an, **wenn** meine Frau **zurückkommt**.
*I'll call you when my wife returns.*

Wir wissen nicht, **ob** sie uns **abholt**.
*We don't know whether she will pick us up.*

In dependent clauses with modal verbs, the conjugated modal stands the end of the clause, after the infinitive.

Er kann nicht kommen, **weil** er arbeiten **muß**.
*He cannot come because he has to work.*

Er kann nicht kommen, **wenn** er arbeiten **muß**.
*He cannot come if he has to work.*

### 2. Perfect Tense

When the dependent clause is in the present perfect, the conjugated auxiliary **sein** or **haben** stands at the end of the clause, after the past participle.

Weiß er, **daß** seine Mutter angerufen **hat?**
*Does he know that his mother called?*

Ich habe Hunger, **weil** ich nichts gegessen **habe**.
*I am hungry because I haven't eaten anything.*

## C Order of Clauses

Dependent clauses do not always follow the main clause, they can also precede it, but they always have the verb at the end.

Wenn Herr Bausen Zeit **hat**, spielt er mit seinem Sohn.
*When(ever) Mr. Bausen has time, he plays with his son.*

If the sentence starts with the dependent clause, the entire construction (the main and the dependent clause) is treated as a whole. Thus the dependent clause is considered the first element of the construction, the verb is in its usual second position with the subject immediately following. The result is a *verb*, *verb* construction.

| Dependent Clause | Main Clause |
|---|---|
| Wenn es **regnet**, | **bleiben** wir zu Hause. |
| *If it is raining* | *we'll stay at home.* |
| Weil es geregnet **hat**, | **sind** wir zu Hause geblieben. |
| *Because it rained* | *we stayed at home.* |

The dependent clause, whether preceding or following the main clause, is always separated by a comma.

---

When to use the substitution **es**

Similar to English *it*, **es** is often used in German as a substitute for a dependent clause. Compare the following sentences:

| | |
|---|---|
| Ich weiß **es**. | *I know it.* |
| Was wissen Sie? | *What do you know?* |
| Ich weiß, **daß er kein Geld hat**. | *I know that he has no money.* |

As you can see, the simple sentence uses **es** as a direct object to replace the entire dependent clause.

---

## 2   Word Formation 6: Nouns Derived from Adjectives

Many German adjectives can be changed into feminine nouns by adding the suffix **-e**. These newly formed nouns add an umlaut where possible. They may correspond in meaning to English nouns ending in *-ness* or to English nouns ending in *-th*:

| Adjective | Noun | |
|---|---|---|
| schwer | die Schwere | *heaviness* |
| leer | die Leere | *emptiness* |
| kühl | die Kühle | *cool(ness)* |
| rot | die Röte | *redness* |
| gut | die Güte | *goodness, good quality* |
| tief | die Tiefe | *depth* |
| lang | die Länge | *length* |
| weit | die Weite | *width* |
| hoch | die Höhe | *height* |
| schwer | die Schwere | *heaviness* |
| hart | die Härte | *hardness* |

Wie heißt das Nomen?

| | |
|---|---|
| groß | *die Größe* |
| stark | _____ |
| kurz | _____ |
| frisch | _____ |
| lang | _____ |
| breit | _____ |
| leer | _____ |
| voll | _____ |
| tief | _____ |
| warm | _____ |
| kalt | _____ |

# MÜNDLICHE ÜBUNGEN

**MÜ 1**    Antworten Sie mit **daß**! Was wissen wir?

- Das Kind ruft seinen Vater. → *Wir wissen, daß das Kind seinen Vater ruft.*

1. Das Kind hat viele Fragen.
2. Der Vater spricht mit dem Kind.
3. Er antwortet dem Kind.

4. Er arbeitet viel.
5. Er verdient Geld.
6. Er spielt nicht mit dem Kind.

**MÜ 2**    Benutzen Sie Modalverben!

- Das Kind will mit dem Vater spielen.
  *Wir wissen, daß das Kind mit dem Vater spielen will.*

1. Das Kind möchte nicht allein spielen.
2. Der Vater soll mit ihm spielen.
3. Das Kind kann ihn nicht verstehen.

4. Er muß Geld verdienen.
5. Er will jetzt arbeiten.
6. Er muß Geduld haben.

**MÜ 3**    Vollenden Sie die Sätze!

- Haben Sie gewußt, daß *Herr Schneider im Krankenhaus ist?*

1. Mein Freund weiß, daß . . .
2. Es tut mir leid, daß . . .
3. Ich glaube nicht, daß . . .
4. Haben Sie gesagt, daß . . .
5. Ist es nicht schön, daß . . .

6. Wir haben gehört, daß . . .
7. Es war nett von Ihnen, daß . . .
8. Ich verstehe, daß . . .
9. Wir möchten nicht, daß . . .
10. Ich habe gelesen, daß . . .

**MÜ 4**    Verbinden Sie die Sätze mit **weil**!

- Ich muß nicht umsteigen. Der Zug fährt durch.
  *Ich muß nicht umsteigen, weil der Zug durchfährt.*

1. Wir müssen jetzt einsteigen. Der Zug fährt gleich ab.
2. Sie bleibt zu Hause. Ihr Mann kommt heute zurück.
3. Ich muß ihn nicht anrufen. Er kommt heute abend vorbei.
4. Er vergißt nichts. Er schreibt alles auf.
5. Er muß die Bücher nicht abholen. Sein Freund bringt sie mit.

**MÜ 5**    Vollenden Sie die Sätze!

1. Sie mußte den Arzt rufen, weil *ihr Mann krank war.*
2. Wir lernen Deutsch, weil . . .
3. Er hat die Rechnung nicht bezahlt, weil . . .
4. Ich habe ihm eine Krawatte geschenkt, weil . . .
5. Wir haben die Dame im Krankenhaus besucht, weil . . .

**MÜ 6**  Wann braucht man diese Dinge? Antworten Sie mit **wenn!**

- eine Brille → *Man braucht eine Brille, wenn man nicht gut sehen kann.*

Wann braucht man . . . ?

1. ein Feuerzeug
2. Geld
3. Autopapiere
4. ein Glas
5. einen Fernseher
6. eine Speisekarte
7. einen warmen Mantel
8. einen Stadtplan
9. ein Telefon
10. einen Einkaufswagen
11. einen Reisepaß
12. Medikamente

**MÜ 7**  Vollenden Sie die Sätze!

1. Wenn man kein Geld hat, *kann man nichts kaufen.*
2. Wenn ich ein Wort nicht weiß, . . .
3. Wenn wir Zeit haben, . . .
4. Wenn man krank ist, . . .
5. Wenn ich Geburtstag habe, . . .
6. Wenn Sie nach München kommen, . . .

**MÜ 8**  Was wissen wir nicht? Was möchten Sie wissen?

- Hat das Kind allein gespielt? → *Wir wissen nicht, ob das Kind allein gespielt hat.*

1. Hat der Vater das Kind verstanden?
2. Hat er die Zeitung gelesen?
3. Ist die Mutter auch zu Hause gewesen?
4. Hat sie auch gearbeitet?
5. Hat sie ferngesehen?
6. Hat sie das Kind gerufen?

**MÜ 9**  Vollenden Sie die Sätze!

1. Ich möchte gern wissen, ob *sie heute oder morgen Geburtstag hat.*
2. Fragen Sie Herrn Kohl, ob . . .
3. Können Sie mir sagen, ob . . .
4. Weißt du, ob . . .
5. Er hat nicht gesagt, ob . . .
6. Ich kann Ihnen nicht sagen, ob . . .

**MÜ 10**  Auf deutsch, bitte!

1. Do you know whether it is raining?
2. I heard that he was very sick.
3. Ask him when you see him.
4. I can only call you if I have time.
5. Did she say whether she sold her car?
6. We don't know whether we can do it.
7. I believe that he went downtown.
8. I am here because I want to be here.
9. I don't think that she is at home.
10. He needs the money because he wants to buy a new car.

# LAND UND LEUTE

## JUNGE MENSCHEN   Cornelia Bausen

Cornelia Bausen ist siebzehn Jahre alt und wohnt in der kleinen Gemeinde Grenderich bei Cochem an der Mosel. Wenn sie morgens das Haus verläßt, weiß sie manchmal nicht, ob der Vater sie abends von der Schule abholen kann, ob sie nach Hause trampen muß, ob sie am Abend heil nach Hause kommt.

Cornelia Bausen ist Fahrschülerin. Eine von rund einer Million in der alten Bundesrepublik. Man nennt diese Kinder und Jugendlichen Fahrschüler, weil sie oft Stunden mit dem Fahrrad, mit der Bahn oder mit dem Bus fahren müssen, bis sie ihre Schule erreichen. Oft sind Fahrschüler siebzig Stunden in der Woche unterwegs, denn es gibt nicht viele Schulbusse.

Cornelia besucht das Gymnasium in der Stadt Cochem. Der letzte Bus von Cochem nach Grenderich fährt um 13.10 Uhr. Wenn Cornelia diesen Bus nicht erreicht, kann sie nur hoffen, daß der Vater sie abholt. Cornelia hat Glück, denn ihr Vater arbeitet in Cochem und kann sie abends mitnehmen.

Der Vater muß Cornelia oft abholen, denn dreimal in der Woche endet ihr Unterricht erst um 16.30 Uhr. Aber wenn ihr Vater sie nach dem Unterricht nicht abholen kann, muß Cornelia trampen. An diesen Tagen weiß sie dann nie, ob sie heil nach Hause kommt.

Fahrschüler wie Cornelia haben manchmal ein gefährliches, aber immer ein hartes Leben. Bei Eis und Schnee, bei Nässe, Kälte und Nebel sind sie mit dem Fahrrad oder zu Fuß unterwegs oder sie warten auf Bahnhöfen und an Bushaltestellen. Viele beginnen schon im Zug oder im Bus mit ihren Hausaufgaben, weil sie zu Hause noch Freizeit haben wollen.

Der lange Schulweg kostet nicht nur Zeit, sondern auch Geld. Zum Beispiel kauft Cornelia keine Monatskarte für den Bus, weil ihr Vater sie oft abends abholen muß. Deshalb bezahlt sie jeden Tag für die Busfahrkarte. Wenn sie nachmittags Unterricht hat, ißt sie irgendwo eine heiße Suppe oder eine Pizza, denn das ist billig. Nach dem Unterricht geht sie manchmal ins Kino, aber nur, wenn ein interessanter Film läuft. Meistens geht sie irgendwo in ein Café, trinkt eine Tasse Tee und macht ihre Hausaufgaben.

Cornelia muß ins Café. Wie soll sie auch sonst die Zeit von 16.30 Uhr bis 18.45 Uhr verbringen, denn erst dann kann Vater Bausen seine Tochter abholen. Cornelia: Ein Schultag kostet meine Eltern mindestens zwölf Mark.

## Situation 4    Rollenspiel

Ein/e Student/in spielt den Reporter und stellt die Fragen.
Eine Studentin spielt Cornelia Bausen und beantwortet die Fragen.

1. Wie heißt du, und wie alt bist du?
2. Wo wohnst du, und wo liegt das?
3. Was für eine Schule besuchst du, und wo ist deine Schule?
4. Warum mußt du morgens so früh weggehen, wenn du zur Schule gehst?
5. Warum nennt man Jugendliche wie dich „Fahrschüler"?
6. Wie kommst du nach der Schule nach Hause?
7. Warum mußt du manchmal nach Hause trampen?
8. Was machst du, wenn du auf deinen Vater warten mußt?
9. Warum kaufst du keine Monatkarte für den Bus?
10. Wann und wo machst du deine Hausautgaben?

### *Kultur und Information: Trampen*

Trampen ist in Deutschland nicht verboten, außer auf den Autobahnen. Man muß also vor der Autobahn[1] stehen. Mädchen sollten nicht allein trampen, denn das ist gefährlich. Wenn man trampt, weiß man nie, zu wem man ins Auto steigt. Deshalb sind Eltern gegen das Trampen. Da gibt es Verbote und harte Diskussionen zwischen Eltern und Jugendlichen. Beim Einsteigen in das Auto muß man immer auf die Autonummer[2] sehen und darf sie nicht vergessen. (Die ersten beiden Buchstaben bezeichnen die Stadt, die anderen Buchstaben und Nummern haben keine Bedeutung.)

[1] super highway    [2] license plate number

*Woher kommen die Autos mit diesen amtlichen Kennzeichen?*

## Interview mit Familie Bausen

Wir haben die Familie Bausen in Grenderich besucht und Cornelia noch einige Fragen gestellt.

REPORTER   Cornelia, wir möchten gern wissen, ob du gern in die Schule gehst, obwohl du morgens so früh aufstehen mußt.

CORNELIA   Ja, die Schule ist sehr wichtig für mich, denn ich will später Biologie studieren. Außerdem habe ich keine andere Wahl. Hier in Grenderich gibt es kein Gymnasium. Da muß ich jeden Tag nach Cochem fahren. Meine Freunde machen das auch.

REPORTER   Cornelia, was machst du in deiner Freizeit?

| | |
|---|---|
| CORNELIA | Ich reite gern und habe mein eigenes Pferd. Deshalb wohne ich gern hier in Grenderich und nicht in der Stadt. Es gibt hier einen Reitclub. Dort verbringe ich jede freie Minute. Dort habe ich auch mein Pferd. |
| REPORTER | Und deine Eltern? Kommst du gut mit ihnen aus? |
| CORNELIA | Mit meinem Vater komme ich sehr gut aus. Mit meiner Mutter nicht so gut. Wenn sie von der Arbeit nach Hause kommt, ist sie manchmal so gestreßt und nervös. Aber ich muß sagen, daß meine Eltern beide sehr tolerant sind. Und das finde ich gut. Sie öffnen nicht meine Post und gehen auch nicht in mein Zimmer, wenn ich nicht zu Hause bin. Ich darf sogar diesen Sommer allein in Urlaub fahren. |
| CORNELIAS MUTTER | Cornelia ist nicht so ordentlich. Immer wirft sie ihre Sachen herum. Wenn sie das in ihrem Zimmer tut, dann ist mir das egal. Aber das Wohnzimmer will ich in Ordnung haben, wenn ich von der Arbeit nach Hause komme. |
| REPORTER | Cornelia, was machst du und deine Eltern am Wochenende? |
| CORNELIA | Leider machen wir viel zu wenig zusammen. Wir haben schon lange keine Radtour mehr gemacht. Zum Wandern haben meine Eltern auch keine Lust. Wir fahren fast nie zusammen weg. Ich verstehe das ja, wenn sie die ganze Woche arbeiten, dann wollen sie am Wochenende zu Hause bleiben und ihre Ruhe haben. |
| CORNELIAS ELTERN | Wenn wir mal wegfahren wollen, dann gehst du doch nicht mit uns. Außerdem haben wir am Wochenende immer Arbeit im Garten und im Haus. Du kannst ja helfen . . . |
| CORNELIA | Die beiden rauchen zu viel. Wenn wir mit dem Auto fahren, wird mir immer schlecht. Da bleibe ich lieber zu Hause . . . |

## *Kultur und Information: Ausländer*

In der alten Bundesrepublik leben rund 4,7 Millionen Ausländer, fast zwei Millionen sind erwerbstätig[1]. Allein im Bundesland Nordrhein-Westfalen arbeiten über eine halbe Million Ausländer. Man nennt sie Gastarbeiter. Sie kommen vor allem aus der Türkei, aus Jugoslawien, Italien, Griechenland, Spanien und Portugal. Offiziell sind Gastarbeiter jedoch nur Ausländer aus den Ländern, die nicht zur Europäischen Gemeinschaft gehören. Über ein Drittel sind Türken. Ihre Integration in die deutsche Gesellschaft[2] ist besonders schwierig, denn ihre Kultur ist so verschieden. Ein besonders schwieriges Leben haben die Gastarbeiterkinder. Sie stehen meistens zwischen zwei Kulturen, und viele Kinder sind am Ende in keiner Kultur zu Hause.

[1] gainfully employed   [2] society

# SCHRIFTLICHE ÜBUNGEN

**SÜ 1**  Verbinden Sie die Sätze mit **daß!**
*(Vorsicht! Der Hauptsatz steht ohne es.)*

- Ich weiß *es*.  Der Zug fährt schon um 17.30 Uhr ab.
  *Ich weiß, daß der Zug schon um 17.30 Uhr abfährt.*

1. Haben Sie *es* gewußt?          Es gibt in Deutschland nicht viele Schulbusse.
2. Ich glaube *es*.                Der Film fängt schon um acht Uhr an.
3. Haben Sie *es* gehört?          Frau Kaiser arbeitet jetzt bei Daimler-Benz.
4. Wer hat *es* gesagt?            Er trinkt zuviel Bier.
5. Es tut mir leid.                Ich konnte Ihnen nicht helfen.
6. Es ist schön.                   Sie können bei uns vorbeikommen.


**SÜ 2**  Bilden Sie Nebensätze mit **wenn!**

Wann braucht man . . . ?

1. einen Kugelschreiber        5. einen Führerschein
2. ein Wörterbuch             6. einen Fahrplan
3. einen Regenschirm          7. eine Brille
4. eine Tasse                 8. einen Koffer

SCHURWOLLE IST SCHÖN WARM, WENN ES KALT IST UND ANGENEHM KÜHL, WENN ES HEISS IST. SO GESEHEN BETRACHTEN SIE GERADE EINE ANZEIGE FÜR EINE KLIMAANLAGE.

EINE SCHURWOLLE

AUS LIEBE ZUR SCHURWOLLE. WOLLSIEGEL.


**SÜ 3**  Schreiben Sie diese Sätze noch einmal mit **weil!**

- Ich kann nicht kommen, denn ich muß arbeiten.
  *Ich kann nicht kommen, weil ich arbeiten muß.*

1. Er kann das nicht lesen, denn er hat seine Brille vergessen.
2. Ich brauche das Geld, denn ich muß meine Telefonrechnung bezahlen.
3. Wir gehen in die Stadt, denn ich will einen neuen Mantel kaufen.
4. Heute gehe ich früh ins Bett, denn ich bin müde.
5. Der alte Mann versteht Sie nicht, denn Sie sprechen zu leise.
6. Sie hat uns eingeladen, denn heute ist ihr Geburtstag.


**SÜ 4**  Machen Sie aus dem Fragesatz einen Nebensatz mit **ob!**

- Ich möchte *es* wissen.  Hat er schon gegessen?
  *Ich möchte wissen, ob er schon gegessen hat.*

1. Ich weiß *es* nicht.             Kommt er heute früh oder spät nach Hause?
2. Wir haben Renate gefragt.        Will sie mit uns ins Kino gehen?
3. Er will *es* wissen.             Hat seine Mutter angerufen?
4. Ich kann *es* nicht sagen.       Gibt es hier ein nettes Café?
5. Frag den Postboten!              Hat er einen Brief für mich?

**SÜ 5**     Vollenden Sie die Sätze!

1. Er ist ins Bett gegangen, *weil er morgen sehr früh aufstehen muß.*
2. Können Sie mir sagen, ob . . . ?
3. Es ist nett von Ihnen, daß . . .
4. Ich kann Sie morgen nicht besuchen, weil . . .
5. Wissen Sie, ob . . . ?
6. Ich esse etwas, wenn . . .
7. Es ist nicht gut, daß . . .
8. Wenn es schneit, . . .

*Wann braucht man Geld?*

---

# *Wortschatz*

### NOMEN

| | |
|---|---|
| der/die **Jugendliche, -n** | youth |
| der **Nebel, -** | fog |
| der **Schüler, -** | pupil, student |
| das **Glück** *(no pl.)* | happiness |
| das **Pferd, -e** | horse |
| die **Gemeinde, -n** | community |
| die **Ruhe** | quiet, peace and quiet |
| die **Wahl** | choice |

*Leicht erkennbare Wörter*
**die Monatskarte, -n/die Ordnung/die Schülerin, -nen/eine Weile**

### VERBEN

| | |
|---|---|
| **aus·kommen (mit)** | to get along (with) |
| **erreichen** | to reach |
| **eine Frage stellen** | to ask a question |
| **nennen, genannt** | to call, give a name |
| **verdienen** | to earn |
| **verlassen (verläßt), verlassen** | to leave |
| **zu·sehen (ie)** | to watch |

*Leicht erkennbare Wörter*
**enden/hoffen/trampen**

### SUBORDINATING CONJUNCTIONS

| | |
|---|---|
| **bis** | until |
| **daß** | that |
| **ob** | whether, if |
| **obwohl** | although |
| **weil** | because |
| **wenn** | when, if |

### ADJEKTIVE UND ADVERBEN

| | |
|---|---|
| **gefährlich** | dangerous |
| **gestreßt** | stressed out, under stress |
| **hart ↔ einfach** | hard, difficult ↔ simple, easy |
| **heil** | safe |
| **langweilig** | boring |
| **ordentlich** | orderly |
| **unterwegs** | on the road |

### VERSCHIEDENES

| | |
|---|---|
| **Glück haben** | to be lucky |
| **herum-** *(prefix)* | around |
| **in Ordnung** | in order |
| **Lust haben** | to feel like |
| **-mal** | -times |
| **mindestens** | at least |

# Das deutsche Schulsystem

## *Themen und Sprechziele*
Um Informationen bitten
Eine Autopanne

## *Kultur und Information*
Studieren und wohnen • Fachwerkhäuser

## *Zwischenspiel*
Deutsche Redensarten

## *Grammatik und Übungen*
Dependent Word Order 2: Question Words as
   Subordinating Conjunctions
Infinitive Constructions with **zu**
Constructions with **lassen**
Word Formation 7: Adjectival Compounds

# SPRECHZIELE

## UM INFORMATIONEN BITTEN

*Nebensätze mit Fragewörtern als Konjunktionen*

*Berlin*

### Situation 1   Ein Brief aus USA

Christian Köhler, 24 Jahre alt, ist Student an der Freien Universität Berlin. Er studiert Philosophie und Germanistik. Als er an diesem Nachmittag nach Hause kommt, findet er in seinem Briefkasten einen Brief aus Kalifornien. Der Brief ist von seinem Freund David. David hat geschrieben, daß er vielleicht ein Jahr in Berlin studieren will, aber zuerst möchte er von Christian einige allgemeine Informationen.

David will wissen, . . .

**wie** teuer das Leben in Deutschland **ist**.
**wieviel** Geld man im Monat für Essen, Wohnen usw. **braucht**.
**wo** die meisten Studenten **wohnen**.
**wo** man billig wohnen **kann**.
**welche** Studienfächer es in Berlin **gibt**.
**wie viele** Prüfungen man im Semester **hat**.
**wie viele** Kurse man belegen **kann**.
**wieviel** das Studium **kostet**.
**was für** Dokumente er für Berlin **braucht**.
**wann** die Semester **beginnen**.
**wie lange die** Semesterferien **dauern**.
**warum** Christian in Berlin **studiert**.
**wie** es ihm in Berlin **gefällt**.
**wohin** er schreiben **kann**, um mehr Informationen zu bekommen.
**was** er tun **muß**, um in Deutschland studieren zu können.

**Fragen**

1. Warum will David nach Deutschland?
   Will er nach Deutschland, . . .
   > um dort **zu studieren**?
   > um Deutsch **zu lernen**?
   > um Geld **zu verdienen**?
   > um seinen Freund **zu besuchen**?
   > um durch Deutschland **zu reisen**?

   **Was glauben Sie?**

2. Was ist für David wichtig, wenn er in Deutschland studieren will?
   Ist es für ihn wichtig, . . .
   > an die deutsche Universität **zu schreiben**?
   > Informationen über ein Studium in Deutschland **zu bekommen**?
   > mehr Deutsch **zu lernen**?
   > nach Deutschland **zu fliegen**?
   > genug Geld **zu haben**?

   **Was glauben Sie?**

Erinnern Sie sich?
Wie heißen die beliebten Studienfächer?

## Situation 2    Interview: Fragen Sie Ihre Mitstudenten!

Sie möchten wissen, . . .

1. was sie studieren.
2. was sie nach dem Studium machen wollen.
3. in welchem Semester sie jetzt sind.
4. wie viele Kurse sie dieses Semester belegen.
5. wie lange sie noch an dieser Uni studieren.
6. wie lange sie noch studieren müssen.
7. welche Studienfächer sie besonders gut finden.
8. wann sie die nächste Prüfung haben.
9. wann sie in der Bibliothek arbeiten.
10. wieviel ihr Studium kostet.

---

### *Kultur und Information: Studieren und wohnen*

In Deutschland, Österreich und in der Schweiz müssen die Studenten für ein Studium an der Universität nichts bezahlen. Um an einer Universität studieren zu können, muß man jedoch das Abitur (die Matura) haben (siehe *Land und Leute*). Weil so viele junge Leute studieren wollen, sind die meisten Universitäten überfüllt. Viele Studenten müssen auf einen Studienplatz warten.

Die Studenten haben nicht nur Probleme einen Studienplatz zu bekommen, sie können auch keine Wohnung finden. In den deutschen Universitätsstädten suchen jedes Jahr tausen-de Studienanfänger ein Zimmer oder eine Wohnung. Eine Bude – so nennen die deutschen Studenten ihr Zimmer – zu finden ist sehr schwierig. Wenn man im Studentenheim wohnen will, muß man oft zwei oder drei Jahre auf ein Zimmer warten. Andere Wohnungen sind sehr rar. Oft antworten mehr als fünfzig Studenten auf eine Annonce[1] in der Zeitung. Viele Studenten finden erst nach einem Jahr eine „Bude". Und wenn man eine Wohnung findet, dann ist sie entweder sehr teuer oder in sehr schlechtem Zustand[2].

[1] newspaper ad    [2] condition

---

# EINE AUTOPANNE

**Situation 3**   Bildgeschichte

Mein Auto ist kaputt. **Ich lasse** es **stehen** und gehe zum nächsten Telefon. **Ich lasse** den Abschleppdienst **kommen.**

Ich kann mein Auto nicht selbst fahren. Der Abschleppdienst kommt. Er schleppt das Auto ab. **Ich lasse** das Auto **abschleppen.**

Ich kann mein Auto nicht selbst reparieren. **Ich lasse** mein Auto **reparieren. Ich lasse** auch das Öl **wechseln.**

Sie hat eine Reifenpanne.
Sie wechselt den Reifen selbst.
**Sie läßt** ihn nicht **wechseln.**

**Fragen**

1. Wenn Ihr Auto kaputt ist, reparieren Sie es selbst, oder müssen Sie es reparieren lassen?

2. Wenn Ihr Auto schmutzig ist, waschen Sie es selbst, oder lassen Sie es waschen?

3. Wenn Sie eine Reifenpanne haben, wechseln Sie den Reifen selbst, oder lassen Sie ihn wechseln?

## Situation 4   Umfrage

Was machen Sie selbst? Was lassen Sie machen? Hier ist eine Liste:

1. Auto waschen
2. Paßbilder machen
3. Fernseher reparieren
4. Koffer tragen
5. alte Möbel restaurieren
6. Fenster putzen
7. Koffer packen
8. eine Pizza bringen
9. ein neues Haus bauen
10. ein altes Haus renovieren
11. Kinder von der Schule abholen
12. Haare schneiden
13. Pullover waschen
14. Hausaufgaben korrigieren
15. Kuchen backen
16. Tisch im Restaurant reservieren
17. Familie fotografieren
18. das Auto parken
19. Reifen wechseln
20. Wohnung putzen
21. Auto abschleppen
22. im Supermarkt Lebensmittel einpacken

# GRAMMATIK

## 1   Dependent Word Order 2:   Question Words as Subordinating Conjunctions

In English and in German, questions beginning with question words can be changed to indirect questions, that is, questions preceded by an introductory clause.

| DIRECT QUESTION | Wieviel Uhr ist es? | *What time is it?* |
| INDIRECT QUESTION | Wissen Sie, wieviel Uhr es ist? | *Do you know what time it is?* |

By the same token, a question word may also introduce an indirect statement.

| DIRECT QUESTION | Was macht er? | *What does he do?* |
| INDIRECT STATEMENT | Wir wissen, was er macht. | *We know what he does.* |

When questions or statements in German begin with an introductory clause such as:

| | |
|---|---|
| Können Sie mir sagen, . . . | *Can you tell me* . . . |
| Hat er gesagt, . . . | *Did he say* . . . |
| Ich habe nicht gewußt, . . . | *I didn't know* . . . |

the question word functions as the joining element between main and dependent clause and behaves exactly like a subordinating conjunction. The verb moves to the very end of the sentence. The clauses are separated by a comma:

| | |
|---|---|
| . . . , **wann** er nach Hause **kommt**? | *when he's coming home?* |
| . . . , **warum** er arbeiten **muß**? | *why he has to work?* |
| . . . , **wer** das **war**. | *who that was.* |

---

### When to use **wenn** and **wann**

**Wenn** and **wann** are both translated as *when*. As you recall, **wenn** is a subordinating conjunction and has the meaning of *if* in the sense of *provided that* when referring to present or future time.

> Der Vater spielt mit dem Kind, **wenn** er Zeit hat.
> *The father plays with the child if he has time.*

**Wenn** may also have the meaning of *when* or *whenever* in the sense of *at the time when, always when.*

> Sie ruft mich an, **wenn** sie Probleme hat.
> *She calls me when(ever) she has problems.*

> **Wenn** er nach Deutschland kommt, besucht er dich.
> *When he comes to Germany he'll visit you.*

**Wann** is a question word and has the meaning of *when? at what time?*

> **Wann** hat er angerufen?    *When did he call?*

As a subordinating conjunction, **wann** is used in indirect questions and statements and it must also be rendered by *when* but it can always be replaced by the phrase *at what time.*

> Wissen Sie, **wann** er angerufen hat?
> *Do you know when (at what time) he called?*

Again, **wann** must be used when the dependent clause is derived from a question.

> | | | |
> |---|---|---|
> | | **Wann** | kommt sie nach Hause? |
> | Können Sie mir sagen, | **wann** | sie nach Hause kommt? |
> | Weißt du, | **wann** | sie nach Hause gekommen ist? |
> | Ich weiß nicht, | **wann** | sie nach Hause kommen muß. |

## 2  Infinitive Constructions with **zu**

German and English use infinitive clauses in essentially the same way. The main difference between German and English infinitive clauses is that the German infinitive must stand in final position with **zu** immediately preceding.

| | |
|---|---|
| Er hatte wenig **zu tun**. | *He had little to do.* |
| Das Buch ist leicht **zu lesen**. | *The book is easy to read.* |
| Sie brauchen nicht **zu kommen**. | *You don't need to come.* |

When the infinitive has a separable prefix, **zu** is inserted between the prefix and the base verb.

| | |
|---|---|
| Sie fängt an, das Essen vor**zu**bereiten. | *She's beginning to prepare the meal.* |
| Er hat vergessen, sein Buch mit**zu**bringen. | *He forgot to bring his book along.* |

When the infinitive phrase with **zu** is extended by another element, it is separated by a comma.

| | |
|---|---|
| Sie hat vergessen **anzurufen**. | *She forgot to call.* |
| Sie hat vergessen, **ihren Freund anzurufen**. | *She forgot to call her friend.* |

The infinitive is also used with the following constructions:

(a)  **um . . . zu**

The construction **um . . . zu** *(in order to)* is used to indicate purpose or intention.

> Ich brauche das Geld, **um** diese Rechnung **zu bezahlen**.
> *I need the money (in order) to pay this bill.*

> Wir gehen in die Schule, **um** Deutsch **zu lernen**.
> *We are going to school (in order) to learn German.*

(b)  **ohne . . . zu**

The construction **ohne . . . zu** is used where English uses the expression *without* and a verb form ending in *-ing*.

> Sie ist gegangen, **ohne** mit ihm **zu sprechen**.
> *She left without speaking to him.*

## 3  Constructions with **lassen**

**Lassen** is one of the most frequently used verbs in German and occurs in a variety of constructions. It is a stem-changing verb (a → ä). Like the modal verbs, **lassen** can be used alone or with a dependent infinitive without **zu.** Here are the three basic meanings of **lassen.**

(a)  **Lassen** used as the main verb in a sentence means *to leave someone / something behind*:

| | |
|---|---|
| **Laßt** eure Bücher hier! | *Leave your books here.* |
| Sie hat ihren Geldbeutel zu Hause **gelassen**. | *She left her wallet at home.* |
| Er **läßt** seinen Mantel im Auto. | *He's leaving his coat in the car.* |

(b) **Lassen** used with an infinitive has the meaning of *to let* or *to permit, allow*.

    **Lassen** Sie mich mal **sehen**!          *Let me see.*
    **Laß** ihn nicht so lange **warten**!      *Don't let him wait so long.*

(c) **Lassen** used with an infinitive may also have the meaning of *to have something done* or *cause something to be done*. There is often no literal English equivalent to the latter use of **lassen**.

    Er **läßt** sein Auto **reparieren**.       *He's having his car repaired.*
    Ich **lasse** den Reifen **wechseln**.      *I'm having the tire changed.*

If **lassen** is used with a dependent infinitive in the perfect tense, the phrase becomes a double infinitive construction: **lassen** is used in its infinitive form together with the dependent infinitive.

    Er hat sein Auto **reparieren lassen**.      *He had his car repaired.*
    Ich habe die Reifen **wechseln lassen**.     *I had the tires changed.*

---

### When to use **selbst (selber)**

**Selbst** (or **selber**) is an emphatic pronoun used to emphasize the subject. It basically means *in person* or *without help from others* and corresponds to the English *myself*, *yourself*, *himself*, etc. Notice that **selbst** (or **selber**) has the same form for all persons and cases.

    Können Sie das Auto **selbst** reparieren?    *Can you repair the car yourself?*
    Wir haben es **selbst** gemacht.           *We did it ourselves.*
    Er ist **selbst** gekommen.             *He came himself.*

---

## 4   Word Formation 7: Adjectival Compounds

In Chapter 13 you were alerted to the almost limitless capacity of German to form new adjectives by compounding. The following adjectives appear so frequently as the final element in adjectival compounds that they are treated as suffixes. Note that occasionally a linking **-s** or **-n** may be inserted between the first and the second element, or the final **-e(n)** of the stem may be dropped.

**-reich** indicates an abundance of whatever is described by the stem which is usually a noun:

| | | | |
|---|---|---|---|
| kurvenreich | *having many curves* | hilfreich | *helpful* |
| kinderreich | *having many children* | zahlreich | *numerous* |

**-voll** often corresponds to the English suffix *-ful*:

| | | | |
|---|---|---|---|
| angstvoll | *fearful* | wundervoll | *wonderful* |
| kunstvoll | *artful* | humorvoll | *full of humor* |

**-los** expresses a lack of something, and frequently corresponds to the English suffix *-less*:

| | | | |
|---|---|---|---|
| zahllos | *countless* | leblos | *lifeless* |
| kinderlos | *childless* | sprachlos | *speechless* |

# MÜNDLICHE ÜBUNGEN

**MÜ 1**   Touristen haben immer viele Fragen.

**(a) Was wollen Touristen meistens wissen?**
**(b) Sie sind Tourist. Stellen Sie Fragen!**

- Wo ist ein nettes Café?
    - *(a) Touristen wollen wissen, wo ein nettes Café ist.*
    - *(b) Können Sie mir sagen, wo ein nettes Café ist?*

1. Welche Straßenbahn fährt in die Stadt?
2. Welcher Bus fährt zum Bahnhof?
3. Wie oft fahren die Busse?
4. Wie lange fahren die Straßenbahnen?
5. Wo ist die nächste Post?
6. Was für Sehenswürdigkeiten[1] gibt es hier?
7. Wo kann man gut und preiswert essen?
8. Wo ist die Bank?
9. Wieviel kostet ein Zimmer in einem Hotel?
10. Wann gibt es im Hotel Abendessen?

**Was wollen Touristen noch wissen?**

[1] *Die Burg Eltz an der Mosel ist eine Sehenswürdigkeit.*

**MÜ 2**   Antworten Sie mit einer Frage!

- Wie alt sind Sie? → *Warum wollen Sie wissen, wie alt ich bin?*

1. Was sind Sie von Beruf?
2. Wo arbeiten Sie?
3. Wie heißen Sie?
4. Woher kommen Sie?
5. Was tun Sie hier?
6. Wo lernen Sie Deutsch?
7. Welche deutschen Städte kennen Sie?
8. Wo sind Sie zur Schule gegangen?
9. Wann sind Sie nach Deutschland gekommen?
10. Welche Schuhgröße haben Sie?

**MÜ 3**   Was möchten Sie wissen?

- Für wen sind diese Blumen? → *Ich möchte wissen, für wen diese Blumen sind.*

1. Durch welche Straße ist der Bus gefahren?
2. Mit welcher Straßenbahn ist er gefahren?
3. Von wem ist der Brief?
4. Für wen haben Sie die Blumen gekauft?
5. An welchen Tagen arbeitet er nicht?
6. Zu wem ist der Herr gegangen?
7. Auf welchen Bus wartet die alte Frau?
8. In welchem Hotel wohnen die Touristen?
9. Bei welcher Firma arbeitet Herr Becker?
10. Mit welchem Kuli kann ich schreiben?

*... wo Mode so wenig kostet*

**MÜ 4**   **Was** fragen Sie **wen?**

- Was fragen Sie einen Polizisten?
  *Ich frage einen Polizisten, wie man zum Bahnhof kommt.*

Was fragen Sie . . . ?

| | | |
|---|---|---|
| 1. eine Kellnerin | 4. einen Busfahrer | 7. einen Mechaniker |
| 2. eine Ärztin | 5. eine Verkäuferin | 8. eine Krankenschwester |
| 3. einen Lehrer | 6. einen Postboten | 9. eine Sekretärin |

*Infinitv mit zu*

**MÜ 5**   Was haben Sie vergessen zu tun?

- Haben Sie die Medikamente abgeholt? → *Nein, ich habe vergessen, sie abzuholen.*

| | |
|---|---|
| 1. Haben Sie die Rechnung bezahlt? | 4. Sind Sie in die Stadt gefahren? |
| 2. Sind Sie zur Bank gegangen? | 5. Haben Sie Ihren Freund angerufen? |
| 3. Haben Sie die Dame gefragt? | 6. Haben Sie die Fenster zugemacht? |

**MÜ 6**   Vollenden Sie die Sätze mit einem **Infinitiv + zu!**

| | |
|---|---|
| 1. Es war nett, *Sie wiederzusehen.* | 6. Es hat gerade angefangen . . . |
| 2. Er hatte keine Zeit . . . | 7. Wir beginnen jetzt . . . |
| 3. Es ist schön . . . | 8. Sie erlaubt dem Kind nicht . . . |
| 4. Es war interessant . . . | 9. Ich hatte Angst . . . |
| 5. Ich hatte keine Geduld . . . | 10. Er hat mir geholfen . . . |

**MÜ 7**   Bilden Sie Infinitivsätze mit **um . . . zu!**

- Ich gehe zum Telefon. Ich will meinen Freund anrufen.
  *Ich gehe zum Telefon, um meinen Freund anzurufen.*

1. Sie ist in die Stadt gegangen. Sie will einkaufen.
2. Wir arbeiten. Wir wollen Geld verdienen.
3. Ich gehe nach Hause. Ich will meine Arbeit machen.
4. Er ist zur Schule gefahren. Er will die Kinder abholen.
5. Ich komme später vorbei. Ich will dir helfen.
6. Ich rufe Sie später an. Ich will Ihnen Bescheid sagen.

**MÜ 8**   Was lassen die Leute tun?

- Er trägt sein Gepäck nicht selbst. → *Er läßt sein Gepäck tragen.*

| | |
|---|---|
| 1. Sie macht ihre Paßbilder nicht selbst. | 4. Sie bäckt den Kuchen nicht selbst. |
| 2. Die Leute bauen ihr Haus nicht selbst. | 5. Wir waschen unser Auto nicht selbst. |
| 3. Er repariert sein Auto nicht selbst. | 6. Er schreibt den Brief nicht selbst. |

**MÜ 9** Auf deutsch, bitte!

**(a) Wortstellung**

1. Do you know where the main post office is?
2. Did he say which bus he took?
3. I don't know how long she had to wait.
4. May I ask you where you bought this map?
5. I don't understand why he didn't call us.
6. He didn't say what kind of a car he has.
7. She couldn't tell me where her husband went.
8. I forgot when his birthday is.
9. Please ask them how many children they have.
10. We would like to know in which hotel they were.

**(b) Infinitiv mit *zu***

1. Did you forget to call me?
2. I have a lot to do.
3. It began to rain.
4. She called her friends to invite them.
5. That's not easy to understand.
6. We need the money to pay this bill.
7. She went downtown to meet him.
8. He left without saying anything.

**(c) lassen**

1. He is having his car repaired.
2. Do we have to have the car washed?
3. Let me do that.
4. Where did you leave your book?
5. I left my book at home.
6. Don't do it yourself. Have it done.
7. I have the tires changed.
8. Leave the old tires here.

---

## *Kultur und Information: Fachwerkhäuser*

In Deutschland gibt es viele alte Fachwerkhäuser. Jede Landschaft, fast jede Stadt hat
einen eigenen Fachwerkstil. Die alten Häuser
sind jedoch meistens klein und haben wenig
Komfort. Die Zimmer sind eng und dunkel,
denn die Fenster sind klein. Die Decken[1] sind
niedrig, und die Wände sind krumm[2].

Noch vor einigen Jahren wollte fast niemand in den alten Häusern wohnen. Jetzt
haben die Deutschen die Fachwerkhäuser
wieder entdeckt. Sie haben genug von
monotonen Betonhäusern und sterilen Hoch
häusern. Sie wollen die alten Häuser retten.
Viele junge Leute investieren ihr Geld und
ihre freie Zeit in ein schönes altes Haus. Sie

renovieren und restaurieren nach dem Motto:
Mein Haus ist mein Hobby. Auch Freunde
und Nachbarn helfen mit. Nach viel Arbeit
sehen dann die alten Häuser so aus, wie sie
vor 200 oder 300 Jahren ausgesehen haben.
Jetzt haben sie jedoch nicht nur Atmosphäre,
sondern auch modernen Komfort.

[1] ceiling   [2] crooked

## DAS DEUTSCHE SCHULSYSTEM

In Deutschland muß jedes Kind mindestens neun Jahre zur Schule gehen. Die Schulen (und die Universitäten) sind öffentlich und kostenlos. Mädchen und Jungen besuchen gemeinsam den Unterricht. Nur wenige Schüler besuchen Privatschulen. In allen Schulen gibt es Religionsunterricht.

Das deutsche Schulsystem ist nicht einheitlich. Es gibt Unterschiede zwischen den Bundesländern. Auch die Ferienzeiten sind verschieden. Im wesentlichen sieht das Schulsystem so aus:

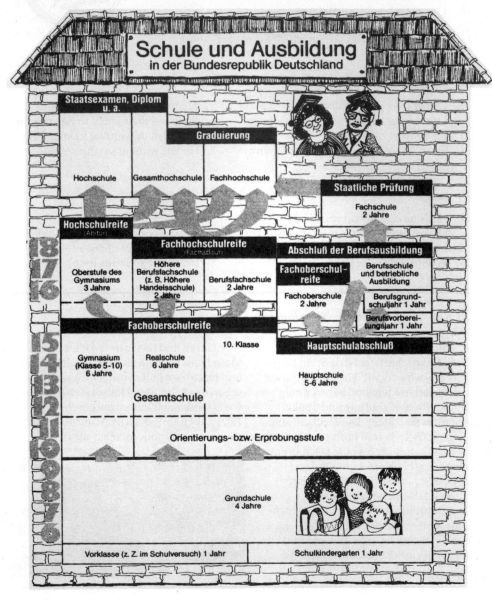

## Die Grundschule

Die Kinder beginnen ihre Schulzeit nach ihrem sechsten Geburtstag. Sie kommen in die Grundschule. Am ersten Schultag bekommen sie von ihren Eltern eine Schultüte mit Süßigkeiten und kleinen Geschenken. Mit dieser Tüte im Arm gehen die Kinder dann zur Schule. Die Tüte soll ihren ersten Schultag versüßen.

Die Grundschule dauert vier Jahre. Der tägliche Unterricht dauert gewöhnlich vier bis fünf Stunden. Zum Mittagessen sind die Kinder wieder zu Hause. Die Hausaufgaben für den nächsten Tag machen sie zu Hause. Wer in der Schule nicht mitkommt, muß das ganze Schuljahr wiederholen.

In der vierten Klasse müssen die Kinder die Schule wechseln. Eltern, Schüler und Lehrer entscheiden gemeinsam, ob das Kind in das Gymnasium, die Realschule oder die Hauptschule gehen kann oder soll. Nur das Gymnasium führt direkt zur Universität. Diese wichtige Entscheidung kommt sehr früh für die Kinder. In manchen Bundesländern gehen die Schüler deshalb zwei weitere Jahre in eine Orientierungsstufe[1]. Wenn ein Kind in eine Gesamtschule geht, kommt die Entscheidung später. Aber es gibt relativ wenige Gesamtschulen.

## Die Gesamtschule

Gesamtschulen gibt es erst seit 1970. In die Gesamtschule gehen alle Schüler zusammen, aber sie besuchen nicht den gleichen Unterricht. In den oberen Klassen können die Schüler Leistungskurse[2] wählen. Sie können zum Beispiel in Englisch einen schwierigen Kurs besuchen und in Physik einen leichten Kurs. In anderen Fächern wie Sport, Geographie oder Musik haben die Schüler gemeinsamen Unterricht. In einer Gesamtschule besuchen alle Schüler die Klassen 5 bis 10. Wer das Abitur machen will, muß die Klassen 11 bis 13 in der Gesamtschule oder im Gymnasium besuchen.

## Das Gymnasium

Heute besuchen rund 30 Prozent von allen Schülern das Gymnasium. Im Gymnasium bleiben die Schüler bis zum 10. Schuljahr zusammen in einer Klasse. Die Lehrer kommen meistens in ihr Klassenzimmer. Nach der 10. Klasse beginnt ein kompliziertes Kurssystem mit Leistungskursen und Grundkursen. Jeder Schüler muß Deutsch, eine Fremdsprache und ein naturwissenschaftliches Fach[3] bis zum Abitur belegen.

Das Abitur oder kurz „das Abi" ist die Abschlußprüfung[4] nach der 13. Klasse im Gymnasium. In Österreich und in der Schweiz heißt das Abitur „die Matura". Wer das Abitur hat, kann an einer deutschen Universität studieren. Weil so viele Studenten die Fächer Medizin, Pharmazie, Biologie und Psychologie studieren wollen und es nicht so viele Studienplätze[5] gibt, sind die Noten im Abitur sehr wichtig. Nur wer die besten Noten im Abitur hat, darf diese beliebten Fächer studieren.

## Die Realschule

Wer nach der 10. Klasse einen Beruf erlernen will, geht in die Realschule. Die Realschulen sind sehr beliebt, denn sie bieten eine gute Vorbereitung für Berufe im Handwerk, im Handel oder in der

Verwaltung[6]. Realschüler lernen zum Beispiel Maschinenschreiben[7], Computertechnik und Fremdsprachen wie Englisch, Französisch oder Spanisch. Der Stundenplan in der Realschule ist so ähnlich wie im Gymnasium. Viele Schüler besuchen nach der Realschule ein Fachgymnasium und machen dort das Abitur.

## STUNDENPLAN

Realschule Kl. 9

| Zeit | Montag | Dienstag | Mittwoch | Donnerstag | Freitag | Samstag |
|------|--------|----------|----------|------------|---------|---------|
| 7.55 – 8.40 | Deutsch | Deutsch | Französisch | Englisch | Religion | Deutsch |
| 8.45 – 9.30 | Französisch | Englisch | Englisch | Mathematik | Französisch | Physik |
| 9.45 – 10.30 | Englisch | Geschichte | Mathematik | Gemeinschaftsk | Deutsch | Biologie |
| 10.35 – 11.20 | Mathematik | Sport | Mathematik | Technik | Chemie | Physik |
| 11.30 – 12.10 | Kunst[1] | Religion | Chemie | Technik | Geschichte | Erdkunde |
| 12.10 – 12.50 | Kunst | Biologie | Sport | | Erdkunde | |

[1] art

## Die Hauptschule

Früher waren die meisten Schüler in der Hauptschule. Heute ist das anders. Besonders in den Innenstädten ist die Hauptschule zur Schule für Problemkinder geworden. Hier gibt es Probleme mit der Disziplin und manchmal sogar mit Drogen. Nach dem 9. Schuljahr verlassen die Schüler die Hauptschule. Sie sind dann gewöhnlich 15 Jahre alt. Wer einen Hauptschulabschluß hat, sucht eine Lehrstelle[8] und macht eine Lehre[9]. Wer keinen Abschluß geschafft hat, kann keinen Beruf erlernen und hat wenig Chancen im Berufsleben. In einigen Bundesländern gibt es das 10. Schuljahr für die Hauptschüler.

[1] orientation stage (at high school level)  [2] achievement courses  [3] natural science  [4] comprehensive final examination  [5] enrollment slots (for studying restricted subjects)  [6] commerce, administration  [7] typing  [8] position as apprentice  [9] apprenticeship

| Schulen | | Abschlüsse |
|---------|---|------------|
| Hauptschule | → | Hauptschulabschluß; Abschlußzeugnis |
| Realschule | → | Mittlere Reife |
| Gymnasium | → | Abitur; Hochschulreife |

**Noten**

| 1 | A | sehr gut |
|---|---|---------|
| 2 | B | gut |
| 3 | C | befriedigend |
| 4 | D | ausreichend |
| 5 | – | mangelhaft |
| 6 | F | ungenügend |

**Aufgabe**

Hier sind einige Stichwörter[1] und Namen aus dem Text. Was können Sie dazu sagen?

1. Schulen / Bezahlung
2. Privatschulen
3. Religionsunterricht
4. Grundschule
5. Hausaufgaben
6. Schule wechseln
7. Gesamtschule
8. Abitur
9. Gymnasium
10. Orientierungsstufe
11. Studienplätze
12. Noten im Abitur
13. Hauptschule
14. Fächer im Gymnasium
15. Unterschiede im Schulsystem
16. Schultüte mit Süßigkeiten
17. Unterricht in der Gesamtschule
18. Stundenplan in der Realschule

[1] keywords

## Situation 5  Rollenspiel

Ein/e Student/in möchte einige Informationen über das deutsche Schulsystem. Er/sie hat die Fragen vorbereitet und fragt die anderen Studenten. Die anderen Studenten kennen das deutsche Schulsystem und wissen die Antwort.

1. Ich möchte gern wissen, wann die deutschen Kinder ihre Schulzeit beginnen und wie viele Jahre sie zur Schule gehen müssen.
2. Erklären Sie bitte die Grundschule!
3. Erklären Sie bitte die drei Schultypen nach der Grundschule!
4. Was können Sie über die Gesamtschule sagen?
5. Was für Fächer haben die Schüler im Gymnasium und in der Realschule?
6. Wie nennt man den Abschluß im Gymnasium?
7. Was lernen die Schüler in der Realschule?
8. Was können Sie sonst noch über das deutsche Schulsystem sagen?

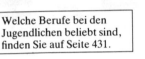

Welche Berufe bei den Jugendlichen beliebt sind, finden Sie auf Seite 431.

## Interview  Schule und Beruf

Wir haben einige Schüler gefragt, welchen Beruf sie nach der Schule erlernen wollen. Hier sind ihre Antworten:

STEFAN, 17 JAHRE, REALSCHULE:
Ich weiß noch nicht, was ich werden will, aber in einem Büro möchte ich nicht arbeiten. Vielleicht gehe ich in einen handwerklichen Beruf, weil ich gern mit den Händen arbeite.

JASMIN, 16 JAHRE, REALSCHULE:
Ich gehe jetzt in die 10. Klasse Realschule. Nächstes Jahr will ich ins Gymnasium. Wenn ich das ohne Schwierigkeiten schaffe, will ich das Abitur machen und später Psychologie studieren. Wenn nicht, möchte ich eine Lehre machen.

TINA, 18 JAHRE, GYMNASIUM:
Ich bin jetzt in der 12. Klasse Gymnasium. Nach dem Abitur will ich Stewardeß werden. In diesem Beruf kommt man viel mit anderen Menschen zusammen. Man macht viele Reisen und lernt viele Länder kennen[1]. Das gefällt mir.                                    [1] gets to know

MARK, 16 JAHRE, GYMNASIUM:
Mein Vater ist Zahnarzt und hat eine Praxis. Hoffentlich schaffe ich das Abitur mit guten Noten. Ich möchte studieren und auch Zahnarzt werden, weil der Beruf mir gefällt und weil man gut verdient.

MARION, 15 JAHRE, HAUPTSCHULE:
Ich will Friseurin werden. Das ist mein Traumberuf. Friseurin wollte ich schon immer werden. Schon im Kindergarten habe ich den anderen Kindern die Haare gekämmt. Aber ich weiß, daß der Beruf hart ist. Man muß immer freundlich sein und die Bezahlung ist nicht sehr gut.

# SCHRIFTLICHE ÜBUNGEN

**SÜ 1**    Vollenden Sie die Sätze!

1. Wissen Sie, woher *die Leute kommen*?
2. Er hat nicht gesagt, warum . . .
3. Können Sie mir sagen, wo . . . ?
4. Sie hat mich gefragt, wie lange . . .
5. Darf ich Sie fragen, wie . . . ?
6. Ich weiß leider nicht, was . . .
7. Hat er dich gefragt, wem . . . ?
8. Wollen Sie wissen, was für ein . . . ?
9. Ich kann Ihnen nicht sagen, wann . . .
10. Fragen Sie Herrn Falke, wieviel . . . !

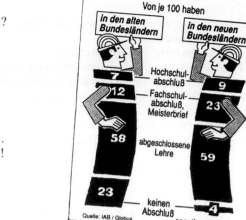

**SÜ 2**    Bilden Sie Infinitivsätze mit **zu**!

- Sie hat den Brief nicht gelesen. Sie hat *es* vergessen.
  *Sie hat vergessen, den Brief zu lesen.*

1. Es schneit. Es hat gerade begonnen.
2. Fahren Sie das Auto auf einer schlechten Straße! Es ist wichtig.
3. Es regnet. Es hat gerade angefangen.
4. Gehen Sie hier über die Straße! Es ist nicht gefährlich.
5. Er hat seinen Ausweis nicht mitgenommen. Er hat *es* vergessen.

**SÜ 3**    Vollenden Sie die Sätze mit **lassen** + Infinitiv!

1. Wenn meine Uhr kaputt ist, *lasse ich sie reparieren.*
2. Wenn ich das Gepäck nicht tragen kann, . . .
3. Wenn er nicht selbst Bescheid sagen kann, . . .
4. Wenn ich den Pulli nicht selbst waschen kann, . . .
5. Wenn wir etwas nicht selbst machen können, . . .
6. Wenn er das alte Haus nicht selbst renovieren kann, . . .

**SÜ 4**    Wie sagt man das auf englisch?

1. Wo lassen Sie Ihr Auto reparieren?
2. Lassen Sie uns bitte nicht warten!
3. Wir lassen den Wagen abschleppen.
4. Lassen Sie Ihren Regenschirm hier stehen!
5. Lassen Sie mich mal sehen!
6. Laß die Leute durchgehen!
7. Laßt uns bitte allein!
8. Wo hast du deine Schlüssel gelassen?

*Sie läßt ihr Auto nicht waschen.*
*Sie wäscht es selbst. Und Sie?*

# Wortschatz

## NOMEN

| | |
|---|---|
| **der Abschleppdienst, -e** | wrecker service |
| **der Briefkasten, ⸚** | mailbox |
| **der Reifen, -** | tire |
| | |
| **das Handwerk** | craft |
| **das Studium (Studien)** | course of studies |
| | |
| **die Bibliothek, -en** | library |
| **die Fremdsprache, -n** | foreign language |
| **die Friseurin, -nen** | beautician, hair dresser |
| | |
| **die Note, -n** | grade |
| **die Panne, -n** | breakdown |
| **die Prüfung, -en** | examination |

*Leicht erkennbare Wörter*
**die Bezahlung, -en / die Chance, -n / die Computertechnik / die Disziplin, -en / das Dokument, -e / die Entscheidung, -en / die Innenstadt, ⸚e / der Kindergarten, ⸚ / die Klasse, -n / der Kurs, -e / das Öl / der Plan, ⸚e / die Religion, -en / das Schulsystem, -e / die Schwierigkeit, -en / das Semester, - / der Stundenplan, ⸚e / die Süßigkeit, -en**

## ADJEKTIVE UND ADVERBEN

| | |
|---|---|
| **ähnlich** | similar |
| **allgemein** | general |
| **freundlich** | friendly |
| **gemeinsam** | together, common |
| **kaputt** | broken |
| **kompliziert** | complicated |
| **kostenlos** | free of charge |
| **öffentlich** | public |
| **schwer ↔ leicht** | difficult ↔ easy |
| **verschieden** | different |
| **wesentlich** | essential |

## SCHULTYPEN

| | |
|---|---|
| **die Gesamtschule, -n** | general secondary school |
| **die Grundschule, -n** | elementary school |
| **das Gymnasium (Gymnasien)** | secondary school |
| **die Hauptschule, -n** | compulsory school |
| **die Realschule, -n** | secondary school |

## VERBEN

| | |
|---|---|
| **ab·schleppen** | to tow away |
| **beantworten** *(+ acc.)* | to answer |
| **bitten, gebeten** | to ask, beg |
| **entscheiden, entschieden** | to decide |
| **kämmen** | to comb |
| **kennen·lernen** | to get to know |
| **Kurse belegen** | to take courses |
| **lassen (läßt), gelassen** | to leave, let, have something done |
| **putzen** | to clean |
| **schaffen** | to accomplish |
| **schneiden, geschnitten** | to cut |
| **stehen·lassen (ä)** | to leave behind |
| **vergleichen, verglichen** | to compare |

*Leicht erkennbare Wörter*
**erlernen / funktionieren / versüßen**

## VERSCHIEDENES

| | |
|---|---|
| **als** *(sub. conj.)* | when, as |
| **Grund-** *(prefix)* | basic |
| **im wesentlichen** | essentially |
| **selbst (selber)** | -self, selves |

---

**Die Zukunft lernen –
Ausbildung made by BASF**

## DEUTSCHE REDENSARTEN

**Denken, wissen, verstehen**

Ich habe den Kopf voll.
*Ich muß an so viel denken.*

Willst du mich für dumm verkaufen?
*Hältst du mich für dumm?*

Ich bin im Bild.
*Ich weiß genau Bescheid.*

Er ist nicht auf den Kopf gefallen.
*Er ist nicht dumm.*

Das ist mir zu hoch.
*Das verstehe ich nicht.*

Ich verstehe nur Bahnhof.
*Ich verstehe gar nichts.*

**Lachen und sich ärgern**

Wir haben uns fast krank gelacht.
*Wir haben sehr viel gelacht.*

Es war zum Schreien.
*Es war zum Lachen.*

Jetzt wird es mir aber zu bunt.
*Jetzt wird es mir aber zu viel.*

Jetzt schlägt es aber dreizehn!
*Jetzt ist meine Geduld zu Ende.*

Er fährt immer gleich aus der Haut.
*Er wird immer gleich ungeduldig.*

Er hat sich grün und blau geärgert.
*Er hat sich sehr geärgert.*

Sie macht ein Gesicht wie zehn Tage Regenwetter.
*Sie macht ein trauriges Gesicht.*

Warum macht sie so ein langes Gesicht?
*Warum sieht sie so unzufrieden aus?*

**Leben**

Er hat den Himmel auf Erden.
*Er hat ein sehr gutes Leben.*

Sie steht mit beiden Beinen im Leben.
*Sie denkt praktisch und realistisch.*

Die Leute leben so einfach in den Tag hinein.
*Sie führen ein gutes Leben, ohne an die Zukunft zu denken.*

**Arbeit**

Sie hatte alle Hände voll zu tun.
*Sie hatte sehr viel Arbeit.*

Er ist Mädchen für alles.
*Er muß alle Arbeiten tun.*

**(Kein) Glück und gute Wünsche**

Pech gehabt!
*Kein Glück gehabt!*

Da hast du noch einmal Schwein gehabt.
*Da hast du noch einmal Glück gehabt.*

Gute Besserung!
*Ich wünsche Ihnen, daß Sie bald wieder gesund werden.*

Gute Reise!
*Wir wünschen Ihnen eine gute Reise.*

**Zeit**

Es ist höchste Eisenbahn.
*Es ist höchste Zeit.*

Die Zeit ist wie im Fluge vergangen.
*Die Zeit ist sehr schnell vergangen.*

Es ist nach wie vor kalt.
*Es ist noch immer kalt.*

Der Zug fuhr mir vor der Nase weg.
*Der Zug fuhr gerade weg, als ich ankam.*

Weihnachten steht vor der Tür.
*Es ist kurz vor Weihnachten.*

**Hören und sprechen**

Ich bin ganz Ohr.
*Ich höre genau zu.*

Sprich leise! Die Wände haben Ohren.
*Sprich leise! Jemand hört zu.*

Sie können das Kind beim richtigen Namen nennen.
*Sie können offen darüber sprechen.*

Er redet wie ein Buch.
*Er spricht sehr viel.*

Dann schieß mal los!
*Dann erzähl mal!*

# Berühmte deutsche Flohmärkte

*Themen und Sprechziele*
Auf dem Flohmarkt

*Kultur und Information*
Straßenmusikanten
Große Deutsche

*Grammatik und Übungen*
Adjectives 3: Unpreceded Adjectives
    Adjective Endings • **viele, mehrere, einige,**
    **andere** • Adjectives after Numbers
Adjectives used as Nouns
Past Participles as Adjectives

## AUF DEM FLOHMARKT

*Adjektive*

**Wissen Sie, was ein Flohmarkt ist?**

Auf einem Flohmarkt gibt es zum Beispiel . . .

– interessante alte Bücher, Landkarten und Schallplatten,

– alte Betten, Schränke und Bilder aus Großmutters Schlafzimmer,

– schöne Spiegel aus gutem Glas,

– gebrauchte Hosen, Hemden und Schuhe,

– sogar alte Dosen und leere Flaschen und tausend andere verrückte Dinge.

Auf einem Flohmarkt findet man auch . . .

– gebrauchte Kleidung für Kinder,

– altes Geschirr, zum Beispiel alte Teller, Tassen, Gläser,

– preiswertes altes Silber, zum Beispiel alte Messer, alte Gabeln, alte Löffel und alte Kännchen,

– gebrauchtes Spielzeug für kleine und große Kinder, zum Beispiel alte Puppen und alte Eisenbahnen und

– schönen alten Schmuck.

Lieben Sie das Altmodische, das Nostalgische und das Originelle? Wenn Sie die Dinge von früher schön finden, dann ist ein Flohmarkt genau das Richtige für Sie. Auf einem Flohmarkt findet man manchmal ganz phantastische Sachen und wunderschönen alten Kitsch. Sie finden sicher etwas Originelles. Es muß ja nichts Teures sein. Aber Geduld und Zeit müssen Sie mitbringen. Und natürlich Geld.

Sogar essen und trinken können Sie dort. Natürlich nichts Besonderes. Auf einem Flohmarkt finden Sie vielleicht einen Stand . . .

– mit heißen Würstchen,

– mit belegten Broten oder Brötchen,

– mit kaltem Bier oder anderen Getränken.

### Was für Leute trifft man auf einem Flohmarkt?

Ein Flohmarkt ist eine Attraktion für arme und reiche Leute. Man trifft dort vor allem junge Leute. Sie tauschen, kaufen und verkaufen. Man sieht aber auch ältere Leute. Die älteren Leute kaufen vielleicht keine verrückten Sachen, aber auch sie finden einen Flohmarkt interessant.

### Und Sie?

Waren Sie schon einmal auf einem Flohmarkt?
Was haben Sie dort gesehen?
Haben Sie etwas Interessantes gefunden?
Haben Sie einige alte Sachen gekauft?

*Partizipien als Adjektive*

Auf dem Flohmarkt gibt es . . .

– **gebrauchtes** Geschirr     Das Geschirr ist gebraucht.
– **restaurierte** Möbel     Die Möbel sind restauriert.
– alte, **reparierte** Radios     Die alten Radios sind repariert.
– mit Luft **gefüllte** Dosen     Die Dosen sind mit Luft gefüllt.

Gespartes Geld ist bares Geld.

---

*Kultur und Information: Straßenmusikanten*

In Deutschland, Österreich und in der Schweiz gibt es selten eine Fußgängerzone ohne Straßenmusikanten. Oft sind es junge Leute auf der Reise durch das Land. Auf kleinen und großen Plätzen, vor Kinos und Geschäften spielen sie einige Stunden, dann gehen sie weiter. Auch auf großen Flohmärkten kann man sie oft sehen und hören. Sie spielen alles. Ihr Programm reicht von Bach bis Bob Dylan. Viele Fußgänger bleiben stehen, hören einige Minuten zu und werfen Geld in den Instrumentenkasten[1]. So verdienen die Freizeit-Musiker gutes Geld für Essen und Schlafen. Im Sommer sieht und hört man besonders viele Straßenmusikanten. In den deutschen Touristenstädten wie Heidelberg, Hamburg oder München braucht deshalb jeder Straßenmusikant eine Lizenz, damit es vor den Geschäften und Restaurants nicht zu laut wird.

[1] case

# GRAMMATIK

## 1 Adjectives 3: Unpreceded Adjectives

You are familiar with adjective-noun phrases preceded by **der**-words or by **ein**-words (see Chapters 12 and 13). Many adjective-noun phrases, however, have no limiting word.

| | |
|---|---|
| Das ist gutes Essen. | *This is good food.* |
| Armes kleines Mädchen! | *Poor little girl!* |
| Haben Sie neuen Wein? | *Do you have new wine?* |
| Der Spiegel ist aus gutem Glas. | *The mirror is made of good glass.* |
| Sie hat deutsche Freunde. | *She has German friends.* |

You will recall that the principal idea behind German adjective endings is that either the article (the **der-** or **ein**-word) or the adjective itself has to indicate the gender, number and case of the noun following. But if the adjective stands alone, and is not preceded, the adjective must assume the function of the definite article, namely to indicate by its ending the gender, number and case of the modified noun.

### A Adjective Endings

Note that in the chart below the endings of the unpreceded adjectives (singular and plural) are identical to the endings of the **der**-words.

| | Masculine | Neuter | Feminine | Plural/All |
|---|---|---|---|---|
| **NOM.** | **der** Wein<br>gut**er** Wein | **das** Bier<br>kalt**es** Bier | **die** Milch<br>frisch**e** Milch | **die** Äpfel<br>schön**e** Äpfel |
| **ACC.** | **den** Wein<br>gut**en** Wein | **das** Bier<br>kalt**es** Bier | **die** Milch<br>frisch**e** Milch | **die** Äpfel<br>schön**e** Äpfel |
| **DAT.** | **dem** Wein<br>gut**em** Wein | **dem** Bier<br>kalt**em** Bier | **der** Milch<br>frisch**er** Milch | **den** Äpfeln<br>schön**en** Äpfeln |

**Remember** All adjectives preceding the same noun must take the same ending.

viele schöne alte Kirchen
mit viel**en** schön**en** bunten Bildern
zwei interessant**e** neu**e** Bücher

## B  viele, mehrere, einige, andere

Indefinite numerical words such as **viele** *(many)*, **mehrere** *(several)*, **einige** *(some)*, and **andere** *(other)* suggest an indefinite quantity and occur in the plural only. They are treated like adjectives and must take endings.

| | |
|---|---|
| Er kennt **viele hübsche** Mädchen. | *He knows many pretty girls.* |
| Sie hat **mehrere gute** Freunde. | *She has several good friends.* |
| Wir haben **einige schöne** Sachen gekauft. | *We bought a few nice things.* |
| Dort sind **andere leere** Flaschen. | *There are other empty bottles.* |
| Ich habe ein Buch mit **vielen schönen** Bildern. | *I have a book with many beautiful pictures.* |

**Remember**  After **alle** and **beide**, the adjective always takes the ending **-en**:

Er kennt **alle hübschen** Mädchen.
Ich brauche **beide leeren** Flaschen.

## C  Adjectives after Numbers

Plural adjectives used after cardinal numbers, that is, the numbers used in counting and indicating quantity, are considered unpreceded unless there is a **der-** or **ein**-word in front of the number. Compare:

| **Unpreceded Adjectives** | **Preceded Adjectives** |
|---|---|
| fünf  neue Häuser | die fünf  neuen Häuser |
| drei  leere Flaschen | diese drei  leeren Flaschen |
| zwei  gute Freunde | seine zwei  guten Freunde |
| mit zwei  großen Türen | mit den zwei  großen Türen |

## 2  Adjectives Used as Nouns

### A  Adjectival Nouns Referring to People

The use of adjectives as nouns is much more common in German than in English. German adjectival nouns may refer to individuals as well as to groups of people: masculine gender usually refers to men, feminine gender to women, and adjectival nouns in the plural simply refer to people in general.

| | |
|---|---|
| Kennen Sie **den Kranken** gut? | *Do you know the sick man well?* |
| Wir haben mit **der Kranken** gesprochen. | *We talked to the sick woman.* |
| Hat der Arzt **die Kranken** gesehen? | *Did the doctor see the sick people?* |

Masculine and feminine adjectival nouns, both singular and plural refer to people possessing the quality indicated by the adjective. They receive the ending as if followed by the noun. As all nouns, adjectival nouns are capitalized.

Here are some of the most common adjectives used as nouns:

| | | | |
|---|---|---|---|
| der/die Alte | ein Alter | eine Alte | *old man/woman* |
| der/die Arme | ein Armer | eine Arme | *poor man/woman* |
| der/die Bekannte | ein Bekannter | eine Bekannte | *acquaintance/friend* |
| der Beamte[1] | ein Beamter | eine Beamtin | *official, civil servant* |
| der/die Blinde | ein Blinder | eine Blinde | *blind man/woman* |
| der/die Deutsche | ein Deutscher | eine Deutsche | *German man/woman* |
| der/die Grüne | ein Grüner | eine Grüne | *member of the Green Party* |
| der/die Kleine | ein Kleiner | eine Kleine | *little boy/girl* |
| der/die Kranke | ein Kranker | eine Kranke | *sick man/woman* |
| der/die Tote | ein Toter | eine Tote | *dead man/woman* |
| der/die Verwandte | ein Verwandter | eine Verwandte | *relative* |

## B   Neuter Adjectival Nouns

Neuter adjectival nouns occur in the singular only. They usually refer to qualities, characteristics or things.

> Das ist genau **das Richtige** für ihn.
> *This is exactly the right thing for him.*

> Sie liebt **das Altmodische**.
> *She loves old-fashioned things.*

Adjectives following **etwas**, **nichts**, **viel**, **wenig** are capitalized and take the endings of neuter unpreceded adjectives.

> Suchen Sie **etwas Interessantes**?
> *Are you looking for something interesting?*

> Das ist **nichts Neues**.
> *That's nothing new.*

**Exception:  Ander-** and **möglich**, as for example in **etwas anderes**, **etwas mögliches**, etc.

Notice that the words **etwas**, **nichts**, **viel**, **wenig** do not change. Adjectives following **alles**, however, take endings as if preceded by a **der**-word: **alles andere**, **alles mögliche**, but **Alles Gute!** *(All the best!)*

## 3   Past Participles as Adjectives

Both German and English use participles of verbs as adjectives. When German past participles are used as attributive adjectives the appropriate endings must be added.

| PAST PARTICIPLE | Wer hat das Auto **gestohlen**? |
|---|---|
| | *Who stole the car?* |
| ADJECTIVE | Wem gehört das **gestohlene** Auto? |
| | *To whom does the stolen car belong?* |

---

[1] Note that the feminine equivalent of **der Beamte** is **die Beamtin**.

Look at some more examples of past participles used as adjectives:

| | |
|---|---|
| ein falsch **geparktes** Auto | *an illegally parked car* |
| mit einem **gebrauchten** Auto | *with a used car* |
| ein **gewaschener** Pullover | *a washed sweater* |
| die **unbezahlte** Rechnung | *the unpaid bill* |
| die **bestellten** Bücher | *the ordered books* |

Frequently there is no literal English equivalent for German constructions with past participles. You may have to convert the participle used as adjective into a relative clause in English.

Wir essen das mitgebrachte Brot.
*We are eating the bread that we brought along.*

Hier kommen die erwarteten Gäste.
*Here come the guests we were expecting.*

# MÜNDLICHE ÜBUNGEN

**MÜ 1**   Was ist das? Was kann man auf einem Flohmarkt kaufen?

- Die Bücher sind alt.   → *Das sind alte Bücher.*
  *Man kann dort alte Bücher kaufen.*

- Der Schmuck ist schön. → *Das ist schöner Schmuck.*
  *Dort kann man schönen Schmuck kaufen.*

**(a) Plural**

1. Die Bilder sind hübsch.
2. Die Schallplatten sind gut.
3. Die Sachen sind verrückt.
4. Die Möbel sind gebraucht.
5. Die Flaschen sind leer.
6. Die Postkarten sind bunt.
7. Die Puppen sind schön.
8. Die Koffer sind alt.

**(b) Singular**

1. Der Kitsch ist wunderschön.
2. Das Glas ist billig.
3. Die Kleidung ist altmodisch.
4. Das Geschirr ist gebraucht.
5. Das Silber ist alt.
6. Das Spielzeug ist interessant.
7. Das Papier ist alt.
8. Die Wolle ist gebraucht.

**MÜ 2**   Was für Leute trifft man auf einem Flohmarkt?

- jung und älter → *Man trifft dort junge und ältere Leute.*

1. reich und arm
2. ledig und verheiratet
3. einfach und elegant
4. klein und groß

5. freundlich und unfreundlich
6. zufrieden und unzufrieden
7. interessant und uninteressant
8. sportlich und unsportlich

**MÜ 3**  Wie gut kennen Sie Ihre Stadt?
Antworten Sie mit **viele**, **einige** oder **mehrere**!

- Gibt es dort nur eine moderne Schule? → *Nein, es gibt dort viele moderne Schulen.*

Gibt es dort . . . ?

1. nur eine große Tankstelle
2. nur ein nettes Café
3. nur ein gutes Restaurant
4. nur ein elegantes Geschäft

5. nur ein preiswertes Hotel
6. nur eine breite Straße
7. nur ein altes Haus
8. nur ein modernes Kino

**MÜ 4**  Wie viele . . . möchten (brauchen, nehmen usw.) Sie?
Antworten Sie mit einer Zahl **(aber nicht eins)!**

- Möchten Sie alle kleinen Kissen? → *Nein, ich möchte nur zwei kleine Kissen.*

1. Brauchen Sie alle neuen Kalender?
2. Nehmen Sie alle großen Äpfel?
3. Haben Sie alle leeren Flaschen?

4. Kennen Sie alle deutschen Maler?
5. Brauchen Sie alle sauberen Gläser?
6. Möchten Sie alle langen Bleistifte?

**MÜ 5**  Was für ein Land ist Deutschland?

- In Deutschland gibt es viele teure und billige Geschäfte.
  *Deutschland ist ein Land mit vielen teuren und billigen Geschäften.*

In Deutschland gibt es . . .

1. breite und enge Straßen
2. viele kleine Hotels
3. schöne alte Kirchen
4. viele historische Rathäuser

5. einige moderne und viele alte Städte
6. mehrere alte und neue Universitäten
7. viele romantische Schlösser
8. viele interessante Attraktionen

**MÜ 6**  Machen Sie aus dem Adjektiv ein Nomen!

- Sie ist mit einem deutschen Mann verheiratet.
  *Sie ist mit einem Deutschen verheiratet.*

1. Der neue Student spricht gut Deutsch.
2. Wir haben der kranken Frau Blumen gebracht.
3. Sie hat mit dem kleinen dicken Herrn gesprochen.
4. Braucht ein gesunder Mensch einen Arzt?
5. Dem kleinen Jungen tut das Bein weh.
6. Die jungen Leute können das nicht verstehen.
7. Wer ist der alte Mann da drüben?
8. Er ist mit einer deutschen Frau verheiratet.

Was ist das? Das ist . . .

Rotwein      roter Wein
Weißwein     _____
Falschgeld   _____
Schwarzbrot  _____
Dunkelbier   _____
Sauerfleisch _____
Frischmilch  _____
Starkbier    _____
Weichkäse    _____
Altpapier    _____
Kurzzeit     _____
Gelbwurst    _____

**MÜ 7**  Hier ist das Adjektiv. Wie heißt das Nomen?

● Das ist richtig. → *Das ist das Richtige.*

| | | | | |
|---|---|---|---|---|
| 1. falsch | 4. bunt | 7. gesund | 10. phantastisch | 13. allgemein |
| 2. gut | 5. originell | 8. schön | 11. interessant | 14. wesentlich |
| 3. neu | 6. leicht | 9. schlecht | 12. nostalgisch | 15. gemeinsam |

**MÜ 8**  Machen Sie aus dem Adjektiv ein Nomen!

● Eis ist kalt. → *Eis ist etwas Kaltes.* ● Das ist nicht wichtig. → *Das ist nichts Wichtiges.*

**(a) Benutzen Sie *etwas*!**

1. Schwarzbrot ist gut.
2. Nachtisch ist süß.
3. Eine Zitrone ist sauer.
4. Obst ist frisch.
5. Rauchen ist ungesund.
6. Ein Flohmarkt ist interessant.

**(b) Benutzen Sie *nichts*!**

1. Das ist nicht schlecht.
2. Das ist nicht neu.
3. Das ist nicht falsch.
4. Das ist nicht einfach.
5. Das ist nicht schön.
6. Das ist nicht originell.

**MÜ 9**  Was für ein/e . . . ist das?

● Der Tisch ist reserviert. → *Das ist ein reservierter Tisch.*

1. Der Pullover ist gewaschen.
2. Die Bluse ist reduziert.
3. Die Rechnung ist bezahlt.
4. Das Haus ist neu gebaut.
5. Der Kuchen ist gekauft.
6. Die Arbeit ist angefangen.
7. Die Kirche ist restauriert.
8. Das Geschirr ist gebraucht.

**MÜ 10**  Auf deutsch, bitte!

**(a) Adjektive**

1. Poor little girl!
2. He sells used cars.
3. I bought something simple.
4. That's nothing new.
5. We need new dishes.
6. Wear a dress. Something light.
7. This is good meat.
8. Do you know many Germans?
9. I need some new books.
10. We have to help the poor.
11. He is visiting old friends.
12. This restaurant is nothing special.
13. Does he like to drink cold beer?
14. She is wearing old-fashioned clothes.
15. Would you like green or black tea?
16. What are you doing, young man?
17. I buy fresh vegetables at the market.
18. Many small animals sleep in the winter.
19. Would you like to drink cold water?
20. I would like to eat something sweet.

**(b) Partizipien als Adjektive**

1. an unpaid bill
2. a used car
3. the described people
4. the explained words
5. the baked fish
6. the recommended hotel
7. an unexpected guest
8. the restored furniture
9. all parked cars
10. repaired radios

# LAND UND LEUTE

## BERÜHMTE DEUTSCHE FLOHMÄRKTE

Auch in Deutschland ist das Alte und Originelle wieder schick. Noch vor einigen Jahren war die Mentalität anders. Man wollte keine alten Möbel im Wohnzimmer haben. Auch Großmutters gutes Geschirr war altmodisch und uninteressant. Heute tut es vielen Leuten leid, daß sie die alten Sachen weggeworfen haben. Jetzt gehen sie auf den Flohmarkt und kaufen die gleichen alten Sachen von anderen Leuten. Vielleicht ist Nostalgie ein gutes Wort für diese Mentalität.

Es gibt in vielen deutschen Städten Flohmärkte, wie zum Beispiel in . . .

### Berlin

In Berlin hat man aus dem alten U-Bahnhof Nollendorfplatz einen originellen Flohmarkt gemacht. Dort verkaufen die Händler[1] in alten U-Bahnwagen nicht nur alten Trödel[2], sondern auch teure Antiquitäten[3]. Hier gibt es fast alles: Antik-Shop und Kleiderboutique, Mini-Kino, Poster-Shop, Stände mit wertvollen alten Münzen[4], mit teurem Schmuck und . . . und . . . und. Der Berliner Flohmarkt ist wie ein Einkaufszentrum und eine interessante Touristenattraktion.

### München

Was man heute Flohmarkt nennt, kennt man in München schon seit mehreren Jahrhunderten[5]. Es ist die sogenannte Auer-Dult. Sie findet dreimal im Jahr statt: im Frühjahr[6], im Sommer und im Herbst. Wenn man einen Münchner fragt, seit wann es die Dult gibt, weiß er kaum eine Antwort. Für die Münchner gehört die Dult zu ihrer Stadt wie die Frauenkirche oder das Oktoberfest.

Weil dieser Markt in München-Au stattfindet, nennt man ihn die Auer-Dult. Wer hier etwas kaufen will, muß handeln[7]. Man soll immer zuerst nach den Preisen von anderen Antiquitäten fragen: „Und was kostet der große, runde Tisch da drüben? . . . Und dieser nette kleine Schrank? . . .“ Wenn man zu großes Interesse zeigt, wird der Preis zu hoch!

Früher konnte man auf der Auer-Dult noch billige Antiquitäten kaufen. Vor Jahren hat sogar ein Käufer in einem alten Sofa eine teure Taschenuhr und zwei wertvolle Bilder gefunden. Kein Wunder, daß dann alle Leute alte Sofas kaufen wollten. Doch es gibt sie auch heute noch, die wertvollen alten Bücher und Münzen und . . . und . . . und. Man muß nur suchen und ein bißchen Glück haben.

Auch auf der Auer-Dult gibt es die gewöhnlichen Gebrauchtwaren[8]. Junge Mädchen entdecken lange Kleider und Röcke, wie ihre Großmütter sie früher getragen haben. Da gibt es Regenschirme nicht aus zweiter, sondern aus zehnter Hand, Tassen mit Vornamen, Glasaugen und viele andere verrückte Sachen. Und natürlich gibt es auch viel Bier. Das Ganze ist wie ein kleines Oktoberfest.

## Stuttgart

Rund um das Rathaus in der Stuttgarter Altstadt gibt es seit einigen Jahren zweimal im Jahr einen großen Flohmarkt. An einem Samstag im April und an einem Samstag im Herbst sind dann Marktplatz, Schillerplatz und Karlsplatz voll von Ständen mit allem möglichen Kleinkram[9] und Trödel. Auf dem Stuttgarter Flohmarkt sieht man besonders viele alte Puppen und Uhren. Natürlich gibt es auch hier viele gebrauchte Sachen. Man findet alles, vom Mickymaus-Heft zum Suppenteller, vom alten Grammophon zu erotischen Postkarten. Grundschüler wollen ihr altes Spielzeug verkaufen, und junge Sammler diskutieren mit Händlern.

Auf dem Stuttgarter Flohmarkt sind 150.000 Besucher an einem Tag nichts Besonderes. Wer also etwas Interessantes und Preiswertes finden will, muß morgens sehr früh aufstehen.

## Nürnberg

In der historischen Altstadt von Nürnberg ist an drei Samstagen im Jahr Trempelmarkt. Das Wort „Trempel" heißt in Nürnberg soviel wie Trödel. Auch der Nürnberger Trempelmarkt ist nichts anderes als ein Flohmarkt. Nur ist es hier leider so, daß die Verkäufer schon am Freitagnachmittag auf ihren Plätzen sind, und die Händler schon in der Nacht zum Samstag kaufen können. Wenn dann am frühen Samstagmorgen die Besucher kommen, sind viele schöne Dinge schon verkauft. Und weil die Stadt Nürnberg sehr viel Werbung für ihren Trempelmarkt macht, ist er zu einer großen Touristenattraktion geworden. Die Besucher kommen nicht nur aus ganz Deutschland, sondern auch aus vielen anderen Ländern Europas, und der Markt ist total überfüllt[10]. Trotzdem, ob man etwas Schönes dort findet oder nicht: der Nürnberger Trempelmarkt ist einen Besuch wert.

[1]die Verkäufer [2]wertlose Sachen [3]wertvolle alte Sachen [4]Geldstücke aus Metall [5]hundert Jahre [6]Frühling [7]den Preis niedriger machen [8]gebrauchte Dinge [9]kleine Dinge [10]zu viele Menschen

## Diskussion

1. In Deutschland ist das Alte und Originelle wieder schick. Wie ist die Mentalität in Ihrem Land? Gibt es dort auch Flohmärkte?

2. Waren Sie schon einmal auf einem Flohmarkt? Was konnte man dort kaufen? Haben Sie etwas Interessantes gefunden? Wie waren die Preise?

# SCHRIFTLICHE ÜBUNGEN

**SÜ 1**    Ergänzen Sie!

1. andere Länder              In *anderen Ländern* ist es auch schön.
2. lange Hälse                Welche Tiere haben _____ ?
3. einige Jahre               Vor _____ war ich in Hamburg.
4. neuer Wein                 Im Herbst gibt es _____ .
5. viele deutsche Städte      In _____ gibt es einen Flohmarkt.
6. nächstes Wochenende        Was machen Sie am _____ ?
7. kurze Zeit                 Nach _____ ist er zurückgekommen.
8. kleine Kinder              Das ist nichts für _____ .
9. gute Geschäfte             Frisches Obst bekommt man nur in _____ .
10. alte Stadtmauern          Nürnberg ist eine Stadt mit _____ .
11. schlechtes Wetter         Bei _____ bleiben wir zu Hause.
12. drei frische Eier         Man kann diesen Kuchen nur mit _____ backen.
13. kaltes Wasser             Schwimmen Sie gern in _____ ?
14. zwei große Häuser         Der Garten ist zwischen _____ .
15. heiße Würstchen           Hier gibt es einen Stand mit _____ .
16. teure Antiquitäten        In München kann man _____ kaufen.
17. lebende Tiere             Der Verkauf von _____ ist nicht erlaubt.
18. viele andere Dinge        Wir haben Puppen, Uhren und _____ gesehen.


**SÜ 2**    Ergänzen Sie das Adjektiv!

1. schwarz    Ich möchte *schwarzen* Kaffee, bitte.
2. gut        _____ Wein muß nicht teuer sein.
3. neu        Trinken Sie gern _____ Wein?
4. dunkel     Er trinkt gern _____ Bier.
5. gut        Ich liebe _____ Essen.
6. alt        Auf dem Flohmarkt gibt es _____ Spielzeug.
7. arm        _____ Kind!
8. kalt       Essen Sie gern _____ Fleisch?
9. gut        Der Spiegel ist aus _____ Glas.
10. schön     Sie haben sehr _____ Geschirr.
11. grün      Möchten Sie auch _____ Salat?
12. frisch    _____ Obst ist gesund.
13. schön     Gestern hatten wir sehr _____ Wetter.
14. bunt      Der Teppich ist aus _____ Wolle.


**SÜ 3**    Erklären Sie diese Wörter mit Adjektiv + Nomen!

● Frischobst → *Das ist frisches Obst.*

1. Sauermilch          4. Freizeit           7. Buntpapier
2. Trockeneis          5. Weißbrot           8. Gebrauchtmöbel
3. Kleinkinder         6. Schwerarbeit       9. Hochhäuser

# Kultur und Information: Große Deutsche

Seit dem frühen Mittelalter
nennt man Deutschland das
Land der Dichter und Den-
ker, denn Deutschlands Beitrag[1] zur Kultur der west-
lichen Welt ist beträchtlich[2].
Deutsche Maler, Dichter,
Komponisten[3] und Philoso-
phen haben große Werke
geschaffen. Überall in der
Welt kennt man die Musik
von Bach und Beethoven,
die Werke Goethes und
Schillers und die Meister-
werke von Albrecht Dürer.

[1] contribution
[2] considerable
[3] composers

Felix Mendelsohn,
Johannes Brahms,
Komponisten
*(Hamburg)*

Martin Luther, Reformator
*(Wittenberg)*

Thomas
Mann,
Schriftsteller
*(Lübeck)*

Georg Hegel,
Philosoph
Berthold Brecht,
Schriftsteller
*(Berlin)*

Johann Wolfgang von Goethe, Dichter
Friedrich von Schiller, Dichter
Friedrich Nietzsche, Philosoph *(Weimar)*

Georg Friedrich Händel,
Komponist *(Halle)*
Immanuel Kant,
Philosoph
*(Königsberg, nicht auf Karte)*

Ludwig van Beethoven,
Komponist *(Bonn)*

Heinrich
Heine,
Dichter
*(Göttingen)*

Johann Sebastian Bach,
Robert Schumann,
Komponisten
*(Leipzig)*

Johann
Gutenberg,
Drucker
*(Mainz)*

Richard Wagner,
Komponist *(Bayreuth)*

Lucas Cranach der Ältere,
Maler *(Kronach)*

Albrecht Dürer,
Maler *(Nürnberg)*

Mathias Grünewald,
Maler *(Isenheim)*

Hans Holbein der Ältere,
Hans Holbein der Jüngere,
Maler *(Augsburg)*

Richard Strauss,
Komponist
*(München)*

# Wortschatz

## NOMEN

| | |
|---|---|
| **der Kitsch** | junk |
| **der Löffel, -** | spoon |
| **der Schmuck** | jewelry |
| **der Stand, ̈-e** | booth, stand |
| **der Teller, -** | plate |
| | |
| **das Fest, -e** | celebration, party |
| **das Geschirr** *(no pl.)* | dishes |
| **das Messer, -** | knife |
| **das Spielzeug** *(no pl.)* | toy |
| | |
| **die Gabel, -n** | fork |
| **die Puppe, -n** | doll |
| **die Schallplatte, -n** | record |
| **die Sehenswürdig-** | place (thing) |
| **keit, -en** | worth seeing |

*Leicht erkennbare Wörter*
**der Flohmarkt, ̈-e / das Jahrhundert, -e / das Interesse, -n / die Mentalität, -en / der Preis, -e / das Silber**

## VERBEN

| | |
|---|---|
| **diskutieren** | to discuss |
| **entdecken** | to discover |
| **statt · finden,** | to take place |
| **stattgefunden** | |
| **tauschen** | to (ex)change |

## ADJEKTIVE

| | |
|---|---|
| **arm ↔ reich** | poor ↔ rich |
| **gebraucht** | used |
| **möglich** | possible |
| **überfüllt** | overcrowded |
| **verrückt** | crazy |
| **wertvoll** | valuable |
| **wunderschön** | very beautiful |

*Leicht erkennbare Wörter*
**nostalgisch / originell**

## VERSCHIEDENES

| | |
|---|---|
| **belegtes Brot** | sandwich |
| **kaum** | hardly |
| **kein Wunder** | no wonder |
| **mehrere** | several |
| **trotzdem** | nevertheless, in spite of it |

"Trimmy" empfiehlt:

*Was empfiehlt Trimmy zu tun?*

# Autofahrer – Autofahrerinnen

***Themen und Sprechziele***
Vergleichen • Fragespiele
Die Planeten im Vergleich (I)

***Zwischenspiel***
Hundert Jahre Auto

***Grammatik und Übungen***
Comparison 1: Predicate Adjectives and Adverbs
    Expressions of Comparison
Word Formation 8: The Noun Suffixes **-heit, -keit**

# SPRECHZIELE

## VERGLEICHEN

*Adjektive: Positiv–Komparativ–Superlativ*

### Situation 1   Familie Wagner

Hier sehen wir die Familie Wagner. Wir vergleichen die Personen in der Familie:

Der Sohn ist **groß**.
Die Tochter ist **größer**.
Der Vater ist **am größten**.

Die Mutter ist **jung**.
Die Tochter ist **jünger**.
Der Sohn ist **am jüngsten**.

Wer ist . . . ?

**kleiner** als der Vater
**jünger** als die Mutter
**älter** als der Sohn
**größer** als die Tochter

Vergleichen Sie weiter!

### Situation 2   Interview: Fragen Sie Ihre Mitstudenten!

(a). Wer ist in Ihrer (deiner) Familie . . . ?

1. am ältesten
2. am jüngsten
3. am kleinsten
4. am größten
5. am sportlichsten
6. am stärksten
7. am reichsten
8. am ärmsten

(b). Wer in Ihrer (deiner) Familie . . . ?

1. ißt am meisten
2. arbeitet am wenigsten
3. duscht am längsten
4. versteht dich am besten
5. schläft morgens am längsten
6. joggt am weitesten
7. fährt am schnellsten
8. trinkt am liebsten Milch

### Situation 3   Interview: Fragen Sie Ihre Mitstudenten!

Was ist für Sie (dich) . . . ?

1. wichtiger als Gesundheit
2. interessanter als ein Film
3. bequemer als Hausschuhe
4. schöner als zu Hause zu sein
5. schwerer als Deutsch
6. schlimmer als krank zu sein

## Situation 4  Fahrzeuge: Ihre persönliche Meinung bitte!

1. Ist ein Volkswagen so bequem wie ein Mercedes?
   Welcher Wagen ist bequemer?
2. Ist ein Opel so schnell wie ein BMW?
   Welcher Wagen ist schneller?
3. Ist ein Fahrrad so teuer wie ein Motorrad?
   Was ist teurer?
4. Ist ein LKW so schwer wie ein PKW?
   Welcher Wagen ist schwerer?
5. Fährt ein Motorrad so schnell wie ein Mofa?
   Was fährt schneller?
6. Sieht ein Ford so sportlich aus wie ein Porsche?
   Welchen Wagen finden Sie sportlicher?
7. Ist der Intercity so bekannt wie der Orient Expreß?
   Welcher Zug ist berühmter?

## Situation 5  Fragespiel: Geographie

1. Welcher Fluß ist **länger**, der Mississippi oder der Rhein?
2. Welcher Berg ist **höher**, der Montblanc oder Mount McKinley?
3. Welches Gebirge ist **älter**, der Schwarzwald oder die Alpen?
4. Welche deutsche Stadt ist **größer**, Hamburg oder Bonn?
5. Welcher Kontinent ist **kleiner**, Australien oder Europa?
6. Welches Land liegt **nördlicher**, Italien oder Österreich?
7. Welches Land liegt **südlicher**, die Schweiz oder Deutschland?
8. Welcher Ozean ist **tiefer**, der Pazifik oder der Atlantik?

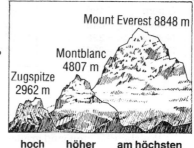

Mount Everest 8848 m
Montblanc 4807 m
Zugspitze 2962 m

hoch     höher     am höchsten

## Situation 6  Fragespiel: Wer weiß es?

1. Welche Jahreszeit ist **am längsten**?
2. In welchem Land trinkt man **am meisten** Tee?
3. Welches Passagierflugzeug fliegt **am schnellsten**?
4. Welche Milch ist **am teuersten**?
5. Was essen die Deutschen **am häufigsten**?
6. Welcher Körperteil ist **am kühlsten**?
7. Welches Hobby ist **am populärsten**?
8. Welche Haustiere sind **am ältesten**?
9. Welche amerikanische Rakete[2] ist **am stärksten**?
10. Welcher Stein ist **am härtesten**?
11. Welche Kirche ist **am höchsten**?
12. In welchem Land ist es **am kältesten**?
13. Welches Lexikon[4] ist **am größten**?
14. Welcher deutsche Berg ist **am höchsten**?
15. Welcher Kontinent ist **am kleinsten**?
16. Welches Metall ist **am leichtesten**?

a. Frischobst
b. Sibirien
c. das Ulmer Münster[1]
d. Milch von Mäusen
e. Irland
f. die Saturn 5
g. die Nase
h. Australien
i. Schaf und Ziege[3]
j. die Concorde
k. der Sommer
l. der Diamant
m. Lithium
n. Briefmarken sammeln
o. die Zugspitze
p. Encyclopaedia Britannica

Die richtigen Antworten finden Sie auf Seite 471.

[1]cathedral   [2]rocket   [3]sheep/goat   [4]encyclopedia

# DIE PLANETEN IM VERGLEICH

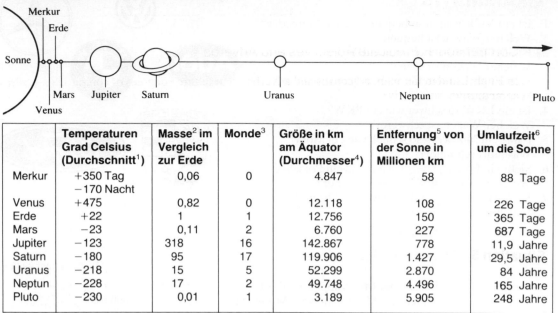

| | Temperaturen Grad Celsius (Durchschnitt[1]) | Masse[2] im Vergleich zur Erde | Monde[3] | Größe in km am Äquator (Durchmesser[4]) | Entfernung[5] von der Sonne in Millionen km | Umlaufzeit[6] um die Sonne |
|---|---|---|---|---|---|---|
| Merkur | +350 Tag −170 Nacht | 0,06 | 0 | 4.847 | 58 | 88 Tage |
| Venus | +475 | 0,82 | 0 | 12.118 | 108 | 226 Tage |
| Erde | +22 | 1 | 1 | 12.756 | 150 | 365 Tage |
| Mars | −23 | 0,11 | 2 | 6.760 | 227 | 687 Tage |
| Jupiter | −123 | 318 | 16 | 142.867 | 778 | 11,9 Jahre |
| Saturn | −180 | 95 | 17 | 119.906 | 1.427 | 29,5 Jahre |
| Uranus | −218 | 15 | 5 | 52.299 | 2.870 | 84 Jahre |
| Neptun | −228 | 17 | 2 | 49.748 | 4.496 | 165 Jahre |
| Pluto | −230 | 0,01 | 1 | 3.189 | 5.905 | 248 Jahre |

[1] average  [2] weight  [3] moons  [4] diameter  [5] distance  [6] revolution time

## Situation 7   Planeten im Vergleich mit der Erde

1. Welche Planeten sind **größer** als die Erde, welche sind **kleiner**?
2. Welche Planeten scheinen **heller**, welche scheinen **weniger** hell?
3. Auf welchen Planeten ist es **kälter**, auf welchen ist es **wärmer (heißer)**?
4. Welche Planeten liegen **weiter** von der Sonne entfernt, welche liegen **näher**?
5. Welche Planeten haben mehr Monde als die Erde, welche haben **weniger**?
6. Bei welchen Planeten ist die Masse **größer**, bei welchen ist sie **kleiner**?
7. Welche Planeten brauchen für den Umlauf[1] um die Sonne **länger** als die Erde, welche brauchen nicht so lange wie die Erde?

## Situation 8   Fragespiel: Wer weiß es?

1. Auf welchem Planeten ist es **am kältesten**?
2. Auf welchem Planeten ist es **am heißesten**?
3. Welcher Planet ist **am schwersten**?
4. Bei welchem Planeten ist die Masse **am kleinsten**?
5. Welcher Planet ist **am größten**?
6. Welcher Planet ist **am kleinsten**?
7. Welcher Planet ist **am weitesten** von der Sonne entfernt?
8. Welcher Planet ist der Sonne **am nächsten**?
9. Welcher Planet braucht **am längsten**, um die Sonne zu umkreisen[2]?
10. Bei welchem Planeten ist die Umlaufzeit **am kürzesten**?
11. Welcher Planet scheint **am hellsten**?
12. Welcher Planet scheint **am schwächsten**?

[1] rotation  [2] rotate

# GRAMMATIK

## 1 Comparison 1: Predicate Adjectives and Adverbs

In English and in German, adjectives and adverbs occur in three degrees of comparison: positive, comparative, superlative.

### A Formation

#### 1. The Positive

The positive is the basic form of an adjective or adverb as found in the dictionary.

| | |
|---|---|
| Heute ist es **schön**. | *Today it is nice.* |
| Heute ist es so **schön** wie im Sommer. | *Today it is as nice as in summer.* |
| Der Film ist **interessant**. | *The film is interesting.* |
| Er ist so **interessant** wie das Spiel. | *It is as interesting as the game.* |

#### 2. The Comparative

The comparative is formed by adding **-er** to the basic form: **schöner**, **interessanter**.

| | |
|---|---|
| Heute ist es **schöner**. | *Today it is nicer.* |
| Heute ist es **schöner** als im Sommer. | *Today it is nicer than in summer.* |
| Der Film war **interessanter**. | *The film was more interesting.* |
| Er war **interessanter** als das Spiel. | *It was more interesting than the game.* |

#### 3. The Superlative

The superlative is formed by adding **-(e)st** to the basic form and placing it into the frame **am ___ en: schönst- / am schönsten, interessantest- / am interessantesten**.

| | |
|---|---|
| Heute ist es **am schönsten**. | *Today it is nicest.* |
| Der Film war **am interessantesten**. | *The film was most interesting.* |

German has only this one way to form the comparative and superlative of adjectives and adverbs, regardless of their length. There is no equivalent to such English forms as *more beautiful* and *most beautiful*.

**Im Verein ist Sport am schönsten**
weil bei uns jeder Schritt helfen kann!

## B Variations in Formation

| | Positive | Comparative | Stem of Superlative | Superlative |
|---|---|---|---|---|
| Adjectives ending in **-d, -t** or an 's' sound (written **s, z, ß, sch**) add **-est** in the superlative | breit | breiter | breitest- | am breitesten |
| | nett | netter | nettest- | am nettesten |
| | leicht | leichter | leichtest- | am leichtesten |
| | süß | süßer | süßest- | am süßesten |
| | hübsch | hübscher | hübschest- | am hübschesten |

**Exception:** groß

| | Positive | Comparative | Stem of Superlative | Superlative |
|---|---|---|---|---|
| Adjectives ending in **-el** or **-er** usually drop the **-e** in the comparative | dunkel | dunkler | dunkelst- | am dunkelsten |
| | sauer | saurer | sauerst- | am sauersten |
| | teuer | teurer | teuerst- | am teuersten |

| | Positive | Comparative | Stem of Superlative | Superlative |
|---|---|---|---|---|
| Adjectives ending in **-e** merely add **-r** in the comparative | leise | leiser | leisest- | am leisesten |
| | müde | müder | müdest- | am müdesten |

| | Positive | Comparative | Stem of Superlative | Superlative |
|---|---|---|---|---|
| Most one-syllable adjectives with the vowels **a** and **u** add an umlaut in both the comparative and superlative | alt | älter | ältest- | am ältesten |
| | arm | ärmer | ärmst- | am ärmsten |
| | hart | härter | härtest- | am härtesten |
| | kalt | kälter | kältest- | am kältesten |
| | jung | jünger | jüngst- | am jüngsten |
| | kurz | kürzer | kürzest- | am kürzesten |
| To this group also belongs: | gesund | gesünder | gesündest- | am gesündesten |

**Exceptions:** rund, bunt

**Note** The comparative and superlative of **naß** can be formed with or without umlaut: **naß / nässer / am nässesten** or **naß / nasser / am nassesten**.

## C Irregular Forms

Only very few adjectives and adverbs form their comparative and superlative irregularly. Since these irregular forms occur frequently in German, you should memorize them.

| Positive | Comparative | Stems | Superlative |
|---|---|---|---|
| groß | größer | größt- | am größten |
| gut | besser | best- | am besten |
| hoch | höher | höchst- | am höchsten |
| nahe | näher | nächst- | am nächsten |
| viel | mehr | meist- | am meisten |
| gern | lieber | liebst- | am liebsten |

Note the comparative and the superlative forms of the adverb **gern**:

**gern** = *to like to (do something)*

Er trinkt **gern** Bier.            *He likes to drink beer.*
Sie spielt **gern** Tennis.         *She likes to play tennis.*

**lieber** = *to prefer to (do something)* in the sense of *I'd rather (do something)*

Er trinkt **lieber** Bier.           *He prefers to drink beer.*
Sie spielt **lieber** Tennis.        *She prefers to play tennis.*

**am liebsten** = *to like most or best of all to (do something)*

Er trinkt **am liebsten** Bier.     *He likes to drink beer most of all.*
Sie spielt **am liebsten** Tennis.   *She likes to play tennis best of all.*

## D Expressions of Comparison

### 1. Positive with **so . . . wie**

**So . . . wie** corresponds to English *as . . . as* and is used with the positive form of the adjective or adverb to compare two things or people of equal quality:

Er ist **so alt wie** mein Bruder.       *He is as old as my brother.*
Bonn ist nicht **so groß wie** Berlin.    *Bonn is not as large as Berlin.*
Heute ist es **genauso** kalt **wie** gestern.   *Today it is just as cold as yesterday.*

### 2. Comparative with **als**

**Als** corresponds to English *than* and is used after the comparative form of the adjective or adverb.

Er ist **älter als** mein Bruder.       *He is older than my brother.*
Berlin ist **größer als** Bonn.        *Berlin is larger than Bonn.*
Ich trinke **lieber** Kaffee **als** Tee.    *I'd rather drink coffee than tea.*

Other common expressions used in conjunction with the comparative are:

(a) **immer** + comparative

Er fährt **immer schneller**.       *He's driving faster and faster.*
Es wird **immer besser**.          *It's getting better and better.*

(b) **je . . . desto, je . . . um so**

**Je größer** das Auto, **desto mehr** Benzin braucht es.
*The larger the car, the more gas it uses.*

**Je mehr** Geld er verdient, **um so** mehr braucht er.
*The more money he makes, the more he needs.*

## 2 Word Formation 8: Nouns Derived from Adjectives

The suffixes **-heit** and **-keit** are often added to adjectives to form feminine abstract nouns denoting the quality described by the adjective. They usually correspond to the English suffixes *-ness*, *-ity*, or *-th*. German nouns ending in **-heit** or **-keit** always form their plural in **-en**.

### A The Noun Suffix **-heit**

| Adjectives | Nouns Derived from Adjectives | |
|---|---|---|
| berühmt | die Berühmtheit | *fame* |
| besonders | die Besonderheit | *speciality* |
| dunkel | die Dunkelheit | *darkness* |
| einfach | die Einfachheit | *simplicity* |

### B The Noun Suffix **-keit**

| Nouns | Adjectives | Nouns Derived from Adjectives | |
|---|---|---|---|
| | wichtig | die Wichtigkeit | *importance* |
| | richtig | die Richtigkeit | *correctness* |
| | schwierig | die Schwierigkeit | *difficulty* |
| der Bruder | brüderlich | die Brüderlichkeit | *fraternity* |
| der Freund | freundlich | die Freundlichkeit | *friendliness* |
| die Jugend | jugendlich | die Jugendlichkeit | *youthfulness* |

**Note** The suffix **-keit** occurs most often with adjectives ending in **-lich** or **-ig**.

**Wie heißt das auf englisch?**

| | |
|---|---|
| Gleichheit | *equality* |
| Krankheit | _____ |
| Neuheit | _____ |
| Schwachheit | _____ |
| Sicherheit | _____ |
| Weichheit | _____ |
| Zufriedenheit | _____ |
| Schönheit | _____ |
| Trockenheit | _____ |
| Verrücktheit | _____ |
| Seltenheit | |

**Wie heißt das auf englisch?**

| | |
|---|---|
| Sauberkeit | *cleanliness* |
| Wirklichkeit | _____ |
| Mütterlichkeit | _____ |
| Gastlichkeit | _____ |
| Häuslichkeit | _____ |
| Kleinigkeit | _____ |
| Weiblichkeit | _____ |
| Leichtigkeit | _____ |
| Genauigkeit | _____ |
| Natürlichkeit | _____ |
| Schlechtigkeit | _____ |
| Helligkeit | |

# MÜNDLICHE ÜBUNGEN

**MÜ 1**   Komparativ und Superlativ, bitte!

**(a)** schön, *schöner, am schönsten*

| | | | |
|---|---|---|---|
| 1. klein | 6. dünn | 11. frei | 16. billig |
| 2. kühl | 7. dick | 12. wichtig | 17. langsam |
| 3. neu | 8. schwer | 13. wenig | 18. freundlich |
| 4. schnell | 9. hell | 14. modern | 19. bequem |
| 5. eng | 10. voll | 15. schmutzig | 20. sportlich |

**(b)** weit, *weiter, am weitesten*

| | | | |
|---|---|---|---|
| 1. spät | 5. laut | 9. süß | 13. berühmt |
| 2. nett | 6. bunt | 10. frisch | 14. preiswert |
| 3. leicht | 7. schlecht | 11. hübsch | 15. interessant |
| 4. breit | 8. heiß | 12. elegant | 16. bekannt |

**(c)** kalt, *kälter, am kältesten*

| | | | |
|---|---|---|---|
| 1. alt | 4. gesund | 7. jung | 10. hart |
| 2. kurz | 5. lang | 8. stark | 11. arm |
| 3. naß | 6. krank | 9. schwach | 12. scharf |

**(d)** Ausnahmen[1]

| | | |
|---|---|---|
| 1. groß | 3. hoch | 5. gern |
| 2. nahe | 4. gut | 6. viel |

[1] exceptions

**MÜ 2**   Was glauben Sie?

- Fährt ein Volkswagen so schnell wie ein Mercedes?
  *Ja, ein Volkswagen fährt so schnell wie ein Mercedes.*
  *(Nein, ein Volkswagen fährt nicht so schnell wie ein Mercedes.)*

1. Braucht der Volkswagen so viel Benzin wie der Mercedes?
2. Ist der Volkswagen so bequem wie der Mercedes?
3. Ist ein Opel so teuer wie ein BMW?
4. Ist die Zugspitze so hoch wie der Montblanc?
5. Ist es auf der Zugspitze so kalt wie auf dem Montblanc?
6. Ist Europa so groß wie Amerika?
7. Fährt ein Bus so schnell wie ein Zug?
8. Ist ein großes Auto so praktisch wie ein kleines Auto?
9. Hat Wein so viel Alkohol wie Bier?
10. Kann ein Mensch so gut riechen wie ein Hund?
11. Ist ein Meter so lang wie eine Meile?
12. Ist ein Heft so dick wie ein Buch?

**MÜ 3**     Vergleichen Sie!

● Ist ein Meter so lang wie ein Kilometer?
*Nein, ein Kilometer ist länger als ein Meter.*

1. Ist der Vater so alt wie der Großvater?
2. Ist ein Stuhl so weich wie ein Sessel?
3. Ist Deutschland so groß wie Amerika?
4. Ist ein Bleistift so teuer wie ein Buch?
5. Ist ein Zug so schnell wie ein Flugzeug?

*Ist eine Katze so intelligent wie ein Hund?*

**MÜ 4**     Wie kann man das vergleichen?

● Europa/Amerika → *Europa ist kleiner als Amerika.*

1. eine Tasche/ein Koffer
2. ein Buch/ein Heft
3. ein Kilometer/ein Meter
4. eine Jacke/ein Mantel
5. ein Haus/ein Schloß

6. die Alpen/der Schwarzwald
7. Wein/Bier
8. die Mutter/die Tochter
9. ein Garten/ein Park
10. der Januar/der Februar

**MÜ 5**     Sagen Sie es mit dem Superlativ!

● Das Münchner Oktoberfest ist bekannt.
*In Deutschland ist das Münchner Oktoberfest am bekanntesten.*

1. Der Frankfurter Flughafen ist groß.
2. Kaffee und Bier sind beliebt.
3. Die Universität Heidelberg ist alt.
4. Der Fluß „die Pader" ist kurz.

5. Die Zugspitze ist hoch.
6. Die Stadt Berlin ist groß.
7. Der Bodensee ist tief.
8. Der Rhein ist lang.

**MÜ 6**     Fragen Sie!

● Dieses Zimmer ist sehr schön. → *Welches ist am schönsten?*

1. Dieses Bild ist sehr interessant.
2. Diese Schuhe sind sehr bequem.
3. Diese Tasche ist sehr klein.

4. Dieser Student spricht sehr laut.
5. Dieser Stuhl ist sehr hart.
6. Dieses Brot schmeckt sehr gut.

**MÜ 7**     Auf deutsch, bitte!

1. He is smaller than his brother.
2. She spoke the loudest.
3. Which house is older?
4. America is larger than Europe.
5. Everything gets more expensive.
6. Why don't you come earlier?
7. He ate the most.

8. I find these shoes more comfortable.
9. The coat was cheaper than the dress.
10. Which book was the most interesting?
11. Is a bicycle as fast as a motorcycle?
12. Is she as old as her friend?
13. Speak louder, please.
14. Which couch do you like best?

## AUTOFAHRER – AUTOFAHRERINNEN

„Was fährt denn dort für eine lahme Ente[1]? Natürlich eine Frau! Sieht sie denn nicht, daß die Kreuzung frei ist? Aber von einer Frau kann man ja nichts anderes erwarten!" Solche und ähnliche Kommentare hören Frauen immer wieder von Männern. Warum? Ganz einfach. Weil viele Männer immer noch denken, daß sie mehr vom Autofahren verstehen als die Frauen. Umfragen haben jedoch gezeigt, daß Frauen keineswegs schlechter fahren als Männer. Nur anders.

Noch vor wenigen Jahren durfte die Frau oft nur ans Lenkrad, wenn der Mann nicht fahren konnte oder nicht fahren wollte. Heute fahren in Deutschland Millionen von Frauen ihren eigenen Wagen. Frauen arbeiten als Berufsfahrerinnen in Taxis, Bussen und Lastwagen. Frauen fahren Rennen[2], testen Autos und Motorräder. Von den vielen Millionen Führerscheinen gehören mehr als die Hälfte den Frauen. Und immer mehr Frauen besuchen die Fahrschulen.

In Deutschland bekommt man nur einen Führerschein, wenn man eine Fahrschule besucht hat und eine theoretische und eine praktische Prüfung bestanden hat. Man hat die Fahrlehrer gefragt, ob Männer immer noch besser fahren. Hier ist die Antwort:

Im Durchschnitt fahren Männer nicht besser als Frauen. Das war vielleicht früher so, aber heute nicht mehr. Frauen fahren jedoch anders als Männer. Schon in der Fahrschule kann man einen wesentlichen Unterschied zwischen den männlichen und weiblichen Autofahrern sehen. Zum Beispiel haben wir viel weniger Schwierigkeiten mit Frauen als mit Männern. Frauen wollen so viel wie möglich lernen. Sie denken mehr als die Männer an mögliche Gefahren. Bei den Männern ist die Fahrstundenzahl oft eine Prestigefrage: Je weniger Fahrstunden man hat, desto männlicher ist man. Frauen sind da vorsichtiger. Sie denken an ihre Verantwortung. Ihre Fahrstundenzahl ist deshalb auch höher.

Die meisten Männer haben mit der theoretischen Prüfung Schwierigkeiten. Weil die Frauen oft besser vorbereitet sind, bestehen sie die theoretische Prüfung viel besser als ihre männlichen Kollegen. Viele Frauen werden jedoch nervös, wenn sie die praktische Prüfung machen und der Prüfer im Auto hinter ihnen sitzt. Deshalb bestehen genauso viele Frauen wie Männer die erste Führerscheinprüfung am Ende doch nicht.

Am wichtigsten ist für die Frau die Sicherheit. Deshalb beachten die meisten Frauen die Verkehrs-zeichen genauer als die Männer. Frauen fahren nicht nur vorsichtiger, sondern auch defensiver als Männer. So nehmen sie zum Beispiel den Fuß vom Gaspedal, wenn sie in eine kritische Situation kommen, während Männer genauso schnell weiterfahren.

Wenn eine Frau ihr eigenes Auto hat und fast genauso viel unterwegs ist wie ein Mann, dann fährt sie keineswegs wie eine lahme Ente. Diese Frauen fahren – wo es erlaubt ist – genauso schnell wie Männer und keineswegs schlechter. Sie haben jedoch weniger Unfälle und verlieren seltener ihren Führerschein als ihre männlichen Kollegen.

In Deutschland fahren auch immer mehr Frauen ihr eigenes Motorrad und es ist nicht so, daß Frauen nur leichte Maschinen fahren. Die typische Motorradfahrerin ist zwischen 21 und 35 Jahre alt und nicht verheiratet. Und nach den Unfallstatistiken sind Frauen nicht nur gute Motorradfahrerinnen, sondern fahren besser als Männer. Sie fahren vorsichtiger und sind weniger risikobereit als Männer. Deshalb ist das Risiko einen schweren Unfall zu haben für eine Motorradfahrerin nur etwa halb so groß wie für einen Motorradfahrer.

[1]slowpoke  [2]race

## Situation 9  Rollenspiel

Ein/e Student/in spielt den Reporter und stellt die Fragen.
Ein/e Student/in spielt den Fahrlehrer und beantwortet die Fragen.

1. Was meinen Sie, fahren Frauen besser oder schlechter als Männer?
2. Was haben die Umfragen gezeigt?
3. Wie viele Frauen in Deutschland haben heute ihren eigenen Wagen?
4. Gibt es auch Berufsfahrerinnen in Deutschland? Wenn ja, was können Sie uns über die deutschen Berufsfahrerinnen sagen?
5. Wie bekommt man in Deutschland einen Führerschein?
6. Sehen Sie als Fahrlehrer einen Unterschied zwischen männlichen und weiblichen Autofahrern? Erklären Sie den Unterschied!
7. Mit wem haben Sie mehr Schwierigkeiten, mit den Männern oder mit den Frauen?
8. Wer braucht mehr Fahrstunden, die Männer oder die Frauen?
9. Warum sagen Sie, daß Frauen vorsichtiger sind?
10. Was für Schwierigkeiten haben die Frauen bei der praktischen Prüfung?
11. Sie sagen, daß Frauen defensiver fahren als Männer. Können Sie ein Beispiel nennen?
12. Was ist für die Frau als Autofahrerin am wichtigsten?

**Diskussion**

1. Wie ist Ihre Meinung? Fahren Frauen so gut wie Männer?
   Fahren sie besser oder schlechter?

2. In Deutschland bekommt man nur dann einen Führerschein, wenn man eine Fahrschule besucht hat und die theoretische und praktische Prüfung bestanden hat. Wie ist es in Ihrem Land? Welches System finden Sie besser? Wo liegen die Vorteile, wo die Nachteile?

3. Haben Sie das gewußt? In Deutschland gibt es fünf Führerscheinklassen: Klasse 1 ist für Motor-räder, Klasse 2 für Lastwagen, Klasse 3 für PKWs (Personenkraftwagen), Klasse 4 und 5 für Mopeds. Wie ist das in Ihrem Land?

# SCHRIFTLICHE ÜBUNGEN

**SÜ 1**   Komparativ und Superlativ, bitte!

1. Im Juni ist es heiß.
   Im Juli *ist es heißer* .
   Im August *ist es am heißesten* .

2. Ein Meter ist kurz.
   Ein Zentimeter _____ .
   Ein Millimeter _____ .

3. Kaffee kostet wenig.
   Tee _____ .
   Wasser _____ .

4. Ich trinke gern Milch.
   Ich _____ Kaffee.
   Ich _____ Tee.

5. Ein Stuhl ist bequem.
   Ein Sessel _____ .
   Eine Couch _____ .

6. Mannheim ist groß.
   Frankfurt _____ .
   Berlin _____ .

7. Die Zugspitze ist hoch.
   Der Montblanc _____ .
   Der Mount Everest _____ .

8. In Deutschland ist es warm.
   In Italien _____ .
   In Florida _____ .

9. Ein Fahrrad kostet viel.
   Ein Motorrad _____ .
   Ein Auto _____ .

10. Gemüse schmeckt mir gut.
    Fisch _____ .
    Fleisch _____ .

**SÜ 2**   Ergänzen Sie den Komparativ und beantworten Sie die Fragen!

- alt            Wer ist *älter* , der Vater oder die Tochter?
                 *Der Vater ist älter als die Tochter.*

1. schön          Finden Sie Deutschland _____ als Amerika?
2. warm           Wo ist es _____ , in Alaska oder in Florida?
3. früh           Wann wird es _____ hell, im Sommer oder im Winter?
4. kurz           Welcher Monat ist _____ , der Januar oder der April?
5. gesund         Was ist _____ , eine Zigarette oder ein Glas Milch?
6. klein          Was ist _____ , ein Haus oder ein Schloß?
7. teuer          Was ist _____ , ein Fahrrad oder ein Motorrad?
8. gern           Was trinken Sie _____ , Kaffee oder Tee?
9. breit          Was ist _____ , die Autobahn oder eine Landstraße?
10. dunkel        Wann ist es _____ , am Tag oder in der Nacht?
11. interessant   Was finden Sie _____ , einen Film oder ein Konzert?
12. viel          Was kostet _____ , ein Volkswagen oder ein Mercedes?

**SÜ 3**   Vergleichen Sie! Benutzen Sie viele Adjektive!

1. Mercedes/Volkswagen
2. Motorrad/Fahrrad
3. Sessel/Stuhl
4. Sommer/Winter
5. Zug/Flugzeug
6. Tasche/Geldbeutel
7. Schloß/Haus
8. Gymnasium/Hauptschule

# *Wortschatz*

## NOMEN

| | |
|---|---|
| der Berg, -e | mountain |
| der Durchschnitt | average |
| der Unfall, ¨e | accident |
| der Vergleich, -e | comparison |
| | |
| das Benzin | gasoline |
| das Fahrzeug, -e | vehicle |
| das Lenkrad, ¨er | steering wheel |
| das Verkehrszeichen, - | traffic sign |
| | |
| die Erde | Earth, earth |
| die Gefahr, -en | danger |
| die Kreuzung, -en | intersection |
| die Meinung, -en | opinion |
| die Sicherheit | security |
| die Verantwortung | responsibility |

*Leicht erkennbare Wörter*

**der Alkohol/der Fahrer,-/die Fahrerin, -nen/
die Fahrschule, -n/die Fahrstunde, -n/die
Geographie/die Gesundheit/das Haustier, -e/
der Kommentar, -e/der Kontinent, -e/die
Maschine, -n/das Metall, -e/der Mond, -e/
der Ozean, -e/der Passagier, -e/die Person,
-en/der Planet, -en, -en/der Prüfer, -/der
Stein, -e/die Rakete, -n**

## VERBEN

| | |
|---|---|
| **beachten** | to observe |
| **bestehen, bestanden** | to pass (exam) |
| **verlieren, verloren** | to lose |

*Leicht erkennbare Wörter*
**testen**

## ADJEKTIVE UND ADVERBEN

| | |
|---|---|
| **bekannt** | well known |
| **bereit** | ready |
| **entfernt** | distant, (far) away |
| **häufig** | frequent(ly) |
| **nahe ↔ weit** | close (by) ↔ far |
| **schlimm** | serious, bad |
| **selten** | rare(ly) |
| **tief** | deep |
| **weiblich** | female, feminine |

*Leicht erkennbare Wörter*
**defensiv/kritisch/männlich/praktisch/
theoretisch**

## VERSCHIEDENES

| | |
|---|---|
| **als** | than (+ comparative) |
| **im Durchschnitt** | on the average |
| **je . . . desto** | as . . . as |
| **keineswegs** | by no means |
| **solch-** *(der-word)* | such |
| **während** *(sub. conj.)* | while |

**Rothenburg ob der Tauber**
die magische Stadt des deutschen Mittelalters
zu jeder Jahreszeit das besondere Erlebnis!

## HUNDERT JAHRE AUTO

Es gibt viele Geschichten[1] über das Auto und seine Erfinder[2]. Einige sind sogar wahr[3]. Zum Beispiel die Geschichte von Frau Berta Benz und ihrer Fahrt mit dem „Motorwagen". Es war eine Pionierleistung[4]: die erste Auto-Fernfahrt der Welt.

August 1888. Carl Friedrich Benz, Erfinder und Ingenieur aus Mannheim ist enttäuscht[5]. Die Leute auf der Straße lachen[6] nur über seinen neuen Motorwagen, denn er bleibt so oft stehen. Dann muß man mehr Ligroingas* in den kleinen Tank füllen, und der Wagen läuft wieder. Schon im Juni 1886 hat Benz das Patent für sein Dreiradauto bekommen, und die obligatorische Probefahrt über einen Kilometer hat es auch bestanden[7]. Der Motorwagen auf drei Rädern läuft 11 Kilometer in der Stunde und wiegt[8] nur 263 Kilogramm, doch niemand zeigt Interesse an seiner Erfindung.

Carl Benz verbessert[9] seinen Motorwagen. Er investiert noch mehr Zeit und Geld, aber er zeigt ihn nicht gern. Er fährt nie weit damit und testet ihn nur in der Nähe seiner Werkstatt[10]. „Das ist noch nichts für die Öffentlichkeit," meint er. Doch seine Frau Berta glaubt an die Erfindung ihres Mannes. „Der neue Motorwagen ist gut. Man muß ihn nur richtig bekannt machen." So ermutigt[11] sie ihn immer wieder.

Berta Benz hat einen Plan. „Wenn der Vater keinen Mut[12] hat, dann müssen wir es tun", sagt sie zu ihren beiden Söhnen. Morgens um fünf Uhr früh – der Vater schläft noch und weiß nichts davon – holen sie leise den Wagen aus der Werkstatt. Sie starten den Motor. Sie wollen mit dem Motorwagen von Mannheim nach Pforzheim fahren, um die Großmutter zu besuchen.

Der fünfzehnjährige Eugen sitzt am Steuer[13]. Später darf auch der dreizehnjährige Richard fahren. Viele, viele Kilometer auf schlechten Straßen liegen vor ihnen. Sie fahren los, aber bald ist der Tank

*Ligroingas heißt heute Benzin. Das Wort *Benzin* hat jedoch nichts mit dem Namen Benz zu tun.

leer. Der Motor braucht Ligroingas. Das gibt es in der Apotheke – in ganz kleinen Flaschen. Dann müssen sie den Berg hinauffahren. Aber der Motor schafft es nicht. Jetzt darf der dreizehnjährige Richard ans Steuer. Bruder und Mutter müssen schieben[14] Dann rollen sie den Berg hinunter. Aber das ist auch nicht einfacher, denn die Bremsen[15] sind aus Leder und gehen schnell kaputt[16]. Sie müssen einen Schuhmacher suchen. Er soll die Bremsen reparieren. Andere Pannen[17] folgen. Sogar ihr Strumpfband[18] muß Frau Berta hergeben. Die drei brauchen es, um ein defektes elektrisches Kabel zusammenzuhalten. Erst dann können sie weiterfahren.

Am Abend, es ist schon dunkel, da kommen sie endlich in Pforzheim an. Sie sind sehr müde und können kaum noch sitzen. Sie haben mit dem Motorwagen eine Strecke[19] von über 80 Kilometer zurückgelegt. Sie sind gefahren, und sie haben geschoben, aber sie haben es geschafft. Zum ersten Mal ist ein Automobil von einer Stadt zur anderen gefahren.

Vor dem Gasthaus „Zur Post" endet die schwierige Fahrt. Viele Menschen kommen zusammen und wollen das verrückte Ding auf drei Rädern sehen. „Jetzt könnt ihr eure Pferde totschlagen", meint ein Pessimist. Frau Benz holt den Postmeister aus dem Bett und telegrafiert an ihren Mann in Mannheim: „Motorwagen hat die Probefahrt bestanden. Sofort Fahrkarte zur Messe[20] nach München kaufen."

Carl Benz lernt von den Pannen dieser Fahrt und verbessert seinen Motorwagen. Auf der Industriemesse in München kann er seinen Wagen mit großem Erfolg[21] präsentieren. 1893 produziert Benz seinen ersten Wagen auf vier Rädern, den Typ Viktoria. Schon Mitte der 90er Jahre hat Benz in Mannheim „die älteste und größte Motorenwagenfabrik der Welt". Bis 1899 verkauft er zwei tausend Autos.

Der „Patent-Motorwagen" von Carl Benz war das erste Auto im modernen Sinn[22]: eine Einheit aus Motor, Antrieb[23] und Rädern, das erste erfolgreich mit Benzin angetriebene Fahrzeug. Es konnte 13 bis 16 Kilometer in der Stunde fahren. Der Motor hatte nur einen Zylinder. Seine Leistung war 0,75 PS. Heute steht das 1885 gebaute Fahrzeug im Deutschen Museum in München. Es ist immer noch in fahrbereitem Zustand[24].

Zur gleichen Zeit wie Benz war auch Gottlieb Daimler in Stuttgart erfolgreich mit einem Motorwagen auf vier Rädern, seinem „Automobil mit Benzinmotor". Doch sind Daimler und Benz natürlich nicht allein die „Erfinder" des Automobils, denn so wenig wie das Flugzeug und die Eisenbahn ist auch das Automobil nicht die Erfindung einer einzelnen Person. Es waren die Pionierleistungen vieler Wissenschaftler[25], Ingenieure, Techniker oder auch Amateure. Viele wichtige Ideen kommen aus Frankreich, England und Amerika, so daß mit der Zeit das Auto entstehen[26] konnte, wie wir es heute kennen.

[1]stories [2]inventors [3]true [4]effort [5]disappointed [6]laugh about [7]test drive/passed [8]weighs [9]improves [10]workshop [11]encourages [12]courage [13]steering lever [14]push [15]brakes [16]wear out [17]breakdowns [18]garter [19]distance [20]fair [21]success [22]sense [23]drive [24]drivable condition [25]scientists [26]develop

### Fragen

1. Wer war Carl Friedrich Benz?
2. Warum haben die Leute über seinen Motorwagen gelacht?
3. Wie hat der Motorwagen ausgesehen?
4. Was für einen Plan hatte Berta Benz?
5. Was für Probleme hatten Frau Benz und ihre Söhne unterwegs?
6. Was für Pannen hatten sie?
7. Was war die Pionierleistung von Berta Benz?
8. Wo steht der Motorwagen heute?
9. In was für einem Zustand ist er?
10. Wofür ist Gottlieb Daimler bekannt?
11. Warum sind Daimler und Benz nicht allein die Erfinder des Automobils?

# Die Deutsche Alpenstraße

***Themen und Sprechziele***
Dinge benennen • Besitz • Fragespiele
Die Planeten im Vergleich (II)

***Kultur und Information***
Einige deutsche Superlative

***Zwischenspiel***
Ludwig II: Ein König wie im Märchen

***Grammatik und Übungen***
The Genitive Case
    **Der-** and **Ein-** Words • Noun Endings
    Adjectives • Proper Names
    Prepositions
Comparison 2: Attributive Adjectives

# SPRECHZIELE

## DINGE BENENNEN

*Genitiv*

**Situation 1**   Teile eines Ganzen: Was ist das?

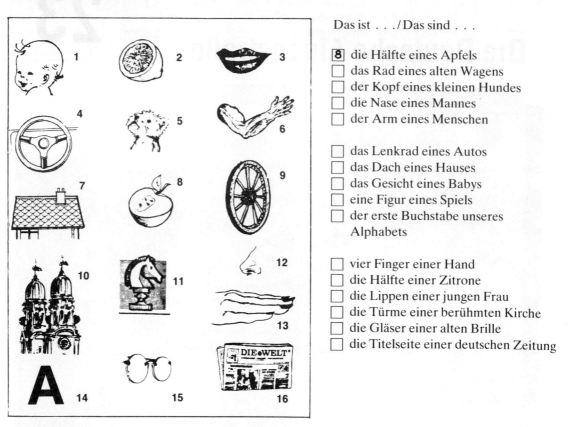

Das ist . . . / Das sind . . .

- **8** die Hälfte eines Apfels
- [ ] das Rad eines alten Wagens
- [ ] der Kopf eines kleinen Hundes
- [ ] die Nase eines Mannes
- [ ] der Arm eines Menschen

- [ ] das Lenkrad eines Autos
- [ ] das Dach eines Hauses
- [ ] das Gesicht eines Babys
- [ ] eine Figur eines Spiels
- [ ] der erste Buchstabe unseres Alphabets

- [ ] vier Finger einer Hand
- [ ] die Hälfte einer Zitrone
- [ ] die Lippen einer jungen Frau
- [ ] die Türme einer berühmten Kirche
- [ ] die Gläser einer alten Brille
- [ ] die Titelseite einer deutschen Zeitung

**Situation 2**   Besitz: Wessen Dinge sind das?

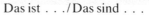
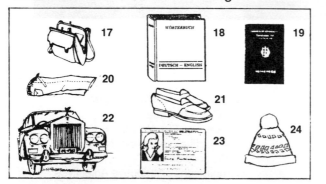

Das ist . . . / Das sind . . .

- [ ] die Schuhe eines Mannes
- [ ] die Tasche einer Frau
- [ ] das Buch eines Studenten
- [ ] die Hose eines Jungen
- [ ] das Auto einer reichen Familie
- [ ] der Reisepaß der Deutschen
- [ ] der Ausweis einer Studentin
- [ ] die Mütze eines Kindes

## Situation 3  Interview: Fragen Sie Ihre Mitstudenten!

1. Wie ist der Vorname **Ihres Vaters** (Ihrer Mutter)?
2. Wie sind die Vornamen **Ihrer Geschwister**?
3. Wie ist der Familienname **Ihrer Großeltern**?
4. Wann ist der Geburtstag **Ihrer Mutter** (Ihres Vaters)?
5. Wie ist die Farbe **Ihrer Augen** und Haare?
6. Wie viele Buchstaben hat der Name **Ihrer Stadt**?
7. Wen halten Sie für den reichsten Mann **der Welt**?
8. Wer ist der populärste Politiker **Ihres Landes**?
9. Wie ist die Farbe **Ihres Autos**?
10. Was für Geschäfte gibt es in der Nähe **Ihrer Wohnung**?

## Situation 4  Die Planeten: Erinnern Sie sich?

*Adjektive: Komparativ–Superlativ*

Wie heißt . . . ?

1. Auf Pluto ist es am kältesten.
2. Auf der Venus ist es am heißesten.
3. Jupiter ist am größten.
4. Merkur ist am schnellsten.
5. Merkur ist der Sonne am nächsten.
6. Die Venus scheint am hellsten.
7. Pluto ist am kleinsten.
8. Die Masse von Jupiter ist am **größten.**

der kälteste Planet
der heißeste Planet
der größte Planet
der Planet mit der schnellsten Umlaufzeit um die Sonne
der nächste Planet zur Sonne
der hellste Planet
der kleinste Planet
der Planet mit der **großten** Masse
der Planet mit der **kleinsten** Masse
der Planet mit den meisten Monden

## Situation 5  Allgemeinwissen[1] Fragespiel: Erinnern Sie sich?

Wie heißt/heißen . . . ?

1. die **längste** Jahreszeit
2. der **höchste** Berg der Alpen
3. der **kühlste** Körperteil des Menschen
4. der **höchste** Kirchturm der Welt
5. die **ältesten** Haustiere des Menschen
6. die **stärkste** Rakete der Amerikaner
7. das **größte** Lexikon
8. der **härteste** Stein
9. das **schnellste** Passagierflugzeug
10. die **teuerste** Milch
11. das **leichteste** Metall
12. das **populärste** Hobby der Welt
13. der **kleinste** Kontinent
14. der **tiefste** Ozean

[1] general knowledge

Die richtigen Antworten und weitere Informationen finden Sie auf Seite 471.

Kloster Andechs                                                                      Oktoberfest in München

**Das stärkste Bier** der Welt und auch das teuerste ist Kulminator Urtyp Hell aus Kulmbach in Bayern. Es hat 13,2 Prozent Alkohol.

**Die schnellsten Autos** kommen aus Stuttgart. Es gibt keine schnelleren deutschen Sportwagen als der Porsche und der Mercedes.

**Die älteste deutsche Stadt** ist Trier an der Mosel. Trier ist über 2000 Jahre alt und hat heute rund 100,000 Einwohner. Sie ist auch eine der schönsten Städte Deutschlands und liegt reizvoll am Ufer der Mosel zwischen Weinbergen[1].

**Das erste Motorrad** der Welt war eine Maschine aus Holz mit einem Benzinmotor, gebaut von Gottlieb Daimler im Jahre 1885.

**Das mildeste Klima** in Deutschland ist am Oberrhein von Heidelberg nach Basel (Schweiz).

**Der wichtigste, größte und wasserreichste Fluß** Deutschlands ist der Rhein. Von allen deutschen Flüssen hat er auch den stärksten Personenverkehr, denn der Rhein gehört zu den beliebtesten Touristenattraktionen Deutschlands.

**Die zwei bekanntesten deutschen Volksfeste**, und vielleicht die bekanntesten der Welt, sind das Münchner Oktoberfest und der Bad Dürkheimer Wurstmarkt. Das Oktoberfest ist ein Bierfest und beginnt schon im September. Der Bad Dürkheimer Wurstmarkt ist ein Weinfest und findet im September statt. Übrigens steht in Bad Dürkheim das größte Faß[2] der Welt. In dem Faß ist ein Gasthaus.

**Das längste deutsche Wort** ist vielleicht der Name eines Klubs. Der Name ist Donaudampfschiffahrtselektrizitätshauptbetriebswerkbauunterbeamtengesellschaft. Es sind genau 78 Buchstaben.

**Die älteste Brauerei[3] Deutschlands** ist die Brauerei des Klosters Andechs. Sie ist über tausend Jahre alt. Das Kloster Andechs liegt auf dem Heiligen Berg in Oberbayern, südwestlich von München. Es gibt viele größere Brauereien in Deutschland, aber es gibt keine ältere deutsche Brauerei als Andechs.

**Der größte Flughafen Deutschlands** ist der Flughafen in Frankfurt am Main. Mehr als 27 Millionen Passagiere pro Jahr kommen hier an oder fliegen hier ab. Einen größeren deutschen Flughafen gibt es nicht.

[1] vineyards  [2] vat  [3] brewery

# GRAMMATIK

## 1 The Genitive Case

The genitive expresses possession or a close relationship between two nouns. English does this by adding *'s* to the noun *(my friend's car)* or by using the preposition *of (the color of the car)*. German expresses both by using the genitive case:

| | |
|---|---|
| der Vater **des Kindes** | *the child's father* |
| das Haus **seiner Eltern** | *his parents' house* |
| der Freund **meiner Schwester** | *my sister's friend* |
| am Ende **der Woche** | *at the end of the week* |
| die Farbe **ihrer Augen** | *the color of her eyes* |
| **Peters** Zeitung | *Peter's newspaper* |

A genitive phrase expressing possession answers the question **wessen?** *(whose)*.

| | |
|---|---|
| **Wessen** Buch ist das? | *Whose book is this?* |
| **Wessen** Schlüssel sind das? | *Whose keys are these?* |

### A Der- and Ein-Words in the Genitive

German uses special forms of definite and indefinite articles, and as a result, of the **der-** and **ein-**words, to indicate the genitive case.

| Masculine | Neuter | Feminine | Plural/All Genders |
|---|---|---|---|
| **des** Vaters | **des** Kindes | **der** Mutter | **der** Mütter |
| eines Vaters | eines Kindes | einer Mutter | keiner Kinder |
| meines Vaters | meines Kindes | meiner Mutter | meiner Eltern |

Notice that there are only two genitive patterns:

1. A pattern for masculine and neuter nouns where the form of the definite article is **des** and the noun ends in **-(e)s**.

2. A pattern for feminine and plural nouns where the form of the definite article is **der** and the noun does not add an ending.

**B** Noun Endings

(a) Singular masculine and neuter nouns of more than one syllable add **-s**:

| Nominative | Genitive Phrase |
| --- | --- |
| der Wagen | die Tür des Wagens |
| das Zimmer | die Tür des Zimmers |

(b) Singular masculine and neuter nouns with one syllable generally add **-es**:

| | |
| --- | --- |
| der Mann | der Name des Mann**es** |
| das Kind | der Name des Kind**es** |

(c) Those few nouns which add **-n** or **-en** in the accusative and the dative cases have the same ending in the genitive case:

| | |
| --- | --- |
| der Student | das Buch des Student**en** |
| der Herr | der Mantel des Herr**n** |
| der Junge | das Fahrrad des Junge**n** |

(d) All feminine and plural nouns remain unchanged:

| | |
| --- | --- |
| die Woche | das Ende der Woche |
| die Leute | das Haus der Leute |

**C** Genitive Adjectives

In the genitive case, all adjectives preceded by **der-** or **ein-**words, whether modifying a singular or plural noun, take the ending **-en**.

| MASCULINE | das Auto des jung**en** Mannes |
| --- | --- |
| NEUTER | die Brille des jung**en** Mädchens |
| FEMININE | der Mantel der jung**en** Frau |
| PLURAL | die Wohnung der jung**en** Leute |

**D** Proper Names

German, as English, forms the genitive of proper names by adding **-s**. Note, however, that in German there is *no* apostrophe.

| Das ist **Ingrids Mantel**. | *This is Ingrid's coat.* |
| --- | --- |
| **Peters Zeitung** liegt auf dem Tisch. | *Peter's newspaper is on the table.* |
| Kennen Sie **Frau Lohnerts Tochter**? | *Do you know Mrs. Lohnert's daughter?* |

## E Genitive Prepositions

A small number of prepositions require the genitive case. Here are the most common ones:

**während**  **Während des Krieges** war er nicht in Deutschland.
*(during)*  *During the war he was not in Germany.*

**wegen**  **Wegen der Hitze** bleiben wir zu Hause.
*(because of)*  *Because of the heat we'll stay at home.*

**trotz**  Er ist **trotz seiner Erkältung** gekommen.
*(in spite of)*  *He came in spite of his cold.*

---

How to substitute for the genitive: **von** + dative

In spoken German, the genitive constructions are often replaced by a prepositional phrase with **von** + dative.

GENITIVE  Das ist das Auto **seines Vaters**.
DATIVE  Das ist das Auto **von seinem Vater**.

Colloquial German also tends toward the use of the dative case after the genitive prepositions. The preposition **trotz** + genitive is often replaced by the compound **trotzdem** *(nevertheless, in spite of it)* which has become standard German.

Er hat **trotz** seiner Erkältung Tennis gespielt.
Er hatte eine Erkältung, aber er hat **trotzdem** Tennis gespielt.

---

## 2 Comparison 2: Attributive Adjectives

The comparative of attributive adjectives may occur after **der-** and **ein-**words or may be unpreceded. The appropriate adjective ending is added in addition to the comparative suffix **-er**.

| | | |
|---|---|---|
| POSITIVE | Ich nehme den groß**en** Koffer | *I'll take the large suitcase.* |
| COMPARATIVE | Ich nehme den größ**eren** Koffer. | *I'll take the larger suitcase.* |
| | | |
| POSITIVE | Das ist ein schön**es** Bild. | *This is a beautiful picture.* |
| COMPARATIVE | Das ist ein schön**eres** Bild. | *This is a more beautiful picture.* |
| | | |
| POSITIVE | Das sind teure Schuhe. | *These are expensive shoes.* |
| COMPARATIVE | Das sind teu**rere** Schuhe. | *These are more expensive shoes.* |

The superlative of attributive adjectives occurs most often after the definite article and the possessive adjectives. The appropriate adjective ending is added to the superlative stem.

| | |
|---|---|
| POSITIVE | Ich nehme den großen Koffer. |
| SUPERLATIVE STEM | größt- |
| SUPERLATIVE | Ich nehme den größten Koffer. |

| | |
|---|---|
| POSITIVE | Hier ist mein neues Bild. |
| SUPERLATIVE STEM | neust- |
| SUPERLATIVE | Hier ist mein neustes Bild. |

Look at some more examples with adjectives in the comparative and superlative.

Die Zugspitze ist der **höchste** deutsche Berg.
*The Zugspitze is the highest German mountain.*

Hier sehen Sie das **berühmteste** Bild unseres Museums.
*Here you see the most famous painting of our museum.*

Es gibt viele **berühmtere** Bilder als dieses hier.
*There are many more famous paintings than this one.*

Heute war der **schönste** Tag des Jahres.
*Today was the most beautiful day of the year.*

Haben Sie kein **kälteres** Bier?
*Don't you have colder beer?*

---

When to use **hin** and **her**

The two direction indicators **hin** and **her** – which you know from **wohin** *(where to)* and **woher** *(where from)* – can be added to verbs, adverbs and prepositions to specify the direction of the action from the speaker's point of view:

- **hin** indicates movement away from the speaker
- **her** indicates movement toward the speaker.

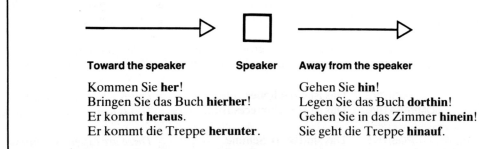

| **Toward the speaker** | **Speaker** | **Away from the speaker** |
|---|---|---|
| Kommen Sie **her**! | | Gehen Sie **hin**! |
| Bringen Sie das Buch **hierher**! | | Legen Sie das Buch **dorthin**! |
| Er kommt **heraus**. | | Gehen Sie in das Zimmer **hinein**! |
| Er kommt die Treppe **herunter**. | | Sie geht die Treppe **hinauf**. |

# MÜNDLICHE ÜBUNGEN

**MÜ 1**   Wessen Sachen sind das?

- Die Schlüssel gehören dem (jungen) Amerikaner.
  *Das sind die Schlüssel des (jungen) Amerikaners.*

Die Schlüssel gehören . . .
Das Auto gehört . . .

| | | |
|---|---|---|
| 1. dem Studenten | 7. einem neuen Kollegen | 13. meiner Mutter |
| 2. der Sekretärin | 8. einer anderen Frau | 14. unseren Eltern |
| 3. den Kindern | 9. einem jungen Mann | 15. seiner Frau |
| 4. der Dame | 10. einem kleinen Jungen | 16. seinen Freunden |
| 5. dem Postboten | 11. einem jungen Mädchen | 17. deiner Freundin |
| 6. dem Kind | 12. einer reichen Familie | 18. ihrer Tochter |

**MÜ 2**   Vollenden Sie die Sätze!

| | |
|---|---|
| 1. Der Freund meiner Schwester . . . | 6. Das Haus meiner Eltern . . . |
| 2. Am Ende des Monats . . . | 7. Der Name des Restaurants . . . |
| 3. Peters Zeitung . . . | 8. Die Tür meines Autos . . . |
| 4. In der Mitte des Zimmers . . . | 9. In der Nähe der Universität . . . |
| 5. Frau Lohnerts Tochter . . . | 10. Der Gast des Hotels . . . |

**MÜ 3**   Erklären Sie diese Wörter mit dem Genitiv!

- Haustür → *Das ist die Tür eines Hauses.*

| | | |
|---|---|---|
| 1. Monatsende | 5. Stadtplan | 9. Landeshauptstadt |
| 2. Wochenende | 6. Elternhaus | 10. Autoreifen |
| 3. Jahresende | 7. Familienname | 11. Schulbesuch |
| 4. Wochentage | 8. Kinderzimmer | 12. Besucherzahl |

**MÜ 4**   Wissen Sie, wo das ist?

- die Theaterstraße
  *Sie ist in der Nähe eines Theaters.*

| | |
|---|---|
| 1. die Schulstraße | 6. das Schloßhotel |
| 2. der Universitätsplatz | 7. die Poststraße |
| 3. die Brückenapotheke | 8. der Rathausplatz |
| 4. das Bahnhofshotel | 9. die Turmstraße |
| 5. die Kirchenstraße | 10. der Museumsplatz |

Schwäbisch Hall
Die Stadt der Freilichtspiele

**MÜ 5**    Vergleichen Sie!

●   Hier gibt es billige Tomaten. → *Dort gibt es billigere Tomaten.*

1. Hier gibt es schöne Äpfel.
2. Hier ist ein bequemer Stuhl.
3. Hier kaufen Sie frisches Obst.
4. Hier gibt es schöne Blumen.
5. Hier hängt ein hübsches Bild.
6. Hier sind alte Lampen.

7. Hier steht kaltes Bier.
8. Hier sind gute Bilder.
9. Hier steht ein kleiner Teller.
10. Hier gibt es süße Trauben.
11. Hier steht ein großer Wagen.
12. Hier ist eine neue Zeitung.

**MÜ 6**    Was ist das?

●   In Deutschland ist die Zugspitze am höchsten.
*Die Zugspitze ist der höchste Berg Deutschlands.*

In Deutschland ist . . .

1. der Frankfurter Flughafen am größten.
2. der Rhein am wichtigsten und am längsten.
3. die Universität Heidelberg am ältesten.
4. der Bodensee am tiefsten.
5. das Münchner Oktoberfest am berühmtesten.
6. der Name Müller am häufigsten.
7. die Stadt Oberstdorf am südlichsten.
8. der Fluß „die Pader" am kürzesten.

**MÜ 7**    Auf deutsch, bitte!

1. We reserved a room in the best hotel.
2. Don't you have any cheaper shoes?
3. Yesterday was the coldest day of the year.
4. What's the name of the highest mountain in Germany?
5. Peter's newspaper is on the table.
6. Whose bottle is this?
7. Who is the father of this little child?
8. The most beautiful churches are in Southern Germany.
9. Is this your friend's new car?
10. January is the first month of the year.
11. She is my brother's wife.
12. Here is a picture of our new house.
13. There is no better restaurant in this town.
14. Heidelberg has the oldest university in Germany.
15. The diamond is the hardest stone.

*Was kann man in diesem Museum sehen?*

# LAND UND LEUTE

## ETWAS FÜR TOURISTEN   Die Deutsche Alpenstraße

Wenn Touristen eine Reise durch Deutschland machen, suchen sie nicht das Bild vom modernen Industrieland, sondern deutsche Romantik und Gemütlichkeit. Kein Wunder, daß die deutschen Ferienstraßen bei Deutschlandbesuchern besonders beliebt sind, denn sie bieten, was Touristen am meisten lieben: romantische Burgen, Schlösser und Natur wie aus dem Bilderbuch.

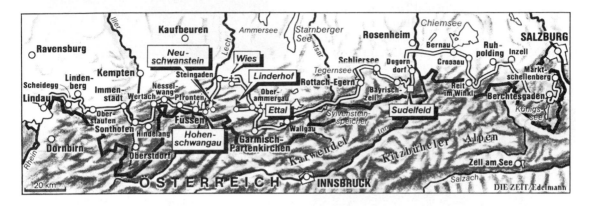

Eine der schönsten Ferienstraßen ist die Deutsche Alpenstraße an der Nordseite der Alpen. Sicher, nur ein ganz kleiner Teil des gesamten[1] Gebirges gehört zu Deutschland, doch die deutschen Alpen sind interessant und eindrucksvoll. Die Schönheit der 465 Kilometer langen Panoramastraße vom Bodensee bis Marktschellenberg, kurz vor der österreichischen Grenze, liegt vor allem im reizvollen[2] Wechsel von Gebirgslandschaften, Seen, Schlössern, Dörfern[3] und Kirchen.

Die Deutsche Alpenstraße beginnt am Ostufer des Bodensees. Nach Lindau steigt[4] die Straße durch weite Obstgärten und dunkle Wälder hinauf zu den grünen Wiesen[5] des Voralpenlandes[6]. Auf dem Weg nach Oberstaufen halten wir bei dem so-genannten „Paradies"-Aussichtspunkt[7]. Von hier sieht man drei Länder: Deutschland, Österreich und die Schweiz.

Wir fahren weiter, vorbei am Ufer des tief-grünen Alpsees und erreichen Immenstadt mit seinem historischen Schloß und Rathaus. An ei-nem klaren Tag sieht man von hier Oberstdorf, Hindelang, Sonthofen und das 2224 Meter hohe Nebelhorn. Übrigens ist Oberstdorf die südlichste Stadt Deutschlands.

[1]ganz  [2]voller Charme  [3]kleine Gemeinden  [4]hoch gehen  [5]Grasland  [6]Land vor den Alpen  [7]Punkt, wo man viel sehen kann

Dann fahren wir auf der Jochstraße, der kurvenreichsten Gebirgsstraße der deutschen Alpen (107 Kurven), zum höchsten deutschen Skidorf Oberjoch hinauf. Am Ende der Jochstraße hat man noch einmal eine reizvolle Aussicht auf Berge und Täler[8] dieser Region. Dann geht es in zahllosen Kurven hinunter zu den hübsch bemalten[9] Häusern des kleinen Dorfes Nesselwang.

Am Ufer des eisgrauen Lechs[10] liegt Füssen. Über der alten Stadt liegt das Hohe Schloß. Diese kleine Stadt mit ihren schönen Häusern, historischen Stadtmauern und Türmen ist nur halb so groß wie Garmisch-Partenkirchen, liegt aber etwas höher. Übrigens ist Füssen die höchste Stadt Deutschlands. Sie liegt 804 Meter hoch.

*Bei Oberjoch im Allgäu*

*Schloß Neuschwanstein*

Wir lassen Füssen hinter uns und fahren auf der Deutschen Alpenstraße weiter. Schon von weitem kann man das weiße Märchenschloß des romantischen Bayernkönigs Ludwig des Zweiten sehen: Neuschwanstein. Ob Kunst oder Kitsch, das Schloß ist einen Besuch wert. Ganz in der Nähe liegt das etwa 50 Jahre ältere Schloß Hohenschwangau. Der besondere Reiz dieser beiden Schlösser ist ihre unbeschreiblich schöne Lage[11].

*Die Wieskirche bei Steingaden*

An keiner anderen deutschen Ferienstraße liegen so viele weltberühmte Sehenswürdigkeiten[12] so nahe zusammen wie zwischen Füssen und Oberammergau. Hier sind auch einige der schönsten Barock-Kirchen Deutschlands. Die berühmteste ist die Wieskirche im Rokoko-Stil.

Von der Wieskirche sind es nur wenige Kilometer bis nach Oberammergau. Seit Jahrhunderten ist die Holzschnitzerei[13] typisch für das Dorf, und man kann hier die teuersten Souvenirs dieser Alpenreise kaufen: Kruzifixe für über zehn tausend Mark. Seit 1634 finden in Oberammergau alle zehn Jahre die berühmten Passionsspiele statt.

Garmisch-Partenkirchen

Nicht weit von Oberammergau ist das Benediktinerkloster Ettal. Das über 600 Jahre alte Kloster besitzt eine weltberühmte Barock-Kirche. Doch noch berühmter als die Kirche ist der süße Likör des Klosters.

Ganz in der Nähe des Klosters liegt ein drittes Königsschloß: Linderhof. Es ist das kleinste und älteste der drei Märchenschlösser Ludwigs des Zweiten.

Wir fahren einige Kilometer weiter und kommen nach Garmisch-Partenkirchen. Die Doppelstadt ist die größte deutsche Alpenstadt und ein Zentrum des Fremdenverkehrs[14]. Doch trotz des Fremdenverkehrs gibt es auch in Garmisch noch stille Straßen, wo man die typisch oberbayrischen Häuser mit ihren bemalten Fassaden und langen Holzbalkonen bewundern kann. Nirgendwo in Deutschland sind Häuser so bunt bemalt wie in Oberbayern.

Von Garmisch hat man zahllose Möglichkeiten zu Tal- und Gebirgswanderungen. Man kann zu den attraktivsten Punkten des Tales wandern, zu idyllischen Bergseen oder gemütlichen Berggasthöfen[15]. Man kann auch auf die Zugspitze fahren. Die fast 3000 Meter hohe Zugspitze ist Deutschlands höchster Berg. An einem klaren Tag kann man von der Zugspitze einen weiteren Teil der Deutschen Alpenstraße sehen. Sie endet in der Nähe von Berchtesgaden.

[8] das tiefe Land zwischen den Bergen  [9] mit bunten Bildern dekoriert  [10] Stelle, wo der Fluß an das Land grenzt  [11] wie es liegt (Nomen von liegen)  [12] Touristenattraktionen  [13] wood carving  [14] Tourismus  [15] Gasthaus, einfaches Restaurant

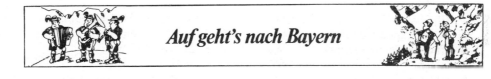

*Auf geht's nach Bayern*

### Fragen und Aufgaben

1. Beschreiben Sie mit einem Superlativ:

   1. Deutsche Alpenstraße
   2. Bodensee
   3. Oberstdorf
   4. Jochstraße
   5. Oberjoch
   6. Füssen
   7. Neuschwanstein
   8. Wieskirche
   9. Oberammergau
   10. Kloster Ettal
   11. Schloß Linderhof
   12. Zugspitze

2. Was wollen Touristen sehen, wenn sie eine Reise durch Deutschland machen?

3. Welche deutschen Städte sind im Ausland berühmt und warum?

# SCHRIFTLICHE ÜBUNGEN

**SÜ 1**   Ergänzen Sie den Genitiv!

1. Unser Zug fährt um drei Uhr ab.
   Wir warten auf die Abfahrt *unseres Zuges* .

2. Sein alter Vater hat ein Geschäft.
   Er arbeitet gern im Geschäft _____ .

3. Der kleine Junge braucht eine Brille.
   Die Augen _____ sind schwach.

4. Wie heißt dieses gemütliche Restaurant?
   Ich habe den Namen _____ vergessen.

5. Der alte Herr hat seinen Geldbeutel verloren.
   Haben Sie den Geldbeutel _____ gefunden?

6. Die guten Studenten fragen immer auf deutsch.
   Die Fragen _____ sind immer auf deutsch.

7. Seine deutschen Freunde haben eine große Wohnung.
   Wissen Sie, ob die Wohnung _____ sehr groß ist?

8. Diese alte Stadt hat viele enge Straßen.
   Ich gehe oft durch die engen Straßen _____ .

9. Unser neues Auto ist blau.
   Die Farbe _____ ist blau.

Im Dienste der Verkehrssicherheit:
Arbeitsgemeinschaft Kavalier der Straße
im Deutschen Verkehrssicherheitsrat

**SÜ 2**   Ergänzen Sie den Komparativ und Superlativ!

1. (the best wine)              Dort haben wir *den besten Wein* getrunken.
2. (more expensive than)        Ein Mercedes ist _____ ein Volkswagen.
3. (the highest mountain)       Wie heißt _____ der Welt?
4. (the oldest)                 Die Universität Heidelberg ist _____ .
5. (the shortest day)           Der 21. Dezember ist _____ des Jahres.
6. (your best shoes)            Sind das _____ ?
7. (more comfortable shoes)     Haben Sie keine _____ ?
8. (her most elegant dress)     Heute trägt sie _____ .
9. (most people)                Die _____ müssen arbeiten.
10. (younger than)              Ist Ihre Schwester _____ Sie?
11. (the freshest)              Auf dem Markt ist das Obst _____ .
12. (no larger suitcase)        Ich habe _____ .
13. (smaller than)              Der Junge ist _____ das Mädchen.
14. (a younger brother)         Er hat _____ .
15. (his younger brother)       _____ heißt Thomas.
16. (the most famous)           Warum ist dieses Kloster _____ ?

**SÜ 3**    Bilden Sie Superlativ-Sätze!

● kurz / der Fluß / Deutschland / sein / die Pader
*Der kürzeste Fluß Deutschlands ist die Pader.*

1. kühl / der Körperteil / der Mensch / sein / die Nase
2. hoch / der Berg / die deutschen Alpen / sein / die Zugspitze
3. bekannt / das Bierfest / die Welt / sein / das Oktoberfest
4. tief / der See / Deutschland / sein / der Bodensee
5. lang / der Fluß / Europa / sein / die Wolga
6. stark / das Bier / die Welt / kommen / Bayern

GRAUBÜNDEN
Die Ferienecke
der Schweiz

---

# *Wortschatz*

### NOMEN

| | |
|---|---|
| **der Buchstabe, -n, -n** | letter (alphabet) |
| **der König, -e** | king |
| **der Punkt, -e** | point |
| **der Reiz, -e** | charm |
| | |
| **das Dorf, ̈er** | village |
| **das Kloster, ̈** | monastery |
| **das Märchen, -** | fairytale |
| **das Rad, ̈er** | wheel |
| **das Ufer, -** | river bank |
| **das Volk, ̈er** | people, nation, folk(s) |
| **die Lage, -n** | position, site, location |
| **die Landschaft, -en** | scenery, landscape |

*Leicht erkennbare Wörter*
**das Ende, -n / die Figur, -en / die Kurve, -n /
der Politiker, - / die Seite, -n /
der Titel, - / der Wechsel, -**

### VERBEN

| | |
|---|---|
| **besitzen, besessen** | to possess |
| **bewundern** | to admire |
| **halten (ä) für** | to take for |
| **steigen, ist gestiegen** | to rise, climb |
| **verbinden, verbunden** | to connect |

### ADJEKTIVE UND ADVERBEN

| | |
|---|---|
| **dicht** | dense, close(ly) |
| **eindrucksvoll** | impressive |
| **gesamt** | entire, whole |
| **nirgends, nirgendwo** | nowhere |
| **still** | quiet, peaceful |

*Leicht erkennbare Wörter*
**halb, klar, reizvoll**

### VERSCHIEDENES

| | |
|---|---|
| **trotz** *(+ gen.)* | in spite of, despite |
| **während** *(+ gen.)* | during |
| **wegen** *(+ gen.)* | because of |
| **wessen?** | whose? |

SAARLAND
EUROPA
VOLLER LEBEN
UND IDEEN

### LUDWIG II: EIN KÖNIG WIE IM MÄRCHEN

In Bayern lebt ein König. Er lebt von 1845 bis 1886. Seine Jugend verbringt er im Schloß Hohenschwangau bei Füssen. Mit 18 Jahren wird er König von Bayern, aber die Tagespolitik interessiert ihn nicht. Sein Lebensstil ist extravagant. Er will keine Menschen sehen. Nachts reitet er oft acht bis zehn Stunden ganz allein. Er ist romantisch. Er liebt die Natur. Er idealisiert die Vergangenheit[1]. Er ist melancholisch. Viele Stunden am Tag verbringt er allein, träumt von Wagner-Opern und macht Pläne für prunkvolle[2] Schlösser. Dort will er die Opern von Richard Wagner sehen. Dieser König ist Ludwig der Zweite.

Im September 1869 beginnt Ludwig mit den Bauarbeiten von Schloß Neuschwanstein. Manchmal wohnt er im Schloß Hohenschwangau. Von hier kann er die Arbeiten am Schloß sehen. Die Bauarbeiten dauern 17 Jahre, aber Ludwig verbringt nur 102 Tage im Schloß Neuschwanstein. Oft sitzt er allein oben im Turm. Von hier kann er bis nach Österreich sehen. Die Landschaft um das Schloß ist märchenhaft schön.

1869 beginnen auch die Bauarbeiten am Schloß Linderhof. Auch um Linderhof ist die Landschaft traumhaft schön. Das Schloß liegt im Wald bei Oberammergau. Es wird Ludwigs Lieblingsschloß[3]. Nachts fährt er in seinem goldenen Prunkwagen stundenlang durch die Landschaft und träumt von immer neuen Wagen, Kutschen und Schlitten[4].

1873 kauft Ludwig eine Insel[5] im Chiemsee. Er kauft sie für die bayrische Regierung[6]. Aber er will auch hier ein Schloß bauen, so schön und so groß wie Versailles. Er baut sein drittes Schloß: das Schloß Herrenchiemsee. Und jedes Jahr bleibt Ludwig länger auf den Schlössern und verbringt weniger Zeit in München, der Hauptstadt von Bayern.

Für seine Schlösser braucht Ludwig viel Geld. Seine finanzielle Lage wird immer schlechter. Doch Geld interessiert den König nicht. Er hat Pläne für neue Schlösser. Außerdem sind Neuschwanstein und Herrenchiemsee nicht vollendet. 1885 fordert[7] er 20 Millionen von der Regierungkasse in München, aber man will ihm das Geld nicht geben, denn er hat schon fast 14 Millionen Schulden[8]. Nun will Ludwig Emissäre nach England, Schweden, Neapel, sogar zum Sultan nach Konstantinopel senden, um dort Geld zu leihen[9].

Da entscheiden die Minister in München: Der König ist verrückt, genauso wie sein Bruder Otto. Er kann nicht mehr regieren. Sie fordern seinen Rücktritt[10]. Aber der König will den Thron nicht räumen[11]. Nachts bringt man ihn in das Schloß Berg am Starnberger See. Hier soll er bleiben. Er darf das Schloß nicht verlassen. Eine Nacht später, am 1. August 1886, ist der König tot. Man findet ihn im Starnberger See. Er ist ertrunken[12], zusammen mit seinem Arzt. Wie konnte das passieren[13]? Niemand weiß es. Der König konnte gut schwimmen. Vielleicht wollte er fliehen.

Die Menschen in Bayern haben ihn sehr geliebt, denn er war schön und extravagant wie ein Märchenkönig. Seine Schlösser sind geblieben. Aber nur ein Schloß, das Schoß Linderhof, konnte Ludwig vollenden.

[1]past  [2]spendid  [3]favorite castle  [4]coaches and sleighs  [5]island  [6]government  [7]demands  [8]debts  [9]borrow  [10]resignation  [11]vacate  [12]drowned  [13]happen

# Die Deutschen

***Themen und Sprechziele***
Morgens nach dem Aufstehen
Eine Erkältung

***Kultur und Information***
Karneval

***Grammatik und Übungen***
Reflexive Pronouns and Verbs
    Accusative • Dative • With Parts of the
    Body • With Prepositions • Word Order
    Present Tense • Present Perfect Tense
Prepositions 5: **Wo-** and **Da**-Compounds

# SPRECHZIELE

## MORGENS NACH DEM AUFSTEHEN

*Reflexive Pronomen und Verben / Akkusativ*

### Situation 1  Tägliche Routine

Werner steht auf.
Er streckt sich.
Er geht ins Bad.

Er duscht sich.
Er wäscht sich mit
Wasser und Seife.

Er trocknet sich mit
einem Handtuch ab.

Er kämmt sich mit einem
Kamm – vor dem Spiegel.
Er sieht sich an.

Er rasiert sich nicht naß,
sondern elektrisch – mit
einem Rasierapparat.

Er zieht sich an.
Abends zieht er sich aus.
Zum Tennis zieht er sich um.

Er setzt sich an den Tisch,
frühstückt und liest die Zeitung.
Er interessiert sich für Sport.

Er macht sich fertig.
Er zieht einen Mantel an.
Er will sich nicht erkälten.

Es ist spät geworden.
Er muß sich beeilen.
Er will sich nicht verspäten.

**Und Sie? Was tun Sie am Morgen?** Strecken Sie sich? Duschen Sie sich? Kämmen Sie sich? Ziehen Sie
sich an? Was tun Sie sonst noch?

**Situation 2**   Interview: Fragen Sie Ihre Mitstudenten!

1. Wo waschen Sie sich?                    Ich wasche **mich** im Badezimmer.
2. Womit waschen Sie sich?                 Ich wasche **mich** mit Wasser und Seife.
3. Wann duschen Sie sich?                  ——
4. Wie rasieren Sie sich?                  ——
5. Womit rasieren Sie sich?                ——
6. Womit kämmen Sie sich?                  ——
7. Womit trocknen Sie sich ab?             ——
8. Worauf setzen Sie sich?                 ——
9. Wann ziehen Sie sich an?                ——
10. Wann ziehen Sie sich aus?              ——
11. Wann verspäten Sie sich?               ——
12. Wann erkälten Sie sich?                ——

*Service im Wannenbad.*
*Holzschnitt von Urs Graf, 1508*

**Situation 3**   Fragen und Antworten                          *Dativ/Akkusativ*

Womit waschen Sie sich?                    Ich wasche **mich** mit Wasser und Seife.
Womit waschen Sie sich die Haare?          Ich wasche **mir** die Haare mit Shampoo.
Womit kämmen Sie sich?                     Ich kämme **mich** mit einem Kamm.
Womit kämmen Sie sich die Haare?           Ich kämme **mir** die Haare mit einem Kamm.
Womit putzen Sie sich die Zähne?           Ich putze **mir** die Zähne mit einer Zahnbürste.
Womit rasieren Sie sich?                   ——
Womit trocknen Sie sich ab?                ——
Womit trocknen Sie sich die Hände ab?      ——
Wo kaufen Sie sich Shampoo?                ——
Wo holen Sie sich Zahnpasta?               ——

**Situation 4**   Eine Erkältung                                *Perfekt*

Erinnern Sie sich an Ihre letzte Erkältung?
Was war, als[1] Sie eine Erkältung hatten? Erzählen Sie!

Ich habe mich nicht wohl gefühlt.
Ich habe mich müde und schlapp gefühlt.
Ich habe mich nicht mit meinen Freunden getroffen.
Ich habe mich für nichts interessiert.
Ich hatte Kopfschmerzen und konnte nicht lesen.
Ich habe mich gelangweilt.
In der Apotheke habe ich mir Grippetabletten geholt.
Ich habe mich mit der Apothekerin unterhalten.
Ich habe mir auch Hustensaft und Vitamintabletten gekauft.
Ich habe mir viel zu trinken geholt.
Dann habe ich mich ins Bett gelegt.
Ich habe viel getrunken.
Am nächsten Tag habe ich mich besser gefühlt.

**Erinnern Sie sich?**
**Erklären Sie diese Adjektive!**

| grasgrün | *grün wie das Gras* |
| flaschengrün | *grün wie eine Flasche* |
| bildschön | ———— |
| pfenniggroß | ———— |
| fingerdick | ———— |
| sonnenklar | ———— |
| schneeweiß | ———— |
| eisgrau | ———— |
| silbergrau | ———— |
| meergrün | ———— |
| windschnell | ———— |

[1] when

# GRAMMATIK

## 1 Reflexive Pronouns and Verbs

In most sentences the subject and the object are two different persons or things.

| Subject | | Object |
|---------|--|--------|
| Andreas | wäscht | das Auto. |
| Andreas | wäscht | es. |
| Er | wäscht | es. |

When the subject and the object in a sentence are one and the same person or thing, the verb and its object pronoun are called reflexive.

**Nonreflexive (direct object)**

Er wäscht **das Auto**.
*He is washing the car.*

**Reflexive (direct object)**

Er wäscht **sich**.
*He is washing himself.*

Many German verbs can be used in reflexive as well as nonreflexive constructions.

| | | |
|--|--|--|
| Ich sehe das Fenster. | Ich sehe **mich** im Fenster. | *I see myself . . .* |
| Du kennst die Leute. | Du kennst **dich**. | *You know yourself.* |
| Sie hat das Brot geschnitten. | Sie hat **sich** geschnitten. | *She cut herself.* |

## A Reflexive Pronouns

English uses reflexive pronouns that end in *-self* or *-selves* (*myself, himself, ourselves, etc.*) to indicate that the action is happening to the subject, that is, that the verb is reflexive. German uses the appropriate accusative and dative personal pronouns except for **er/es/sie** *(she)*, **sie** *(they)* and **Sie** *(you)* where **sich** is used in both, the accusative and the dative.

| | Accusative | Dative | |
|--|-----------|--------|--|
| ich | mich | mir | *myself* |
| du | dich | dir | *yourself* |
| er/es/sie | sich | sich | *him-/her-/itself* |
| wir | uns | uns | *ourselves* |
| ihr | euch | euch | *yourselves* |
| sie | sich | sich | *themselves* |
| Sie | sich | sich | *yourself/yourselves* |

Note that **sich** is *not* capitalized unless it is at the beginning of a sentence.

**B** Verbs with Reflexive Accusative Objects

Any verb that can take a direct object can be used in a reflexive construction. Whereas in English the reflexive pronoun is often omitted, in German it must be expressed to complete the reflexive meaning of the sentence.

| | |
|---|---|
| Er rasiert sich. | *He is shaving.* |
| Sie kämmt sich. | *She is combing (her hair).* |
| Setzen Sie sich bitte! | *Sit down, please.* |
| Zieh dich an! | *Get dressed.* |
| Hat er sich hingelegt? | *Did he lie down?* |

Some German verbs are always reflexive and can only be used together with the reflexive pronoun. Such purely reflexive verbs usually have no literal English equivalent and must be rendered into English without the reflexive pronouns. Some common purely reflexive verbs are:

| | |
|---|---|
| **sich beeilen** | Er muß sich jeden Morgen beeilen. |
| *to hurry* | *He has to hurry every morning.* |
| **sich erkälten** | Ich habe mich erkältet. |
| *to catch a cold* | *I caught a cold.* |
| **sich freuen** | Sie hat sich sehr gefreut. |
| *to be glad* | *She was very glad.* |
| **sich verspäten** | Sie verspätet sich immer. |
| *to be late* | *She is always late.* |

**C** Verbs with Reflexive Dative Objects

When the sentence already contains an accusative object, the reflexive pronoun will be in the dative case. Look at the following examples:

| Nonreflexive (indirect object) | Reflexive (indirect object) |
|---|---|
| Sie kauft **ihm** ein Buch. | Sie kauft **sich** ein Buch. |
| *She is buying him a book.* | *She is buying herself a book.* |

In the first sentence **ein Buch** is a normal accusative (direct) object and **ihm** is a normal dative (indirect) object pronoun. In the second sentence, however, **ihm** is replaced by **sich** because subject and indirect object are the same person. Thus, the meaning calls for a reflexive pronoun in the dative.

1. Purely Dative Reflexive Verbs

Although most reflexive verbs are used in the accusative, there are some which regularly have a dative reflexive pronoun. These purely reflexive verbs with the dative are indicated in the vocabularies. Note that **etwas** shows the position of the direct object. Here are some examples:

| | |
|---|---|
| **sich (etwas) an · sehen** *(dat.)* | Ich habe mir das Schloß angesehen. |
| *to look at something* | *I took a look at the castle.* |

| sich (etwas) wünschen *(dat.)*<br>*to wish, desire, hope for* | Ich wünsche mir gutes Wetter.<br>*I'm hoping for good weather.* |
| sich (etwas) leisten *(dat.)*<br>*to afford* | Ich kann mir das nicht leisten.<br>*I cannot afford this.* |
| sich weh tun *(dat.)*<br>*to hurt oneself* | Ich habe mir weh getan.<br>*I hurt myself.* |

### 2. Usage of Dative Reflexive Pronouns

The dative reflexive pronoun is used to clarify that the action is done for the subject of the verb (and not for someone else). Such constructions are sometimes used in substandard English.

| Er kauft **sich** eine neue Uhr. | *He is buying himself a new watch.* |
| Ich bestelle **mir** einen neuen Reifen. | *I'm going to order (me) a new tire.* |
| Ich hole **mir** einen anderen Stuhl. | *I'm going to get (me) another chair.* |

In this kind of construction, the reflexive pronoun does not change the basic meaning of the sentence and could be omitted, but most German speakers use it to emphasize for whom the action is performed.

### 3. Dative Reflexive Pronouns with Parts of the Body

Unlike English, German does not use possessives when referring to actions that involve parts of the body. Instead, German uses the dative reflexive pronouns and the definite article in front of the noun.

| Ich wasche mir die Hände. | *I am washing my hands.* |
| Er kämmt sich die Haare. | *He is combing his hair.* |
| Sie hat sich die Zähne geputzt. | *She brushed her teeth.* |
| Ich trockne mir das Gesicht ab. | *I'm drying off my face.* |

## D   Reflexive Verbs with Prepositions

Many reflexive verbs occur together with a preposition. Some reflexive verbs can be used with or without prepositions depending on the context. Others can be used in conjunction with certain prepositions. These purely reflexive verbs are indicated in the vocabularies. Here are some examples:

| sich freuen auf *(+ acc.)* | *to look forward to* |
| sich freuen über *(+ acc.)* | *to be pleased with, be happy about* |
| sich interessieren für *(+ acc.)* | *to be interested in* |
| sich unterhalten über *(+ acc.)* | *to talk, converse about* |
| sich fürchten vor *(+ dat.)* | *to be afraid of* |

## E Word Order

The position of the reflexive pronoun in a sentence is the same as that of any other object pronoun.

| | |
|---|---|
| Er hat **sich** gewaschen und rasiert. | *He washed and shaved.* |
| Wir müssen **uns** beeilen. | *We have to hurry.* |
| Haben Sie **sich** erkältet? | *Did you catch a cold?* |
| Ich freue **mich.** | *I am glad.* |

## F Present Perfect of Reflexive Verbs

All verbs used reflexively form the present perfect with the auxiliary **haben**.

| | |
|---|---|
| Er **hat** sich rasiert. | *He shaved.* |
| Wir **haben** uns beeilt. | *We hurried.* |
| Sie **hat** sich verspätet. | *She was late. / She is late.* |
| | (depending on context) |

## 2 Wo- and Da-Compounds

### A Wo-Compounds

As you know, German uses **wer**, **wen**, **wem** as question words to ask about people. If a preposition is used, it precedes the question word.

| | |
|---|---|
| **Für wen** ist der Brief? | → Für meinen Vater. |
| **An wen** denkst du gerade? | → An meine Mutter. |
| **Mit wem** ist sie hier? | → Mit ihrem Mann. |

The question word **was** is used to ask about things and ideas. If a preposition is involved, German uses a compound consisting of **wo-** and the preposition. If the preposition begins with a vowel, an **-r-** is inserted between **wo** and the preposition.

Notice that in contrast to English, a preposition cannot stand alone at the end of a German sentence.

| | |
|---|---|
| **Womit** hat er geschrieben? | *What was he writing with?* |
| **Woran** denkst du gerade? | *What are you thinking of?* |
| **Wovor** hat er Angst? | *What is he afraid of?* |

Here are some of the most common wo-compounds:

| | | | |
|---|---|---|---|
| **wobei?** | **womit?** | **wovon?** | **woraus?** |
| **wodurch?** | **wonach?** | **wozu?** | **worüber?** |
| **wofür?** | **wovor?** | **worauf?** | **woran?** |

## B  Da-Compounds

The object of a preposition may be a person, a thing or an idea.

| | |
|---|---|
| Er wartet auf **seine Frau**. | *He is waiting for his wife.* |
| Er wartet auf **seinen Bus**. | *He is waiting for his bus.* |

In the sentence **Er wartet auf seine Frau**, the object of the preposition **auf** is a person and may be replaced by a personal pronoun.

| | |
|---|---|
| Er wartet auf **seine Frau**. | *He is waiting for his wife.* |
| Er wartet auf **sie**. | *He is waiting for her.* |

In the sentence **Er wartet auf seinen Bus**, the object of the preposition **auf** is a thing and *may not* be replaced by a personal pronoun. In contrast to English, German substitutes by personal pronouns only those nouns which refer to persons. If the object of a preposition is a thing, German uses a **da**-compound.

| | |
|---|---|
| Er wartet **auf seinen Bus**. | *He is waiting for his bus.* |
| Er wartet **darauf**. | *He is waiting for it.* |

Look at some more examples:

| | |
|---|---|
| Hat er **mit diesem Bleistift** geschrieben? | *Did he write with this pencil?* |
| Ja, er hat **damit** geschrieben. | *Yes, he wrote with it.* |
| Denkst du **an deinen Urlaub**? | *Are you thinking of your vacation?* |
| Ja, ich denke **daran**. | *Yes, I'm thinking of it.* |

As you can see, **da**-compounds are short forms for prepositional phrases consisting of **da** and a preposition. If the preposition begins with a vowel, **dar-** is used instead of **da-**.

*Werbung im Sport: Sind Sie dafür oder dagegen?*

# MÜNDLICHE ÜBUNGEN

**MÜ 1**  Antworten Sie!

- Ich wasche mich. Und das Kind? → *Es wäscht sich.*

1. Ich ziehe mich an.
   Und der Herr?/die Studenten?/wir?/Sie?
2. Wir müssen uns beeilen.
   Und der Junge?/das Mädchen?/die Dame?/Sie?
3. Ich freue mich auf das Wochenende.
   Und der Mechaniker?/die Studentin?/die Kinder?/Sie?
4. Ich will mich nicht verspäten.
   Und die Verkäuferin?/mein Bruder?/wir?/Sie?
5. Er kämmt sich die Haare.
   Und die Leute?/die Friseurin?/die Männer?/Sie?
6. Ich putze mir die Zähne.
   Und der Vater?/die Mutter?/ich?/Sie?/ihr?
7. Wir interessieren uns für Sport.
   Und Herr Wenz?/Jutta und Peter?/wir?

**MÜ 2**  Antworten Sie mit **ja** oder **nein!**

- Ziehen Sie sich im Winter warm an?
  *Ja, ich ziehe mich im Winter warm an. (Ja, wir ziehen uns im Winter warm an.)*

1. Erkälten Sie sich oft?
2. Waschen Sie sich morgens?
3. Setzen Sie sich auf den Tisch?
4. Kämmen Sie sich vor dem Spiegel?
5. Verspäten Sie sich manchmal?
6. Ziehen Sie sich abends an?
7. Waschen Sie sich die Haare mit Seife?
8. Freuen Sie sich auf Ihre Ferien?
9. Putzen Sie sich die Zähne mit Shampoo?
10. Trocknen Sie sich mit einem Handtuch ab?
11. Kaufen Sie sich ein neues Auto?
12. Langweilen Sie sich oft?

**MÜ 3**  Imperativ, bitte! *(Sie, du, ihr)*

- sich setzen → *Setzen Sie sich, bitte!/Setz dich, bitte!/Setzt euch, bitte!*

Sagen Sie, die Person soll oder die Personen sollen . . . !

1. sich beeilen
2. sich mit dem Handtuch abtrocknen
3. sich nicht kämmen
4. sich später umziehen
5. sich nicht erkälten
6. sich nicht verspäten
7. sich wärmer anziehen
8. sich im Badezimmer waschen
9. sich die Haare kämmen
10. sich gut unterhalten
11. sich die Hände waschen
12. sich schnell umziehen
13. sich etwas zu trinken holen
14. sich ins Bett legen
15. sich Grippetabletten kaufen
16. sich noch ein Eis bestellen

**MÜ 4**   Antworten Sie mit Modalverben!

● Wohin kann man sich setzen?
*Man kann sich auf einen Stuhl (ein Bett, eine Couch usw.) setzen.*

1. Wann muß man sich beeilen?
2. Wann muß man sich umziehen?
3. Womit kann man sich abtrocknen?
4. Womit kann man sich kämmen?
5. Wer muß sich jeden Tag rasieren?
6. Wann kann man sich leicht erkälten?
7. Womit kann man sich waschen?
8. Wo kann man sich duschen?
9. Womit kann man sich die Haare waschen?
10. Womit kann man sich die Haare kämmen?
11. Wo kann man sich Grippetabletten holen?
12. Wohin kann man sich setzen?
13. Wohin kann man sich legen?
14. Was kann man sich im Restaurant bestellen?

*Wofür interessieren Sie sich?*

**MÜ 5**   Die Fragen sind im Präsens.
Antworten Sie im Perfekt mit **schon!**

● Kämmt er sich gerade? → *Nein, er hat sich schon gekämmt.*

1. Setzt sie sich gerade?
2. Rasiert er sich gerade?
3. Ziehen sie sich gerade um?
4. Wäscht er sich gerade?
5. Trocknen die Kinder sich gerade ab?
6. Duscht er sich gerade?
7. Zieht sie sich gerade an?
8. Zieht er sich gerade aus?

**MÜ 6**   Auf deutsch, bitte!

1. I want to sit down.
2. Sit down, please.
3. He caught a cold.
4. He feels much better today.
5. A man has to shave every day.
6. Dress warmly. It's cold.
7. The children got undressed.
8. Did you dry yourself with this towel?
9. Don't be late.
10. She always has to rush.
11. Why didn't you change (clothes)?
12. He is showering.
13. Don't catch a cold.
14. Why were you late?
15. She is combing her hair.
16. I have to brush my teeth.
17. He dried his hands with this towel.
18. Do you want to wash your hands?
19. I have to buy myself a new watch.
20. Why don't you order something for yourself?
21. We had to get ready.

## DIE DEUTSCHEN

Die Deutschen. Wie sehen sie aus? Wie leben sie? Stimmt es, daß sie so fleißig sind, die Ordnung lieben und viel Disziplin haben, daß sie Lederhosen tragen und viel Bier trinken? Eine Gruppe Jugendlicher hat für die Jugendzeitschrift **scala** eine Liste der häufigsten Deutschland-Klischees gemacht:

Fleiß . . . Ehrgeiz[1] . . . Zuverlässigkeit[2] . . . Gehorsam[3] . . . Gemütlichkeit . . . Bier . . . Tradition . . . Geschichte[4] . . . München . . . Bayern . . . Alpen . . . Schnee . . .

Dann haben die Jugendlichen aufgeschrieben, woran sie selbst denken, wenn sie an ihr Land denken:

Lebensqualität . . . soziale Sicherheit . . . Demokratie    Freundschaft zu anderen Ländern . . . Boris Becker . . . Ausländerfeindlichkeit[5] . . . Umweltverschmutzung[6]

Und so sehen die Umfrage-Resultate der Meinungsforscher[7] aus: Die Deutschen lieben die Freiheit. Sie glauben nicht mehr so sehr an den technischen Fortschritt[8] wie noch vor einigen Jahren. Sie haben Angst, daß der Computer ihnen den Arbeitsplatz und ihre Intelligenz wegnimmt. Sie geben gern Geld aus, besonders für den Urlaub und das Auto. Sie stehen von Montag bis Freitag um Viertel vor sieben auf und am Wochenende kurz nach acht. Zu Hause möchten sie vor allem ihre Ruhe haben, sonst ärgern sie sich. Am liebsten wollen sie in einem Land leben, wo es keine Armen und keine Reichen gibt. Aber sie finden auch, daß die Freiheit wichtiger ist als die Gleichheit. Meinungsfreiheit[9] ist jedoch am wichtigsten und die, so sagen die meisten, gibt es in Deutschland.

Sicher leben und denken nicht alle Deutschen so, aber die Umfrage-Resultate zeigen einige typische Ansichten und Lebensgewohnheiten[10] der Deutschen.

### Sie interessieren sich für Politik

Die meisten Deutschen interessieren sich für Politik. Sie sind für die demokratische Staatsform, auch während einer schweren politischen Krise. Die Deutschen unterhalten sich gern über Politik, aber nicht alle zeigen ihre Meinung so offen, wie zum Beispiel bei einer Demonstration. Sie wünschen sich Frieden und Abrüstung[11]. Außerdem wünschen sie sich Gesundheit, ein langes Leben und einen sicheren Arbeitsplatz. Sie fürchten sich am meisten vor einem Krieg und vor einer Umweltkatastrophe. Viele haben Angst vor Arbeitslosigkeit.

Besonders die Jugendlichen interessieren sich für den Umweltschutz[12] und engagieren sich dafür. Eine große Angst der Jugendlichen ist, „daß die Natur sich an uns rächt." Immer wieder gehen sie zu Tausenden auf die Straße und demonstrieren gewaltfrei[13] gegen die Zerstörung[14] der Umwelt und die atomaren Waffen. Viele junge Menschen sehen in der Reduzierung der Arbeitslosigkeit die wichtigste politische Aufgabe der Zukunft.

### Sie wünschen sich ihre eigenen vier Wände

Viele Deutsche träumen von einem eigenen Haus, wenn möglich mit Garten und netten Nachbarn. Aber dieser Traum ist teuer. Für eine Drei-Zimmer Eigentumswohnung[15] muß ein Arbeiter in Deutschland rund zehn Jahre lang seinen gesamten Arbeitslohn[16] hergeben, um die Wohnung abzubezahlen. Ein normales Einfamilienhaus kostet sogar den Gegenwert[17] von fünfzehn Jahren Arbeit. Deshalb machen es viele Familien so, daß beide Partner arbeiten und sie mit einem Gehalt[18] die Wohnung oder das Haus abbezahlen. Für viele Familien mit Kindern ist das jedoch sehr schwierig. Deshalb wohnen nur etwa die Hälfte aller deutschen Familien in einem Einfamilienhaus. Das heißt jedoch nicht, daß die anderen sich unglücklich fühlen.

### Sie freuen sich über ihren hohen Lebensstandard

Die Deutschen interessieren sich wieder mehr für ihren Beruf. Noch vor wenigen Jahren war das anders. Jetzt sind Beruf und Arbeitszeit mindestens so wichtig wie die Freizeit. Nur wenige wünschen sich mehr Freizeit, Urlaub und Reisen, denn die meisten arbeiten weniger als 40 Stunden in der Woche und haben mindestens sechs Wochen Urlaub im Jahr, bekommen Urlaubsgeld und ein 13. Monatsgehalt am Jahresende. Die Deutschen freuen sich über ihren hohen Lebensstandard.

Für die meisten jungen Deutschen ist Arbeit und Beruf am wichtigsten. Viele arbeiten nicht nur, um Geld zu verdienen, sondern möchten sich mit ihrer Arbeit und mit ihrem Beruf identifizieren. Doch das Problem ist der Start in die Arbeitswelt. Für viele Jugendliche ist es schwierig, eine Arbeit zu finden. Deshalb ist bei vielen jungen Menschen die Sorge[19] um den Beruf größer als die Angst vor der Zerstörung der Umwelt.

### Sport und Freizeit: In ihren Vereinen fühlen sie sich wohl

Im Sport sind Tennis, Wandern, Schwimmen, Gymnastik und Jogging am beliebtesten. Und die Deutschen werden immer sportlicher. Sie langweilen sich nicht. Noch nie haben in Deutschland so viele Menschen Tennis oder Golf gespielt, sind so viele mit dem Fahrrad gefahren, haben gejoggt oder sind geschwommen. Der Volkssport der Deutschen ist jedoch das Reisen.

Die jungen Deutschen verbringen ihre Freizeit am liebsten mit Sport, ob im Verein[20] oder einfach nur zum Spaß. Aus der Sportwelt kommen auch die beliebtesten Jugendidole: Sportstars wie Steffi Graf und Boris Becker.

Fast die Hälfte der Bevölkerung ist Mitglied[21] in einem Verein. Viele sind zur gleichen Zeit in mehreren Vereinen. Am beliebtesten sind immer noch die Fußballclubs und die Turnvereine[22], doch die Vereine und Clubs der anderen Sportarten wie Volleyball, Karate und der Tanzsport, vor allem aber Tennis, werden immer größer und wichtiger. In ihren Vereinen fühlen sich die Deutschen wohl, denn Vereine bieten die Möglichkeit, andere Menschen kennenzulernen und mit ihnen die Freizeit zu verbringen.

[1]ambition  [2]reliability  [3]obedience  [4]history  [5]hostility toward foreigners  [6]pollution  [7]pollsters  [8]progress  [9]freedom of speech  [10]views and living habits  [11]disarmament  [12]ecological protection  [13]without force, peaceful  [14]destruction  [15]condominium  [16]pay  [17]equivalent  [18]salary  [19]concern, worry  [20]club, organization  [21]member  [22]gymnastic clubs

## Situation 5  Fragen und Antworten

**wo(r) + Präposition / da(r) + Präposition**

1. **Womit** verbringen die Deutschen ihre Freizeit?
   Mit Sport?

   Ja, sie verbringen ihre Freizeit **damit**.

2. **Wofür** interessieren sie sich?
   Für Politik?

   Ja, sie interessieren sich **dafür**.

3. **Worüber** unterhalten sie sich?
   Über Politik und Wetter?

   Ja, sie unterhalten sich oft **darüber**.

4. **Woran** glauben sie?
   An den Fortschritt?

   Nein, sie glauben nicht mehr so sehr **daran**.

5. **Wovon** träumen viele Deutsche?
   Von einem eigenen Haus?

   Ja, sie träumen **davon**.

6. Woran denken die jungen Deutschen, wenn sie an Deutschland denken?
7. Wofür geben die Deutschen gern Geld aus?
8. Wovor fürchten sie sich?
9. Worüber ärgern sie sich?
10. Was ist für sie am wichtigsten?
11. Wofür interessieren sie sich?
12. Wofür engagieren sich die Jugendlichen?
13. Wofür und wogegen demonstrieren sie?
14. Woher kommen die beliebtesten Jugendidole?
15. Worin sehen die Jugendlichen eine Aufgabe der Zukunft?
16. Worüber freuen sich die Deutschen?
17. Was wünschen sie sich?
18. Wie verbringen sie ihre Freizeit?

**Diskussion**

1. Finden Sie, daß die Meinungsforscher ein positives oder ein negatives Bild der Deutschen zeigen?
   Was finden Sie positiv, was negativ?

2. Wie sehen Sie die Deutschen?
   Welche Lebensgewohnheiten finden Sie typisch deutsch?

3. Woran denken Sie, wenn Sie an Deutschland denken?
   Woran denken Sie, wenn Sie an Ihr Land denken?

## Interview mit deutschen Jugendlichen

Die Jugendzeitschrift **scala** hat fünf deutsche Jugendliche gefragt: „Gibt es den typischen deutschen Jugendlichen? Wenn ja – wie sieht er aus?" Die Zeitschrift hat jeden gefragt: „Wie fühlst du dich: als Rheinländer, als Deutscher oder als Europäer?" Hier sind einige unterschiedliche Antworten.

BERT, DER RHEINLÄNDER:

Ich wohne in Köln. Hier gehe ich zur Schule. Wir Rheinländer sind ein lustiges[1] Volk. Bei uns am Rhein ist es nicht schwer, nette Leute kennenzulernen. Karneval ist in vielen Städten am Rhein das schönste Fest. Wir vergessen den Alltag[2] und feiern die „tollen Tage"[3]. Unser normales Leben sieht ganz anders aus. Die Umweltprobleme werden immer größer. Abends steht man im Verkehrsstau[4]. „Zeit ist Geld" – dieses Sprichwort paßt auch in Köln. Die Luft[5] wird immer schlechter. Am Dom kann man es schon sehen. Der ist ganz schwarz. Manchmal brechen sogar Steine ab. Trotzdem fühle ich mich hier zu Hause.

MARK, DER DEUTSCHE:

Ich bin ein typischer junger Deutscher. Ich stehe am Anfang meiner Karriere. Der Weg nach oben ist schmal und mein Ziel[6] ist soziale Sicherheit. Es darf auch ein bißchen Luxus sein. Heute weiß ich noch nicht, ob ich den Weg schaffe. Viele meiner Freunde träumen von einem eigenen Haus, genug Geld auf der Bank und viel Freizeit.

PETRA, DIE EUROPÄERIN:

Ich freue mich, daß in Europa die Grenzen so gut wie offen sind. Ich denke heute schon, ich bin Europäerin. Ich will eine Zeitlang im Ausland studieren: Sprachen lernen, viel reisen. Das ist eine gute Basis für später, meine ich. Ich interessiere mich auch für die moderne Technik. Den Computern gehört die Zukunft. Ich finde wichtig, daß sich nicht nur Männer für technische Berufe interessieren.

TIM, DER ENGAGIERTE:

Ich arbeite seit einigen Jahren bei einer Schülerzeitschrift mit. Für mich ist mein Hobby am wichtigsten. Das ist typisch für mich. Ich arbeite auch in einem Verein mit, um anderen Schüler-Redakteuren[7] zu helfen. Man kann dort Presseausweise und Hilfsmittel für die Zeitungsproduktion bekommen. Später möchte ich das Hobby zu meinem Beruf machen.

[1]funny  [2]everyday life  [3]crazy days  [4]traffic jam  [5]air  [6]goal  [7]editors

# SCHRIFTLICHE ÜBUNGEN

**SÜ 1**   Ergänzen Sie das Reflexivpronomen! *(Dativ oder Akkusativ?)*

1. Ich putze *mir* die Zähne.
2. Sie zieht ＿＿ altmodisch an.
3. Wofür interessieren Sie ＿＿?
4. Trockne ＿＿ die Hände ab!
5. Das Mädchen kämmt ＿＿.
6. Hast du ＿＿ geärgert?
7. Kämm ＿＿ die Haare!
8. Wir haben ＿＿ gut unterhalten.
9. Er fühlt ＿＿ heute viel besser.
10. Was wünschst du ＿＿ zum Geburtstag?
11. Sieh ＿＿ nicht um!
12. Freut ihr ＿＿ über das Geschenk?
13. Ich möchte ＿＿ das Schloß ansehen.
14. Er setzt ＿＿.
15. Ich wollte ＿＿ nur dort umsehen.
16. Wasch ＿＿ die Hände!
17. Ihr dürft ＿＿ etwas wünschen.
18. Ich habe ＿＿ eine neue Jacke gekauft.

**SÜ 2**   Vollenden Sie die Sätze mit reflexiven Verben!

1. Wenn ich eine Erkältung habe, *fühle ich mich müde und schlapp.*
2. Wenn du keinen Mantel anziehst, . . .
3. Der Junge hat schmutzige Hände und nun . . .
4. Die Touristen haben nach dem Schloß gefragt, denn . . .
5. Mit Zahnpasta . . .
6. Zum Geburtstag . . .
7. Wenn ich morgens zu spät aufstehe, . . .
8. Er hat sich einen Stuhl geholt, denn . . .
9. Mit einem Handtuch . . .
10. Wenn es kalt ist, . . .
11. Ein Mann muß . . .
12. Weil ich kein Shampoo hatte, . . .
13. Bald gibt es Ferien. Wir . . .
14. Der Film war nicht interessant. Du . . .

**Ich wasche mich nie!**
mehr mit anderer Seife als mit der unübertrefflichen, milden **Savonette**, Seife in großen Tuben.

# Wortschatz

## NOMEN

| | |
|---|---|
| der Alltag | everyday life |
| der Frieden | peace |
| der Dom, -e | cathedral |
| der Kamm, ¨e | comb |
| der Krieg, -e | war |
| der Rasierapparat, -e | razor |
| das Handtuch, ¨er | towel |
| die Arbeitslosigkeit | unemployment |
| die Bevölkerung | population |
| die Bürste, -n | brush |
| die Luft | air |
| die Seife, -n | soap |
| die Umwelt | environment |
| die Umweltverschmutzung | pollution |
| die Zukunft | future |

*Leicht erkennbare Wörter*
**der Apotheker, -/die Demonstration, -en/die Grippe/das Klischee, -s/die Krise, -n/der Partner, -/die Politik/das Resultat, -e/die Routine, -n/das Shampoo, -s/der Traum, ¨e/die Zahnpasta**

## ADJEKTIVE UND ADVERBEN

| | |
|---|---|
| atomar | nuclear |
| fleißig | diligent, hardworking |
| schlapp | listless, tired |
| (un)glücklich | (un)happy |

*Leicht erkennbare Wörter*
**demokratisch/elektrisch/offen/politisch**

## VERBEN

| | |
|---|---|
| s. ab·trocknen | to dry oneself |
| s. an·ziehen, angezogen | to dress, get dressed |
| s. ärgern | to get mad, get angry |
| aus·geben (i) *(Geld)* | to spend (money) |
| s. beeilen | to hurry, rush |
| brechen (bricht), gebrochen | to break |
| s. engagieren | to involve oneself |
| s. erinnern | to remember |
| s. erkälten | to catch a cold |
| s. fertig·machen | to get ready |
| s. fürchten vor *(+ dat.)* | to be afraid of |
| s. freuen | to be glad, be pleased |
| s. freuen auf *(+ acc.)* | to look forward to |
| s. langweilen | to be bored |
| malen | to paint |
| s. die Zähne putzen | to brush one's teeth |
| s. rächen | to take revenge |
| s. rasieren | to shave |
| s. (hin·)setzen | to sit down |
| s. strecken | to stretch |
| s. unterhalten über *(+ acc.)* | to converse about |
| versuchen | to try |
| s. wünschen *(+ dat.)* | to wish |
| s. verspäten | to be late |

*Leicht erkennbare Wörter*
**s. aus·ziehen, ausgezogen/demonstrieren/ s. duschen/s. fühlen/s. identifizieren mit/ s. interessieren für/s. kämmen/s. (hin·)legen/ s. um·ziehen, umgezogen/s. waschen (ä)**

# KAPITEL 25

# Ein Märchen: Rotkäppchen

*Eingang zur Böttcherstraße in Bremen*

***Themen und Sprechziele***
Zum Nacherzählen: Der Dieb im Himmel

***Zwischenspiel***
Brief: Im Märchenland der Brüder Grimm
Die Deutsche Märchenstraße

***Grammatik und Übungen***
Simple Past Tense
    Formation of Weak/Strong/Mixed Verbs
    Separable Prefix Verbs
    Summary of Strong and Mixed Verbs
Past Perfect Tense

# SPRECHZIELE

## DER DIEB IM HIMMEL

*Schwache Verben*

Eine Legende zum Nacherzählen

### Situation 1    Wir erzählen im Präsens

Vor dem Himmelstor[1] **wartet** ein müder alter Mann.

Aber Petrus **will** ihm das Tor nicht aufmachen, denn er **kennt** ihn gut.

Er **weiß**, daß der alte Mann ein Dieb ist.

Kritisch **schaut**[2] er den alten Mann **an** und **sagt**:

### Situation 2    Wir erzählen im Imperfekt

Vor dem Himmelstor **wartete** ein müder alter Mann.

Aber Petrus **wollte** ihm das Tor nicht aufmachen, denn er **kannte** ihn gut.

Er **wußte**, daß der alte Mann ein Dieb war.

Kritisch **schaute** er den alten Mann **an** und **sagte**:

„Was willst du hier? Du bist ein Dieb und hast in deinem Leben zuviel gestohlen. Im Himmel ist kein Platz für Diebe!"

Und Petrus **zeigt** hinunter zur Hölle.

Der alte Mann **macht** ein trauriges Gesicht.

Er **erzählt** von seinen Problemen und **redet**[3] viel von der großen Liebe Gottes.

Da **öffnet** ihm Petrus doch das Tor.

Der alte Mann **freut sich** über sein Glück und **dankt** Petrus.

Einige Tage später ist der alte Mann allein im Himmel.

Auch Petrus ist weggegangen.

Der alte Mann **wandert** durch den Himmel.

Da **entdeckt** er den Himmelsthron.

Er **denkt** kurz **nach**.

Dann **setzt** er sich auf den Thron.

Seine Füße **stellt** er auf den kleinen Schemel[4] vor dem Thron.

Und Petrus **zeigte** hinunter zur Hölle.

Der alte Mann **machte** ein trauriges Gesicht.

Er **erzählte** von seinen Problemen und **redete** viel von der großen Liebe Gottes.

Da **öffnete** ihm Petrus doch das Tor.

Der alte Mann **freute sich** über sein Glück und **dankte** Petrus.

Einige Tage später war der alte Mann allein im Himmel.

Auch Petrus war weggegangen.

Der alte Mann **wanderte** durch den Himmel.

Da **entdeckte** er den Himmelsthron.

Er **dachte** kurz **nach**.

Dann **setzte** er sich auf den Thron.

Seine Füße **stellte** er auf den kleinen Schemel vor dem Thron.

Er **schaut** sich **um**.

Plötzlich **kann** er sehen, was unten auf der Erde **passiert**.

Er **kann** sehen, wie die Kinder **spielen**.

Er **kann** sehen, wie die Menschen **arbeiten**.

Aber er **kann** auch sehen, wie ein Dieb **versucht**, von einer alten Frau Geld zu stehlen.

Darüber **ärgert sich** der Alte, denn im Himmel hat er gelernt, daß Stehlen eine Sünde[5] ist.

Spontan **packt**[6] er den Schemel unter seinen Füßen und **schleudert**[7] ihn nach dem Dieb.

Am späten Abend **will** der Herr des Himmels sich auf seinen Thron setzen.

Doch er **kann** seinen Schemel nicht finden.

Man **holt** den alten Mann.

Man **bringt** ihn vor den Herrn des Himmels.

Man **fragt** ihn nach dem Schemel.

Nun **muß** der alte Mann sagen, was er mit dem Schemel gemacht hat.

Da **lacht** der Herr des Himmels und **antwortet** ihm:

Er **schaute** sich **um**.

Plötzlich **konnte** er sehen, was unten auf der Erde **passierte**.

Er **konnte** sehen, wie die Kinder **spielten**.

Er **konnte** sehen, wie die Menschen **arbeiteten**.

Aber er **konnte** auch sehen, wie ein Dieb **versuchte**, von einer alten Frau Geld zu stehlen.

Darüber **ärgerte sich** der Alte, denn im Himmel hatte er gelernt, daß Stehlen eine Sünde ist.

Spontan **packte** er den Schemel unter seinen Füßen und **schleuderte** ihn nach dem Dieb.

Am späten Abend **wollte** der Herr des Himmels sich auf seinen Thron setzen.

Doch er **konnte** seinen Schemel nicht finden.

Man **holte** den alten Mann.

Man **brachte** ihn vor den Herrn des Himmels.

Man **fragte** ihn nach dem Schemel.

Nun **mußte** der alte Mann sagen, was er mit dem Schemel gemacht hatte.

Da **lachte** der Herr des Himmels und **antwortete** ihm:

„Mein Sohn! Es ist gut, daß ich mehr Geduld mit den Menschen habe als du, denn selbst im Himmel gibt es nicht so viele Schemel, wie es unten auf der Erde schlechte Menschen gibt."

[1] große Tür  [2] sieht an  [3] spricht  [4] kleiner Stuhl  [5] sin  [6] nimmt in die Hand  [7] wirft

**Fragen im Präsens**

Wo steht der alte Mann?
Wie sieht Petrus den Alten an?
Lädt er ihn ein, in den Himmel zu kommen?
Was tut Petrus mit dem Finger?
Gefällt das dem Alten?
Wovon beginnt er zu sprechen?
Wovon spricht er?
Wann geht er durch den Garten?
Was findet er dort?
Sitzt er lange auf dem Thron?
Schläft der Alte auf dem Thron?
Was liegt unter ihm?
Warum wird der Alte böse?
Was vergißt er?
Was nimmt er in die Hand?
Was hält er in der Hand?
Was wirft er auf die Erde?
Hilft der Alte dem Dieb auf der Erde?
Wann kommt der Herr des Himmels zurück?
Was findet er nicht?
Wen ruft man jetzt?
Warum fängt der Herr des Himmels an zu lachen?

**Fragen im Imperfekt**

Wo **stand** der alte Mann?
Wie **sah** Petrus den Alten **an**?
**Lud** er ihn ein, in den Himmel zu kommen?
Was **tat** Petrus mit dem Finger?
**Gefiel** das dem Alten?
Wovon **begann** er zu sprechen?
Wovon **sprach** er, als Petrus ihm nicht öffnete?
Wann **ging** er durch den Garten?
Was **fand** er, als er durch den Garten **ging**?
Wo **saß** er, als er alles sehen konnte?
**Schlief** der Alte, als er auf dem Thron **saß**?
Was **lag** unter ihm?
Warum **wurde** der Alte böse, als er den Dieb **sah**?
Was **vergaß** er, als er den Dieb **sah**?
Was **nahm** er in die Hand?
Was **hielt** er in der Hand?
Was **warf** er auf die Erde?
**Half** der Alte dem Dieb auf der Erde?
Wann **kam** der Herr des Himmels **zurück**?
Was **fand** er nicht, als er sich setzen wollte?
Wen **rief** man jetzt?
Warum **fing** der Herr des Himmels **an** zu lachen?

## Situation 3    Was war vorher?

**Handlung I**

Vor dem Himmelstor stand ein müder alter Mann, aber Petrus wollte das Tor nicht öffnen.

Dann öffnete Petrus doch das Tor.

Einmal war der Alte allein im Himmel.

Da fand der Alte den Himmelsthron.

Als er auf dem Thron saß, konnte er sehen, was auf der Erde passierte.

Er warf den Schemel auf die Erde.

**Handlung II: Vorher**

Der Alte **war** in seinem Leben ein Dieb **gewesen.** Er **hatte** zu viel **gestohlen.**

Der Alte **hatte** so viel **geredet.** Er **hatte** Petrus leid **getan.**

Alle **waren weggegangen.** Nur der alte Mann **war zurückgeblieben.**

Er **war** durch den Himmelsgarten **gegangen.**

Er **hatte** sich auf den Thron **gesetzt.** Die Füße **hatte** er auf einen Schemel **gestellt.**

Er **hatte gesehen,** wie ein Dieb von einer alten Frau Geld **gestohlen hatte.**

# GRAMMATIK

## 1  The Simple Past Tense

You have heretofore been using the present perfect tense (**Perfekt**) to describe events that occurred in the past. At the same time you have been using the simple past tense (**Imperfekt**) of **sein**, **haben** and the modal verbs because German speakers prefer to use these verbs in the simple past, even in conversation. The simple past tense is otherwise used mainly in written German.

### A  Tense Formation

#### 1.  Weak Verbs

To form the simple past of weak verbs add **-te** to the verb stem and the appropriate ending. If the stem ends in **-d** or **-t** or a consonant cluster as in **regnen**, an **-e-** is inserted for ease of pronunciation. Notice that the **ich/er/es/sie**-forms have no personal ending.

| Past Tense: | wohnen | antworten | |
|---|---|---|---|
| ich/er/es/sie | wohnte | antwortete | *I/he/it/she lived/answered* |
| du | wohntest | antwortetest | *you lived/answered* |
| wir/sie/Sie | wohnten | antworteten | *we/they/you lived/answered* |
| ihr | wohntet | antwortetet | *you lived/answered* |

As you can see, German weak verbs are comparable to English verbs which use the same stem to form the present, past and perfect tenses: *learn*, *learned*, *learned*.

#### 2.  Strong Verbs

In the simple past, all strong verbs change their stem. Sometimes the changed stem is the same as that of the past participle, sometimes it is different. Notice that the **ich/er/es/sie**-forms have no personal ending.

| Past Tense: | tragen | nehmen | fliegen | schreiben |
|---|---|---|---|---|
| ich/er/es/sie | trug | nahm | flog | schrieb |
| du | trugst | nahmst | flogst | schriebst |
| wir/sie/Sie | trugen | nahmen | flogen | schrieben |
| ihr | trugt | nahmt | flogt | schriebt |

In the final vocabulary list of this book, the past tense stem and the past participle of strong verbs are indicated after the infinitive: **gehen**, **ging**, **ist gegangen** or, if there is a stem change in the present tense: **lesen (liest)**, **las**, **gelesen**.

### 3. Mixed Verbs

Those few verbs which form their present perfect tense with an irregular weak participle (changed stem but weak ending) again change their stem in the past tense but take the endings of the weak verbs.

| Infinitive | Present Perfect | Past Tense | |
|---|---|---|---|
| bringen | ich habe gebracht | ich **brachte** | *I brought* |
| denken | du hast gedacht | du **dachtest** | *you thought* |
| kennen | er hat gekannt | er **kannte** | *he knew* |
| nennen | wir haben genannt | wir **nannten** | *we called / named* |
| wissen | ihr habt gewußt | ihr **wußtet** | *you knew* |

### 4. Separable Prefix Verbs

Verbs with separable prefixes follow the pattern of the simple verb. As in the present tense, they are separated in the main clause but joined in the dependent clause.

Der Zug **kommt** um 7 Uhr an.     . . . , weil der Zug um 7 Uhr **ankommt**.
Der Zug **kam**    um 7 Uhr an.     . . . , weil der Zug um 7 Uhr **ankam**.

## B Usage of the Simple Past

The German past tense is often referred to as the 'narrative past' since it is primarily used to narrate a series of connected events that happened in the past. It is the preferred tense in written German such as in newspaper reports, short stories, novels and the like.

Frau Becker **erwartete** Gäste.     *Mrs. Becker was expecting guests.*
Sie **bereitete** alles **vor**.     *She prepared everything.*
Zuerst **kaufte** sie Kuchen.     *First she bought cake.*
Dann **machte** sie Kaffee.     *Then she made coffee.*
Sie **stellte** die Blumen auf den     *She put the flowers on the*
Tisch und . . .     *table and . . .*

*Früher trugen die Frauen im Schwarzwald diese Trachten*

## 2 Summary of Strong and Mixed Verbs

This list does not include the verbs with prefixes which form their past and perfect tenses like the base verb (**bekommen/ankommen** → **kommen**). Verbs with stem-vowel change in the present tense and verbs that take **sein** as auxiliary in the perfect tenses are so listed.

| Infinitive | Present Tense er/es/sie | Past Tense | Past Participle | Basic Meaning |
|---|---|---|---|---|
| an·fangen | fängt an | fing an | angefangen | to begin |
| auf·schlagen | schlägt auf | schlug auf | aufgeschlagen | to open up |
| backen | bäckt | backte (buk) | gebacken | to bake |
| beginnen | | begann | begonnen | to begin |
| beißen | | biß | gebissen | to bite |
| bieten | | bot | geboten | to offer |
| bleiben | | blieb | ist geblieben | to stay, remain |
| brechen | bricht | brach | gebrochen | to break |
| ein·laden | lädt ein | lud ein | eingeladen | to invite |
| empfehlen | empfiehlt | empfahl | empfohlen | to recommend |
| entscheiden | | entschied | entschieden | to decide |
| essen | ißt | aß | gegessen | to eat |
| fahren | fährt | fuhr | ist gefahren | to drive, go, ride |
| fallen | fällt | fiel | ist gefallen | to fall |
| finden | | fand | gefunden | to find |
| fliegen | | flog | ist geflogen | to fly |
| frieren | | fror | gefroren | to be cold, freeze |
| geben | gibt | gab | gegeben | to give |
| gehen | | ging | ist gegangen | to go |
| halten | hält | hielt | gehalten | to stop, hold |
| hängen | | hing | gehangen | to hang, be hanging |
| heißen | | hieß | geheißen | to be named |
| helfen | hilft | half | geholfen | to help |
| kommen | | kam | ist gekommen | to come |
| lassen | läßt | ließ | gelassen | to leave, let |
| laufen | läuft | lief | ist gelaufen | to run, walk (fast) |
| lesen | liest | las | gelesen | to read |
| liegen | | lag | gelegen | to lie, be situated |
| nehmen | nimmt | nahm | genommen | to take |
| reiten | | ritt | geritten | to ride horseback |
| riechen | | roch | gerochen | to smell |
| rufen | | rief | gerufen | to call |
| scheinen | | schien | geschienen | to shine, seem |
| schlafen | schläft | schlief | geschlafen | to sleep |
| schließen | | schloß | geschlossen | to close |
| schneiden | | schnitt | geschnitten | to cut |
| schreiben | | schrieb | geschrieben | to write |
| schwimmen | | schwamm | ist geschwommen | to swim |
| sehen | sieht | sah | gesehen | to see |
| sein | ist | war | ist gewesen | to be |
| singen | | sang | gesungen | to sing |

| Infinitive | Present Tense er/es/sie | Past Tense | Past Participle | Basic Meaning |
|---|---|---|---|---|
| sitzen | | saß | gesessen | *to sit* |
| sprechen | spricht | sprach | gesprochen | *to speak* |
| springen | | sprang | **ist** gesprungen | *to jump* |
| stehen | | stand | gestanden | *to stand* |
| stehlen | stiehlt | stahl | gestohlen | *to steal* |
| steigen | | stieg | **ist** gestiegen | *to climb* |
| sterben | stirbt | starb | **ist** gestorben | *to die* |
| tragen | trägt | trug | getragen | *to wear, carry* |
| treffen | trifft | traf | getroffen | *to meet* |
| trinken | | trank | getrunken | *to drink* |
| tun | | tat | getan | *to do* |
| vergessen | vergißt | vergaß | vergessen | *to forget* |
| vergleichen | | verglich | verglichen | *to compare* |
| verlieren | | verlor | verloren | *to lose* |
| waschen | wäscht | wusch | gewaschen | *to wash* |
| werfen | wirft | warf | geworfen | *to throw* |
| wiegen | | wog | gewogen | *to weigh* |
| ziehen | | zog | gezogen | *to pull* |

**The following verbs are mixed:**

| Infinitive | Present Tense er/es/sie | Past Tense | Past Participle | Basic Meaning |
|---|---|---|---|---|
| bringen | | brachte | gebracht | *to bring* |
| denken | | dachte | gedacht | *to think* |
| haben | hat | hatte | gehabt | *to have* |
| kennen | | kannte | gekannt | *to know* |
| nennen | | nannte | genannt | *to name* |
| werden | wird | wurde | **ist** geworden | *to become, get* |
| wissen | weiß | wußte | gewußt | *to know (a fact)* |

---

Study Hints

Since the simple past tense forms of strong verbs have to be memorized, it may be helpful to learn them in groups according to their stem-vowel change:

| Infinitive | Past Tense | Infinitive | Past Tense | Infinitive | Past Tense |
|---|---|---|---|---|---|
| -i- ⟶ | -a- | -ie- ⟶ | -o- | -a-/-ä- ⟶ | -ie-/-i- |
| beginnen | begann | bieten | bot | anfangen | fing an |
| bitten | bat | fliegen | flog | fallen | fiel |
| finden | fand | frieren | fror | halten | hielt |
| schwimmen | schwamm | riechen | roch | hängen | hing |
| singen | sang | schließen | schloß | lassen | ließ |
| sitzen | saß | verlieren | verlor | schlafen | schlief |
| trinken | trank | wiegen | wog | | |
| verbinden | verband | ziehen | zog | | |

| -a- → -u- | | -e- → -a- | | Exceptions | |
|---|---|---|---|---|---|
| aufschlagen | schlug auf | brechen | brach | gehen | ging |
| einladen | lud ein | empfehlen | empfahl | kommen | kam |
| fahren | fuhr | essen | aß | laufen | lief |
| tragen | trug | geben | gab | liegen | lag |
| waschen | wusch | helfen | half | rufen | rief |
| | | lesen | las | sein | war |
| -ei- → -ie-/-i- | | nehmen | nahm | werden | wurde |
| beißen | biß | sehen | sah | | |
| bleiben | blieb | sprechen | sprach | | |
| entscheiden | entschied | stehen | stand | | |
| heißen | hieß | stehlen | stahl | | |
| reiten | ritt | sterben | starb | | |
| scheinen | schien | treffen | traf | | |
| schneiden | schnitt | vergessen | vergaß | | |
| schreiben | schrieb | verstehen | verstand | | |
| steigen | stieg | werfen | warf | | |
| vergleichen | verglich | | | | |

## 3   The Past Perfect Tense

Like the present perfect tense, the past perfect (**Plusquamperfekt**) is a compound tense with the past participle in final position. The only differences between present and past perfect are that:

1. In the present perfect the auxiliary **haben** or **sein** is in the present tense.
2. In the past perfect **haben** or **sein** is in the past tense.

| Past Perfect Tense: **nehmen/gehen** | | | |
|---|---|---|---|
| ich/er/es/sie | hatte | genommen | *I/he/it/she had taken* |
| du | hattest | genommen | *you had taken* |
| wir/sie/Sie | hatten | genommen | *we/they/you had taken* |
| ihr | hattet | genommen | *you had taken* |
| ich/er/es/sie | war | gegangen | *I/he/it/she had gone* |
| du | warst | gegangen | *you had gone* |
| wir/sie/Sie | waren | gegangen | *we/they/you had gone* |
| ihr | wart | gegangen | *you had gone* |

Wir hatten ihm schon Bescheid **gesagt**.
*We had already notified him.*

Er war zu spät zum Essen **gekommen**.
*He had come too late to dinner.*

In German and in English, the past perfect tense is used to describe past events and situations which occurred prior to other past events or situations. Thus, the past perfect places past events or situations in their proper time sequence. Notice in the following example sentences that event II occurred prior to event I.

| Past Tense or Present Perfect Event I | Past Perfect Event II |
|---|---|
| Ich wollte dort nicht essen, *I didn't want to eat there* | denn ich hatte schon zu Hause gegessen. *because I had already eaten at home.* |
| Er hat sich geärgert, *He was mad* | weil er seinen Geldbeutel verloren hatte. *because he had lost his wallet.* |
| Unsere Gäste kamen sehr spät. *Our guests came very late.* | Wir hatten sie früher erwartet. *We had expected them earlier.* |

When to use **wenn**, **als** and **wann**

**Wenn** and **als** are both translated as *when*. You will recall that **wenn** *(if, when)* is used with present or future time:

> **Wenn** ich Probleme **habe**, rufe ich ihn an.
> *If I have problems, I'll call him.*

**Wenn** *(whenever)* is also used for repeated or customary actions in present or past time:

> **Wenn** ich Probleme **hatte**, habe ich ihn (immer) angerufen.
> *Whenever I had problems, I called him.*

**Als** *(when)* is used when referring to a single event in past time:

> **Als** ich einen Unfall **hatte**, rief ich die Polizei.
> *When I had an accident, I called the police.*

> **Als** wir zum Bahnhof **kamen**, fuhr der Zug gerade ab.
> *When we arrived at the train station, the train was just leaving.*

> Ich ging ins Bett, **als** das Programm zu Ende **war**.
> *I went to bed when the program was over.*

**Wann** *(when)* is a question word with the meaning of *at what time?* and may also function as a subordinating conjunction.

> Wissen Sie, **wann** er nach Hause kommt?
> *Do you know when he is coming home?*

# MÜNDLICHE ÜBUNGEN

**MÜ 1**   Im Imperfekt, bitte!

● Er fragt den Polizisten. → *Er fragte den Polizisten.*

1. Sie wohnen in Augsburg.
2. Wann macht er eine Pause?
3. Wir suchen ein Hotel.
4. Sie studiert in Deutschland.
5. Spielen die Leute Tennis?
6. Kauft sie ein neues Auto?
7. Wir zeigen ihnen das Schloß.
8. Schneit es?
9. Welche Schule besuchen Sie?
10. Sie bezahlt die Rechnung.
11. Das Auto gehört ihm.
12. Er frühstückt um 7 Uhr.
13. Verdient er viel Geld?
14. Wir erwarten Gäste.
15. Er arbeitet sehr viel.
16. Ich warte auf den Bus.
17. Wieviel kostet das Buch?
18. Regnet es?
19. Weißt du das nicht?
20. Ich kenne die Dame sehr gut.
21. Wer bringt die Speisekarte?
22. Wir haben keine Zeit.
23. Was denkst du?
24. Wo verbringt er seine Ferien?

**MÜ 2**   Üben Sie reflexive Verben im Imperfekt!

● Er setzt sich auf die Couch. → *Er setzte sich auf die Couch.*

1. Er ärgert sich darüber.
2. Wir beeilen uns.
3. Der Mann rasiert sich.
4. Das Mädchen kämmt sich.
5. Sie fühlt sich nicht gut.
6. Er interessiert sich für Politik.
7. Er verspätet sich oft.
8. Wir freuen uns auf den Urlaub.

**MÜ 3**   Üben Sie Verben mit trennbarem Präfix im Imperfekt!

● Frau Becker kauft im Supermarkt ein. → *Frau Becker kaufte im Supermarkt ein.*

1. Das Kind trocknet seine Hände ab.
2. Die Mutter bereitet das Essen vor.
3. Der Herr kauft im Supermarkt ein.
4. Ich hole das Auto zu Hause ab.
5. Wir bringen ihr Blumen mit.
6. Sie macht die Tür zu.
7. Ich setze mich hin.
8. Sie wacht früh auf.

**MÜ 4**   Im Imperfekt, bitte!

**(a)** -i- → -a-   Wir trinken Kaffee. → *Wir tranken Kaffee.*

1. Er findet seinen Bleistift nicht.
2. Das Papier schwimmt auf dem Wasser.
3. Der Flohmarkt findet nicht statt.
4. Sie besitzt keinen Führerschein.
5. Die Leute sitzen auf der Couch.
6. Die Kinder singen laut.
7. Wie finden Sie das Buch?
8. Der Film beginnt um 8 Uhr.

**(b)** -ie- → -o-  Ich ziehe mich um. → *Ich zog mich um.*

1. Wir fliegen nach Amerika.
2. Ich ziehe mich an.
3. Er friert.
4. Sie verliert alles.

5. Er zieht seine Schuhe aus.
6. Sie schließt die Tür.
7. Die Blumen riechen gut.
8. Wer bietet mehr als ihr?

**(c)** -ei- → -ie-/-i-  Die Leute steigen aus. → *Die Leute stiegen aus.*

1. Wir bleiben zu Hause.
2. Er steigt in Frankfurt um.
3. Die Sonne scheint.
4. Wer entscheidet diese Frage?
5. Sie schreibt einen Brief.

6. Der Mann beschreibt den Dieb.
7. Wie heißt die Frau?
8. Der Mann reitet durch den Wald.
9. Wir vergleichen die Preise.
10. Der Hund beißt den Postboten.

**(d)** -a- → -ie-/-i-  Der Bus hält nicht. → *Der Bus hielt nicht.*

1. Die Stadt gefällt mir.
2. Er schläft bis um 10 Uhr.
3. Ich lasse die Koffer zu Hause.
4. Wo hält der Bus?
5. Sie verläßt das Haus.

6. Wir unterhalten uns über Politik.
7. Das Messer fällt auf den Boden.
8. Der Film fängt gerade an.
9. Das Bild hängt an der Wand.
10. Die Kinder schlafen nicht ein.

**(e)** -a- → -u-  Der Zug fährt um 7 Uhr ab. → *Der Zug fuhr um 7 Uhr ab.*

1. Wir fahren mit dem Zug.
2. Er trägt eine Brille.
3. Die Kinder waschen sich.

4. Wir laden ihn nicht ein.
5. Sie schlägt die Zeitung auf.
6. Der Zug fährt durch.

**(f)** -e- → -a-  Ich gebe ihm das Buch. → *Ich gab ihm das Buch.*

1. Wir sehen ihn.
2. Ich helfe der Dame.
3. Wir nehmen ein Taxi.
4. Er vergißt seine Brille.
5. Wir lesen die Zeitung.
6. Ich verstehe das nicht.
7. Der Sessel steht dort.
8. Sie besteht die Prüfung.

9. Das Kind wirft einen Ball.
10. Der Dieb stiehlt eine Uhr.
11. Sie spricht gut Deutsch.
12. Sie essen nicht viel.
13. Ich empfehle Ihnen das Hotel.
14. Sie treffen ihn im Café.
15. Er ißt keinen Nachtisch.
16. Er sieht krank aus.

**(g)**  **Infinitiv:** liegen  kommen  gehen  tun  rufen  laufen  werden
      **Imperfekt:** *lag*  *kam*  *ging*  *tat*  *rief*  *lief*  *wurde*

1. Wann kommt der Arzt vorbei?
2. Er kommt um 5 Uhr.
3. Sie bekommt ihr Geld nicht.
4. Die Fahrkarte liegt auf dem Tisch.
5. Wir gehen ins Museum.

6. Wie geht es dem kranken Mann?
7. Es wird dunkel.
8. Er ruft seine Frau an.
9. Es tut mir leid.
10. Der Hund läuft unter den Tisch.

**MÜ 5**   Sagen Sie die Sätze im Imperfekt! Benutzen Sie **als**!

- Wenn sie krank ist, geht sie zum Arzt.
  *Als sie krank war, ging sie zum Arzt.*

1. Wenn es kalt wird, ziehen wir uns wärmer an.
2. Ich rufe sie an, wenn ich Zeit habe.
3. Was passiert, wenn er einen Unfall hat?
4. Wenn der Bus hält, steigen wir aus.
5. Er versteht mich, wenn ich langsam spreche.
6. Wer hilft Ihnen, wenn Sie Probleme haben?
7. Wenn es anfängt zu regnen, gehen wir nach Hause.
8. Ich lasse mein Auto reparieren, wenn es kaputt ist.
9. Wir rufen Sie an, wenn wir am Bahnhof ankommen.

**Erinnern Sie sich?
Wer tut es?**

| | |
|---|---|
| fahren | der *Fahrer* |
| helfen | _____ |
| benutzen | _____ |
| geben | _____ |
| sammeln | _____ |
| führen | _____ |
| mieten | _____ |
| rauchen | _____ |
| erzählen | _____ |

**MÜ 6**   Im Plusquamperfekt, bitte!

- Die Kellnerin hat das Essen gebracht. → *Die Kellnerin hatte das Essen gebracht.*

1. Sie hat das Haus nicht verlassen.
2. Er hat seinen Regenschirm verloren.
3. Die Kinder sind nach Hause gegangen.
4. Die Sekretärin hat den Brief geschrieben.
5. Der Zug ist schon abgefahren.
6. Die Dame ist sehr krank gewesen.
7. Es ist spät geworden.
8. Sie haben uns besucht.
9. Wir haben schon gegessen.
10. Man hat die Tür geöffnet.

**MÜ 7**   Auf deutsch, bitte!

1. We saw them yesterday.
2. She wanted to write a letter.
3. She came out of the museum.
4. We bought the car.
5. He had already left the house.
6. They did not know us.
7. We spoke to them.
8. I called her.
9. Had you received my letter?
10. I had already ordered the flowers.
11. He wore a new coat.
12. We needed the money.
13. He spelled my name correctly.
14. Who had recommended this hotel?
15. I caught a cold.
16. She didn't feel well.
17. He had not helped them.
18. The sun was shining.
19. It got very late.
20. We invited them.

*Die Wieskirche bei Steingaden (1745–54)*

## ROTKÄPPCHEN   Ein Märchen der Brüder Grimm

Es war einmal ein kleines, süßes Mädchen. Jeder hatte das Mädchen lieb[1], besonders aber seine Großmutter. Sie wußte gar nicht, was sie dem Kind alles geben sollte. Einmal schenkte sie ihm ein rotes Käppchen[2], und weil ihm das Käppchen so gut gefiel, und es nichts anderes mehr tragen wollte, hieß das kleine Mädchen nur das Rotkäppchen.

Eines Tages sagte die Mutter: „Komm, Rotkäppchen, hier hast du ein Stück Kuchen und eine Flasche Wein. Bring das der Großmutter hinaus! Sie ist krank und schwach und wird sich darüber freuen. Geh jetzt, bevor es heiß wird, und wenn du hinauskommst, so lauf nicht vom Weg ab, sonst fällst du und zerbrichst das Glas, und die Großmutter hat nichts. Und wenn du in ihre Stube[3] kommst, so vergiß nicht guten Morgen zu sagen, und guck[4] nicht erst in allen Ecken herum! Willst du mir das versprechen?“

„Ich will schon alles gut machen“, sagte Rotkäppchen zur Mutter.

Die Großmutter wohnte aber draußen im Wald, eine halbe Stunde vom Dorf. Als nun Rotkäppchen in den Wald kam, begegnete[5] ihm der Wolf. Rotkäppchen wußte nicht, was das für ein böses[6] Tier war, und fürchtete sich nicht vor ihm.

„Guten Tag, Rotkäppchen“, sprach er.

„Schönen Dank, Wolf.“

„Wohin gehst du so früh, Rotkäppchen?“

„Zur Großmutter.“

„Was trägst du im Korb[7]?“

„Kuchen und Wein. Gestern haben wir gebacken, da soll die kranke, schwache Großmutter auch etwas davon haben.“

„Rotkäppchen, wo wohnt deine Großmutter?“

„Noch eine gute Viertelstunde weiter im Wald, unter den drei großen Eichenbäumen[8], da steht ihr Haus. Das wirst du ja wissen“, sagte Rotkäppchen.

Der Wolf dachte bei sich: Das junge, zarte[9] Ding, das ist ein fetter Bissen[10], der wird noch besser schmecken als die Alte. Du mußt nur schlau[11] sein, damit du beide schnappst[12]. Da ging er ein Weilchen neben Rotkäppchen her, dann sprach er:

„Rotkäppchen, sieh einmal die schönen Blumen. Warum guckst du dich nicht um? Ich glaube, du hörst gar nicht die Vöglein[13] singen. Es ist so schön hier draußen im Wald."

Rotkäppchen schlug[14] die Augen auf, und als es sah, wie die Sonne so schön durch die Bäume schien und überall wunderschöne Blumen standen, dachte es: Wenn ich der Großmutter frische Blumen mitbringe, wird sie sich freuen. Rotkäppchen lief vom Weg ab in den Wald hinein und suchte Blumen. Und wenn es eine gefunden hatte, sah es eine schönere. So lief Rotkäppchen immer tiefer in den Wald hinein. Der Wolf aber ging geradewegs[15] zum Haus der Großmutter und klopfte[16] an die Tür.

„Wer ist draußen?"

„Rotkäppchen. Ich bringe dir Kuchen und Wein. Mach auf!"

„Drück nur auf die Klinke[17]", rief die Großmutter. „Ich bin zu schwach und kann nicht aufstehen und dir öffnen."

Der Wolf drückte auf die Klinke. Die Tür ging auf, und er ging, ohne ein Wort zu sprechen gerade zum Bett der Großmutter und verschluckte[18] sie. Dann zog[19] er ihre Kleider an, setzte ihre Haube[20] auf, legte sich in ihr Bett und zog die Vorhänge zu.

Rotkäppchen aber war nach den Blumen herumgelaufen. Als es so viele zusammen hatte, daß es keine mehr tragen konnte, dachte es wieder an die Großmutter und es machte sich auf den Weg zu ihr. Es wunderte sich, daß die Tür offen war. Als es in die Stube kam, dachte es: Ei, du mein Gott, warum habe ich heute solche Angst? Ich bin doch sonst so gern bei der Großmutter. Es rief: „Guten Morgen!", bekam aber keine Antwort. Dann ging es zum Bett und zog die Vorhänge zurück. Da lag die Großmutter und hatte die Haube tief ins Gesicht gesetzt und sah so seltsam[21] aus.

„Ei, Großmutter, was hast du für große Ohren!"

„Daß ich dich besser hören kann."

„Ei, Großmutter, was hast du für große Augen!"

„Daß ich dich besser sehen kann."

„Ei, Großmutter, was hast du für große Hände!"

„Daß ich dich besser packen kann."

„Aber, Großmutter, was hast du für ein entsetzlich[22] großes Maul[23]!"

„Daß ich dich besser fressen[24] kann." Kaum hatte der Wolf das gesagt, so sprang er aus dem Bett und verschluckte das arme Rotkäppchen. Dann legte er sich wieder ins Bett, schlief ein und fing an, überlaut zu schnarchen[25].

Ein Jäger[26] ging gerade an dem Haus vorbei und dachte: Wie die alte Frau schnarcht! Ich will sehen, ob sie krank ist. Da ging er in die Stube, und als er vor das Bett kam, sah er, daß der Wolf darin lag.

„Finde ich dich hier, du alter Sünder!" sagte er. „Ich habe dich lange gesucht." Nun wollte er den Wolf erschießen[27]. Da dachte er: Vielleicht hat der Wolf die Großmutter gefressen; vielleicht ist sie noch zu retten[28]? Er schoß nicht, sondern nahm eine Schere[29] und fing an, dem schlafenden Wolf den Bauch aufzuschneiden[30].

Als er ein paar Schnitte[31] getan hatte, sah er das rote Käppchen, und noch ein paar Schnitte, da sprang das Mädchen heraus und rief: „Ach, wie war ich erschrocken[32], wie war es so dunkel in dem Bauch des Wolfes." Und dann kam die alte Großmutter auch lebendig heraus und konnte kaum noch atmen[33].

Rotkäppchen aber holte schnell große Steine. Damit füllten sie den Bauch des Wolfes. Als er aufwachte, wollte er wegspringen, aber die Steine waren so schwer, daß er gleich tot umfiel.

Da freuten sich alle drei. Der Jäger zog dem Wolf den Pelz[34] ab und ging damit nach Hause. Die Großmutter aß den Kuchen und trank den Wein und fühlte sich wieder besser. Rotkäppchen aber dachte: Du willst nie wieder allein vom Weg ab in den Wald laufen, wenn die Mutter es verboten hat

---

[1]gern, liebte  [2]Mütze  [3]Zimmer  [4]sieh  [5]traf  [6]schlechtes  [7]basket  [8]oak trees  [9]fein, weich  [10]Stück  [11]clever  [12]bekommst  [13]little birds  [14]machte  [15]direkt  [16]knocked  [17]press/door handle  [18]swallowed  [19]pulled  [20]Mütze  [21]strange  [22]furchtbar  [23]Mund (eines Tieres)  [24]essen (Tiere fressen)  [25]snore  [26]hunter  [27]shoot  [28]befreien  [29]scissors  [30]cut  [31]cuts  [32]scared  [33]Luft holen  [34]fur

**Fragen und Aufgaben**

(a) Beantworten Sie die Fragen!

    1. Warum hieß das kleine Mädchen Rotkäppchen?
    2. Warum sollte Rotkäppchen in den Wald gehen?
    3. Was wollte der Wolf von Rotkäppchen?
    4. Warum blieb Rotkäppchen so lange im Wald?
    5. Was tat der Wolf, während Rotkäppchen Blumen suchte?
    6. Warum fühlte Rotkäppchen Angst, als es die Großmutter besuchte?
    7. Was passierte, als Rotkäppchen sagte: „Aber, Großmutter, was hast du für ein entsetzlich großes Maul"?
    8. Wie hat der Jäger Rotkäppchen und die Großmutter gerettet?
    9. Was wollte Rotkäppchen nie wieder tun?

(b) Versuchen Sie, das Märchen frei nachzuerzählen!

(c) Kennen Sie ein anderes deutsches Märchen? Erzählen Sie es!

(d) Vollenden Sie die Sätze!

    1. Als Rotkäppchen eine halbe Stunde vom Dorf war, . . .
    2. Als Rotkäppchen den Wolf traf, . . .
    3. Als der Wolf wissen wollte, wo die Großmutter wohnte, . . .
    4. Als Rotkäppchen die schönen Blumen sah, . . .
    5. Als der Wolf zum Haus der Großmutter kam, . . .
    6. Als der Wolf die Großmutter verschluckt hatte, . . .

*Jakob und Wilhelm Grimm*

# SCHRIFTLICHE ÜBUNGEN

**SÜ 1**    Im Imperfekt, bitte!

    ● Das Auto steht vor der Garage. → *Das Auto stand vor der Garage.*

    1. Das Buch liegt auf dem Tisch.
    2. Er fliegt nach New York.
    3. Wann kommt sie nach Hause?
    4. Sie wacht schon um 7 Uhr auf.
    5. Das Geld gehört mir nicht.
    6. Es gibt dort kein gutes Hotel.
    7. Wir nehmen die Straßenbahn.
    8. Wie lange dauert der Film?
    9. Du weißt das nicht.
    10. Sie denkt an ihren Urlaub.
    11. Der Film beginnt um 20 Uhr.
    12. Verdient er viel Geld?
    13. Er hängt das Bild an die Wand.
    14. Wo steigt der Herr aus?
    15. Wer hilft Ihnen?
    16. Rufen Sie ihn an?
    17. Warum zieht er sich um?
    18. Gehen die Leute nach Hause?
    19. Wir kennen die Leute nicht.
    20. Zählt er oft sein Geld?

**SÜ 2**    Vollenden Sie die Sätze im Imperfekt!

1. Der Bus hielt, und *wir stiegen ein.*
2. Ich ging nach Hause, denn . . .
3. Sie fuhr mit dem Zug, weil . . .
4. Wir luden ihn ein, aber . . .
5. Ich wußte nicht, daß . . .
6. Sie verstand mich nicht, weil . . .
7. Ich nahm das Geld und . . .
8. Sie rief mich nicht an, sondern . . .
9. Wir hatten nicht gewußt, woher . . .
10. Ich hatte in der Zeitung gelesen, daß . . .
11. Wir mußten lachen, als . . .
12. Sie zerbrach das Glas, aber . . .
13. Er sagte uns nicht, wie . . .
14. Sie saßen alle am Tisch und . . .
15. Ich traf ihn, als . . .
16. Sie trug einen Mantel, denn . . .

*Eine Windmühle in Norddeutschland*

---

# *Wortschatz*

*Leicht erkennbare Nomen*
**der Dieb, -e / der Gott, ⸚ er / die Hölle / die Legende, -n / die Liebe / die Sünde, -n / der Thron, -e / das Tor, -e**

## ADJEKTIVE

| | |
|---|---|
| **böse** | mean, bad |
| **seltsam** | strange |
| **tot** | dead |
| **traurig** | sad |

*Leicht erkennbar Wörter*
**spontan**

## VERSCHIEDENES

| | |
|---|---|
| **bevor** *(sub. conj.)* | before |
| **es war einmal** | once upon a time |

## VERBEN

| | |
|---|---|
| **an· schauen** | to look at |
| **atmen** | to breathe |
| **lachen** | to laugh |
| **nach·erzählen** | to retell |
| **packen** | to grab |
| **passieren** | to happen |
| **reden** | to talk |
| **schauen** | to look |
| **schleudern** | to throw, hurl |
| **stehlen (stiehlt), stahl, gestohlen** | to steal |
| **s. um·schauen** | to look around |
| **versprechen (i)** | to promise |
| **s. wundern** | to wonder |
| **zerbrechen (i)** | to break |
| **ziehen, zog, gezogen** | to pull |

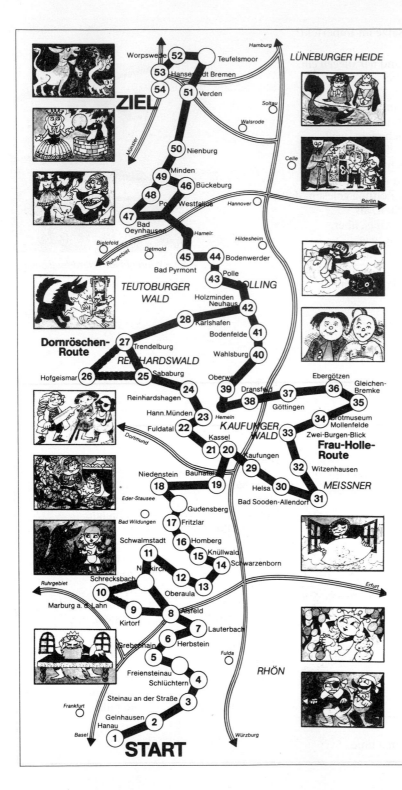

## Die Deutsche Märchenstraße

Berühmte Märchen der Brüder Grimm sind zum Beispiel:

**Die Bremer Stadtmusikanten**
*The Bremen Townmusicians*

**Aschenputtel**
*Cinderella*

**Rumpelstilzchen**
*Rumpelstiltskin*

**Dornröschen**
*Sleeping Beauty*

**Rotkäppchen**
*Little Red Riding Hood*

**Schneewittchen und die sieben Zwerge**
*Snow White and the Seven Dwarfs*

**Hänsel und Gretel**
*Hansel and Gretel*

## IM MÄRCHENLAND DER BRÜDER GRIMM

**Ein Brief**

Schwalm-Mädchen mit ihren roten Hauben

Amtshaus in Steinau

Lieber[1] Peter!

Seit einer Woche wandere ich nun durch das Märchenland der Brüder Grimm. Vielleicht sollte ich diesen Brief mit „Es war einmal . . ." beginnen, denn so fangen sie fast alle an, die Märchen der Brüder Grimm. Ich muß immer wieder daran denken, wie Jakob und Wilhelm Grimm vor über 150 Jahren in ihrer hessischen Heimat[2] von Dorf zu Dorf wanderten und alte Märchen, Geschichten, Sagen und Legenden sammelten. Fast sechs Jahre lang sammelten sie im Main- und Kinzigtal und in Hanau mit viel Geduld alles, was die alten Leute ihnen in Gasthäusern und Bauernhäusern erzählten. Überall in Nordhessen erinnern Straßennamen, Denkmäler[3] und Heimatmuseen an das Leben der berühmten Märchendichter. Und die dunklen Wälder, die alten Schlösser und Burgen erinnern an die Landschaft in ihren Märchen.

Zuerst war ich in Hanau. Das ist die Geburtsstadt von Jakob und Wilhelm Grimm. Im Hanauer Museum kann man einige sehr schöne Märchen-Illustrationen von Ludwig Emil Grimm sehen, einem Bruder von Jakob und Wilhelm, und auf dem Hanauer Marktplatz steht ein großes Denkmal zur Erinnerung an die berühmten Brüder. Übrigens war Jakob nur ein Jahr älter als Wilhelm. Wilhelm war verheiratet und hatte Kinder. Jakob wohnte bei seinem Bruder, auch später in Göttingen und Berlin. Da waren sie berühmte Professoren an der Universität.

Ich war auch in dem wunderschönen Städtchen Steinau, wo die Brüder ihre Kindheit verbrachten. In der Brüder-Grimm-Straße steht noch das Amtshaus, wo sie wohnten. Heute nennt man dieses Haus das Deutsche Märchenhaus. Auch im Schloß erinnern sieben oder acht Gedenkstuben[4] an die beiden Brüder. Hier liegen Originalnotizen, Manuskripte und Übersetzungen[5] ihrer Märchen in vielen Sprachen. Sie sind in 140 Sprachen übersetzt. Ich kann mir gut vorstellen[6], daß die jungen Brüder in der idyllischen Landschaft um Steinau ihre Liebe zur Natur und dem ländlichen Leben entdeckten. Übrigens habe ich auch in Marburg, wo die Brüder an der Universität studierten, einige schöne Illustrationen zu ihren Märchen gesehen.

Seit gestern bin ich nun in Kassel. Diese Stadt spielte eine wichtige Rolle im Leben von Jakob und Wilhelm Grimm. In Kassel besuchten sie die Schule. Der Vater war gestorben[7] und sie lebten bei der Mutter. In Kassel brachten sie auch den größten Teil ihrer Märchen zu Papier, während sie als Bibliothekare[8] arbeiteten. Die Märchen zu sammeln und aufzuschreiben, war sicher keine leichte Arbeit. Man muß sich vorstellen, daß die Brüder ohne Kassettenrekorder und ohne elektrisches Licht arbeiteten.

Natürlich war ich schon im berühmten Brüder-Grimm-Museum hier in Kassel und habe mir viele alte Märchen-Illustrationen, aber auch die Bücher der Brüder Grimm über Sprachforschung[9], Geschichte und Politik angesehen. Und dann habe ich in der „Knallhütte" gegessen. Das ist das alte Gasthaus vor den Toren der Stadt Kassel, wo die Gastwirtstochter[10] Katharina Dorothea Viehmann den Brüdern Grimm unzählige Märchen erzählte. Die „Märchenfrau" hatte die Geschichten von den durchreisenden Fuhrleuten[11] gehört und kannte sie alle auswendig. Übrigens wußte auch die Kasseler Apothekertochter Dortchen, die spätere Frau von Wilhelm Grimm, viele Geschichten zu erzählen.

In der Nähe von Kassel entdeckten die Brüder auch die Geschichten von Rotkäppchen und Dornröschen. Die Sababurg, das Schloß von Dornröschen liegt im Reinhartswald, nördlich von Kassel. Hier mußte die schöne Prinzessin hundert Jahre im Schloßturm schlafen, bis ein Prinz sie mit einem Kuß aus ihrem Schlaf erlöste[12]. Und die Heimat von Rotkäppchen entdeckten die Märchenforscher dort, wo die jungen Mädchen bis zu ihrer Vermählung[13] rote Hauben tragen. Das ist in der Gegend[14] um Schwalmstadt.

Ich war auch in Alfeld, wo Schneewittchen wohnte. Dort, hinter den sieben Bergen verbrachte die wunderschöne Königstochter mit der Haut[15] so weiß wie Schnee, mit Lippen so rot wie Blut und mit Haar so schwarz wie Ebenholz[16] wohl vor vielen, vielen Jahren einige Zeit bei den Sieben Zwergen. Märchenhaft ist das romantische Städtchen am Fuß der sieben Berge bis heute geblieben.

In den letzten Tagen habe ich nicht nur viel gesehen, sondern auch viel über die Brüder Grimm gelesen. Die „Kinder- und Hausmärchen" waren ihr erstes Buch. Vor ihrem Märchenbuch existierte noch keine Märchensammlung in Deutschland. Das Märchenbuch war vielleicht ihr liebstes Buch, aber nicht ihr wichtigstes. Jakob und Wilhelm Grimm waren Spezialisten für die deutsche Sprache und haben große Werke[17] darüber geschrieben. Aber wie du siehst, bin ich von ihren Märchen fasziniert und natürlich auch von der Landschaft, wo die Brüder Grimm ihre Märchen gesammelt haben. Übrigens habe ich ein Souvenir für dich gekauft – das Märchenbuch der Brüder Grimm! Ich hoffe, du hast nichts dagegen, daß ich es vorher selbst gelesen habe.

Viele Grüße[18] aus dem Märchenland der Brüder Grimm!

*Heidi*

---

[1]dear  [2]homeland  [3]monuments  [4]memorial rooms  [5]translations  [6]imagine  [7]died  [8]librarians  [9]linguistic research  [10]daughter of the innkeeper  [11]wagon drivers  [12]rescued  [13]wedding  [14]area  [15]skin  [16]ebony  [17]works  [18]greetings

## Fragen

1. Durch welche Landschaft wanderte Heidi?
2. Mit welchen Worten beginnen die meisten deutschen Märchen?
3. Was sammelten die Brüder Grimm?
4. Woher bekamen sie die Märchen?
5. Wofür ist die Stadt Hanau bekannt?
6. Wofür ist das kleine Städtchen Steinau bekannt?
7. Was machten die Brüder Grimm in Marburg?
8. Warum spielt die Stadt Kassel eine wichtige Rolle im Leben der Brüder?
9. Wofür sind Jakob und Wilhelm Grimm außer den Märchen bekannt?
10. Was ist die „Knallhütte"?
11. Welche Rolle spielte Dortchen im Leben von Wilhelm Grimm?
12. Welche Märchen der Brüder Grimm kennen Sie?

# Warum ist es am Rhein so schön? ...

*Die Pfalz im Rhein bei Kaub*

### *Themen und Sprechziele*
Personen und Dinge definieren
Persönliche Präferenzen

### *Kultur und Information*
Die Burg

### *Zwischenspiel*
Praktische Tips für das Trampen in Deutschland

### *Grammatik und Übungen*
Relative Pronouns and Relative Clauses
   No Omission of Relative Pronouns
   Relative Pronouns with Prepositions
Present Participles as Adjectives

**393**

# SPRECHZIELE

## PERSONEN UND DINGE DEFINIEREN

Arzt
Automechaniker/in
Gärtner/in
Berufsfahrer/in
Verkehrspolizist
Krankenpfleger
Busfahrer
Apotheker/in
Ingenieur/in
Sekretärin
Bäcker
Pilot/in
Maurer
Verkäufer/in
Kindergärtnerin
Steward/eß
Krankenschwester
Ärztin
Lehrer/in
Zugführer/in
Reporter/in
Kellner/in
Architekt/in
Zahnarzt
Taxifahrer/in
Metzger
Sozialarbeiter
Tierärztin
Friseur/in
Autohändler

## Situation 1  Definitionen: Berufe

*Relativpronomen / Relativsätze*

Was sind die Leute von Beruf?

1. **Der Mann, der** in der Bäckerei das Brot und die Brötchen bäckt, ist . .
2. **Der Mann, der** in der Metzgerei die Wurst und das Fleisch macht, ist . . .
3. **Der Mann, den** man ruft, wenn man sehr krank ist, ist . . .
4. **Der Mann, zu dem** man geht, wenn man Zahnschmerzen hat, ist . . .
5. **Der Mann, mit dem** man spricht, wenn man ein neues Auto kaufen will, ist . . .
6. **Der Mann, dessen** Aufgabe es ist, kranke Menschen zu pflegen, ist . . .

7. **Die Frau, die** anderen Frauen die Haare schneidet und kämmt, ist . . .
8. **Die Frau, zu der** man die Kinder in den Kindergarten bringt, ist . . .
9. **Die Frau, mit der** man in einer Praxis über ein krankes Tier spricht, ist . . .
10. **Die Frau, deren** Aufgabe es ist, kranke Menschen zu pflegen, ist . . .

11. **Fahrer, die** im Bus die Fahrgäste transportieren, sind . . .
12. **Männer, die** mauern und Häuser bauen, sind . . .
13. **Menschen, zu denen** die Leute gehen, wenn sie Sozialhilfe brauchen, sind . . .
14. **Polizisten, deren** Aufgabe es ist, den Verkehr zu regeln, sind . . .

*Ein Schornsteinfeger ist . . .*

## Situation 2    Definitionen: Fahrzeuge

Wie nennt man . . .

1. **ein Fahrzeug, das** auf der Straße fährt und Personen transportiert?
2. **ein Fahrzeug, das** zwei Räder hat und ohne Motor fährt?
3. **ein Zweirad, das** einen Motor hat?
4. **eine Bahn, die** Passagiere auf der Straße transportiert?
5. **eine Bahn, die** unter der Erde fährt?
6. **einen Wagen, der** Möbel transportiert?
7. **einen Wagen, den** man zum Transportieren von Lasten benutzt?
8. **ein Auto, mit dem** man sehr schnell fahren kann und das nur zwei Sitze hat?
9. **ein Auto, dessen** Fahrer Passagiere für Geld transportiert?

**Definieren Sie:**

| | | | |
|---|---|---|---|
| 1. Fahrrad | 5. Taxi | 9. Bergbahn | 13. Bus |
| 2. Mofa | 6. U-Bahn | 10. Magnetbahn | 14. Lastwagen |
| 3. Moped | 7. S-Bahn | 11. Wagen | 15. Sportwagen |
| 4. Motorrad | 8. Straßenbahn | 12. Auto | 16. Flugzeug |

## Situation 3    Umfrage im Klassenzimmer

1. Wie heißt der Student, der vor (hinter/neben) Ihnen sitzt?
2. Wie heißt die Studentin, die vor (hinter/neben) Ihnen sitzt?
3. Was tun die Personen, die im Klassenzimmer sind?
4. Wie heißt die Person, neben der Sie sitzen?
5. Wer ist die Person, mit der Sie am meisten Deutsch sprechen?
6. Wo sind die Studenten, die heute nicht hier sind?
7. Wie heißt das Buch, mit dem Sie Deutsch lernen?
8. Welchen Titel hat das Buch, das Sie im Unterricht lesen?
9. Wieviel hat der Kugelschreiber gekostet, mit dem Sie schreiben?
10. Haben Sie ein besonderes Heft, in das Sie die neuen Wörter schreiben?

## Situation 4    Interview: Persönliche Präferenzen

Nennen Sie . . .

1. den Film, der Ihnen am besten gefallen hat!
2. das interessanteste Buch, das Sie gelesen haben!
3. die Zeitung, die Sie am interessantesten finden!
4. eine Musikband, die Sie gern hören!
5. das Essen, das Ihnen am besten schmeckt!
6. die Getränke, die Sie am liebsten trinken!
7. einen Nachtisch, den Sie gern essen!
8. Süßigkeiten, die Sie oft kaufen!
9. einen Salat, den Sie nicht mögen!
10. das Fahrzeug, mit dem Sie am liebsten fahren!
11. zwei Länder, in denen Sie Ihre Ferien verbringen möchten!
12. ein Spielzeug, mit dem Sie als Kind oft gespielt haben!

# GRAMMATIK

## 1 Relative Pronouns and Relative Clauses

A relative clause is a dependent clause which supplies additional information about a noun in the sentence.

| | |
|---|---|
| Wo ist das Buch? – Welches Buch? | *Where is the book? – Which book?* |
| **Das Buch**, **das** du gerade hattest. | *The book that you just had.* |

### A Relative Pronouns

Relative clauses begin with relative pronouns. English relative pronouns are *who*, *whom*, *whose*, *which* or *that*. The German relative pronouns have the same forms as the definite article, except for the genitive and the dative plural which are boldface in the table below.

| | Masculine | Neuter | Feminine | Plural/All |
|---|---|---|---|---|
| NOMINATIVE | der | das | die | die |
| ACCUSATIVE | den | das | die | die |
| DATIVE | dem | dem | der | **denen** |
| GENITIVE | **dessen** | **dessen** | **deren** | **deren** |

The noun to which the relative pronoun refers is called the antecedent. Relative pronouns must agree with their antecedent in gender and number. If the noun to which the relative pronoun refers is masculine, the pronoun must be masculine; if the antecedent is plural, the pronoun must also be plural, and so on.

| | | |
|---|---|---|
| MASCULINE | Wie heißt **der Mann**, | **der** da drüben steht? |
| NEUTER | Wem gehört **das Geld**, | **das** auf dem Tisch liegt? |
| FEMININE | Ich kenne **die Frau**, | **die** das gesagt hat. |
| PLURAL | Sind das **die Schuhe**, | **die** er gekauft hat? |

### B Relative Clauses

The relative pronoun must show case. Its case is determined by its function within the relative clause.

#### 1. Nominative: The Subject of the Relative Clause

| | | |
|---|---|---|
| Nehmen Sie den Bus, | **der** zum Bahnhof fährt! | → **Der Bus** fährt zum Bahnhof. |
| Rufen Sie das Taxi, | **das** gerade hält! | → **Das Taxi** hält gerade. |
| Fragen Sie die Frau, | **die** dort steht! | → **Die Frau** steht dort. |
| Wer sind die Kinder, | **die** dort spielen? | → **Die Kinder** spielen dort. |

2. **Accusative: The Direct Object of the Relative Clause**

| | | |
|---|---|---|
| Wie heißt der Mann, | **den** ich fragen soll? | → Ich soll **den Mann** fragen. |
| Haben Sie das Buch, | **das** ich lesen wollte? | → Ich wollte **das Buch** lesen. |
| Hier ist die Tasse, | **die** er haben möchte. | → Er möchte **die Tasse** haben. |
| Das sind die Leute, | **die** er besucht hat. | → Er hat **die Leute** besucht. |

3. **Dative: The Indirect Object of the Relative Clause**

| | | |
|---|---|---|
| Wie heißt der Mann, | **dem** Sie geholfen haben? | → Sie haben **dem Mann** geholfen. |
| Wie heißt das Kind, | **dem** der Ball gehört? | → Der Ball gehört **dem Kind.** |
| Dort ist die Frau, | **der** ich das Geld gab. | → Ich gab **der Frau** das Geld. |
| Wer sind die Leute, | **denen** er das Haus zeigte? | → Er zeigte **den Leuten** das Haus |

4. **Genitive: (Possesive) Relationship Between Two Nouns**

Notice that there are only two genitive relative pronouns: **dessen** and **deren**; both are translated as *whose*.

Ich meine . . .

| | |
|---|---|
| **den Jungen, dessen** Vater den Unfall hatte. | → **Der Vater des Jungen** hatte den Unfall. |
| **das Mädchen, dessen** Mutter hier war. | → **Die Mutter des Mädchens** war hier. |
| **die Frau, deren** Mann bei mir arbeitet. | → **Der Mann der Frau** arbeitet bei mir. |
| **die Leute, deren** Auto da drüben steht. | → **Das Auto der Leute** steht da drüben. |

As is true for all German dependent clauses, the verb is in final position and the relative clause is set off by a comma or commas.

> Deutschland ist ein Land, **in dem** 80 Millionen Menschen **leben**.
> Die Dame, **mit der** ich gerade gesprochen **habe**, ist aus Augsburg.
> Weißt du, daß Frau Becker, **die** uns gestern **besuchte**, mit ihrer Schwester nach Amerika geflogen ist?

A relative clause usually follows its antecedent immediately, except if only one word is needed to complete the main clause.

> Der Wolf zog die Kleider **an**, die der Großmutter gehörten.
> Er hat die Kleider **angezogen**, die der Großmutter gehörten.
> Er wollte die Kleider **anziehen**, die der Großmutter gehörten.

**C  No Omission of Relative Pronouns**

In English it is common to omit the relative pronoun from a sentence. In German, relative pronouns may never be omitted. Compare the following examples:

> Die Antwort, **die** er gab, war nicht richtig.
> *The answer (which) he gave was not correct.*

> Der Mann, **den** sie sah, war mein Kollege.
> *The man (whom) she saw was my colleague.*

## D Relative Pronouns Preceded by Prepositions

A relative pronoun, like any noun or pronoun, may be the object of a preposition and must take the case required by the preposition:

> Wer ist der Mann, **mit dem** du am Telefon gesprochen hast?
> *Who is the man you spoke with on the phone?*
> *. . . with whom you spoke on the phone?*

> Die Leute, **von denen** Sie sprechen, stehen da drüben.
> *The people you are speaking of are standing over there.*
> *. . . of whom you are speaking . . .*

In contrast to English, German prepositions may not be separated from their object. Thus, if the object of the preposition is a relative pronoun, the preposition must immediately precede it.

## 2 Present Participles as Adjectives

You are familiar with past participles used as adjectives (**ein gebrauchtes Auto**/*a used car*). Both English and German also use present participles as adjectives. English forms the present participle by adding *-ing* to the basic verb *(playing children)*, German adds **-d** to the infinitive form of the verb.

| Infinitive | Participle | Participle Used as Adjective | |
|---|---|---|---|
| warten | wartend | die wartenden Leute | *the waiting people* |
| singen | singend | ein singendes Kind | *a singing child* |
| kommen | kommend | die kommende Woche | *the coming week* |

In German, present participles are used mainly as attributive adjectives as shown in the examples above.

---

### *Kultur und Information: Die Burg*

In Deutschland gibt es heute noch etwa 15.000 Burgen. Die meisten stammen[1] aus der Zeit zwischen 1100 und 1400. Etwa ein Drittel kann man noch besichtigen[2], und ein Drittel hat man zu Hotels, Wohnhäusern oder Jugendherbergen umgebaut. Alle Burgen sind verschieden. Viele stehen auf einem hohen Berg oder Felsen[3].

Die Burg ist ein Symbol für die „gute alte Zeit", das „romantische Deutschland". Schon im 19. Jahrhundert haben die Menschen ihre Liebe zu den alten Ritterburgen[4] ent-

deckt. Die starken Burgmauern erinnerten sie an „deutsche" Tugenden[5], wie zum Beispiel Treue[6] und Stärke. So wollten die Deutschen im 19. Jahrhundert gern sein. Damals hat man viele Burg-Ruinen wieder aufgebaut. Sogar neue Burgen im alten Stil hat man gebaut. Die berühmteste neue Burg im Stil der alten Ritterburgen ist vielleicht Neuschwanstein (siehe Kapitel 23/ *Land und Leute*).

[1] date  [2] see/visit  [3] rock  [4] fortresses of knights
[5] virtues  [6] loyalty

---

# MÜNDLICHE ÜBUNGEN

**MÜ 1**   Definieren Sie diese Berufe!
Wo findet man die Leute, die diesen Beruf haben?

→ *Eine Krankenschwester ist eine Frau, die beruflich Kranke pflegt.*
→ *Ein Arzt ist ein Mann, den man im Krankenhaus findet.*

| | | |
|---|---|---|
| 1. Kellner | 6. Apothekerin | 11. Tierärztin |
| 2. Köchin | 7. Automechaniker | 12. Busfahrer |
| 3. Bäcker | 8. Möbelverkäufer | 13. Friseurin |
| 4. Sekretärin | 9. Verkehrspolizist | 14. Postbote |
| 5. Kindergärtnerin | 10. Taxifahrerin | 15. Metzger |

**MÜ 2**   Definieren Sie diese Geschäfte, Plätze und Häuser!

- Blumengeschäft → *Das ist ein Geschäft, in dem man Blumen kaufen kann.*
- Golfplatz → *Das ist ein Platz, auf dem man Golf spielt.*

| | | |
|---|---|---|
| 1. Spielwarengeschäft | 9. Parkplatz | 17. Einfamilienhaus |
| 2. Schuhgeschäft | 10. Tennisplatz | 18. Mehrfamilienhaus |
| 3. Schreibwarengeschäft | 11. Sportplatz | 19. Gästehaus |
| 4. Möbelgeschäft | 12. Spielplatz | 20. Kaufhaus |
| 5. Apotheke | 13. Marktplatz | 21. Tankstelle |
| 6. Metzgerei | 14. Post | 22. Kiosk |
| 7. Reisebüro | 15. Sporthalle | 23. Bäckerei |
| 8. Supermarkt | 16. Bibliothek | 24. Fußgängerzone |

**MÜ 3**   Definieren Sie diese Zimmer und Möbel!

→ *Ein Eßzimmer ist ein Zimmer, in dem die Familie ißt.*
→ *Ein Eßtisch ist ein Tisch, den man zum Essen benutzt.*

1. Schlafzimmer
2. Wartezimmer
3. Arbeitszimmer
4. Schreibzimmer
5. Bücherschrank
6. Schuhschrank
7. Kleiderschrank
8. Geldschrank
9. Kaffeetisch
10. Spieltisch
11. Arbeitstisch
12. Schreibtisch

**6\* Städte lassen grüßen:**
* die Fächerstadt   * die Gartenstadt   * die Kunststadt
* die Sportstadt   * die Industriestadt   * die gastliche Stadt.
6 Städte? Nur eine: *Karlsruhe.* Die Stadt, die alles hat.

**MÜ 4**   Erklären Sie die Wörter!

- ein Handtuch    (Man trocknet sich damit ab.)
  *Ein Handtuch ist ein Tuch, mit dem man sich abtrocknet.*

1. ein Rasierapparat   (Man rasiert sich damit.)
2. ein Schlafzimmer   (Man schläft darin.)
3. ein Weinglas   (Man trinkt Wein daraus.)
4. eine Bettcouch   (Man schläft darauf.)
5. eine Parkgarage   (Man kann darin parken.)
6. ein Suppenteller   (Man kann Suppe daraus essen.)
7. Schreibpapier   (Man kann darauf schreiben.)
8. ein Wohnhaus   (Man kann darin wohnen.)
9. ein Möbelwagen   (Man transportiert Möbel damit.)
10. eine Imbißstube   (Man kann dort schnell essen.)

**MÜ 5**   Auf deutsch, bitte!

1. What's the name of the doctor she went to?
2. Is this the book you just bought?
3. This is the room in which he always worked.
4. That was a day I will never forget.
5. I mean the boy whose bicycle is standing over there.
6. Here is the new coat I wanted to show you.
7. Is there another bus that goes downtown?
8. The people with whom he went were very nice.
9. Wear the heaviest sweater you have.
10. Do you know the girl whose parents bought the house?
11. Ask the policeman standing over there.
12. Where is the woman to whom this purse belongs?
13. Where are the students whose books are on the table?
14. Who was the woman you were talking to?
15. The letter in which he put the money did not arrive.
16. The house in which he lives is very old.
17. Is this the newspaper you are looking for?
18. Who is the gentleman to whom you just gave the money?

*Assmannshausen am Rhein*

## WARUM IST ES AM RHEIN SO SCHÖN? . . .

*Der Mäuseturm bei Bingen am Rhein*

*Die Pfalz bei Kaub*

Wer an den Rhein denkt, der denkt an Wein und beginnt zu singen „Warum ist es am Rhein so schön? . . ." Eine Fahrt auf dem Rhein war und ist für viele ausländische Touristen immer noch der Höhepunkt ihrer Deutschlandreise. Aber auch für die Deutschen ist der Rhein ein beliebtes Ausflugsziel[1].

Schon den Römern hat es am Rhein gefallen. Sie bauten komfortable Bäder, sie brachten den Weinbau[2] an den Rhein, pflanzten Reben und führten ein Leben, das nicht schlechter war als in Rom. Es gibt kaum einen Berg am Rhein, an dessen Hängen[3] keine Reben wachsen[4]. Der Rheingau, die Landschaft zwischen Bingen und Mainz, ist die berühmteste deutsche Weinlandschaft. An den Hängen des Rheingaus wächst der Wein mit den weltberühmten Namen Liebfrauenmilch, Niersteiner. Johannesberger . . .

Nach den Römern kamen andere: Normannen, Alemannen und Hunnen. Könige und Fürsten[5] kamen und bauten Burgen an die Flußufer, auf Berge oder auch   wie bei der Pfalz bei Kaub – mitten in den Rhein. Heute kommen die Touristen, viele Millionen. Auf einer romantischen Fahrt auf dem Rhein, im Zug, im Auto oder auch mit dem Fahrrad den Rhein entlang[6], gibt es am Rheinufer viel zu sehen: Kirchen, Schlösser, Burgen, malerische[7] Städtchen mit Fachwerkgassen und immer wieder Weinberge. Hier sind einige Höhepunkte, von Norden nach Süden.

**Speyer** hat einen eindrucksvollen romanischen Kaiserdom, der aus dem Jahre 1030 stammt. Acht deutsche Kaiser und Könige aus dem frühen Mittelalter sind hier beigesetzt[8]. In Speyer ist das älteste Weinmuseum Deutschlands. Hier kann man eine Flasche mit Wein sehen, die aus der Römerzeit (3. Jahrhundert nach Christi) stammt[9].

**Worms** ist eine Gründung[10] der Römer. Im Nibelungenlied, dem deutschen National-Epos aus dem 12. Jahrhundert, ist Worms der Mittelpunkt des Burgunderreiches. Das Epos erzählt von der großen und grausamen Königin Brunhilde und ihrer Rache[11] an dem jungen Helden Siegfried, von Hagen von Tronje, der Siegfried tötet und den riesigen Goldschatz der Nibelungen im Rhein versenkt[12]. Und es erzählt von Kriemhilde, die den Hunnenkönig Etzel (Attila) heiratet, um Siegfrieds Tod zu rächen und die Burgunden vernichten[13] läßt.

In Worms feierte Karl der Große Hochzeit, und hier verteidigte[14] sich der Reformator Martin Luther vor Kaiser und Reichstag[15]. Im Mittelalter war Worms ein wichtiges politisches Zentrum. Aus dieser Zeit stammt der romanische Dom.

An der Mündung[16] des Mains in den Rhein liegt **Mainz**. Die Römer gründeten Mainz vor etwa 2000 Jahren. Sie blieben rund dreihundert Jahre lang. Die Stadt ist ein alter Bischofssitz[17] und hat eine 500 Jahre alte Universität. Aus Mainz kam Johann Gutenberg, der den Buchdruck[18] erfunden hat. Jahrhundertelang war Mainz eine internationale Stadt, in der sich jedermann wohl fühlte. Das Wahrzeichen[19] der Stadt Mainz ist der über 1000 Jahre alte Kaiserdom.

Zwischen Bingen und Koblenz ist der Rhein am schönsten, denn das Rheintal wird hier sehr eng. Die Berge links und rechts sind bis zu 200 Meter hoch, steil und felsig[20]. Fast auf jedem Berg steht eine Burg. Es sind rund vierzig, und jede Burg hat ihre Geschichte oder Geschichten. Einige Burgen sind nur noch Ruinen. Andere hat man restauriert und zu romantischen Hotels oder Jugendherbergen gemacht.

Der **Mäuseturm** bei **Bingen** erzählt die Geschichte von dem grausamen Bischof Hatto von Mainz, der während einer Hungersnot[21] den Armen kein Brot gab, und für diese Sünde mit seinem Leben bezahlen mußte. Im Mäuseturm haben ihn die Mäuse gefressen, die durch den Rhein geschwommen waren. In Wirklichkeit war der Turm eine Zollstation[22].

Nach Bingen, bei **Kaub** steht eine Burg mitten im Rhein: die Wasserburg **Pfalzgrafenstein**, genannt „die Pfalz". Sie stammt aus dem Jahre 1326 und war eine Zollstation für die Schiffe auf dem Rhein.

Eine der schönsten Städte am Rhein ist **Bacherach**, deren Namen auf den Weingott Bacchus zurückgeht. Bacharach hat viele alte Fachwerkhäuser und eine sehr schöne Jugendherberge. Übrigens gibt es auch auf der Burg Stahleck bei Bacharach, in Oberwesel neben der Schönburg und auf der Festung[23] Ehrenbreitstein gegenüber Koblenz weitere schöne Jugendherbergen.

*Der Lorelei-Felsen am rechten Rheinufer*

Bei **St. Goarshausen** kommt die berühmteste Attraktion am Rhein: Die **Lorelei**. Es ist ein 132 Meter hoher Felsen[24]. An dieser Stelle ist der Rhein sehr schmal, fast 30 Meter tief und deshalb gefährlich. Früher passierten hier oft Schiffsunglücke[25], besonders bei Nebel. Eine alte Sage erzählt von dem schönen Mädchen Lorelei, das oben auf dem Felsen saß, ihr langes blondes Haar kämmte und wunderschön sang. Die Schiffer sahen nur nach oben. Sie vergaßen, wie gefährlich der Rhein an dieser Stelle war und fuhren gegen den Felsen. Heute haben die großen Schiffe, die auf dem Rhein fahren, jedoch Radargeräte[26] . . . Auf den Passagierschiffen läßt der Kapitän das berühmte Lied[27] von Heinrich Heine spielen: „Ich weiß nicht, was soll es bedeuten . . .“ (siehe Seite 470).

Auf dem Weg nach **Boppard**, einem schönen mittelalterlichen Städtchen, kann man **Burg Katz** und **Burg Maus** sehen. Die Burgherren waren sicher keine Freunde. Weiter nördlich stehen die Burgen **Liebenstein** und **Sterrenberg**. Man nennt sie die feindlichen[28] Brüder, weil sie immer wieder Krieg gegeneinander geführt haben. Die beiden Burgen stehen sehr dicht zusammen, doch zwischen ihnen steht eine dicke hohe Mauer.

Bei **Koblenz** fließt die Mosel in den Rhein. Hier hatten die Römer ein komfortables Militärlager[29] mit dem Namen „Confluentes“. Auch die Festung **Ehrenbreitstein**, die über der Stadt liegt, gibt Auskunft darüber, daß Koblenz strategische Bedeutung hatte. Im 19. Jahrhundert war Ehrenbreitstein die stärkste deutsche Festung. Heute ist in Koblenz mit 12.000 Soldaten in acht Kasernen die größte Garnison[30] Europas.

[1]destination for excursions  [2]viniculture  [3]slopes  [4]grow grapevine  [5]princes  [6]alongside  [7]picturesque  [8]buried  [9]dates  [10]city founded by the Romans  [11]revenge  [12]submerged/treasure  [13]annihilate  [14]defended  [15]emperor and diet  [16]estuary  [17]bishopric  [18]printing press  [19]landmark  [20]rocky  [21]famine  [22]customs post  [23]fortress  [24]cliff  [25]accidents happened  [26]instruments  [27]song  [28]hostile  [29]camp  [30]garrison

**Fragen und Aufgaben: Was wissen Sie über den Rhein?**

1. Was für ein Fluß ist der Rhein?

   Der Rhein ist ein Fluß, . . .
   - der durch fünf Länder fließt: die Schweiz, Frankreich, Deutschland, Belgien und die Niederlande.
   - auf dem viele Schiffe fahren.
   - an dessen Ufer viele Burgen, Schlösser und Kirchen sind.
   usw.

2. Was für ein Land ist das Rheinland?

   Das Rheinland ist ein Land, . . .
   - das schon immer eine Attraktion für viele Menschen war.
   - das für seinen Wein berühmt ist.
   - in dem schon die Römer gut gelebt haben.
   usw.

3. Was für eine Landschaft ist die Rheinlandschaft?

   Die Rheinlandschaft ist eine Landschaft, . . .
   - die für ihre Sagen und Geschichten berühmt ist.
   - über die viele Dichter geschrieben haben.
   - die bekannt ist für . . .
   usw.

4. Lokalisieren Sie auf der Landkarte die Städte, die am Rhein liegen. Welche Bedeutung haben diese Städte?

Schreiben Sie eine Liste mit den berühmtesten Städten am Rhein!

*Bingen*

## Fragen

1. Warum ist der Rhein ein beliebtes Ausflugsziel?
2. Wo ist der Rhein am schönsten? Warum?
3. Wer brachte den Wein an den Rhein?
4. Welche Städte am Rhein sind Gründungen der Römer?
5. Welche Sagen, Legenden oder Geschichten, die sich am Rhein abspielten, kennen Sie? Können Sie eine davon erzählen?
6. Wie heißt das National-Epos der Deutschen, und welche Stadt war der Mittelpunkt?
7. Warum ist der Lorelei-Felsen so berühmt?

## Aufgaben

Hier sind einige Stichwörter und Namen aus dem Text. Was können Sie dazu sagen?

| | | |
|---|---|---|
| 1. Römer | 7. berühmte Kirchen | 13. Martin Luther |
| 2. Weinbau | 8. Burgen | 14. Johann Gutenberg |
| 3. Weinberge | 9. das älteste Weinmuseum | 15. Hatto von Mainz |
| 4. Hänge / Reben | 10. das Nibelungenlied | 16. die „Pfalz" |
| 5. Rheingau | 11. Karl der Große | 17. Heinrich Heine |
| 6. Liebfrauenmilch | 12. Confluentes | 18. Katz und Maus |

# SCHRIFTLICHE ÜBUNGEN

**SÜ 1**   Ergänzen Sie die Relativpronomen!
*(Nominativ, Akkusativ, Dativ, Genitiv)*

1. Das Auto, _das_ wir gestern sahen, ist schon verkauft.
2. Welche Farbe hat der Bus, ____ zum Marktplatz fährt?
3. Bitte spielen Sie die Musik, ____ Ihnen am besten gefällt!
4. Dort kommt die Dame, von ____ wir gerade gesprochen haben.
5. Wo sind die Studenten, ____ diese Bücher gehören?
6. Der Polizist, ____ wir fragten, wußte es auch nicht.
7. Fragen Sie den Polizisten, ____ an der Ecke steht!
8. Ich kenne die Leute, bei ____ Sie gestern waren.
9. Ich nehme die größte Tasche, ____ ich habe.
10. Hier ist ja der Schlüssel, ____ ich gesucht habe.
11. Kennen Sie die Leute, ____ Auto vor Ihrem Haus geparkt ist?
12. Wie heißen die Leute, ____ wir die Blumen bringen sollen?
13. Wie hieß die Dame, ____ Reisepaß du gefunden hast?
14. Das Hotel, in ____ wir wohnten, war sehr gut.
15. Warum willst du dir einen Mantel kaufen, ____ dir nicht gefällt?
16. Die Dame, ____ das Kleid so gut gefiel, hat es gekauft.
17. Das Kleid, ____ der Dame so gut gefiel, war gar nicht teuer.
18. Wissen Sie, wo der Herr ist, ____ gerade noch hier stand?

**SÜ 2**    Ergänzen Sie die Relativpronomen und vollenden Sie die Sätze!

1. Die Familie, neben _der_ wir wohnen, *kommt aus Berlin.*
2. Die Sekretärin, für ____ ich das Geschenk kaufte, . . .
3. Ein Freund, von ____ ich lange nichts hörte, . . .
4. Die große Stadt, durch ____ wir fuhren, . . .
5. Das Haus, in ____ er wohnt, . . .
6. Der Bus, auf ____ wir gewartet haben, . . .
7. Alle Ärzte, zu ____ sie gegangen ist, . . .
8. Meine Freunde, bei ____ ich oft bin, . . .
9. Der Kugelschreiber, mit ____ er schrieb, . . .
10. Das Haus, aus ____ er gekommen ist, . .

**SÜ 3**    Verbinden Sie die Sätze mit Relativpronomen!

- Die Leute waren sehr nett. Wir haben die Leute im Urlaub getroffen.
  *Die Leute, die wir im Urlaub getroffen haben, waren sehr nett.*

1. Sie hat einen Mann geheiratet. Er ist sehr reich.
2. Der Zug ist später angekommen. Ich habe den Zug genommen.
3. Die Dame war aus Augsburg. Ich habe neben ihr gesessen.
4. Freiburg und Karlsruhe sind zwei Städte. Sie liegen in Südwestdeutschland.
5. Unsere Freunde suchen ein Haus. Die Wohnung unserer Freunde ist klein.
6. Wie findest du das neue Geschäft? Wir haben in dem Geschäft eingekauft.

---

# *Wortschatz*

## NOMEN

| | |
|---|---|
| **das Gerät, -e** | instrument |
| **die Jugendherberge, -n** | youth hostel |
| **der Krankenpfleger, -** | male nurse |
| **der Maurer, -** | mason |
| **der Metzger, -** | butcher |
| **die Stelle, -n** | site, place, position |

*Leicht erkennbare Wörter*
**der Architekt, -en -en / der Bäcker, - / die Bäckerei, -en / der Chef, -s / der Gärtner, - / die Gärtnerin, -nen / die Kindergärtnerin, -nen / der Kiosk, -e / die Metzgerei, -en / das Produkt, -e / der Sitz, -e**

## VERBEN

| | |
|---|---|
| **an · sprechen (i)** | to speak to, to address |
| **mauern** | to lay bricks |
| **pflegen** | to take care of |
| **regeln** | to regulate |

*Leicht erkennbare Wörter*
**restaurieren / pflanzen / singen, sang, gesungen**

*Leicht erkennbare Adjektive*
**ausländisch / beruflich**

## PRAKTISCHE TIPS FÜR DAS TRAMPEN IN DEUTSCHLAND

Ekkehard Schmidt (21) ist ein erfahrener[1] Tramper. „Mit dem Daumen[2]" ist er schon um die halbe Welt gekommen. Hier gibt er einige wertvolle Tips[3] für Tramper, die Deutschland, Österreich und die Schweiz kennenlernen wollen.

Trampen ist leicht. Trampen ist billig. Trampen macht Spaß. Beim Trampen kannst du viele Leute kennenlernen und sogar mit ihnen Deutsch sprechen. Viele können auch Englisch, aber die Leute sind besonders nett, wenn du ihre Sprache sprechen kannst.

Nach Deutschland fährt man am besten auf den Autobahnen[4] aus dem Süden, Westen und Norden. Ich versuche immer an einer der vielen Raststätten[5] an der Autobahn auszusteigen. Leute, die an einer Raststätte halten um zu essen, müssen meistens noch weit fahren. Das sind die richtigen Leute für einen, der mit dem Daumen fahren will. Am besten geht man auf sie zu, wenn sie weiterfahren wollen, und fragt: „Fahren Sie vielleicht nach Frankfurt? Können Sie mich bitte (ein Stückchen) mitnehmen?"

Jetzt können die Leute in Ruhe entscheiden, ob sie dich mitnehmen wollen. Sie können mit dir sprechen, dich fragen, wo du herkommst. Und das Beste ist, daß auch du die Leute kennenlernen kannst, bevor du in ein fremdes[6] Auto einsteigst und mitfährst, denn trampen kann gefährlich sein, besonders für weibliche Tramper. Am Anfang ist es gar nicht so einfach, Menschen anzusprechen, die man nicht kennt und von denen man nichts weiß. Aber du wirst bald lernen, wie man das am besten macht.

Sehr schnell bekommst du ein Auge dafür, wer nie einen Anhalter[7] mitnimmt: meistens Frauen über 30, Ehepaare, die kleine Kinder im Auto haben oder ältere Menschen. Wichtig ist natürlich auch, daß du immer nett und sauber aussiehst. Man darf auch nicht zu viel Gepäck haben. Am besten ist ein Rucksack[8], den man auf den Autositz legen kann. Wenn du eine kleine Fahne[9] deines Landes auf den Rucksack machst, weiß jeder immer gleich, woher du kommst. Viele Autofahrer nehmen einen jungen Ausländer mit, dem sie dann gerne etwas von ihrem Land zeigen, zum Beispiel eine schöne Stadt, eine malerische Burg oder eine berühmte Kirche.

An einem Platz, an dem man länger als eine Stunde warten muß, sollte man besser nicht bleiben. Manchmal ist es auch schwer, wieder an eine Autobahnraststätte zu kommen, um von dort lange Strecken zu fahren, wie zum Beispiel nach Berlin. Abends oder nachts sollte man nur an solchen Straßen oder Raststätten warten, die hell beleuchtet[10] sind. Oft muß man nachts länger warten als am Tag. Wenn aber ein Fahrer anhält, dann muß er meistens noch sehr weit fahren. Besonders die Lastwagenfahrer nehmen gern Tramper mit, mit denen sie sich unterhalten wollen, um nicht am Steuer einzuschlafen.

Wenn du Zeit hast und das Land wirklich kennenlernen willst, darfst du natürlich nicht nur auf der Autobahn bleiben. Dafür brauchst du aber gute Straßenkarten, auf denen du sehen kannst, wo was ist. Auf Landstraßen hältst du am besten ein Schild[11] hoch mit dem Namen der Stadt, die du besuchen willst. Dann wissen die Fahrer gleich, wohin du willst und halten hoffentlich an und nehmen dich mit.

[1]experienced  [2]thumb  [3]hints  [4]super highway  [5]rest stop  [6]strange, unknown  [7]hitchhiker  [8]backpack  [9]flag  [10]illuminated  [11]sign

### Diskussion: Trampen

1. Sind Sie schon einmal getrampt? Wann war das, und wohin sind Sie gefahren?
2. Haben Sie schon einmal einen „Anhalter" mitgenommen? Wie war das?
3. Finden Sie, daß das Trampen gefährlich oder ungefährlich ist? Warum (nicht)?

# Wir und die Welt von morgen

### *Themen und Sprechziele*
Zukunftsvisionen  •  Meine Zukunft

### *Kultur und Information*
Intercity-Express  •  Tramper-Ticket
Karl May  •  Das Brandenburger Tor

### *Zwischenspiel*
Ratespiel: Wer weiß es?

### *Grammatik und Übungen*
Future Tense
    Tense Formation
    Future Tense of Modals
    Word Order
    To Express Probability

# SPRECHZIELE

## ZUKUNFTSVISIONEN

*Futur*

**Situation 1**   Was wird uns die Zukunft wohl bringen?

Die Menschen **werden** weniger **arbeiten**.
Automaten **werden** die Arbeit **machen**.
Wahrscheinlich **wird** man mehr Freizeit **haben**.
Was **werden** die Leute in ihrer Freizeit wohl **tun**?

Sicher **werden** die Züge schneller **fahren**.
Die Flugzeuge **werden** schneller **fliegen**.
Man **wird** in zwei Stunden von Frankfurt nach
New York **fliegen können**.

Immer mehr Menschen **werden** ein Auto **besitzen**.
Der Verkehr auf den Straßen **wird** schrecklich **sein**. Wenn das so weitergeht, **wird** die Luftverschmutzung immer schlimmer **werden**.

In manchen Städten **werden** keine Autos **fahren
dürfen**. Vielleicht **wird** man wieder zu Fuß **gehen
müssen**. Dann **wird** die Luft auch wieder besser
**sein**, und man **wird** wieder normal **atmen können**.

## Situation 2　Meine Meinung

1. Wird unser Leben besser oder schlechter sein?
2. Werden die Menschen länger leben?
3. Wird die Luft besser oder schlechter sein?
4. Werden wir mehr oder weniger Freizeit haben?
5. Wer wird die Arbeit machen?
6. Werden wir mehr oder weniger arbeiten müssen?
7. Wie wird man die Freizeit verbringen?
8. Wird man Urlaub auf dem Mond machen können?

## Situation 3　Meine Zukunft

Wie wird Ihr persönliches Leben aussehen?
Was werden Sie wahrscheinlich tun, . . .

1. wenn Sie verheiratet sind?
2. wenn Sie Kinder haben?
3. wenn Sie mit Ihrem Studium fertig sind?
4. wenn Sie eine gute Arbeit haben?
5. wenn Sie nach Deutschland gehen?
6. wenn Sie Urlaub oder Ferien haben?

Erinnern Sie sich? Wie heißen die Verben zu diesen Nomen?

die Ankunft — ankommen
die Abfahrt
der Anruf
der Anfang
die Einladung
die Vorbereitung
der Schlaf
der Abflug
der Fernseher
der Dank
die Fahrt
die Empfehlung
der Besuch
die Erwartung

---

## *Kultur und Information: Intercity-Express*

Die Deutsche Bundesbahn hat einen neuen Zug, den Intercity-Express oder kurz ICE. Sein letzter Rekord war 406,9 Kilometer pro Stunde, aber im normalen Schienenverkehr[1] darf er nur 250 Kilometer pro Stunde fahren. Der ICE erreicht diese hohe Geschwindigkeit[2] durch eine neue Technik. Er hat keine Lokomotive. Er hat zwei "Triebköpfe"[3], einen Triebkopf am Anfang und einen am Ende des Zuges.

Zur Zeit fahren die schnellsten deutschen Züge rund 200 Kilometer pro Stunde. Von Hamburg nach München (782 Kilometer) brauchen sie sieben Stunden. Der neue ICE braucht nur fünf Stunden. Er fährt durch viele Tunnel. Die Fahrgäste sitzen in bequemen Sesseln. Sie können Musik hören, ein Buch lesen oder sich einen Video-Film ansehen. Im Zug gibt es auch Telefon, und die Fahrgäste können telefonieren. Bei der Deutschen Bundesbahn hat die Zukunft schon begonnen.

[1] rail traffic　[2] speed　[3] drive units

# GRAMMATIK

## 1  The Future Tense

As you already know, German generally uses the present tense if it is clear from the context that the events or actions will take place in the future. This is especially true when an expression of time which indicates future is in the sentence.

| | |
|---|---|
| Wir kommen morgen. | *We'll come tomorrow.* |
| Was machen Sie heute abend? | *What are you doing tonight?* |
| Er wäscht das Auto später. | *He'll wash the car later.* |

However, if future time is not indicated by a time expression, the future tense should be used to avoid confusion.

| | |
|---|---|
| Wir **werden** euch **schreiben**. | *We'll write to you.* |
| **Wird** er dich **anrufen**? | *Will he call you?* |
| Was **werden** Sie **machen**? | *What will you do?* |

### A  Tense Formation

Similarly to English, German forms the future tense with an auxiliary and the main verb. The difference is that English uses *will* or *shall* as the auxiliary whereas German uses the conjugated forms of **werden** and an infinitive in final position.

| Future: | **werden** + Infinitive | | | |
|---|---|---|---|---|
| ich | werde | verstehen | *I will* | *understand* |
| du | wirst | verstehen | *you will* | *understand* |
| er/es/sie | wird | verstehen | *he/it/she will* | *understand* |
| wir/sie/Sie | werden | verstehen | *we/they/you will* | *understand* |
| ihr | werdet | verstehen | *you will* | *understand* |

**Caution**  Do not confuse the future auxiliary **werden** with the modal **wollen (ich will)** which expresses willingness or desire to do something.

### B  Future Tense of Modals

As with other verbs, the future tense of modals is composed of the present tense of **werden** and an infinitive in final position. This means that the infinitive of the modal moves to the end of the clause. The result is a double infinitive construction.

| | |
|---|---|
| PRESENT TENSE | Er **kann** nicht kommen. |
| FUTURE TENSE | Er **wird** nicht kommen **können**. |

This construction is exactly the reverse of English.

Ich werde zu Hause | bleiben | müssen.

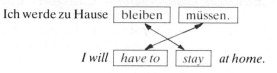

I will | have to | stay | at home.

## C  Word Order

1. In a simple sentence the infinitive is in final position.

> Werdet ihr uns **anrufen?**
> Ich werde ihm Bescheid **sagen.**
> Er wird nicht genug Geld **haben.**

2. In a sentence with a modal auxiliary the modal is in final position.

> Werdet ihr uns anrufen **können?**
> Ich werde ihm Bescheid sagen **müssen.**

3. In a dependent clause, the auxiliary **werden** is in final position.

> Ich weiß nicht, ob er anrufen **wird.**
> Habt ihr gesagt, daß ihr auch kommen **werdet?**

## D  Future Tense to Express Probability

The future tense is very often used to express probability in present time, that is, a guess or a hunch of the speaker. Such probability statements are made more forceful by the use of adverbs such as **wohl** *(probably)*, **vielleicht** *(perhaps)*, **wahrscheinlich** *(most likely)* or **sicher** *(surely)*.

> Er wird es **wohl** wissen.     *He'll probably know it.*
> **Vielleicht** werde ich ihn besuchen.     *Perhaps I will visit him.*
> Sie werden **wahrscheinlich** kommen     *They will most likely come*
> Du wirst mir **sicher** helfen.     *You will surely help me.*

*Was wird wohl in zwanzig Jahren sein? Wie werden wir dann leben?*

## Kultur und Information: Deutsche Bundesbahn – Tramper-Ticket

Wer nicht auf der Autobahn trampen will, kann sich ein „Tramper-Monats-Ticket" der Deutschen Bundesbahn kaufen. Das ist die nationale Version des „Inter-Rail-Tickets". Damit kann jeder, der noch nicht 23 Jahre alt ist, vier Wochen lang für wenig Geld durch Deutschland fahren. Wer nachts manchmal im Zug schläft, kann sogar das Geld für ein Hotelzimmer sparen. Zum Beispiel fahren auf den Strecken[1] Hamburg–München und Dortmund–München und zurück die „Twen-Nachttramper". In diesen Zügen bekommt man für einen kleinen Zuschlag einen richtigen Schlafplatz im Liegewagen[2]. Während der Fahrt im Zug kann man interessante Leute kennenlernen und viel über Deutschland lernen.

[1] section (of railroad or highway)  [2] couchette

# MÜNDLICHE ÜBUNGEN

**MÜ 1**   Bilden Sie Sätze im Futur!

● Wir nehmen den Zug. → *Wir werden den Zug nehmen.*

1. Sie verläßt die Stadt.
2. Er besteht die Prüfung.
3. Sie verdienen viel Geld.
4. Er trifft einen Freund.
5. Er geht die Treppen hinauf.
6. Sie bringt das Buch zurück.
7. Ich rufe Sie vielleicht an.
8. Das Konzert findet statt.
9. Wir fahren mit dem Zug.
10. Die Leute vergessen das.

**MÜ 2**   Bilden Sie Fragen im Futur!

● Wie lange bleiben Sie in Deutschland? → *Wie lange werden Sie in Deutschland bleiben?*

1. Wann besuchen Sie uns?
2. Wohin geht er?
3. Wo verbringen Sie Ihren Urlaub?
4. Was tun die Leute?
5. Versteht er das?
6. Kommt sie auch?
7. Seid ihr zu Hause?
8. Rufst du mich an?
9. Scheint die Sonne?
10. Wen bringst du mit?

**MÜ 3**   Benutzen Sie in Ihrer Antwort **wohl**, **sicher**, **vielleicht** oder **wahrscheinlich**!
Erinnern Sie sich an Cornelia Bausen?

● Macht Cornelia ihre Hausaufgaben? → *Ja, sie wird sicher ihre Hausaufgaben machen.*

1. Holt ihr Vater sie von der Schule ab?
2. Lernt sie in der Schule Englisch?
3. Ist sie abends sehr müde?
4. Erreicht sie heute ihren Bus?
5. Geht sie manchmal ins Café?
6. Braucht sie viel Geld?

**MÜ 4**    Antworten Sie mit einem Modalverb im Futur!

●   Warum hilft sie ihm nicht? → *Sie wird ihm nicht helfen können (dürfen, wollen)*.

1.  Warum spricht er nicht Deutsch?
2.  Warum wechselt er nicht den Reifen?
3.  Warum kommt sie nicht vorbei?
4.  Warum fährt er nicht zurück?
5.  Warum ruft sie jetzt nicht an?
6.  Warum spielt er nicht Tennis?
7.  Warum machen sie keinen Urlaub?
8.  Warum warten die Leute nicht?

**MÜ 5**    Auf deutsch, bitte!

1.  He will surely call you.
2.  How long will your parents stay in Germany?
3.  Do you think that he will like his present?
4.  She'll probably recommend an expensive hotel.
5.  We will not be able to stop in front of the bank.
6.  What will you do if you don't get the letter?
7.  I won't do that.
8.  Perhaps it will not rain.
9.  That will probably not be easy.
10. Do you think he will write to us?
11. He will surely help the poor people.
12. Did they say whether they'll visit us?
13. Perhaps he won't be able to do the work.
14. If she doesn't come, you will have to go alone.
15. Surely we will have to pay these bills.

**Erinnern Sie sich?**

| Infinitiv | Imperfekt |
|-----------|-----------|
| fahren | *fuhr* |
| anfangen | *fing an* |
| fliegen | _____ |
| rufen | _____ |
| essen | _____ |
| einsteigen | _____ |
| beginnen | _____ |
| heißen | _____ |
| sitzen | _____ |
| halten | _____ |
| liegen | _____ |
| laufen | _____ |
| stehen | _____ |
| bekommen | _____ |
| lesen | _____ |

---

*Kultur und Information: Karl May*

Wer ist der erfolgreichste[1] deutsche Schriftsteller[2]? Nein, es ist nicht Goethe. Es ist auch nicht Schiller. Der erfolgreichste deutsche Schriftsteller aller Zeiten heißt Karl May. Allein in deutscher Sprache gibt es 60 Millionen Bücher von ihm. Karl May hat mehr als siebzig Romane[3] geschrieben. Seine Romane sind in 35 Sprachen übersetzt[4]. Karl Mays Helden sind Abenteurer[5]. Sie leben in der Wüste[6], in der Prairie, in Wäldern und im Gebirge. Sie suchen Gold, jagen Verbrecher[7] und retten ihre Freunde. Man trifft Indianer, Araber, Chinesen, Eskimos – in Karl Mays Romanen spielt die ganze Welt mit. Und immer siegt[8] das Gute. Manchmal kommt der Held zurück nach Deutschland und schreibt Bücher über seine Abenteuer.

Karl May selbst war jedoch kein Held. Er war nie in der Wüste und hatte nie einen Indianer gesehen. Seine Geschichten sind alle frei erfunden[9]. Vielen Lesern sind die Karl-May-Romane zu einfach, denn der Schriftsteller benutzte nur einen Wortschatz von 3.000 Wörtern. Aber viele Millionen Menschen lieben seine einfachen Abenteuer-Geschichten, und jeden Sommer besuchen Hunderttausende die Karl-May-Festspiele in Bad Segeberg, nördlich von Hamburg.

[1] successful   [2] writer   [3] novels   [4] translated   [5] adventurers   [6] desert   [7] criminals   [8] wins   [9] invented

# LAND UND LEUTE

## WIR UND DIE WELT VON MORGEN

Ein viel diskutiertes Thema in unserer Zeit ist der Mensch, seine Umwelt und seine Zukunft. Es gibt viele Bücher über dieses Thema, aber niemand kann wissen, was die Zukunft bringen wird. Viele Wissenschaftler schreiben über die Welt von morgen, und die Politiker machen Programme für die Zukunft. Jeder von uns hat Erwartungen, Träume und eine Meinung, wie unser Leben wohl im 21. Jahrhundert aussehen wird.

Wir haben einigen jungen und älteren Leuten die Frage gestellt: „Wie wird unsere Welt wohl in dreißig Jahren aussehen?" Hier sind ihre Antworten:

JÖRG MÖLLER, 35 JAHRE:
Wahrscheinlich werden die Menschen weniger arbeiten müssen. Man wird die Arbeit neu organisieren und vielleicht nur an drei Tagen in der Woche arbeiten. Maschinen werden die Arbeit machen, und der Mensch wird die Maschinen kontrollieren. Man wird viel mehr Freizeit haben.

MICHAEL THIEBEN, 18 JAHRE:
Computer, Automaten und andere elektronische Dinge werden eine noch größere Rolle in unserem Leben spielen. Aber ich fürchte, daß viele Leute arbeitslos sein werden, wenn Roboter die Arbeit machen. Ich hoffe nur, daß die Menschen den Computer beherrschen werden und nicht der Computer die Menschen.

BARBARA GRAF, 27 JAHRE:
Ich hoffe, daß die Hausarbeit einfacher sein wird. In dreißig Jahren wird sicher jeder Haushalt einen Computer besitzen, so wie man heute Telefon hat. Der Computer wird die Hausarbeit, den Einkauf und die Mahlzeiten planen. Viele neue elektronische Dinge werden unser Leben einfacher machen. Vielleicht wird jede Familie ein Bildtelefon und mehrere Taschenfernseher haben.

THOMAS JANKOWSKI, 46 JAHRE:
Auch das Auto wird im 21. Jahrhundert wohl anders aussehen. Das Zukunftsauto wird das Lenkrad vielleicht in der Mitte haben. Es wird mit einer Batterie fahren können und einen elektrischen Motor

und elektrische Bremsen haben. Sicher wird es auch weniger Unfälle geben, denn jedes Auto wird wohl einen Computer haben, der das Fahren zum Kinderspiel machen wird.

PETER BAIER, 22 JAHRE:
Die Autos von heute wird man im nächsten Jahrhundert hoffentlich nicht mehr fahren. Ich meine wegen der Umweltverschmutzung. Vielleicht wird jeder ein Privatflugzeug haben. Lange Reisen wird man nur noch mit dem Flugzeug machen. Eine Weltreise wird nur einige Stunden dauern. Sicher werden wir auch andere Planeten besuchen können. Wer weiß? Vielleicht werden wir irgendwann unsere Ferien auf dem Mond verbringen können.

JÜRGEN DALBERG, 21 JAHRE:
Das Wetter wird auch kein Problem mehr sein, denn eine internationale Wetterstation wird das Wetter planen und kontrollieren. Wissenschaftler aus allen Ländern werden mit Hilfe von Computern und Satelliten entscheiden, wann und wo es regnen wird, und wo die Sonne scheinen soll.

HANNELORE BECKER, 35 JAHRE:
Sicher wird man nicht in Häusern wohnen wie heute. Vielleicht wird es große Wohnzentren geben, wo so viele Menschen wohnen können wie heute in einer kleinen Stadt. Diese Häuser werden auch keine Heizungen brauchen, wie man sie heute hat. Es wird leicht sein, die Wärme aus der Umwelt zu holen. Man wird mit Sonne, Wind oder Luft heizen. Vielleicht werden die Wohnungen auch unter der Erde liegen, um Energie zu sparen.

JUTTA FEUERSTEIN, 15 JAHRE:
Wir werden alle in großen, schönen Häusern mit großen schönen Gärten leben. Man wird viel Freizeit haben. Man wird kein Geld mehr brauchen. Es wird keine Armen und keine Reichen geben. Wir werden alle genug zum Essen und Trinken haben. Alle Menschen werden glücklich sein. Aber ich weiß, das ist Utopie.

SILKE SCHNEIDER, 17 JAHRE:
Ich habe Angst vor der Zukunft. In vielen Ländern ist Krieg. Vielleicht wird es einen Nuklearkrieg geben. Dann werden wir alle tot oder krank sein. So einen Krieg kann kein Staat gewinnen. Wir müssen jetzt etwas tun, vielleicht öfter gegen den Krieg demonstrieren.

KARLHEINZ BLUM, 33 JAHRE:
Es wird keinen Krieg geben. Wir werden Weltfrieden haben. Aber das Leben wird schwierig sein. Es wird kein frisches Wasser geben. Wenn wir so weitermachen, werden auch keine Tiere mehr leben. Die Kinder werden die Natur nur aus den Büchern kennen.

ALEXANDER NICHT, 8 JAHRE:
Die Kinder werden nicht mehr zur Schule gehen müssen. Sie werden nicht mehr lernen müssen und abends werden sie immer fernsehen dürfen. Alle Kinder werden gute Eltern haben.

MARGARETE FREIDEL, 60 JAHRE:
Die Menschen werden sicher nur noch fernsehen und keine Bücher lesen. Bald werden die Kinder nicht mehr lesen und schreiben lernen.

CLAUDIA SCHMIDT, 23 JAHRE:
Es wird wenig Arbeitslosigkeit geben, denn die Menschen werden ihre Arbeit selbst machen. Die Menschen werden die Arbeit machen müssen, denn es wird keine Energie für die Maschinen und Automaten geben. Ich glaube, die Leute werden ohne Computer und ohne Roboter besser leben.

**Diskussion**

1. Was meinen Sie, wie die Welt im 21. Jahrhundert aussehen wird?

2. Wie ist Ihre Meinung zu den folgenden Punkten:
   1. das Umweltprogramm
   2. der Mensch und die Maschine
   3. die Ölkrise
   4. die Energie aus der Umwelt
   5. die Kernenergie[1]
   6. das Zukunftsauto
   7. der Computer im Haushalt
   8. die politische Situation

3. Wie glauben Sie, daß Ihr persönliches Leben in zwanzig oder dreißig Jahren aussehen wird? Was erwarten Sie von der Zukunft?

[1] nuclear energy

## Kultur und Information: Das Brandenburger Tor

Paris hat den Eifelturm, London hat Big Ben, New York hat die Freiheitsstatue, und Berlin hat das Brandenburger Tor. Für die Deutschen hat das Brandenburger Tor eine besondere symbolische Bedeutung[1], denn auch während der Jahre der Teilung[2] ist es das Wahrzeichen[3] für das gesamte Berlin geblieben. „Solange das Brandenburger Tor geschlossen ist, so lange ist die deutsche Frage offen", hieß es nach dem Bau der Mauer (im Sommer 1961) im Westen Deutschlands. Das Brandenburger Tor stand im Osten der Stadt. 28 Jahre lang war es von der Mauer umschlossen[4]. Vier Meter breit und drei Meter hoch war die Mauer an dieser Stelle. Zu Weihnachten 1989 wurde das Brandenburger Tor wieder geöffnet. Die Menschen in Deutschland feierten das schönste Weihnachtsfest seit 1945.

[1] meaning  [2] separation  [3] symbol  [4] surrounded

# SCHRIFTLICHE ÜBUNGEN

**SÜ 1**   Im Futur, bitte!

- Im Urlaub fahre ich in den Süden. → *Im Urlaub werde ich in den Süden fahren.*

1. Ich treffe dich in der Stadt.
2. Ich rufe euch vielleicht an.
3. Wie lange bleiben Sie hier?
4. Er geht zu Fuß nach Hause.

5. Sie verbringen ihren Urlaub im Süden.
6. Nehmen Sie Ihren Reisepaß mit?
7. Wir gratulieren ihm zum Geburtstag.
8. Du brauchst einen warmen Pullover.


**SÜ 2**   Üben Sie die Modalverben im Futur!

- Sie muß auf den Bus warten. → *Sie wird auf den Bus warten müssen.*

1. Sie will ihren Bus erreichen.
2. Er kann kein Deutsch verstehen.
3. Man darf hier nicht rauchen.

4. Du mußt das Auto reparieren.
5. Wir müssen in Heilbronn umsteigen.
6. Ich kann euch nicht abholen.


## *Wortschatz*

### NOMEN

| | |
|---|---|
| **die Bremse, -n** | brake |
| **die Luftverschmutzung** | pollution |
| **die Regierung, -en** | government |
| **das Thema (Themen)** | topic |
| **die Wissenschaft, -en** | science |
| **der Wissenschaftler, -** | scientist |

*Leicht erkennbare Wörter*
**der Automat, -en, -en / die Batterie, -n /
die Energie, -n / der Haushalt, -e / die
Heizung, -en / das Programm, -e / der
Roboter, - / die Wärme / die Weltreise, -n**

### VERBEN

| | |
|---|---|
| **beherrschen** | to dominate |
| **gewinnen, gewann, gewonnen** | to win |
| **heizen** | to heat |
| **sparen** | to save |

*Leicht erkennbare Wörter*
**organisieren / planen**

### VERSCHIEDENES

| | |
|---|---|
| **bald** | soon |
| **schrecklich** | terrible, frightful |
| **tot** | dead |
| **wahrscheinlich** | probably, most likely |
| **wohl** | well, probably |

### Ratespiel: Wer weiß es?

1. Im Historischen Museum in Speyer ist das älteste und größte Weinmuseum der Welt. Das Land mit dem höchsten Weinkonsum ist jedoch nicht Deutschland, sondern ☐ Italien ☐ Argentinien ☐ Frankreich.

2. Das berühmteste Bild eines Hasen[1] ist von Albrecht Dürer. Es ist ein Aquarellbild[2]. Dürer hat es im Jahre ☐ 1835 ☐ 1502 ☐ 1492 gemalt.

3. Die deutsche Sprache hat einen Wortschatz von 300.000 bis 400.000 Wörtern. Drei der am häufigsten benutzten Wörter sind auch in diesem Satz. Welche Wörter sind es?

4. Vor mehr als hundert Jahren hat er das Patent für das erste erfolgreiche Benzinfahrzeug bekommen. Es war ein Motorwagen auf drei Rädern. Wer war's: ☐ Nikolaus Otto ☐ Carl Friedrich Benz ☐ Gottlieb Daimler?

5. Martin Behaim aus Nürnberg hat 1492 den ältesten Globus geschaffen. Behaim war Geograph des Königs von ☐ Portugal ☐ Spanien ☐ England?

6. Das populärste Hobby weltweit ist das Sammeln von Briefmarken. Nach Schätzungen[3] beträgt die Zahl der Briefmarkensammler weltweit ☐ 10 bis 20 Millionen ☐ 20 bis 30 Millionen ☐ 30 bis 50 Millionen?

7. Die höchste europäische Brücke ist die Europa-Brücke. In welchem Land steht sie, in ☐ Italien ☐ Österreich ☐ Deutschland?

8. Die Changs in China haben den „gewöhnlichsten" Familiennamen der Welt. 10 Prozent aller Chinesen heißen Chang. Der häufigste Familienname in Deutschland ist ☐ Müller ☐ Schmidt ☐ Meyer?

9. Das längste deutsche Wort ist vielleicht der Name eines Klubs. Der Name ist Donaudampfschiffahrtselektizitätshauptbetriebswerkbauunterbeamtengesellschaft. Es sind 78 Buchstaben. Die Donau ist jedoch nicht der wichtigste und längste Fluß Deutschlands, sondern ☐ der Neckar ☐ der Rhein ☐ die Elbe.

10. Die Alpen sind das höchste Gebirge Europas. Der höchste Berg der deutschen Alpen ist die Zugspitze. Sie ist 2.962 Meter hoch. Die Zugspitze ist jedoch nicht der höchste Berg der Alpen, sondern der Montblanc. Er ist 4.807 Meter hoch. Seine Spitze liegt in ☐ Österreich ☐ Italien ☐ Frankreich.

[1] rabbit   [2] water colour   [3] estimates

Die richtigen Antworten finden Sie auf Seit 472

# Frau–Hausfrau / Mann–Hausmann?

### *Themen und Sprechziele*
Zum Nacherzählen: Der Lottomillionär
Träumereien und Wünsche
Höfliche Bitten und Aufforderungen

### *Kultur und Information*
Der Wert einer Hausfrau
Arbeitsteilung in der Ehe

### *Grammatik und Übungen*
The General Subjunctive: Present-Time
   Weak/Strong/Mixed Verbs
Modal Verbs (2)
**würde** + Infinitive
Usage of Subjunctive

## DER LOTTOMILLIONÄR

### Eine Geschichte zum Nacherzählen

Wenn am Samstagabend das deutsche Fernsehen die Ziehung[1] der Lottozahlen zeigt, dann sitzen Millionen Deutsche vor dem Fernsehapparat und träumen, was sie tun würden, wenn sie die richtigen Lottozahlen hätten. Mit sechs richtigen Lottozahlen könnte man Lottomillionär werden. Wäre es nicht phantastisch, eine Million zu gewinnen? Man müßte nicht mehr arbeiten. Man könnte um die Welt reisen. Ja, man könnte sich so viele Wünsche erfüllen.

So dachte auch der Automechaniker Herbert Spinner aus Mannheim. Jahrelang hatte er jede Woche im Lotto gespielt, aber nie hatte er etwas gewonnen. Dann erfüllte er sich selbst seinen Traum. Er ging zur Bank und hob das ganze Geld ab[2], das er und seine Frau gespart hatten. Als er mit dem Geld nach Hause kam, erzählte er seiner Frau und seinen Freunden: „Ich habe eine Million im Lotto gewonnen. Jetzt bin ich Lottomillionär."

Zuerst lud er seine Freunde zu einer großen Party ein. Alle durften essen und trinken, was sie wollten. Seinem besten Freund kaufte er einen gebrauchten Mercedes. Auch seiner Schwester Anna erfüllte er einen Wunsch. Er kaufte ihr neue Wohnzimmermöbel. Die besten natürlich! Für sich selbst kaufte der „Lottomillionär" eine neue Stereoanlage, einen neuen Fernseher und eine neue Videokamera. Dann ging er mit seiner Frau zum Juwelier und sagte: „Vielleicht haben Sie schon von mir gehört? Ich bin der Mann, der eine Million im Lotto gewonnen hat." Er kaufte Schmuck für sich und seine Frau und bezahlte, wie er die ganze Woche bezahlt hatte: 1000 Mark sofort in bar[3], den Rest mit einem Scheck.

Der Juwelier und die anderen Geschäftsleute entdeckten es zu spät: Die Schecks des „Lottomillionärs" waren nicht gedeckt[4]. Doch der Lottomillionär ohne Million war verschwunden[5] und die Polizei sucht ihn immer noch.

[1]drawing  [2]withdrew  [3]cash  [4]covered  [5]had disappeared

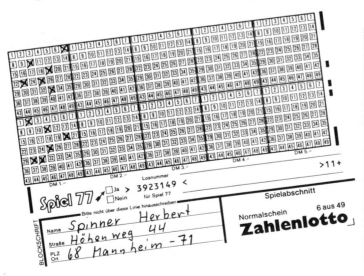

# TRÄUMEREIEN UND WÜNSCHE

## Situation 1   Die Realität

Herbert Spinner spielte jede Woche im Lotto,
aber . . .

Er hatte kein Glück im Lotto.
Er hatte nie die richtigen Lottozahlen.
Er war kein Millionär.
Er war nicht reich.
Er mußte arbeiten.
Er mußte sparen.
Er konnte keine Weltreise machen.
Er konnte seine Freunde nicht einladen.
Seine Freunde durften bei ihm nie essen und
trinken, was sie wollten.

## Situation 2   Wünsche: Wenn ich nur . . .

Spinner hatte nur einen Traum. Er wollte im
Lotto gewinnen. Er dachte immer:

Wenn ich nur Glück im Lotte hätte.
Wenn ich nur die richtigen Lottozahlen hätte.
Wenn ich nur Lottomillionär wäre.
Wenn ich nur reich wäre.
Ich müßte nicht mehr arbeiten.
Ich müßte nicht mehr sparen.
Ich könnte eine Weltreise machen.
Ich könnte oft meine Freunde einladen.
Wenn ich Millionär wäre, dürften meine Freunde
bei mir essen und trinken, was sie wollten.

## Situation 3   Was wäre, wenn Sie Millionär/in wären?

1. Wären Sie (wärst du/wärt ihr) dann glücklich oder traurig?
2. Wären Sie mit Ihrem Leben zufrieden?
3. Hätten Sie (hättest du/hättet ihr) mehr oder weniger Probleme?
4. Hätten Sie dann mehr oder weniger Freunde?
5. Hätten Sie Zeit für eine große Reise?
6. Müßten Sie (müßtest du/müßtet ihr) mehr oder weniger arbeiten?
7. Was könnten und dürften Sie tun, wenn Sie viel Geld hätten?
8. Was müßten Sie nicht tun, wenn Sie Millionär wären?
9. Dürften Sie tun, was sie wollten?
10. Könnten Sie große Geschenke machen?

## Situation 4   Pläne: Was wird passieren?

Herbert Spinner wollte eine Woche lang wie ein
Millionär leben. Er machte Pläne:

Ich werde eine große Party machen.
Ich werde alle meine Freunde einladen.
Ich werde meinem Freund ein Auto schenken.
Ich werde Anna einen Wunsch erfüllen.
Ich werde meiner Frau viel Schmuck schenken.
Ich werde mir eine Videokamera kaufen.
Ich werde alles mit ungedeckten Schecks
bezahlen.

## Situation 5   Phantasie: Was würde passieren?

Was würde Spinner tun, wenn er wirklich
Lottomillionär wäre?

Er würde eine große Party machen.
Er würde alle seine Freunde einladen.
Er würde seinem Freund ein Auto schenken.
Er würde seiner Schwester einen Wunsch erfüllen.
Er würde seiner Frau viel Schmuck schenken.
Er würde sich eine Videokamera kaufen.
Er würde alles mit dem gewonnenen Geld
bezahlen.

**Situation 6**   Was würden Sie machen, wenn Sie viel Geld hätten?

1. Würden Sie eine Weltreise machen? Wohin würden Sie fahren?
2. Würden Sie ein großes Haus kaufen? Was für ein Haus würden Sie kaufen?
3. Würden Sie das Geld sparen? Warum würden Sie das tun?
4. Würden Sie nicht mehr arbeiten? Was würden Sie den ganzen Tag tun?
5. Würden Sie den Armen das Geld geben?
6. Würden Sie so leben, wie Sie heute leben? Wie würden Sie leben?
7. Würden Sie weiterstudieren? Was würden Sie tun?
8. Würden Sie Ihre Freunde zu **einem** Fest einladen? Wie würden Sie feiern?

**Situation 7**   Träumereien: Fragen Sie Ihre  Mitstudenten!

Was würden Sie (würdest du) tun, . . .
1. wenn heute Sonntag wäre?
2. wenn Sie Präsident/in Ihres Landes wären?
3. wenn Sie gar kein Geld hätten?
4. wenn Sie kein Auto hätten?
5. wenn Sie mit Ihrem Studium schon fertig wären?
6. wenn Sie eine Erkältung hätten?
7. wenn Sie einen Brief von Ihrem Präsidenten bekämen?
8. wenn Sie alles wüßten?
9. wenn Sie einen Geldbeutel mit viel Geld fänden?
10. wenn Sie Ihren besten Freund in der Stadt träfen?

# HÖFLICHE BITTEN UND AUFFORDERUNGEN[1]

[1] requests

### Situation 8   Gute Ratschläge[1]

[1] advice

Welche guten Ratschläge könnten Sie Ihren Freunden zu folgenden Themen geben:

- Energie sparen→ *Du solltest das Licht ausmachen, wenn du es nicht brauchst.*
  *Ihr könntet öfter zu Fuß gehen.*
  *An deiner Stelle würde ich . . . /usw.*

1. Urlaub/Ferien/Freizeit
2. Deutschklasse/Studium/Beruf
3. Krankheiten/Gesundheit/Sport
4. Kleidung/Frisur/Hobbys
5. Geld/Wohnung/Studentenheim
6. Familie/Freunde/Verwandte
7. Auto/Straßenverkehr/Transportmittel
8. Umwelt/Umweltverschmutzung/Politik
9. Fernsehen/Kino/Theater/Konzert

| Alkohol – ist ein schlechter Beifahrer |
| --- |

## Situation 9  Familie Becker

Erinnern Sie sich an die Familie Becker? Herr Becker war krank. Seine Frau mußte den Arzt rufen. Der Arzt kam vormittags vorbei. Dann holte Frau Becker die Medikamente, die der Arzt aufgeschrieben hatte. Was für eine Antwort würden Sie geben, wenn Sie die angesprochene Person wären?

HERR BECKER: Ich fühle mich nicht wohl. Würdest du bitte den Arzt anrufen?
FRAU BECKER: ...

FRAU BECKER: Mein Mann ist krank. Könnten Sie bitte bei uns vorbeikommen?
DER ARZT: ...

FRAU BECKER: Du solltest etwas trinken. Möchtest du Tee? Der Tee würde dir gut tun.
HERR BECKER: ...

DER ARZT: Sie sollten nicht so viel arbeiten. Sie müßten öfter Ferien machen.
HERR BECKER:

FRAU BECKER: Und dann hätte ich gern noch Aspirintabletten und Hustensaft.
DER APOTHEKER:

FRAU BECKER: Wären Sie so freundlich und würden mir helfen?
SIE:

## Situation 10  Worum würde man diese Personen bitten? Was würden Sie sagen?

- Kellnerin im Restaurant → *Könnte ich bitte die Speisekarte haben? / Würden Sie mir bitte eine Suppe bringen? / Ich hätte gern eine Tasse Kaffee.*

1. Automechaniker bei der Arbeit
2. Verkäuferin in einem Schuhgeschäft
3. Tierarzt in seiner Praxis
4. Taxifahrerin am Taxistand
5. Busfahrer an der Haltestelle

6. Mitstudent/in im Deutschkurs
7. Polizist auf der Straße
8. Apotheker in der Apotheke
9. Stewardeß im Flugzeug
10. Lehrer im Klassenzimmer

*Wir sollten mehr tun, um die Schönheit der Natur zu erhalten.*

# GRAMMATIK

## 1 The General Subjunctive : Present-Time

Up to now, all situations and actions presented in this book have been assumed to be based on fact and reality. The sentences were in the indicative mood.[1]

| | |
|---|---|
| Ich habe keine Zeit. | *I don't have time.* |
| Es ist heute nicht sehr kalt. | *It is not very cold today.* |
| Sie weiß es nicht. | *She doesn't know.* |
| Wir gehen nach Hause. | *We are going home.* |

Sometimes, however, a speaker may want to speculate on matters, make statements that are contrary-to-fact or express wishes that may or may not come true. This is done in the subjunctive mood.

| | |
|---|---|
| Wenn ich morgen Zeit **hätte**, . . . | *If tomorrow I had time . . .* |
| Wenn es heute kalt **wäre**, . . . | *If it were cold today . . .* |
| Wenn sie es nur **wüßte**, . . . | *If only she knew . . .* |
| Wenn wir jetzt nach Hause **gingen**, . . . | *If we went home now . . .* |

Notice that in English, with the exception of *to be (was / were)*, past tense verb forms *(had, knew, went)* are used to express subjunctive with present or future meaning.

---

[1] The word *mood* comes from Latin *modus* meaning mode, manner, way.
German has another subjunctive which is primarily found in formal writing and sometimes in indirect speech. For its formation refer to the Appendix.

# A  Formation of Subjunctive

Corresponding to the English subjunctive is the German general subjunctive. Like in English, the verb forms of the present-time subjunctive are derived from the simple past tense. All verbs (strong, weak, mixed) have the endings shown below.

| Subjunctive Endings | |
|---|---|
| ich/er/es/sie | __e |
| du | __est |
| wir/sie/Sie | __en |
| ihr | __et |

## 1. Weak Verbs

The present-time subjunctive forms of weak verbs are exactly the same as the past tense indicative forms.

| Present-Subjunctive: | **wohnen** | **antworten** | |
|---|---|---|---|
| wenn ich/er/es/sie | wohnte | antwortete | *if I/he/it/she lived/answered* |
| du | wohntest | antwortetest | *you lived/answered* |
| wir/sie/Sie | wohnten | antworteten | *we/they/you lived/answered* |
| ihr | wohntet | antwortetet | *you lived/answered* |

Because the subjunctive is not clearly recognizable, the pure subjunctive forms of weak verbs are rarely used in conversational German.

## 2. Strong Verbs

The present-time subjunctive of strong verbs is formed by adding the subjunctive endings to the stem of the past tense. Whenever possible, that is, whenever the stem vowel is **a**, **o** or **u**, an umlaut is added.

| Present-Subjunctive: | **sein** | **tragen** | **nehmen** | **fliegen** |
|---|---|---|---|---|
| Past Stem: | war- | trug- | nahm- | flog |
| ich/er/es/sie | wäre | trüge | nähme | flöge |
| du | wär(e)st | trüg(e)st | nähm(e)st | flög(e)st |
| wir/sie/Sie | wären | trügen | nähmen | flögen |
| ihr | wär(e)t | trüg(e)t | nähm(e)t | flög(e)t |

**Note**  The endings for the **du-** and **ihr**-forms are often shortened to **-st** and **-t**: **du wärst/ihr wärt, du bliebst/ihr bliebt**. *Exception*: Verb stems ending in **-d** or **-t** or a consonant cluster: **du fändest, ihr fändet**.

### 3. Mixed Verbs

The present-time subjunctive forms of mixed verbs are like the simple past tense forms, including the endings, but with an umlaut added.

| Infinitive | Past Tense | Present-Time Subjunctive |
|---|---|---|
| bringen | ich brachte | **ich brächte** |
| denken | ich dachte | **ich dächte** |
| haben | ich hatte | **ich hätte** |
| wissen | ich wußte | **ich wüßte** |
| werden | ich wurde | **ich würde** |

### 4. Modal Verbs

The subjunctive forms of the modals are identical to their simple past tense forms, including the endings. The modals **müssen**, **können**, **dürfen** have an umlaut.

| Past Tense: | **müssen** | Present-Time Subjunctive | |
|---|---|---|---|
| | *(had to)* | | *(would have to)* |
| ich/er/es/sie | mußte | ich/er/es/sie | müßte |
| du | mußtest | du | müßtest |
| wir/sie/Sie | mußten | wir/sie/Sie | müßten |
| ihr | mußtet | ihr | müßtet |

Notice how similar the forms are:

| Infinitive | Past Tense | Present-Time Subjunctive | |
|---|---|---|---|
| dürfen | ich durfte | **ich dürfte** | *I might* |
| können | ich konnte | **ich könnte** | *I could* |
| müssen | ich mußte | **ich müßte** | *I would have to* |
| mögen | ich mochte | **ich möchte** | *I would like to* |
| sollen | ich sollte | **ich sollte** | *I should* |
| wollen | ich wollte | **ich wollte** | *I wanted (would want)* |

### B  Substitute for the Subjunctive: **würde** + Infinitive

There is a growing tendency to replace many of the pure subjunctive verb forms by **würde** (the subjunctive of **werden**) plus an infinitive in final position. This construction corresponds to English *would* plus infinitive.

| | |
|---|---|
| **Würdest** du mir bitte **helfen?** | *Would you help me please?* |
| Wenn er nur **anrufen würde**. | *If only he would call.* |
| Ich **würde** ihm **schreiben**. | *I would write to him.* |

It is important that you recognize that the **würde** + infinitive construction and the pure subjunctive forms are ***alternative ways of expressing one and the same thing.*** Both are correct. The choice between the two is a matter of style.[1] All of the pure subjunctive forms can be found in written German.

| | |
|---|---|
| Wenn er mich **fragte**, . . . | *If he asked me . . .* |
| Wenn er das Geld **brächte**, . . . | *If he brought the money . . .* |
| Wenn er jetzt **käme**, . . . | *If he came now . . .* |

Spoken German, however, replaces many pure subjunctive forms by **würde** + infinitive.

| | |
|---|---|
| Wenn er mich **fragen würde**, . . . | *If he would ask me . . .* |
| Wenn er es **bringen würde**, . . . | *If he would bring it . . .* |
| Wenn er jetzt **kommen würde**, . . . | *If he would come now . . .* |

The **würde** + infinitive construction is generally ***not*** used with the following:

(a) With modal auxiliaries

| | |
|---|---|
| Ich **wollte**, du **könntest** mir helfen. | *I wish you could help me.* |
| **Dürfte** ich Sie etwas fragen? | *Might I ask you something?* |
| Das **sollten** Sie nicht tun. | *You shouldn't do that.* |
| Wenn er kommen **könnte**, würde ich . . . | *If he could come, I would . . .* |

(b) With **sein**, **haben** and **wissen**

| | |
|---|---|
| Wenn ich reich **wäre**, würde ich . . . | *If I were rich, I would . . .* |
| Wenn er mehr Geld **hätte**, würde er . . . | *If he had more money, he would . . .* |
| Wenn wir es **wüßten**, würden wir . . . | *If we knew, we would . . .* |

## C  Usage of the General Subjunctive

### 1. Contrary-to-Fact Conditions

A conditional sentence consists usually of two clauses: a **wenn**-clause which states the condition and a second clause with the conclusion. Either clause may be in first position.

Wenn ich nicht krank wäre, würde ich mitkommen.
*If I weren't sick, I would come along.*

Ich würde mitkommen, wenn ich nicht krank wäre.
*I would come along, if I weren't sick.*

---

[1] Although formal German grammar demands the pure subjunctive verb forms in the **wenn**-clause, the usage of **würde** + infinitive is, nevertheless, very common in spoken and written German.

**Würde** + infinitive is generally used in the conclusion of a conditional sentence when a pure subjunctive form is used in the **wenn**-clause:

> Wenn ich viel Geld hätte, **würde** ich eine Weltreise **machen**.
> *If I had a lot of money I would take a trip around the world.*

> Wenn er jetzt käme, **würden** wir ihm alles **sagen**.
> *If he came now we would tell him everything.*

A contrary-to-fact statement does not necessarily have to be introduced by **wenn**. However, if **wenn** is omitted, the conjugated verb becomes the first element of the clause and the conclusion is usually introduced by **dann** or **so**.

> Wenn ich viel Geld hätte, würde ich . . .

> **Hätte** ich viel Geld, **dann würde** ich mir ein neues Auto **kaufen**.
> *If I had a lot of money, I would buy myself a new car.*

### 2. Hypothetical Conclusions

| | |
|---|---|
| Ich **würde** diese Rechnung nicht **bezahlen**. | *I wouldn't pay this bill.* |
| Das **wäre** nett von Ihnen. | *That would be nice of you.* |
| Er **könnte** das auch **tun**. | *He could do that too.* |

### 3. Wishful Thinking

To express a wish, the words **nur** or **doch** (or both) are inserted into the **wenn**-clause:

| | |
|---|---|
| Wenn er **doch kommen würde**. | *If only he would come.* |
| Wenn ich **nur** nicht krank **wäre**. | *If only I weren't sick.* |
| Wenn wir **doch** Zeit **hätten**. | *If only we had time.* |

Wishes are often introduced by the expression **ich wollte** (or **ich wünschte**). Notice that **wollte** *(would wish)* is a subjunctive form.

| | |
|---|---|
| **Ich wollte**, **ich hätte** mehr Zeit. | *I wish I had more time.* |
| **Ich wollte**, **er wäre** jetzt hier. | *I wish he were here now.* |
| **Ich wollte**, **ich könnte** das tun. | *I wish I could do that.* |

### 4. Polite Requests, Commands or Questions

From a structural point of view, many polite requests are the conclusion of an implied **wenn**-clause (**Wenn es möglich wäre**, . . .) and are therefore expressed with **würde** + infinitive. Again, the modals, **sein**, **haben** and **wissen** are an exception.

| | |
|---|---|
| **Würden** Sie bitte einen Moment **warten**? | *Would you please wait a moment?* |
| **Würdest** du das für mich **tun**? | *Would you do that for me?* |
| **Könnten** Sie mir **helfen**? | *Could you please help me?* |

Many polite requests or questions contain the adverb **gern** *(gladly, very much)*, **lieber** *(rather, preferably)* or **am liebsten** *(most of all).*

| | |
|---|---|
| Was hätten Sie **gern**? | *What would you like?* |
| Möchtest du **lieber** Kaffee oder Tee? | *Would you prefer coffee or tea?* |
| Ich hätte **am liebsten** Tee. | *I'd like tea best of all.* |

The subjunctive forms of the modals are frequently used to express polite or cautious requests:

| | |
|---|---|
| **Dürfte** ich Sie etwas fragen? | *Might I ask you something?* |
| **Könntest** du bitte die Tür schließen? | *Could you please close the door?* |
| **Müßten** wir das nicht auch tun? | *Wouldn't we have to do that too?* |
| **Solltet** ihr nicht früher weggehen? | *Shouldn't you leave earlier?* |

---

## *Kultur und Information: Der Wert einer Hausfrau*

In einer deutschen Durchschnittsfamilie – Vater, Mutter und zwei Kinder – arbeitet die Frau täglich mindestens acht Stunden. Eine „einfache" Hausfrau ist zur gleichen Zeit Kindermädchen, Köchin, Putzfrau, Waschfrau, Krankenschwester, Gärtnerin und viel mehr. Sie arbeitet sieben Tage in der Woche, das ganze Jahr, auch an den Wochenenden und Feiertagen. Das sind 2.920 Stunden im Jahr. Wenn diese Frau nur erwerbstätig wäre und sich nicht um die Familie kümmern müßte, dann müßte sie nur rund 1600 Stunden arbeiten. Wollte man die Arbeit der Hausfrau bezahlen, müßte man monatlich mehr als 3000 Mark dafür ausgeben. Die Hausfrau bekäme rund 900 Mark für die Kinderpflege. Sie bekäme rund 600 Mark fürs Kochen und 530 Mark für Putzarbeiten[1], 400 Mark fürs Waschen und Bügeln[2], 260 Mark fürs Einkaufen, 250 Mark fürs Abwaschen[3], 120 Mark für die Gartenarbeit, 50 Mark für die Krankenpflege und 100 Mark für andere Arbeiten.

Die 3.210 Mark wären natürlich nur ein Mindestlohn[4], denn in der deutschen Wirtschaft würde eine Frau mit so vielen Talenten viel mehr verdienen. Aber auch viel Geld wäre nicht genug, denn die Liebe und der persönliche Einsatz[5] könnte man mit Geld sowieso nicht bezahlen.

[1]cleaning  [2]ironing  [3]washing dishes  [4]minimum wages  [5]love and engagement

---

# MÜNDLICHE ÜBUNGEN

**MÜ 1**    Fragen Sie höflich!                                          Konjunktiv: sein/haben

- Haben Sie Feuer? → *Hätten Sie Feuer?*
- Ist das gut so? → *Wäre das gut so?*

1. Haben Sie einen Moment Zeit?
2. Hast du zehn Mark für mich?
3. Sind Sie morgen zu Hause?
4. Ist das in Ordnung?
5. Habt ihr noch eine Kinokarte?
6. Bist du damit zufrieden?

**MÜ 2**  Es gibt so viele Dinge, die wir (nicht) tun sollten, z.B. im Straßenverkehr.
Hier sind einige Beispiele. Finden sie mehr!

● Viele Leute fahren nicht defensiv. → *Man sollte defensiv fahren.*

1. Sie haben keine Geduld.
2. Sie fahren zu schnell.
3. Sie fahren nicht vorsichtig.
4. Sie rauchen während der Fahrt.

5. Sie beachten die Verkehrszeichen nicht.
6. Sie denken nicht an mögliche Gefahren.
7. Sie trinken zu viel Alkohol.
8. Sie gehen nicht oft genug zu Fuß.

**MÜ 3**  Fragen Sie höflicher!

● Darf ich Sie etwas fragen? → *Dürfte ich Sie etwas fragen?*

1. Darf ich bitte vorbeigehen?
2. Dürfen wir Sie morgen anrufen?
3. Darf ich diesen Stuhl nehmen?

4. Darf ich Ihren Ausweis sehen?
5. Darf ich mal telefonieren?
6. Dürfen wir mit Ihnen fahren?

**MÜ 4**  Fragen Sie höflicher! Benutzen Sie **können** oder **würden**!

● Ruf mich an! → *Könntest du mich anrufen? / Würdest du mich anrufen?*

1. Bringen Sie das Buch mit!
2. Mach die Tür auf!
3. Holt mich bitte ab!
4. Setz dich bitte hin!
5. Helfen Sie mir bitte!
6. Kommt morgen vorbei!

7. Sprechen Sie bitte lauter!
8. Öffnen Sie bitte die Tür!
9. Steig bitte aus!
10. Schreiben Sie das auf!
11. Ruf mich später an!
12. Bring mir ein Glas Wasser!

**MÜ 5**  Was würden Sie tun? / Was würden Sie nicht tun?

● Er kauft das alte Auto.
*Ich würde es auch kaufen. (Ich würde es nicht kaufen.)*

1. Sie fahren mit dem Auto.
2. Er arbeitet jedes Wochenende.
3. Sie beeilt sich.
4. Sie nehmen den Zug.
5. Sie ruft euch an.
6. Sie freut sich über das Geschenk.
7. Er macht einen langen Urlaub.
8. Er kontrolliert die Reisepässe.
9. Wir gehen nach Hause.
10. Er arbeitet heute nicht.

**Würden Sie ein
Auto ohne Räder
kaufen?**

**MÜ 6**    Üben Sie die Verben im Imperfekt und im Konjunktiv!

- ich bekomme → *ich bekam / ich bekäme*

| | | | |
|---|---|---|---|
| 1. er bleibt | 6. ich nehme | 11. ihr werdet | 16. wir fahren |
| 2. wir gehen | 7. sie schreibt | 12. es scheint | 17. man ruft |
| 3. sie spricht | 8. er läßt | 13. er schläft | 18. wir sehen |
| 4. es gibt | 9. du weißt | 14. du findest | 19. ich halte |
| 5. wir tun | 10. er bringt | 15. ich werde | 20. wir treffen |

**MÜ 7**    Was wäre besser?

- Er kommt nicht. → *Es wäre besser, wenn er käme.*

| | |
|---|---|
| 1. Sie nimmt die Medikamente nicht. | 6. Er ruft seine Eltern nicht an. |
| 2. Er geht nicht nach Hause. | 7. Wir bekommen das Geld nicht. |
| 3. Die Kinder schlafen nicht. | 8. Sie unterhalten sich nicht. |
| 4. Du tust das nicht. | 9. Ich weiß es nicht. |
| 5. Sie bleiben nicht hier. | 10. Wir steigen nicht aus. |

**MÜ 8**    Auf deutsch, bitte!

| | |
|---|---|
| 1. I wish I didn't have to stay home. | 7. If I were sick I would go home. |
| 2. I wouldn't buy these tires. | 8. Would you help me please? |
| 3. Would you wait here, please? | 9. She would like to sit down. |
| 4. If only he would call us. | 10. Couldn't you drive faster? |
| 5. You shouldn't drive so fast. | 11. I wish you wouldn't drive so fast. |
| 6. If he wanted to know it he would ask. | 12. If the children were tired they would sleep. |

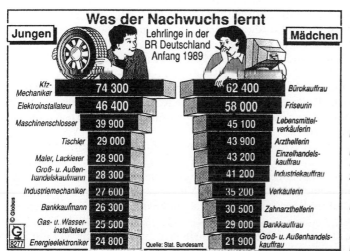

*Die 'Hitparade' der Lehrberufe*

*Eine Ausbildung (Lehre) für diese Berufe dauert nach einer Schulzeit von neun oder zehn Jahren normalerweise drei Jahre.*

*Welche Berufe sind bei den Mädchen beliebt und welche bei den Jungen?*

*Welchen Beruf finden Sie interessant? Wenn Sie sich für einen dieser Berufe entscheiden müßten, welchen würden Sie wählen?*

## FRAU–HAUSFRAU / MANN–HAUSMANN?

So zeigt ein modernes deutsches Schulbuch die Rolle von Mann und Frau: Männer malen (Bild 2), Männer lesen ein Buch (3) oder die Zeitung und rauchen dabei eine Zigarette (9). Männer arbeiten in Baggern[1] (4). Männer mauern (5), kontrollieren Telefonapparate (6), reparieren technische Geräte oder Autos (7). Männer zeichnen (10). Und was machen die Frauen? Nur zwei von zehn Bildern zeigen Frauen beim Arbeiten. Beide Frauen arbeiten im Haushalt. Eine Frau kocht (8). Die andere Frau näht (1).

Lese- und Deutschbücher zeigen die Frau in Text und Bild meistens nur in ihrer traditionellen Rolle als Hausfrau und Mutter. Selten findet man erwerbstätige Frauen und wenn, dann als Krankenschwester, Lehrerin, Verkäuferin oder Sekretärin. Sie sind dann meistens ledig, manchmal geschieden. Männer dagegen sind immer verheiratet und verdienen das Geld für ihre Familien. Sie fahren mit dem Auto zum Arbeitsplatz und haben interessante Hobbys.

Das deutsche Gesetz[2] zeigt uns jedoch ein anderes Bild von Mann und Frau. Man hat es den Ehepartnern überlassen, wer im Haushalt arbeitet und sich um die Kinder kümmert, und wer erwerbstätig ist – oder ob beide Ehepartner gemeinsam beide Aufgaben erfüllen wollen. Jeder kann jede „Rolle" übernehmen: die Rolle der Hausfrau, die Rolle des Hausmannes, die Rolle der erwerbstätigen Mutter oder die Rolle des erwerbstätigen Vaters. Wenn beide Partner erwerbstätig sind, dann sind auch beide für den Haushalt und die Kinder verantwortlich.

Und wie sieht die Wirklichkeit[3] aus? Der Alltag[4] liegt meistens irgendwo zwischen dem traditionellen Bild, das nicht nur in Lesebüchern, sondern auch in den Köpfen vieler Menschen existiert und dem moderneren Bild in den Gesetzen: Ungefähr die Hälfte der deutschen Frauen ist erwerbstätig. 60 Prozent von diesen erwerbstätigen Frauen sind verheiratet. Viele Frauen zwischen zwanzig und dreißig geben jedoch ihren Beruf nur auf, weil sie sich um Haushalt und Kinder kümmern wollen oder müssen.

Wie wäre es, wenn der Arbeitstag für erwerbstätige Eltern nicht acht, sondern vielleicht nur sechs Stunden hätte? Sicher wäre ihr Leben viel einfacher, und es gäbe auch weniger Familienprobleme.

Zum Beispiel könnte die Frau sich morgens um die Kinder und um den Haushalt kümmern. Während dieser Zeit würde der Mann in seinem Beruf arbeiten. Wenn er dann nachmittags nach Hause käme, würde er mit den Kindern spazierengehen. Er würde das Essen vorbereiten, während sie im Beruf wäre. Wenn die Arbeitszeit kürzer und flexibler wäre, blieben sicher auch mehr junge Frauen erwerbstätig.

Eine solche Regelung[5] würde jedoch vielen jungen Ehepaaren Nachteile bringen, denn beide Ehepartner würden weniger verdienen und sie hätten beide schlechtere berufliche Aufstiegschancen[6] als bei Ganztagsarbeit. Deshalb ist es wohl für viele Ehepaare immer noch das Beste, wenn einer der Partner wenigstens für einige Jahre den Beruf aufgibt, um sich „nur" um Haushalt und Kinder zu kümmern. Aber muß das immer die Frau sein?

[1]excavator   [2]law   [3]die Realität   [4]das tägliche Leben   [5]regulation   [6]Chancen auf eine bessere Position

## Fragen

1. Wie zeigen manche Lesebücher die Rolle von Mann und Frau? Was tun die Männer? Was tun die Frauen?
2. Wie zeigt das deutsche Gesetz die Rolle von Mann und Frau?
3. Wie sieht die Wirklichkeit aus?
4. Wie viele Frauen sind erwerbstätig?
5. Warum geben viele Frauen ihren Beruf auf?
6. Wie wäre es, wenn es für Eltern eine flexible Arbeitszeit gäbe?
7. Was wären die Vorteile eines kürzeren Arbeitstages?
8. Was wären die Nachteile?

### *Kultur und Information: Arbeitsteilung in der Ehe*

In der alten Bundesrepublik arbeiten in 44 von je 100 Haushalten beide Ehepartner. Doch die deutschen Männer sind Hausarbeits-Muffel[1]. Wenn „er" von der Arbeit nach Hause kommt, setzt er sich zuerst in den Sessel und ruht sich aus[2]. Wenn „sie" nach Hause kommt, beginnt sie sofort mit der Hausarbeit. So sieht es in den meisten deutschen Ehen und Partnerschaften aus, in denen beide Partner erwerbstätig sind. Eine Umfrage hat ergeben, daß die deutschen Männer pro Woche 49,3 Stunden beruflich außer Haus sind, die Frauen jedoch nur 41,2 Stunden. Doch die Frauen verbringen weitere 27,2 Stunden mit Kochen, Waschen und Putzen, so daß sie auf eine Wochenarbeitszeit von 68,4 Stunden kommen.

[1]grouch   [2]relaxes

Ursula    Brigitte    Christa    Gabriele

## Pro und Contra    Rollentausch im Haushalt

Wir haben vier junge Frauen gefragt, was sie davon halten, wenn der Mann den Haushalt übernimmt, während die Frau arbeiten geht und das Geld verdient. Hier sind ihre Antworten:

URSULA GEHRMANN:

Männer, die nur zu Hause sind und den Haushalt machen, finde ich schrecklich. Wenn ich mir vorstelle, daß mein Mann nur Hausmann sein wollte, könnten wir beide nicht mehr lange zusammenleben. Einen Hausman würde ich nie akzeptieren. Ich brauche einen Mann, der aktiv ist. Hausarbeit, ganz gleich ob der Mann oder die Frau sie macht, ist in meinen Augen nicht wichtig. Ich finde, daß Hausmänner keine richtigen Männer sind.

BRIGITTE WEBER:

Ich finde, daß nichts gegen einen Rollentausch im Haushalt spricht. Ich könnte mir gut vorstellen, daß mein Mann nicht mehr arbeiten geht und sich nur um den Haushalt kümmert. Das würde ich auch akzeptieren. Aber wir haben keine Kinder und deshalb brauchten wir über dieses Thema noch nie zu diskutieren. Ich hätte auch keine Angst vor dem Gerede der Nachbarn, wenn mein Mann „nur" Hausmann wäre.

CHRISTA HÜBNER:

Alles könnte ich mir vorstellen, nur nicht meinen Mann als Hausmann. Bei uns würde es deshalb nie eine Diskussion darüber geben. Mein Mann ist in seinem Beruf sehr glücklich. Ich bin es zu Hause. Ich finde es richtig, daß die Frau den Haushalt macht, und der Mann arbeiten geht und das Geld verdient. Ich bin mit meinem Hausfrauenleben zufrieden.

GABRIELE PFEIL:

Mein Mann als Hausmann? Das wäre für uns beide eine ideale Regelung. Seit der Geburt unserer Tochter habe ich fast keinen Kontakt mit der Umwelt und darüber bin ich manchmal sehr unglücklich. Mein Mann dagegen fühlt sich im Haushalt viel wohler als ich. Ich würde einen Rollentausch sofort akzeptieren. Man sollte nicht sagen, daß Männer, die den Haushalt machen, keine richtigen Männer sind.

### Diskussion

1. Was halten Sie von einer Frau, die „nur" Hausfrau ist?
2. Was halten Sie von einem Mann, der den Haushalt übernimmt, während die Frau im Beruf arbeitet und das Geld verdient?
3. Wo sehen Sie die Vorteile und Nachteile eines Rollentausches?
4. Was würden Ihre Nachbarn zu einem Rollentausch sagen? Hätten Sie Angst vor dem Gerede der Nachbarn?

# SCHRIFTLICHE ÜBUNGEN

**SÜ 1**     Fragen Sie höflicher mit dem Konjunktiv!

- Darf ich Sie etwas fragen?
  → *Dürfte ich Sie etwas fragen?*

1. Können Sie mir helfen?
2. Sind Sie damit zufrieden?
3. Müssen Sie heute nicht arbeiten?
4. Sollen Sie ihn nicht anrufen?
5. Sind Sie morgen zu Hause?
6. Darf ich Sie einmal besuchen?
7. Haben Sie einen Moment Zeit?
8. Wissen Sie, wo er wohnt?

**Erinnern Sie sich?**
**Was kauft man. . .?**

| beim Bäcker | Brot, Kuchen |
| auf der Post | _____ |
| im Supermarkt | _____ |
| am Bahnhof | _____ |
| auf dem Markt | _____ |
| in der Apotheke | _____ |
| im Kaufhaus | _____ |
| im Blumengeschäft | _____ |
| am Kiosk | _____ |

**SÜ 2**     Vollenden Sie die Sätze!

1. Wenn ich Zeit hätte, *würde ich mit dir ins Kino gehen.*
2. Wenn ich zu Hause kein Telefon hätte, . . .
3. Ich würde dir helfen, wenn . . .
4. Wenn du nicht so müde wärst, . . .
5. An deiner Stelle . . .
6. Wenn wir nur . . .
7. Was würden Sie tun, wenn . . . ?
8. Ich wäre glücklich, wenn . . .
9. Könnten Sie . . . ?
10. Wenn er meine Adresse wüßte, . . .
11. Wären Sie so freundlich und . . .
12. Würdest du bitte . . .

*Was müßte man tun, um
die Umwelt zu schonen?*

**SÜ 3**     Was würden Sie tun, wenn . . . ?

- Wir gehen nicht zu Fuß in die Stadt. Das Wetter ist nicht schön. Aber . . .
  *Aber wenn das Wetter schön wäre, gingen wir zu Fuß in die Stadt.*

1. Er ist nicht krank. Er bleibt nicht zu Hause. Aber . . .
2. Wir wissen ihre Adresse nicht. Wir können sie nicht besuchen. Aber . . .
3. Die Sonne scheint nicht. Wir gehen nicht durch den Park. Aber . . .
4. Wir rufen ihn nicht an. Er kommt nicht. Aber . . .
5. Ich habe kein Geld. Ich kann nicht in Urlaub fahren. Aber . . .
6. Wir können ihnen nicht Bescheid sagen. Wir treffen sie nicht. Aber . . .
7. Das Auto ist nicht schmutzig. Ich werde es nicht waschen. Aber . . .
8. Die Reifen sind nicht schlecht. Er läßt sie nicht wechseln. Aber . . .

**SÜ 4**     Was würden Sie tun, wenn heute Samstag wäre?
Beginnen Sie: *Wenn heute Samstag wäre, . . .*

Am Samstag kann ich länger schlafen, denn ich muß nicht arbeiten. Ich stehe später auf.
Trotzdem habe ich noch genug Zeit, um die Zeitung zu lesen. Ich bleibe bis um 10 Uhr zu
Hause, und dann gehe ich zum Bahnhof. Dort kaufe ich eine Fahrkarte und fahre mit dem
Zug nach Stuttgart. Wenn ich noch müde bin, schlafe ich noch ein bißchen im Zug. In
Stuttgart besuche ich meine Freunde, die sich über meinen Besuch freuen. Wenn schönes
Wetter ist, gehen wir zusammen spazieren. Wenn es regnet, bleiben wir zu Hause und unter-
halten uns. Es ist schön, einen Tag mit meinen Freunden zu verbringen.

*Was für Bücher würden Sie lesen, wenn Sie viel Zeit hätten?*

## Wortschatz

### NOMEN

| | |
|---|---|
| **die Ehe, -n** | marriage |
| **die Frisur, -en** | hairstyle |
| **das Gerede** | gossip |
| **die Polizei** | police |
| **die Träumerei, -en** | day-dream |
| **der Wunsch, ̈e** | wish |

*Leicht erkennbare Wörter*
**die Adresse, -n/der Apparat, -e/das Ehe-
paar, -e/die Ganztagsarbeit/die Geburt, -en/
der Juwelier, -e/das Lesebuch, ̈er/das Lotto/
der Millionär, -e/der Partner, -/die Phantasie, -n/der Präsident, -en, -en/die Realität/
der Rest, -e/der Rollentausch**

### VERBEN

| | |
|---|---|
| **erfüllen** | to fulfill |
| **halten (ä) von** | to think of |
| **s. kümmern um** | to take care of |
| **nähen** | to sew |
| **spazieren·gehen** | to go for a walk |
| **überlassen (ä)** | to leave up to |
| **s. vor·stellen** (dat.) | to imagine |
| **zeichnen** | to draw |

*Leicht erkennbare Wörter*
**akzeptieren/auf·geben (i)/existieren/über-
nehmen (übernimmt)**

### ADJEKTIVE UND ADVERBEN

| | |
|---|---|
| **erwerbstätig** | gainfully employed |
| **höflich** | polite |
| **ungefähr** | approximately, about |
| **verantwortlich** | responsible |

*Leicht erkennbare Wörter*
**flexibel/ideal/traditionell**

# Studenten in Berlin: Christian und Sarah

*Das Brandenburger Tor in Berlin*

**Themen und Sprechziele**
Heute mit früher vergleichen
Über Irreales sprechen
Energie und Umwelt

**Kultur und Information**
Arbeitszeit • Umweltprobleme
Chronik der deutschen Einheit (I)

**Grammatik und Übungen**
Modal Verbs 3: Present and Past Perfect
    Tenses
The General Subjunctive: Past-Time
Past-Time Subjunctive with Modals

**437**

# SPRECHZIELE

## HEUTE MIT FRÜHER VERGLEICHEN

*Perfekt: Modalverben*

In Deutschland . . .

### Situation 1   Heute

Die Deutschen können gut leben.

Sie müssen zwischen 35 und 40
Stunden in der Woche arbeiten.

Sie müssen samstags nicht arbeiten.

Sie können viel Geld ausgeben.

Sie müssen nicht sparen.

Die meisten Deutschen können
sich ein Auto leisten.

Viele Familien können sich ein
eigenes Haus bauen.

Die meisten Familien können
eine Urlaubsreise machen.

Viele Leute können ihren Urlaub
im Ausland verbringen.

Viele Jugendliche dürfen allein
in Urlaub fahren.

Sie müssen ihre Ferien nicht mit
ihren Eltern verbringen.

### Situation 2   Vor dreißig Jahren

Sie **haben** nicht so gut leben **können**.

Sie **haben** länger **arbeiten müssen**.

Sie **haben** samstags **arbeiten müssen**.

Sie **haben** nicht so viel Geld **ausgeben können**.

Sie **haben sparen müssen**.

Die meisten Deutschen **haben** sich kein Auto
**leisten können**.

Nicht so viele **haben** sich ein Haus **bauen
können**.

Viele Familien **haben** keine Urlaubsreise
**machen können**.

Nicht so viele Leute **haben** ihren Urlaub im
Ausland **verbringen können**.

Nicht so viele Jugendliche **haben** allein in
Urlaub **fahren dürfen**.

Sie **haben** die Ferien mit ihren Eltern
**verbringen müssen**.

## Situation 3  Bei uns zu Hause

Wie ist das in Ihrem Land heute, und wie war es früher?
Was können Sie zu diesen Themen sagen?

1. Energie sparen
2. viel Geld für Energie ausgeben
3. in den Flüssen schwimmen
4. Geld für Benzin ausgeben
5. große Autos fahren
6. gegen den Krieg demonstrieren
7. sich vor einem Krieg fürchten
8. neue Häuser bauen
9. gegen die Regierung sprechen
10. Zigaretten rauchen

---

### *Kultur und Information: Arbeitszeit*

Verglichen mit anderen Industrie-Nationen ist die Arbeitszeit in der alten Bundesrepublik Deutschland am kürzesten, denn die Deutschen arbeiten nur 1.708 Stunden im Jahr (Kalendertage minus Wochenenden, Urlaubstage und Feiertage). Auch die Arbeitslöhne und die soziale Sicherheit ist mit am höchsten. Die meisten Deutschen haben sechs Wochen Ferien im Jahr, manche sogar länger. Zu Weihnachten gibt es ein Extra-Monatsgehalt.

In der Schweiz und in Österreich arbeitet man länger. Im Durchschnitt arbeitet jeder Schweizer 28 Tage mehr im Jahr als sein deutscher Kollege. Pro Jahr sind die Schweizer 1.936 Stunden am Arbeitsplatz. Die Österreicher arbeiten weniger Stunden als die Schweizer, jedoch mehr als die Deutschen: 1.804 Stunden. Zum Vergleich: In den USA arbeitet man 1.912 Stunden und in Japan sogar 2.138 Stunden.

---

## ÜBER IRREALES SPRECHEN

*Konjunktiv:* **hätte / wäre** + *Partizip Perfekt*

### Situation 4  Was wäre gewesen, wenn . . . ?

Es hat geregnet.
Sie haben keinen Regenschirm gehabt.
Wenn sie einen Regenschirm **gehabt hätten**, **wären** sie nicht naß **geworden**.

Er ist zu schnell gefahren.
Er hatte einen Unfall.
Wenn er nicht so schnell **gefahren wäre**, **hätte** er vielleicht keinen Unfall **gehabt**.

Sie haben gut gespielt.
Sie haben das Spiel gewonnen.
Wenn sie nicht so gut **gespielt hätten**,
**hätten** sie das Spiel sicher nicht **gewonnen**.

Das Wetter war schön. Der Flohmarkt war ein Erfolg. Wenn es **geregnet hätte**, **wären** nicht so viele Leute **gekommen**. Der Flohmarkt **hätte** vielleicht nicht **stattgefunden**.

## Situation 5  Was hätten Sie getan?

1. Peter ist auf dem Flughafen angekommen. Ein Freund hatte versprochen, ihn abzuholen, aber der Freund ist nicht da. Peter versucht den Freund anzurufen, aber er bekommt keine Antwort. Peter wartet und hofft, daß der Freund kommt. Was hätten Sie an Peters Stelle getan?

2. Andreas und seine Freundin Jutta sind im Restaurant. Andreas hat schon dreimal den Ober gerufen. Der Ober sagt jedes Mal: „Einen Moment! Ich komme gleich", aber er kommt nicht. Andreas und Jutta warten und warten . . . Was hätten Sie getan?

3. Ralf hat auf der Straße einen Geldbeutel gefunden. Als er ihn aufmacht, findet er zehn Hundert-Mark-Scheine darin. Für einen Moment überlegt Ralf, was er mit dem Geld alles machen könnte, doch dann bringt er den Geldbeutel zur Polizei. Was hätten Sie getan?

4. Es ist spät abends. Heidrun ist allein zu Hause. Es klingelt. Heidrun geht an die Tür und fragt, wer da ist. Eine Frau nennt ihren Namen und fragt, ob sie Heidruns Telefon benutzen könnte. Sie sagt, sie hätte einen Unfall gehabt und möchte ihren Mann anrufen. Heidrun öffnet die Tür. Was hätten Sie getan?

# ENERGIE UND UMWELT

## Situation 6    Diskussion: Energie sparen – Umwelt schonen[1]

[1] safeguard

Eine aktuelles Thema unserer Zeit ist Energie und Umwelt. Wer Energie spart, schont die Umwelt. Was könnte man tun, um mehr Energie zu sparen? Was hätte man schon früher tun sollen (müssen/können)? Hier sind einige Beispiele. Finden Sie mehr!

● keine Energie verschwenden → *Man sollte keine Energie verschwenden.*
*Man hätte schon früher keine Energie verschwenden sollen.*

1. alternative Energien entwickeln (Sonne/Wind usw.)
2. die öffentlichen Verkehrsmittel öfter benutzen
3. weniger Energie im Haushalt verbrauchen
4. Häuser besser isolieren
5. weniger heizen
6. weniger mit dem Auto fahren
7. öfter zu Fuß gehen
8. Fahrgemeinschaften bilden
9. weniger Wasser verbrauchen
10. Licht ausmachen
11. neue Techniken entwickeln
12. die Natur schonen
13. sich im Umweltschutz engagieren
14. versuchen Energie zu sparen
15. gegen Unweltverschmutzung demonstrieren

Natur ohne Schutz ist wie Jugend ohne Zukunft

Naturschutzjugend im DBV/LBV
Königstraße 74,
7000 Stuttgart 70
(gefördert von der Deutschen Umwelthilfe)

spitze
... die Aktion
Jugend für Natur

---

### *Kultur und Information: Umweltprobleme*

Luftverschmutzung und Ozonloch[1], Tierarten, die aussterben, verschmutzte[2] Meere – das sind globale Themen. Politiker und Wissenschaftler diskutieren darüber und in den Zeitungen kann man fast jeden Tag über ein neues Umweltproblem lesen. Doch für viele Menschen sind diese Themen ganz weit weg. Viel näher sind die Umweltprobleme in der eigenen Stadt: verschmutzte Luft, immer neue Straßen und Autobahnen, die vielen Tieren und Planzen die Lebensräume[3] wegnehmen, kranke und sterbende Bäume, Müllberge, die immer höher werden und Flüsse, in denen man nicht mehr schwimmen kann.

Viele Menschen in Deutschland engagieren sich für den Umweltschutz. Viele Jugendliche beobachten die Umwelt und starten Projekte. In einer Umweltaktion sind Kinder und Jugendliche mit einem Schiff von Frankfurt nach Wiesbaden den Main hinuntergefahren. Sie wollten sich über die Verschmutzung des Flusses gerade in dieser Gegend informieren, denn dort gibt es viel Industrie. In einem Bordbuch haben sie aufgeschrieben, was sie gesehen haben: Abwässer[4] von Fabriken[5], Luftverschmutzung, Öl und Farbreste, Plastikcontainer, Bierkästen, Dosen, alte Reifen, Papier und überall viel Müll im und um den Main. Und wie ist das in Ihrem Land?

[1] hole   [2] polluted   [3] living space   [4] sewage   [5] factories

# GRAMMATIK

## 1 Present and Past Perfect Tenses of Modals

The German modal auxiliaries can be used in all tenses:

| | | | |
|---|---|---|---|
| PRESENT TENSE | Ich **muß** | arbeiten. | *I have to work.* |
| PAST TENSE | Ich **mußte** | arbeiten. | *I had to work.* |
| FUTURE | Ich **werde** | arbeiten **müssen**. | *I will have to work.* |
| PRESENT PERFECT | Ich **habe** | arbeiten **müssen**. | *I have had to work.* |
| PAST PERFECT | Ich **hatte** | arbeiten **müssen**. | *I had had to work.* |

### A Tense Formation

All modal auxiliaries form their perfect tenses with a form of **haben**. Note, however, that they use a pattern which is different from that of other verbs:

| | Normal Pattern | Modals with Dependent Infinitive |
|---|---|---|
| PRESENT TENSE | Er versteht dich. | Er kann dich verstehen. |
| PRESENT PERFECT | Er **hat** dich **verstanden**. | Er hat dich **verstehen können**. |
| PAST PERFECT | Er **hatte** dich **verstanden**. | Er hatte dich **verstehen können**. |

As you can see, when the modals occur with a dependent infinitive their past participle is identical to their infinitive. As a result, in the present perfect and past perfect there are two infinitives at the end of the sentence. Again, as with the future of modals with a dependent infinitive, the perfect tenses consist of a double infinitive construction.

Present Perfect: Double Infinitive Construction

> Ich habe dich **sprechen wollen**. — *I wanted to speak to you.*
> Er hat nach Hause **gehen müssen**. — *He had to go home.*
> Wir haben ihn **sehen dürfen**. — *We were allowed to see him.*

Past Perfect: Double Infinitive Construction

> Wir hatten nicht **kommen können**. — *We had not been able to come.*
> Sie hatte es nicht **tun wollen**. — *She had not wanted to do it.*
> Man hatte dort nicht **rauchen dürfen**. — *One had not been permitted to smoke there.*

### B Usage

German uses the present perfect tense of modals most often in 'up-to-now' situations to indicate a duration of time.

> Ich habe dich gestern besuchen wollen, aber du warst nicht zu Hause.
> *I wanted to visit you yesterday, but you were not home.*

In situations that occurred entirely in the past, German prefers to use the modals in the past tense:

> Sie mußte am Wochenende arbeiten.
> *She had to work this weekend.*

> Letztes Jahr wollten wir nach Österreich fahren.
> *Last year we wanted to drive to Austria.*

## C Modals without Dependent Infinitive

As was pointed out in Chapter 11, modals are occasionally used without a dependent infinitive. In these instances, their past participle is formed regularly.

| Present Tense | Present Perfect |
|---|---|
| ich darf | ich habe **gedurft** |
| ich kann | ich habe **gekonnt** |
| ich muß | ich habe **gemußt** |
| ich soll | ich habe **gesollt** |
| ich will | ich habe **gewollt** |

The form changes as soon as a dependent infinitive is added:

> Er hat Deutsch **gekonnt**.
> Er hat Deutsch **sprechen können**.

> Ich habe das nicht **gewollt**.
> Ich habe das nicht **tun wollen**.

## 2 The General Subjunctive: Past-Time

Similar to English, the German past-time subjunctive is derived from the past perfect tense. It is composed of **hätte** or **wäre** and the past participle of the verb.

| Past Perfect: **nehmen** | | | Past-Time Subjunctive: **nehmen** | | |
|---|---|---|---|---|---|
| | *(had taken)* | | | *(would have taken)* | |
| ich/er/es/sie | hatte | genommen | ich/er/es/sie | hätte | genommen |
| du | hattest | genommen | du | hättest | genommen |
| wir/sie/Sie | hatten | genommen | wir/sie/Sie | hätten | genommen |
| ihr | hattet | genommen | ihr | hättet | genommen |
| | *(had gone)* | | | *(would have gone)* | |
| ich/er/es/sie | war | gegangen | ich/er/es/sie | wäre | gegangen |
| du | warst | gegangen | du | wär(e)st | gegangen |
| wir/sie/Sie | waren | gegangen | wir/sie/Sie | wären | gegangen |
| ihr | wart | gegangen | ihr | wär(e)t | gegangen |

## A No **würde** + Infinitive Construction in the Past

German *does not* use a **würde-**construction to express past-time subjunctive. English forms such as *would have said*, which refer to past time, must be rendered in German by **hätte** or **wäre** plus a past participle.

Wenn ich das nur **gewußt hätte**.
*If only I had known that.*

Ich **hätte** das nicht **gesagt**.
*I wouldn't have said that.*

Wenn er hier gewesen wäre, **hätten** wir ihn **gesehen**.
*If he had been here, we would have seen him.*

Wenn es nicht geregnet hätte, **hätten** wir Sie **besucht**.
*If it had not rained, we would have visited you.*

## B Past-Time Subjunctive with Modals

The past-time subjunctive of modals with a dependent infinitive consists of a double infinitive construction. Compare the following sentences:

| | | |
|---|---|---|
| PRESENT PERFECT | Ich **habe** das nicht **tun können**. | *I have not been able to do that.* |
| PAST PERFECT | Ich **hatte** das nicht **tun können**. | *I had not been able to do that.* |
| PAST-TIME SUBJ. | Ich **hätte** das nicht **tun können**. | *I could not have done that.* |

As you can see, the modals form the past-time subjunctive in their usual way: a form of **haben** (**hätte**) and a double infinitive. Notice that the past-time subjunctive of modals usually corresponds to English sentences beginning with *could have*, *should have*, etc.

| | | |
|---|---|---|
| Er **hätte** mich fragen können. | *He could have asked me.* |
| Er **hätte** mich fragen sollen. | *He should have asked me.* |
| Er **hätte** mich fragen müssen. | *He would have had to ask me.* |

If the modal occurs in the **wenn-**clause, dependent word order is used. Since the double infinitive has to stand at the end of the clause, the auxiliary **hätte** must come immediately before the double infinitive.

Wenn er **hätte fragen wollen**, hätte er gefragt.
*If he had wanted to ask, he would have asked.*

Ich hätte es ihm gesagt, wenn er es **hätte wissen wollen**.
*I would have told him, if he had wanted to know it.*

Wenn ich ihm nur **hätte helfen können**.
*If only I could have helped him.*

# MÜNDLICHE ÜBUNGEN

**MÜ 1**   Antworten Sie im Konjunktiv (Vergangenheit)!
Was hätten Sie getan?

- Ich habe mich geärgert. → *Ich hätte mich auch geärgert.*
- Ich bin mit dem Zug gefahren. → *Ich wäre auch mit dem Zug gefahren.*

| | |
|---|---|
| 1. Ich habe meine Eltern angerufen. | 5. Ich bin zum Arzt gegangen. |
| 2. Ich bin ins Kino gegangen. | 6. Ich bin in die Stadt gefahren. |
| 3. Ich habe kein neues Auto gekauft. | 7. Ich habe mich beeilt. |
| 4. Ich habe die Polizei gerufen. | 8. Ich habe nicht lange gewartet. |

**MÜ 2**   Was wäre besser gewesen?

- Er hat nicht angerufen.
  *Es wäre besser gewesen, wenn er angerufen hätte.*

1. Sie ist nicht zu Hause geblieben.
2. Sie haben die Fenster nicht geöffnet.
3. Er hat sich nicht beeilt.
4. Ich habe den Brief nicht geschrieben.
5. Du hast mir nicht geholfen.
6. Die Leute haben keinen Regenschirm mitgenommen.

**Erinnern Sie sich?
Wie nennt man die Person?**

| | | |
|---|---|---|
| prüfen | der | *Prüfer* |
| fahren | die | *Fahrerin* |
| anfangen | die | _____ |
| helfen | der | _____ |
| spielen | der | _____ |
| entdecken | der | _____ |
| kaufen | die | _____ |
| schwimmen | der | _____ |
| rauchen | der | _____ |
| arbeiten | die | _____ |

**MÜ 3**   Bilden Sie Wunschsätze!

- Er ist nicht zu Hause gewesen. → *Wenn er nur zu Hause gewesen wäre.*

| | |
|---|---|
| 1. Sie ist nicht gekommen. | 4. Wir haben keine Zeit gehabt. |
| 2. Du hast ihn nicht gesehen. | 5. Er ist nicht zu Fuß gegangen. |
| 3. Ich habe die Rechnung nicht bezahlt. | 6. Ihr seid nicht hier geblieben. |

**MÜ 4**   Bilden Sie Konjunktivsätze!
Was wäre gewesen, wenn . . . ?

- Sie sind nicht krank gewesen. Ich habe Sie nicht besucht.
  *Wenn Sie krank gewesen wären, hätte ich Sie besucht.*

1. Er ist nicht hier gewesen. Ich habe ihn nicht gesehen.
2. Er hat keinen Urlaub gehabt. Er hat uns nicht besucht.
3. Sie sind nicht gekommen. Ich habe Ihnen das Geld nicht gegeben.
4. Ich habe den Unfall nicht gesehen. Ich habe die Polizei nicht gerufen.
5. Wir haben nicht die Zeitung gelesen. Wir haben das nicht gewußt.
6. Sie haben nicht angerufen. Ich bin nicht zu Hause geblieben.

**MÜ 5**   Üben Sie die Modalverben im Konjunktiv (Vergangenheit)!

**(a)   sollen / können / müssen**

●   Warum haben Sie das nicht gesagt? → *Sie hätten das sagen sollen.*

1. Warum haben Sie nicht geschrieben?
2. Warum hast du nicht angerufen?
3. Warum habt ihr mich nicht abgeholt?
4. Warum ist sie nicht gekommen?
5. Warum sind Sie nicht aufgestanden?
6. Warum ist er nicht zum Arzt gegangen?

1. Er hat nicht den Arzt gerufen.
2. Sie hat das Buch nicht gelesen.
3. Sie haben uns nicht besucht.
4. Ihr habt uns nicht gefragt.
5. Du hast mir nicht Bescheid gesagt.
6. Sie ist nicht zum Arzt gegangen.

**(b)   dürfen**

●   Wie konnte er das sagen? → *Er hätte das **nicht** sagen dürfen.*

1. Wie konnten Sie das tun?
2. Wie konnte er das bezahlen?
3. Wie konnten wir das vergessen?

4. Wie konnte er so schnell fahren?
5. Wie konntest du so etwas fragen?
6. Wie konntet ihr ihn einladen?

**MÜ 6**   Auf deutsch, bitte!

1. What can we do?
   What could we do?
   What could we have done?

2. What shall I say?
   What should I say?
   What should I have said?

3. She has to ask him.
   She would have to ask him.
   She would have had to ask him.

4. Shall we go earlier?
   Should we go earlier?
   Should we have gone earlier?

5. You have to call her.
   You would have to call her.
   You would have had to call her.

6. He can walk home.
   He could walk home.
   He could have walked home.

**MÜ 7**   Auf deutsch, bitte!

1. I wouldn't have asked him.
2. If she had been sick, she would have stayed home.
3. If only I had had more time.
4. We would have helped you if you had called us.
5. Would you have come with us?
6. I wish she hadn't smoked so much.
7. If only I had bought the newspaper.
8. She would have told us if she had known that.
9. If it hadn't rained, we would have played tennis.
10. What would you have done if we hadn't called you?

# LAND UND LEUTE

## STUDENTEN IN BERLIN:   Christian und Sarah

Christian aus Hannover und Sarah aus New York, zwei von über hunderttausend Studenten in Berlin, unterhalten sich in einer Studentenkneipe[1]. Beide studieren an der Freien Universität Berlin. Für Sarah, die in Berlin bei Verwandten wohnt, ist es das erste Semester in Deutschland. Christian ist schon zwei Jahre in Berlin.

SARAH        Warum gerade Berlin? Du hättest doch auch in Hannover oder Göttingen studieren können?

CHRISTIAN    Sicher. Ich wäre näher bei meinen Eltern gewesen oder hätte sogar zu Hause wohnen können.

SARAH        Ja, oder wenn du nach Göttingen gegangen wärst, hättest du wenigstens am Wochenende nach Hause fahren können.

CHRISTIAN    Das stimmt, aber ich wollte nach Berlin, und das Studium war nicht der einzige Grund[2] . . .

SARAH        Wie meinst du das?

CHRISTIAN    In Berlin ist immer etwas los. Die Kneipen und Discos haben fast rund um die Uhr geöffnet. In den Kinos spielen die neusten Filme. Da gibt es Konzerte und Ausstellungen[3]. Man trifft interessante Leute. Hier kann man was erleben . . .

SARAH        Und was haben deine Eltern dazu gesagt?

CHRISTIAN    Meine Eltern waren damit einverstanden[4]. Ich hatte ja einen Studienplatz in Berlin bekommen, und sie helfen mir auch, finanziell meine ich.

SARAH        Und dann hast du dich auf den Weg nach Berlin gemacht.

| CHRISTIAN | Richtig. Von einer Mitfahrzentrale[5] habe ich die Telefonnummer eines Autofahrers bekommen, der nach Berlin fahren wollte. Er hat mich mitgenommen. Dafür habe ich einen Teil des Benzins bezahlt. Ich hätte auch mit der Bahn fahren können, aber so war es billiger. |
|---|---|
| SARAH | Und wo hast du gewohnt? Es ist doch fast unmöglich, in Berlin ein Zimmer zu finden. Ich habe irgendwo gelesen, daß mindestens zwei Millionen Menschen in Berlin eine Wohnung suchen. |
| CHRISTIAN | Ich hatte Glück. Der Fahrer hatte mir die Adresse einer Mitwohnzentrale gegeben, die Zimmer für eine kurze Zeit vermittelt[6]. |
| SARAH | Und da hast du gleich ein Zimmer gefunden? |
| CHRISTIAN | Ja, aber nur für eine Woche. Das hat so zwanzig Mark pro Nacht gekostet. Danach haben sie mir noch drei andere Zimmer vermittelt. Jedesmal in Kreuzberg und immer nur für einen Monat. Ich weiß nicht, was ich ohne die netten Leute von der Zentrale gemacht hätte. |
| SARAH | Hättest du nicht in einem billigen Hotel wohnen können? |
| CHRISTIAN | Da wäre mein Geld bald weggewesen. |
| SARAH | Übrigens, Kreuzberg kenne ich. Da wohnen doch viele Studenten und Ausländer, nicht wahr? |
| CHRISTIAN | Ja, da gibt es viele Wohngemeinschaften[7]. Die Altbauwohnungen sind dort ziemlich groß, und die Studenten teilen sich die Zimmer und die Miete. Die Wohnungen haben wohl nicht viel Komfort, aber dafür sind die Mieten niedrig. |
| SARAH | Und wie hast du die Wohnung gefunden, die du jetzt hast? Erzähl mal! |
| CHRISTIAN | Das war gar nicht so einfach. Ein ganzes Semester habe ich wegen der Wohnungssuche[8] verloren. Wochenlang mußte ich jeden Morgen früh aufstehen, Zeitungen kaufen, die Wohnungsanzeigen[9] lesen, mit den Vermietern[10] telefonieren. Und immer wieder das Gleiche, die Wohnung war schon vermietet. Den ganzen Tag war ich unterwegs, von einer Wohnung zur anderen. Ich kannte bald alle U-Bahnhöfe, aber von Berlin hatte ich kaum etwas gesehen. |
| SARAH | Du hättest vielleicht Zettel[11] an Bäume und an Telefonzellen hängen sollen. Ich habe auch schon gesehen, daß in manchen Geschäften solche Zettel hängen. |
| CHRISTIAN | Das habe ich doch alles gemacht, aber ohne Erfolg. Damals habe ich mich öfter gefragt, ob es nicht besser gewesen wäre, wenn ich nach Göttingen gegangen wäre . . . |
| SARAH | Aber dann hast du ja doch eine Wohnung gefunden . . . |
| CHRISTIAN | Ja, das Semester hatte schon angefangen, da hat mir jemand den Tip gegeben, daß in einem Haus in Steglitz eine Hausmeisterstelle[12] mit einer Wohnung frei würde. Und das war meine Chance. |
| SARAH | Da hast du ja eine Wohnung und einen Job zur gleichen Zeit gefunden. |
| CHRISTIAN | Etwas Besseres hätte mir nicht passieren können. Als Hausmeister muß ich für die Wohnung keine Miete bezahlen und für die Arbeit, die ich dort mache, bekomme ich noch 100 Mark extra im Monat. |
| SARAH | Da hast du ja wirklich Glück gehabt. |

| | |
|---|---|
| CHRISTIAN | Ja, aber die Wohnung sah schlimm aus. Da mußte ich sehr viel Zeit und Geld investieren. Und dann habe ich noch Möbel kaufen müssen . . . |
| SARAH | Ich weiß nicht, ob ich das gemacht hätte. Ein ganzes Semester hast du dabei verloren . . . |
| CHRISTIAN | Ja, aber woanders müßte ich Miete bezahlen. Außerdem hätte ich eine andere Wohnung auch renovieren müssen. |
| SARAH | Und zur Uni hättest du nicht zur gleichen Zeit gehen können? |
| CHRISTIAN | Nein, das wäre zu viel gewesen. Zum Studieren bin ich in dem Semester gar nicht gekommen. Als die Wohnung fertig war, habe ich mir die Stadt angesehen: die Mauer, Schloß Charlottenburg, Kurfürstendamm, die Gedächtniskirche . . . |
| SARAH | Wenn du das alles vorher gewußt hättest, wärst du trotzdem nach Berlin gegangen? |
| CHRISTIAN | Klar. Ich fühle mich wohl in Berlin. Ich habe hier viele Freunde. Und wenn ich daran denke, was ich versäumt hätte, wenn ich nicht in Berlin gewesen wäre . . . |

[1] pub/tavern  [2] only reason  [3] expositions  [4] in agreement  [5] 'share-a-ride' office  [6] procure  [7] apartments shared by a group of people  [8] search  [9] ads  [10] lessors  [11] papers  [12] caretaker

## Fragen

1. Warum wollte Christian in Berlin studieren?
2. Welche Vorteile hätte er gehabt, wenn er in Hannover studiert hätte?
3. Wie ist Christian nach Berlin gereist?
4. Was ist eine Mitfahrzentrale?
5. Was ist eine Mitwohnzentrale?
6. Was ist eine Wohngemeingeschaft?
7. Was hat die Mitwohnzentrale für Christian getan?
8. Warum war es nicht leicht für Christian, in Berlin eine Wohnung zu finden?
9. Warum gibt es in Kreuzberg so viele Wohngemeinschaften?
10. Wie hat Christian seine Wohnung gefunden?
11. Warum hat Christian die Hausmeisterstelle akzeptiert?
12. Wissen Sie, was Christian versäumt hätte, wenn er nicht in Berlin gewesen wäre?

**August 1989:** Hunderte von Deutschen aus der DDR flüchten in die Vertretungen[1] der Bundesrepublik in Ost-Berlin, Budapest und Prag.

**19. August:** Etwa 500 Deutsche aus der DDR flüchten von Ungarn über Österreich in die Bundesrepublik Deutschland.

**11. September:** Ungarn öffnet seine Grenzen für alle Bewohner der DDR zur Ausreise in den Westen. Etwa 15 000 Menschen kommen an den folgenden drei Tagen in die Bundesrepublik.

**25. September:** In Leipzig demonstrieren rund 8000 Menschen für Meinungs- und Versammlungsfreiheit und für die Zulassung der Oppositionsgruppe „Neues Forum".

**30. September:** Aus den Botschaften[2] in Prag und Warschau dürfen 7000 Flüchtlinge in die Bundesrepublik reisen. In den nächsten Tagen kommen Tausende mehr.

**7. Oktober:** Die DDR feiert den 40. Jahrestag der Staatsgründung[3]. In vielen Städten kommt es zu Demonstrationen. Polizei und Staatssicherheit gehen brutal gegen die demonstrierenden Gruppen vor.

**9. Oktober:** 70 000 Demonstranten gehen in Leipzig durch die Straßen und rufen: „Wir sind das Volk."

**1. November:** Die Tschechoslowakei hebt die Visumpflicht[4] für die Nachbarn aus der DDR auf. In einer Woche fliehen über 50 000 Menschen über die Tschechoslowakei in den Westen.

**4. November:** Etwa eine Million Menschen demonstrieren in Ost-Berlin für freie Wahlen[5].

**7. November:** Die DDR-Regierung und das Politbüro treten zurück.

**9. November:** Die DDR öffnet die Grenzen. An der Mauer in Berlin singen, tanzen, jubeln und umarmen sich Tausende von Ost- und Westberlinern. Viele hämmern Mauerstücke aus dem „häßlichsten Bauwerk der Welt".

**13. November:** Hans Modrow (SED) wird neuer Ministerpräsident. Die DDR schafft den Schießbefehl[6] ab.

**23. November:** Die Deutschen in der DDR dürfen auch ohne Ausreisevisum in den Westen reisen.

**28. November:** Bundeskanzler Helmut Kohl stellt ein Zehn-Punkte-Programm zur Verwirklichung der deutschen Einheit vor.

**11. Dezember:** Die Botschafter der vier Siegermächte[7] des Zweiten Weltkriegs treffen in Berlin zu einem Gespräch zusammen.

**22. Dezember:** Das Brandenburger Tor in Berlin wird nach 28 Jahren wieder geöffnet.

**24. Dezember:** Die Deutschen in der Bundesrepublik können ab heute ohne Visum und Zwangsumtausch[8] in die DDR reisen.

---

[1]flee into (diplomatic) missions   [2]embassies   [3]foundation of the state   [4]obligation to hold a visa   [5]elections   [6]order to shoot (fugitives)   [7]victorious powers   [8]mandatory exchange of a prescribed amount of money before entering the DDR

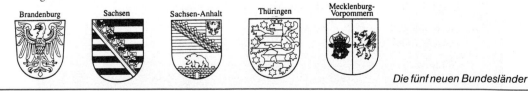

Brandenburg    Sachsen    Sachsen-Anhalt    Thüringen    Mecklenburg-Vorpommern

*Die fünf neuen Bundesländer*

# SCHRIFTLICHE ÜBUNGEN

**SÜ 1**  Vollenden Sie die Sätze im Konjunktiv!
*(Vorsicht! Präsens und Vergangenheit)*

1. Wenn wir nicht arbeiten müßten, *könnten wir Tennis spielen.*
2. Er wäre Lottomillionär geworden, *wenn er die richtigen Zahlen gehabt hätte.*
3. Wenn er dich jetzt hören könnte, . . .
4. Hätten Sie den Arzt gerufen, . . .
5. Wenn man ihn im Krankenhaus besuchen dürfte, . . .
6. Wenn ich die Antwort gewußt hätte, . . .
7. Sie hätte kein Taxi nehmen müssen, . . .
8. Wenn mein Freund krank wäre, . . .
9. Wenn du nicht so lange geschlafen hättest, . . .
10. Ich wäre früher gekommen, . . .

**SÜ 2**  Erzählen Sie im Konjunktiv/Vergangenheit!

**Beginnen Sie:** *Wenn ich genug Zeit gehabt hätte, hätte ich meine Freunde in Stuttgart besucht. . . .*

Sie haben sich sehr gefreut. Zuerst haben wir uns ein bißchen unterhalten. Später sind wir in die Stadt gefahren. Sie haben mir die ganze Stadt gezeigt. Sie haben mich auch zum Essen eingeladen. Wir sind in ein kleines Restaurant gegangen. Nachmittags haben wir Kaffee getrunken und Kuchen gegessen. Abends bin ich wieder mit dem Zug nach Hause gefahren. Ich habe gern meine Freunde besucht. Es hat Spaß gemacht.

**SÜ 3**  Auf deutsch, bitte!

1. If I had a vacation, I would take a long trip.
   If I had had a vacation, I would have taken a long trip.

2. If she were here, we could help her.
   If she had been here, we could have helped her.

3. It would be nice if you could visit us.
   It would have been nice if you could have visited us.

4. If he knew it, he would have to tell us.
   If he had known it, he would have had to tell us.

5. If you weren't sick, you wouldn't have to stay home.
   If you hadn't been sick, you wouldn't have had to stay home.

6. He would ask us if he wanted to know.
   He would have asked us if he had wanted to know.

7. What would you do if you were in his position?
   What would you have done if you had been in his position?

*Verstehen Sie
den Berliner Dialekt?*

# *Wortschatz*

## NOMEN

| | |
|---|---|
| **der Erfolg, -e** | success |
| **die Gemeinschaft, -en** | community |
| **das Licht, -er** | light |
| **der Schein, -e** | bill |
| **die Telefonzelle, -n** | telephone booth |
| **der Tip, -s** | hint, advice |
| **die Zentrale, -n** | center, agency |

## VERBEN

| | |
|---|---|
| **entwickeln** | to develop |
| **isolieren** | to insulate |
| **klingeln** | to ring (the doorbell) |
| **s. etwas leisten** | to afford |
| **s. etwas teilen** | to share |
| **(s.) überlegen** | to think about |
| **verbrauchen** | to use up |
| **versäumen** | to miss (event) |
| **verschwenden** | to waste |
| **verursachen** | to cause |

## ADJEKTIVE UND ADVERBEN

| | |
|---|---|
| **aktuell** | relevant, current |
| **damals** | then, at that time |
| **wahr** | true |

Zum Thema Umwelt

*Benutzen Sie das Wörterbuch!*

# Deutschland: Ein neuer Anfang

## *Themen und Sprechziele*
Unfälle und Notfälle ● Unfallbericht
Ratespiel

## *Kultur und Information*
Tageszeitungen
Chronik der deutschen Einheit (II)

## *Grammatik und Übungen*
Passive Voice: Formation and Usage
  With Modals ● **von** + Agent
Transformation from Active to Passive
Substitute for Passive with **man**

## UNFÄLLE UND NOTFÄLLE

**Situation 1**  Ein Unfall ist passiert. – Was nun?

Zeugen, die den Unfall gesehen haben, rufen die Polizei.
Wenn jemand verletzt ist, ruft man auch den Krankenwagen.
Der Krankenwagen bringt die Verletzten ins Krankenhaus.
Die Polizei sperrt die Unfallstelle ab.
Die Polizisten markieren die Unfallstelle.
Sie machen eine Skizze[1] von der Unfallstelle.
Sie fragen die Zeugen, wie der Unfall passiert ist.
Manchmal fotografieren sie die Unfallstelle.
Sie rufen den Abschleppdienst.
Der Abschleppdienst schleppt die beschädigten Fahrzeuge ab.
Die Polizei gibt die Straße wieder frei.

[1] sketch

NUR MIT
RÜCKSICHT IM
VERKEHR
FÄHRT EINJEDER
FORMEL
FAIR

## Unfall: Vier junge Leute lebensgefährlich verletzt

**Heidelberg.** Vier junge Leute sind in der Nacht zum Sonntag auf einer Landstraße bei Neckarbischofsheim bei einem schweren Verkehrsunfall lebensgefährlich verletzt worden.

Ein mit zwei Männern besetzter Personenwagen kam laut Polizeibericht von der Fahrbahn ab, schleuderte auf die Gegenfahrbahn und stieß mit einem entgegenkommenden Klein-wagen zusammen. Der 32jährige Fahrer des Kleinwagens und dessen 25jährige Mitfahrerin wurden schwer verletzt und mußten sofort ins Krankenhaus gebracht werden. Auch der 25jährige Unglücksfahrer und dessen Mitfahrer wurden sofort in ein Krankenhaus gebracht. Die Straße mußte für Stunden gesperrt werden.

*Benutzen Sie das Wörterbuch!*

## Situation 2    Unfallbericht: Drei Variationen      *Passivsätze*

| EIN REPORTER BERICHTET: <br> *(Präsens)* | AUS DEM POLIZEIBERICHT: <br> *(Imperfekt)* | EIN ZEUGE BERICHTET: <br> *(Perfekt)* |
|---|---|---|
| Die Polizei **wird gerufen**. | Die Polizei **wurde gerufen**. | Die Polizei **ist gerufen worden**. |
| Jemand ist verletzt. Deshalb **wird** auch ein Krankenwagen **gerufen**. | Jemand war verletzt. Deshalb **wurde** auch ein Krankenwagen **gerufen**. | Jemand war verletzt. Deshalb **ist** auch ein Krankenwagen **gerufen worden**. |
| Die Unfallstelle **wird abgesperrt**. | Die Unfallstelle **wurde abgesperrt**. | Die Unfallstelle **ist abgesperrt worden**. |
| Der Krankenwagen kommt. Die Verletzten **werden** ins Krankenhaus **gebracht**. | Der Krankenwagen kam. Die Verletzten **wurden** ins Krankenhaus **gebracht**. | Der Krankenwagen ist gekommen. Die Verletzten **sind** ins Krankenhaus **gebracht worden**. |
| Die Zeugen **werden gefragt**, wie der Unfall passiert ist. | Die Zeugen **wurden gefragt**, wie der Unfall passierte. | Die Zeugen **sind gefragt worden**, wie der Unfall passiert ist. |
| Die Zeugenaussagen **werden aufgeschrieben**. | Die Zeugenaussagen **wurden aufgeschrieben**. | Die Zeugenaussagen **sind aufgeschrieben worden**. |
| Die beschädigten Fahrzeuge **werden abgeschleppt**. | Die beschädigten Fahrzeuge **wurden abgeschleppt**. | Die beschädigten Fahrzeuge **sind abgeschleppt worden**. |
| Die Straße **wird** wieder **freigegeben**. | Die Straße **wurde** wieder **freigegeben**. | Die Straße **ist** wieder **freigegeben worden**. |

*Die Verkehrszeichen müssen beachtet werden.*

1. Wer **mußte** zu diesem Unfall **gerufen werden**?
2. **Soll** die Polizei zu jedem Unfall **gerufen werden**?
3. **Mußte** bei diesem Unfall ein Krankenwagen **gerufen werden**?
4. **Muß** bei jedem Unfall ein Krankenwagen **gerufen werden**?
5. Wohin **mußten** die Verletzten **gebracht werden**?
6. **Muß** die Straße auch bei einem leichten Unfall **abgesperrt werden**?
7. **Sollen** die Zeugen immer **befragt werden**?
8. Wann **müssen** beschädigte Fahrzeuge **abgeschleppt werden**?
9. **Muß** die Unfallstelle immer **fotografiert werden**?

**Situation 3**    Notfälle im Urlaub. Was muß getan werden?

Er hat eine Lebensmittel-
vergiftung! Sein Magen muß
ausgepumpt werden.

Er hat hohes Fieber und muß
behandelt werden. Ein Arzt
muß gerufen werden.

Er hat sich verletzt. Er muß
sofort ins Krankenhaus gebracht
werden.

Ihm ist eine Kokusnuß auf den
Kopf gefallen. Sein Kopf muß
behandelt werden.

Er hatte einen schweren Unfall.
Er muß nach Deutschland
zurückgeflogen werden.

**Fragen**

Was muß getan werden, . . .
1. wenn ein schwerer Unfall passiert ist?
2. wenn man sich verletzt hat?    ♦
3. wenn jemand sehr krank ist?
4. wenn man etwas Schlechtes gegessen hat?
5. wenn man das Bein gebrochen hat?
6. wenn man hohes Fieber hat?

## Situation 4  Aktiv oder Passiv?

|  | A | P |
|---|---|---|
| 1. Sie werden von uns hören. | ✔ | ☐ |
| 2. Die Polizei wird gerufen. | ☐ | ☐ |
| 3. Die Polizei wird kommen. | ☐ | ☐ |
| 4. Er wird uns morgen besuchen. | ☐ | ☐ |
| 5. Hier wird ein Haus gebaut. | ☐ | ☐ |
| 6. Was wird hier gemacht? | ☐ | ☐ |
| 7. Der Wagen muß repariert werden. | ☐ | ☐ |
| 8. Ich werde ihn reparieren. | ☐ | ☐ |
| 9. Wann werden wir Sie sehen? | ☐ | ☐ |
| 10. Sie wird hier oft gesehen. | ☐ | ☐ |
| 11. Frau Meier wird es wissen. | ☐ | ☐ |
| 12. Die Arbeit wird begonnen. | ☐ | ☐ |
| 13. Wann werden Sie beginnen? | ☐ | ☐ |
| 14. Die Suppe wird heiß gegessen. | ☐ | ☐ |

> Die Antworten für das Ratespiel finden Sie auf Seite 473.

*Das Haus sieht schlimm aus.*
*Es müßte renoviert werden.*

## Situation 5  Ratespiel: Wer weiß es?

1. Wo wird das berühmte Oktoberfest gefeiert?
2. Von wem wurde der erste Dieselmotor gebaut?
3. Woraus wird Wein gemacht?
4. In welchem Jahr wurden die Grenzen der DDR geöffnet?
5. Wo werden in Deutschland Autos wie Mercedes und Porsche hergestellt?
6. Wann und von wem wurde Amerika entdeckt?
7. Was wird an der Grenze kontrolliert?
8. In welchem Land wird viel Bier getrunken?
9. Wo werden verrückte Sachen verkauft?
10. Was wird nach Deutschland importiert?
11. Was wird aus Deutschland exportiert?
12. In welchen Ländern wird Deutsch gesprochen?
13. Welche deutschen Wörter werden immer groß geschrieben?
14. Von wem wurden alte Märchen gesammelt und aufgeschrieben?
15. Wem wurde 1886 das Patent für einen Motorwagen erteilt[1]?
16. Wann und von wem wurde die erste Taschenuhr konstruiert?
17. In welcher Stadt wurde Albrecht Dürer geboren?
18. Was wird in einer Konzerthalle gespielt?
19. Von wem und in welchem Jahrhundert wurden die Schlösser Neuschwanstein, Linderhof und Herrenchiemsee gebaut?
20. Was kann aus Petroleum gemacht werden?

*Das Haus ist renoviert worden.*
*Was mußte alles getan werden?*

[1] granted

# GRAMMATIK

## 1 Passive Voice

Up to this point, all the sentences we have been using were in the active voice. In German and in English, the active voice is used to indicate that the subject of the sentence does something or is becoming something. In short, when the subject is active, the verb is in the active voice.

| Subject | Verb | Other |
|---------|------|-------|
| Sie | verkauft | ihr Auto. |
| Er | schrieb | einen Brief. |
| Wir | haben | das Essen schon bestellt. |

When the subject *does not* perform the action but is acted upon, the sentence is in the passive voice. In short, when the subject is passive, the verb is in the passive voice. The English passive is formed with the auxiliary *to be* and the past participle of the verb. Look at the following English sentences in the passive:

| Subject | Verb | Other | Form of *to be* + | Past Participle |
|---------|------|-------|------------------|-----------------|
| *The car* | *is (being) sold* | *by her.* | *is being* | *sold* |
| *The letter* | *was written* | *by him.* | *was* | *written* |
| *The food* | *has been ordered.* | | *has been* | *ordered* |

The choice between active and passive voice is not a grammatical problem. The choice depends on the point of view the speaker wants to emphasize.

| ACTIVE VOICE | *The ambulance took the injured to the hospital.* |
|---|---|
| PASSIVE VOICE | *The injured were taken to the hospital (by the ambulance).* |

In a passive sentence, the attention is usually focused on the receiver of the action. Therefore the agent, that is, the doer of the action, may often be omitted.

## A Formation of Passive

In German, the passive voice is formed essentially the same way as in English. The only difference is that English uses a form of *to be* while German uses the conjugated forms of **werden** with a past participle at the end of the sentence.

| Subject | werden | Past Participle | |
|---------|--------|-----------------|---|
| Die Polizei | wird | gerufen. | *The police are (being) called.* |
| Die Bücher | werden | verkauft. | *The books are (being) sold.* |
| Das Auto | wird | repariert. | *The car is (being) repaired.* |

A passive sentence can be put into the various tenses by merely changing the tense of the auxiliary **werden**.

| | | |
|---|---|---|
| PRESENT TENSE | Das Auto **wird** gewaschen. | *The car is (being) washed.* |
| PAST TENSE | Das Auto **wurde** gewaschen. | *The car was (being) washed.* |
| PRESENT PERFECT | Das Auto **ist** gewaschen **worden**. | *The car has been washed.* |
| PAST PERFECT | Das Auto **war** gewaschen **worden**. | *The car had been washed.* |
| FUTURE | Das Auto **wird** gewaschen **werden**. | *The car will be washed.* |

In an active sentence, the past participle of **werden** is **geworden**. In a passive construction, however, **geworden** is shortened to **worden**. Remember that **werden** forms the present perfect and past perfect tense with the auxiliary **sein**.

| | |
|---|---|
| PRESENT PERFECT | Amerika **ist** 1492 entdeckt **worden**. |
| PAST PERFECT | Das Auto **war** abgeschleppt **worden**. |

## B  Passive with Modals

Passive constructions with modals consist of the conjugated form of the modal, the past participle of the main verb and the infinitive of **werden**. Notice that only the modal auxiliary is affected by the shift in tenses. Everything else in the sentence remains the same.

| Conjugated Modal | + | Past Participle | + werden |
|---|---|---|---|
| Er muß | | abgeholt | werden. |
| Er mußte | | abgeholt | werden. |
| Das kann | | getan | werden. |
| Das konnte | | getan | werden. |

Although passive constructions with modals occur in all tenses, they are most frequently used in the present and simple past tense.

| | |
|---|---|
| PRESENT | Das Auto **muß** gewaschen werden. |
| | *The car has to be washed.* |
| SIMPLE PAST | Das Auto **mußte** gewaschen werden. |
| | *The car had to be washed.* |
| PRESENT PERFECT | Das Auto **hat** gewaschen werden **müssen**. |
| | *The car has had to be washed.* |
| PAST PERFECT | Das Auto **hatte** gewaschen werden **müssen**. |
| | *The car had had to be washed.* |
| FUTURE | Das Auto **wird** gewaschen werden **müssen**. |
| | *The car will have to be washed.* |

## C  von + Agent

In passive sentences, the agent is secondary in importance and does not always have to be expressed. If expressed, the agent is introduced by the preposition **von** followed by the dative case.

> Die Kinder sind **von ihren Eltern** abgeholt worden.
> *The children were (being) picked up by their parents.*

## D  Transformation from Active to Passive

As in English, any active sentence with a direct object can be transformed into a passive sentence. Look at the following example:

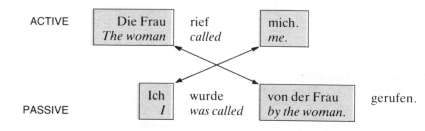

As you can see, the subject of the active sentence is changed into the agent of the passive sentence. The direct object of the active sentence is changed into the subject of the passive sentence. Remember that the subject of any sentence, whether active or passive, is always in the nominative case. Look at some more transformations.

**Active Voice**

Wir machen **die Arbeit**.
Er verkaufte **den Wagen**.
Wir sahen **ihn** gestern.

**Passive Voice**

Die Arbeit wird **von uns** gemacht.
Der Wagen wurde **von ihm** verkauft.
Er wurde **von uns** gesehen.

---

How to substitute for the passive with **man**

Whenever the agent is not expressed, the impersonal pronoun **man** (*one, you, we, they, people*) may be used to avoid a passive construction. This is frequently done in spoken German:

**Man spricht** hier Deutsch.     Hier wird Deutsch gesprochen.
**Man muß** die Polizei rufen.     Die Polizei muß gerufen werden.
**Man hat** den Brief schon abgeholt.     Der Brief ist schon abgeholt worden.
Wie **schreibt man** das Wort?     Wie wird das Wort geschrieben?

---

*Die Leute bedienen sich selbst. Hier wird man nicht bedient.*

# MÜNDLICHE ÜBUNGEN

**MÜ 1**  Was wird hier getan?                                                          *Passiv / Präsens*

● Wir rufen die Polizei. → *Die Polizei wird gerufen.*

| | |
|---|---|
| 1. Er verkauft das Auto. | 5. Die Firma sucht eine Sekretärin. |
| 2. Sie schreibt einen Brief. | 6. Wir bezahlen die Rechnung. |
| 3. Wir bestellen die Bücher. | 7. Er fotografiert die Unfallstelle. |
| 4. Sie holt die Kinder ab. | 8. Die Stadt baut eine neue Schule. |

**MÜ 2**  Von wem wird es getan?

● Der Kellner serviert das Essen. → *Das Essen wird vom Kellner serviert.*

| | |
|---|---|
| 1. Der Lehrer erklärt die neuen Wörter. | 5. Männer und Frauen tragen Hosen. |
| 2. Ein Mechaniker repariert Autos. | 6. Die Mutter trägt das Kind. |
| 3. Ein Bäcker bäckt Brot und Brötchen. | 7. Der Postbote bringt die Briefe. |
| 4. Viele Touristen besuchen unsere Stadt. | 8. Der Zoll kontrolliert die Pässe. |

**MÜ 3**  Was wurde gestern gemacht?                                                     *Imperfekt*

● das Auto waschen → *Gestern wurde das Auto gewaschen.*

| | | |
|---|---|---|
| 1. die Polizei rufen | 4. die Zeugen fragen | 7. das alte Haus verkaufen |
| 2. Fisch essen | 5. die Arbeit beginnen | 8. diese Wörter erklären |
| 3. ein Auto stehlen | 6. viel Bier trinken | 9. alle Fragen beantworten |

**MÜ 4**   Was ist schon gemacht worden?

• Wann wird die Zeitung gebracht? → *Sie ist schon gebracht worden.*

1. Wann wird die Arbeit gemacht?
2. Wann werden die Gäste eingeladen?
3. Wann wird der Krankenwagen gerufen?
4. Wann werden die Zeugen gefragt?
5. Wann wird die Unfallstelle fotografiert?
6. Wann werden die Kinder abgeholt?
7. Wann wird das Essen serviert?
8. Wann wird das neue Buch verkauft?

**MÜ 5**   Was kann man damit tun? Was kann damit getan werden?

*Modalverben*

• ein Auto → *Man kann ein Auto waschen (fahren, parken usw.).*
*Ein Auto kann gewaschen (gefahren, geparkt usw.) werden.*

1. eine Brille          4. ein Bild          7. eine Geschichte
2. ein Pullover          5. ein Fahrrad          8. Briefe
3. Wörter          6. ein Apfel          9. Blumen

**MÜ 6**   Was soll hier getan werden?

• Rufen Sie sofort die Polizei! → *Die Polizei soll gerufen werden.*

Jemand hat gesagt:

1. Bezahlen Sie die Hosen hier!          4. Schreiben Sie den Brief bitte sofort!
2. Sprechen Sie bitte nur Deutsch!          5. Lernen Sie die Wörter für morgen!
3. Holen Sie die Medikamente morgen ab!          6. Bringen Sie den Brief zur Post!

**MÜ 7**   Beantworten Sie die Fragen!

1. Wann muß ein Krankenwagen gerufen werden?
2. Was muß im Straßenverkehr beachtet werden?
3. Wann sollen Pullover gewaschen werden?
4. Wo kann eine Telefonrechnung bezahlt werden?
5. Wann muß ein Reifen gewechselt werden?
6. Wann muß ein Auto repariert werden?
7. Wann muß ein Arzt gerufen werden?
8. Welche Waren müssen nach Deutschland importiert werden?
9. Was kann aus Öl gemacht werden?
10. Wer soll zu einem Unfall gerufen werden?
11. Welche deutschen Wörter müssen groß geschrieben werden?

**MÜ 8**   Auf deutsch, bitte!

1. The little boy was called by his mother.
2. Yes, that is often said.
3. The car cannot be repaired today.
4. The door could not be opened.
5. He was often seen with a young lady.
6. This soup can also be eaten cold.
7. New houses have been built in the city.
8. The police were called to the accident.
9. The car was washed yesterday.
10. Her purse was stolen.
11. All bicycles were sold.
12. That can be done.
13. She was asked by her parents.
14. The new blouse must be washed.

**Erinnern Sie sich? Welche reflexiven Verben passen hier?**

Bett — *sich hinlegen*
Rasierapparat _____
Seife _____
Stuhl _____
Kamm _____
Handtuch _____
Erkältung _____
Verspätung _____
Dusche _____
Bad _____
Angst _____

---

## *Kultur und Information: Tageszeitungen*

Die Deutschen lesen gern die Zeitung, sie lesen sie zu Hause am Frühstückstisch, im Zug, Bus oder in der Straßenbahn, während der Arbeitspause und am Abend vor dem Fernsehapparat. Selbst in den Urlaub lassen sich viele ihre Zeitung nachschicken[1]. Die meisten Deutschen lesen die Zeitung täglich. Sieben von zehn Zeitungen werden durch Abonnement[2] ins Haus gebracht. Von den Tageszeitungen, die am Kiosk oder in Geschäften verkauft werden, ist die *Bild-Zeitung* am beliebtesten. Von der *Bild-Zeitung* werden täglich über fünf Millionen Exemplare gedruckt[3]. Mit sensationellen Kurzberichten, wenig Text und vielen Bildern wird die *Bild-Zeitung* (in Österreich die *Kronenzeitung* und in der Schweiz *Blick*) von Leuten gelesen, die wenig Zeit haben, sich schnell informieren wollen und keine hohen Ansprüche[4] an ihr Lesematerial stellen.

   Zu den bekanntesten deutschen Tageszeitungen, die überall in Deutschland und im Ausland verkauft werden, gehören die *Frankfurter Allgemeine* (konservativ-liberal), die *Süddeutsche Zeitung* (liberal) und *Die Welt* (konservativ).

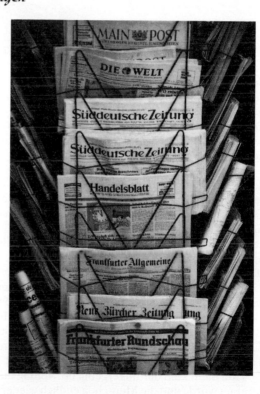

[1] send  [2] subscription  [3] printed  [4] demands

# LAND UND LEUTE

## DEUTSCHLAND: Ein neuer Anfang

Seit mehr als tausend Jahren hatten die beiden Teile des Dorfes miteinander[1] gelebt. Sie gehörten zusammen: Großburschla, der größere und schönere Teil am thüringischen Ufer der Werra und Altenburschla, der kleinere und ärmere Teil am hessischen Ufer des Flusses. Doch dann kam alles anders: Deutschland wurde in Ost und West geteilt, und die beiden Dörfer wurden auseinandergerissen[2]. Und so wie die Dörfer, so wurden auch die Familien auseinandergerissen. Jeder zweite hatte Verwandte im anderen Dorfteil.

Großburschla lag nun im hochsensiblen 500-Meter-Sperrgebiet[3] der DDR. Die Grenze verhinderte,[4] daß die Dorfbewohner in den Westteil des Dorfes konnten. Die alten Häuser wurden nicht renoviert und neue Häuser durften nicht gebaut werden. Die Straßen wurden nicht repariert. Die Geschäfte waren meistens leer. Die Grenze machte es den Menschen schwer, ein normales Leben zu führen. Viele verließen das Dorf. „Wenn ein Fußballclub bei uns spielen wollte", erzählen die Sportler, „dann konnte man nie sicher sein, ob wirklich alle elf Spieler aufs Feld laufen würden. Wenn einer der Spieler politisch unzuverlässig[5] war, dann durfte er nicht ins Sperrgebiet reisen." Großbuschla war ein sterbendes[6] Dorf.

Altenburschla, das Dorf im Westen, hatte mehr Glück. Es kam zur Bundesrepublik und wurde wegen seiner Lage – wie die anderen Dörfer und Städte an der Grenze zur DDR – staatlich gefördert[7]. Geld kam in das kleine Grenzdorf, die alten Fachwerkhäuser wurden restauriert, überall wurden Blumen und Bäume gepflanzt. Und im Jahre 1961 konnte das Dorf einen großen Sieg[8] feiern: Altenburschla war zum schönsten Dorf der Bundesrepublik Deutschland gewählt worden. Immer mehr Touristen kamen, die hier im Dorf die deutsche Teilung aus nächster Nähe erleben wollten.

Und dann kam der unvergeßliche Montag im November 1989, an dem nach 28 Jahren die Grenze geöffnet wurde und die Menschen endlich wieder von einem Dorfteil zum anderen gehen konnten. Ein Traum wurde wahr: Sie konnten wieder über die Werrabrücke gehen, die so lange keine Brückenfunktion hatte.

Zuerst wurde ein Fußgängerübergang[9] geschaffen. Und als man begann, die vor 28 Jahren unterbrochenen[10] Straßen- und Schienenverbindungen wieder herzustellen, da war auch Arthur Scheifler aus Treffort dabei, der schon damals mitarbeiten mußte, als die Schienen und Straßen unterbrochen wurden. Als dann die ersten Menschen von Ost nach West passieren durften, da war die Freude unbeschreiblich. Auch die Menschen, die man nicht kannte, wurden wie alte Freunde begrüßt, die man nach langer langer Zeit endlich wiedergefunden hatte.

Die meisten jungen Menschen waren noch nie vorher im Nachbardorf gewesen. „Grotesk war das schon", meint Katja aus Altenburschla, „wir hätten in zwei Minuten hinüberlaufen können." Sie erzählt, wie die ganze Familie am Sonntagnachmittag oft auf einen Hügel[11] gestiegen ist, um mit dem Fernglas Ausschau nach den Großeltern zu halten[12], die drüben in der DDR wohnten. Wohl hat es Telefongespräche zwischen den zwei Dörfern gegeben. Doch wenn die Großeltern nach Altenburschla anrufen wollten, dann mußten sie nach Anmeldung[13] des Gespräches acht Stunden warten, bis sie endlich sprechen konnten.

Nun müssen die Menschen in den beiden Dörfern lernen, wieder miteinander zu leben. Die aus Großburschla können kaum glauben, wie schön, sauber und gepflegt es im Westteil ihres Dorfes aussieht. „Früher war alles ganz anders", erinnern sich die Älteren. „Altenburschla war so arm und so schmutzig, daß kein Mensch dort leben wollte", erzählt August Germerodt, der sein Leben lang in Großburschla geblieben ist. Das sagt auch die Frau des Ortsvorstehers[14] Montag, und sie weiß es, denn auch sie kommt aus Großburschla, lebt aber nun schon seit 37 Jahren in dem früher so schmutzigen Dorf. Sie ist glücklich, daß sie und ihr Mann es damals geschafft haben, in den Westen zu kommen.

Jetzt ist sie zum ersten Mal wieder drüben gewesen, wo sie geboren ist. Vielleicht ist es ihr so gegangen wie Hans Eisenhuth, der auch „herübermachte", bevor die Grenze geschlossen wurde und in Altenburschla mit Blick[15] auf sein Elternhaus eine Gärtnerei aufgebaut hat. Er hat am Tag der Grenzöffnung in der Küche seines Elternhauses in Großburschla gesessen und konnte nicht glauben, daß er das durfte. „Es ist so, als ob es einem vor Glück das Herz zerreißt[16]."

Es ist nicht einfach, wenn in einigen Wochen ein halbes Leben nachgeholt[17], überprüft, aufgearbeitet werden muß. Alles kam so unerwartet, so plötzlich: August Germerodt, der 72jährige Maler aus Großburschla trifft in Altenburschla die Marie, die er vor vierzig Jahren heiraten wollte und dann nie wiedergesehen hat. Der alte Lehrer Neumann aus Altenburschla freut sich, die Männer und Frauen wiederzusehen, die er als Kinder in der Schule hatte. Oft hatte er sich gefragt, was wohl aus ihnen geworden ist.

Da gibt es viel zu erzählen. Sie reden auch über die Geschichte der Familie Müller, die kurz nach der Flucht[18] des jungen Reinhard Müller in den Westen – er war nachts durch die eiskalte Werra geschwommen – an die polnische Grenze deportiert wurde. Ohne Anmeldung war morgens früh um sechs der Möbelwagen vor dem Haus der Eltern gestanden. Wer hat befohlen[19], daß die ganze Familie das Dorf verlassen mußte? Wer hat diese und die anderen Deportationen von Dorfbewohnern befohlen? Und wird nun alles vergeben und vergessen sein, wenn Vater und Sohn Müller das Wiedersehen feiern? Bequem sind diese Fragen nicht.

Es ist noch lange nicht Alltag zwischen Altenburschla und Großburschla. Die Menschen in den beiden Dörfern haben sich in den langen Jahren der Teilung auseinandergelebt. Daß man nicht einfach beschließen[20] kann, das alte gemeinsame Leben wieder aufzunehmen, ist allen klar. Doch jetzt gibt es auf beiden Seiten viel zu tun. Während der Sportverein in Altenburschla die jährliche Weihnachtsfeier plant, suchen sie in Großburschla die polizeilichen Akten[21] über die Deportationen der letzten Jahre.

---

[1]zusammen [2]torn apart [3]Gebiet, das für alle Besucher gesperrt ist [4]machte es unmöglich [5]unreliable [6]nicht lebend [7]bekam finanzielle Hilfe vom Staat [8]Triumph [9]Stelle, an der man zu Fuß in den anderen Dorfteil hinüber gehen kann [10]abgeschnitten [11]höhere Stelle in der Landschaft [12]mit den Augen suchen [13]nach dem Registrieren [14]Person, die für die Administration des Dorfes verantwortlich ist [15]view [16]as if the heart were torn apart [17]made up [18]escape [19]die Order gegeben [20]entscheiden [21]Dokumente

**Fragen**

1. Wann und warum wurden die beiden Dörfer Großburschla und Altenburschla auseinandergerissen?
2. Was passierte als die Dörfer auseindergerissen wurden?
3. Warum konnten die Menschen in Großburschla kein normales Leben führen?
4. Warum verließen nach der Teilung Deutschlands so viele Menschen das Dorf?
5. Wie entwickelte sich Altenburschla nach der Teilung Deutschlands?
6. Was passierte am Montag, dem 13. November 1989?
7. Warum waren die meisten jungen Menschen vorher nie im anderen Teil des Dorfes?
8. Warum ist noch lange nicht Alltag zwischen den beiden Dörfern?

---

*Kultur und Information: Chronik der deutschen Einheit (Teil 2)*

**1. Januar 1990:** Hunderttausende aus Ost und West feiern den Beginn des neuen Jahres am Brandenburger Tor in Berlin.

**8. Januar:** Erste Montagsdemonstration 1990 in Leipzig. Viele Menschen rufen „Deutschland, einig Vaterland".

**10. Februar:** Bundeskanzler Helmut Kohl reist nach Moskau. Der sowjetische Staatchef Gorbatschow verspricht, daß die Entscheidung der Deutschen, in einem Staat zu leben, von der UdSSR repektiert wird.

**18. März:** In der DDR finden nach vierzig Jahren die ersten freien und geheimen Wahlen statt. Sieger wird die „Allianz für Deutschland".

**12. April:** Lothar de Maiziere (CDU) wird zum neuen Ministerpräsidenten der DDR gewählt.

**5. Mai:** In Bonn finden die ersten von vier „Zwei plus Vier"-Gesprächen über die deutsche Einheit statt. Teilnehmer sind die Außenminister[1] der beiden deutschen Staaten und die der Siegermächte des Zweiten Weltkriegs.

**18. Mai:** Die beiden deutschen Staaten unterzeichnen in Bonn den Vertrag[2] über die Schaffung einer Währungs-, Wirtschafts- und Sozialunion.

**1. Juli:** Der Staatsvertrag über die Schaffung einer Währungs-und Sozialunion tritt in Kraft[3]. In der DDR wird die D-Mark eingeführt.

**6. Juli:** Die Verhandlungen[4] über den deutschen Einigungsvertrag beginnen.

**16. Juli:** Der Kreml-Chef gibt seine Zustimmung[5] zur vollen deutschen Souveränität.

**31. August:** Der Einigungsvertrag zwischen der Bundesrepublik und der DDR wird in Ost-Berlin unterschrieben.

**12. September:** In Moskau wird der Zwei-plus-Vier-Vertrag unterschrieben. Ab dem 3. Oktober 1990 werden die vier Siegermächte des Zweiten Weltkriegs ihre Rechte in Deutschland nicht mehr ausüben.

**29. September:** Der Einigungsvertrag, ein über tausend Seiten umfassendes Buch, tritt in Kraft.

**3. Oktober:** Die deutsche Einheit ist perfekt – der Tag wird gefeiert. Der 3. Oktober wird zum Nationalfeiertag proklamiert.

[1] Secretaries of State  [2] treaty  [3] goes into effect  [4] negotiations  [5] consent

# SCHRIFTLICHE ÜBUNGEN

**SÜ 1**  Bilden Sie Passivsätze!

- Er soll den Brief zur Post bringen.
  *Der Brief soll zur Post gebracht werden.*

  1. Sie soll den Brief heute schreiben.
  2. Man kann Kaffee aus Südamerika importieren.
  3. Peter muß das Auto verkaufen.
  4. Man kann hier nur Benzin tanken.
  5. Ich muß die Haustür um 10 Uhr zumachen.
  6. Er kann das Auto vor dem Haus parken.

**SÜ 2**  Schreiben Sie die Sätze noch einmal mit einem Modalverb!

- Die Verletzten werden ins Krankenhaus gebracht. (müssen)
  *Die Verletzten müssen ins Krankenhaus gebracht werden.*

  1. Die Polizei wird zu einem Unfall gerufen. (müssen)
  2. Die Arbeit wird sofort begonnen. (sollen)
  3. Die Rechnungen wurden nicht bezahlt. (können)
  4. Das Auto wurde repariert. (müssen)
  5. Die Bücher wurden bestellt. (können)
  6. Das schöne Haus wird verkauft. (müssen)

**SÜ 3**  Was muß man hier tun?
Was muß hier getan werden?

- Ein Unfall ist passiert. (Polizei rufen)
  *Man muß die Polizei rufen.*
  *Die Polizei muß gerufen werden.*

  1. Unser Fernseher ist kaputt. (reparieren)
  2. Wir haben viel Arbeit. (machen)
  3. Die Studenten stellen viele Fragen. (beantworten)
  4. Wir haben eine Rechnung bekommen. (bezahlen)
  5. Das Auto ist schmutzig. (waschen)
  6. Das Fenster ist offen. (zumachen)
  7. Die Schuhe sind schmutzig. (putzen)
  8. Seine Haare sind zu lang. (schneiden)
  9. Das Obst wird schlecht. (essen)
  10. Die Leute verstehen die Antwort nicht. (wiederholen)
  11. Jemand ist sehr krank. (Arzt rufen)
  12. Wir wollen eine Reise machen. (Koffer packen)
  13. Es ist zu warm im Zimmer. (Fenster öffnen)

**Erinnern Sie sich?**
**Wie heißen die Nomen?**
**Was bedeuten sie?**

| | |
|---|---|
| absperren | *Absperrung* |
| markieren | _____ |
| entwickeln | _____ |
| erfüllen | _____ |
| zeichnen | _____ |
| verantworten | _____ |
| heizen | _____ |
| regeln | _____ |
| versprechen | _____ |
| s.beeilen | _____ |
| s.verspäten | _____ |
| s.unterhalten | _____ |
| bewundern | _____ |
| steigen | _____ |
| beachten | _____ |

**SÜ 4**   Schreiben Sie die Sätze noch einmal!

- Der Krankenwagen wird gerufen. (Perfekt)
  *Der Krankenwagen ist gerufen worden.*

1. Sie wurde nicht eingeladen. (Perfekt)
2. Das Kleid wird gewaschen. (Imperfekt)
3. Die Kinder werden abgeholt. (Plusquamperfekt)
4. Die Batterie mußte geprüft werden. (Präsens)
5. Das Buch wird übersetzt. (Perfekt)
6. Die Rechnung ist schon bezahlt worden. (Imperfekt)
7. Sie werden ins Krankenhaus gebracht. (Plusquamperfekt)
8. Das Auto muß gefahren werden. (Konjunktiv / Präsens)

# Wortschatz

## NOMEN

| | |
|---|---|
| die Aussage, -n | testimony |
| der Bericht, -e | report |
| die Freude | happiness, pleasure |
| der Krankenwagen, - | ambulance |
| die Lebensmittelver-giftung, -en | food poisoning |
| der Notfall, ¨e | emergency |
| der Zeuge, -n | witness |

*Leicht erkennbare Wörter*
**das Feld, -er / die Gärtnerei, -en /
der Sportler, - / die Teilung**

## VERBEN

| | |
|---|---|
| ab·sperren | to blockade |
| behandeln | to treat |
| heiraten | to get married |
| her·stellen | to produce |
| sterben, (stirbt), starb, ist gestorben | to die |
| s. verletzen | to get injured |
| teilen | to divide |

*Leicht erkennbare Wörter*
**aus·pumpen / befragen / exportieren /
importieren / markieren / passieren**

## ADJEKTIVE UND ADVERBEN

| | |
|---|---|
| beschädigt | damaged |
| drüben | over there |
| geboren | born |
| sensibel | sensitive |

# APPENDIX

*Answers to Fragespiele*

*Reference Grammar*

*German–English Vocabulary*

*English–German Vocabulary*

*Index*

Ich weiß nicht, was soll es bedeuten

Ich weiß nicht, was soll es be - deu - ten, daß ich so trau - rig bin.— Ein

Mär - chen aus ur - al - ten Zei - ten, das kommt mir nicht aus dem Sinn.— Die

Luft ist kühl, und es dun - kelt, und ru - hig fließt der Rhein;— der

Gip - fel des Ber - ges fun - kelt im A - bend - son - nen - schein.

Text: Heinrich Heine (1822)
Melodie: Friedrich Silcher (1837)

2. Die schönste Jungfrau sitzet
   dort oben wunderbar;
   ihr gold'nes Geschmeide blitzet,
   sie kämmt ihr gold'nes Haar;
   sie kämmt es mit gold'nem Kamme
   und singt ein Lied dabei;
   das hat eine wundersame,
   gewaltige Melodei.

3. Den Schiffer im kleinen Schiffe
   ergreift es mit wildem Weh;
   er sieht nicht die Felsenriffe,
   er schaut nur hinauf in die Höh.
   Ich glaube, die Wellen verschlingen
   am Ende Schiffer und Kahn,
   und das hat mit ihrem Singen
   die Lorelei getan.

# ANSWERS TO FRAGESPIELE, RATESPIELE AND RÄTSEL

**Situation 4, page 36**

1. (f)   2. (b)   3. (h)   4. (d)   5. (a)   6. (g)
7. (c)   8. (e)

**Kreuzworträtsel pages 43, 107**

**Städte-Quiz, page 177**

Die erste Stadt ist Nürnberg.
Die zweite Stadt ist Heidelberg.
Die dritte Stadt ist Hamburg.

**Silbenrätsel, page 179**

| | |
|---|---|
| Bremen | Garmisch-Partenkirchen |
| Weimar | Magdeburg |
| Hamburg | Frankfurt |
| Heidelberg | Münster |
| Fulda | Würzburg |
| Dresden | Nürnberg |
| Stuttgart | München |
| Schwerin | Leipzig |
| Düsseldorf | Potsdam |
| Mannheim | Berlin |
| Augsburg | Freiburg |
| Rostock | Wiesbaden |
| Konstanz | |
| Erfurt | |

**Situation 5, page 327**

1. der Mississippi   5. Australien
2. Mount McKinley    6. Österreich
3. der Schwarzwald   7. die Schweiz
4. Hamburg           8. der Pazifik

**Situation 6, page 327**

1. (k)   2. (e)   3. (j)   4. (d)   5. (a)   6. (g)
7. (n)   8. (i)   9. (f)   10. (l)   11. (c)   12. (b)
13. (p)   14. (o)   15. (h)   16. (m)

1. Der Sommer dauert am längsten: 93 Tage
   und 15 Stunden. (Frühling: 92 Tage und 19
   Stunden; Herbst: 89 Tage and 20 Stunden;
   Winter: 89 Tage)

2. In Irland trinkt man am meisten Tee. Pro
   Kopf und pro Jahr verbrauchen die Iren
   3,7 kg Tee. (Die Briten verbrauchen 3,5 kg.)

3. Die Concorde, eine Gemeinschafts-
   produktion zwischen Großbritannien
   und Frankreich fliegt am schnellsten.

4. Die Milch von Mäusen ist am teuersten. Ein Liter kostet rund DM50,000. Man braucht sie für wissenschaftliche Forschungen.

5. Frischobst essen die Deutschen am häufigsten, rund 94 kg pro Kopf und pro Jahr.

6. Die Nase ist am kühlsten.

7. Das Sammeln von Briefmarken ist am populärsten. Auf der ganzen Welt soll es ungefähr 30–50 Millionen Briefmarkensammler geben. In der alten Bundesrepublik sammeln fünf Millionen Menschen Briefmarken.

8. Schafe und Ziegen sind am ältesten. Funde aus der Zeit um 8.800 vor Christi haben ergeben, daß sie die ersten domestizierten Tiere waren.

9. Die Saturn 5 Rakete ist am stärksten. Die erste Stufe der Rakete hat eine Schubkraft von 3.750 Tonnen und verbraucht 13 Tonnen Treibstoff pro Sekunde.

10. Von allen natürlichen Materialien ist der Diamant am härtesten, 90mal härter als Korund. (Korund steht an zweiter Stelle in der Härteskala.)

11. Der Kirchtum des Ulmer Münsters ist am höchsten. Er ist 161 Meter hoch.

12. In der Stadt Werchojansk in Sibirien ist es am kältesten. Die jährliche Durchschnittstemperatur ist minus 16 Grad Celsius. (Die Antarktis-Station Wostok hat eine jährliche Durch-schnittstemperatur von minus 54 Grad Celsius.)

13. Von allen Lexika ist die berühmte Encyclopaedia Britannica, mit 30 Bänden und rund 33.000 Seiten, zur Zeit am größten.

14. Die Zugspitze (2.962 m) in den deutschen Alpen ist am höchsten.

15. Australien ist am kleinsten.

16. Von allen Metallen ist Lithium am leichtesten. Es ist sogar leichter als Bambusholz.

**Situation 8, page 328**

| | | | |
|---|---|---|---|
| 1. | Pluto | 7. | Pluto |
| 2. | Venus | 8. | Merkur |
| 3. | Jupiter | 9. | Pluto |
| 4. | Pluto | 10. | Merkur |
| 5. | Jupiter | 11. | Venus |
| 6. | Pluto | 12. | Pluto |

**Ratespiel page 418**
**Lösungen und Informationen**

1. Mit 95 Litern pro Kopf und pro Jahr sind die Franzosen die fleißigsten Weintrinker der Welt. (Italien: 93 Liter, Argentinien: 75 Liter)

2. Der „Junge Hase" ist ein Aquarelbild. Dürer (1471–1528) hat es im Jahre 1502 gemalt.

3. Am häufigsten benutzen die Deutschen die Wörter „der", „die", und „in". Die am meisten benutzten Substantive sind: Geld, Mann, Mensch und Tag.

4. Der deutsche Ingenieur Carl Friedrich Benz (1844–1929) hat am 29. Januar 1886 ein Patent für seinen dreirädrigen Motorwagen bekommen. Im selben Jahr hat auch Gottlieb Daimler (1834–1900) den ersten vierrädrigen Motorwagen gebaut. Der deutsche Ingenieur Nikolaus Otto (1832–1891) hat den Viertakt-Benzinmotor entwickelt.

5. Der deutsche Kaufmann und Geograph Martin Behaim (1459–1506) war ab 1484 Geograph am Hof des portugiesischen Königs Johann II. Seinen Globus kann man im Germanischen Nationalmuseum in Nürnberg sehen. Auf dem Globus fehlen die Kontinente Amerika und Australien.

6. Auf der ganzen Welt soll es ungegähr 30–50 Millionen Briefmarkensammler geben. In Deutschland sammeln fünf Millionen Menschen Briefmarken. Es gibt einige philatelistische Zeitschriften und in Hamburg, München und Berlin spezielle philatelistische Bibliotheken.

7. Europas höchste Brücke führt über das Silltal in Österreich bei Innsbruck. Sie ist Teil

der Autobahn Kufstein–Brennerpaß. Sie ist
785 m lang und 190m hoch. Nicht viel
niedriger ist die höchste deutsche Brücke:
Die Kochertalbrücke bei Geislingen ist
185 m hoch und führt über ein 1.128 m
langes Tal.

8. Der häufigste Familienname Deutschlands
ist Müller. Rund 612.000 Menschen heißen
Müller. Rund 600.000 Menschen heißen
Schmidt. Weil es verschiedene
Schreibweisen des Namens Meyer (Mayer,
Maier, Meier) gibt, ist dieser Name nicht am
häufigsten.

9. Der längste, wichtigste und wasserreichste
Fluß Deutschlands ist der Rhein.

10. Der Montblanc is in Frankreich.


## Situation 5, page 457

1. in München
2. von Rudolf Diesel
3. aus Reben
4. 1989
5. in Süddeutschland, bei Stuttgart
6. 1492, von Columbus
7. Reisepässe oder Ausweise
8. z.B. in Deutschland
9. auf dem Flohmarkt
10. z.B. Rohstoffe, Öl, Obst, Gemüse usw.
11. z.B. Personenwagen, Lastwagen,
Maschinen usw.
12. z.B. in Deutschland, Österreich, in der
Schweiz
13. Hauptwörter (Substantive, Nomen)
14. von Jakob und Wilhelm Grimm
15. Carl Friedrich Benz
16. 1512, von Peter Henlein
17. in Nürnberg
18. ein Konzert, Musik
19. von Ludwig dem Zweiten von Bayern
20. z.B. Benzin, Plastiktüten, Schallplatten

# REFERENCE GRAMMAR

## 1 Personal Pronouns

| | | | | | | | | | |
|---|---|---|---|---|---|---|---|---|---|
| NOMINATIVE | ich | du | er | es | sie | wir | ihr | sic | Sie |
| ACCUSATIVE | mich | dich | ihn | es | sie | uns | euch | sie | Sie |
| DATIVE | mir | dir | ihm | ihm | ihr | uns | euch | ihnen | Ihnen |

## 2 Reflexive Pronouns

| | ich | du | er/es/sie | wir | ihr | sie | Sie |
|---|---|---|---|---|---|---|---|
| ACCUSATIVE | mich | dich | sich | uns | euch | sich | sich |
| DATIVE | mir | dir | | | | | |

## 3 Interrogative Pronouns (Question Words)

| | | |
|---|---|---|
| NOMINATIVE | wer | was |
| ACCUSATIVE | wen | was |
| DATIVE | wem | —— |
| GENITIVE | wessen | —— |

## 4 Relative Pronouns

| | Masculine | Neuter | Feminine | Plural All Genders |
|---|---|---|---|---|
| NOMINATIVE | der | das | die | die |
| ACCUSATIVE | den | das | die | die |
| DATIVE | dem | dem | der | denen |
| GENITIVE | dessen | dessen | deren | deren |

## 5 Definite Article

| | Masculine | Neuter | Feminine | Plural All Genders |
|---|---|---|---|---|
| NOMINATIVE | der | das | die | die |
| ACCUSATIVE | den | das | die | die |
| DATIVE | dem | dem | der | den |
| GENITIVE | des | des | der | der |

## 6 *Der*-words

|  | Masculine | Neuter | Feminine | Plural<br>All Genders |
|---|---|---|---|---|
| NOMINATIVE | dieser | dieses | diese | diese |
| ACCUSATIVE | diesen | dieses | diese | diese |
| DATIVE | diesem | diesem | dieser | diesen |
| GENITIVE | dieses | dieses | dieser | dieser |

All **der**-words are declined like **dieser**. Common **der**-words are **dies-**, **jed-**, **solch-**, **welch-**. Der-word occurring in the singular only: **jed-**. **Der**-words occurring in the plural only: **alle**, **beide**.

## 7 Indefinite Article and *Ein*-words

|  | Masculine | Neuter | Feminine | Plural<br>All Genders |
|---|---|---|---|---|
| NOMINATIVE | ein | ein | eine | keine |
| ACCUSATIVE | einen | ein | eine | keine |
| DATIVE | einem | einem | einer | keinen |
| GENITIVE | eines | eines | einer | keiner |

The indefinite article **ein** has no plural forms. Common **ein**-words are **kein** and the possessive adjectives: **mein**, **dein**, **sein**, **ihr**, **unser**, **euer**, **ihr**, **Ihr**.

## 8 Noun Declension

|  | Masculine | Neuter | Feminine | Plural<br>All Genders |
|---|---|---|---|---|
| NOMINATIVE | der Mann | das Kind | die Frau | die Männer |
| ACCUSATIVE | den Mann | das Kind | die Frau | die Männer |
| DATIVE | dem Mann | dem Kind | der Frau | den Männern |
| GENITIVE | des Mannes | des Kindes | der Frau | der Männer |

## 9 Weak Masculine Nouns

|  | Singular | Plural |
|---|---|---|
| NOMINATIVE | der Herr | die Herren |
| ACCUSATIVE | den Herrn | die Herren |
| DATIVE | dem Herrn | den Herren |
| GENITIVE | des Herrn | der Herren |

Some other masculine nouns with the declension of **-n** or **-en** in all cases except the nominative singular are **der Junge**, **der Kollege**, **der Kunde**, **der Mensch**, **der Name**, **der Polizist**, **der Präsident**, **der Student**, **der Tourist**.

# 10  Gender of Nouns

1. **Natural gender**

   Most nouns denoting persons have natural gender except nouns with the diminutive suffixes **-chen** and **-lein**: **das Mädchen, das Fräulein, das Schwesterchen, das Söhnchen.**

2. **Seasons, months, days of the week, points of the compass**

   The names of the seasons, months, days of the week and the various points of the compass are **der**-nouns: **der Frühling, der Januar, der Montag, der Süden.**

3. **Professions**

   Most nouns denoting the profession or occupation of a person are **der**-nouns: **der Student, der Arzt, der Mechaniker.** Nouns referring to female members of professions add the suffix **-in**: **die Studentin, die Ärztin, die Mechanikerin.**

4. **States, countries, cities, continents**

   The names of most states, countries, cities and continents are **das**-nouns: *(das)* **Deutschland**, *(das)* **Berlin**, *(das)* **Europa.**

   **Exceptions:** Names of countries ending in **-ei: die Türkei, die Mongolei**, and some others: **die Schweiz.**

5. **Masculine suffixes**

   Nouns ending in **-ent, -eur, -ich, -iker, -ismus, -ist, -ling, -or**, and most nouns with the suffix **-er** are **der**-nouns: **der Student, der Ingenieur, der Teppich, der Käfig, der Politiker, der Tourismus, der Polizist, der Frühling, der Professor.**

6. **Feminine suffixes**

   Nouns with the suffixes **-ei, -ie, -ik, -in, -ion, -heit, -keit, -schaft, -tät, -ung, -ur** are **die**-nouns: **die Polizei, die Phantasie, die Mathematik, die Besitzerin, die Tradition, die Gleichheit, die Möglichkeit, die Mannschaft, die Universität, die Übung, die Kultur.**

   Most two-syllable nouns ending in **-e** are **die**-nouns: **die Tasche, die Reise, die Lampe.**

7. **Neuter suffixes**

   Nouns with the suffixes **-eum, -(i)um, -ma, -mal, -ment, -tel, -tum** and the diminutive suffixes **-chen** and **-lein** are **das**-nouns: **das Museum, das Aluminium, das Datum, das Klima, das Denkmal, das Arrangement, das Viertel, das Königtum.**

8. **Infinitives used as nouns**

   Infinitives used as nouns are **das**-nouns: **das Leben, das Essen, das Radfahren.**

# 11 Plural Formation of Nouns

Although German has no general rule for the formation of the plurals of nouns, most nouns can be classified according to one of the following categories.

| Type of Noun | Plural | Singular | Plural |
|---|---|---|---|
| 1. Masculine and neuter nouns ending in **-el**, **en**, **-er** take no ending | - | der Geldbeutel<br>der Kuchen<br>das Fenster | die Geldbeutel<br>die Kuchen<br>die Fenster |
| Neuter nouns with **-chen** and **-lein** | | das Mädchen<br>das Fräulein | die Mädchen<br>die Fräulein |
| Some polysyllabic masculines with the stem vowels **a**, **o**, **u** add an umlaut | ¨ | der Vater<br>der Vogel<br>der Bruder | die Väter<br>die Vögel<br>die Brüder |
| Two feminines add an umlaut: | | die Mutter<br>die Tochter | die Mütter<br>die Töchter |
| 2. Most monosyllabic masculine and some neuter nouns | **-e** | der Freund<br>der Brief<br>das Jahr | die Freunde<br>die Briefe<br>die Jahre |
| Many polysyllabic masculine nouns | | der Beruf<br>der Monat | die Berufe<br>die Monate. |
| Masculine and feminine monosyllabic nouns with stem vowels **a**, **o**, **u** often add an umlaut, no neuter nouns | **¨e** | der Arzt<br>der Sohn<br>die Stadt<br>die Angst | die Ärzte<br>die Söhne<br>die Städte<br>die Ängste |
| 3. Most monosyllabic neuter and some masculine nouns, no feminine nouns | **-er** | das Bild<br>das Kind<br>das Kleid | die Bilder<br>die Kinder<br>die Kleider |
| Nouns with stem vowels **a**, **o**, **u** add an umlaut wherever possible | **¨er** | das Buch<br>der Mann<br>das Haus | die Bücher<br>die Männer<br>die Häuser |
| 4. All feminine nouns ending in **-e**, **-ie** | **-n** | die Dame<br>die Garantie | die Damen<br>die Garantien |
| Some feminine nouns ending in **-el**, **-er** | | die Tafel<br>die Schwester | die Tafeln<br>die Schwestern |
| Weak masculine nouns ending in **-e** | | der Junge<br>der Name | die Jungen<br>die Namen |
| All feminine nouns ending in **-ei**, **-heit**, **-keit**, **-ion**, **-schaft**, **-tät**, **-ung** | **-en** | die Bäckerei<br>die Freiheit<br>die Möglichkeit<br>die Präposition<br>die Mannschaft<br>die Universität<br>die Rechnung | die Bäckereien<br>die Freiheiten<br>die Möglichkeiten<br>die Präpositionen<br>die Mannschaften<br>die Universitäten<br>die Rechnungen |
| Masculine nouns ending in **-ent**, **-ist**, **-or** | | der Student<br>der Polizist<br>der Professor | die Studenten<br>die Polizisten<br>die Professoren |

| Type of Noun | Plural | Singular | Plural |
|---|---|---|---|
| Weak masculine nouns with the declension of **-n** or **-en** in all cases except the nominative singular | | der Herr<br>der Mensch | die Herr**en**<br>die Mensch**en** |
| Some monosyllabic feminine nouns | | die Frau<br>die Uhr | die Frau**en**<br>die Uhr**en** |
| All feminine nouns with the suffix **-in** add **-nen** | **-nen** | die Studentin<br>die Kellnerin | die Studentin**nen**<br>die Kellnerin**nen** |
| 5. Many foreign nouns that have recently been assimilated into German | **-s** | das Auto<br>das Hotel<br>das Taxi<br>das Kino | die Autos<br>die Hotels<br>die Taxis<br>dic Kinos |

**Remember:** The plural of a compound noun is formed by pluralizing the last clement (= base noun) of the compound.

# 12  Preceded Adjectives

| | Masculine | Neuter | Feminine | Plural<br>All Genders |
|---|---|---|---|---|
| NOMINATIVE | der **neue** Mantel<br>ein **neuer** Mantel | das **neue** Kleid<br>ein **neues** Kleid | die **neue** Hose<br>eine | die **neuen** Schuhe<br>keine |
| ACCUSATIVE | den **neuen** Mantel<br>einen | das **neue** Kleid<br>ein **neues** Kleid | die **neue** Hose<br>eine | die **neuen** Schuhe<br>keine |
| DATIVE | dem **neuen** Mantel<br>einem | dem **neuen** Kleid<br>einem | der **neuen** Hose<br>einer | den **neuen** Schuhen<br>keinen |
| GENITIVE | des **neuen** Mantels<br>eines | des **neuen** Kleides<br>eincs | der **neuen** Hose<br>einer | der **neuen** Schuhe<br>keiner |

## Summary

| | Masculine | Neuter | Feminine | Plural<br>All Genders |
|---|---|---|---|---|
| NOMINATIVE | (der) **-e**<br>(ein) **-er** | (das) **-e**<br>(ein) **-es** | **-e** | |
| ACCUSATIVE | | | | |
| DATIVE<br>GENITIVE | **-en** | | | |

## 13 Unpreceded Adjectives

| | Masculine | | Neuter | | Feminine | | Plural All Genders | |
|---|---|---|---|---|---|---|---|---|
| NOMINATIVE | kalter | Wein | kaltes | Bier | warme | Milch | arme | Leute |
| ACCUSATIVE | kalten | Wein | kaltes | Bier | warme | Milch | arme | Leute |
| DATIVE | kaltem | Wein | kaltem | Bier | warmer | Milch | armen | Leuten |
| GENITIVE | kalten | Weines | kalten | Bieres | warmer | Milch | armer | Leute |

### Summary

| | Masculine | Neuter | Feminine | Plural All Genders |
|---|---|---|---|---|
| NOMINATIVE | (der) -er | (das) -es | (die) --e | (die) --e |
| ACCUSATIVE | (den) -en | (das) -es | (die) --e | (die) --e |
| DATIVE | (dem) -em | (dem) -em | (der) -er | (den) -en |
| GENITIVE | (des) -en | (des) -en | (der) -er | (der) -er |

## 14 Adjectives Used as Nouns

Adjectival nouns preceded by the definite article or **der**-words

| | Masculine | Neuter | Feminine | Plural All Genders |
|---|---|---|---|---|
| NOMINATIVE | der Deutsche | das Neue | die Deutsche | die Deutschen |
| ACCUSATIVE | den Deutschen | das Neue | die Deutsche | die Deutschen |
| DATIVE | dem Deutschen | dem Neuen | der Deutschen | den Deutschen |
| GENITIVE | des Deutschen | des Neuen | der Deutschen | der Deutschen |

Adjectival nouns preceded by the indefinite article or **ein**-words

| | Masculine | Neuter | Feminine | Plural All Genders |
|---|---|---|---|---|
| NOMINATIVE | ein Deutscher | ein Neues | eine Deutsche | keine Deutschen |
| ACCUSATIVE | einen Deutschen | ein Neues | eine Deutsche | keine Deutschen |
| DATIVE | einem Deutschen | einem Neuen | einer Deutschen | keinen Deutschen |
| GENITIVE | eines Deutschen | ——— | einer Deutschen | keiner Deutschen |

## 15 Comparison of Irregular Adjectives and Adverbs

| | | | | | | |
|---|---|---|---|---|---|---|
| POSITIVE | gern | groß | gut | hoch | nah | viel |
| COMPARATIVE | lieber | größer | besser | höher | näher | mehr |
| SUPERLATIVE | liebst- | größt- | best- | höchst- | nächst- | meist- |

## 16 Prepositions

| With Accusative | With Dative | With either Accusative or Dative | With Genitive |
|---|---|---|---|
| durch | aus | an | trotz |
| für | außer | auf | während |
| gegen | bei | hinter | wegen |
| ohne | gegenüber | in | |
| um | mit | neben | |
| | nach | über | |
| | seit | unter | |
| | von | vor | |
| | zu | zwischen | |

## 17 Verbs with Prepositional Objects

**anfangen mit**   to begin with
**Angst haben vor** *(+dat.)*   to be afraid of
**antworten auf** *(+acc.)*   to reply to
**arbeiten bei**   to work for
**s. ärgern über** *(+acc.)*   to get or be mad at, to be annoyed about
**beginnen mit**   to begin with
**bestehen aus**   to consist of
**danken für**   to thank for
**denken an** *(+acc.)*   to think of
**einladen zu**   to invite to
**(s.) erinnern an** *(+acc.)*   to remember
**erkranken an** *(+dat.)*   to get sick with
**erwarten von**   to expect of
**erzählen von**   to tell of
**fahren mit**   to go by (means of)
**fragen nach**   to ask for
**s. freuen auf**   to look forward to
**s. freuen über** *(+acc.)*   to be glad about
**s. fürchten vor** *(+dat.)*   to be afraid of
**gehören zu**   to belong to
**glauben an** *(+acc.)*   to believe in
**gratulieren zu**   to congratulate on
**grenzen an** *(+acc.)*   to border on
**halten für**   to take for, to take to be

**halten von**   to think of
**handeln mit**   to deal with
**hoffen auf** *(+acc.)*   to hope for, to wish for
**s. interessieren für**   to be interested in
**kommen aus**   to come from
**s. kümmern um**   to take care of
**lachen über** *(+acc.)*   to laugh about
**nachdenken über** *(+acc.)*   to think about, to contemplate
**reden von**   to talk of
**riechen nach**   to smell of
**schleudern nach**   to hurl (throw) at
**schreiben an** *(+acc.)*   to write to
**schreiben über** *(+acc.)*   to write about
**sprechen mit**   to speak to
**sprechen über** *(+acc.)*   to speak about
**studieren an** *(+dat.)*   to study at
**telefonieren mit**   to speak on the telephone with
**träumen von**   to dream of
**s. umschauen nach**   to look around for
**s. unterhalten über** *(+acc.)*   to talk about
**verbinden mit**   to connect with
**warten auf** *(+acc.)*   to wait for
**wohnen bei**   to live with

## 18 Dative Verbs

| | | | |
|---|---|---|---|
| antworten | to answer | gratulieren | to congratulate |
| begegnen | to meet | helfen | to help |
| danken | to thank | passen | to fit |
| fehlen | to be missing | passieren | to happen |
| gefallen | to like | schmecken | to taste |
| gehören | to belong | stehen | to suit, look good on s.o. |

## 19 Verbs with Inseparable Prefixes

Unstressed prefixes remain permanently attached to the base verb. Verbs with inseparable prefixes do not add the prefix **ge-** in forming their past participle. Common inseparable prefixes are:

| | |
|---|---|
| **be-** | bekommen, bekam, bekommen |
| **emp-** | empfehlen, empfahl, empfohlen |
| **ent-** | entschuldigen, entschuldigte, entschuldigt |
| **er-** | erklären, erklärte, erklärt |
| **ge-** | gefallen, gefiel, gefallen |
| **ver-** | verkaufen, verkaufte, verkauft |
| **zer-** | zerstören, zerstörte, zerstört |

## 20 Verbs with Separable Prefixes

Many German verbs have stressed prefixes which separate from the base verb in independent clauses in the present, simple past, and imperative. In the present perfect, the separable prefix is linked to the perfective **ge-**. Common separable prefixes are:

| | | | | |
|---|---|---|---|---|
| **ab-** | **bei-** | **her-** | **vor-** | **zu-** |
| **an-** | **durch-** | **hin-** | **vorbei-** | **zurück-** |
| **auf-** | **ein-** | **mit-** | **weg-** | **zusammen-** |
| **aus-** | **fort-** | **nach-** | **weiter-** | |

## 21 Present Tense *(Präsens)*

### Regular Conjugation

| | kaufen[1] | finden[2] | öffnen[2] | heißen[3] | ein·kaufen[4] |
|---|---|---|---|---|---|
| ich | kaufe | finde | öffne | heiße | kaufe **ein** |
| du | kaufst | findest | öffnest | heißt | kaufst **ein** |
| er/es/sie | kauft | findet | öffnet | heißt | kauft **ein** |
| wir | kaufen | finden | öffnen | heißen | kaufen ein |
| ihr | kauft | findet | öffnet | heißt | kauft **ein** |
| sie, Sie | kaufen | finden | öffnen | heißen | kaufen ein |

1. The endings are used for all verbs except **sein**, **werden**, **wissen** and the modal auxiliaries.
2. If a verb stem ends in **-d** or **-t** or a consonant cluster (the final consonant of the cluster being other than l or r), an **-e** is inserted between the stem and the endings **-st**, **-t**.
3. If the verb stem ends in a sibilant (**-s**, **-ss**, **-ß**, **-z**, **-tz**) the **-st** ending of the **du**-form is contracted to **-t**. As a result, the **du**-form is sometimes identical to the **er/es/sie**-form.
4. If a verb has a separable prefix the prefix will separate from the base verb.

### Stem-Changing Verbs

|  | sprechen[1] | sehen[2] | fahren[3] | laufen[4] |
|---|---|---|---|---|
| ich | spreche | sehe | fahre | laufe |
| du | sprichst | siehst | fährst | läufst |
| er/es/sie | spricht | sieht | fährt | läuft |
| wir | sprechen | sehen | fahren | laufen |
| ihr | sprecht | seht | fahrt | lauft |
| sie, Sie | sprechen | sehen | fahren | laufen |

In the **du** and **er/es/sie**-forms

1. some verbs have a stem-vowel change **e → i**;
2. some verbs have a stem-vowel change **e → ie**;
3. some verbs have a stem-vowel change **a → ä**;
4. some verbs have a stem-vowel change **au → äu**.

## 22  Simple Past Tense *(Imperfekt)*

| Verb type: | Weak | | Mixed | Strong |
|---|---|---|---|---|
|  | kaufen[1] | arbeiten[2] | bringen[3] | finden[4] |
| ich | kaufte | arbeitete | brachte | fand |
| du | kauftest | arbeitetest | brachtest | fandest |
| er/es/sie | kaufte | arbeitete | brachte | fand |
| wir | kauften | arbeiteten | brachten | fanden |
| ihr | kauftet | arbeitetet | brachtet | fandet |
| sie, Sie | kauften | arbeiteten | brachten | fanden |

1. Weak verbs add the past-tense marker **-t** plus endings.
2. If the stem of a weak verb ends in **-d** or **-t** or in a consonant cluster (the final consonant of the cluster being other than **l** or **r**), an **-e** is inserted between stem and past tense marker **-t**.
3. Irregular weak verbs have a stem change plus the endings of the weak verbs.
4. Strong verbs have a stem change plus endings. The **ich-** and **er/es/sie**-forms use the stem only.

## 23  Auxiliaries: *sein, haben, werden*

### Present Tense

|  | sein | haben | werden |
|---|---|---|---|
| ich | bin | habe | werde |
| du | bist | hast | wirst |
| er/es/sie | ist | hat | wird |
| wir | sind | haben | werden |
| ihr | seid | habt | werdet |
| sie, Sie | sind | haben | werden |

### Past Tense

|  | sein | haben | werden |
|---|---|---|---|
| ich | war | hatte | wurde |
| du | warst | hattest | wurdest |
| er/es/sie | war | hatte | wurde |
| wir | waren | hatten | wurden |
| ihr | wart | hattet | wurdet |
| sie, Sie | waren | hatten | wurden |

## 24 Modal Auxiliaries

### Present Tense

| | **können** | **müssen** | **dürfen** | **wollen** | **sollen** | **mögen** | |
|---|---|---|---|---|---|---|---|
| ich | kann | muß | darf | will | soll | mag | möchte |
| du | kannst | mußt | darfst | willst | sollst | magst | möchtest |
| er/es/sie | kann | muß | darf | will | soll | mag | möchte |
| wir | können | müssen | dürfen | wollen | sollen | mögen | möchten |
| ihr | könnt | müßt | dürft | wollt | sollt | mögt | möchtet |
| sie, Sie | können | müssen | dürfen | wollen | sollen | mögen | möchten |

### Past Tense

| | **können** | **müssen** | **dürfen** | **wollen** | **sollen** | **mögen** |
|---|---|---|---|---|---|---|
| ich | konnte | mußte | durfte | wollte | sollte | mochte |
| du | konntest | mußtest | durftest | wolltest | solltest | mochtest |
| er/es/sie | konnte | mußte | durfte | wollte | sollte | mochte |
| wir | konnten | mußten | durften | wollten | sollten | mochten |
| ihr | konntet | mußtet | durftet | wolltet | solltet | mochtet |
| sie, Sie | konnten | mußten | durften | wollten | sollten | mochten |

## 25 Verb Conjugation: Tense

### rufen

### gehen

### Present Tense (Präsens)

*I call, I am calling, I do call*

| ich | rufe |
|---|---|
| du | rufst |
| er/es/sie | ruft |
| wir | rufen |
| ihr | ruft |
| sie, Sie | rufen |

*I go, I am going, I do go*

| ich | gehe |
|---|---|
| du | gehst |
| er/es/sie | geht |
| wir | gehen |
| ihr | geht |
| sie, Sie | gehen |

### Simple Past *(Imperfekt)*

*I called, I was calling, I did call*

| ich | rief |
|---|---|
| du | riefst |
| er/es/sie | rief |
| wir | riefen |
| ihr | rieft |
| sie, Sie | riefen |

*I went, I was going, I did go*

| ich | ging |
|---|---|
| du | gingst |
| er/es/sie | ging |
| wir | gingen |
| ihr | gingt |
| sie, Sie | gingen |

## Present Perfect *(Perfekt)*

*I have called, I called, I was calling*

| | |
|---|---|
| ich | habe |
| du | hast |
| er/es/sie | hat |
| wir | haben |
| ihr | habt |
| sic, Sic | haben |

} gerufen

*I have gone, I went, I was going*

| | |
|---|---|
| ich | bin |
| du | bist |
| er/es/sie | ist |
| wir | sind |
| ihr | seid |
| sie, Sie | sind |

} gegangen

## Past Perfect *(Plusquamperfekt)*

*I had called*

| | |
|---|---|
| ich | hatte |
| du | hattest |
| er/es/sie | hatte |
| wir | hatten |
| ihr | hattet |
| sie, Sie | hatten |

} gerufen

*I had gone*

| | |
|---|---|
| ich | war |
| du | warst |
| er/es/sie | war |
| wir | waren |
| ihr | wart |
| sie, Sie | waren |

} gegangen

## Future *(Futur)*

*I will call*

| | |
|---|---|
| ich | werde |
| du | wirst |
| er/es/sie | wird |
| wir | werden |
| ihr | werdet |
| sie, Sie | werden |

} rufen

*I will go*

| | |
|---|---|
| ich | werde |
| du | wirst |
| er/es/sic | wird |
| wir | werden |
| ihr | werdet |
| sie, Sie | werden |

} gehen

## Imperative *(Imperativ)*

*Call!*

Ruf!
Ruft!
Rufen Sie!

*Go!*

Geh!
Geht!
Gehen Sie!

## 26 Subjunctive *(Konjunktiv)*

### Present-Time Subjunctive *(Konjunktiv II: Präsens)*

*I called, I would call*

| | |
|---|---|
| ich | riefe |
| du | ricf(c)st |
| er/es/sie | riefe |
| wir | riefen |
| ihr | rief(e)t |
| Sie, sie | riefen |

*I went, I would go*

| | |
|---|---|
| ich | ginge |
| du | ging(e)st |
| er/es/sie | ginge |
| wir | gingen |
| ihr | ging(e)t |
| Sie, sie | gingen |

## Past-Time Subjunctive *(Konjunktiv II: Vergangenheit)*

*I would have called*

|            |        |        |
|------------|--------|--------|
| ich        | hätte  |        |
| du         | hättest|        |
| er/es/sie  | hätte  |        |
| wir        | hätten | } gerufen |
| ihr        | hättet |        |
| sie, Sie   | hätten |        |

*I would have gone*

|            |         |          |
|------------|---------|----------|
| ich        | wäre    |          |
| du         | wär(e)st|          |
| er/es/sie  | wäre    |          |
| wir        | wären   | } gegangen |
| ihr        | wär(e)t |          |
| sie, Sie   | wären   |          |

## Substitute For Present-Time Subjunctive: Würde + Infinitive *(Konditional)*

*I would call*

|            |         |        |
|------------|---------|--------|
| ich        | würde   |        |
| du         | würdest |        |
| er/es/sie  | würde   |        |
| wir        | würden  | } rufen |
| ihr        | würdet  |        |
| sie, Sie   | würden  |        |

*I would go*

|            |         |        |
|------------|---------|--------|
| ich        | würde   |        |
| du         | würdest |        |
| er/es/sie  | würde   |        |
| wir        | würden  | } gehen |
| ihr        | würdet  |        |
| sie, Sie   | würden  |        |

# 27  Passive Voice *(Passiv)*

## Present *(Präsens)*

*I am being called*

|            |        |        |
|------------|--------|--------|
| ich        | werde  |        |
| du         | wirst  |        |
| er/es/sie  | wird   |        |
| wir        | werden | } gerufen |
| ihr        | werdet |        |
| sie, Sie   | werden |        |

## Past *(Imperfekt)*

*I was being called*

|            |         |        |
|------------|---------|--------|
| ich        | wurde   |        |
| du         | wurdest |        |
| er/es/sie  | wurde   |        |
| wir        | wurden  | } gerufen |
| ihr        | wurdet  |        |
| sie, Sie   | wurden  |        |

## Present Perfect *(Perfekt)*

*I have been called*

|            |       |                |
|------------|-------|----------------|
| ich        | bin   |                |
| du         | bist  |                |
| er/es/sie  | ist   |                |
| wir        | sind  | } gerufen worden |
| ihr        | seid  |                |
| sie, Sie   | sind  |                |

## Past Perfect *(Plusquamperfekt)*

*I had been called*

|            |       |                |
|------------|-------|----------------|
| ich        | war   |                |
| du         | warst |                |
| er/es/sie  | war   |                |
| wir        | waren | } gerufen worden |
| ihr        | wart  |                |
| sie, Sie   | waren |                |

## Future *(Futur)*

*I will be called*

|            |        |                |
|------------|--------|----------------|
| ich        | werde  |                |
| du         | wirst  |                |
| er/es/sie  | wird   |                |
| wir        | werden | } gerufen werden |
| ihr        | werdet |                |
| sie, Sie   | werden |                |

## 28 Principal Parts of Strong and Irregular Weak Verbs

The following list includes all the strong and irregular weak verbs used in the text. Compound verbs like **spazierengehen** and many verbs with prefixes such as **überlassen** and **aufschneiden** are not included, since their principal parts are the same as those of the basic verb (**gehen, lassen, schneiden**).

In the present tense, only stem changing verbs are listed.
In the present perfect, all verbs listed use the auxiliary **haben** unless otherwise indicated.

| Infinitive | Present Tense | Past Tense | | Past Participle | Basic Meaning |
|---|---|---|---|---|---|
| abfahren | fährt ab | fuhr ab | ist | abgefahren | *to depart* |
| abheben | | hob ab | | abgehoben | *to withdraw (money)* |
| anfangen | fängt an | fing an | | angefangen | *to begin* |
| ankommen | | kam an | ist | angekommen | *to arrive* |
| anrufen | | rief an | | angerufen | *to call up* |
| anziehen | | zog an | | angezogen | *to put on* |
| aufschreiben | | schrieb auf | | aufgeschrieben | *to write down* |
| aufstehen | | stand auf | ist | aufgestanden | *to get up* |
| aussehen | sieht aus | sah aus | | ausgesehen | *to appear* |
| aussteigen | | stieg aus | ist | ausgestiegen | *to get off* |
| ausziehen | | zog aus | | ausgezogen | *to take off* |
| backen | bäckt | backte/buk | | gebacken | *to bake* |
| beginnen | | begann | | begonnen | *to begin* |
| beißen | | biß | | gebissen | *to bite* |
| bekommen | | bekam | | bekommen | *to receive* |
| beschreiben | | beschrieb | | beschrieben | *to describe* |
| besitzen | | besaß | | besessen | *to possess* |
| bestehen | | bestand | | bestanden | *to pass (exam)* |
| bieten | | bot | | geboten | *to offer* |
| bitten | | bat | | gebeten | *to ask, beg* |
| blasen | bläst | blies | | geblasen | *to blow* |
| bleiben | | blieb | ist | geblieben | *to stay* |
| brechen | bricht | brach | | gebrochen | *to break* |
| bringen | | brachte | | gebracht | *to bring* |
| denken | | dachte | | gedacht | *to think* |
| einladen | lädt ein | lud ein | | eingeladen | *to invite* |
| einschlafen | schläft ein | schlief ein | ist | eingeschlafen | *to fall asleep* |
| einsteigen | | stieg ein | ist | eingestiegen | *to board* |
| empfehlen | empfiehlt | empfahl | | empfohlen | *to recommend* |
| entscheiden | | entschied | | entschieden | *to decide* |
| entstehen | | entstand | ist | entstanden | *to arise* |
| erkennen | | erkannte | | erkannt | *to recognize* |
| essen | ißt | aß | | gegessen | *to eat* |
| fahren | fährt | fuhr | ist | gefahren | *to drive, ride, travel* |
| fallen | fällt | fiel | ist | gefallen | *to fall* |
| fangen | fängt | fing | | gefangen | *to catch* |
| finden | | fand | | gefunden | *to find* |
| fliegen | | flog | ist | geflogen | *to fly* |
| fressen | frißt | fraß | | gefressen | *to devour* |
| frieren | | fror | | gefroren | *to be cold* |
| geben | gibt | gab | | gegeben | *to give* |
| gefallen | gefällt | gefiel | | gefallen | *to like* |
| gehen | | ging | ist | gegangen | *to go* |
| gelten | gilt | galt | | gegolten | *to be looked upon (as)* |
| gewinnen | | gewann | | gewonnen | *to win* |

| Infinitive | Present Tense | Past Tense | Past Participle | Basic Meaning |
|---|---|---|---|---|
| haben | hat | hatte | gehabt | to have |
| halten | hält | hielt | gehalten | to stop, to hold |
| hängen | | hing | gehangen | to hang |
| heißen | | hieß | geheißen | to be named (called) |
| helfen | hilft | half | geholfen | to help |
| kennen | | kannte | gekannt | to know |
| kommen | | kam | ist gekommen | to come |
| laden | lädt | lud | geladen | to load |
| lassen | läßt | ließ | gelassen | to let, allow |
| laufen | läuft | lief | ist gelaufen | to run, go |
| lesen | liest | las | gelesen | to read |
| liegen | | lag | gelegen | to lie, be located |
| nehmen | nimmt | nahm | genommen | to take |
| nennen | | nannte | genannt | to name |
| raten | rät | riet | geraten | to guess |
| reiten | | ritt | ist geritten | to ride horseback |
| riechen | | roch | gerochen | to smell |
| rufen | | rief | gerufen | to call |
| schaffen | | schuf | geschaffen | to create |
| scheinen | | schien | geschienen | to shine |
| schießen | | schoß | geschossen | to shoot |
| schlafen | schläft | schlief | geschlafen | to sleep |
| schlagen | schlägt | schlug | geschlagen | to beat |
| schließen | | schloß | geschlossen | to close |
| schneiden | | schnitt | geschnitten | to cut |
| schreiben | | schrieb | geschrieben | to write |
| schreien | | schrie | geschrien | to scream |
| schwimmen | | schwamm | ist geschwommen | to swim |
| sehen | sieht | sah | gesehen | to see |
| sein | ist | war | ist gewesen | to be |
| singen | | sang | gesungen | to sing |
| sitzen | | saß | gesessen | to sit |
| sprechen | spricht | sprach | gesprochen | to speak |
| springen | | sprang | ist gesprungen | to jump |
| stechen | sticht | stach | gestochen | to stab |
| stehen | | stand | gestanden | to stand |
| stehlen | stiehlt | stahl | gestohlen | to steal |
| steigen | | stieg | ist gestiegen | to climb, rise |
| sterben | stirbt | starb | ist gestorben | to die |
| stoßen | stößt | stieß | gestoßen | to push, shove |
| tragen | trägt | trug | getragen | to carry, to wear |
| treffen | trifft | traf | getroffen | to meet |
| trinken | | trank | getrunken | to drink |
| tun | | tat | getan | to do |
| s. unterhalten | unterhält | unterhielt | unterhalten | to converse |
| verbinden | | verband | verbunden | to connect |
| verbringen | | verbrachte | verbracht | to spend time |
| vergessen | vergißt | vergaß | vergessen | to forget |
| vergleichen | | verglich | verglichen | to compare |
| verlassen | verläßt | verließ | verlassen | to leave |
| verlieren | | verlor | verloren | to lose |
| vermeiden | | vermied | vermieden | to avoid |
| verschwinden | | verschwand | ist verschwunden | to disappear |
| versprechen | verspricht | versprach | versprochen | to promise |

| | | | | |
|---|---|---|---|---|
| verstehen | | verstand | verstanden | *to understand* |
| waschen | wäscht | wusch | gewaschen | *to wash* |
| werden | wird | wurde | ist geworden | *to become* |
| werfen | wirft | warf | geworfen | *to throw* |
| wiegen | | wog | gewogen | *to weigh* |
| wissen | weiß | wußte | gewußt | *to know* |
| zerbrechen | zerbricht | zerbrach | zerbrochen | *to break* |
| ziehen | | zog | gezogen | *to pull* |

# GERMAN–ENGLISH VOCABULARY

This vocabulary includes all the words in the text, except numbers. The English equivalents of the entries are limited to the context in which the words are used in the book. Chapter references are given for all words and expressions and indicate where these are first used. The symbol ~ indicates repetition of the keyword (minus the definite article if any).

The letter codes stand for the following:

| | | | | |
|---|---|---|---|---|
| E | Exercises | | L | Land und Leute |
| C | Captions or cover | | S | Sprechziele |
| G | Grammatik (for explanation) | | Z | Zwischenspiel |
| K | Kultur und Information | | | |

The following abbreviations are used:

| | | | | | | | |
|---|---|---|---|---|---|---|---|
| *acc.* | accusative | *dat.* | dative | *pl.* | plural |
| *adj.* | adjective | *fam.* | familiar | *sep.* | separable |
| *adv.* | adverb | *fem.* | feminine | *sing.* | singular |
| *attr.* | attributive | *gen.* | genitive | *s.o.* | someone |
| *comp.* | comparative | *indef.* | indefinite | *s.th.* | something |
| *conj.* | conjunction | *inf.* | infinitive | *subj.* | subjunctive |
| *coord.* | coordinating | *masc.* | masculine | *subord.* | subordinating |

Adjectives and adverbs with an umlaut in the comparative and superlative are indicated: **warm (ä)**.

Nouns are listed with their plural form: **das Kind, -er (die Kinder)**.

If the plural form of a noun does not exist or is rare in usage it is not listed: **der Frühling**.

Weak nouns are followed by two endings: **der Herr, -n, -en**; the first one indicates the case ending, the second indicates the plural ending.

Strong, irregular weak verbs and modals are listed with their principal parts including the third person singular of the present tense (in parentheses) when irregular: **lesen (liest), las, gelesen**.

Verbs with separable prefixes are indicated by a raised dot: **ein · kaufen**. An asterisk* following such a verb indicates that it is irregular. For its principal parts please refer to the base verb: **ab · fahren (ä)***.

All verbs take **haben** with the past participle unless **sein** is indicated: **gehen, ging, ist gegangen**.

# A

**ab-** *(sep. prefix)* 17G off, away

**abend: heute ~** tonight, this evening

der **Abend, -e** 4L evening; **am ~** 4L in the evening; **guten ~!** 1S good evening

das **Abendessen, -** 14S evening meal, supper; **zum ~** 14L for dinner, for supper

**abends** 4L at night, in the evening(s)

der **Abenteurer, -** 27K adventurer

**aber** *(coord. conj.)* 6G but, however; **~** *(flavoring particle)* 6G

**ab·fahren (ä)\*** 17L to depart

die **Abfahrt, -en** 17L departure; down hill (skiing)

**ab·heben, hob ab, abgehoben** *(Geld)* 30S to withdraw *(money)*

**ab·holen** 17L to pick up

das **Abitur** 20L *final high school examination* (Gymnasium)

**ab·rechnen** 16K to settle

die **Abrüstung** 24L disarmament

der **Abschleppdienst, -e** 20S towing (wrecker) service

**ab·schleppen** 20S to tow (away)

der **Abschluß, ̈sse** 20L completion, graduation

**ab·sperren** 30S to block off

(sich) **ab·trocknen** 24S to dry (oneself)

das **Abwasser, ̈** 29K waste water

das **Adjektiv, -e** 12G adjective

das **Adreßbuch, ̈er** 5S address book

die **Adresse, -n** 2S address

**ähnlich** 20L similar(ly)

der **Akkusativ** 5G accusative

die **Akte, -n** 30L file

die **Aktion, -en** 18S action

**aktiv** 30S active(ly)

die **Aktivität, -en** 3S activity

**aktuell** 29S relevant

**akzeptieren** 28L to accept

**alle** *(der-word)* 1/12G all

**allein(e)** 4L alone

**alles** 5S everything, all

**allgemein** 20S general(ly)

das **Allgemeinwissen** 23S general knowledge

der **Alltag** 18K everyday life

die **Alpen** *(pl.)* 5L the Alps

das **Alphabet** 1S alphabet

**als** *(after comp.)* 22G than; **~** *(subord. conj.)* 19G when; as; **~ ob** as if

**also** *(flavoring particle)* 6G so; thus; well

**alt (ä)** 1S old

der **Altbau, -ten** 29L old(er) house

das **Alter** 1S age

**altmodisch** 13S old-fashioned

die **Altstadt, ̈e** 12L old part of town

der **Amateur, -e** 22Z amateur

(das) **Amerika** 1S America, USA

der **Amerikaner, -/** die **Amerikanerin, -nen** 1S American *(person)*

**amerikanisch** *(adj.)* 13S American

die **Ampel, -n** 12K traffic light

das **Amtshaus, ̈er** 25Z administrative house

**an** *(+ acc./dat.)* 18G at (the side of); on *(for vertical surfaces)*

**ander-** *(attr. adj.)* 12S other

**anders** 12S different(ly), otherwise

der **Anfang, ̈e** 9K beginning **am ~** 9K at the beginning

**an·fangen (fängt an), fing an, angefangen** 17S to begin, start

der **Anfänger, -** 20K beginner

das **Angebot: im ~ sein** 12S to be on sale

**angeln** 7S to fish

**angenommen** 11E let's suppose

der/die **Angestellte, -n** 16K/21G employee

die **Angst, ̈e** 18L fear; **~ haben (vor + dat.)** to be afraid (of)

**an·halten (ä)\*** 26Z to stop

der **Anhalter, -** 26Z hitchhiker

**an·kommen\*** 17L to arrive

die **Ankunft** 17L arrival

die **Anmeldung, -en** 30L registration, application

die **Annonce, -n** 20K (newspaper) ad(vertisement)

die **Anonymität** 18L anonymity

**an·probieren** 12S to try on

**an·rufen\*** 17S to call on the telephone

**an·schauen** 25S to look at

**an·sehen (ie)\*** 25S to look at s.th.

die **Ansicht, -en** 24L opinion

**an·sprechen (i)\*** 26S to speak to, address *(a person)*

der **Anspruch, ̈e** 30K right, claim

die **Antiquitäten** *(pl.)* 21L antiques

der **Antrieb** 22Z drive, propulsion

die **Antwort, -en** 2E answer

**antworten** *(+ dat.)* 1E/16G to answer

die **Anzeige, -n** 29L (newspaper) ad(vertisement)

**an·ziehen, zog an, angezogen** 17S to put on (clothes); **sich ~** 24S to dress, get dressed

der **Anzug, ̈e** 6S suit

das **Apartment, -s** 13L apartment

der **Apfel, ̈** 4S apple

der **Apfelkuchen, -** 4S apple cake, **~ pie**

der **Apfelsaft** 4S apple juice

die **Apotheke, -n** 14S pharmacy

der **Apotheker, -/** die **Apothekerin, -nen** 24S pharmacist

der **Apparat, -e** 28L apparatus; instrument

der **Appetit** 16S appetite, **guten**

~! 11S   enjoy your meal!

der **April** 8L   April

die **Arbeit, -en** 3S   work

**arbeiten (bei** + *dat.*) 3S   to work (for)

**arbeitslos** 16K   out of work, unemployed

die **Arbeitslosigkeit** 24L   unemployment

der **Arbeitsplatz, ⁻e** 1S   place of work

das **Arbeitszimmer, -** 13L   study

der **Architekt, -en, -en**/die **Architektin, -nen** 26S   architect

(sich) **ärgern (über** + *acc.*) 24L   to get mad, angry (at)

**arm (ä)** 21S   poor

der **Arm, -e** 16S   arm

die **Art, -en** 24L   kind, type

der **Artikel, -**   article

der **Arzt, ⁻e**/die **Ärztin, -nen** 1S   physician, doctor

der **Aschenbecher, -** 11S   ashtray

**atmen** 25L   to breathe

die **Atmosphäre** 12S   atmosphere

**atomar** 24L   atomic, nuclear

die **Attraktion, -en** 3L   attraction

**attraktiv** 23L   attractive

**auch** 3S   also; too

**auf** (+ *acc.*/*dat.*) 18G   on; on top of (*for horizontal surfaces*); at;
~ **deutsch** 1S   in German;
~ **einmal** 15L   at once;
~ **Wiedersehen!** 1S   goodbye;
~ (*sep. prefix*) 17G   up

**auf·arbeiten** 30L   to deal with, catch up

die **Aufforderung, -en** 3S   request

die **Aufgabe, -n** 15E   task, assignment

**auf·geben (i)*** 28L   to give up

**auf·machen** 17S   to open

**auf·schlagen (ä)*** 25L   to open up

**auf·schreiben*** 17S   to write down

**auf·stehen*** 17S   to get up

**auf·wachen, ist aufgewacht** 17S   to wake up

das **Auge, -n** 16S   eye

der **August** 8L   August

**aus** (+ *dat.*) 1S/14G   out of; from

die **Ausbildung, -en** 20L   education; training

**auseinander·reißen, riß ~, ~ gerissen** 30L   to tear apart

**aus·geben (i)*** (Geld) 24L   to spend (money)

**aus·kommen* mit** 19L   to get along with

die **Auskunft, ⁻e** 26L   information

das **Ausland** 7K/9L   abroad, foreign country/countries; **ins ~ gehen**   to go abroad

der **Ausländer, -** 5L   foreigner

**ausländisch** 26L   foreign

**aus·leihen, lieh aus, ausgeliehen** 18K   to loan, lend

**aus·machen** 11S   to extinguish, turn off

die **Ausnahme, -n** 22E   exception

**aus·pumpen** 30S   to pump out

sich **aus·ruhen** 28K   to rest, relax

die **Aussage, -n** 30S   testimony

**Ausschau halten (ä)*** 30L   to keep a look out

**aus·sehen (ie)*** 17S   to look, to appear

**außer** (+ *dat.*) 14G   besides, except

**außerdem** 18L   besides

die **Aussicht, -en** 24L   view

der **Aussichtspunkt, -e** 24L   place with a panoramic view

die **Aussprache, -n** 13L   pronunciation

**aus·steigen*** 17S   to get off (a vehicle)

die **Ausstellung, -en** 29L   exposition

der **Ausweis, -e** 4S   identification card

**auswendig** 25Z   by heart

**aus·ziehen*** 17S   to take off (*clothes*); sich ~ 24S   to undress, get undressed.

das **Auto, -s** 3S   car

die **Autobahn, -en** 19K   super highway

der **Automat, -en, -en** 27S   automaton, robot

die **Autopapiere** (*pl.*) 7S   car papers

# B

das **Baby, -s** 6S   baby

**backen (bäckt), backte (buk), gebacken** 10L   to bake

der **Bäcker, -** 26S   baker

die **Bäckerei, -en** 4K/26S   bakery

das **Bad, ⁻er** 8S   bath

die **Badehose, -n** 7S   swimming trunks

(sich) **baden** 18S   to bathe

das **Badezimmer, -** 13   bathroom

die **Bahn, -en** 6S   train, railway

**bahn·fahren (ä*)** 11K   to go by train

der **Bahnhof, ⁻e** 6S   train station; **am ~** 6S   at the train station (outside); **auf dem ~** 19L   in the train station

**bald** 18Z   soon; **bis ~!** 1S   see you soon

der **Balken, -** 18Z   beam, rafter

der **Balkon, -e** 18S   balcony

der **Ball, ⁻e** 7S   ball

die **Banane, -n** 4S   banana

die **Bank, -en** 5L   bank, bench

**bar** 30S   cash

die **Basis** 24L   basis

die **Batterie, -n** 27L   battery

der **Bauch, ⁻e** 16S   belly, stomach

**bauen** 12L   to build

das **Bauernhaus, ⁻er** 25Z   farmhouse

der **Bauernhof, ⁻e** 18Z   farm

der **Baum, ⁻e** 6E   tree

das **Baumaterial, -ien** 18L   building material

(das) **Bayern** 8S   Bavaria

**bayrisch** (*adj.*) 23Z   Bavarian

**beachten** 22L   to observe

der **Beamte, -n** 7S/21G   official,

civil servant *(masc.)*

**beantworten** *(+ acc.)* 20E to answer

**bedeuten** 11S to mean, signify

die **Bedeutung, -en** 19K meaning

sich **beeilen** 24S to hurry, rush

**befehlen (befiehlt), befahl, befohlen** 30L to order

**befragen** 30S to question, interview

**begegnen** *(+ dat.)* 25L to meet with

**beginnen, begann, begonnen** 4L to begin

**begrüßen** 1S to greet s.o.

**behandeln** 30S to treat

**beherrschen** 27L to dominate

**bei** *(+ dat.)* 14G near; at (the place/home of), with *(in the sense of in s.o.'s house)*

**beide** *(der-word)* 12G both

das **Bein, -e** 16S leg

**bei · setzen** 26L to bury

das **Beispiel, -e** example; **zum ~ (z.B.)** for example

**beißen, biß, gebissen** 16S to bite

der **Beitrag, ⁻e** 21K contribution

**bekannt** 22S well known

**bekommen, bekam, bekommen** 5S to get, receive

**beleuchten** 26Z to light up

(das) **Belgien** 5 Belgium

**beliebt** 3L popular, well liked

**bemalen** 23L to paint (over)

**benennen** 4S to name

**benutzen** 11K/15L to use

das **Benzin** 22E gasoline

**beobachten** 12K to observe

**bequem** 11K/13S comfortable

der **Bereich, -e** 15L field, area

**bereit** 22Z ready

der **Berg, -e** 22S mountain

der **Berggasthof, ⁻e** 23L mountain inn

der **Bericht, -e** 30S report

der **Beruf, -e** 3S profession; **was sind Sie von ~?** 1S what is your profession?

**beruflich** 26G professionally

die **Berufsausbildung** 20L

vocational/professional training

der **Berufsfahrer, -** 22L professional driver

**berühmt** 5L famous

**beschädigen** 30S to damage

der **Bescheid, -e** notification; **~ sagen** *(+ dat.)* 17L to inform, notify s.o.

**beschließen, beschloß, beschlossen** 30L to decide

**beschreiben, beschrieb, beschrieben** 3S to describe

die **Beschreibung, -en** 6S description

**besichtigen** 26K to visit, tour

der **Besitz** 5S possession

**besitzen, besaß, besessen** 23L to possess, own

**besonder-** *(attr. adj.)* 15L special

**besonders** 3L especially

**bestehen, bestand, bestanden** 20L to pass *(an exam)*

**bestellen** 4S to order

der **bestimmte Artikel** 2E definite article

der **Besuch, -e** 18Z visit; attendance

**besuchen** 3L to visit; to attend

der **Besucher, -** 21L visitor

**beträchtlich** 21K considerable

das **Bett, -en** 6S bed

die **Bevölkerung** 24L population

**bevor** *(subord. conj.)* 19G before

die **Bewegung, -en** 15L motion, movement

**bewundern** 23L to admire

**bezahlen** 5S to pay

die **Bezahlung, -en** 20L pay, payment

die **Bibliothek, -en** 18K/20S library

das **Bier, -e** 3S beer

**bieten, bot, geboten** 18L to offer

das **Bild, -er** 2S picture

das **Bildsymbol, -e** 3L pictogram

**bilden** 3E to form; to build

**billig** 3S cheap

**biographisch** 1S biographic(al)

die **Biologie** 3S biology

die **Birne, -n** 10 pear

**bis** *(subord. conj.)* 19G until; **~ zu** 14S up to

der **Bischof, ⁻e** 26L bishop

**bißchen: ein ~** 3S a little (bit)

der **Bissen, -** 25L bite; morsel

das **Bistum, ⁻er** 17K bishopric

**bitte** 1S please; you're welcome; I beg your pardon?; **~ schön** 4S yes please

die **Bitte, -n** 28S request

**bitten (um), bat, gebeten** 20S to ask (for), request

**bitter** 16S bitter

**blasen (bläst), blies, geblasen** 18Z to blow

**blau** 2S blue

**bleiben, blieb, ist geblieben** 6S to remain, to stay

der **Bleistift, -e** 2S pencil

der **Blick, -e** 30L glance

**blitzen** 8L to be lightning

der **Block, ⁻e** 5S note pad

**blühen** 12K to bloom

die **Blume, -n** 5S flower

die **Bluse, -n** 6S blouse

das **Blut** 25Z blood

der **Boden, ⁻** 18S floor, ground

der **Bodensee** 22/23L Lake Constance

das **Bonbon, -s** 7K candy

das **Boot, -e** 14S boat

**böse** 18Z/25S mean, bad

**boxen** 3L to box

die **Bratwurst, ⁻e** 14L bratwurst

**brauchen** 5S to need

die **Brauerei, -en** 9K brewery

**braun** 2S brown

**brechen (bricht), brach, gebrochen** 18Z/24L to break

**breit** 13S wide

die **Bremse, -n** 27L brake

der **Brief, -e** 4S letter

der **Briefkasten, ⁻** 20S mailbox

die **Briefmarke, -n** 11S stamp

die **Brieftasche, -n** 4S wallet

die **Brille, -n** 4S (eye) glasses

**bringen, brachte, gebracht** 3S to bring; to take (somewhere)

das **Brot, -e** 14L bread; **ein**

belegtes ~ 21S   sandwich

das **Brötchen**, - 14L   roll

die **Brücke**, -n 12L   bridge

der **Bruder**, ⁻ 7L   brother

der **Brunnen**, - 12K   fountain

das **Buch**, ⁻er 2S   book

der **Buchdruck** 26L   (book) printing

**buchen** 8S   to book

der **Buchstabe**, -n, -n 19K/ 23S   letter (of the alphabet)

**buchstabieren** 1S   to spell

**bügeln** 28K   to iron

**bummeln** 12K   to stroll

**bundes-** *(prefix)*   federal

die **Bundesrepublik Deutschland (BRD)** 5R   Federal Republic of Germany (FRG)

**bunt** 2S   colorful

die **Burg**, -en 12L   fortress

der **Bürger**, - 18K   citizen

das **Büro**, -s 1S   office

die **Bürste**, -n 24S   brush

der **Bus**, -se 4L   bus

die **Bushaltestelle**, -n 17S   bus stop

die **Butter** 14L   butter


# C

das **Café**, -s 4S   café

die **Chance**, -n 20L   chance

der **Chef**, -s 26S   boss

die **Chemie** 3K   chemistry

das **Christkind** 12K   Infant Jesus

der **Christkindlmarkt**, ⁻e 12L   Christmas fair

der **Computer**, - 24L   computer

die **Couch**, -en 13L   couch

der **Cousin**, -s 7   cousin (male)


# D

**da** 7L   there; ~ **drüben** 12S   over there

das **Dach**, ⁻er 18S   roof

**damals** 29L   then, at that time

die **Dame**, -n 2S   lady

**damit** *(subord. conj.)* 19G   so that

(das) **Dänemark** 5   Denmark

der **Dank**   thanks; **vielen** ~ 2S   thank you very much

**danke** 1S   thanks, thank you; ~ **schön** / ~ **sehr** 14S   thank you very much

**danken** *(+ dat.)* 16G   to thank

**dann** 4L   then

**darin** 5S   in it

**darum** 18Z   therefore

**das** 1G   this, that; - *(def. article)* 2G   the; ~ **heißt** 2S   this means, that is

**daß** *(subord. conj.)* 19G   that

das **Datum**, **Daten** 12S   date

**dauern** 4L   to last *(time)*

der **Daumen**, - 26Z   thumb

die **DDR (Deutsche Demokratische Republik)** 5L   GDR (German Democratic Republic)

die **Decke**, -n 20K   ceiling

**decken** 28S   to cover; to satisfy

**defekt** 22Z   defective

**defensiv** 22L   defensive(ly)

die **Definition**, -en 26S   definition

**dein** 7G   your *(fam. sing.)*

die **Deklination**, -en 12E   declension

die **Demokratie**, -n 24L   democracy

**demokratisch** 24L   democratic(ally)

die **Demonstration**, -en 24L   demonstration

**demonstrieren** 24L   to demonstrate

**denken**, **dachte**, **gedacht** (**an** + *acc.*) 16S   to think (of)

das **Denkmal**, ⁻er 25Z   monument

**denn** *(coord. conj.)* 6G   because, for; ~ *(flavoring particle adding emphasis to questions)* 6G

**deportieren** 30L   to deport

**der** 2G   the *(masc.)*

**deshalb** 5S   therefore

das **Detail**, -s 13S   detail

das **Deutsch** 3S   German (language)

**deutsch** *(adj.)*   German; **auf** ~ 1E   in German

der / die **Deutsche**, -n 1/21G   German *(person)*

der **Deutschkurs**, -e 3S   German course, class

(das) **Deutschland** 1S   Germany

der **Dezember** 8L   December

der **Dialekt**, -e 6L   dialect

der **Dialog**, -e 1S   dialogue

**dicht** 11K/23S   dense

der **Dichter**, - 21K   poet, writer

**dick** 2S   thick, fat, heavy

**die** 2G   the *(fem./pl.)*; tal

der **Dieb**, -e 25S   thief

der **Dienstag**, -e 2S   Tuesday

**dienstags** 4L   on Tuesdays

**dies-** *(der-word)* 12G   this

das **Ding**, -e 2S   thing

**direkt** 9L   direct(ly)

die **Disco**, -s (die **Diskothek**, -en) 15L   disco

die **Diskussion**, - en 12L   discussion

**diskutieren** 21L   to discuss

die **Disziplin** 20L   discipline

**DM (Deutsche Mark**, **D-Mark)** 5K   *German currency*

**doch** 5G   yes *(positive answer to a negative question)*; ~ (short for **jedoch**) 14L   however, but; ~ *(flavoring particle)* 10G   indeed; still; after all

das **Dokument**, -e 20S   document

der **Dom**, -e 24L   cathedral

die **Donau** 27Z   Danube *(river)*

**donnern** 8L   to thunder

der **Donnerstag**, -e 2S   Thursday

**donnerstags** 4L   on Thursdays

**Doppel-** *(prefix)* 8S   twin, double

das **Dorf**, ⁻er 23L   village

**dort** 2S   there

die **Dose**, -n 4S   tin, can

**draußen** 6S   out there, outside

**dreimal** 19L   three times

**dritt-** *(attr. adj.)* 12G   third

das **Drittel, -** 19K    third
die **Droge, -n** 15L    drug
**drüben** 30L    over there
**drucken** 30K    to print
**drücken** 25L    to press; to push
**du** 1G/10G    you *(fam. sing.)*
**dunkel (dunkler, dunkelst-)** 13L
    dark
**dünn** 2S    thin
**durch** *(+ acc.)* 6G    through
**durch · fahren (ä)*** 17L    to drive
    through (without stopping)
der **Durchschnitt** 22S    average;
    **im ~** 4K    on average
**durchschnittlich** (on) average
**dürfen (darf), durfte, gedurft**
    11G    may, be permitted
der **Durst** 4S    thirst; **~ haben**
    4S    to be thirsty
die **Dusche, -n** 8S    shower
(sich) **duschen** 11S    to shower


# E

**ebenfalls** 16K    also, likewise
das **Ebenholz** 25Z    ebony
die **Ecke, -n** 25L    corner
**egal: das ist mir ~** 16G    it's all the
    same to me
die **Ehe, -n** 28L    (institution of)
    marriage
das **Ehepaar, -e** 17K/28L
    married couple
das **Ei, -er** 10L    egg
der **Eichenbaum, ¨e** 25L    oak tree
**eigen-** *(attr. adj)* 13L    own
die **Eigentumswohnung, -en**
    24L    condominium
**ein** *(indef. article)* 4G    a, an
**eindrucksvoll** 23L    impressive
**einfach** 13S    simple, simply, easy
das **Einfamilienhaus, ¨er** 18G
    single family dwelling
der **Eingang, ¨e** 25C    entrance
die **Einheit, -en** 22Z    unity
**einheitlich** 14L    uniform(ly)
**einige** 15L    some, several
der **Einkauf, ¨e** 27L    shopping

**ein · kaufen** 10    to shop; **~ gehen**
    10L    to go shopping
der **Einkaufsbummel, -** 12S
    shopping stroll
der **Einkaufswagen, -** 10L    shop-
    ping cart
das **Einkaufszentrum, ~ zentren**
    18L    shopping center
**ein · laden (lädt ein), lud ein, ein-**
    **geladen** 17L    to invite
**einmal** 9L    once; **auf ~** 15L    at
    once; **noch ~** 1S    once more; **es**
    **war ~** 25L    once upon a time
**ein · richten** 18S    to furnish,
    decorate
**ein · schlafen (ä)*** 17S    to fall
    asleep
**ein · steigen*** 17S    to get in (a
    vehicle)
**einverstanden sein** 29L    to agree
der **Einwohner, -** 5L    inhabitant
**Einzel-** *(prefix)* 8S    single
**ein · ziehen, zog ein, ist eingezogen**
    18S    to move in
**einzig-** *(attr. adj.)* 29L    only
das **Eis** 4S    ice (cream)
die **Eisenbahn, -en** 12L    railway,
    train
**elegant** 13S    elegant
**elektrisch** 22Z    electrical(ly)
**elektronisch** 27L    electronic(ally)
die **Elektrotechnik** 3K    electro-
    technology
die **Eltern** *(pl.)* 7L    parents
**empfehlen (empfiehlt), empfahl,**
    **empfohlen** 11S    to recommend
das **Ende, -n** 23L    end; **am ~** 19K
    in the end
**enden** 19L    to end
**endlich** 22Z    finally
die **Energie, -n** 27L    energy
**eng** 12L    narrow
der **Engel, -** 10L    angel
sich **engagieren** 24L    to involve
    oneself
das **Englisch** 6K    English (lang-
    uage); **im Englischen** 15L    in
    the English language
**englisch** *(adj.)* 3    English; **auf ~**
    3E    in English

der **Enkel, -/** die **Enkelin, - nen** 7
    grandchild
das **Enkelkind, -er** 7    grandchild
**entdecken** 20K/21L    to discover
die **Ente, -n**    duck; **lahme ~!** 23L
    slow poke
die **Entfernung, -en** 22S    dis-
    tance
**entfernt** 22S    distant, (far) away
**entlang** 26L    alongside
(sich) **entscheiden, entschied,**
    **entschieden** 20L    to decide
die **Entscheidung, -en** 20L    de-
    cision
(sich) **entschuldigen** 24G    to
    excuse (oneself); **~ Sie!** 12S
    excuse me
**Entschuldigung!** 2S    excuse me
**entsetzlich** 25L    dreadful(ly),
    horrible
**entstehen, entstand, ist entstanden**
    22Z    to arise; to come about
**enttäuscht** 22Z    disappointed
**entweder . . . oder** 20K    either
    . . . or
**entwickeln** 29S    to develop
das **Epos, Epen** 26L    epic (poem)
**er** 1G    he, it
die **Erde** 22S    earth; ground
**erfahren** 26Z    experienced
**erfinden, erfand, erfunden** 27K
    to invent
der **Erfinder, -** 22Z    inventor
die **Erfindung, -en** 22Z    inven-
    tion
der **Erfolg, -e** 22Z/29S    success
**erfolgreich** 22Z    successful(ly)
**erfüllen** 28S    to fulfill
**ergänzen** 1E    to supply, complete
    (with)
(sich) **erinnern (an +** *acc.*) 3E/
    24G    to remind (of); to re-
    member (s.o. or s.th.)
die **Erinnerung, -en** 9S    remem-
    brance; memory; **zur ~ (an +**
    *acc.*) 25Z    in remembrance
    (of)
sich **erkälten** 24S    to catch a cold
die **Erkältung, -en** 16S    (common)
    cold

**erkennbar** 1 recognizable
**erklären** 15S to explain
**erlauben** 13S to allow, permit
**erleben** 13S to experience
**erlernen** 20L to learn (a trade)
**erlösen** 25Z to rescue
die **Ermäßigung, -en** 18K reduction
**ermutigen** 22Z to encourage
**erotisch** 21L erotic(ally)
**erreichen** 19L to reach
**erschießen, erschoß, erschossen** 25L to shoot (s.o.) dead
**erschrocken** 25L frightened; startled
**erst** 7G only; just (*with time*)
**erst-** (*attr. adj.*) 12G first
**erteilen** 30S to give, grant
**ertrinken, ertrank, ertrunken** 23Z to drown
**erwarten** 8S to expect
die **Erwartung, - en** 27L expectation
**erwerbstätig** 19K/28L gainfully employed; working
**erzählen** 8S to tell
die **Erziehung** 3K pedagogy, education
**es** 1G it; ~ **war einmal** 25L once upon a time
der **Esel, -** 18Z donkey
**essen (ißt), aß, gegessen** 6S to eat
das **Essen, -** 3S food, meal; **zum** ~ 14L for dinner
das **Eßzimmer, -** 13L dining room
**etwa** 5L about
**etwas** 5S something, anything; ~ **anderes** 21G something different
**euer** 10G your (*fam. pl.*)
(das) **Europa** 5L Europe
**europäisch** European
das **Exemplar, -e** 30K issue
**existieren** 25Z to exist
**exportieren** 30S to export
**extra** 11S additional(ly)

## F

die **Fabrik, -en** 29K factory
das **Fach, ¨er** 3K/20L (academic) subject; field
das **Fachwerk** 20K half timber construction
**fade** 16S bland
die **Fahne, -n** 26Z flag
**fahren (fährt), fuhr, ist gefahren** 6S to drive, to ride, to travel
der **Fahrer, -** / die **Fahrerin, -nen** 22L driver
der **Fahrgast, ¨e** 27K passenger
die **Fahrkarte, -n** 11S ticket (to ride)
der **Fahrkartenschalter, -** 11S ticket counter
der **Fahrlehrer, -** 22L driving instructor
der **Fahrplan, ¨e** 17L timetable, train schedule
das **Fahrrad, ¨er** 14S bicycle
die **Fahrradtour, -en** 3L bicycle tour
die **Fahrschule, -n** 22L driving school
der **Fahrstuhl, ¨e** 18S lift, elevator
die **Fahrstunde, -n** 22L driving lesson
die **Fahrt, -en** 9L drive, trip, journey
das **Fahrzeug, -e** 11K/22S vehicle, car
**fallen (fällt), fiel, ist gefallen** 15L to fall
**falsch** 2S wrong, incorrect
die **Familie, -n** 7L family
die **Familienanzeige, -n** 14 personal announcement
der **Familienname, -n, -n** 1S family name
die **Farbe, -n** 2S color
der **Farbfernseher, -** 13L color TV
das **Faß, ¨sser** 12L vat
die **Fassade, -n** 23L façade
**fast** 5L almost

**fasziniert** 25Z fascinated
der **Februar** 8L February
**fehlen** (+ *dat.*) 16G to miss, be missing
**feiern** 8L to celebrate
der **Feiertag, -e** 12K holiday
**feindlich** 26L hostile
das **Feld, -er** 30L field
der **Felsen, -** 26K rock, cliff
**felsig** 26L rocky
das **Fenster, -** 2S window; **am** ~ at the window
die **Ferien** (*pl.*) 9L vacation, school recess
das **Feriengebiet, -e** 23L vacation area
die **Ferienstraße, -n** 23L tourist route
das **Ferngespräch, -e** 18K long distance call
das **Fernglas, ¨er** 7S binoculars
der **Fernsehapparat, -e** 28S television set
**fern · sehen (ie)** [*] 17S to watch television; **im Fernsehen** 6S on TV
der **Fernseher, -** 13L television (set)
**fertig** 18S ready, done
**fertig · machen** 24S to get ready
das **Fest, -e** 9K/21 celebration, feast, party
die **Festspiele** (*pl.*) 27K festival
die **Festung, -en** 26L fortress
**fett** 25L fat
das **Feuer** 18Z fire
das **Feuerzeug, -e** 4S lighter
das **Fieber** 15L fever
die **Figur, -en** 23S figure
der **Film, -e** 6S film, movie
**finanziell** 23Z financial(ly)
**finden, fand, gefunden** 3L to find
der **Finger, -** 16S finger
die **Firma, Firmen** 15L firm, company
der **Firmenname, -n, -n** 1S company name
der **Fisch, -e** 10L fish
die **Flasche, -n** 4S bottle
das **Fleisch** 10L meat

**fleißig** 24L diligent, industrious

**flexibel** 28L flexible

**fliegen, flog, ist geflogen** 3L to fly

**fliehen, floh, ist geflohen** 23Z to flee, escape

**fließen, floß, ist geflossen** 26L to flow

der **Flohmarkt, ⁻e** 21S flea market; **auf dem ~** 21S at the flea market

die **Flucht, -en** 30L escape

der **Flughafen, ⁻** 14S airport

das **Flugzeug, -e** 1S airplane

der **Flur, -e** 13 hallway

der **Fluß, ⁻sse** 12L river

**föderalistisch** 17K federal

**fördern** 30L to support, promote

**fordern** 23Z to demand, require

die **Forelle, -n** 11 trout

der **Forscher, -** 25Z scholar, scientist

die **Forschung** 25Z research

der **Fortschritt, -e** 24L progress

**fotografieren** 8S to photograph

die **Frage, -n** 3S question; **eine ~ stellen** 19L to ask a question

**fragen (nach + *dat.*)** 1E/3G to ask (for)

der **Fragesatz, ⁻e** 19E interrogative sentence

das **Fragespiel, -e** 16S question (and answer) game

das **Fragewort, ⁻er** 1 question word

der **Franken, -** 5L *Swiss currency*

(das) **Frankreich** 5 France

das **Französisch** 5L French (language)

die **Frau, -en** 1S woman; Mrs.; wife

das **Fräulein, -** 1S Miss; **~ !** 4S waitress! *(usual way to address a waitress)*

**frei** 6L free

**frei · geben(i)*: die Straße ~** 30S to open the road for traffic

die **Freiheit** 24L freedom, liberty

der **Freitag, -e** 2S Friday; **am ~ abend** 8S Friday evening

**freitags** 4L on Fridays

die **Freizeit** 3L spare time, leisure

**fremd** 26Z unknown, strange

der **Fremdenverkehr** 23L tourism

die **Fremdsprache, -n** 6K/20L foreign language

**fressen (frißt), fraß, gefressen** 25L to devour

die **Freude, -n** 30L joy, pleasure

sich **freuen (über + *acc.*)** 24L to be pleased (about); **~ auf (+ *acc.*)** 24G to look forward to

der **Freund, -e** 5S friend

die **Freundin, -nen** 7L (girl) friend

**freundlich** 20L friendly

der **Frieden** 24L peace

**frieren, fror, gefroren** 16S to be cold

**frisch** 8L fresh

der **Friseur, -e**/die **Friseurin, -nen** 20L barber, beautician

die **Frisur, -en** 28S hairstyle

der **Fruchtsaft, ⁻e** 4S fruit juice

**früh** 8S early

**früher** 8S earlier; before

das **Frühjahr** 21L spring

der **Frühling** 8L spring

das **Frühstück** 8S breakfast

**frühstücken** 8S to have breakfast

(sich) **fühlen** 24S to feel

**führen** 12L to lead

der **Führerschein, -e** 7S driver's license

**füllen** 25L to fill

**funktionieren** 16K to function

**für** *(+ acc.)* 1K/6G for

**furchtbar** 18Z terrible

(sich) **fürchten (vor + *dat.*)** 24L to be afraid (of)

der **Fürst, -en, -en** 26L prince, sovereign

das **Fürstentum, ⁻er** 17K principality

die **Fuhrleute** 25Z wagon drivers

der **Fuß, ⁻e** 16S foot; **zu ~ gehen** 3S to go on foot, to walk

der **Fußball** 3L soccer (ball); **~ spielen** 3L to play soccer

der **Fußboden, ⁻** 18S floor

die **Fußgängerzone, -n** 12K pedestrian zone

**füttern** 18Z to feed

das **Futur** 27G future

# G

die **Gabel, -n** 21S fork

**ganz** 1S quite; entire, whole, complete(ly)

die **Ganztagsarbeit** 28L full-time work

**gar** 10G *flavoring particle giving emphasis to* **kein**, **nicht** *or* **nichts**; **~ nicht** 10L not at all

die **Garage, -n** 18S garage

die **Garnison, -en** 26L garrison

der **Garten, ⁻** 11K/18S garden

der **Gärtner, -**/die **Gärtnerin, -nen** 26S gardener

die **Gärtnerei, -en** 30L nursery

die **Gasse, -n** 12L narrow street, alley

der **Gast, ⁻e** 10L guest, customer

der **Gastarbeiter, -** 5L guestworker

das **Gasthaus, ⁻er** 14K pub, inn

der **Gastwirt, -e** 25Z innkeeper

das **Gebäude, -** 14S building

**geben (gibt), gab, gegeben** 15S to give; **es gibt** *(+ acc.)* 6G there is, there are

das **Gebiet, -e** 30L area

das **Gebirge, -** 9S mountain range

**geboren** 30L born

**gebrauchen** 21L to use

**gebraucht** 21S used, secondhand

die **Gebrauchtware, -n** 21L used goods

die **Geburt, -en** 28L birth

die **Geburtsstadt**, ⸚e 12L place of birth

der **Geburtstag**, -e 8L birthday; **zum** ~ 14G for one's birthday

die **Geduld** 6L patience

die **Gefahr**, -en 12K/22L danger

**gefährlich** 19L dangerous

**gefallen (gefällt)**, **gefiel**, **gefallen** (+ *dat.*) 16G to be pleasing (to); to like

**gegen** (+ *acc.*) 6G against; toward (+ *time*)

die **Gegend**, -en 25Z area, region

der **Gegenwert**, -e 24L equivalent (money)

der **Gegenstand**, ⸚e 21L item, object

das **Gegenteil**, -e 12E contrary, opposite

**gegenüber** (+ *dat.*) 14G opposite, across from

das **Gehalt**, ⸚er 16K salary

**gehen**, **ging**, **ist gegangen** 3S to go, to walk; **zu Fuß** ~ 3S to walk; **es geht mir gut** 6S I am fine; **wie geht es Ihnen?** 1S how are you?

**gehören** (+ *dat.*) 16G to belong to

**gelb** 2S yellow

das **Geld**, -er 5L money

der **Geldbeutel**, - 4S wallet

die **Gelegenheit**, -en 14K opportunity

die **Gemeinde**, -n 19L community

**gemeinsam** 20L together

die **Gemeinschaft**, -en 29L community

das **Gemüse**, - 10L vegetable(s)

**gemütlich** 13L comfortable, cosy

die **Gemütlichkeit** 23L cosy atmosphere

**genau** 2S exact(ly), precise(ly); just

**genauso . . . wie** 22L just as . . . as

**genug** 9S enough

die **Geographie** 20L geography

das **Gepäck** (*no pl.*) 17L luggage

**gepflegt** 13L well taken care of, groomed

**gerade** (*time adv.*) 3G just, right now; straight

**geradeaus** 14S straight ahead

**geradewegs** 25L straight away

das **Gerät**, -e 26L appliance, equipment

das **Gerede** 28L talk, gossip

die **Germanistik** 3K German studies

**gern, gerne (lieber, liebst-)** 3G to like to (+ *verb*); gladly, willingly (*used with verbs to express liking for as in* **ich trinke gern Tee**)

**gesamt** 23L whole, entire

die **Gesamtschule**, -n 20L *German comprehensive high school*

der **Gesang**, ⸚e 23C song, singing

das **Geschäft**, -e 5S store, shop, business

die **Geschäftsleute** (*pl.*) 14L business people

das **Geschenk**, -e 8L gift, present

die **Geschichte**, -n 3K/15S story; history

**geschieden** 7L divorced

das **Geschirr** (*no pl.*) 21S dishes

die **Geschwindigkeit**, -en 27K speed

die **Geschwister** (*pl.*) 7L siblings, brother(s) and sister(s)

die **Gesellschaft**, -en 19K society

das **Gesetz**, -e 28L law

**gesetzlich** 16K legal(ly), by law

das **Gesicht**, -er 16S face

das **Gespräch**, -e 16K (telephone) call, conversation

**gestern** 2S yesterday

**gestreßt** 19L under stress, stressed out

**gesund (ü)** 3S healthy

die **Gesundheit** 22S health

**geteilt** 5L divided

das **Getränk**, -e 4S beverage

**gewaltfrei** 24L without force, peaceful(ly)

das **Gewicht**, -e 10 weight

**gewinnen, gewann, gewonnen** 27L to win

das **Gewitter**, - 8L thunderstorm

**gewöhnlich** 14L usual(ly)

das **Glas**, ⸚er 4S glass

die **Glasplatte**, -n 13L glass plate

**glauben (an** + *acc.*) 10L to believe (in)

**gleich** (*adj.*) 18L same; equal; ~ (*adv.*) 4L almost (+ *time*); immediately; just (about)

die **Gleichheit** 24L equality

der **Globus, Globen** 12L globe

das **Glück** 19L luck, good fortune, happiness; ~ **haben** 19L to be lucky

**glücklich** 24L happy

das **Gold** 13L gold

der **Goldhamster**, - 18S hamster

der **Gott**, ⸚er 25S God; ~ **sei Dank!** 4L thank heavens

das **Grad**, -e 8L degree

die **Grammatik** 1 grammar

das **Grammophon**, -e 21L phonograph

das **Gras**, ⸚er 18Z grass

**gratulieren** (+ *dat.*) 16G to congratulate

**grau** 2S gray

**grausam** 26L cruel, awful

die **Grenze**, -n 7S border

(das) **Griechenland** 19K Greece

**grillen** 9K to barbecue

die **Grippe**, -n 24S flu

**groß (ö)** 2S big, large, great; tall (*person*)

(das) **Großbritannien** Great Britain

die **Größe**, -n 12S size

die **Großeltern** (*pl.*) 7L grandparents

die **Großmutter**, ⸚ 7L grandmother

der **Großvater**, ⸚ 7L grandfather

**grotesk** 30L grotesque

**Gruezi!** 7L *Swiss greeting used at all times of the day*

**grün** 2S green

die **Grünanlage, -n** 11K (public) park

**grund-** *(prefix)* 20L basic

der **Grund, ⁼e** 18K/29L reason

**gründen** 26L to found

die **Grundschule, -n** 20L *German elementary school (grades 1–4)*

die **Gründung, -en** 26L foundation

die **Gruppe, -n** 15L group

der **Gruß, ⁼e** 17L greeting

**Grüß Gott!** 1S *greeting used in Southern Germany and Austria at all times of the day*

**grüßen** to greet

**gucken** 25L to look

die **Gurke, -n** 10L cucumber; pickle

der **Gürtel, -** 6S belt

**gut (besser, best-)** 1S good, well

das **Gymnasium, Gymnasien** 20L *German secondary school*

die **Gymnastik** 24L gymnastics


# H

das **Haar, -e** 16S hair

**haben (hat), hatte, gehabt** 4G to have

der **Hafen, ⁼** 12L harbor

der **Hahn, ⁼e** 18Z rooster

das **Hähnchen, -** 9K/10 chicken

**halb** 2S half; ~ **vier (Uhr)** 2S half past three

die **Hälfte, -n** 18L half

die **Halle, -n** 30S hall

das **Hallenbad, ⁼er** 3L indoor pool

**hallo!** 1S hello, hi

der **Hals, ⁼e** 16S neck, throat

**halten (hält), hielt, gehalten** 6S to stop; to hold; ~ **von** (+ *dat.*) 28L to think of *(used in asking for an opinion);* ~ **für** 23S to take for

die **Haltestelle, -n** 17S (bus or streetcar) stop

die **Hand, ⁼e** 11S hand; **aus**

**zweiter** ~ 21L secondhand

der **Handel** 12L commerce, trade

**handeln** 21L to barter

der **Händler, -** 21L trader, dealer

die **Handlung, -en** 25S action, event

das **Handtuch, ⁼er** 24S towel

das **Handwerk** 20L craft, trade

der **Handwerker, -** 20L craftsman

der **Hang, ⁼e** 26L slope

**hängen** 18S to hang, to attach; ~ , **hing, gehangen** 13L to be hanging

**hart (ä)** 13S hard; difficult

der **Hase, -n, -n** 27Z rabbit

**häßlich** 8L ugly

die **Haube, -n** 25L cap, bonnet, hood

**häufig** 22S often, frequently

**haupt-** *(prefix)* 5 main, capital

der **Hauptsatz, ⁼e** 19G main clause

die **Hauptschule, -n** 20L *German compulsory school (grades 5–9 or 10)*

die **Hauptstadt, ⁼e** 5L capital city

die **Hauptstraße, -n** 14S main street

das **Haus, ⁼er** 1S house; **nach Hause gehen** 3S to go home; **zu Hause sein** 1S to be (at) home

die **Hausarbeit, -en** 27L housework

die **Hausaufgabe, -n** 3S homework assignment

die **Hausfrau, -en** 1S housewife

der **Haushalt, -e** 18K/27L household

der **Hausmann, ⁼er** 1S househusband

der **Hausmeister, -** 29L caretaker

das **Haustier, -e** 22S domestic animal

die **Haut, ⁼e** 25Z skin

das **Heft, -e** 2S notebook

**heil** 19L safe

die **Heimat** *(no pl.)* 25Z homeland

**heiraten** 26L to marry, get married

**heiß** 4S hot; **es ist mir** ~ 16G I am hot

**heißen, hieß, geheißen** 1S to be named; **das heißt (d.h.)** 2S that means; **ich heiße . . .** 1S my name is . . . ; **wie heißen Sie?** 1S what is your name?; **wie heißt das?** 2S what does this mean?

**heizen** 27L to heat

die **Heizung, -en** 13K/27L heating

der **Held, -en, -en** 26L hero

**helfen (hilft), half, geholfen** (+ *dat.*) 16G to help

**hell** 13L light, bright

der **Helm, -e** 14K helmet

das **Hemd, -en** 6S shirt

**her-** *(sep. prefix)* 23G here *(toward the speaker)*

**her · geben (i)\*** 24L · to give away

**her · stellen** 30S to produce

der **Herbst** 8L autumn, fall

der **Herd, -e** 13L stove

der **Herr, -n, -en** 1S gentleman; Mr., master; ~ **Ober!** 4S waiter! *(usual way to address a waiter)*

**herum-** *(sep. prefix)* 23G around

**herzlich willkommen!** welcome

**Hessen** 25Z Hesse (federal state of Germany)

**hessisch** *(adj.)* 25Z Hessian

**heute** 2S today

die **Hexe, -n** 18Z witch

**hier** 1S here

die **Hilfe** 11S help, assistance

das **Hilfsmittel, -** 24L aid

der **Himmel** 8L heaven, sky

**hin-** *(sep. prefix)* 23G there *(away from the speaker)*

**sich hin · setzen** 24S to sit down

**hinten** 2S behind, in the back

**hinter** (+ *acc./dat.*) 18G behind, in back of

**hinunter-** *(sep. prefix)* 23L down
**historisch** 12L historical(ly)
das **Hobby, -s** 6L hobby
**hoch (höher, höchst-)** 13L high
das **Hochdeutsch** 6K standard German
das **Hochhaus, -̈er** 12L highrise
die **Hochzeit, -en** 26L wedding
der **Hof, -̈e** 18Z court
**hoffen** 19L to hope
**hoffentlich** 6S hopefully
**höflich** 28S polite(ly)
der **Höhepunkt, -e** 24K highlight
**holen** 10L to fetch, get
die **Hölle** 25S hell
das **Holz, -̈er** 13L wood
der **Honig** 14L honey
**hören** 5S to hear, to listen
die **Hose, -n** 6S *(often used in the plural)* pants, trousers
das **Hotel, -s** 8S hotel
**hübsch** 13S pretty, nice, lovely
der **Hügel, -** 30L hill
die **Humanmedizin** 3K medicine
der **Hund, -e** 6S dog
der **Hunger** 4S hunger; ~ **haben** 4S to be hungry
die **Hungersnot, -̈e** 26L famine
der **Husten, -** 16S cough
der **Hustensaft** 24S cough syrup
der **Hut, -̈e** 7S hat

# I

**ich** 1G I
**ideal** 28L ideal
**idealisieren** 23Z to idealize
sich **identifizieren mit** 24L to identify with
das **Idol, -e** 24L idol
**idyllisch** 23L idyllic
**Ihr** 7G your *(formal)*
**ihr** 10G you *(fam. pl.)*
die **Illustration, -en** 25Z illustration
**im = in dem** 18G · in the
der **Imbiß(stand)** 14L snack stand

die **Imbißstube, -n** 14L fast food place
**immer** 4L always; ~ **noch** still
das **Imperfekt** 11E (simple) past tense
der **Import, -e** 15L import
**importieren** 18K/30S to import
**in** *(+ acc. / dat.)* 18G in, inside of, into, to
**indirekt** 15S indirect(ly)
**individuell** 13S individual(ly)
die **Industrie, -n** 15L industry
die **Informatik** 3S computer science
die **Information, -en** 1S information
sich **informieren** 30K to inform oneself
der **Ingenieur, -e** / die **Ingenieurin, -nen** 1S engineer
die **Innenstadt, -̈e** 20L inner-city; center of town
**ins = in das** 18G into the
die **Insel, -n** 23Z island
**integrieren** 15L to integrate
der **Intercity** 6S *name of a German express train*
**interessant** 4S interesting
das **Interesse, -n** 21L interest
sich **interessieren für** 24S to be interested in
**international** 3L international(ly)
das **Interview, -s** 3S interview
**interviewen** 4L to interview
**investieren** 20K to invest
**irgendwo** 14S somewhere; anywhere
**isolieren** 18L to insulate; to isolate
(das) **Italien** 7S Italy
**italienisch** *(adj.)* 5L Italian

# J

**ja** 1S yes; ~ *(flavoring particle)* 6G indeed

die **Jacke, -n** 6S jacket, cardigan
**jagen** 18Z to hunt, chase
der **Jäger, -** 25L hunter
das **Jahr, -e** 1S year
**jahrelang** 28L for years
die **Jahreszeit, -en** 8L season
das **Jahrhundert, -e** 21L century
**-jährig** 22Z -year-old
der **Januar** 8L January; **im** ~ 8L in January
**je . . . desto** 22G the . . . the
**je . . . um so** 22G the . . . the
die **Jeans** *(pl.)* 6S jeans
**jed- *(der-word)*** 12G each, every
**jedoch (doch)** 14L however, but
**jemand** 6S somebody
**jetzt** 1S now
**joggen** 3L to jog
die **Jugend** 23Z youth
die **Jugendherberge, -n** 26L youth hostel
der/die **Jugendliche, -n** 19L/21G youth
der **Juli** 8L July
**jung (ü)** 1S young
der **Junge, -n, -n** 1K/2S boy
der **Juni** 8L June
**Jura** 3K (study of) law
der **Juwelier, -e** 28S jeweller

# K

das **Kabel, -** 22Z cable
der **Kaffee** 3S coffee
der **Käfig, -e** 18S cage
der **Kaiser, -** 26L emperor
der **Kakao** 14L cocoa, hot chocolate
der **Kalender, -** 4S calendar
**kalt (ä)** 4S cold; **es ist mir** ~ 16G I am cold
die **Kälte** 19L cold
der **Kamin, -e** 18S chimney
der **Kamm, -̈e** 24S comb
(sich) **kämmen** 20L to comb
(das) **Kanada** 1S Canada
der **Kanadier, -** / die **Kanadierin, -nen** 1S Canadian *(person)*

der **Kanal**, ⸚e 12L   canal

das **Kännchen**, - (*diminutive of*
   die **Kanne**, -n) 4S   small pot

die **Kantine**, -n 4L   canteen

das **Kapitel**, -   chapter

das **Käppchen**, - 25L   little cap,
   bonnet

**kaputt** 20S   broken (down)

die **Karte**, -n 3L   card, map

die **Kartoffel**, -n 10L   potato

der **Käse**, - 5L   cheese

die **Kaserne**, -n 26L   barracks

der **Kassettenrekorder**, - 25Z
   cassette recorder

der **Kasten**, ⸚ 12K   box,
   container, case

die **Katastrophe**, -n 11S
   catastrophe

die **Katze**, -n 7L   cat

**kaufen** 5S   to buy

der **Käufer**, - 21L   buyer

das **Kaufhaus**, ⸚er 1S
   department store

**kaum** 21L   hardly

**kein** 4G   not a, not any

**keineswegs** 22L   by no means

der **Keller**, - 18S   basement,
   cellar

der **Kellner**, - 1S   waiter

die **Kellnerin**, -nen 1S   waitress

**kennen**, **kannte**, **gekannt** 5G   to
   know (*a person or place*)

**kennen·lernen** 9K/20L   to get to
   know

das **Kennzeichen**, - 19K
   (distinguishing) feature

KFZ = Kraftfahrzeug

kg = Kilogramm

das **Kilo(gramm)** 10L
   kilo(gram)

der **Kilometer**, - 9S   kilometer

das **Kind**, -er 6S   child

der **Kindergarten**, ⸚ 20L
   nursery school

die **Kindergärtnerin**, -nen 26S
   kindergarten teacher

das **Kinderzimmer**, - 13L
   children's room

die **Kindheit** 25Z   childhood

das **Kino**, -s 3S   movie theater;

**ins ~ gehen** 6S   to go to the
   movies

die **Kinzig** 25Z   *German river*

der **Kiosk**, -e 18K   newsstand

die **Kirche**, -n 12L   church

**kirchlich** 12K   religious

der **Kirchturm**, ⸚e 23K   church
   tower

das **Kissen**, - 18S   cushion, pillow

der **Kitsch** 21S   junk, kitsch

**klar** 23L   clear

die **Klasse**, -n 20L   grade, class;
   category

das **Klassenzimmer**, - 1S   classroom

der **Klee** 8   clover

das **Kleid**, -er 6S   dress

die **Kleider** (*pl.*) 12S   clothes,
   clothing

die **Kleidung** 6S   clothing

**klein** 2S   small, short (*person*)

der **Kleinkram** 21L   bric-a-brac

das **Klima** 23K   climate

**klingeln** 29S   to ring (the
   doorbell)

die **Klinke**, -n 25L   door handle

das **Klischee**, -s 24L   stereotype

**klopfen** 25L   to knock

das **Kloster**, ⸚ 23L   monastery

der **Klub**, -s 3L   club

die **Kneipe**, -n 29L   bar; pub

das **Knie**, - 16S   knee

der **Knochen**, - 18Z   bone

**kochen** 15S   to cook

die **Köchin**, -nen 18Z   cook

der **Koffer**, - 5S   suitcase

der **Kollege**, -n, -n / die **Kollegin**,
   -nen 4L   colleague

**Köln** 24L   Cologne

die **Kombination**, -en 9L
   combination

der **Komfort** 18L   comfort

**kommen**, **kam**, **ist gekommen**
   3S   to come

der **Kommentar**, -e 22L
   commentary

**kompliziert** 20L   complicated

der **Komponist**, -en, -en 21K
   composer

die **Konditorei**, -en 4K   cake and

   pastry shop

der **König**, -e 23L   king

die **Königin**, -nen 26L   queen

das **Königreich**, -e 17K   kingdom

die **Konjunktion**, -en 20E
   conjunction

der **Konjunktiv** 28G   subjunctive

**können (kann)**, **konnte**, **gekonnt**
   11G   can, to be able to

**konstruieren** 30S   to build,
   construct

der **Kontakt**, -e 25K   contact

der **Kontinent**, -e 22S   continent

die **Kontrolle**, -n 7S   control,
   check

**kontrollieren** 7K/18L   to control

das **Konzert**, -e 6L   concert

der **Kopf**, ⸚e 16S   head

**kopieren** 24L   to copy

der **Korb**, ⸚e 25L   basket

der **Körper**, - 16S   body

der **Körperteil**, -e 16S   part of the
   body

**korrigieren** 3S   to correct

**kosten** 5S   to cost

**kostenlos** 20L   free of charge

das **Kraftfahrzeug**, -e 30K   motor
   vehicle

**krank** 9S   sick, ill

das **Krankenhaus**, ⸚er 1S
   hospital; **ins ~ bringen** 30S   to
   take to the hospital

die **Krankenkasse**, -n 16K
   German health insurance plan

der **Krankenpfleger**, - 26S
   (male) nurse

die **Krankenschwester**, -n 6L
   female nurse

die **Krankenversicherung**, -en
   16K   health insurance

der **Krankenwagen**, - 30S
   ambulance

die **Krankheit**, -en 16S   sickness,
   illness

**kratzen** 18Z   scratch

die **Krawatte**, -n 6S   tie

die **Kreuzung**, -en 22L
   intersection

das **Kreuzworträtsel**, - 3E
   crossword puzzle

der **Krieg, -e** 15L   war
die **Krise, -n** 24L   crisis
**kritisch** 25S   critical
**krumm (ü)** 20K   crooked
das **Kruzifix, -e** 23L   *religious* crucifix
die **Küche, -n** 13L   kitchen
der **Kuchen, -** 4S   cake
der **Kugelschreiber, -** 2S   ballpoint pen
**kühl** 8L   cool
der **Kuli, -s** 2S   pen
die **Kultur, -en** 1   culture
sich **kümmern um** 28L   to take care of
der **Kunde, -n, -n** / die **Kundin, -nen** 15S   customer
die **Kunst, ¨e** 23L   art
der **Kurs, -e** 3S   course (of study); **einen ~ belegen** 20S   to take a course, class
das **Kursbuch, ¨er** 17L   book of train schedules
die **Kurve, -n** 23L   curve
**kurvenreich** 23L   winding, curvy
**kurz (ü)** 2S   short
die **Kusine, -n** 7S   cousin (*fem.*)
der **Kuß, ¨sse** 25Z   kiss
**küssen** 16S   to kiss
die **Kutsche, -n** 23Z   coach

# L

**lachen (über +** *acc.***)** 22Z/25S   to laugh (about)
**laden (lädt), lud, geladen** 7S   to load
die **Lage, -n** 23L   location, site
die **Lampe, -n** 2S   lamp
das **Land, ¨er** 1S   land, country; **auf dem ~** 14K   in the country
die **Landkarte, -n** 4S   map
**ländlich** 25Z   rural
die **Landschaft, -en** 20K/23L   landscape, scenery
**lang (ä)** 2S   long
**lange** (*adv.*) 9S   long; for a long time

**Langlauf machen** 3L   to ski cross country
**langsam** 1S   slow(ly)
sich **langweilen** 24L   to be bored
**langweilig** 19S   boring
**lassen (läßt), ließ, gelassen** 20G   to leave, let, have s.th. done
der **Lastwagen, -** (der **LKW, -s**) 14S   truck
**laufen (läuft), lief, ist gelaufen** 6S   to run, walk (fast), to jog
**laut** 1S   loud(ly)
**leben** 5L   to live
das **Leben, -** 6L   life
**lebendig** 25L   alive, lively
die **Lebensgewohnheit, -en** 24L   living habits
die **Lebensmittel** (*pl.*) 10L   groceries; die **~ vergiftung, -en** 30S   food poisoning
der **Lebensstandard** 18K   standard of living
der **Lech** 23L   *name of a river*
**lecker** 16S   delicious
das **Leder** 13S   leather
**ledig** 7L   single
**leer** 4S   empty
**legen** 18G   to put, place, to lay **sich ~** 18Z/24S   to lie down
die **Legende, -n** 25S   legend
die **Lehre, -n** 20L   apprenticeship **eine ~ machen** 20L   to be an apprentice
der **Lehrer, -** / die **Lehrerin, -nen** 1S   teacher
**leicht** 13S   light; easy
**leid: (es) tut mir ~** 14S/16G   I am sorry
**leider** 9L   unfortunately
**leise** 17S   soft(ly), quiet(ly)
sich **leisten** 29S   to afford
die **Leistung, -en** 22Z   perform-ance, effort
das **Lenkrad, ¨er** 22L   steering wheel
**lernen** 3S   to learn, to study
das **Lesebuch, ¨er** 28L   reader
**lesen (liest), las, gelesen** 2E/6S   to read
**letzt -** (*attr. adj.*) 12L   last

die **Leute** (*pl.*) 2S   people
das **Lexikon, Lexiken** 22S   encyclopedia
das **Licht, -er** 18Z/29S   light
**lieb** 25Z   dear; **~ haben** 18Z/25L   to like, to love (a person)
die **Liebe** 25S   love
**lieben** 7L   to love
**lieber** (*comp. of* **gern**) 14L   rather, preferably
**Lieblings -** 23Z   favorite
das **Lied, -er** 8L   song
**liegen, lag, gelegen** 5L   to lie, be situated
der **Likör, -e** 23L   liqueur
die **Limonade, -n** 4S   soft drink, lemonade
**link-** (*attr. adj.*) 12S   left
**links** 2S   left
die **Lippe, -n** 16S   lip
die **Liste, -n** 10L   list
der **Liter, -** 4K   liter
das **Loch, ¨er** 29K   hole
der **Löffel, -** 21S   spoon
die **Logik** 15S   logic
**logisch** 15S   logical(ly)
der **Lohn, ¨e** 24L   pay, salary
das **Lokal, -e** 5L   restaurant, pub
**lokal** 14L   local(ly)
**lokalisieren** 5L   to localize
die **Lokomotive, -n** 27K   loco-motive
**los: was ist los?** 16S   what's the matter?
die **Lotterie, -n** / das **Lotto** 28S   lottery
die **Luft, ¨e** 17K/24L   air
die **Luftverschmutzung** 27S   air pollution
**Lust haben** 19L   to feel like, be in the mood
(das) **Luxemburg** 5   Luxem-bourg
der **Luxus** 15L   luxury

# M

machen 3L   to do, make; **das macht . . .** 11S   that'll be . . . ; **eine Pause** ~ 4L   to take a break; **eine Reise** ~ 7S   to take a trip

das **Mädchen**, - 1K / 2S   girl

der **Magen**, ⁻ 16S   stomach

die **Mahlzeit**, -en 14L   meal

der **Mai** 8L   May

der **Main** 25Z   *German river*

**mal**   time(s); **dreimal** 19L   three times; ~ *(flavoring particle used to soften a command)* 10G

das **Mal**, -e 30L   time

**malen** 24L   to paint

der **Maler**, - 12L   painter

**malerisch** 26L   picturesque

**man** *(indef. pronoun)* 5G   one, people

**manch-** *(der-word)* 12G   some

**manchmal** 6L   sometimes

der **Mangel**, ⁻ 18K   shortage

der **Mann**, ⁻er 2S   man, husband

die **Männersache** 28L   something for men (only)

**männlich** 22L   masculine, male

der **Mantel**, ⁻ 6S   coat

das **Märchen**, - 18Z   fairy tale

**märchenhaft** 23Z   fairy-tale-like

die **Mark** 5K   Mark, DM *(German monetary unit)*

**markieren** 30S   to mark

der **Markt**, ⁻e 12L   market; **auf dem** ~ 21S   at the market

der **Marktplatz**, ⁻e 12L   market square

die **Marmelade** 14L   jam

**marschieren** 18Z   to march

der **März** 8L   March

die **Maschine**, -n 27L   machine

der **Maschinenbau** 3K   mechanical engineering

das **Maschinenschreiben** 20L   typing

das **Maß**, -e 10   measurement

die **Masse** 22S   mass, weight

das **Material**, -ien 18L   material

die **Mathematik** 3K   mathematics

die **Mauer**, -n 12L   wall

**mauern** 26S   to lay bricks

das **Maul**, ⁻er 25L   mouth of an animal

der **Maurer**, - 26S   mason

die **Maus**, ⁻e 18Z   mouse

der **Mechaniker**, - / die **Mechanikerin**, -nen 1S   mechanic

das **Medikament**, -e 9S   medication

das **Meer**, -e 7S   ocean; **an das** ~ 7S   to the seaside

**mehr** *(comp. of* **viel***)* 22G   more; **nicht** ~ 7G   no longer, no more

**mehrere** 21E   several

das **Mehrfamilienhaus**, ⁻er 18L   multi-family dwelling

**mein** 7G   my

**meinen** 12S   to mean, to think

die **Meinung**, -en 22S   opinion

der **Meinungsforscher**, - 24L   pollster

die **meisten** 13L   most (of)

**meistens** 9L   mostly, most often

der **Meister**, - 18Z   master

das **Meisterwerk**, -e 21K   masterpiece

**melancholisch** 23Z   melancholy

die **Mensa** 14S   student cafeteria

der **Mensch**, -en, -en 5L   person, human being

die **Mentalität**, -en 21L   mentality

die **Messe**, -n 22Z   (industrial) fair

das **Messer**, - 18Z / 21S   knife

das **Metall**, -e 22S   metal

der / das **Meter**, - 10L   meter

der **Metzger**, - 26S   butcher

die **Metzgerei**, -en 14K / 26S   butcher shop

**miauen** 18Z   to meow

die **Miete**, -n 13L   rent; **in** ~ **leben** 13L   to live in rented property

**mieten** 11S   to rent, lease

der **Mieter**, -   tenant

die **Milch** 4S   milk

**mild** 8L   mild, moderate

die **Milliarde**, -n   thousand millions

die **Million**, -en 5L   million

der **Millionär**, -e 28S   millionaire

das **Militärlager**, - 26L   military camp

**mindestens** 19L   at least

das **Mineralwasser** 4S   mineral water

der **Minister**, - 23Z   minister

**minus** 1S   minus

die **Minute**, -n 4L   minute

**mit-** *(sep. prefix)* 17G   along, to join in; ~ *(+ dat.)* 14G with, by (means of)

**mit·bringen*** 17S   to bring along

**miteinander** 30L   together

das **Mitglied**, -er 24L   member

**mit·nehmen*** 7S   to take along

der **Mitstudent**, -en, -en 3S   fellow student

der **Mittag**, -e 4L   noon; **am** ~ 4 at noon; **zu** ~ **essen** 19L   to eat lunch

das **Mittagessen**, - 14L   lunch; **zum** ~ 14L   for lunch

**mittags** 4L   at noon

die **Mittagspause**, -n 4L   noon break

die **Mitte**, -n 18L   middle, center

das **Mittelalter** 21K   Middle Ages

**mittelalterlich** 26L   medieval

die **Mitternacht** 18Z   midnight

die **Mittlere Reife** 20L   *completion diploma of* Realschule

der **Mittwoch** 2S   Wednesday

**mittwochs** 4L   on Wednesdays

die **Möbel** *(pl.)* 13L   furniture

**möchte(n)** *(subj. of* **mögen***)* 4G   would like

die **Mode**, -n 13S   fashion

**modern** 2S   modern

**modisch** 13S   fashionable

das **Mofa**, -s 14S   motorized bicycle

**mögen (mag), mochte, gemocht** 11G   to like, be fond of, care to

**möglich** 21S   possible

die **Möglichkeit**, -en 24L   possibility

der **Moment**, -e moment; **- mal!**
14S just a moment; **einen ~,**
**bitte!** 8S one moment, please!
der **Monat**, -e 6L month
**monatlich** 13K monthly
die **Monatskarte**, -n 19L monthly
ticket
der **Mond**, -e 22S moon
der **Montag**, -e 2S Monday
**montags** 4L on Mondays
das **Moped**, -s 14S moped
**morgen** 2S tomorrow
der **Morgen**, - 4L morning; **am ~**
4L in the morning; **guten ~!**
1S good morning
**morgens** 4L in the morning(s)
die **Mosel** 19L Moselle *(river)*
der **Motor**, -en 14K motor,
engine
das **Motorrad**, ̈er
14S motorcycle
**müde** 1S tired
der **Müll** 13K garbage, trash
**München** Munich
der **Mund**, ̈er 16S mouth
**mündlich** 1 oral(ly)
die **Mündung**, -en 26L estuary
das **Münster**, - 22S cathedral
die **Münze**, -n 21L coin
das **Museum**, **Museen** 5L museum
die **Musik** 6L music
der **Musikant**, -en, -en 12K
musician
**müssen (muß), mußte, gemußt**
11G must, to have to
der **Mut** 22Z courage
die **Mutter**, ̈ 7L mother
die **Muttersprache**, -n 7K native
language
die **Mütze**, -n 6S cap, hat

# N

**nach** *(+ dat.)* 6S/14G after; to
*(with cities and countries);* ~
**Hause gehen** 3S to go home
der **Nachbar**, -n, -n 5L neighbor
**nachdem** *(subord. conj.)* 19G

after
**nach · denken*** 17L to think
about
**nach · erzählen** 25S to retell
**nach · holen** 30L to catch up
der **Nachmittag**, -e
4L afternoon; **am ~** 4L in
the afternoon
**nachmittags** 4L in the after-
noon(s)
**nächst-** *(attr. adj.)* 14S next
die **Nacht**, ̈e 4L night; **in der ~**
in the night; **gute ~!** 1S good
night
der **Nachteil**, -e
18L disadvantage
der **Nachtisch** 14L dessert
**nachts** 4L at night
der **Nachwuchs** 28 new
generation
**nahe (ä)** 22S near
die **Nähe: in der ~** 18L nearby, in
the vicinity
**nähen** 28L to sew
der **Name**, -n, -n 2 name; **wie ist**
**Ihr ~?** 1S what is your name?
die **Nase**, -n 16S nose
**naß (ä)** 4S wet
die **Nässe** 19L wetness
**national** 3L national(ly)
die **Nationalität**, -en 1S
nationality
der **Nationalsport** 3L national
sport
die **Natur** 18L nature
**natürlich** 5L natural(ly), of
course
der **Nebel**, - 19L fog
**neben** *(+ acc. / dat.)* 18G beside,
next to
der **Nebensatz**, ̈e 19G
dependent clause
der **Neckar** 12L *German river*
**negativ** 24L negative(ly)
**nehmen (nimmt), nahm, genom-**
**men** 6S to take
**nein** 1S no
**nennen, nannte, genannt** 13K/
19L to name, to call (by
name)

**nervös** 17S nervous
**nett** 12S nice(ly)
**neu** 2S new(ly)
das **Neujahr** 12K New Year
**nicht** 1S not; ~ **mehr** 7G
no more, no longer, anymore;
~ **wahr?** 29L isn't that right?
**nichts** 11S nothing
**nie** 9S never; ~ **mehr / ~ wieder**
25L never again
die **Niederlande** 5 Netherlands
**niedrig** 13L low
**niemand** 6S no one, nobody
**nirgends, nirgendwo** 23L anywhere, nowhere
**noch** 5/7G yet, still; another;
~ **einmal** 1S once again;
~ **etwas?** 5S anything else?;
~ **nicht** 6L not yet;
~ **nie** never (before)
das **Nomen**, - 2 noun
(das) **Norddeutschland** 5L
Northern Germany
der **Norden** 5L north; **im ~ von**
5L in the north of
**nördlich** 5L to the north
der **Nordosten** 5L northeast
die **Nordsee** 5 North Sea
der **Nordwesten** 5L northwest
**normal** 27S normal(ly)
**normalerweise** *(adv.)* 28
normally
die **Nostalgie** 15L nostalgia
**nostalgisch** 21S nostalgic
die **Note**, -n 20L grade
der **Notfall**, ̈e 30S
emergency
die **Notiz**, -en 25Z note
der **November** 8L November
die **Nudel**, -n 14L noodle
**null** 1S zero
die **Nummer**, -n 2C number
**nun** now
**nur** 1S only
**Nürnberg** 12L Nuremberg
die **Nuß**, ̈sse 4K nut
**nutzen** 24L to use

# O

**ob** *(subord. conj.)* 19G  whether, if

**oben** 2S  on top; upstairs

der **Ober**, - 4S  waiter; **Herr** ~! 4S  waiter! *(used to address a waiter)*

(das) **Oberbayern** 23L  Upper Bavaria

das **Objekt**, **-e** 5E  object

**obligatorisch** 22Z  obligatory

das **Obst** 10L  fruit

**obwohl** *(subord. conj.)* 19G  although

**oder** *(coord. conj.)* 1E/6G  or

der **Ofen**, ⁻ 18Z  stove, oven

**offen** 24L  open(ly)

**öffentlich** 20L  public

die **Öffentlichkeit** 22Z  public

**offiziell** 5L  official(ly)

**öffnen** 5S  to open

die **Öffnungszeiten** 18K  opening hours

**oft (ö)** 6S  often

**ohne** 3E/6G  without

das **Ohr**, **-en** 16S  ear

der **Oktober** 8L  October

das **Oktoberfest** 21L  *famous Munich beer festival*

das **Öl** 20S  oil

das **Omelett**, **-s** 14L  omelette

der **Omnibus**, **-se** 14S  bus

der **Onkel**, - 7L  uncle

die **Oper**, **-n** 23Z  opera

die **Orange**, **-n** 10  orange

**ordentlich** 19L  orderly

**ordinär** 15L  ordinary, vulgar

die **Ordnung**, **-en** 11K  rules, regulations, order; **in** ~ 19L  in order; OK

**organisieren** 9K/27L  to organize

**originell** 21S  original, unique

das **Ortsgespräch**, **-3** 18K  local call

der **Ortsvorsteher**, - 30L  city manager

der **Osten** 5L  east

**Ostern** 12K  Easter

(das) **Österreich** 1S  Austria

der **Österreicher**, -/die **Österreicherin**, **-nen** 1S  Austrian *(person)*

**österreichisch** *(adj.)* 23L  Austrian

**östlich** 5L  to the east

die **Ostsee** C  Baltic Sea

**oval** 13L  oval

der **Overall**, **-s** 13S  overall

der **Ozean**, **-e** 22S  ocean

# P

das **Paar**, **-e** 12S  pair, couple

**paar: ein** ~ 25L  a few, a couple of

**packen** 7S  to pack; to grab, seize

die **Panne**, **-n** 20S  breakdown

das **Papier**, **-e** 2S  paper

das **Paradies**, **-e** 23L  paradise

der **Park**, **-s** 9S  park

**parken** 11S  to park

der **Parkplatz**, ⁻e 18S  parking space, lot

das **Partizip**, **-ien** 9E  participle

der **Partner**, - 24L  partner

die **Party**, **-s** 8S  party

der **Paß**, ⁻sse 7S  pass(port)

der **Passagier**, **-e** 22S  passenger

**passen** *(+ dat.)* 10E/16G  to fit

**passieren** 7S  to pass, cross; ~ *(+ dat.)* 23Z/25S  to happen

die **Paßkontrolle**, **-n** 7S  passport check

die **Pause**, **-n** 4L  pause, break; **(eine)** ~ **machen** 4L  to take a break

der **Pelz**, **-e** 25L  fur

die **Person**, **-en** 2  person

das **Personalpronomen**, - 5E  personal pronoun

der **Personenverkehr** 23K  passenger traffic

**persönlich** 3S  personal

die **Pfeife**, **-n** 5S  pipe

der **Pfennig**, **-e** 5K  *German coin (1/100 of a German Mark)*

das **Pferd**, **-e** 19L  horse

der **Pfirsich**, **-e** 10L  peach

die **Pflanze**, **-n** 13L  plant

**pflanzen** 26L  to plant

**pflegen** 11K/26S  to take care of

das **Pfund** 10L  pound, lb

die **Phantasie**, **-n** 28S  fantasy

**phantastisch** 9L  fantastic

die **Physik** 3K  physics

der **Pilot**, **-en**, **-en**/die **Pilotin**, **-nen** 1S  pilot

der **PKW**, **-s (Personenkraftwagen**, -) 14S  car, automobile

der **Plan**, ⁻e 20L  plan, schedule

**planen** 27L  to plan

der **Planet**, **-en**, **-en** 22S  planet

der **Platz**, ⁻e 7S  space, room; seat; square; ~ **machen** 10S  to make room

**plötzlich** 15L  sudden(ly)

**plus** 1S  plus

das **Plusquamperfekt** 25E  past perfect

(das) **Polen** 18K  Poland

die **Politik** 24Z  politics

der **Politiker**, - 23S  politician

**politisch** 24L  political

die **Polizei** 28S  police

der **Polizist**, **-en**, **-en** 1S  policeman

die **Polizistin**, **-nen** 1S  policewoman

**polnisch** 30L  Polish

**Pommes frites** *(pl.)* 14L  French fries

**populär** 3L  popular

die **Position**, **-en** 18S  position

**positiv** 24L  positive(ly)

das **Possessivpronomen**, - 7E  possessive adjective

die **Post** 14S  post office; mail

**auf der/die Post** 18K  at/to the post office

das **Postamt**, ⁻er 18K  post office

**Post bekommen** 14S  to get mail

der **Postbote**, **-n**, **-n** 15S  mailman

die **Postkarte**, **-n** 5S  postcard

die **Postleitzahl**, **-en** 2S  zip code

die **Präferenz**, **-en** 26S  preference

das **Präfix, -e** prefix
**prägen** 12L to form, shape
**praktisch** 22L practical(ly)
die **Präposition, -en**
6E preposition
das **Präsens** 11 present tense
**präsentieren** 22Z to present
der **Präsident, -en, -en** 28S
president
die **Praxis, Praxen** 7L doctor's
office
der **Preis, -e** 21L price
**preiswert** 11K/12S reasonably
priced
die **Presse** 24L press
die **Prestigefrage, -n** 22L question of prestige
der **Prinz, -en, -en** prince
die **Prinzessin, -nen** 25Z princess
**privat** 9K private(ly)
**pro** 4K per, **pro Jahr** per year
**Probe** 22Z test, trial
das **Problem, -e** 6L problem
das **Produkt, -e** 26S product
die **Produktion, -en**
24L production
**produzieren** 4L to produce
der **Professor, -en, -en**/die
**Professorin, -nen** 1S professor
das **Programm, -e** 21K program
das **Projekt, -e** 29K project
das **Pronomen, -** pronoun
**Prost!** 4C to your health!
das **Prozent, -e** 3K percent
**prüfen** 30L to check, to examine
der **Prüfer, -** 22L examiner
die **Prüfung, -en** 14K/20S
examination, test
der **Prunk** 23Z magnificence,
splendor
**PS** 22Z HP (horse power)
die **Psychologie** 3K psychology
der **Pudding** 14L pudding
der **Pulli, -s** 6S sweater
der **Pullover, -** 6S sweater
der **Punkt, -e** 23L point
**pünktlich** 11K on time, punc-
tual(ly)
die **Puppe, -n** 21S doll
**putzen** 20S to clean

sich **die Zähne** ~ 24S to brush
one's teeth

## Q

der **Quadratmeter, -** 13K/18L
square meter
das **Quiz** 12L quiz

## R

die **Rache** 26L revenge
sich **rächen** 24L to avenge
das **Rad, -̈er** 3L wheel; bike
(*short for* **Fahrrad** = bicycle)
**rad·fahren (fährt Rad)\*** 3L to
ride a bike
das **Radio, -s** 4S radio;
~ **hören** to listen to the radio;
**im** ~ 6K on the radio
die **Radtour, -en** 3L bike tour
die **Rakete, -n** 22S rocket
**rar** 20K rare
der **Rasierapparat, -e** 25S
electric razor
sich **rasieren** 24S to shave
die **Raststätte, -n** 26Z rest stop
das **Ratespiel, -e** 27Z guessing
game
das **Rathaus, -̈er** 12L city hall
der **Ratschlag, -̈e** 28S advice
das **Rätsel, -** 3 puzzle
der **Räuber, -** 18Z robber
**rauchen** 3S to smoke
der **Raum, -̈e** 29K room, space
**räumen** 23Z to vacate
die **Realität, -en** 28L reality
die **Realschule, -n** 20L *prep
school for careers in industry
and business*
die **Rebe, -n** 26L grape(vine)
die **Rechnung, -en** 11S bill
**recht-** *(attr. adj.)* 12S right
**rechts** 2S right
der **Redakteur, -e** 24L editor
**reden (über** + *acc.)* 9K/25S to

talk (about)
die **Redensart, -en** 20Z idiom,
expression
**reduzieren** 12S to reduce
die **Reduzierung, -en** 24L
reduction
das **Regal, -e** 13L shelf
**regelmäßig** 6E regular(ly)
**regeln, geregelt** 11K to regulate
die **Regelung, -en** 28L regulation
der **Regen** 8L rain
der **Regenschirm, -e** 4S umbrella
**regieren** 23Z to govern
die **Regierung, -en** 18K/27L
government
die **Region, -en** 23L region
**regional** 14R regional(ly)
**regnen** 3S to rain
**reich** 12L rich, wealthy
das **Reich, -e** 26L empire
**reichen** 21K to reach
der **Reichstag** 26L Imperial Diet
der **Reifen, -** 20S tire
der **Reis** 14L rice
die **Reise, -n** 7S trip, journey;
**eine** ~ **machen** 7S to go on a
trip; **gute** ~! 7S have a good
trip!
das **Reisebüro, -s** 14S travel
agency
**reisen** 9S to travel
der **Reisepaß, -̈sse** 7S passport
**reiten, ritt, ist geritten** 3L to ride
horseback
der **Reiz** 23L charm
**reizvoll** 23L charming
die **Religion, -en** 20L religion
**religiös** 24K religious
das **Rennen, -** 22L race
**renovieren** 18L to renovate,
restore
der **Rentner, -** 16K pensioner
**reparieren** 3S to repair
der **Reporter, -** 4L reporter
die **Republik, -en** republic
**reservieren** 8S to reserve
der **Rest, -e** 28S rest, remainder
das **Restaurant, -s** 1S restaurant
**restaurieren** 18L to restore
das **Resultat, -e** 24L result

**retten** 20K / 25L  to save, rescue
**die Rezeption, -en** 8S  reception desk
**der Rhein** 23K  Rhine (river)
**der Richter, -** 18Z  judge
**richtig** 2S  right, correct
**riechen, roch, gerochen** 16S  to smell
**der Riese, -n, -n** 18Z  giant
**riesig** 26L  gigantic
**der Ring, -e** 13S  ring
**die Ritterburg, -en** 26K  (knight's) castle, fortress
**der Roboter, -** 27L  robot
**der Rock, ̈e** 6S  skirt
**die Rolle, -n** 25Z  role
**rollen** 22Z  to roll
**das Rollenspiel, -e** 4S  role play
**der Rollentausch** 28L  exchange of roles
**der Roman, -e** 27K  novel
**die Romantik** 23L  romanticism
**romantisch** 12L  romantic
**die Römer**(pl.) 26L  Romans
**rot** 2S  red
**(das) Rotkäppchen** 25L  Little Red Riding Hood (fairy tale)
**der Rotwein, -e** 4S  red wine
**die Routine, -n** 24S  routine
**der Rücken, -** 16S  back
**die Rückfahrkarte, -n** 11S  return ticket
**der Rucksack, ̈e** 26Z  backpack
**der Rücktritt,** 23Z  resignation
**rufen, rief, gerufen** 4S  to call
**die Ruhe** 19L  calm, peace and quiet
**das Ruhrgebiet** 7K  region adjacent to the Ruhr river
**die Ruine, -n** 26K  ruin
**(das) Rumänien** 18K  Romania
**rund** 2S  round; around, approximate(ly)
**rustikal** 13L  rustic

# S

**die Sache, -n** 7S  thing, stuff

**der Saft, ̈e** 4S  juice
**saftig** 16S  juicy
**die Sage, -n** 25Z  saga
**sagen** 3S  to say, tell
**die Sahne** 4S  (whipped) cream
**die Saison, -s** 24K  season
**der / das Sakko, -s** 6S  sports jacket
**der Salat, -e** 10L  lettuce, salad
**salzig** 16S  salty
**sammeln** 13L  to collect, gather
**der Sammler, -** 21L  collector
**die Sammlung, -en** 25Z  collection
**der Samstag, -e** 2S  Saturday
**samstags** 4L  on Saturdays
**der Sand** 9S  sand
**die Sandale, -n** 7S  sandal
**der Satz, ̈e** 6E  sentence
**sauber** 6S  clean
**sauer** 4S  sour
**schaffen, schuf, geschaffen** 12L  to create; ~ 21L  to accomplish; to pass (an exam)
**der Schal, -s** 13S  scarf
**die Schallplatte, -n** 21S  record
**scharf** (ä) 16S  sharp(ly), spicy
**der Schatz, ̈e** 26L  treasure
**schätzen** 27Z  to estimate
**die Schätzung, -en** 27Z  estimate
**schauen** 25S  to look
**das Schaufenster, -** 12K  shop window
**der Scheck, -s** 11S  check
**das Scheckbuch, ̈er** 5S  checkbook
**der Schein, -e** 29S  bill
**scheinen, schien, geschienen** 8L  to shine; to appear
**der Schemel, -** 25S  footstool
**schenken** 15S  to give as a gift
**die Schere, -n** 25L  scissors
**schick** 13S  chic
**schicken** 23Z  to send
**schieben, schob, geschoben** 22Z  to push
**die Schiene, -n** 27K  rail, (railroad) track
**schießen, schoß, geschossen** 25L  to shoot
**das Schiff, -e** 12L  ship, boat

**das Schild, -er** 11K  sign
**der Schilling, -e** 5L  Austrian currency
**der Schinken, -** 14L  ham
**schlafen (schläft), schlief, geschlafen** 6S  to sleep
**das Schlafzimmer, -** 13L  bedroom
**schlagen (schlägt), schlug, geschlagen** 18Z  to beat, to hit
**schlapp** 24S  weak and tired, listless
**schlau** 25L  sly, clever
**schlecht** 1S  bad(ly); **mir ist(es)** ~ 16G  I am sick (to my stomach)
**schleudern** 25S  to throw, hurl; to slide
**schließen, schloß, geschlossen** 4C  to close, shut down
**schlimm** 22S  bad, serious(ly), terrible
**der Schlitten, -** 23Z  sleigh
**das Schloß, ̈sser** 8S  castle
**der Schluß: zum ~** 28S  at the end
**der Schlüssel, -** 4S  key
**schmal** 13S  narrow
**schmecken** (+ dat.) 16G  to taste
**der Schmerz, -en** 16S  pain, ache
**der Schmuck** 21L  jewelry
**schmutzig** 6S  dirty
**schnappen** 25L  to catch
**der Schnaps, ̈e** 4S  schnapps
**schnarchen** 25L  to snore
**der Schnee** 8L  snow
**schneiden, schnitt, geschnitten** 22S  to cut
**schneien** 8L  to snow
**schnell** 5S  fast, quick(ly)
**der Schnitt, -e** 25L  cut
**das Schnitzel, -** 16E  veal/pork cutlet
**der Schnupfen, -** 16S  sniffles, runny nose
**die Schokolade, -n** 5L  chocolate
**schon** 2S  already; ~ **einmal** 9S  ever
**schön** 8L  beautiful(ly), nice(ly)
**schonen** 29S  to safeguard
**die Schönheit** 23L  beauty
**der Schornsteinfeger, -** 26C  chimney-sweep

der **Schrank, -̈e** 13L cabinet
**schrecklich** 27S terrible
**schreiben, schrieb, geschrieben** 3S to write
der **Schreibtisch, -e** 2S desk
das **Schreibwarengeschäft, -e** 5S stationery shop
**schreien, schrie, geschrie(e)n** 18Z to scream, to cry
**schriftlich** 1 written
der **Schriftsteller, -** 27K author, writer
der **Schritt, -e** step; ~ **für** ~ step by step; ~ **halten**\* 18K to keep pace
der **Schuh, -e** 6S shoe
der **Schuhmacher, -** 22Z shoemaker
die **Schuld, -en** 23Z debt
die **Schule, -n** 6L school; **zur** ~ **gehen** 6L to go to school
der **Schüler, -/** die **Schülerin, -nen** 19L pupil, student
das **Schulsystem, -e** 20L school system
die **Schulter, -n** 16S shoulder
der **Schulweg** 19L way to school
**schwach (ä)** 8S weak
**schwarz** 2S black
das **Schwarzbrot, -e** 14L rye bread
der **Schwarzwald** 9L Black Forest *(mountain range in Southern Germany)*
die **Schweiz** 1S Switzerland
der **Schweizer, -/** die **Schweizerin, -nen** 1S Swiss *(person)*
**schwer** 13S heavy; difficult; serious(ly)
die **Schwester, -n** 7L sister
**schwierig** 13S difficult
die **Schwierigkeit, -en** 22L difficulty
das **Schwimmbad, -̈er** 3L swimming pool
**schwimmen, schwamm, ist geschwommen** 3L to swim
**schwitzen** 16S to sweat, perspire
der **See, -n** 8S lake
**segeln** 3L to sail

**sehen (sieht), sah, gesehen** 5/6G to see
die **Sehenswürdigkeit, -en** 20E/ 21L place, thing worth seeing, tourist attraction
**sehr** 2S very
die **Seife, -n** 24S soap
**sein** 7G his, its
**sein (ist), war, ist gewesen** 1G to be
**seit** *(+ dat.)* 14G since, for *(with time expressions)*
die **Seite, -n** 23S page; side
der **Sekretär, -e/** die **Sekretärin, -nen** 1S secretary
der **Sekt** 4S German sparkling wine
**selbst (selber)** 20G -self; even
**selten** 22L seldom, rare(ly)
**seltsam** 25L strange
das **Semester, -** 20S semester
**sensibel** 30L sensitive
der **September** 8L September
**servieren** 3S to serve
der **Sessel, -** 13L easy chair
**setzen** 18S to put, place; **sich** ~ 25S to sit down
das **Shampoo, -s** 24S shampoo
die **Shorts** *(pl.)* 7S shorts
**sicher** 6S sure(ly); certain(ly); safe
die **Sicherheit** 22L safety; security
**Sie** 1G you *(formal)*
**sie** 1G she, it, they
der **Sieg, -e** 30L victory
**siegen** 27K to win, be victorious
der **Sieger, -** 3L champion
das **Silbenrätsel, -** 12 *puzzle in which syllables must be combined into words*
das **Silber** 21S silver; silverware
der **Sinn** 22Z sense
**singen, sang, gesungen** 18Z to sing
die **Situation, -en** 1S situation
der **Sitz, -e** 26S seat
**sitzen, saß, gesessen** 6S to sit, be sitting
**ski · fahren (fährt Ski)**\* 3L/ **ski ·**

**laufen (läuft Ski)**\* 9L to ski, go skiing
die **Skizze, -n** 30S sketch
**so** so; **so . . . wie** 22G as . . . as
das **Sofa, -s** 13L sofa
**sofort** 15L immediately
**sogar** 15L even
**sogenannt** 21L so-called
der **Sohn, -̈e** 7S son
**solch-** *(der-word)* 12G/22L such
der **Soldat, -en, -en/** die **Soldatin, -nen** soldier
**sollen (soll), sollte, gesollt** 11G to be supposed to, shall, should
der **Sommer, -** 8L summer
**Sonder-** *(prefix)* 16K special
**sondern** *(coord. conj.)* 13G but, on the contrary
der **Sonnabend, -e** 2S Saturday
**sonnabends** 4L on Saturdays
die **Sonne** 8L sun
die **Sonnenbrille, -n** 7S sunglasses
**sonnig** 8L sunny
der **Sonntag, -e** 2S Sunday
**sonntags** 4L on Sundays
**sonst** 6L otherwise, else; **was** ~ **noch?** 6L what else?
die **Sorge, -n** 24L concern, worry
die **Soße, -n** 14L sauce, gravy
das **Souvenir, -s** 9L souvenir
**soviel** 6L that much, so much
**sowieso** 28K anyway, anyhow
**sozial** 18K social(ly)
die **Sozialarbeiterin, -nen** 16S social worker
(das) **Spanien** 9L Spain
**sparen** 27L to save
der **Spaß, -̈e** 6S fun; **es macht** ~ 9L it's fun; **viel** ~ **!** 6S have fun!
**spät** 2S late; **wie** ~ **ist es?** 2S what time is it?
**spazieren · gehen, ging spazieren, ist spazierengegangen** 3L to go for a walk
die **Speisekarte, -n** 11S menu
das **Sperrgebiet, -e** 30L prohibited area

der **Spezialist**, **-en**, **-en** 25Z specialist

die **Spezialität**, **-en** 4K/14L specialty

die **Sphäre**, **-n** 13L sphere

der **Spiegel**, **-** 12S mirror

das **Spiel**, **-e** 3L game

**spielen** 3L to play

der **Spielplatz**, **⸚e** 18S playground

das **Spielzeug** *(no pl.)* 21S toy(s)

die **Spitze**, **-n** top

**spontan** 25S spontaneous(ly)

der **Sport** 3L sport(s)

der **Sportler**, **-** 13L athlete

**sportlich** 13S sporty, athletic

die **Sprache**, **-n** 5L language

**sprechen (spricht)**, **sprach**, **gesprochen** 3S/6G to speak

das **Sprechziel**, **-e** 1 objective for oral communication

das **Sprichwort**, **⸚er** 19L proverb

**springen**, **sprang**, **ist gesprungen** 18Z to jump

der **Staat**, **-en** state

**staatlich** 30L state, national

die **Staatsform**, **-en** 24L type of government

die **Stadt**, **⸚e** 5S city, town; **in die ~ gehen/fahren** to go/drive downtown

die **Stadtmusik** 18Z town band

der **Stadtplan**, **⸚e** 5S street map

**stammen** 26K to date, originate

der **Stand**, **⸚e** 9K/21S booth, stand

der **Standard**, **-e** 7K standard

**stark (ä)** 4S strong

die **Stärke**, **-n** 26K strength

der **Start**, **-s** 24L start

**starten** 22Z to start

**statt · finden**, **fand statt**, **stattgefunden** 21L to take place

**stechen (sticht)**, **stach**, **gestochen** 18Z to stab, poke

**stehen**, **stand**, **gestanden** 6S/18G to stand, be upright; **~ (+ dat.)** 16G to look good on s.o., **stehen · bleiben*** 18K to stop

**stehlen (stiehlt)**, **stahl**, **gestohlen** 25S to steal

**steigen**, **stieg**, **ist gestiegen** 18K/23L to climb; to rise

**steil** 26L steep(ly)

der **Stein**, **-e** 22S stone

die **Stelle**, **-n** 26L site, place, position

**stellen** 18G to put, place (upright); **eine Frage ~** 19L to ask a question

**sterben (stirbt)**, **starb**, **ist gestorben** 25Z/30L to die

die **Stereoanlage**, **-n** 13L stereo set

das **Steuer**, **-** 22Z steering (wheel)

die **Stewardeß**, **-ssen** 15L stewardess

das **Stichwort**, **⸚er** 20L keyword

der **Stiefel**, **-** 6S boot

der **Stil**, **-e** 13S style

**still** 18Z/23L still, quiet

die **Stimme**, **-n** 18Z voice

**stimmen** to be correct; **das stimmt** 11S that's correct

die **Stirn**, **-en** 16S forehead

der **Strand**, **⸚e** 9S shore, beach

die **Straße**, **-n** 14S street, road; **über die ~ gehen** 27L to go across the street

die **Straßenbahn**, **-en** 6S streetcar

die **Strecke**, **-n** 22Z distance, stretch

sich **strecken** 24S to stretch out

das **Streichholz**, **⸚er** 18Z match

**streng** 7K strict

die **Stube**, **-n** 25L room

das **Stück**, **-e** 4S piece, slice

der **Student**, **-en**, **-en**/die **Studentin**, **-nen** 1S student

das **Studentenheim**, **-e** 3S dormitory

das **Studentenlokal**, **-e** 12L student pub

das **Studienfach**, **⸚er** 3K academic subject, *field of study*

der **Studienplatz**, **⸚e** 20L *enrollment slot at the university*

**studieren (an + *dat.*)** 3S to study (at)

das **Studio**, **-s** 6L studio

das **Studium**, **Studien** 20S course of study, studies

der **Stuhl**, **⸚e** 2S chair

die **Stunde**, **-n** 4L hour

**stundenlang** 23Z for hours

der **Stundenplan**, **⸚e** 20L class schedule

die **Suche** 29L search

**suchen** 3S to look for

(das) **Süddeutschland** 3L Southern Germany

der **Süden** 5L south; **im ~ von** 5L in the south of

**südlich** 5L to the south

der **Südosten** 5L southeast

(das) **Südwestdeutschland** 12L Southwest Germany

der **Südwesten** 5L southwest

die **Sünde**, **-n** 25S sin

der **Supermarkt**, **⸚e** 3S supermarket

die **Suppe**, **-n** 11S soup

**süß** 4S sweet

die **Süßigkeiten** *(pl.)* 20L sweets, candy

das **Symbol**, **-e** 12L symbol

die **Szene**, **-n** 13S scene

# T

das **T-Shirt**, **-s** 7S T-shirt

der **Tabak** 18K tobacco

die **Tablette**, **-n** 16S pill

die **Tafel**, **-n** 2S blackboard

der **Tag**, **-e** 2S day; **am nächsten ~** the next day; **eines Tages** 25L one day; **guten ~!** 1S good day, hello, hi

das **Tagesmenü**, **-s** 14L menu of the day

die **Tageszeit**, **-en** 4L time of the day

**täglich** 11K/24S daily

das **Tal**, **⸚er** 23L valley

das **Talent**, **-e** 15L talent

der **Tank**, **-s** 22Z Tank

**tanken** 18K   to fill/tank up
die **Tankstelle, -n** 14   gas station
die **Tante, -n** 7L   aunt
**tanzen** 3L   to dance
die **Tasche, -n** 4S   purse, bag, pocket
die **Taschenuhr, -en** 12L   pocket watch
die **Tasse, -n** 4S   cup; **eine ~ Kaffee** 4S   a cup of coffee
**tauschen** 21S   to exchange, swap
das **Taxi, -s** 6S   taxi
die **Technik, -en** 20L   technique; technology
**technisch** 24L   technical(ly), technological(ly)
die **Technologie, -n** 15L   technology
der **Tee** 3E/4S   tea
der **Teil, -e** 16S   part; portion; **zum ~**   in part, partial(ly)
**teilen, geteilt**   to divide; to share
**teil·nehmen***   to take part
die **Teilung, -en** 27L   division
das **Telefon, -e** 4S   telephone; **am ~** 6S   on the telephone
**telefonieren (mit)** 1S   to phone
die **Telefonnummer, -n** 1S   telephone number
die **Telefonzelle, -n** 18K/29L   telephone booth
**telegrafieren** 22Z   to telegraph
das **Telegramm, -e** 17L   telegram
der **Teller, -** 21S   plate
die **Temperatur, -en** 8L   temperature
das **Tennis** 3L   tennis, **~ spielen**   to play tennis
der **Teppich, -e** 13L   carpet, rug
der **Teppichboden, -̈** 18L   wall-to-wall carpeting
die **Terrasse, -n** 18S   terrace
**testen** 22L   to test
**teuer (teurer, teuerst-) 4L**   expensive
der **Text, -e** 15L   text
das **Theater, -** 6L   theater; **ins ~ gehen** 6L   to go to the theater
das **Thema, Themen** 27L   theme;

topic, **zum ~** 29   on/about the topic
**theoretisch** 22L   theoretical(ly)
der **Thron, -e** 25S   throne
**tief** 18Z/22S   deep(ly)
das **Tier, -e** 9L   animal
der **Tip, -s** 26Z   hint, piece of advice
der **Tisch, -e** 2S   table
der **Titel, -** 23S   title
der **Toast** 9S   toast
die **Tochter, -̈** 7S   daughter
der **Tod** 26L   death
die **Toilette, -n** 13   toilet
**toll** 24L   great, fantastic
die **Tomate, -n** 10L   tomato
das **Tor, -e** 25S   door, gate
die **Torte, -n** 4K   fancy layer cake
**tot** 18Z   dead
**töten** 26L   to kill
**tot·schlagen (ä)*** 18Z   to beat to death
der **Tourist, -en, -en/die Touristin, -nen** 5L   tourist
die **Tradition, -en** 12L   tradition
**traditionell** 28L   traditional
**tragen (trägt), trug, getragen** 6S   to carry; to wear
**trampen** 19L   to hitchhike
der **Tramper, -** 26Z   hitchhiker
der **Transport, -e** 12L   transport, transportation
**transportieren** 18S   to transport
das **Transportmittel, -** 6S   means of transportation
die **Traube, -n** 10L   grape
der **Traum, -̈e** 24L   dream
**träumen (von)** 14S   to dream (of)
die **Träumerei, -en** 28S   daydream(ing)
**traumhaft** 23Z   dreamlike
**traurig** 18Z/25S   sad
(sich) **treffen (trifft), traf, getroffen** 6S   to meet (one another)
**trennbar** 17E   separable
die **Treppe, -n** 18S   staircase
die **Treue** 26K   loyalty
**trimmen** 10C   to trim (down), keep fit

**trinken, trank, getrunken** 3S   to drink
**trocken** 4S   dry
der **Trödel** 21L   junk
**trotz (+ gen.)** 23G   in spite of, despite
**trotzdem** 21L   nevertheless, in spite of it
**Tschüs!** 1S   bye-bye, so long (*informal*)
die **Tugend, -en** 26K   virtue
**tun, tat, getan** 3S   to do
die **Tür, -en** 2S   door
der **Türke, -n, -n** 19K   Turkish (*person*)
die **Türkei** 19K   Turkey
der **Turm, -̈e** 12L   tower
**turnen**   to do gymnastics
der **Turnverein, -e** 24S   gymnastic club
der **Typ, -en** 13S   type
**typisch** 2K/14L   typical(ly)

# U

die **U-Bahn, -en** (*short for* **Untergrundbahn**) 6S   subway
**üben** 3S   to practice
**über (+ acc./dat.)** 18G   over, above, across; more than
**überall** 3L   all over, everywhere
**überfüllt** 20K/21L   overcrowded
der **Übergang, -̈e** 30S   crossing, passage
**überlassen (ä), überließ, überlassen** 28L   to leave up to
**überlegen** 29S   to think about
**übermorgen** 2S   day after tomorrow
**übernehmen (i), übernahm, übernommen** 28L   to take over
**übersetzen** 8C   to translate
die **Übersetzung, -en** 25Z   translation
**üblich**   usual
**übrigens** 10L   by the way

die **Übung, -en** 1E exercise, practice

das **Ufer, -** 23L shore, bank

die **Uhr, -en** 2S clock; watch

die **Uhrzeit** 2S time of the day

**um** *(+ acc.)* 6G around; at; ~ **wieviel Uhr?** 4L at what time?; ~ **. . . zu** *(+ inf.)* 20G in order to

die **Umfrage, -n** 1S (opinion) poll

**umkreisen** 22S to revolve around

der **Umlauf** 22S rotation

die **Umlaufszeit** 22S orbital time

sich **um · schauen** *(+ acc.)* 25S to look around

**um · steigen**\* 17L to transfer, change (vehicles)

die **Umwelt** 11K / 24L environment, ecology

der **Umweltschutz** 24S environmental protection

die **Umweltverschmutzung** 24L pollution

**um · ziehen, zog um, ist umgezogen** 18S to move, relocate; **sich ~** 24S to change (clothes)

**unbeschreiblich** 23L indescribable

der **unbestimmte Artikel** 4E indefinite article

**und** 1S / 6G and; ~ **so weiter (usw.)** 1S and so on, etc.

der **Unfall, ‑e** 22L accident

die **Unfallstelle, -n** 30S scene of an/the accident

**ungefähr** 28L about, approximate(ly)

das **Unglück, -e** 26L misfortune, accident

**unglücklich** 24L unhappy

die **Uni, -s** 9S = **Universität**

die **Uniform, -en** 6S uniform

die **Universität, -en** 5L university

**unmodern** 2S out of fashion

**unregelmäßig** 6E irregular

**unser** 7G our

**unten** 2S down, below, beneath

**unter** *(+ acc. / dat.)* 18G under, below, beneath; among

sich **unterhalten (ä)**\* **(über + acc.)** 24S to converse (about)

die **Unterhaltung, -en** 12K entertainment

der **Unterricht** 3S lesson, class

der **Unterschied, -e** 13S difference

**unterschiedlich** 24S different, varying

**unterwegs** 19L on the way

**unzählig** 25Z countless

der **Urlaub, -e** 8S vacation; **einen ~ verbringen** 9 to spend a vacation; **im ~** 9 on vacation; **in ~ fahren** 9 to go on vacation; **~ machen** 9L to take a vacation

der **Urlauber, -** 5L vacationer

**usw. (und so weiter)** 1S etc. (and so on)

# V

die **Variation, -en** 1S variation

**variieren** 5S to vary

der **Vater, ‑** 7L father

(der) **Vati, -s** 19S dad(dy)

sich **verabschieden** 1S to say good-bye

**verantwortlich** 28L responsible

die **Verantwortung, -en** 11K / 22L responsibility

**verarbeiten** 18K to process

das **Verb, -en** 3E verb

**verbessern** 22Z to improve

**verbinden, verband, verbunden** 23L to connect

das **Verbot, -e** 11K prohibition

**verboten** 11S forbidden

**verbrauchen** 29S to consume, to use (up)

der **Verbrecher, -** 27K gangster

**verbringen, verbrachte, verbracht** 5S to spend *(time)*

**verdienen** 19S to earn

der **Verein, -e** 9K / 24L club

die **Vereinigung, -en** 18L unification

**vereint** 5L unified

die **Verfügung: zur ~** 18K at one's disposal, available

**Vergangenes** 8S past things, events

die **Vergangenheit** 29E past

**vergessen (vergißt), vergaß, vergessen** 6S to forget

der **Vergleich, -e** 22S comparison; **zum ~** 6K for comparison

**vergleichen, verglich, verglichen** 22S to compare

**verheiratet** 7L married

**verhindern** 30L to prevent

der **Verkauf, ‑e** 21L sale

**verkaufen** 5S to sell

der **Verkäufer, -** 1S salesman

die **Verkäuferin, -nen** 1S saleslady

der **Verkehr** 11K / 16S traffic

das **Verkehrsmittel, -** 14S means of transportation

der **Verkehrsunterricht** 14K traffic instruction

das **Verkehrszeichen, -** 22L traffic sign

**verlassen (ä), verließ, verlassen** 19L to leave

(sich) **verletzen** 30S to get injured / hurt

**verliebt sein** to be in love

**verlieren, verlor, verloren** 22L to lose

**verlobt** engaged

die **Vermählung, -en** 25Z marriage, wedding

**vermieten** 18K / 29L to let, lease, rent to s.o.

der **Vermieter, -** 29L landlord

**vermitteln** 29L to help s.o. to find s.th.

**vernichten** 26L to annihilate

**verrückt** 21S crazy

**versäumen** 29L to miss (an event)

**verschieden** 17K / 20 different

**Verschiedenes** 1 miscellaneous

**verschlucken** 25L   to swallow
**verschmutzen** 29K   to pollute
**verschwenden** 29S   to waste
**verschwinden, verschwand, verschwunden** 28S   to disappear
**versenken** 26L   to submerge
**versichern** 16K   to insure
die **Versicherung, -en** 13K insurance
sich **verspäten** 24S   to be late
**versprechen** (i)* 25Z   to promise
**verstehen, verstand, verstanden** 3S   to understand
**versuchen** 24L   to try
**versüßen** 20L   to sweeten
**verteidigen** 26L   to defend
**verursachen** 29   to cause
die **Verwaltung, -en** 20L   administration
der/die **Verwandte, -n** 7/21G relative
**Verzeihung!** 1S   excuse me
**viel (mehr, meist-)** 2S   much
**viele** 2S   many
**vielleicht** 10L   perhaps, maybe
**viereckig** 2S   square, rectangular
das **Viertel, -** 4S   quarter
die **Viertelstunde, -n** 25L quarter of an hour
das **Vöglein, -** 25L   little bird
der **Vokalwechsel** 6E   vowel change
das **Volk, ⁻er** people
**Volks-** 23K   folk, popular
**voll** 4S   full
**vollenden** 6E   to complete
**von** *(+ dat.)* 1/14G   from, of; ~ ... **bis** 1S   from . . . till; ... **nach** 14G   from . . . to
**vor** *(+ acc./dat.)* 18G   before, in front of; ~ *(+ time expression/ dat.)* 18G   ago; ~ **allem** 9L above all
das **Voralpenland** 23L   *foothills of the Alps*
**voraus-** *(sep. prefix)* 17G   ahead, **im ~** 13K   in advance
**vorbei-** *(sep. prefix)* 17G   by; past
**vorbei · kommen*** 1S   to stop by
**vor · bereiten** 17L   to prepare

die **Vorbereitung, -en** 7S   preparation
**vorgestern** 2S   the day before yesterday
der **Vorhang, ⁻e** 13L   curtain
**vorher** 8S   before
der **Vormittag, -e** 4L   morning; **am ~** 4L   in the morning
**vormittags**   in the morning(s)
**vorn(e)** 2S   in the front
der **Vorname, -n, -n** 1S   first name
die **Vorsicht** 5E   caution
**vorsichtig** 10E   cautious(ly)
sich (etwas) **vor · stellen** *(dat.)* 25Z/28L   to imagine
der **Vorteil, -e** 18L   advantage

# W

**wachsen (wächst), wuchs, ist gewachsen** 26S   to grow
die **Waffe, -n** 24L   weapon
der **Wagen, -** 6S   car
die **Wahl, -en** 19L   choice
**wählen** 7S   to choose, select; to dial *(telephone)*
**wahr** 22Z/29   true, **nicht ~ ?** 29L   isn't that right?
**während** 19G   while, whereas; ~ *(+ gen.)* 23G   during
**wahrscheinlich** 27G   probably
das **Wahrzeichen, -** 26L   symbol
der **Wald, ⁻er** 9L   woods, forest
die **Wand, ⁻e** 18S   wall
**wandern, ist gewandert** 3L   to hike
die **Wanderung, -en** 8S   hike
**wann** 4L   when
das **Wappen, -** 12L   coat of arms
die **Ware, -n** 21L   merchandise, goods
**warm (ä)** 4S   warm, hot *(meal)*
die **Wärme** 27L   warmth
**warten (auf** + *acc.)* 6S   to wait (for)
**warum** 6S   why
**was** 1S   what; ~ **für (ein)** 13G

what kind of (a); ~ **ist los?** 16S   what's wrong?
(sich) **waschen (wäscht), wusch, gewaschen** 6S   to wash (oneself)
das **Wasser** 4S   water
**wasserreich** 23K   abounding in water
das **WC, -s** 8S   toilet, restroom
der **Wechsel, -** 6S/23L   change
**wechseln** 11S   to change, switch; to exchange
**weg-** *(sep. prefix)* 13S/17G away, gone
der **Weg, -e** 7S   road, way, path; **nach dem ~ fragen** 14S   to ask for directions
**wegen** *(+ gen.)* 23G   because of
**weg · gehen*** 17S   to go away
**weh tun*** *(+ dat.)* 16S   to hurt
**weiblich** 22L   female, feminine
**weich** 13S   soft
die **Weihnacht(en)** 12K   Christmas
**weil** *(subord. conj.)* 19G   because
eine **Weile** 19S   a while; **ein Weilchen** 25L   a short while
der **Wein, -e** 4S   wine
der **Weinbau** 26L   viniculture
der **Weinberg, -e** 23K   vineyard
**weinen** 18Z   to cry
die **Weinkarte, -n** 15S   wine menu
**weiß** 2S   white
der **Weißwein, -e** 4S   white wine
**weit** 13S   far; wide
**weiter-** *(sep. prefix)* 17G   further, farther; to continue to
**weiter · schlafen (ä)*** 17S   to continue to sleep
**welch-** *(der word)* 12G   which
die **Welt, -en** 12L   world
**weltberühmt** 12L   world-famous
die **Weltreise, -n** 27L   trip around the world
**wem** 14G   whom; to/for whom
**wen** 5G   who(m)
**(ein) wenig** 3S   (a) little
**wenige** 13L   few
**weniger** 22S   less

**wenigstens** at least

**wenn** *(subord. conj.)* 19G if, when, whenever

**wer** 1 who

die **Werbung** 15L advertising

**werden (wird), wurde, ist geworden** 6G to become, get

**werfen (wirft), warf, geworfen** 18S to throw

das **Werk, -e** 4L (industrial) plant; work, accomplishment

die **Werkstatt, ⁻en** 22Z repair shop; garage

die **Werra** 30L *German river*

**wert** 13L worth; worthwhile

der **Wert, -e** 28K value

**wertvoll** 21L valuable

**wesentlich** 20L essential; **im wesentlichen** 20L essentially

die **Weser** 18K *German river*

**wessen** 23G whose

der **Westen** 5L west; **im ~ von** in the west of

**westlich** to the west, western

das **Wetter** 6S weather

der **Wetterbericht** 8 weather report

**wichtig** 12L important

**wie** 1S how; as, like; **~ bitte?** 1S I beg your pardon?; **~ geht es Ihnen?** 1S how are you?; **~ heißt das?** 2S what is that called?; **~ ist Ihr Name?** 1S what is your name? **~ lange?** 4L how long?; **~ viele?** 2G how many?

**wieder** 6S again

**wiederholen** 3S to repeat

die **Wiederholung, -en** 2 repetition

das **Wiedersehen: auf ~!** 1S goodbye

**wiegen, wog, gewogen** 22Z to weigh

**Wien** 5L Vienna

die **Wiese, -n** 23L meadow

**wieso** 11S why; how so

**wieviel** 1S how much; **~ Uhr ist es?** 2S what time is it?; **der wievielte ist. . . ?** 12G what is

the date . . . ?; **wie viele** how many

**willkommen** welcome

der **Wind, -e** 8L wind

**windig** 8L windy

der **Winter, -** 8L winter; **im ~** 4L in the winter

**wir** 1G we

**wirklich** 10L real(ly)

die **Wirklichkeit** 28L reality

die **Wirtschaft** 3K economy

**wissen (weiß), wußte, gewußt** 4G to know (a fact)

die **Wissenschaft, -en** 3K science

der **Wissenschaftler, -** 22Z/27L scientist

**wo** 1S where

die **Woche, -n** 2S week

das **Wochenende, -n** 2S weekend

**wochenlang** 29L for weeks

der **Wochentag, -e** 2S day of the week

**woher** 1S where from

**wohin** 3S where (to)

**wohl** 27G well; probably

der **Wohnblock, ⁻e** 18L apartment house

**wohnen** 3S to live, reside

der **Wolf, ⁻e** 25L wolf

die **Wohngemeinschaft, -en** 29L communal household

der **Wohnort, -e** 1S (place of) residence

die **Wohnung, -en** 13L dwelling; apartment

das **Wohnzimmer, -** 13L living room

die **Wolle** wool; **aus ~** 13L made of wool

**wollen (will), wollte, gewollt** 11G to want to

**womit** 14G with what

**woraus** 14S out of what

das **Wort, ⁻er** word

das **Wörterbuch, ⁻er** 12S dictionary

die **Wortstellung** 3E word order

der **Wortschatz** vocabulary

**wovon** 14S from what

das **Wunder** miracle; **kein ~** 21L no wonder

sich **wundern** 25L to wonder

**wunderschön** 21S very beautiful

der **Wunsch ⁻e** 28S wish

**wünschen** to wish; **sich etwas ~** *(dat.)* 24L to wish for s. th.

**würde** *(subj. of* **werden)** 28G would

die **Wurst, ⁻e** 10L sausage, cold cuts

die **Wüste, -n** 27K desert

# Z

**zäh** 16S tough

die **Zahl, -en** 1S number, figure

**zählen** 1S to count

**zahlen** to settle (a bill); **~ bitte!** 11S the check, please!

**zahllos** 23L countless

der **Zahn, ⁻e** 16S tooth; **sich die Zähne putzen** *(dat.)* 24S to brush one's teeth

der **Zahnarzt, ⁻e** 7L dentist

die **Zahnbürste** toothbrush

die **Zahnpasta** 24S toothpaste

**zart** 16S tender

der **Zaun, ⁻e** 18Z fence

das **Zeichen, -** sign

**zeichnen** 28L to draw, sketch

die **Zeichnung, -en** 24L drawing

**zeigen** 3S to show, to point

die **Zeit, -en** 2S time; **zur (gleichen) ~** 12L at the (same) time

die **Zeitschrift, -en** 4S magazine

die **Zeitung, -en** 4S newspaper

der **Zentner** 10 hundredweight

die **Zentrale, -n** 29L center, agency

das **Zentrum, Zentren** center; **im ~ von** 5L in the center of

**zerbrechen (i), zerbrach, zerbrochen** 25L to break (into pieces)

die **Zerstörung, -en** 24L destruction

der **Zettel**, - 29L   slip (of paper), note

der **Zeuge**, -n/die **Zeugin**, -nen 30S witness

die **Zeugenaussage**, -n 30 statement by the witness(es)

das **Zeugnis**, -se 20L   report card

**ziehen**, **zog**, **gezogen** 25L   to pull, to move

die **Ziehung**, -en 28S   drawing

das **Ziel**, -e 26L   finish; goal; destination

**ziemlich** 10L   quite, rather

die **Zigarette**, -n 4S cigarette

das **Zimmer**, - 1S   room

die **Zitrone**, -n 4S   lemon

der **Zoo**, -s   zoo

der **Zoll** 17L   customs; duty

die **Zone**, -n 12K   zone

**zu** 4   to, too; ~ (+ *dat.*) 14G   to; ~ **Fuß gehen**\* 3S   to walk ~ **Hause** 1S   at home; **zum Mittagessen** 14   for lunch

der **Zucker** 4K   sugar

**zuerst** 10L   (at) first

**zufrieden** 10E/15L   content, satisfied

der **Zug**, ⸚e 6S   train

die **Zugspitze** 22S   *highest mountain of the German Alps*

**zu·hören**   to listen

die **Zukunft** 24L   future

**zu·machen** 17S   to close

die **Zunge**, -n 16S   tongue

**zurück-** *(sep. prefix)* 17G   back, return

**zusammen** 10L   together

der **Zuschlag**, ⸚e 11S   supplement, additional payment

**zu·sehen(ie)**\* 19S   to look on, watch

der **Zustand**, ⸚e 18L   condition

**zuverlässig** 30L   reliable

**zuviel** 4L   too much

**zweit-** 12G   second

der **Zweite Weltkrieg** 15L   World War II

die **Zwiebel**, -n 10   onion

**zwischen** *(+ acc. / dat.)* 8L/18G   between; among

das **Zwischenspiel**, -e 18 interlude

# ENGLISH–GERMAN VOCABULARY

This vocabulary includes all words used in the translation and other exercises of the chapters. Not included in this list are articles, pronouns and numbers. The plural of nouns is indicated. Modal auxiliaries, strong and irregular weak verbs are pointed out by an asterisk: **fahren***. Their principal parts can be found in the Reference Grammar (p. 487). Separable prefix verbs are indicated by a raised dot (·) between prefix and base verb: **auf·machen**. The symbol ~ indicates repetition of the keyword.

## A

**able: to be ~ to**  können*
**above**  über
**accident**  der Unfall, ⸚e
**after**  nach
**airport**  der Flughafen, ⸚
**all**  alle
**allowed: to be ~ to**  dürfen*
**alone**  allein(e)
**already**  schon
**also**  auch
**always**  immer
**America**  Amerika
**American** *(person)*  der Amerikaner, -/die Amerikanerin, -nen
**and**  und
**animal**  das Tier, -e
**answer**  antworten
**any**  kein
**anything**  etwas
**apple**  der Apfel, ⸚
**arrive**  an·kommen*
**as**  als; wie; ~ . . . ~  so . . . wie
**ask**  fragen
**at**  an; auf; ~ *(s.o.'s place)*  bei
**attend**  besuchen
**aunt**  die Tante, -n

## B

**bad(ly)**  schlecht
**bake**  backen*
**bank**  die Bank, -en
**be**  sein*; ~ **late**  sich verspäten
**beautiful**  schön
**because**  weil, denn; ~ **of**  wegen
**bed**  das Bett, -en
**beer**  das Bier, -e
**before**  vorher
**begin**  beginnen*; an·fangen*
**behind**  hinter
**believe**  glauben
**belong to**  gehören
**beside**  neben; bei
**best**  best-
**better**  besser
**between**  zwischen
**bicycle**  das Fahrrad, ⸚er
**big**  groß
**bill**  die Rechnung, -en
**birthday**  der Geburtstag, -e
**black**  schwarz
**blouse**  die Bluse, -n
**book**  das Buch, ⸚er; **to ~**  buchen
**both**  beide
**bottle**  die Flasche, -n

**boy**  der Junge, -n, -n
**brake**  die Bremse, -n
**break**  die Pause, -n; **to take a ~**  eine Pause machen
**brewery**  die Brauerei, -en
**bring**  bringen*; ~ **along**  mit·bringen*
**brother**  der Bruder, ⸚
**brown**  braun
**brush one's teeth**  sich die Zähne putzen
**build**  bauen
**bus**  der Bus, -se; **go by ~**  mit dem Bus fahren*
**but**  aber; sondern
**buy**  kaufen

## C

**cake**  der Kuchen, -
**calendar**  der Kalender, -
**call**  rufen*, ~ **up**  an·rufen*
**can**  können*
**car**  das Auto, -s
**careful(ly)**  vorsichtig
**carry**  tragen*
**catch a cold**  sich erkälten
**celebrate**  feiern
**chair**  der Stuhl, ⸚e

**change** wechseln; ~ *(clothes)* sich um·ziehen*
**cheap** billig
**check** prüfen
**child** das Kind, -er
**church** die Kirche, -n
**city** die Stadt, ⁻e
**classroom** das Klassenzimmer, -
**close** zu·machen
**clothes** die Kleider *(pl.)*; die Kleidung
**coat** der Mantel, ⁻
**coffee** der Kaffee
**cold** kalt; (common) ~ die Erkältung, -en; **to catch a** ~ sich erkälten
**comb** (sich) kämmen
**come** kommen*; ~ **back** zurück·kommen*; **to** ~ **home** nach Hause kommen*
**comfortable** bequem
**concert** das Konzert, -e
**congratulate** gratulieren
**continue to** *(do something)* weiter- *(+ verb)*
**correct(ly)** richtig
**couch** die Couch, -en
**could** könnte(n)
**cup** die Tasse, -n

## D

**daughter** die Tochter, ⁻
**day** der Tag, -e; **every** ~ jeden Tag
**describe** beschreiben*
**desk** der Schreibtisch, -e
**diamond** der Diamant, -en, -en
**dishes** das Geschirr
**do** tun*; machen
**doctor** der Arzt, ⁻e / die Ärztin, -nen
**dog** der Hund, -e
**door** die Tür, -en
**downtown: to go** ~ in die Stadt gehen*
**dress** das Kleid, -er; **to** ~ sich an·ziehen*

**drink** trinken*
**drive** fahren*
**driver's license** der Führerschein, -e
**dry oneself** sich ab·trocknen
**during** während

## E

**each** jed- *(der-word)*
**early** früh
**easy** leicht
**eat** essen*
**elegant** elegant
**empty** leer
**enough** genug
**Europe** (das) Europa
**every** jed- *(der-word)*
**everything** alles
**exercise** die Übung, -en
**expect** erwarten
**expensive** teuer
**explain** erklären

## F

**fall asleep** ein·schlafen*
**family** die Familie, -n
**far** weit; ~ **from** weit von
**fast** schnell
**father** der Vater, ⁻
**feel** fühlen; ~ **well** sich wohl fühlen
**find** finden*
**first** erst-
**fish** der Fisch, -e
**fit** passen *(+ dat.)*
**flea market** der Flohmarkt, ⁻e; **at the** ~ auf dem Flohmarkt
**flower** die Blume, -n
**for** für; ~ *(+ time)* seit
**forget** vergessen*
**fresh** frisch
**friend** der Freund, -e / die Freundin, -nen
**from** von; ~ **. . . to** von . . . bis

**front: in** ~ **of** vor
**full** voll
**furniture** die Möbel *(pl.)*

## G

**gentleman** der Herr, -n, -en
**German** *(language)* Deutsch; ~ *(adj.)* deutsch; **in** ~ auf deutsch
**Germany** Deutschland
**get** bekommen*; werden*; ~ **up** auf·stehen*; ~ **ready** sich fertig·machen; **to be getting** werden*
**girl** das Mädchen, -
**girlfriend** die Freundin, -nen
**give** geben*
**glass** das Glas, ⁻er
**glasses** die Brille, -n
**go** gehen*; ~ **home** nach Hause gehen; ~ **downtown** in die Stadt gehen; ~ **to school** zur Schule gehen
**good** gut
**green** grün
**guest** der Gast, ⁻e

## H

**hair** das Haar, -e
**hand** die Hand, ⁻e
**hang** hängen*; hängen
**hard** hart
**have** haben*; **to** ~ **to** müssen*; ~ **something done** etwas tun lassen*
**hear** hören
**heavy** schwer; dick *(with clothes)*
**help** helfen*
**here** hier
**high** hoch
**home: at** ~ zu Hause; **to go** ~ nach Hause gehen*
**hospital** das Krankenhaus, ⁻er

**hotel** das Hotel, -s
**hour** die Stunde, -n
**house** das Haus, ⁻er
**how** wie; ~ **long** wie lange;
  ~ **much** wieviel; ~ **many**
  wie viele
**hurry** sich beeilen
**husband** der Mann, ⁻er

# I

**if** wenn; ob
**important** wichtig
**in** in; ~ **spite of** trotz; ~ **front
  of** vor; ~ **German** auf
  deutsch
**interesting** interessant
**into** in (+ *acc.*)
**invite** ein·laden*
**Italy** Italien

# J

**January** der Januar
**just** gerade

# K

**key** der Schlüssel, -
**kind: what** ~ **of (a)** was für (ein)
**kitchen** die Küche, -n
**know** kennen* (*know a person
  or place, be acquainted*);
  wissen* (*know a fact*)

# L

**lady** die Dame, -n
**lamp** die Lampe, -n
**large** groß
**late** spät
**learn** lernen

**leave** lassen*; weg·gehen*; ~ (a
  *person or place*) verlassen*
**lemon** die Zitrone, -n
**less** weniger
**let** lassen*
**letter** der Brief, -e
**light** leicht; hell
**like** wie; **to** ~ **to** (+ *verb*) gern
  (+ *verb*); **to** ~ gefallen*;
  **would** ~ **to** möchte(n); ~ (*food
  and drink*) schmecken
**little** klein
**live** leben; wohnen; ~ **with**
  wohnen bei
**long** lang
**look** (*appear*) aus·sehen*;
  ~ **for** suchen
**lot: a** ~ viel
**loud(ly)** laut

# M

**magazine** die Zeitschrift, -en
**main** Haupt - (*prefix*)
**man** der Mann, ⁻er
**many** viele
**map** die Landkarte, -n
**market** der Markt, ⁻e; **at the**
  ~ auf dem Markt
**may** dürfen*
**meal** das Essen, -
**mean** meinen
**meat** das Fleisch
**mechanic** der Mechaniker, -/
  die Mechanikerin, -nen
**meet** treffen*
**menu** die Speisekarte, -n
**milk** die Milch
**modern** modern
**money** das Geld
**month** der Monat, -e
**more** mehr; ~ **than** mehr als
**most** meist-; die meisten
**mother** die Mutter, ⁻
**motorcycle** das Motorrad, ⁻er
**mountain** der Berg, -e
**movies: to go to the** ~ ins Kino
  gehen*

**Mr.** Herr . . .
**Mrs.** Frau . . .
**much** viel
**Munich** München
**museum** das Museum,
  Museen
**music** die Musik
**must** müssen*

# N

**name** der Name, -n, -n; **what
  is your** ~? wie ist Ihr
  Name?
**near** bei, in der Nähe von
**need** brauchen
**never** nie
**new** neu
**newspaper** die Zeitung, -en
**next to** neben
**nice** nett; schön
**night** die Nacht, ⁻e
**not** nicht; ~ **a** kein; ~ **any**
  keine
**nothing** nichts
**now** jetzt
**nurse** die Krankenschwester, -n

# O

**office** das Büro, -s
**often** oft
**old** alt
**old-fashioned** altmodisch
**on** auf
**one** ein(e); man
**only** nur
**open** öffnen, auf·machen
**opposite** gegenüber
**or** oder
**order** bestellen
**other** ander-
**out** aus
**over** über; ~ **there**
  da drüben

# P

**pack**  packen
**pad of paper**  der Block, ⸚e
**parents**  die Eltern *(pl.)*
**park**  der Park, -s; **to ~**  parken
**parking space**  der Parkplatz, ⸚e
**passport**  der Reisepaß, ⸚sse
**pay**  bezahlen
**pen**  der Kuli, -s
**pencil**  der Bleistift, -e
**people**  die Leute *(pl.)*
**perhaps**  vielleicht
**permitted: to be ~**  dürfen*
**pick up**  ab·holen
**picture**  das Bild, -er
**play**  spielen; **~ tennis**  Tennis spielen
**please**  bitte
**police**  die Polizei
**policeman**  der Polizist, -en, -en
**poor**  arm
**position**  die Stelle, -n
**post office**  die Post
**present**  das Geschenk, -e
**probably**  wohl, vielleicht, wahr-scheinlich
**problem**  das Problem, -e
**purse**  die Tasche, -n
**put**  legen, stellen; **~ on** *(clothes)* an·ziehen*

# R

**radio**  das Radio, -s
**rain**  der Regen; **to ~**  regnen
**raincoat**  der Regenmantel, ⸚
**reach**  erreichen
**read**  lesen*
**receive**  bekommen*
**recognize**  erkennen*
**recommend**  empfehlen*
**red**  rot
**repair**  reparieren
**repeat**  wiederholen
**reserve**  reservieren
**restaurant**  das Restaurant, -s

**restore**  restaurieren
**right**  richtig, rechts
**room**  das Zimmer, -
**run**  laufen*
**rush**  sich beeilen

# S

**saleslady**  die Verkäuferin, -nen
**salesman**  der Verkäufer, -
**say**  sagen
**school**  die Schule, -n; **to go to ~**  zur Schule gehen*
**see**  sehen*
**sell**  verkaufen
**shall**  sollen*
**shave**  (sich) rasieren
**shine**  scheinen*
**shoe**  der Schuh, -e
**short**  kurz
**should**  sollen*
**show**  zeigen
**shower**  (sich) duschen
**sick**  krank
**simple**  einfach
**since**  seit
**sister**  die Schwester, -n
**sit down**  sich setzen
**size**  die Größe, -n
**skirt**  der Rock, ⸚e
**sleep**  schlafen*
**small**  klein
**smoke**  rauchen
**some**  einige
**something**  etwas; **~ else**  etwas anderes
**son**  der Sohn, ⸚e
**soup**  die Suppe, -n
**speak**  sprechen*; **~ of**  sprechen von
**special**  besonder -; **something ~**  etwas Besonderes
**spell**  buchstabieren
**spend** *(time)*  verbringen*
**Southern Germany**  Süd-deutschland
**stand**  stehen*

**stay**  bleiben*; **~ home**  zu Hause bleiben
**steal**  stehlen*
**stop**  halten*
**stone**  der Stein, -e
**student**  der Student, -en, -en/ die Studentin, -nen
**study**  studieren; lernen
**to suit**  stehen* *(+ dat.)*
**suitcase**  der Koffer, -
**sun**  die Sonne
**supposed: to be ~ to**  sollen*
**sure(ly)**  sicher
**sweater**  der Pullover, -
**sweet**  süß

# T

**table**  der Tisch, -e
**take**  nehmen*; **~ a break**  eine Pause machen; **~ a shower**  (sich) duschen
**talk**  sprechen*; reden; **~ about**  sprechen über; **~ to**  sprechen mit
**taxi**  das Taxi, -s
**tea**  der Tee
**teacher**  der Lehrer, -/ die Lehrerin, -nen
**telephone bill**  die Telefon-rechnung, -en
**tell**  sagen; erzählen
**tennis**  Tennis
**than**  als
**thank**  danken *(+ dat.)*
**that**  das; daß
**there**  dort
**these**  dies- *(der-word)*
**through**  durch
**thin**  dünn
**think**  denken*, glauben
**time**  die Zeit, -en
**tire**  der Reifen -
**tired**  müde
**to**  zu; an; in; nach
**today**  heute
**towel**  das Handtuch, ⸚er
**town**  die Stadt, ⸚e

**train** der Zug, ‑e; **by ~** mit
dem Zug
**trip** die Reise, ‑n; **take a ~**
eine Reise machen
**try** versuchen

# U

**umbrella** der Regenschirm, ‑e
**uncle** der Onkel, ‑
**under** unter
**understand** verstehen*
**undress** sich aus·ziehen*
**university** die Universität, ‑en
**unpaid** unbezahlt
**use** gebrauchen, benutzen
**used** gebraucht

# V

**vacation** die Ferien *(pl.)*
**vegetable(s)** das Gemüse
**very** sehr
**visit** besuchen

# W

**wait** warten
**waiter** der Kellner, ‑
**waitress** die Kellnerin, ‑nen
**walk** zu Fuß gehen*; laufen*
**wallet** der Geldbeutel, ‑
**want (to)** wollen*
**warm(ly)** warm
**wash** waschen*
**watch** die Uhr, ‑en; **to ~ TV**
fern·sehen*
**water** das Wasser
**wear** tragen*; **~ glasses** eine
Brille tragen
**weather** das Wetter
**week** die Woche, ‑n
**well** gut
**wet** naß

**what** was; **~ kind of (a)** was
für (ein); **with ~** womit
**when** wenn; wann
**where** wo, woher, wohin
**whether** ob
**which** welch‑ *(der-word)*
**who** wer
**whom** wen; wem; **to ~** wem
**whose** wessen
**why** warum
**wife** die Frau, ‑en
**will** werden*
**window** das Fenster, ‑
**wine** der Wein, ‑e; **~ glass**
das Weinglas, ‑er
**winter** der Winter, ‑; **in the ~**
im Winter
**wish** (sich) wünschen
**with** mit; **~ what** womit; **~**
*(in the sense of in s.o.'s
home)* bei
**without** ohne
**woman** die Frau, ‑en
**word** das Wort, ‑er
**work** arbeiten; die Arbeit, ‑en
**would** würde; **~ like (to)**
möchte(n)
**write** schreiben*; **~ down**
auf·schreiben*

# Y

**year** das Jahr, ‑e
**yellow** gelb
**yes** ja
**yesterday** gestern
**young** jung
**yourself** selbst, selber

# Index

## of grammatical points and major vocabulary fields

## A

**aber**
  coordinating conjunction, 89
  flavouring particle, 89
  vs. sondern, 188
academic subjects, 35
accusative case
  adjectives, 172, 187, 477, 478
  articles, 71, 473
  as direct object, 71, 72
  personal pronouns, 72, 139, 473
  possessive adjectives, 101, 143
  prepositions, 88, 187, 479
  question words, **wen, was**, 73
  reflexive pronouns, 360, 473
  relative pronouns, 396
  time expressions with, 174
  weak nouns, 72, 474
accusative/dative prepositions, 261, 479
active voice, contrasted with passive, 472
address, formal vs. familiar, 7, 141
adjectives, 477–479
  after **der**-words, 172, 219, 346
  after **ein**-words, 185, 219, 346
  after **etwas, nichts, viel, wenig**, 318
  after numbers, 315
  after **viele, mehrere, einige, andere**, 315
  attributive, 172, 187, 219, 314, 346, 347
  comparison of, 329, 347
  compounding of, 188, 300

derived from city names, 208
  in a series, 173, 314
  irregular, 173
  numbers used as, 173
  participles used as, 316
  possessive, 101, 143
  preceded, 172, 185, 219, 346, 477
  predicate, 172, 329
  superlative, 329, 330
  unpreceded, 14, 478
  used as nouns, 315, 478
adverbs
  comparison of, 329, 479
  **erst** vs. **nur**, 102
  time before place, 40
  superlative form, 329
agreement of nouns and pronouns, 24, 73, 219
alphabet, 12
**als**
  as conjunction, 382
  with comparative, 331
  vs. **wenn, wann**, 382
**am** + superlative, 329
articles; *see* definite/indefinite article
attributive adjectives, *see* adjectives
auxiliaries, 481, *see also* modal verbs
  with future tense, 410
  with passive voice, 458
  with past perfect, 381
  with present perfect, 113, 128

## B

beverages, 52
body, parts of, 238

## C

capitalization, 7, 9
cardinal numbers, 5, 20, 173
case, *see* accusative, dative, genitive, nominative
classroom items, 19
clauses
  conditional, 427
  dependent, 282, 297
  infinitive, 299
  relative, 396
clothing, articles of, 86
colors, 21
commands; *see also* imperative
  **du/ihr**-forms, 141
  **Sie**-form, 39, 141
  polite, with subjunctive, 439
  **wir**-form, 39, 141
  word order in, 41
comparision
  basic forms, 329
  expressions of, 331
  irregular, 330, 479
  of adverbs, 329, 479
  of attributive adjectives, 347
  of predicate adjectives, 329
  variations in the formation, 330
compound nouns, 59
conditional sentences, 438
conjugation, 480–484
conjunctions
  coordinating, 89
  question words as, 297
  subordinating, 282
  word order after, 286
contractions of prepositions, 88, 203, 262
contrary-to-fact statements, 427

countries, names of, 78
currency of German-speaking
 countries, 77, 79, 80

# D

**da**-compounds, 364
**daß**, 283
dates, 170, 173
dative case
 adjectives, 219
 expressions with, 234
 forms of, 203
 indirect object, 218
 personal pronouns, 219, 473
 plural, 204
 prepositions, 203, 479
 question word **wem**, 204
 reflexive pronouns and
  verbs, 361
 time expressions with, 265
 verbs with, 233
 **von** as substitute for the
  genitive, 347
 weak nouns, 204, 474
 word order, 220
dative/accusative prepositions,
 261
days of the week, 29, 63
definite article, 473
 adjectives preceded by, 172,
  219, 346, 477
 accusative, 71
 contraction of, with
  prepositions, 88, 203, 262
 dative, 203
 genitive, 345
 nominative, 22
 omission of, 24
 study hints, 23
 with parts of the body, 362
demonstrative pronoun **das**, 8
**denn**
 as coordinating conjunction,
  89
 as flavoring particle, 89
 vs. **weil**, 283
dependent clause, 282–287
**der**-words *see also* definite
  article
 forms of, 171, 203, 345, 474
 used as pronouns, 172

diminutives **-chen** and **-lein**, 59
direct object, *see* accusative
**doch**
 as positive answer to
  negative questions, 74
 as flavoring particle, 142
double infinitive
 in dependent clauses, 444
 with **lassen**, 302
 with modals, 442, 444
**du**, **ihr**, **Sie**, 7, 141
**dürfen**, negative use of, 156

# E

**ein**-words, 55, 101, 186, 203,
 345, 474
**erst** vs. **nur**, 102
**es**, as substitute for a
  dependent clause, 285
**es gibt**, 90

# F

family members, 104
feelings, vocabulary for, 27
flavoring particles, 89, 142
forms of address, 7, 139
food vocabulary, 146
future tense, 483
 formation, 410
 of modals, 410
 present tense in place of, 38
 to express probability, 411
 use of, 38, 410
 word order with, 411

# G

**gar**, 142
**gehen** + infinitive, 73
gender of nouns, 22, 475
general subjunctive, *see*
  subjunctive
genitive case
 adjectives, 346
 noun endings, 346
 prepositions, 347, 479
 **von** as substitute for, 347

weak nouns, 346
**wessen**, 345
 with proper names, 102, 346
**gerade**, 41
**gern(e)**
 + verb, 41, 331
 vs. **gefallen**, **schmecken**, 234
greetings, 12

# H

**haben**
 as auxiliary in perfect
  tenses, 113, 128, 248, 381
 past tense, 58
 present tense, 57
 subjunctive, 443
**hängen**, 264
**hin** and **her**, 348
house, 261

# I

idioms, 310
**ihr**, **du**, **Sie**, 7, 141
imperative
 familiar, **du/ihr**-forms, 141,
  248
 formal/polite, **Sie**-form, 39,
  140, 248
 of **sein**, 142
 **wir**-form, 39
 with separable-prefix verbs,
  248
indefinite article, 474
 accusative, 71
 dative, 203
 genitive, 345
 negation of, 56
 nominative, 55
 omission of, 55
indirect object; *see* dative case
indirect questions and
  statements, 297
infinitive
 clauses, 299
 double, in future tense, 410
 double, in perfect tenses,
  442
 omission of, with modals,
  159, 443

infinitive (*cont.*)
  used as noun, 235
  with **gehen**, 73
  with **lassen**, 299
  with modals, 155, 410, 429,
    442
  with **ohne. . .zu**, 299
  with **um. . .zu**, 299
  with **werden**, 410
  with **zu**, 299
inseparable prefixes, 480
interrogative pronouns, 473
**irgend-**, 206
irregular weak verbs, *see*
  mixed verbs
inverted word order, 39, 221

## K

**kein**, 56
**kennen** vs. **wissen**, 73

## L

**lassen**, 299
**legen/liegen**, 263
**-lein**, **-chen**, 59
**-lich**, 189
**-los**, 300

## M

**machen** vs. **tun**, 58
main clauses preceding or
following dependent
clauses, 286
**man**
  as indefinite pronoun, 74
  as substitute for passive, 460
**mehr**, 330
mixed verbs
  past participles, 114, 485
  past perfect, 381
  past tense, 378
  present perfect, 114
  subjunctive, 426
**möchte(n)**, 57, 158, 426
modal verbs
  future, 410

meaning of, 156
**mögen** vs. **möchte(n)**, 158
**müssen**, negative use of, 158
passive voice, 459
past participles, 443
past tense, 157, 482
perfect tenses, 442
present tense, 157, 482
subjunctive, 426
without dependent
  infinitive, 159, 443
months of the year, 118

## N

**nach**, 90, 203
**nach Hause** and **zu Hause**, 41
negation; *see* **kein**, **nicht**
**nicht**, 9, 41
**noch/nicht mehr**, 102
nominative case
  adjectives, 172, 187, 314
  definite articles, 22
  **der**-words, 171
  **ein**-words, 186
  indefinite articles, 55
  personal pronouns, 7, 143
  possessive adjectives, 101,
    143
  relative pronouns, 396
  vs. accusative, 71
nouns
  adjectives used as, 315, 480
  capitalization of, 9
  compound, 56
  derived from adjectives,
    316, 332
  derived from verbs, 74, 235
  gender and number, 22, 475
  in dative plural, 204
  in genitive of, 346
  infinitives used as, 235
  plural formation of, 23, 56,
    476
  replacement by pronouns,
    24, 73, 219
  suffixes, 475
    **-er/-erin**, 74
    **-heit**, 332
    **-keit**, 332
    **-ung**, 235
  weak nouns, 72, 204, 346,
    474

numbers
  cardinal, 5, 20, 173
  in front of adjectives, 315
  ordinal, 173

## O

objects
  direct (accusative), 71
  indirect (dative), 218
  order of, 220
  prepositional, 264, 479
ordinal numbers, 173

## P

participles; *see* present/past
  participles
parts of the body, 238
passive voice, 458–460, 484
  formation, 458
  substitute for, 460
  tenses in, 459, 484
  transformation of, 460
  use of **werden**, 459
  **von** + agent, 460
  vs. active, 458
  with modals, 459
past participles
  of mixed verbs, 114
  of modals, 443
  of separable-prefix verbs,
    248
  of strong verbs, 127
  of verbs ending in **-ieren**,
    114
  of weak verbs, 113
  position of, 115
  used as adjectives, 316
  summary of, 129, 379,
    485
  with auxiliary **sein**, 128, 129,
    248
  with/without **ge-**, 114, 127
past perfect tense; *see also* past
    participles
  formation, 381
  modals, 442
  usage of, 382
past tense; *see* simple past
    tense

past-time subjunctive, 443; *see* subjunctive
perfect tenses; *see* past perfect, present perfect
personal pronouns, 473
  accusative, 72, 139
  dative, 219
  nominative, 7, 143
  order of direct and indirect objects, 220
plural of nouns, 23, 56, 476
polite requests, 428
possession with proper names, 102, 346
possessive adjectives, 101, 143
preceded adjectives; *see* adjectives
predicate adjectives; *see* adjectives
prefixes
  **hin-** and **her-**, 348
  inseparable, 480
  **irgend-**, 206
  separable, 249, 480
  **un-**, 187
prepositions
  contractions of, 88, 203, 262
  in **da-** and **wo-**compounds, 363
  summary of, 479
  with accusative, 88
  with dative, 203
  with accusative or dative, 261
  with genitive, 347
  with reflexive verbs, 362
  with relative pronouns, 398
  with verbs, 264, 479
present participles, 398
present perfect tense, 113–115
  double infinitive in, 442
  formation, 113
  in dependent clauses, 284
  mixed verbs, 114
  modal verbs, 442
  reflexive verbs, 363
  separable-prefix verbs, 248
  strong verbs, 127–130, 248
  usage, 115
  weak verbs, 113–115, 248
  with **sein**, 128, 248
  word order, 115, 248
present tense
  dependent word order, 284
  **haben**, 57

modals, 157
passive, 459
reflexive verbs, 360
regular verbs, 37
**sein**, 8
separable-prefix verbs, 247
stem-changing verbs, 87
use of, 38
verb endings, 37
with future meaning, 38
present-time subjunctive, *see* subjunctive
principal parts of verbs, 485
professions/occupations, 3, 31, 394, 475
pronouns, 473
  as question words, 73, 204, 345
  demonstrative **das**, 8
  **du/ihr** vs. **Sie**, 7, 143
  **man**, 74
  personal, 7, 24, 72, 143, 219
  reflexive, 360
  relative, 396

## Q

questions
  indirect, 297
  polite, with subjunctive, 428
  simple, 40
  word order in, 8, 40, 115, 247
question words
  as pronouns, 73, 204, 345
  as subordinating conjunctions, 297
  summary, 473
  word order with, 8, 40

## R

reflexive pronouns and verbs
  accusative, 361
  dative, 361
  present/perfect, 361, 363
  purely reflexive verbs, 361
  usage, 362
  with parts of the body, 362
  with prepositions, 362
  word order with, 363

relative clauses, 396
relative pronouns, 396
  no omission of, 397
  preceded by prepositions, 398
rooms of a house, 192

## S

**schon/noch nicht**, 130
seasons, 118
**sein**
  as auxiliary in present/past perfect, 128, 248, 381
  imperative, 142
  past tense, 24
  present tense, 8
  subjunctive, 425
**seit** + present tense, 208
**selbst, selber**, 300
separable-prefix verbs, 247–249
  in dependent clauses, 284
  in **zu** + infinitive constructions, 299
  past participles of, 248
  past perfect, 381
  past tense, 378
  present perfect, 248
  present tense, 247
  with **hin-** and **her-**, 348
  word order with, 248
**setzen/sitzen**, 263
**sich**; *see* reflexive pronouns
simple past tense, 377–382
  formation, 377
  **haben**, 58
  modals, 157
  passive, 459
  **sein**, 24
  separable-prefix verbs, 378
  strong, weak, mixed verbs, 377, 378
  study hints, 380
  summary, 379
  usage of, 378
**so . . . wie**, 331
**sondern** vs. **aber**, 188
**stellen/stehen**, 263
stem-changing verbs, 87
strong verbs
  how to recognize, 130
  past tense, 377

strong verbs (*cont.*)
  present perfect, 127, 248
  principal parts of, 485
  subjunctive, 425
subjunctive
  modal verbs, 426, 444
  past-time, 443–444
  present-time, 424–429
  vs. **würde**–constructions,
    426
subordinate clause; *see*
  dependent clause
subordinating conjunctions;
  *see* conjunctions
suffixes, adjectives
  **-lich**, 189
  **-los, -reich, -voll**, 300
suffixes, nouns
  **-chen, -lein**, 59
  **-e**, 285
  **-er/-erin**, 74
  **-heit, -keit**, 332
  **-in**, 23
  masculine, feminine,
    neuter, 475
  **-ung**, 235
superlative
  irregular, 330, 479
  of adverbs, 329–331
  of attributive adjectives, 348
  of predicate adjectives, 329–
    331

# T

tenses; *see* future/past/past
  perfect/present/present
  perfect
  summary of, 482–484
time
  before place, 40
  dates, 170, 173
  days of the week, 29,
    63
  months of the year, 118
  of the day, 63
  seasons, 118
  telling time, 28
  with accusative, 174
  with dative, 265
transportation, means of 84,
  198
**tun** vs. **machen**, 58

# U

**um. . .zu**, 299
unpreceded adjectives; *see*
  adjectives

# V

verbs
  conjugation of, 480–484
  ending in **-ieren**, 114
  **gehen** + infinitive, 73
  imperative, 39, 140, 248
  infinitive, 37, 247
  **lassen**, 299
  mixed, 114, 378, 426
  reflexive, 360–362
  passive voice, 458–460
  principal parts, 379, 485
  separable-prefix, 247–249
  stem-changing, 87
  with dative and accusative
    objects, 219, 220
  with dative objects, 233
  with prepositional objects,
    261
*See also*;
  auxiliaries
  **haben**
  inseparable prefixes
  modal verbs
  past participles
  present participles
  **sein**
  strong verbs
  weak verbs
  **werden**
  **wissen**
  word order
**viel, viele**, 58
**von**
  in passive constructions, 460
  substitute for genitive, 347
vowel change
  in comparison of adjectives
    and adverbs, 330
  in noun plurals, 23, 56,
    476
  in verbs, 87

# W

**wann** vs. **wenn**, 298
**was für. . . ?**, 188
weak nouns, 72, 204, 346, 476
weak verbs
  irregular; *see* mixed verbs
  past participles, 114
  past perfect, 381
  past tense, 377
  present perfect, 113–115
  subjunctive, 425
weather, 119
weights and measures, 143,
  146
**weil** vs. **denn**, 283
**wem**, 204
**wen**, 73
**wenn** vs. **als, wann**, 298, 382
**werden**
  as future tense auxiliary, 410
  as passive auxiliary, 458
  past tense, 380
  present tense, 87
  subjunctive, 426
**wessen**, 345
**wieviel, wie viele**, 58
**wissen**
  present tense, 57
  vs. **kennen**, 73
**wo, woher, wohin**, 41
**wo**-compounds, 363
**womit**, 204, 363
word-formation
  adjective prefix **un-**, 189
  adjective suffix **-lich**, 189
  compound nouns, 59
  compounding of adjectives,
    188, 300
  diminutive suffixes, 59
  nouns derived from
    adjectives, 334
  nouns derived from verbs,
    74, 235
word order
  after coordinating
    conjunctions, 89
  after subordinating
    conjunctions, 284
  in commands, 39, 141, 248
  in dependent clauses, 284
  in infinitive phrases, 299
  in simple questions, 40
  in simple statements, 8, 39

word order (*cont.*)
  inverted, 39
  normal, 39
  of adverbs (time before place), 40
  of direct and indirect objects, 220
  of modal verbs, 157, 411, 442, 459
  of object pronouns, 220
  of past participles, 115
  of reflexive pronouns, 312
  used for emphasis, 221
  with double infinitives, 300, 410, 411, 442
  with question words, 40, 297
  with separable-prefix verbs, 247
written German, notes about, 9
**würde**-constructions, 436, 444

## Z

**zu**
  **um . . . zu**, 299
  **ohne . . . zu**, 299
  with infinitive constructions, 299
**zu Hause** and **nach Hause**, 41

# PERMISSIONS AND PHOTO CREDITS

Grateful acknowledgement is expressed for the use of the following materials.

## TEXT

page 126 Straßenfeste, Jugendscala 1/83; 193 Die Wohnung, scala Jugendmagazin 1/81, 1/84; 209ff Mahlzeiten, Jugendscala 1/83; 233 Essen beschreiben, Jugendscala 1/88; 253 Die Stadt, scala Jugendmagazin 5/80; 265 Deutscher Alltag, scala Jugendmagazin 1/81; 268ff Wohnen, Jugendscala, März 83; 274ff Bremer Stadtmusikanten, scala Jugendmagazin 4/78; 288ff Cornelia Bausen, Die Schwerarbeiter der Nation, Friedrich Gorski, Bunte/1980; 289 Trampen, scala Jugendmagazin 1/81; 295 Studieren und wohnen, JUGENDMAGAZIN 1/90; 303 Fachwerkhäuser, scala Jugendmagazin 6/81; 313 Straßenmusikanten, Jugendscala 3/83; 339ff Hundert Jahre Auto, Jugendscala 3/86; 356 Ludwig II., Jugendscala/scala 5/87; 370 Interview mit Jugendlichen, JUGENDMAGAZIN 4/89; 371 Karneval, Jugendscala 1/84; 398 Die Burg, scala Jugendmagazin 3/80; 401ff Rhein, scala Jugendmagazin 3/80, 3/83, März 83; 406 Tips für das Trampen, Jugendscala Januar 83; 412 Tramper-Ticket, Jugendscala 4,5/86; 413 Karl May, Jugendscala 9/83; 441 Umweltprobleme, Juma 2/91; 447ff Christian und Sarah, JUGENDMAGAZIN 4/89; 464ff Ein neuer Anfang, scala 2/1990

## PHOTOGRAPHS

page 1 Foto Thomas, Mannheim; 3 (top) Inter Nationes, Bonn, (bottom) Author; 4 (top middle, bottom middle) Author, (all others) Inter Nationes; 5 (top) Author, (bottom) Inter Nationes; 6 Inter Nationes; 11 Foto Thomas; 12,17,18 Author; 23 Inter Nationes; 25 (top left, bottom right) Foto Thomas; (all others) Inter Nationes; 27,29,33,34 Inter Nationes; 36 (left, middle) Inter Nationes, (right) Author; 42,44,47,49,52 Inter Nationes; 54 Author, Inter Nationes; 63 Inter Nationes; 67 Author; 68 Inter Nationes; 70 (left) Author, (middle, right) Inter Nationes; 83 Foto Thomas; 90,94 Inter Nationes; 97 Author; 98,100 Inter Nationes; 105 Author; 106 Inter Nationes; 108 Foto Thomas; 109,110 Author, 111,112,117 Inter Nationes; 120 (top) Stadt Heidelberg/Fremdenverkehrsamt, (bottom) Inter Nationes; 121,123,124 Inter Nationes; 126 Foto Thomas, 131 Inter Nationes; 133 (top) Foto Thomas, (middle) Bausparkasse Wüstenrot, (bottom) Author; 134,137,138,139,142 Inter Nationes; 147 Author; 151 Inter Nationes; 152 (left) Author, (right) Inter Nationes; 153 Inter Nationes; 155 Inter Nationes; 159 Foto Thomas; 162,163,167,169,175 Author; 177 (top) Stadt Nürnberg/Bildarchiv, (bottom) Stadt Heidelberg/Bildarchiv; 178 Inter Nationes; 179 Author; 181,183,185,190 Inter Nationes; 195 Author; 197 Inter Nationes; 201 Stadt Heidelberg/Bildarchiv 202,207,210 Author; 211,215,216,226,229 Inter Nationes; 230 (top left) Author, (top right) Inter Nationes, (bottom left) Foto Thomas, (bottom right) Landesbildstelle Berlin; 231,232,237,240,243,246 Inter Nationes; 256,257 Author; 264 Inter Nationes; 268 (left, middle) Inter Nationes, (right) Bausparkasse Wüstenrot; 269 Inter Nationes; 272,279 Author; 280,288 Inter Nationes, 289 Author; 290,293,294 Inter Nationes; 296 (bottom right) Inter Nationes; (all others) Author; 297,301,303,305,308 Inter Nationes; 311,312,313 Author; 320 (left) Author, (right) Stadt Stuttgart/Stadtplanungsamt, 321 Author; 325,326,335,339,341,344 Inter Nationes; 351 Inter Nationes; 352,353,356,357,364 Inter Nationes, 367 (left) Inter Nationes, (right) Bausparkasse Wüstenrot; 370 Author; 373 Author; 375 Inter Nationes; 378 Foto Thomas; 385 Inter Nationes; 386 Press and Information Office of the German Government; 388 Inter Nationes; 389 Author; 391 Inter Nationes; 393 Author; 400,401,402,407,408,409,411,414,416 Inter Nationes; 419 Author; 420,424,431,433 Inter Nationes; 434 Auhtor; 437 Inter Nationes; 438 Foto Thomas; 439 (left) Author, (right) Foto Thomas; 440 (left) Foto Thomas, (right) Author; 447,449,453 Inter Nationes; 454 (bottom left) Author, (all others) Foto Thomas; 457 Stadt Heidelberg/Bildarchiv; 461 Foto Thomas; 462,463 Author; 464 Inter Nationes; 469 Inter Nationes